江苏经济年鉴

2018

主 编◎张为付

南京大学出版社

图书在版编目（CIP）数据

江苏经济年鉴. 2018/张为付主编. —南京: 南京
大学出版社, 2019.2
ISBN 978 - 7 - 305 - 21609 - 1

Ⅰ. ①江…　Ⅱ. ①张…　Ⅲ. ①区域经济-江苏-
2018 -年鉴　Ⅳ. ①F127.53 - 54

中国版本图书馆 CIP 数据核字（2019）第 015411 号

出版发行　南京大学出版社
社　　址　南京市汉口路 22 号　　　邮　　编　210093
出 版 人　金鑫荣

书　　名　江苏经济年鉴（2018）
主　　编　张为付
责任编辑　王日俊　秦　露　叶　婷

照　　排　南京理工大学资产经营有限公司
印　　刷　虎彩印艺股份有限公司
开　　本　880×1230　1/16　印张 30.25　字数 813 千
版　　次　2019 年 2 月第 1 版　2019 年 2 月第 1 次印刷
ISBN 978 - 7 - 305 - 21609 - 1
定　　价　480.00 元

网　　址: http://www.njupco.com
官方微博: http://weibo.com/njupco
官方微信号: njupress
销售咨询热线: (025)83594756

本书为江苏省发展和改革委员会服务业重大课题、江苏高校优势学科建设工程(PAPD)、江苏现代服务业协同创新中心和江苏高校人文社会科学校外研究基地"江苏现代服务业研究院"研究成果。

本书出版得到江苏省服务业重大课题专项资金、江苏高校优势学科建设工程(PAPD)、江苏现代服务业协同创新中心和江苏高校人文社会科学校外研究基地"江苏现代服务业研究院"的资助。

书　　名:江苏经济年鉴(2018)

主　　编:张为付

出版社:南京大学出版社

目 录
Contents

第三篇　经济社会发展报告

第四篇　江苏省经济社会发展比较研究报告

第六篇　县域经济篇

第七篇　江苏城市发展报告

第一篇　重要文献篇

第一章　江苏省政府2018年政府工作报告

——2018年1月26日在江苏省第十三届人民代表大会第一次会议上

省长吴政隆

各位代表：

现在，我代表江苏省人民政府，向大会报告工作，请予审议，并请各位政协委员提出意见。

一、过去五年工作回顾

过去的五年，是极不平凡的五年。面对错综复杂的国内外形势，以习近平同志为核心的党中央以巨大的政治勇气和强烈的使命担当，提出了一系列新理念新思想新战略，解决了许多长期想解决而没有解决的难题，办成了许多过去想办而没有办成的大事，推动党和国家事业取得了历史性成就、发生了历史性变革，中国特色社会主义进入了新时代。五年来，我们在以习近平同志为核心的党中央坚强领导下，坚持以习近平新时代中国特色社会主义思想为指导，全面贯彻党的十八大、十九大精神，深入落实习近平总书记对江苏工作的重要指示要求，紧紧围绕党中央、国务院大政方针和中共江苏省委决策部署，主动适应经济发展新常态，自觉践行新发展理念，扎实抓好供给侧结构性改革，大力推动"两聚一高"新实践、加快建设"强富美高"新江苏，"十二五"规划胜利完成，"十三五"规划顺利推进，实现了本届政府任期工作目标。

（一）经济综合实力显著提升

坚持把发展作为第一要务，着力提升发展质量和效益，推动经济持续健康发展。地区生产总值连跨三个万亿元级台阶，2017年达到8.59万亿元，年均增长8.4%；人均地区生产总值达10.7万元，年均增长8.1%；一般公共预算收入达8172亿元，年均增长6.9%。大力调整优化产业结构，服务业增加值占地区生产总值比重达50.3%，规模以上工业增加值超过3.5万亿元，高新技术产业、战略性新兴产业产值占比分别提高到42.7%和31%。深入实施创新驱动发展战略，制定实施"创新40条"等政策，加快推进产业科技创新中心和先进制造业基地建设，全社会研发投入占比达2.7%左右，万人发明专利拥有量达22.4件，高新技术企业超过1.3万家，科技进步贡献率达62%，区域创新能力连续多年保持全国前列。社会消费品零售总额达3.17万亿元，消费对经济增长的贡献率达61.7%；固定资产投资年均增长10.8%，其中民间投资、工业技改投资年均分别增长12%和16.6%。金融机构人民币贷款余额超过10.2万亿元，直接融资发行额约2万亿元，金融业增加值占地区生产总值比重达7.9%。

（二）城乡面貌发生明显变化

区域发展展开新布局，启动实施"1＋3"重点功能区战略，扬子江城市群转型升级迈开新的步伐，江淮生态经济区确立生态优先发展的鲜明导向，沿海经济带发展取得新的成效，徐州淮海经济区中心城市建设扎实推进，区域协调发展迸发出新的活力。农村改革发展稳步推进，农业现代化步伐加快，绿色农业、智慧农业、订单农业快速发展，粮食总产量稳定在700亿斤左右，全面完成承包地确权登记颁证，全省四级统一互联的农村产权交易市场基本建成，特色小镇、特色田园乡村建设取得新进展。国家新型城镇化综合试点扎实开展，城乡发展一体化步伐加快，城镇化率达68.8%。新一轮城市总体规划编修全面展开，城市地下综合管廊、海绵城市、智慧城市建设加快推进。加大重大基础设施建设力度，五年完成投资3.57万亿元，年均增长16.1%，交通、水利、能源、生态、信息等领域一大批重点项目相继建成，有力支撑和带动了经济社会发展。

（三）生态文明建设持续加强

针对生态环境突出短板，深入实施"263"专项行动，累计关闭落后低端化工企业1 421家。加强大气污染治理，与实施"大气十条"的2013年基准数相比，空气质量优良天数增加33天，PM2.5平均浓度下降33%。加大水环境综合整治力度，全面推行河长制和断面长制，确保太湖流域实现安全供水、不发生大面积湖泛，长江、淮河等重点流域以及近岸海域污染治理深入推进，与实施"水十条"的2014年基准数相比，国考断面水质优Ⅲ类比例提高10.6个百分点，劣Ⅴ类比例下降2.8个百分点。开展土壤污染详查，土壤环境风险管控力度加大。在全国率先划定生态保护红线区域，苏北苏中生态保护网建设进展顺利，全省自然保护区增至31个，自然湿地保护率达48.2%，林木覆盖率达22.9%。着力推进耕地数量质量生态保护，划定永久基本农田5 880万亩，建成高标准农田4 000万亩以上。深入推进城乡环境综合整治，完成18.9万个自然村整治任务，实施城市环境整治项目超过8万个，城市建成区绿化覆盖率、人均公园绿地面积在全国领先。建成国家生态市县45个、国家生态园林城市16个、国家生态工业园区21个、国家生态文明建设示范市县5个。

（四）改革开放取得重大进展

认真落实中央和省委改革部署要求，创新制度供给，发展动力活力进一步增强。以经济体制改革为主轴，制定实施459项重要改革举措。全面取消非行政许可审批事项，累计取消、下放、调整887项行政审批事项，"放管服"改革取得重大成效，营商环境进一步优化。"营改增"试点全面推开，国有资产管理体制、投融资体制、省以下财税体制、商事制度、价格机制、户籍制度等重要领域和关键环节改革深入推进。科技体制改革、生态文明制度改革、国税地税征管体制改革等试点顺利开展。民营经济占比达55.4%，提高1.8个百分点。开放型经济发展水平实现新突破，利用外资质量效益进一步提升，五年累计实际使用外资1 353.8亿美元，居全国首位。外贸结构持续优化，一般贸易占进出口总额比重达48.1%，比2012年提升8.1个百分点。积极融入"一带一路"建设，中哈（连云港）物流合作基地、中阿（联酋）产能合作示范园、柬埔寨西哈努克港经济特区建设扎实推进。南京江北新区、中韩（盐城）产业园、昆山深化两岸产业合作试验区获国务院批准设立。深化开发区体制机制改革，复制上海自贸区经验，开发区向现代产业园区转型发展、特色发展步伐加快。认真落实国家长江经济带发展战略,积极推进长三角区域发展一体化,加大对口支援工作力度,加强区域和省际合作。

(五)人民生活水平不断提高

坚持把人民对美好生活的向往作为奋斗目标,持续加大民生投入,老百姓富裕程度和生活质量不断提高。居民人均可支配收入达 35 024 元,是 2012 年的 1.56 倍,城乡居民收入比由 2012 年的2.37∶1 降至 2.28∶1。在农村年收入 4 000 元以下贫困人口如期脱贫的基础上,实施新一轮脱贫致富奔小康工程,累计超过 133 万年收入 6 000 元以下低收入人口实现增收脱贫。城镇新增就业年均超过 140 万人,累计扶持 96.4 万人成功创业,带动就业 409.3 万人。覆盖城乡的社会保障体系基本建成,社会保险主要险种参保率均达 97% 以上,城乡最低生活保障标准水平居全国前列。制定落实基本公共服务清单和基层基本公共服务功能配置标准,县域义务教育基本均衡实现全覆盖,高水平大学建设取得明显成效,教育现代化步伐加快;健康江苏建设全面启动,省级综合医改试点扎实推进,基本公共卫生服务从 9 大类增至 14 大类,覆盖城乡的 15 分钟健康服务圈不断完善,全面两孩政策平稳实施,居民主要健康指标明显提升。建成保障性住房 138.7 万套(户),发放租赁补贴12.34 万户,完成棚户区改造 107.9 万套、农村危房改造 18 万户。公共文化服务体系不断完善,文化产业增加值占比达 5%,提高 0.7 个百分点,文化精品生产成果丰硕,文化遗产保护、传承和利用得到加强。江苏大剧院建成并投入使用。在全国率先建成公共体育服务体系示范区,第二届青奥会取得圆满成功。养老服务体系不断完善,妇女、儿童、残疾人、红十字、慈善事业取得新进展。

(六)社会保持和谐稳定

贯彻落实总体国家安全观,深化平安江苏建设,社会治安综合治理绩效考核保持全国领先,社会公众安全感达 96.5%。严格落实安全生产责任制,安全生产形势平稳向好。食品药品安全监管、网络信息安全管理工作得到加强。深入推进法治江苏建设,公共法律服务体系日益健全,群众法治建设满意度进一步提升。扎实开展诚信江苏建设,社会信用体系不断完善。积极化解社会矛盾,信访总量五年累计下降 36.3%。持续推进社区减负,全面推广政社互动,创新网格化社会治理机制,社会组织有序发展,社会治理水平不断提升。积极支持国防和军队改革,认真做好国防动员、双拥共建、优抚安置、人民防空等工作,军政军民关系更加密切。民族、宗教、外事、对台事务、港澳、侨务、参事等工作取得新进展。南京大屠杀死难者国家公祭活动成功举办,激发了全省、全国人民的爱国热忱。

各位代表! 2017 年是本届政府的收官之年,我们紧紧围绕迎接党的十九大胜利召开和学习宣传贯彻党的十九大精神这条主线,把习近平总书记对江苏工作的重要指示要求作为行动指南,统筹做好改革发展稳定各项工作,积极展现新气象新作为。全省经济运行总体平稳、稳中有进、稳中向好,地区生产总值增长 7.2%,一般公共预算收入同口径增长 4.6%,固定资产投资增长 7.5%,社会消费品零售总额增长 10.6%,进出口总额增长 19%,其中出口增长 16.9%,城镇和农村常住居民人均可支配收入分别增长 8.6% 和 8.8%,城镇登记失业率 2.98%,居民消费价格涨幅 1.7%,保障和改善民生十项实事全面完成,完成了省十二届人大五次会议确定的年度工作目标。重点工作取得新进展。大力推进"三去一降一补",压减钢铁产能 634 万吨、煤炭产能 18 万吨、水泥产能 510万吨、平板玻璃 330 万重量箱;各设区市商品住宅库存去化周期都在 12 个月以内;规模以上工业企业资产负债率下降0.5个百分点;多措并举为企业降低成本超过1 300亿元;200个民生领域补短板重大项目顺利实施,完成投资4 100亿元。扎实开展"263"专项行动,全省煤炭消费量减少1 000万吨以上,单位地区生产总值能耗、二氧化碳排放量以及化学需氧量、二氧化硫、氨氮、氮氧化物四项主要污染物排放量指标,均超额完成国家下达的减排任务。举办全省重大项目集中开工活动,省级210个重大项目全年完成投资5 200亿元。江苏发展大会成功举办。经济发展质量实现新提升。经济结构进一步优化,发展后劲不断增强。规模以上工业增加值增长7.5%,高新技术产业、战略性新兴产业产值分别增长14.4%和13.6%。全面落实"中国制造2025"江苏行动纲要,举办世界智能制造大会、世界物联网博览会、中国(南京)软博会、中国江苏现代农业科技大会,推动产业加快迈向中高端。高新技术产业投资、工业技改投资分别增长8.1%和11.5%,规模以上工业利润总额、服务业营业利润分别增长14.9%和15%。建立健全军民融合体制机制,军民融合发展取得阶段性成果。重要领域和关键环节改革迈出新步伐。建立省市县标准化权力清单,江苏政务服务网和全省"12345服务热线"开通运行,"不见面审批服务"模式全面推行,基层政务公开标准化规范化试点扎实推进,"3550"改革目标基本实现;深化商事制度改革,新登记市场主体和注册资本分别增长13.8%和25.5%,平均每天新增市场主体4 184户,其中企业1 507家。农村三权分置改革、农村集体产权制度改革和农村土地改革试点有序推进。改善民生落实新举措。实施"富民33条"政策,组织开展富民增收专项行动,城镇和农村常住居民人均可支配收入分别达43 622元和19 158元。扶持创业29.1万人,城镇新增就业148.6万人。基本公共服务均等化水平不断提高,教育、医疗、住房等重点支出增幅均高于财政支出总体增幅。政府自身建设取得新成效。坚持正确的政治方向,始终在思想上政治上行动上同以习近平同志为核心的党中央保持高度一致。扎实推进"两学一做"学习教育常态化制度化。持之以恒推进廉政建设和作风建设,坚决纠正和整治"四风",服务型政府、法治政府、廉洁政府建设进一步加强。坚持依法行政,自觉接受人大工作监督、法律监督和政协民主监督,落实重大决策出台前向省人大报告制度、省政协民主协商的要求,共办理省人大代表建议402件,省政协提案607件,提请省人大常委会审议地方性法规14件。

各位代表,五年发展历程令人难忘,各项成绩取得来之不易,这是以习近平同志为核心的党中央坚强领导的结果,是省委直接领导、省人大和省政协监督支持、社会各界关心支持的结果,是全省人民团结奋斗的结果。在此,我代表江苏省人民政府,向全省人民,向各位人大代表、政协委员,向各民主党派、工商联、无党派人士,向各人民团体、各界人士、人民警察,向驻苏人民解放军和武警官兵,表示崇高敬意!向关心和支持江苏建设的香港特别行政区同胞、澳门特别行政区同胞、台湾同胞、海外侨胞和国际友人,表示衷心感谢!

我们也清醒地看到,我省经济社会发展中还存在不少困难和问题。主要是:新旧动能接续转换任务艰巨,自主创新能力和经济发展质量需进一步提高;实体经济发展面临不少困难,支持实体经济发展的政策措施、营商环境需进一步加强和改善;生态环境还存在许多短板和突出问题,大气、水、土壤污染治理任务繁重;发展不平衡不充分问题仍然比较突出,优质教育、医疗、养老服务等方面的供给与人民群众期盼仍有差距,城乡区域协调发展水平需进一步提升,基础设施建设仍存在不少短板;互联网金融、房地产、政府性债务、安全生产等领域的风险隐患不容忽视;政府职能转变还不到位,服务效能还不够高,官僚主义、形式主义在一定程度上仍然存在。对此我们一定高度重视,采取有力措施,切实加以解决。

二、今后五年的奋斗目标和主要任务

中国特色社会主义进入新时代，这是我国发展新的历史方位。今后五年，是我国"两个一百年"奋斗目标的历史交汇期，也是我省决胜高水平全面建成小康社会、开启全面建设社会主义现代化新征程的关键时期。让我们倍受鼓舞的是，习近平总书记在党的十九大后第一次到地方视察调研就来到江苏，对江苏发展作出重要指示、提出明确要求，为我们指明了前进方向。政府工作要以习近平新时代中国特色社会主义思想为指导，全面贯彻落实党的十九大精神，认真落实习近平总书记对江苏工作的重要指示要求，坚持稳中求进工作总基调，坚持以人民为中心的发展思想，自觉践行新发展理念，统筹推进"五位一体"总体布局和协调推进"四个全面"战略布局，紧扣社会主要矛盾变化，牢牢把握高质量发展的要求，深入推进"两聚一高"新实践，以供给侧结构性改革为主线，统筹做好稳增长、促改革、调结构、惠民生、防风险各项工作，突出抓重点、补短板、强弱项，推动质量变革、效率变革、动力变革，打好三大攻坚战，高水平全面建成小康社会，积极推进探索性发展、创新性发展、引领性发展，高起点开启基本实现现代化建设新征程，把"强富美高"新江苏建设不断推向前进。

根据党的十九大精神和省第十三次党代会、省委十三届三次全会的部署安排，今后五年经济社会发展的主要目标是：

——产业结构显著提升。供给侧结构性改革取得明显进展，现代化经济体系基本形成，产业结构由全球产业链的中低端迈向中高端。自主创新取得新突破，全要素生产率不断提高，高新技术产业和战略性新兴产业产值占规模以上工业比重分别达46%和35%，科技进步贡献率达66%，主要创新指标达到创新型国家中等以上水平。

——城乡发展水平显著提升。"1+3"重点功能区建设加快推进，以城市群为主体、大中小城市和小城镇协调发展的城镇格局基本形成，现代基础设施体系更加完备，基本形成设区市到南京的1.5小时高铁交通圈。城市规划建设管理水平明显提高，乡村振兴取得重要进展，城乡环境更加优美。

——人民群众获得感显著提升。居民收入与经济发展同步增长。城乡基本公共服务和标准体系全面建立，省定标准脱贫攻坚任务全面完成。在更好的教育、更稳定的工作、更满意的收入、更可靠的社会保障、更高水平的医疗卫生服务、更舒适的居住条件、更优美的环境、更丰富的精神文化生活等方面取得明显成效。

——生态环境质量显著提升。生态环境保护和治理取得重大成果，资源保护与利用水平大幅提升，空气质量优良天数、国考断面水质优Ⅲ类比例明显提高，劣Ⅴ类水体全面消除，海洋环境质量稳中向好，土壤环境风险得到有效控制，使江苏天更蓝、地更绿、水更清、空气更清新。

——文化软实力显著提升。社会主义核心价值观深入人心，文化凝聚力和引领力不断增强，公民文明素质和社会文明程度明显提高，现代公共文化服务体系和市场体系建设取得重大进展，文化产业整体实力和竞争力显著增强，文化国际影响持续扩大，社会主义文化更加繁荣兴盛，文化自信显著增强。

——社会治理水平显著提升。法治江苏、平安江苏建设深入推进，社会治理体系更加完善，共建共治共享的社会治理格局基本形成，法治社会建设水平有效提升，公众安全感评价保持全国领先。

实现上述奋斗目标,我们要牢牢把握我国经济已由高速增长阶段转向高质量发展阶段这一基本特征,紧紧围绕高质量发展这一根本要求,突出抓好事关全局和长远的重点工作,努力让创新成为第一动力、协调成为内生特点、绿色成为普遍形态、开放成为必由之路、共享成为根本目的。

着力提升创新力竞争力,推动经济发展高质量。坚持质量第一、效益优先,深化供给侧结构性改革,加快构建现代化经济体系。推动制造业提质增效,深入实施"中国制造2025"江苏行动纲要,大力发展先进制造业,改造提升传统产业,积极推进智能制造,打造一批世界级先进制造业企业集群,推动江苏制造向江苏创造、智造转变,江苏速度向江苏质量、效益转变。聚力创新推动产业转型升级。充分发挥江苏产业基础雄厚和科技创新能力较强的优势,加强应用基础研究,主攻关键核心技术,突出企业创新主体地位,强化产学研合作,加快科技成果转化,高水平建设"一中心一基地",加快先进制造业和现代服务业发展,推动产业迈向全球价值链中高端。积极培育经济发展新动能。鼓励更多社会主体投身创新创业,在中高端消费、数字经济、人工智能、共享经济、绿色低碳、新金融、人力资本服务等领域培育新增长点。切实加强重大风险防范化解。严格政府性债务管理,坚决制止违法违规融资担保行为,防范和化解政府性债务风险。加强地方金融监管,确保不发生系统性区域性金融风险。大力整顿和规范房地产秩序,防控房地产领域风险。

着力破除体制机制障碍,推动改革开放高质量。以改革开放40周年为契机、为动力,强化责任担当,全面提速、全面发力、多点突破,推动改革开放再出发。坚持使市场在资源配置中起决定性作用,更好发挥政府作用,推动重要领域和关键环节改革。以完善产权制度和要素市场化配置为重点,全面深化经济社会各领域的改革,激发各类市场主体活力。深化科技体制改革,建立以企业为主体、市场为导向、产学研深度融合的技术创新体系;深化"放管服"改革,建立健全公平开放透明的市场规则,营造自主经营、公平竞争的良好环境;深化社会治理体制和城乡融合发展体制机制改革,完善社会保障体系,健全住房制度,稳步推进农村土地制度改革,为现代化经济体系建设提供有力的制度保障。充分发挥"一带一路"交汇点优势,扩大向东开放,引领向西开放,推动形成全面开放新格局。提高利用外资质量,坚持引资引技引智并举,重点引进功能性机构,积极发展总部经济;有效促进国际产能合作,增强国际化经营能力和竞争力;积极发展外贸新业态,从大进大出向优质优价、优进优出转变。

着力提高协调发展水平,推动城乡建设高质量。坚持把工业和农业、城市和乡村作为一个整体统筹谋划,促进相互融合、共同发展。进一步优化空间布局。加快实施"1+3"重点功能区战略,形成更加科学合理的区域生产力布局。深入推进新型城镇化,增强对农业转移人口的吸引力和承载力,推进特色小镇健康发展,增强区域发展的协同性、联动性、整体性。加快现代基础设施建设。着力构建现代化综合交通运输体系,积极推进高铁、航空、水运、过江通道、公路、管道等重大交通基础设施建设,超前谋划、全面布局新一代信息基础设施,为经济社会发展提供更加有力的支撑和保障。大力实施乡村振兴战略。着力推进农业供给侧结构性改革,积极构建现代农业产业体系、生产体系、经营体系,健全社会化服务体系,推动资本、技术、人才等各类要素向乡村流动。认真总结推广徐州马庄经验,探索乡村善治之路,开创江苏的"新乡土时代"。

着力繁荣社会主义文化,推动文化建设高质量。坚定文化自信,提高文化自觉,传承江苏文脉,建好精神家园。积极培育和践行社会主义核心价值观。强化教育引导、实践养成、制度保障,深化群众性精神文明创建,把社会主义核心价值观融入经济社会发展各方面,增强文化凝聚力和引领力。提高文化事业文化产业发展水平。完善公共文化服务体系。健全现代文化产业体系和市场体系,加快培育新型文化业态,推动文化产业融合发展、创新发展、开放发展、特色发展。加快江苏文化走出去,推动对外文化交流和文化贸易不断拓展。大力推动文化传承创新。坚持以人民为中心的创作导向,实施文化精品战略,创作出更多思想精深、艺术精湛、制作精良的优秀作品。推动优秀传统文化传承发展,加大文化遗产保护力度。建设大运河文化带。加强文艺队伍建设,推出名家大师培养计划,努力造就一批有影响力的各领域领军人物。

着力改善生态环境,推动生态文明建设高质量。牢固树立"绿水青山就是金山银山"的理念,把生态环境保护放在更加突出的位置,大力推进美丽江苏建设。坚决打好污染防治攻坚战,下更大决心和气力解决突出环境问题,全面实施生态河湖行动计划,坚持全民共治、源头治理,突出治气、治水、治土,全面改善城乡环境,有效防控环境风险。大力加强生态保护修复,实施重要生态系统保护和修复重大工程,完善生态环境风险防范体系和自然灾害防御体系,严格落实主体功能区战略布局,严守"三大红线",完善生态环境管理制度。扎实推进绿色低碳循环发展,大力发展风电、光伏发电、天然气等清洁能源,构建清洁低碳、安全高效的能源体系,推进资源全面节约和循环利用,推行绿色低碳生产生活方式,加快生态文明制度建设,健全完善源头严防、过程严管、损害赔偿、责任追究、生态补偿机制,让良好的生态环境成为提升人民群众获得感的增长点、经济社会持续健康发展的支撑点、展现我省良好形象的发力点。

着力提升人民生活水平,推动民生工作高质量。人民群众对美好生活的向往就是我们奋斗的目标。坚持把聚焦富民作为发展取向、工作导向、奋斗指向,让改革发展成果更多更公平惠及全省人民。持续增加居民收入。多措并举推动居民收入加快提升,实现富民增收与经济发展同步、劳动报酬与生产率提高同步。实施积极就业政策,实现更高质量和更充分的就业。提高基本公共服务水平。大力推进基本公共服务标准化均等化,围绕教育、医疗、养老等群众关注度高的领域,增加优质公共服务供给,全面建成覆盖全民、城乡统筹、权责清晰、保障适度、可持续的多层次社会保障体系。更大力度打好脱贫攻坚战。深入实施脱贫致富奔小康工程,采取更加集中的支持、更加有力的举措、更加精细的工作,全面完成省定标准的脱贫攻坚任务,确保全省人民在小康路上一个不少、一户不落。切实加强和创新社会治理。完善社会治理体系,全面推行"互联网+社会治理",着力提高社会治理社会化、法治化、智能化、专业化水平。深化平安江苏建设,健全公共安全体系,确保生产安全和食品药品安全。加快法治江苏建设,全面落实依法治省重大举措,依法维护人民权益,促进社会公平正义,促进社会和谐稳定。

新时代赋予新使命,新征程呼唤新作为。我们一定要在新的历史方位下找准发展定位,以新坐标、新视野、新理念推动各项工作,奋力开拓新时代中国特色社会主义在江苏实践的新境界,在全国发展大局中干在实处、走在前列;我们一定要紧扣社会主要矛盾发生的历史性变化,坚定不移走高质量发展之路,把提升发展水平和满足人民群众对美好生活的需要结合起来,聚焦富民,不断提高人民群众的获得感和满意度;我们一定要坚持全面深化改革不松劲,坚决破除一切不合时宜的思想观念和体制机制弊端,进一步解放思想,主动作为,确保各项改革举措落地见效,不断增强发展的内生动力;我们一定要把发展的基点放在创新上,坚持创新引领,使创新成为江苏最鲜明的时代特征。

我们坚信,在习近平新时代中国特色社会主义思想指引下,全省人民团结一致、锐意进取、埋头苦干,一定能把习近平总书记描绘的"强富美高"新江苏宏伟蓝图变成美好现实。

三、2018年主要任务

2018年是贯彻党的十九大精神的开局之年,是改革开放40周年,是决胜全面建成小康社会、实施"十三五"规划承上启下的关键一年。今年经济社会发展的主要目标是:地区生产总值增长7%以上,一般公共预算收入增长6%左右,全社会研发投入占地区生产总值比重达到2.74%左右,固定资产投资增长6.5%左右,高新技术产业投资增长9%左右,工业投资、工业技改投资分别增长6.5%左右和10%左右,全员劳动生产率提高到18.5万元/人,社会消费品零售总额增长10%以上,外贸进出口稳中向好,实际使用外资保持稳定,城镇新增就业110万人以上,城镇调查失业率、登记失业率分别控制在5%和4%以内,居民消费价格涨幅控制在3%左右,城乡居民人均可支配收入与经济增长同步,节能减排和大气、水环境质量确保完成国家下达的目标任务。根据中央和省委部署要求,统筹做好稳增长、促改革、调结构、惠民生、防风险各项工作,紧紧围绕推动高质量发展重点抓好九个方面。

（一）深入推进供给侧结构性改革

把提高供给体系质量作为主攻方向,进一步增强经济发展的质量优势。继续抓好"三去一降一补"重点工作。着力在"破、立、降"上下功夫,严格执行环保、质量、安全等相关法规和标准,化解过剩产能、淘汰落后产能,打击非法产能。加大"僵尸企业"处置力度,健全债权债务依法清理处置机制,妥善分流安置好企业职工。因城施策,重点化解部分中小城市仍然偏高的房地产库存。稳步推进多层次资本市场建设,进一步提高直接融资特别是股权融资比重,积极稳妥降低企业杠杆率尤其是国有企业杠杆率。认真落实降低企业成本各项政策,继续清理涉企收费,进一步降低企业用能、物流、融资等成本。围绕科技创新、富民增收、基础设施等重点领域,继续推进实施一批补短板重大项目。加快推动制造业优化升级。突出抓好智能制造,积极申报"中国制造2025"扬子江城市群试点。大力发展工业互联网,实施"互联网＋制造业"专项行动,建立服务全省、辐射全国的智能制造大数据云服务平台,创建一批示范智能车间和智能工厂,培育一批智能制造领军企业,提高制造业智能化、数字化、网络化水平。制定实施重点产业集群培育促进计划,加快培育新一代信息技术、新材料、高端装备等一批万亿级产业集群。发展壮大龙头企业,大力培育高新技术企业,加快形成大中小微企业分工协作的产业生态体系,促进全产业链整体跃升。积极推进工业企业资源集约利用综合评价,促进要素向高效益、高产出、高技术、高成长性企业集聚。开展质量提升行动,加强全面质量监管,打响"江苏制造"品牌。深入推动创新驱动发展。进一步配套跟进和细化实化"创新40条""人才26条"等政策措施,加快构建以科技创新为核心的区域创新体系。推进苏南国家自主创新示范区建设,建好用好省产业技术研究院、省技术产权交易市场等创新平台,全面启动未来网络实验实施项目,推动建设国家级和省级制造业创新中心,支持南京江北新区、无锡国家传感网创新示范区建设。推动教育与产业创新融合发展,积极争创综合性国家科学中心,研究编制全省高技术发展计划,努力突破引领性原创成果。高质量建设"双创"示范基地,促进大众创业万众创新迈上新水平。加强知识产权创造、保护和运用。大力培育发展新动能。密切跟踪国际产业发展的最新变化，聚焦数字经济、共享经济、现代供应链等领域，继续组织实施一批省级重大项目，促进新产业、新模式、新业态加快成长。大力推动传统产业技术升级、设备更新和绿色低碳改造，以传统产业改造提升催生新动能。大力支持现代服务业发展，实施生产性服务业"双百工程"和互联网平台经济"百千万"工程，着力做大做强现代金融、电子商务、现代物流、文化旅游、健康养老等产业，推动现代服务业集聚区提升发展，积极创建国家级服务经济中心和区域服务经济中心。扩大品牌消费、信息消费和服务消费，着力培育服务业新增长点。加快推进以"水韵江苏"为品牌的旅游强省建设。大力推动军民融合深度发展，促进基础建设军民一体，关键领域军民共建。

（二）大力实施乡村振兴战略

把实施乡村振兴战略作为新时代"三农"工作总抓手，坚持农业农村优先发展，全面推进农业农村现代化。积极推进农业供给侧结构性改革。加快建设现代农业，实施藏粮于地、藏粮于技战略，巩固和提升粮食产能，保障粮食安全。进一步加强耕地保护和改进占补平衡，大力推进土地综合整治和高标准农田建设。坚持增产导向向提质增效转变，调整优化粮食产业、畜牧业、园艺业、水产业的区域布局和产品结构，培育优势产区和县域特色产业。完善农村产业发展布局，延伸农业产业链、价值链，促进一二三产融合发展。加大农业品牌培育力度，发展规模大、质量优、效益好的名特优新农产品。实施"一村一品一店"行动计划，推动农产品网络营销加快发展。围绕推进小农户与现代农业发展有机衔接，培育新型经营主体、新型服务主体和新型职业农民，加快农民增收步伐。积极发展家庭农场和农民专业合作社，做大做强农业龙头企业，健全农业社会化服务体系。大力推进农业科技创新和成果转化推广，加强农田水利、农机作业配套，提高农业物质技术装备水平。办好国家"双新双创"博览会和现代农业科技大会。扎实推进特色田园乡村建设。大力发展特色高效农业，加快发展休闲农业、休闲渔业、乡村旅游等新产业新业态新模式。根据不同地区和乡村的个性特色，注重保护乡村传统肌理、空间形态和传统建筑，做好重要空间、建筑和景观设计，深挖历史古韵，传承乡土文脉，形成特色风貌。加强村庄垃圾、污水等生活污染处理设施建设和运营，加快农业秸秆和畜禽废弃物综合利用，大力发展生态循环农业，加大农业面源污染综合治理力度，营造优美和谐的田园风光。持续推动"四好农村路"建设，完善道路交通、供水供电、通信、物流配送、公共服务等配套设施。健全城乡融合发展的体制机制。完善规划体制，通盘考虑城乡发展规划编制，实行一体设计、多规合一。进一步优化镇村布局，加快重点镇和中心镇建设。健全体制机制，促进城乡基础设施互联互通、共建共享，加快补齐农村居民基本公共服务短板。深入推进农村土地制度、集体产权制度、农村金融等各项改革和制度创新，加快建立城乡统一的人才、土地、科技、资本等要素市场，促进城乡共同繁荣。提升乡村治理现代化水平。加强农村基层基础工作，不断提升乡村治理水平，培养一批能带富、善治理的乡村治理工作带头人。健全自治、法治、德治相结合的乡村治理体系，切实减轻基层负担。推进基层综合性文化服务中心建设，丰富乡村文化生活，传承乡村历史文脉，留住乡愁记忆。深入开展移风易俗、弘扬时代新风行动，大力塑造淳朴文明的良好乡风。

（三）在更高层次上推进城乡区域协调发展

深入推进"1＋3"重点功能区战略。优化区域生产力布局,进一步明晰各区域功能定位、发展目标、产业选择和主攻方向,努力实现特色发展、错位发展、协调发展。制定出台总体规划、相关专项规划和具体行动方案,重点在基础设施、产业创新合作、重大载体平台、生态环境和民生保障等领域,实施一批重大功能性和支撑性项目。高质量建好南京江北新区、通州湾江海联动示范区等重大载体,制定功能区产业发展负面清单,研究出台分类考核评价体系和机制。大力加强基础设施建设。加快连淮扬镇、徐宿淮盐等高铁项目建设,开工建设盐通、苏南沿江、沪通二期、沪苏湖、通苏嘉、宁句线轨道交通等项目,大力推进北沿江高铁和宁淮铁路项目并力争早日开工,积极推动京沪通道第二连接线规划建设。抓好高速公路主通道扩容,着力打通断头路。拓宽投融资渠道,加快推进过江通道、港口航道建设。加强对省内机场等航空资源优化整合,大力开辟国际国内航线,做大做强临空经济和航空产业。加快新孟河等骨干引排工程建设,推进淮河入海水道二期工程前期工作,全面实施长江崩岸应急治理,大力推进沿海水利、海堤巩固完善等工程。实施一批能源转型工程,进一步加强能源供应保障,加大清洁能源利用,促进能源结构优化。抓好光网江苏、无线江苏、高清江苏等重大工程,加快规划建设5G网络,实施工业互联网"企企通"工程,推动量子通信试验网络建设。积极推进海绵城市和地下综合管廊等市政基础设施建设,下大力气整治易淹易涝片区。切实提高城镇化质量。加快编制重点区域城镇体系规划,以中心城市为核心、中小城市为支撑,积极构建大中小城市和小城镇协调发展的格局。以完善基础设施网络为抓手,以城市群为主体形态,发挥南京特大城市带动作用,推动宁镇扬一体化取得更大进展,加快徐州淮海经济区中心城市建设。推进大中小城市网络化建设,努力提高中小城市公共服务水平。强化规划引领,突出产城融合,支持引导特色小镇健康发展,加快建设文化旅游名镇以及产业、生态和功能特征鲜明的特色小镇,进一步丰富内涵、提升质量。积极推进农业转移人口市民化,全面放宽重点群体落户限制,推动居住证制度全覆盖,实施城镇建设用地增加规模与吸纳农业转移人口落户挂钩的机制,提高户籍人口城镇化率。进一步做好援藏、援疆、援青工作,推进与陕西、辽宁等省际协作。

（四）推动重点领域改革落地见效

大力破除体制机制障碍,突出抓好具有标志性、引领性、支柱性的重点改革,进一步释放创新和发展活力。深化"放管服"改革。完善省级部门权责清单,推进"不见面审批服务"和基层政务公开标准化、规范化建设,稳步扩大相对集中行政许可权改革试点。深化"多证合一"和"证照分离"改革,积极推进"照后减证",推广实施电子证照、虚拟证照。加强事中事后监管,全面推进"双随机一公开"检查事项全覆盖,推动江苏政务服务网向基层延伸,逐步建成省市县乡村五级全覆盖,全面实现"3550"目标。加快推进全省大数据中心建设。抓好江阴市县级集成改革试点,深化经济发达镇行政管理体制改革。深化国企国资改革。加强经营性国有资产集中统一监管,改革国有资本授权经营体制,积极稳妥推进国有资本投资运营公司改建,利用资本市场等形式实施混合所有制改革。推动国有企业完善现代企业制度,健全法人治理结构,推行职业经理人选聘,做优做强做大国有企业。深入推进财税体制改革,深化预决算公开制度,加大财政资金整合力度,优化财政资金支出结构,提升财政资金使用效益。加大力度推进金融创新发展,推进金融支持供给侧结构性改革创新,加快扬子江新金融集聚区、泰州市国家级金融支持产业转型升级改革试验区建设。深化科技体制改革,打通科研与产业之间的通道,促进科技和经济紧密结合、创新成果和产业发展紧密对接。加快投融资体制改革,增强政府投资行为的科学性、规范性和有效性,发挥好政府投资的引导作用。扎实推进价格、配售电改革和公平竞争审查工作。营造支持民营企业发展的良好环境。全面实施市场准入清单制度,破除信贷、上市、税收、创新、招投标、人才等方面的隐性障碍。落实好支持中小微企业发展的政策措施,多渠道破解融资难、融资贵的问题,充分激发社会资本活力。积极构建亲清新型政商关系,保护和支持企业家创新创业,进一步激发和弘扬企业家精神。大力弘扬劳模精神、工匠精神,培养造就更多江苏工匠。扎实开展国家新型城镇化、生态文明制度等重大改革试点。

(五)加快构建全面开放新格局

积极应对经济全球化新趋势,进一步拓展开放领域和范围,以全面开放推动经济高质量发展。充分发挥"一带一路"交汇点优势,高水平建好用好中哈(连云港)物流合作基地、上合组织(连云港)国际物流园,加快建设中阿(联酋)产能合作示范园,推进中韩(盐城)产业园建设,增创对外开放新优势。积极参与铁路、港口、通信、电网等基础设施建设,扎实开展国际产能合作。落实好"共抓大保护、不搞大开发"要求,加大长江生态环境保护和修复力度。协同推动长江经济带发展,建立健全更有力的合作和推进机制,加强交通设施互联互通,积极推进长三角一体化发展。提升开放型经济水平,积极应对国际贸易格局的重大变化和挑战,加快培育外贸新业态新模式,支持跨境电子商务、市场采购贸易、外贸综合服务等新型业态发展,提高出口产品质量和附加值,加大高新技术、高端装备、关键零部件、优质消费品等进口,促进外贸"优进优出"。把引进外资作为促进高质量发展的重大举措,进一步提升引进外资质量,着力引进拥有核心竞争力的优秀企业和人才团队,带动江苏企业嵌入全球产业链、价值链、创新链。全面实行准入前国民待遇加负面清单管理模式,积极争取率先复制国家服务业扩大开放试点经验。更大力度推动苏台产业融合发展,促进台商企业转型升级。加快苏澳合作园区建设。推动海关特殊监管区整合优化,复制自贸区创新制度,积极扩大一般纳税人资格试点。全面落实开发区改革和创新发展政策措施,积极争创国家创新型特色园区、知识产权示范园区和生态工业园区,深化苏州工业园区开放创新综合试验。着力打造江苏发展大会、世界物联网博览会、世界智能制造大会、两岸企业家峰会、中国(南京)软博会、中国(连云港)丝绸之路国际物流博览会等重大开放平台,为发展更高层次开放型经济提供有力支撑。

(六)着力提高保障和改善民生水平

紧紧抓住人民最关心最直接最现实的利益问题,坚守底线,突出重点,完善制度,引导预期,不断满足人民日益增长的美好生活需要。优先发展教育事业,深入推进教育强省建设,加快推进教育现代化,深化教育改革开放,促进基础教育优质发展、职业教育融合发展、高等教育内涵发展,加快构建终身教育体系。加大投入力度,加快一流大学和一流学科建设。坚持立德树人,建设高素质教师队伍。推进婴幼儿照护和儿童早期教育服务,着力解决学前教育资源不足、中小学生课外学业负担重、课外机构不规范办学、教师数量短缺和结构不合理等突出问题,积极营造健康的教育生态,努力办好人民满意的教育。深入实施创新创业行动,细化落实"富民33条",促进高校毕业生等青年群体、化解过剩产能转岗分流职工、农民工多渠道就业创业,推动科技人员、海外留学归国人员等高层次人才创新创业,拓展"互联网＋"等创业新空间,充分释放创业带动就业的巨大潜力。大规模开展职业技能培训,提高劳动力市场供给与需求的匹配性,解决好结构性就业矛盾,提高就业质量。深入推进"健康江苏"建设,深化医药卫生体制改革,继续推进公立医院改革,加强基层医疗卫生体系和全科医生队伍建设,高质量做好家庭医生签约服务,实施智慧健康工程,建立优质高效的医疗卫生服务体系。提高基本公共卫生服务水平,加强重大疾病防控,优化生育全程服务。传承发展中医药事业。深入开展医养结合,加强老年人精神关爱,推进居家和社区养老服务创新示范区建设,构建养老、孝老、敬老政策体系和社会环境。加强社会保障体系建设,全面实施全民参保计划,完善企业职工养老保险省级统筹制度,按照国家统一部署调整机关事业单位和企业退休人员基本养老金,加快实施统一的城乡居民基本医疗保险和大病保险制度,积极推广基本照护保险制度。促进社会救助和人道慈善事业功能互补,健全农村留守儿童和妇女、老年人、残疾人关爱服务体系。推进城市管理标准化、网格化、智慧化、精细化,创新城市治理机制,做好文明城市、基层基础建设等工作,着力提升城市管理服务能力。加快棚户区和城中村改造,推进住房租赁市场试点工作,建立多主体供给、多渠道保障、租购并举的住房制度,让人民群众住有所居。全力打好精准脱贫攻坚战,坚持分类施策、精准帮扶,深入推进产业扶贫、就业扶贫、教育扶贫,创新拓展资产收益扶贫模式,坚持扶贫与扶志、扶智相结合,增强经济薄弱村和低收入群众自我发展能力。加大对黄桥、茅山等革命老区扶持力度。对因病因残致贫返贫、自身没有能力脱贫的家庭,落实好救助供养、大病救治、医疗互助、生活兜底等保障措施。确保全省60万以上建档立卡农村低收入人口人均收入提高到6000元,200个以上的省定经济薄弱村集体年收入达到18万元。推进"阳光扶贫"监管体系建设,加强扶贫资金绩效管理,切实提高使用效率,防止腐败现象发生。

解决好困难群众生产生活问题,是全面建成小康社会必须补齐的短板,也是高水平全面建成小康社会的重要标志。各级政府及其工作人员要高度重视和切实加强困难群众帮扶工作,强化责任,精心安排,深入开展"大走访"活动,送温暖、解民忧,努力创造人民群众认可、经得起历史检验的过硬成果。

（七）扎实推进美丽江苏建设

大力推进绿色发展、循环发展、低碳发展,促进生态环境质量持续改善。坚决打赢污染防治攻坚战。深化大气污染防治行动,重点实施PM2.5和臭氧浓度"双控双减",系统加强能源、工业、建设、交通等领域治理,增强人民群众的蓝天幸福感。深入实施水污染防治行动计划,落实生态河湖行动计划,落实河长制、湖长制,推进长江、淮河、太湖流域和近岸海域污染治理,消除国考省考劣V类断面,完成县级以上集中式饮用水源地整治,加快治理城市黑臭水体。加强土壤污染管控和修复,完成农用地土壤污染详查,逐步建立污染地块名录和开发利用负面清单。深入实施"263"专项行动。深挖减煤潜力空间,强化煤炭清洁利用,持续减少煤炭消费总量。深化化工企业"四个一批"专项行动,坚决依法依规整治和关停环保、能耗、安全不达标的企业。推动开发园区和所有化工园区(集中区)实施循环化改造,加大垃圾分类回收和处理、畜禽养殖污染治理、危险废物安全处置等设施建设力度。强化生态系统保护修复,全面实施山水林田湖草自然生态系统保护,加快建设长江生态安全带、宁杭生态经济带、江淮生态大走廊和生态保护引领区、生态保护特区,支持宿迁创建生态经济示范区,推动黄(渤)海湿地申报世界自然遗产,推进造林绿化,加强湿地保护与修复,严格保护耕地。加大海岸线整治修复力度。深入推进交通干线沿线环境综合整治。加强绿色生态城市建设。办好第十届园艺博览会。加快推进生态文明制度建设。着力构建生态安全战略格局,在市县层面试点实施城镇、农业、生态空间和生态保护红线、永久基本农田、城镇开发边界"三区三线"划定工作。推进自然资源资产确权登记改革。完善与污染物排放总量挂钩的财政政策,全面推进排污权有偿使用和交易,健全生态环境损害赔偿制度,研究建立市场化、多元化生态补偿机制。完成省以下环保机构监测监察执法垂直管理改革,实现省级环保督察全覆盖。扎实推进领导干部自然资源资产离任审计。

(八)推动社会主义文化繁荣兴盛

坚持中国特色社会主义文化发展道路,大力弘扬中华优秀传统文化、革命文化、社会主义先进文化,持续推动精神文明和物质文明协调发展,推动文化建设迈上新台阶。深入开展中国特色社会主义和中国梦宣传教育,推动习近平新时代中国特色社会主义思想深入人心。打造新型高端智库,围绕江苏高质量发展深化对策研究。加强传播手段建设和创新,大力推进媒体深度融合。深化社会主义核心价值观教育实践,推动核心价值观融入法治江苏建设,加强爱国主义教育,开展庆祝改革开放40周年教育活动,办好南京大屠杀死难者国家公祭活动。进一步繁荣文艺创作,坚持思想精深、艺术精湛、制作精良相统一,加强现实题材创作,不断推出讴歌党、讴歌祖国、讴歌人民、讴歌英雄的精品力作。加强文艺队伍建设,大力培育高水平创作人才。推进优秀传统文化传承发展。推进大运河文化带规划和建设。进一步培育骨干文化企业,促进和引导文化消费。推进国际传播能力建设,打造"精彩江苏"对外文化交流品牌,建设好海牙中国文化中心,提高江苏文化软实力。深入开展全民阅读,加快"书香江苏"品牌建设,广泛开展志愿服务。发展公共体育事业,提升竞技体育综合实力,全力办好第十九届省运会。

(九)全面加强和创新社会治理

扎实推进平安江苏、法治江苏建设,着力打造共建共治共享的社会治理格局,提高社会治理现代化水平。坚决打好防范化解重大风险攻坚战。完善和落实政府性债务管理制度,坚决杜绝违法违规融资,严格管控政府性债务规模和债务率,坚决防止和化解政府性债务风险。加强金融监管,筑牢市场准入、早期干预和处置退出三道防线,做好非法集资、互联网金融等重点领域风险防范和处置,严厉打击违法违规金融活动,加强薄弱环节监管制度和风险监测预警平台建设,坚决守住不发生系统性区域性金融风险的底线。坚持"房子是用来住的、不是用来炒的",落实地方主体责任,实行分类调控,因城施策,建立长效机制,合理引导市场预期和购房行为,大力整顿和规范市场秩序,坚决防控房地产领域风险。切实保障公共安全。加强立体化、信息化社会治安防控体系建设,构建纵向到底、横向到边的公共安全网络。依法打击各种违法犯罪活动,扎实抓好扫黑除恶专项斗争。严格落实安全责任制,强化生产安全、食品药品安全专项整治和综合治理,深入开展安全稳定大排查、大化解、大整治工作,坚决防范和遏制重特大事故发生。完善和落实突发事件应急联动机制,不断提升全社会的防灾减灾救灾能力。加强社会心理服务体系建设,培育自尊自信、理性平和、积极向上的社会心态。着力预防和化解社会矛盾。运用大数据技术、信息化手段，提高对各类社会矛盾的发现预警能力，努力做到早发现、早预防、早处置。健全重大决策社会稳定风险评估机制，完善矛盾纠纷多元化解机制，严格落实信访工作责任制，加强信访法治化建设，依法及时就地解决群众合理诉求。进一步做好民族宗教工作。推动社会治理重心向基层下移，加强社区治理体系建设，深化"政社互动""三社联动"等社区治理改革，完善网格化社会治理机制，有效发挥社会组织作用，实现政府治理和社会调节、居民自治良性互动。实施城市治理与服务十项行动，继续推进城市执法体制改革。深入推进诚信江苏和社会信用体系建设。加强双拥共建，积极参与和支持深化国防和军队改革，加强国防动员和后备力量建设，深入开展全民国防教育，进一步提高军转安置和优抚工作质量，坚决维护军人军属合法权益，巩固和发展军政军民团结的良好局面。

各位代表，让人民群众过上美好生活，是我们一切工作的出发点和落脚点。今年我们将继续办好民生十项实事。一是把就业作为民生之本，帮助城乡就业困难人员就业再就业10万人，引领大学生创业2.5万人，扶持农民创业5万人，城乡退役士兵参加免费就业培训达到80%以上，毕业就业率不低于95%。新增公益应急救护培训100万人。二是进一步提高社会保障水平，居民基本养老保险基础养老金最低标准提高到每人每月135元，城乡居民基本医保财政补助最低标准提高到每人每年510元。城乡低保标准分别提高5%和8%以上，农村低保最低标准提高到每人每月430元。三是加大助老助残力度，新建100个街道老年人日间照料中心、2 000个社区老年人助餐点，城市社区助餐点实现全覆盖。为5 000个农村贫困残疾人家庭建立分布式光伏电站，实现全省乡镇（街道）"残疾人之家"全覆盖。四是关爱农村留守儿童，建立200个农村留守儿童"关爱之家"。全面提高出生缺陷综合防治水平，全省完成产前筛查70万人，新生儿疾病筛查80万人。五是强化食品安全管理，将2 200家重点食品生产经营主体纳入食品安全电子追溯系统，建成餐饮质量示范街（区）30条、示范店3 000家，保证舌尖上的安全。六是改善居住环境，加强城市"双修"，开展老旧小区环境综合整治，推动多层老旧住宅加装电梯等适老化改造，建成100个省级宜居示范住区。加快棚户区改造，新开工棚改21.5万套，基本建成17万套，完成农村危房改造1.5万户。七是改善农村交通条件，新改建农村公路3 500公里、桥梁800座、农桥6 000座，新开通镇村公交80个乡镇，开通率达到77.6%。八是实施城乡清水工程，整治城市黑臭水体100条以上，两年基本消除设区市建成区黑臭水体；县城以上饮用水水源地问题隐患全部整治到位，实施农村饮水安全巩固提升工程，让人民群众喝上放心水。九是大力推进"厕所革命"，实施城市公厕提标便民工程，新建改扩建旅游厕所1 500座，新增农村无害化卫生户厕20万座。十是丰富群众文化生活，改造提升和新建300个社区综合服务中心，新建4 000个基层综合性文化服务中心，综合提升4 000家农家书屋服务功能。建成体育公园700个，新建健身步道500公里。

保障和改善民生没有终点站，只有连续不断的新起点。我们将始终把人民利益摆在至高无上的地位，紧紧抓住人民群众最关心最直接最现实的利益问题，一件事情接着一件事情办，一年接着一年干，努力让人民群众有更多获得感、幸福感、安全感。

四、全面加强政府自身建设

各位代表，时代是出卷人，我们是答卷人，人民是阅卷人。实现本届政府奋斗目标，写好新时代江苏答卷,这是我们肩负的历史使命。我们一定不忘初心,牢记使命,永远奋斗,撸起袖子加油干,以彻底的自我革命精神,锤炼忠诚干净担当的政治品格,努力向全省人民交出合格答卷。

提高政治站位。党的领导是中国特色社会主义最本质的特征,是中国特色社会主义制度的最大优势。坚持党的领导首先是坚持党中央集中统一领导。政府及其工作人员要旗帜鲜明讲政治,增强"四个意识",坚定"四个自信",坚决维护习近平总书记的核心地位,坚决维护以习近平同志为核心的党中央的权威和集中统一领导,在政治立场、政治方向、政治原则、政治道路上坚定同以习近平同志为核心的党中央保持高度一致。自觉用习近平新时代中国特色社会主义思想武装头脑、指导实践、推动工作,不断汲取核心的力量、真理的力量、信仰的力量和奋斗的力量。深入推进"两学一做"学习教育常态化制度化,认真开展"不忘初心,牢记使命"主题教育活动。坚定理想信念,牢记为民宗旨,增强在社会主义现代化建设中走在前列的使命意识和责任担当。坚持把党对一切工作的领导贯彻到政府工作各个领域各个方面,确保中央大政方针和省委工作要求落地生根。

坚持依法行政。全面依法治国是中国特色社会主义的本质要求和重要保障,政府必须在法治轨道上全面履行职能。坚持权由法定、权依法使,深化法治政府建设,自觉运用法治思维和法治方式推进工作。坚持人民代表大会这一根本政治制度,认真落实省人大及其常委会作出的决议决定,依法向省人大及其常委会报告重大事项,落实重大决策出台前向省人大报告制度。认真落实协商民主有关规定,充分利用政协协商民主这一重要渠道。完善政府协商机制,加强与政协民主协商,充分听取人大代表意见,深化与政协委员、民主党派、工商联、无党派人士和各人民团体的沟通协商,提高决策的科学化民主化法治化水平。加强对行政权力的制约和监督,依法接受人大及其常委会的监督,自觉接受人民政协的民主监督,接受社会和舆论监督。加强政府内部层级监督,完善政府规章制度,进一步扎紧制度笼子,让权力在阳光下运行。健全行政决策机制,充分发挥新型智库作用,全面推进政务公开。把诚信施政作为重要准则,说到做到、一诺千金,以政府诚信带动社会诚信建设,让诚信成为江苏的靓丽名片。

提升能力水平。软肩膀挑不起硬担子。新时代担当新使命,既要政治过硬,也要本领高强。我们要按照增强"八个本领"、锤炼"五个过硬"的要求,以"等不及"的紧迫感、"慢不得"的危机感和"坐不住"的责任感,切实加强自身能力建设,努力当好新时代的"答卷人"。深入推动学习型政府建设,坚持干什么学什么、缺什么补什么,打牢全面、系统、专业的知识根底,进一步提高适应新时代、实现新目标、落实新部署的专业化能力。始终保持锐意进取、敢为人先的奋斗精神,善于结合实际创造性推动工作,善于坚持问题导向补齐"短板",善于运用互联网技术和信息化手段优化政府服务。强化忧患意识,树立底线思维,更加注重加固"底板",切实增强防控和化解各种重大风险的能力,做到研判风险见势早、应对挑战办法多、化解矛盾措施实,牢牢把握工作主动权。

切实改进作风。作风就是形象,关系人心向背。要坚持作风建设永远在路上,把践行"三严三实"贯穿于全部工作中,严格执行中央八项规定及实施细则精神,认真落实省委《具体办法》,坚决反对形式主义和官僚主义,久久为功祛除享乐主义和奢靡之风。时刻把群众安危冷暖放在心中,严肃认真对待群众反映强烈的突出问题,坚决纠正损害群众利益的行为。进一步加强和改进调查研究,真正动起来、深下去,多到困难多、矛盾大的地方去,把功夫下到察实情、出实招、办实事、求实效上。健全鼓励激励、容错纠错机制,推动广大干部放开手脚干事创业,以抓铁有痕、踏石留印的劲头狠抓落实,推动各项工作落到实处、见到实效。

坚持廉洁从政。我们是人民政府，权力来自人民，必须用来为人民服务。要深入贯彻落实全面从严治党和党风廉政建设各项规定要求，加强源头治理，用制度管权管事管人，加快形成不敢腐、不能腐、不想腐的体制机制。加大审计监督力度，严管公共资金，严管公共资源交易，严管国有资产资本，严格控制"三公"经费和一般性支出，把有限的资源和财力用在推动发展、改善民生上。政府工作人员要严守政治纪律和政治规矩，严守廉洁从政各项规定，守住底线，不踩红线，不碰高压线，努力向高标准迈进，永葆为民务实清廉的政治本色。

各位代表！中国特色社会主义迈入了新时代，"强富美高"新江苏建设进入了新阶段，新时代新目标催人奋进。让我们更加紧密团结在以习近平同志为核心的党中央周围，以习近平新时代中国特色社会主义思想为指导，在中共江苏省委坚强领导下，坚定信心，锐意进取，真抓实干，埋头苦干，以推进"两聚一高"新实践、建设"强富美高"新江苏的新作为新业绩，谱写好新时代中国特色社会主义江苏新篇章！

第二章 关于江苏省 2017 年预算执行情况与 2018 年预算草案的报告

——2018 年 1 月 26 日在江苏省第十三届人民代表大会第一次会议上

省财政厅厅长 刘捍东

各位代表:

受省人民政府委托,我向大会报告江苏省 2017 年预算执行情况与 2018 年预算草案,请予审议,并请省政协委员和列席会议的同志提出意见。

一、2017 年预算执行情况

2017 年,全省各级财政部门坚决贯彻中央和省委、省政府决策部署,认真落实省十二届人大五次会议的有关决议,以供给侧结构性改革为主线,实施更加积极的财政政策,全力支持稳增长、促改革、调结构、惠民生、优生态、防风险各项工作,为推进"两聚一高"新实践、建设"强富美高"新江苏提供了有力的财政保障。

(一)一般公共预算执行情况

全省一般公共预算收入 8 171.53 亿元,同口径增长 4.6%。其中,税收收入 6 484.33 亿元,同口径增长 4.7%,占一般公共预算收入的 79.4%。全省一般公共预算支出 10 622.18 亿元,增加 640.22 亿元,增长 6.4%。

当年全省一般公共预算收入,加中央税收返还及转移支付收入、地方政府一般债务收入及上年结转收入等,收入共计 13 116.7 亿元。当年一般公共预算支出,加上解中央支出、地方政府一般债务还本支出、补充预算稳定调节基金等,当年支出共计 12 381.85 亿元。收支相抵,预计结转下年支出 734.85 亿元。

省级一般公共预算收入 504.39 亿元,同口径增长 2.4%。省级一般公共预算支出 933.81 亿元,下降 3.3%。省级一般公共预算收入,加中央税收返还和转移支付收入、地方政府一般债务收入、下级上解收入及上年结转收入等,收入共计 5 138.57 亿元。省级一般公共预算支出,加上解中央支出、对市县税收返还及转移支付支出、地方政府一般债务转贷支出、地方政府一般债务还本支出、补充预算稳定调节基金等,当年支出共计 5 044.24 亿元。收支相抵,预计结转下年支出 94.33 亿元。

(二)政府性基金预算执行情况

全省政府性基金收入 7 005.8 亿元,增长 15.8%。全省政府性基金支出 7 559.24 亿元,增长

21.9％。全省政府性基金收入,加中央补助收入、地方政府专项债务收入、上年结转收入等,收入共计9 591.82亿元。当年政府性基金支出,加上解中央支出、地方政府专项债务还本支出、调出资金等,当年支出共计8 713.92亿元。收支相抵,预计结转下年支出877.9亿元。

省级政府性基金收入116.11亿元,受政策性减收因素影响,下降18.2％。省级政府性基金支出57.56亿元,下降9.8％。省级政府性基金收入,加中央补助收入、地方政府专项债务收入、上年结转收入等,收入共计1 927.75亿元。当年政府性基金支出,加上解中央支出、地方政府专项债务转贷支出、调出资金等,当年支出共计1 893.73亿元。收支相抵,预计结转下年支出34.02亿元。

（三）国有资本经营预算执行情况

全省国有资本经营预算收入168.64亿元,增长38.7％,加上年结转收入16.29亿元,收入共计184.93亿元。全省国有资本经营预算支出139.32亿元,增长46.7％,加调出资金34.55亿元,当年支出共计173.87亿元。收支相抵,预计结转下年支出11.06亿元。

省级国有资本经营预算收入19.91亿元,受部分企业改制重组影响,下降24.1％,加上年结转收入6.25亿元,收入共计26.16亿元。省级国有资本经营预算支出19.38亿元,增长19.6％,加调出资金6.76亿元,当年支出共计26.14亿元。收支相抵,预计结转下年支出0.02亿元。

（四）社会保险基金预算执行情况

全省社会保险基金收入5 361.27亿元,同口径增长6.3％。全省社会保险基金支出5 006.03亿元,同口径增长6.3％。全省社会保险基金当年收支结余355.23亿元,年末滚存结余6 079.43亿元。

省级社会保险基金收入384.13亿元,同口径增长6.5％。省级社会保险基金支出342.16亿元,同口径增长9.5％。省级社会保险基金当年收支结余41.97亿元,年末滚存结余638.79亿元。

在省财政与中央财政、市县财政办理正式结算后,上述预算执行情况还会有一些变动,届时我们再向省人大常委会报告。

（五）地方政府债务情况

截至2017年末,我省地方政府债务余额预计为12 026.28亿元（其中省级540.48亿元）,债务率为63.1％。

2017年全省和省级预算执行与管理主要体现了以下重点:

（一）统筹运用财政政策工具,促进经济平稳发展。一是推动供给侧结构性改革。对承担化解过剩产能任务的钢铁、煤炭等行业企业给予奖补。全面落实国家和省降低实体经济企业成本的政策措施,多措并举为企业降低成本超过1 100亿元。取消、停征45项涉企和18项涉及个人等事项的行政事业性收费,取消城市公用事业附加,出台船舶过闸费和车辆通行费优惠政策。加大财政资金投入力度,大力支持补齐民生保障、生态建设和基础设施薄弱环节等短板。发行地方政府债券2 878亿元,其中1 646亿元用于置换政府存量债务,有效降低了政府融资成本。二是支持科技创新和产业转型升级。深入落实"创新40条",支持"一中心"、"一基地"建设。加大对苏南国家自主创新示范区、省产业技术研究院、省技术产权交易市场等创新平台扶持力度。建立企业研发和工业企业技改普惠制奖补政策体系。三是深化政府投融资改革。用好政府投资基金工具，省政府投资基金累计对外认缴出资200.7亿元，已投资126个项目。规范推广运用PPP模式，已落地项目249个，吸引社会资本4 370亿元。完善政银合作融资支持政策，全省科技贷款资金池累计撬动贷款超过500亿元，"小微创业贷"和"苏微贷"累计投放贷款512亿元。

（二）切实增进民生福祉，促进区域协调发展。一是积极落实"富民33条"。全省公共财政支出75%以上用于民生，省级财政民生支出比重达80%。突出财政资金的公共性，聚焦人民日益增长的美好生活需要，加大对教育、医疗、社保、养老、就业等民生投入，全面落实普惠性支出提标提档提补政策。二是大力支持生态文明建设。完善财税扶持政策，全力支持"两减六治三提升"专项行动和实施大气、水、土壤污染防治行动计划。继续实施生态补偿转移支付，强化生态补偿激励机制。水环境区域补偿机制实现跨界水体类型全覆盖。全面实施与污染物排放总量挂钩的财政政策。三是促进区域与城乡统筹协调发展。主动对接"一带一路"、长江经济带等国家战略，积极争取相关财税支持政策。完善农业转移人口市民化财政政策体系。支持特色小镇和旅游风情小镇创建。推进实施田园综合体和特色田园乡村建设试点工作。

（三）全面深化财税改革，提升财政管理效能。一是加快建立现代预算制度。清理规范重点支出同财政收支增幅或生产总值挂钩事项。加大存量资金盘活和统筹使用力度，全年全省累计盘活近2 000亿元。加大预决算公开力度，建成横向连通、纵向贯通的省市县一体化预决算公开平台。完善全过程预算绩效管理机制，省级纳入绩效目标管理的资金达1 200亿元。《江苏省财政监督条例》正式颁布实施。县级以上预算联网监督系统初步建成。二是有序推进税制改革。营改增平稳运行，减税超过790亿元。做好我省环境保护税开征工作，污染物适用税额经省人大常委会审议通过。三是调整完善财政管理体制。实施新一轮省以下财政管理体制，进一步理顺财政分配关系，促进财力向市县倾斜。省级一般性转移支付和专项转移支付比例达到1∶1，约50%省级专项转移支付实行因素法分配。

同时，我们也看到当前财政工作中还存在一些问题和不足：财政收入增长动力不强，区域收入走势分化，收支矛盾较为突出；预算执行刚性约束有待增强，财政资源配置效率有待提升；一些项目推进力度不强，实施进度偏慢，造成资金沉淀；个别地方政府债务风险不容忽视等。对这些问题，我们将高度重视，努力加以研究解决。

二、2018年预算草案

2018年预算安排的指导思想是：全面贯彻党的十九大精神，以习近平新时代中国特色社会主义思想为指导，认真落实习总书记视察江苏重要讲话精神，按照省委十三届三次全会部署，围绕统筹推进"五位一体"总体布局和"四个全面"战略布局，坚持稳中求进工作总基调，坚持新发展理念，紧扣我国社会主要矛盾变化的实际，以供给侧结构性改革为主线，深入推进预算法的贯彻落实，继续实施积极的财政政策，统筹支持稳增长、促改革、调结构、惠民生、优生态、防风险各项工作，调整优化支出结构，突出抓重点、补短板、强弱项，特别是要坚决打好防范化解重大风险、精准脱贫、污染防治的攻坚战，合理安排一般性支出，突出财政公共性公平性，提高财政资源配置效率和效益，着力推动解决发展不平衡不充分问题，促进全省经济社会高质量发展和人民生活水平不断提高。

（一）一般公共预算

1. 全省一般公共预算

2018年全省一般公共预算收入预计为 8 660 亿元,比 2017 年执行数(下同)增加 488.47 亿元,增长 6%左右。全省一般公共预算支出 11 259 亿元,增加 636.82 亿元,增长 6%左右。

2018年全省一般公共预算收入,加中央税收返还及转移支付收入、地方政府一般债务收入及上年结转收入等,收入共计 13 043.68 亿元。当年一般公共预算支出,加上解中央支出、地方政府一般债务还本支出及结转下年支出等,支出共计 13 043.68 亿元。收支相抵,保持平衡。

2. 省级一般公共预算

（1）省级收入预算安排情况。

2018年省级一般公共预算收入预计 285.8 亿元,受体制调整影响下降 43.3%,加上预计上级补助收入 1 463.56 亿元、下级上解收入 1 559.99 亿元、上年结转 94.33 亿元、调入资金 226 亿元、地方政府一般债务收入 685.27 亿元,收入共计 4 314.95 亿元。

（2）省级支出预算安排情况。

① 上解中央支出 195.68 亿元。

② 返还性支出 560.84 亿元。根据历次中央与地方财政体制调整的有关规定,省对市县给予固定税收返还补助。

③ 中央专项转移支付支出 267.08 亿元。根据中央已提前下达的专项转移支付支出总额编入省级支出预算。

④ 一般性转移支付支出 1 115.95 亿元。一是省对市县固定数额补助支出 324.39 亿元。主要是历次财政体制调整时,为保障市县既得利益而给予市县的补助基数。二是省对市县财力性补助支出 243.81 亿元。主要包括:均衡性转移支付支出 69.12 亿元、县级基本财力保障机制奖补支出 70 亿元、重点生态功能区转移支付支出 15 亿元、激励性转移支付支出 15.85 亿元等。三是专项改列一般性转移支付支出 547.75 亿元。主要政策包括:拟将农村最低生活保障标准从每人每月 410 元提高到 430 元、城乡居民基础养老金最低标准从每人每月 125 元提高到 135 元、城乡居民基本医疗保险补助标准从年人均 470 元提高到 510 元、基本公共卫生服务补助标准从年人均 60 元提高到 65 元。

⑤ 省级当年财力安排的省本级支出和专项转移支付支出 1 298 亿元,主要内容是:

——社会保障和就业支出拟安排 108.26 亿元,同口径增长 11.6%。主要项目有:养老保险基金缺口补助及准备期清算 31 亿元、基本养老保险及职业年金当年缴费 35 亿元、就业专项资金 12.38 亿元、社会养老服务体系建设资金 6.5 亿元等。

——医疗卫生与计划生育支出拟安排 48.52 亿元,同口径增长 5.1%。主要项目有:公共卫生与计划生育服务支出 8.24 亿元、卫生计生重点学科建设与人才培养 4.38 亿元、基层医疗卫生机构实行药品零差率项目 3.8 亿元、食品药品监管事业专项 2.99 亿元、中医药事业发展专项资金 2.9 亿元等。

——农林水支出拟安排 168.42 亿元,同口径增长 6.8%。主要项目有:水利重点工程建设 24.25 亿元、水利发展资金 25.05 亿元、现代农业产业资金 19 亿元、国家农业综合开发项目配套资金14.27亿元、扶贫开发6.05亿元、农业科技创新与推广12.05亿元等。

——教育支出拟安排260.34亿元,同口径增长5.7%。主要项目有:生均拨款189亿元、高等教育内涵建设与发展专项资金24.24亿元、教育奖助体系专项经费20.21亿元、现代职业教育体系建设专项资金6.37亿元等。

——科学技术支出拟安排71.29亿元,同口径增长10.6%。主要项目有:省重点研发计划资金5.32亿元、企业创新与成果转化专项资金9亿元、省创新能力建设计划5.67亿元、苏南专项10亿元、财政促进金融业创新发展专项资金6.5亿元、省级高层次创新创业人才引进计划专项资金6亿元、重点政策落实补助10.5亿元等。

——文化体育与传媒支出拟安排27.86亿元,同口径增长6.8%。主要项目有:宣传文化发展专项资金4亿元、现代服务业(文化产业)专项引导资金2.5亿元、公共文化服务体系建设专项资金2.43亿元、文化企业专项扶持经费3亿元等。

——节能环保支出拟安排49.53亿元,同口径增长10.5%。主要项目有:太湖水污染治理引导资金20亿元、环境保护引导资金15.86亿元、城乡环境综合整治专项资金6.53亿元、建筑节能和建筑产业现代化专项资金3.5亿元等。

——服务业与经济发展方面支出拟安排81.99亿元,同口径增长4%。主要项目有:战略性新兴产业发展专项资金10亿元、商务发展资金17.8亿元、工业和信息产业转型升级引导资金29.07亿元、旅游业发展专项引导资金6.48亿元、其他现代服务业发展专项资金4.15亿元等。

——交通运输支出拟安排138.16亿元,同口径增长4.5%。主要项目有:交通发展专项资金55.12亿元、交通养护专项资金52.51亿元、干线航道建设专项资金5亿元、海事发展专项资金4.31亿元等。

——其他方面。主要项目有:预备费12亿元、政府投资基金20亿元、城镇基础设施建设引导资金15.62亿元、对口支援专项资金9.83亿元、地债付息资金11.44亿元、省发改委统筹基建项目资金4亿元等。

⑥ 省级政府一般债务还本支出97.8亿元,用于偿还2018年到期的省级政府一般债务本金。

⑦ 省级政府一般债务转贷支出685.27亿元。

⑧ 上年结转支出94.33亿元。

(二)政府性基金预算

2018年全省政府性基金预算收入预计为6 202亿元,下降11.5%。加中央补助收入24.49亿元、调入资金收入24亿元、地方政府专项债务收入438.78亿元、上年结转收入877.9亿元,全省政府性基金预算收入总量预计为7 567.17亿元。政府性基金预算收入总量减去调出进入一般公共预算300亿元、结转下年支出466.46亿元、地方政府专项债务还本支出468.71亿元,其余6 332亿元拟全部安排支出。

2018年省级政府性基金预算收入预计为101.47亿元,下降12.6%。加中央补助收入24.49亿元、地方政府专项债务收入438.78亿元、上年结转收入34.02亿元,省级政府性基金预算收入总量预计为598.76亿元。政府性基金预算收入总量减去补助市县支出56.45亿元、地方政府专项债务转贷支出438.78亿元后,其余103.53亿元拟全部安排本级支出。

（三）国有资本经营预算

2018年全省国有资本经营预算收入预计为128.76亿元,加上年结转收入11.06亿元,全省国有资本经营预算收入总量预计为139.82亿元。国有资本经营预算收入总量减去调出34.84亿元进入一般公共预算后,其余104.98亿元拟全部安排用于对国有企业的资本金注入、改革成本支出等。

2018年省级国有资本经营预算收入预计为22.55亿元,加上年结转收入0.02亿元,省级国有资本经营预算收入总量预计为22.57亿元。国有资本经营预算收入总量减去调出5.64亿元进入一般公共预算后,其余16.93亿元拟全部安排用于国有企业的资本金注入、改革成本支出等。

（四）社会保险基金预算

2018年全省社会保险基金收入预计为5 610.61亿元,支出预计5 366.6亿元,收支相抵,本年结余为244.01亿元,加上上年滚存结余6 079.43亿元,年末滚存结余6 323.44亿元。

2018年省级社会保险基金收入预计为600.47亿元,支出预计550.25亿元,收支相抵,本年结余50.22亿元,加上上年滚存结余638.79亿元,年末滚存结余689.01亿元。

（五）省十三届人大一次会议前支出情况

根据预算法第五十四条规定,在本次大会审议批准前,省级安排支出30.53亿元,主要用于省级预算单位的基本支出等。

三、努力完成2018年财政改革与预算收支任务

（一）贯彻新发展理念,推动经济社会高质量发展。一是推动经济发展质量变革、效率变革、动力变革。健全财税政策体系,支持实体经济提质增效,加快推动制造业优化升级。支持新产业、新模式、新业态发展,继续实施传统产业技术改造财政扶持政策,加快培育新动能。全面落实国家和省"降成本"各项政策,继续清理规范涉企收费。二是推动科技创新战略支撑。加强对"先进制造业26条"、"创新40条"、"人才26条"等政策的资金保障。推动建立以企业为主体、市场为导向、产学研深度融合的技术创新体系。积极支持争创综合性国家科学中心。三是支持推进"1+3"重点功能区战略。按照省委、省政府区域发展布局,大力支持扬子江城市群和江淮生态经济区、沿海经济带、淮海经济区中心城市发展。全力支持加快构建现代化综合交通体系,统筹运用专项资金、债券资金、投资基金,推动高铁、航空、港口、过江通道、公路等重大基础设施建设。加大对重大水利工程建设和海绵城市、地下综合管廊等市政基础设施建设的支持力度。四是支持推进乡村振兴战略。推进农业供给侧结构性改革,加快构建现代农业"三个体系"。探索建立涉农资金统筹整合长效机制。支持建设文化旅游名镇以及产业、生态和功能特征鲜明的特色小镇,扎实推进田园综合体建设试点和特色田园乡村建设试点工作。按照"四好农村路"要求,支持实施农村公路提档升级三年行动计划。

（二）聚焦重点领域,支持打好三大攻坚战。一是支持打好防范化解重大风险攻坚战。严守政府债务限额管理红线,依法开展存量债务置换,严格管控增量债务,坚决制止违法违规融资担保行

为,严禁以政府投资基金、PPP、政府购买服务等名义变相举债。建立健全政府性债务风险预警机制和应急处置机制,坚决守住不发生系统性风险的底线。二是支持打好精准脱贫攻坚战。以年收入6 000元以下农村低收入人口为帮扶重点,进一步集中资源、聚焦重点、分类施策、精准帮扶,激发低收入人口内生动力。全面实施扶贫资金绩效管理,健全常态化监管机制,提高资金使用效率。三是支持打好污染防治攻坚战。以天蓝地绿水清为目标,促进生态环境质量持续改善。大力支持大气、水、土壤污染防治和城乡环境综合整治。按照国家和省最新生态保护红线规划,完善生态补偿转移支付办法,对生态保护特区和生态保护引领区进行重点扶持。健全生态环境损害赔偿制度,研究建立市场化、多元化生态补偿机制。

(三)坚持以人民为中心,在发展中保障和改善民生。一是坚持兜底线。切实保障群众基本生活,更加注重对特定人群特殊困难的帮扶。完善低保标准调整机制,健全低保准入和核减机制。着力完善社会福利制度,保障困境儿童的生活和发展权益。大力支持残疾人事业发展,完善残疾人就业、康复、教育、救助等保障体系。二是提高精准性。增强财政资金和政策的指向性,着力解决民生领域突出问题。支持教育事业优先发展,完善从学前教育到高等教育全覆盖的经费保障机制。支持深化医药卫生体制改革,推进分级诊疗制度和医联体建设,提高基本公共卫生服务补助标准,加大全科医生培训力度。加大文化建设投入力度,完善基本公共文化服务体系。加快推进养老保险制度改革,健全社区居家养老服务标准和基本规范。三是注重可持续。在经济发展可持续、财力可支撑的基础上,既尽力而为、又量力而行,在推动富民增收、促进基本公共服务均等化方面不断取得新进展,使人民获得感、幸福感、安全感更加充实、更有保障、更可持续。

(四)运用系统化思维,加快建立现代财政制度。一是完善财政管理体制。深化转移支付制度改革,实施省对市县均衡性转移支付办法,促进形成权责清晰、财力协调、区域均衡的省以下财政管理体制。积极对接交通运输、科技、环保等领域中央与地方财政事权和支出责任划分改革。二是深化预算管理改革。提升预算的规范性和透明度,完善全口径预算管理,省级国有资本经营预算调入一般公共预算比例提高到25%,以全省预决算公开统一平台为依托,进一步提升预决算公开水平。进一步提高预算编制的科学性,建立健全预算支出标准体系,试编2018—2020年中期财政规划。增强预算执行刚性约束,严格依法依规征收财政收入,严控预算调整和调剂事项。全面实施绩效管理,逐步将绩效管理覆盖四本预算,并逐步融入预算编制、执行、监督全过程。三是落实税制改革部署。依法开征环境保护税。按照税收法定原则,做好重大税制改革在我省的实施工作。认真落实国家税收优惠政策,切实减轻企业税收负担。抓好国家先行先试政策在我省的落实工作,加强政策调研评估,积极向国家争取将更多地区纳入试点范围。

各位代表:今年是贯彻党的十九大精神的开局之年,是改革开放40周年,是决胜全面建成小康社会、实施"十三五"规划承上启下的关键一年。我们将在省委、省政府的正确领导下,按照省十三届人大一次会议的要求,坚持新发展理念,主动服务大局,不忘初心,牢记使命,锐意进取,埋头苦干,扎扎实实做好稳增长、促改革、调结构、惠民生、防风险各项工作,不断开创财政改革发展新局面,为推进"两聚一高"新实践、建设"强富美高"新江苏做出积极贡献!

第三章 关于江苏省 2017 年国民经济和社会发展计划执行情况与 2018 年国民经济和社会发展计划草案的报告

—— 2018 年 1 月 26 日在江苏省第十三届人民代表大会第一次会议上

省发展和改革委员会主任 朱晓明

各位代表：

受省人民政府的委托，我向大会报告 2017 年全省国民经济和社会发展计划执行情况与 2018 年国民经济和社会发展计划草案，请予审议，并请各位政协委员提出意见。

一、2017 年国民经济和社会发展计划执行情况

过去的一年，全省上下深入贯彻习近平总书记系列重要讲话精神和治国理政新理念新思想新战略，认真落实省第十三次党代会部署要求，坚持稳中求进工作总基调，以推进供给侧结构性改革为主线，统筹做好改革发展稳定各项工作，经济发展保持了总体平稳、稳中有进、稳中向好的良好势头，主要经济指标处于预期合理区间，年度目标任务可望较好完成。

——地区生产总值增长 7.2%。

——固定资产投资增长 7.5%，其中，工业投资增长 6.7%，工业技改投资增长 11.5%。

——社会消费品零售总额增长 10.6%。

——外贸进出口增长 19%，实际使用外资增长 2.4%。

—— 一般公共预算收入同口径增长 4.6%。

——居民消费价格涨幅 1.7%。

——全社会研发投入占地区生产总值比重达到 2.7%左右。

——高新技术产业产值占规模以上工业产值比重达到 42.7%。

——居民人均可支配收入增长 9.2%，其中城镇居民人均可支配收入增长 8.6%，农村居民人均可支配收入增长 8.8%。

——城镇登记失业率 2.98%，城镇新增就业 148.6 万人。

——单位地区生产总值能耗下降率超额完成国家下达任务，化学需氧量、二氧化硫、氨氮、氮氧化物四项污染物超额完成国家下达的总量减排任务，单位地区生产总值二氧化碳排放量下降 5.7%。

——空气质量优良天数比率为 68.8%左右。

——地表水国控断面优于Ⅲ类水质比例 65.4%以上。

——单位 GDP 建设用地占用下降率达 6%。

对照 2017 年国民经济和社会发展计划目标,各项主要指标落实情况较好,全面完成年初设定的目标任务。

一年来,全省上下围绕党中央、国务院和省委省政府各项决策部署,坚定不移贯彻新发展理念,以提高发展质量和效益为中心,统筹推进稳增长调结构促改革惠民生防风险各项工作,国民经济和社会发展计划的执行成效主要体现在六个方面:

(一)重抓供给侧结构性改革,转型升级步伐持续加快

狠抓以制造业为主体的实体经济发展,着力提高经济发展的质量效益。深入推进供给侧结构性改革,全面完成年度退出钢铁、煤炭、水泥产能目标任务;各设区市商品住宅去化周期都在 12 个月以内,积极开展培育和发展住房租赁试点工作;出台降低企业杠杆率实施意见、促进创业投资持续健康发展实施意见,大力发展直接融资特别是股权融资,积极稳妥推进市场化法治化债转股;加大企业减税降费力度,全年共为企业降低成本 1 300 亿元左右;制定出台补短板实施意见,完成投资 4 000 亿元以上。召开制造业发展大会,认真落实支持实体经济发展的各项政策举措,高效配置调度资金、土地、能源、劳动力等要素,规上工业增加值增长 7.5%,规上工业利润总额增长 12.4%,总量保持全国首位。多次调研及经济运行监测平台调查显示,实体经济企业信心有所增强、预期有所转好,感受明显好于往年。农业供给侧结构性改革扎实推进,实施农业结构调整示范县、农业特色小镇、"一村一品一店"三项创建工程,全省产值 10 亿元以上县域特色农业产业达到 162 个,"三品一标"数量达到 18 008 个。结构调整力度加大,高技术行业增加值增长 11.8%,装备制造业增加值增长 9.5%,均高于规上工业增加值增速;服务业增加值占比达 50.3%,商务、软件和信息技术服务业继续保持两位数增长。高新技术产业投资增长 8.1%,民间投资增长 9.5%。新动能加快成长,高新技术产业产值增长 14.4%;战略性新兴产业产值增长 13.6%,其中新一代信息技术、高端装备、新材料产业均保持两位数增长;规上工业新产品产值增长 18.9%,工业机器人、服务器、3D 打印设备产量均增长 50%以上。出台促进共享经济发展的指导意见,大力培育共享经济龙头企业。"互联网+"发展迅猛,限上批零业网上零售额增长 49.8%。

(二)重抓政策落地见效,保持经济平稳健康发展

全省上下以钉钉子的精神全面贯彻国家和省委省政府各项决策部署,做到中央有要求、江苏有行动、落实有成效。深入贯彻国家鼓励消费政策,扎实推进"六大消费工程""十大扩消费行动"、幸福产业 100 个重点消费项目,研究提出大力发展中高端消费加快培育新增长点形成新动能的意见;支持发展"互联网+商贸""同线同标同质"等新业态新模式,改善产品和服务供给结构。全力推进重大项目建设,召开基础设施建设大会,举办重大项目集中开工活动,建立"承诺、评估、调度、考核"的项目推进制度,扎实推进省级重大项目以及全省一大批重点项目建设,超额完成年度省级重大项目投资计划,引领带动经济社会转型升级。持续推动外贸企稳回升,深入实施对外贸易"优进优出"行动计划,加快培育外贸新业态,今年以来外贸进出口实现两位数增长,11 家省级外贸综合服务试点企业进出口同比增长 1.8 倍;服务贸易快速发展,服务外包离岸业务执行额连续 9 年保持全国第一。

（三）重抓创新驱动发展，着力推动发展动能转换

深入实施创新驱动发展战略，召开江苏发展大会，开展对接大院大所活动，落实科技创新40条政策，制定人才26条政策、知识产权强省18条政策，建设省技术产权交易市场并正式上线运行，科技进步贡献率达62％。突出企业创新主体地位，新增3家国家级工程研究中心（工程实验室），大中型工业企业和规上高新技术企业研发机构建有率达90％左右，省级以上众创空间达到607家。企业专利授权量占全省专利授权量的70％以上，全省高新技术产业企业达1.3万家。规划创建国家产业创新中心，着力打通产业创新链条。积极推进双创基地建设，支持常州市武进区、南京市雨花区示范基地建设，打造创新创业的高效载体平台，推进省级双创示范基地县级全覆盖。举办"创响江苏"主题系列活动，提升创新浓度。启动建设省大数据管理中心，编制推进国家大数据综合试验区建设总体方案，成功获批国家政务信息系统整合共享应用试点。

（四）重抓聚焦富民发展，有效增强人民群众获得感

省委十三届二次全会深入诠释以人民为中心的发展思想，力促全省人民获得更满意的收入、更好的教育、更稳定的工作、更可靠的社会保障、更高水平的医疗卫生服务、更舒适的居住条件、更优美的环境。制定富民33条政策意见，城乡居民收入稳步增长，农村居民收入增幅继续高于城镇居民。把基本公共服务作为最大民生普惠，提出10个领域87项基本公共服务清单，出台基层基本公共服务功能配置标准；扎实办好民生实事，全省75％以上的财政支出用于民生，特别是社会保障和就业、医疗卫生、公共安全等支出同比增幅超过10％，有效增加公共产品和公共服务供给能力。把富民产业作为最大民生支撑，深入实施全民创业行动计划，扶持城乡劳动者成功创业29.1万人，城镇新增就业148.6万人，人数均为近年来最多；健全社会保障体系，主要险种参保率保持在97％以上。把脱贫攻坚作为最大民生任务，持续推进精准脱贫，年收入6 000元以下低收入人口脱贫60万人以上。把公共安全作为最大民生底线，持续推进"政社互动"，创新网格化社会治理机制，深化平安中国示范区建设，社会公众安全感达到96.5％。

把生态作为最大民生关切，持续改善生态环境。实施263专项行动，全年关闭燃煤小热电57.3万千瓦、化工企业1 496家，2016年以来全省禁养区累计关停搬迁畜禽养殖场10 372个，纳入长江沿岸危化品整治范围的118个非法码头全部整治完毕；全面完成国家"大气十条"任务，重点水功能区水质达标率达76％，印发省耕地河湖修养生息规划，空气质量和水体环境有所好转，单位GDP用水量下降5％。坚持能源生产结构和消费结构同步优化，印发"十三五"节能减排综合实施方案，提出全省能耗总量和强度双控目标，单位GDP能耗强度和主要污染物减排超额完成国家下达的年度目标任务；大力发展清洁能源，风电、光伏发电装机量持续增加，严控新建燃煤发电项目，新增可再生能源1 972万千瓦，占新增能源总量的47.8％。积极推进低碳经济和循环经济发展，启动建设覆盖全省的低碳管理与服务云平台。

（五）重抓区域功能布局，城乡区域发展更趋协调

积极研究谋划区域功能发展与布局，促进区域经济转型升级和区域协调发展。提出"1＋3"重点功能区战略，打破传统地理和行政区划格局，充分挖掘扬子江城市群、江淮生态经济区、沿海经济

带、徐州淮海经济区中心城市四个区域不同的基础条件和资源禀赋,转变发展思路,探索发展新路,推动行政区经济向功能区经济转变、区域同质竞争向协同发展转变。召开宁镇扬联席会议,加快宁镇扬同城化发展步伐;与浙江方面积极对接沟通,推进宁杭生态经济带建设;召开2017年长三角地区合作与发展联席会议,进一步深化开放、健全机制,推动长三角区域合作取得新突破。全面贯彻落实长江经济带战略,在全国率先编制《实施规划》,突出长江生态环境大保护,加大对沿江化工企业和非法占用码头的整治力度,降低沿江地区资源能源消耗水平和重化工业比重。深入推进国家新型城镇化综合试点,出台农业转移人口市民化的财政支持政策、建立城镇建设用地增加规模与吸纳农业转移人口相挂钩的指导意见,推进人地挂钩试点工作。积极推进特色小镇和特色田园乡村建设,公布首批25家省级特色小镇和首批13家旅游风情小镇创建名单,全力打造以破除城乡二元结构为方向、以特色产业为支撑,融入文化、旅游、智慧、社区等功能的特色小镇。制定省特色田园乡村建设行动计划,确定首批45个省级建设试点,力促形成一批具有地域特色、传承乡土文化、体现时代特征的乡村实例。

(六)重抓深化改革扩大开放,发展动力活力持续增强

重点领域改革持续深化。全省取消、下放和调整行政审批事项800多项,"不见面审批"模式得到国家肯定和全面推行,政务服务"一张网"高效运转,"3550"改革目标基本实现,审批服务事项网上办理率超过91.8%。深化投融资体制改革,制定出台我省企业投资项目核备办法,推进"不再审批"项目承诺制试点,研究制定企业投资鼓励类"零用地"项目不再审批试点方案。截止2017年底,共有249个PPP项目落地,总投资5 217亿元。着力推动国有企业混合所有制改革,开展国家售电侧改革试点,切实抓好创新政府配置资源方式、完善产权保护制度依法保护产权、盐业体制、公务用车制度、国有林场等专项改革。积极参与"一带一路"建设。重点推进中哈(连云港)物流合作基地和上合组织(连云港)国际物流园建设,连云港亚欧国际班列达到日均2.1列规模,进一步畅通陆海联运通道,打造"一带一路"国际物流合作平台。积极探索推进境外园区建设方式,中阿(联酋)产能合作示范园启动建设,成功获批全国首家"一带一路"产能合作园区,柬埔寨西港特区和埃塞俄比亚东方工业园建设加快推进。召开开发区改革创新大会,以"一特三提升"为抓手,推动开发区加快向现代产业园区转型。

在充分总结成绩的同时,也要清醒地看到,对照党的十九大新部署、人民群众的新期望,全省经济社会发展仍然存在一些困难和挑战。主要表现在新旧动能接续转换任务艰巨,自主创新能力和经济发展质量需进一步提高,实体经济发展面临不少困难,生态环境还存在许多短板和突出问题,发展不平衡不充分问题仍然比较突出,部分领域风险隐患不容忽视。我们必须高度重视这些问题,主动应对各种困难挑战,牢牢把握经济社会发展工作主动权。

二、2018年国民经济和社会发展计划及重大项目安排

(一)2018年国民经济和社会发展计划安排

2018年是全面贯彻落实十九大精神开局之年,是改革开放40周年,是决胜高水平全面小康社会、实施"十三五"规划承上启下的关键一年,做好全年经济社会发展工作意义重大,安排好全省经

济社会发展主要目标至关重要。

在安排今年主要指标时，我们坚持稳中求进工作总基调，牢牢把握高速度增长转向高质量发展的"纲"，以及社会与经济协调发展的"度"。一是充分体现经济发展由高速增长阶段向高质量发展阶段转变的要求。经济发展进入新时代，进一步落实好创新、协调、绿色、开放、共享的新发展理念，为调结构转方式优生态留有空间，更加注重提质增效、促进可持续发展的鲜明导向，突出对防范化解重大风险、精准脱贫、污染防治三大攻坚战的具体落实，在实现更高质量、更好效益、更美环境上求突破。二是充分体现"开好局起好步"的要求。始终坚持稳中求进的工作总基调，确保在贯彻党的十九大精神开局之年开好头起好步，综合考虑新常态下我省经济的增长潜力，增强市场信心、稳定社会预期，使经济运行在合理区间，为长远发展打下坚实基础。三是充分体现连续性和衔接性。把握江苏发展阶段性特征，有序衔接"十三五"规划和高水平全面建成小康社会目标要求，在2017年计划主要指标的基础上，作适当调整，同时统筹考虑与国家2018年主要目标的衔接。

基于以上考虑，今年全省经济社会发展主要指标延续2017年四大类的指标体系，个别指标作出调整，增加了高新技术产业投资、服务贸易额、每万劳动力中高技能人才数、城镇调查失业率等四项指标，调整后的年度计划为四大类25项43个指标。2018年全省国民经济和社会发展计划主要目标为：

（1）地区生产总值增长7%以上。

（2）固定资产投资增长6.5%左右，高新技术产业投资增长9%左右、工业投资增长6.5%左右，工业技改投资增长10%左右。

（3）社会消费品零售总额增长10%以上。

（4）外贸进出口稳中向好，服务贸易额增长10%左右，实际使用外资保持稳定。

（5）一般公共预算收入增长6%左右。

（6）居民消费价格涨幅在3%左右。

（7）R&D经费支出占GDP比重达2.74%左右。

（8）高新技术产业产值占规模以上工业产值比重达43%。

（9）城乡居民人均可支配收入与经济增长同步。

（10）城镇调查失业率和登记失业率分别在5%和4%以内，城镇新增就业110万人以上。

（11）节能减排和大气、水环境质量确保完成国家下达的目标任务。

从今年的主要指标安排来看，地区生产总值增长7%以上，固定资产投资增长6.5%左右，体现不追求高速度、更加注重高质量发展、为引导和推动增长动力转换留出空间的要求。增加高新技术产业投资指标，同时高新技术产业投资增长9%左右，工业技改投资增长10%左右，均高于固定资产投资增速，体现了结构调整的方向。持续提高R&D占比和科技进步贡献率，增加每万劳动力中高技能人才数指标，体现了创新驱动、培育新动能的要求。增加服务贸易额指标，保持外贸进出口增长稳中向好和利用外资稳定，体现了推动形成全面开放新格局的考虑。以高于国家下达的任务提出节能减排指标的目标值，体现了自加压力、建设美丽江苏的决心。增加城镇调查失业率指标，体现了更加全面反映失业状况并落实国家要求。提出城乡居民收入增长与经济增长同步，体现了以人民为中心的发展思想。在教育、社会保障、医疗卫生等方面，目标值与2017年基本持平或略有提升，体现了尽力而为、量力而行的要求。

（二）2018 年省级重大投资项目总体安排

安排 2018 年省重大项目投资计划的总体思路是：全面贯彻落实党的十九大精神，按照总书记视察江苏重要讲话要求，以供给侧结构性改革为主线，加快落实"一带一路"、长江经济带、扬子江城市群、苏南自主创新示范区等重大战略，紧密对接国家和省"十三五"发展规划，推动发展目标、发展政策和发展措施项目化实施，通过重大项目促进全省经济社会平稳健康发展。具体安排上体现为"四个注重"：一是注重引领创新发展。聚焦产业链两端和价值链高端，突出技术先进性、示范带动性、结构优化性，更多安排尖端技术攻关的载体项目和核心技术应用的产业项目，以创新驱动引领产业转型升级。二是注重壮大实体经济。按照发展壮大实体经济的要求，更多安排掌握核心技术、代表行业未来发展方向的产业项目，加快推动我省产业向价值链中高端迈进。三是注重统筹协调发展。围绕"1＋3"重点功能区战略对区域功能的重塑，进一步突出南京首位度，构建现代化新型基础设施体系，在更高层次统筹行业、区域、城乡协调发展。四是注重强化民生导向。加快富民步伐，推进环境改善，着力增加公共产品有效供给和改善群众生产生活环境，让百姓得到更多实惠。

根据以上安排思路和基本原则，2018 年省重大项目投资计划草案安排省级重大项目 240 个，包括实施项目 220 个、储备项目 20 个，总投资近 3.5 万亿元，其中实施项目总投资约 3 万亿元，年度计划投资 5 200 多亿元。220 个实施项目具体分五类安排：一是重大创新载体项目 20 个，总投资 680 亿元，年度计划投资超过 100 亿元，包括江苏省产业技术研究院研发中试基地、南京国家科学中心、华为苏州研究院等项目；二是重大产业项目 135 个，比往年增加 25 个，总投资 1.3 万亿元，年度计划投资 2 200 多亿元，包括无锡华虹集成电路、邳州中科大晶光刻设备、常州联影核磁共振等高端扫描设备、宿迁菲恩高端数控机床、连云港润众生物制药、南京银隆新能源客车、阿里巴巴江苏总部、徐州综合保税区、南通联仓大宗商品服务中心等项目；三是重大生态环保项目 10 个，总投资约 400 亿元，年度计划投资超过 80 亿元，包括太湖水环境综合治理、扬州南水北调东线源头生态保护工程等项目；四是重大民生工程项目 10 个，总投资约 2 400 亿元，年度计划投资 800 多亿元，包括棚户区改造提升工程、中医传承提升工程、农村公路提档升级工程等项目；五是重大基础设施项目 45 个，总投资 1.3 万亿元，年度计划投资近 2 000 亿元，包括苏南沿江铁路、沪通铁路、京沪高速江苏段改扩建、南京长江过江通道、新孟河工程、连云港港扩容提升、句容抽水蓄能电站等项目。

三、实施 2018 年国民经济和社会发展计划的重点举措

做好今年的经济工作，必须全面贯彻党的十九大精神，以习近平新时代中国特色社会主义思想为指导，按照总书记视察江苏重要讲话要求和中央经济工作会议部署安排，坚持稳中求进工作总基调，坚持新发展理念，紧扣社会主要矛盾变化，按照高质量发展的要求，统筹推进"五位一体"总体布局和协调推进"四个全面"战略布局，深入推进"两聚一高"新实践，以供给侧结构性改革为主线，统筹做好稳增长、促改革、调结构、惠民生、防风险各项工作，推动质量变革、效率变革、动力变革，扎实推进高水平全面建成小康社会各项工作，积极进行基本现代化建设新探索，把"强富美高"新江苏建设不断推向前进。重点在以下八个方面推动高质量发展。

(一)更加突出发展质量效益,推动经济平稳健康发展

坚定不移地把高质量发展作为主攻方向,坚持质量第一、效益优先,优化供给体系结构,不断增强我省经济质量优势。一是持续深化供给侧结构性改革。深入落实"去降补"各项任务,优化存量资源配置,扩大优质增量供给。综合运用市场化、法制化手段,化解过剩产能、淘汰落后产能、打击非法产能,巩固清理"地条钢"成果,防止死灰复燃;重点化解部分中小城市仍然较多的房地产库存,稳步推进非住宅类商品房去库存,有效防控房地产领域风险,促进房地产市场平稳健康发展;着力提高直接融资比重,有序开展企业资产证券化和市场化法治化债转股,加强政府性债务管控,加大互联网金融风险整治力度,严厉打击非法金融活动,坚决守住不发生系统性区域性金融风险的底线;进一步降低企业制度性交易成本和用能成本、物流成本,切实减轻企业成本压力;加快推进补短板项目,推动各类资源向补短板重点领域倾斜。二是增强消费对经济发展的基础性作用。落实支持社会力量进入医疗、文化、教育领域的具体措施,继续实施六大消费工程和十大扩消费行动。加快电子商务、实体零售协调发展,鼓励引导绿色产品消费,培育壮大智能家居、虚拟现实装备等新兴消费。加强消费维权体系建设,优化消费环境,提振消费信心。三是发挥投资对优化供给结构的关键性作用。加大战略性新兴产业、先进制造业、现代服务业、生态环保、重大基础设施、民生改善等领域投资,突出抓好重大项目,建立政府投资结构、规模动态调整优化机制,研究组建省重大项目建设基金。规范推广运用PPP模式,支持有条件的PPP项目开展资产证券化。四是大力振兴实体经济。围绕龙头骨干、专精特新、小微成长,分类实施企业培育计划,培育"独角兽"企业和隐形冠军企业。强化生产要素保障,健全制度化的政企互动机制,加快建设全省综合金融服务平台,复制推广"小微创业贷",建立普惠金融发展贷款资金池,强化对实体经济的融资支持。

(二)扎实推进现代产业体系建设,促进产业迈向中高端

坚持不懈推进产业结构战略性调整,推动实体经济、科技创新、现代金融、人力资源协同发展,高度关注要素配置扭曲的结构性矛盾,破立结合推进供给侧结构性改革,全力推进江苏制造向江苏创造转变、江苏速度向江苏质量转变、江苏产品向江苏品牌转变。一是建设世界级先进制造业集群。统筹优化生产力布局,打造世界级先进制造业集群。在全省布局1~2个具有地方标志、领跑全国乃至全球的产业标杆。实施重点产业集群培育促进计划,着力打造具有核心关键技术、国际知名自主品牌、全球竞争力强的世界500强企业,推动电子信息、装备制造、纺织服装等万亿级产业跻身世界领先水平,培育人工智能、石墨烯、纳米技术等千亿级先导性制造业基地。二是深化两个融合和双轮驱动。加快实施企业制造装备升级和互联网提升计划,组织实施万企改造升级工程和"133"工程,实施增强制造业核心竞争力行动计划,争创中国制造2025国家级示范区。适时召开服务业发展大会,推进现代服务业集聚区提升发展,积极创建国家级服务经济中心和区域服务经济中心,支持南京服务业扩大开放综合试点。开展军民融合试点示范,支持一批兼顾经济效益和国防效益的融合项目,推动军民融合产业规模壮大。三是大力发展新经济。制定实施战略性新兴产业推进方案和重点专项工程,大力发展平台经济、共享经济等新模式新业态。做大做强数字经济,把数字化的知识和信息作为关键生产要素,推动移动通信、云计算、大数据、物联网、虚拟现实等产业苗壮成长,成为经济发展的新引擎。四是着力提升产品品质和质量。围绕南京智能制造、苏州纳米材

料、无锡物联网、常州石墨烯等特色产业集群,打造一批具有地方标志、领跑全国乃至全球的产业标杆。开展质量品牌提升行动,加强产品质量标准和技术标准建设,扩大内外销产品"同线同标同质"实施范围,打造更多享誉世界的"江苏品牌"。

(三)着力加快创新型省份建设,强化现代化经济体系战略支撑

坚持把创新作为引领发展的第一动力,进一步落实科技创新 40 条政策措施,开展"一深化四提升"专项行动,加快提升科技创新供给的质量和效率。一是加强苏南自主创新示范区建设。打造国家科技成果转移转化试验示范区,优化高新区"一区一战略产业"布局,继续实施前瞻性产业技术创新专项和重大科技成果转化专项。编制年度高技术计划,依托大院大所重点推进国家重大科技基础设施、重大科技攻关项目,增强内生动力,释放强大创新动能。积极创建苏北国家可持续发展议程创新示范区。二是积极创建国家产业创新中心。以核心企业为龙头进行实体化运作,争取获批1家综合性国家产业创新中心,着手开展省级产业创新中心布局,促进创新成果转化。研究提出进一步推进全省大众创业万众创新政策措施,建设双创平台打造企业创新集群,布局全省工程研究中心、企业研发中心、创新创业平台建设。三是系统化推进科技创新体系建设。实施创新型企业培育计划和科技企业"小升高"计划,通过鼓励院士交叉设立研究院工作站、围绕协同创新设立投资基金等办法,推进开放共享、优化要素配置,促进技术、产业、资本深度融合。加快建设省大数据管理中心,整合构建横向互联、纵向贯通、安全可靠的统一数据共享交换体系,推进数据资源整合和共享开放,建立全省统一的"大平台、大数据、大系统"。四是持续提升人力资源建设水平。加强人才服务平台建设,完善人才培育、引进和使用机制,培养造就具有国际水平的战略科技人才、科技领军人才、青年科技人才和高水平创新团队。激发和保护企业家精神,建立以公平为核心原则的产权保护制度,鼓励更多社会主体投身创新创业。弘扬劳模精神和工匠精神,建设知识性、技能型、创新型劳动者大军。

(四)大力实施乡村振兴战略,推进农业农村现代化

按照产业兴旺、生态宜居、乡风文明、治理有效、生活富裕的总要求,组织制定我省乡村振兴战略规划。一是加快打造现代农业高地。加强农业物质技术装备建设,加快建设南京国家农业产业科技创新示范园区、国家现代农业产业园、国家现代农业可持续发展示范区等一批国家级平台,加快引进国际国内一流的专家团队和农业科技成果。大力发展绿色、精品、高效农业,突出抓好一批辐射带动力强的龙头企业和园区平台。大力实施"一村一品一店"行动计划,培育一批电子商务龙头企业和特色品牌,积极创建农村产业融合发展示范园。加快发展智能农业,实施高效农业"机器换人工程",集中优势打造一批园艺作物标准园和蔬菜全产业链示范区。着力推进高标准农田建设,加快农田水利、农机作业配套等项目建设,提高农业信息化、机械化水平。二是大力培育新型农业经营主体。以培养造就一支"懂农业、爱农村、爱农民"的"三农"工作队伍为重点,引导部分农民工、农村大学生回乡创业就业,支持家庭农场集群发展,规范提升农民合作社,增强新型农业经营主体发展质量,加快发展农业社会化服务体系,不断提升农业组织化水平。三是深化农村各项改革。加快应用农村承包土地确权登记颁证成果,推进土地"三权"分置改革,不断拓展承包经营权权能,发展多种形式适度规模经营。加快农村集体产权制度改革,积极拓展农民集体资产股份权能。加

快农业水价综合改革。深化统筹常州市武进区农村土地制度改革三项试点工作。四是推进特色田园乡村建设。认真落实特色田园乡村建设行动计划,扎实开展特色田园乡村建设试点。切实抓好基层基本公共服务功能配置标准在农村落地落实,逐步推动农村居民享受到完善的基本公共服务。五是扎实推进脱贫致富奔小康工程。落实产业引领、就业援助等8大脱贫致富专项行动,进一步加大农业产业富民工程推进力度,完善利益联结机制,带动更多低收入农户脱贫致富,实现精准扶贫精准脱贫。大力推进乡村基础设施建设,持续推动"四好农村路"建设,加快实施农村饮水安全巩固提升工程,推进城乡供水一体化。

(五)统筹推进重大区域发展战略,塑造区域发展新格局

进一步明晰各功能区战略定位、发展目标、主导产业和主攻方向,努力实现特色发展、错位发展,谋划构建更加科学合理的生产力布局,增强区域发展协同性和整体性。一是实施"1+3"重点功能区战略。抓紧制定出台总体规划、专项规划和具体行动方案,对各功能区战略定位、发展目标、产业选择和主攻方向进一步细化实化科学化。重点在基础设施、产业创新合作、重大载体平台、生态环境和民生保障等领域实施一批重大功能性和支撑性项目。大力推进功能区产业发展负面清单、区域利益协调机制等,研究出台分类绩效考核评价体系和考核机制。启动修编省主体功能区规划,推动主体功能区制度在市县层面精准落地,试点实施"三区三线"划定工作,稳步推进"多规合一"。二是提高区域发展协同性。扎实推进苏南现代化示范区建设,支持南京江北新区、通州湾江海联动开发示范区等载体建设。加快推进宁镇扬"五个一体化"建设,加快区域融合发展进程。支持南京提高城市首位度,加快建设综合交通枢纽,争创国家科学中心,打造长江经济带的创新支点。支持苏州、无锡提升城市能级。持续深化长三角在交通、能源、信息、科技等重点领域的专题合作,加快建设长三角世界级城市群。加强省际区域合作交流,推进淮河生态经济带、宁杭生态经济带、苏皖合作示范区规划建设。三是加强新一轮基础设施建设。全面加强铁路、公路、民用机场、港口、内河航道、管道、过江通道等规划布局和建设推进,推动各类交通方式无缝对接。超前启动沿江轨道交通规划前期工作,把高铁建设作为当务之急,加快连淮扬镇、徐宿淮盐、连徐客专等项目建设,开工建设盐通、南沿江、通苏嘉、沪苏湖等项目。加强机场整合提升,规划建设国际性航空枢纽。积极推进沿海港口一体化发展,构建完善水上交通运输体系。着力完善水利基础设施网络,加快流域性骨干工程建设。超前谋划、全面布局新一代信息基础设施,加快推动"数字江苏"建设。稳步提升城市公共设施水平,大力推进"海绵城市"建设,加强城市地下空间开发利用,加快建设"立体城市"。

(六)持续深化改革扩大开放,激发经济发展动力活力

按照"改革开放再出发"的要求,全面对标各项改革要求,坚决破除一切不合时宜的思想观念和体制机制弊端,更大程度释放制度生产力。准确把握我国从"被整合者"转向"整合者"的阶段性特征,深入谋划江苏新一轮全方位开放战略,加快培育国际经济合作和竞争新优势,推动共同发展、实现互利共赢。一是推动产权制度改革和保护企业家精神。充分发挥企业家对创新资源的配置整合作用,制定出台更好发挥企业家作用的实施意见,加快建立企业家参与制定和实施重点公共政策的机制。加快建立现代产权制度,出台完善产权保护制度依法保护产权的实施意见,切实加强对企业财产权、知识产权、自主经营权的保护。按照"一个案例胜过一打文件"的要求,甄别纠正一批社会

反映强烈的产权纠纷案件。深化知识和技术产权改革,激发科技创新的积极性,为创新驱动发展奠定坚实基础。二是深化"放管服"改革。继续推进"不见面审批",扩大相对集中行政许可权改革试点,扎实推进江阴"县级集成改革试点"。推动政务服务"一张网"向基层延伸,全面实现"3550"目标。建立健全以权责清单为边界的"双随机一公开"事中事后监管体系,深化以市场监管为重点的综合行政执法改革。稳步推进企业投资相关项目省级不再审批、市县扁平管理、一层全链审批,健全依据权责清单追责机制。推进企业登记全程电子化,加快实施"证照分离"改革。三是扎实推进国资国企改革。研究制定省属企业布局结构调整实施意见,推进国信集团改建国有资本投资运营公司和金陵饭店重组工作。推进混合所有制改革,推动有条件的企业加快上市步伐,提高国有企业资产证券化率,完成国有控股混合所有制企业员工持股试点。四是深化财税金融改革。加快建立全面规范透明、标准科学、约束有力的预算制度,全面实施绩效管理。完善地方政府债务管理机制,做好剩余存量政府债务置换工作。推进金融改革创新,大力发展普惠金融,稳步扩大苏州工业园区等跨境人民币业务创新试点,推进"两权"抵押贷款试点。深化电、水、天然气等资源性产品价格改革。五是强化新时代"一带一路"交汇点建设。加快江苏新时代"一带一路"交汇点建设战略研究,制定政策意见。全面实施国际产能合作三年行动计划,加快富余产能逐步向境外资源地和市场所在地转移。发挥好连云港在向东向西双向开放中的重要纽带作用,着力推进连云港上合组织国际物流园和中哈中阿物流基地建设。优化区域开放布局,落实长江经济带发展规划,深化与长江中上游、中西部地区的交流合作。六是加快构建全面开放新格局。着力培育贸易新业态新模式,促进服务贸易创新发展,推广国际贸易"单一窗口",巩固外贸回稳向好态势。积极复制推广自贸试验区新一批改革试点经验,开展苏州工业园区开放创新综合试验和构建开放型经济新体制综合试点试验,探索建设自由贸易港。全面实施外商投资准入前国民待遇加负面清单管理制度,有序推进服务业扩大开放,鼓励外资以特许经营方式参与基础设施建设。大力实施利用外资"八聚焦八提升"行动计划,积极引进跨国公司地区总部和功能性机构。以"一特三提升"引导开发区向现代产业园区转型。

(七)围绕人与自然和谐共生,努力建设美丽江苏

牢固树立和践行"两山"理念,全面推进绿色发展,加大环境保护和生态建设力度,促进经济发展与环境改善良性互动,为人民日益增长的优美生态环境需要提供更多优质生态产品。一是推进绿色低碳循环发展。建立完善碳排放总量控制制度和分解落实机制,制定出台推进低碳新经济发展意见。坚决落实年度能源消费总量控制目标,大力实施煤炭消费减量替代行动。加快发展可再生能源,鼓励发展分布式光伏发电,加快建设一批多能互补集成优化示范项目建设,推进分布式能源微电网试点建设。推进资源全面节约和循环利用,扎实开展城乡生活垃圾分类,倡导简约适度、绿色低碳的生活方式。二是着力解决突出环境问题。强力推动"263"专项行动,坚决打好治气、治水、治土三大攻坚战。开展空气质量限期达标行动,实施PM2.5和臭氧浓度"双控双减",严控机动车尾气超标排放,切实做好重污染天气应急管控,坚决打好蓝天保卫战。系统加强长江流域、淮河流域和近岸海域污染治理;组织实施改革太湖流域治理体系实现生态环境根本性好转方案,持续削减氮磷污染,加快改善太湖水质;深化水质改善"断面长"制,基本消除重点断面劣Ⅴ类;全力整治集中式饮用水水源地突出环境问题,继续推进城市黑臭水体治理。完成农用地土壤污染详查,逐步建立污染地块名录和开发利用负面清单,逐步扩大治理修复试点。推进城市服务与治理十项行动,实

施村庄环境改善提升行动。三是切实加强生态保护修复。加强国土空间管控，统筹实施山水林田湖草生态保护和修复工程。严守国家生态保护红线，加快建设太湖生态保护圈、长江生态安全带、江淮生态大走廊和苏中苏北生态保护网，推进生态保护引领区和生态保护特区建设试点。加强水土流失治理，加快建设生态清洁型小流域。四是积极实施生态文明制度改革。构建我省自然资源资产管理新模式，加快形成人口、经济和资源环境协调发展的空间开发格局。深化水环境"双向"补偿制度，加快建设全省排污权交易平台。深入实施水污染防治行动计划，全面深化河长制，实施湖长制，推进实施生态河湖行动计划。研究建立与非电用煤总量挂钩的财政政策。推进生态环境损害赔偿制度。落实环境保护督察机制，加快运行环境监察体系。

（八）提高保障和改善民生水平，增强人民群众获得感幸福感安全感

坚持以人民为中心的发展思想，把人民对美好生活的向往作为各项工作的出发点和落脚点，统筹谋划、量力而行，切实为群众办实事解难题，让人民群众有更多获得感、幸福感、安全感。一是着力提高城乡居民收入。深入落实富民33条政策，完善收入分配制度，适时适度提高最低工资标准，引导企业形成以一线职工为重点的工资正常增长机制，努力扩大中等收入群体。积极推动产业富民，大力发展高附加值产业，提高财富创造能级。加快推进农民工返乡创业试点，在培育返乡创业产业集群、发展农村电商、促进转型脱困、带动扶贫增收等方面探索新路径。支持宿迁市和睢宁县城乡居民增收专项激励计划试点。全力打好精准脱贫攻坚战，落实兜底性保障措施，提供有针对性的产业就业扶持，确保2018年农村低收入人口脱贫60万人以上。二是大力推动就业创业。继续实施积极就业政策，健全困难人员就业帮扶机制，做好高校毕业生、农民工等重点群体就业工作，加大对灵活就业和新就业形态的支持力度，实现更高质量和更充分的就业。深化就业创业富民，实施全民创业行动计划，精准实施就业援助脱贫行动。完善基层就业创业服务体系，加快推进各项公共就业创业服务从线下向线上拓展，建立就业创业与财政、金融、税务、工商等部门协调配合机制。三是完善基本公共服务体系。大力推行基层基本公共服务功能标准化配置，实现城镇基本公共服务常住人口全覆盖，建立基本公共服务标准化监测体系。深化基础教育"5＋2"内涵建设工程，完成义务教育改薄五年计划任务，实施高中教育攻坚提升计划。推进职业教育融合发展、高等教育内涵发展，调整优化专业结构，创新人才培养模式，营造健康的教育生态。巩固省级综合医改试点成果，加强基层医疗卫生服务体系和全科医生队伍建设，逐步提高基本公共卫生服务政府补助标准，实施智慧健康工程，推进"健康江苏"建设。有效扩大养老服务供给，推进适老住区建设试点示范，促进养老服务业健康发展。推动文化繁荣发展，深入实施文化惠民工程，扩大和引导文化消费。大力推广全民健身，加快发展体育产业。四是加强和创新社会治理。深入推进法治江苏建设，组织开展崇法善治江苏系列行动，打造共建共治共享的社会治理格局。在更高水平上推进平安江苏建设，全力保障人民生命财产安全。严格落实安全生产责任制，坚决遏制重特大安全生产事故发生。完善食品药品安全监管制度，切实保障人民群众饮食、用药安全。

各位代表，做好2018年经济社会发展各项工作任务艰巨，责任重大。让我们紧密团结在以习近平同志为核心的党中央周围，深入贯彻落实习近平新时代中国特色社会主义思想，务实创新、锐意进取、奋发实干，在新起点上开创全省改革发展新局面，为推进高水平全面建成小康社会、建设"强富美高"新江苏作出新的更大贡献！

第二篇　江苏省省情概况

第一章　总体介绍

　　江苏,简称"苏",省会南京。位于中国大陆东部沿海中心,介于东经116°18′~121°57′,北纬30°45′~35°20′之间。江苏位于我国大陆东部沿海中心、长江下游,东濒黄海,东南与浙江和上海毗邻,西接安徽,北接山东。省际陆地边界线3 383公里,面积10.26万平方公里,占全国的1.06%,人均国土面积在全国各省区中最少。

　　江苏跨江滨海,平原辽阔,水网密布,湖泊众多。海岸线954公里,长江横穿东西425公里,京杭大运河纵贯南北718公里,有淮、沂、沭、泗、秦淮河、苏北灌溉总渠等大小河流2 900多条。全国五大淡水湖,江苏得其二,太湖2 250平方公里,居第三,洪泽湖2 069平方公里,居第四,此外还有高宝湖、高邮湖、邵伯湖、骆马湖、微山湖等大小湖泊290多个,其中50平方公里以上的湖泊12个。平原、水域面积分别占69%和17%,比例之高居全国首位。低山丘陵面积占14%,集中分布在西南和北部。连云港云台山玉女峰是全省最高峰,海拔625米。

　　江苏属于温带向亚热带的过度性气候,基本以淮河为界。江苏省各地平均气温介于13℃~16℃,江南15℃~16℃,江淮流域14℃~15℃,淮北及沿海13℃~14℃,由东北向西南逐渐增高。最冷月为1月份,平均气温-1.0℃~3.3℃,其等温线与纬度平行,由南向北递减,7月份为最热月,沿海部分地区和里下河腹地最热月在8月份,平均气温26℃~28.8℃,其等温线与海岸线平行,温度由沿海向内陆增加。江苏省春季升温西部快于东部,东西相差4~7天;秋季降温南部慢于北部,南北相差3~6天。

第二章　自然地理

一、江苏地形

　　江苏地处东经116°18′~121°57′,北纬30°45′~35°20′之间。东濒黄海,西连安徽,北接山东,东南与浙江和上海毗邻。全省总面积10.26万平方千米,占全国总面积的1.1%。其中平原面积7.06万平方千米,水面面积1.73万平方千米。主要有苏南平原、苏中江淮平原、苏北黄淮平原组成。江苏地形地势低平,跨江滨海,平原辽阔,水网密布,湖泊众多,成为江苏一大地理特点。江苏海岸线954公里,长江横穿东西425公里,京杭大运河纵贯南北718公里。有淮、沂、沭、泗、秦淮河、苏北灌溉总渠等大小河流2 900多条。全国五大淡水湖,江苏得其二,太湖2 250平方公里,居第三,洪泽湖2 069平方公里,居第四,此外还有高宝湖、高邮湖、邵伯胡、骆马湖、微山湖等大小湖泊290多个,其中50平方公里以上的湖泊12个。平原、水域面积分别占69%和17%,比例之高居全国首位。

　　江苏是全国地势最低的一个省区,绝大部分地区在海拔50米以下,低山丘陵集中在北部和西南部,占全省总面积的14.3%,主要有老山山脉、云台山脉、宁镇山脉、茅山山脉、宜溧山脉。连云港的市郊云台山玉女峰为全省最高峰,海拔625米。江苏第二高山:宜兴市张渚镇岭下村黄塔顶,最高峰海拔611.5米,苏南山区第一高峰。位于徐州市区东北40公里贾汪区境内的大洞山,海拔361米,又名茱萸山、九十九顶莲花山,属淮阴山脉,周围大小一百余山头,连成一气,森林、灌丛、灌节丛、衡疏四种植被300多种植物分布其中,景深木秀,绿涛汹涌,被徐州市列为生态自然保护区。江苏处于亚热带向暖温带的过渡区,气候温和,雨量适中,四季分明。年均气温13~16℃,多年平均降雨量1 002.7毫米。

二、江苏水文

　　江苏省地处江淮沂沭泗五大河流下游,长江横穿江苏省南部,江水系江苏省最可靠的水资源。境内有太湖、洪泽湖、高邮湖、骆马湖、白马湖、石臼湖、微山湖等大中型湖泊,以及大运河、淮沭河、串场河、灌河、盐河、通榆运河、灌溉总渠和通扬运河等各支河,河渠纵横,水网稠密。中国五大淡水湖中有两个位于江苏,太湖2 250平方公里,居第三;洪泽湖2 069平方公里,居第四,此外还有大小湖泊290多个,其中50平方公里以上的湖泊12个。全省大部分地区水系相当发达,共有大小河流和人工河道2 900多条,陆域水面面积达1.73万平方公里,水面所占比例之大,在全国各省中居首位。其中尤其以长江以南的太湖平原和长江以北的里下河平原,大大小小的河流形成蛛网状,分布极为稠密,为大面积的水网密集地带。

长江是流经江苏最大的河流,呈东西向横穿江苏,省境内长度425公里,将江苏省分割为南北两部分。在江苏省境内,长江的支流有江苏省西南部的秦淮河,在南京市汇入长江。

三、江苏气候

江苏属于温带向亚热带的过度性气候。江苏省各地平均气温介于13℃～16℃,江南15℃～16℃,江淮流域14℃～15℃,淮北及沿海13℃～14℃,由东北向西南逐渐增高。最冷月为1月份,平均气温−1.0℃～3.3℃,其等温线与纬度平行,由南向北递减,7月份为最热月,沿海部分地区和里下河腹地最热月在8月份,平均气温26℃～28.8℃,其等温线与海岸线平行,温度由沿海向内陆增加。全省春季升温西部快于东部,东西相差4～7天;秋季降温南部慢于北部,南北相差3～6天。

第三章　资源环境

一、土地资源

全省耕地面积7 032万亩,占全国的3.85%,人均占有耕地0.91亩。沿海滩涂1 031万亩,占全国的1/4,是重要的土地后备资源。江苏是著名的"鱼米之乡"。农业生产条件得天独厚,农作物、林木、畜禽种类繁多。粮食、棉花、油料等农作物几乎遍布全省。种植利用的林果、茶桑、花卉等品种260多个,蔬菜80多个种类、1 000多个品种,江苏蚕桑闻名全国,名茶有"碧螺春"等。

二、水资源

江苏地处江、淮、沂沭泗流域下游和南北气候过渡带,滨江临海,河湖众多,水系复杂,特殊的地理位置和水系特点,给江苏带来丰富的水资源优势。江苏省多年平均径流深259.8毫米,地表水资源量264.9亿立方米,总水资源量320.2亿立方米。

三、矿产资源

江苏省地跨华北地台和扬子地台两大地质构造单元,有色金属类、建材类、膏盐类、特种非金属类矿产是江苏矿产资源的特色和优势。目前已发现的矿产品种有133种,探明资源储量的有66种,其中铌钽矿、含钾砂页岩、泥灰岩、凹凸棒石粘土、二氧化碳气等矿产查明资源储量居全国前列。

四、生物资源

江苏省野生动物资源为数较少,鸟类主要是野鸡、野鸭,沿海有丹顶鹤、白鹤、天鹅等珍稀飞禽,沿海地区还建有世界上第一个野生麋鹿保护区。植物资源非常丰富,约有850多种,尚有可利用和开发前途的野生植物资源600多种。水生动物资源极为丰富。东部沿海渔场面积达10万平方公里,其中包括著名的吕四、海州湾、长江口、大沙等四大渔场,盛产黄鱼、带鱼、鲳鱼、虾类、蟹类及贝藻类等水产品。内陆水面有2 600多万亩,养殖面积836万亩。有淡水鱼类140余种,是全国河蟹、鳗鱼苗的主要产地。被称为"长江三鲜"的鲥鱼、刀鱼、河豚,"太湖三白"的白鱼、银鱼、白虾,都是水中珍品。

五、交通资源

（一）公路

江苏公路总里程和高速公路总里程均居全国首位。江苏省首轮规划的"四纵四横四联"高速公路网主骨架全面建成,包括宁盐高速公路、沪宁高速公路、京沪高速公路、苏嘉杭高速公路、连徐高速公路、宁靖盐高速公路、宁宿徐高速公路、宁杭高速公路、沿江高速公路、盐徐高速公路、徐济高速公路、沿海高速公路、宁连高速公路等,至2015年,通车里程将达到5 200公里,基本建成"五纵九横五联"江苏高速公路网。

（二）航空

表 1　江苏民用机场（12 个,含 2 个合建,江苏省覆盖）

所在地	机场	通航时间
南京	南京禄口国际机场 南京马鞍国际机场	1997 年 7 月 1 日在建
徐州	徐州观音国际机场	1997 年 11 月 8 日
常州	常州奔牛国际机场	1986 年 3 月 15 日
无锡	苏南硕放国际机场（与苏州合建）	2004 年 02 月 19 日
盐城	盐城南洋国际机场	2000 年 3 月 29 日
南通	南通兴东机场	1993 年 8 月 24 日
淮安	淮安涟水机场	2010 年 09 月 26 日
连云港	连云港白塔埠机场	1985 年 3 月 26 日
扬州	扬州泰州机场 （与泰州合建）	2012 年 05 月 08 日
宿迁	宿迁通用机场	选址,即将建设
镇江	镇江大路机场	规划扩建成民用

（三）铁路

江苏铁路交通发达,现已江苏省覆盖,京沪铁路、陇海铁路两条铁路干线经过境内,京沪铁路主要呈东西向穿越江苏的南部,陇海铁路也呈东西向经过江苏的最北部,徐州则为两大干线交汇的枢纽。京沪铁路南京至上海段为中国最繁忙的铁路之一,高峰时段平均每5分钟就有列车通过。除此之外,还有新长铁路、宁芜铁路、宁启铁路、宁西铁路、宁杭城际和宁安城际客运专线。但是,江苏铁路存在苏南与苏中苏北分布不均的特点。待开工或已经开工的铁路有:连淮扬镇铁路(2013年已完成了立项审批,2014年确定将开工建设)、沪泰宁铁路(2020年)、通苏嘉城际铁路/沪通铁路(先行段2013年12月开工)、宁启铁路二线(南通—启东)、徐宿淮盐铁路(2014年开工)、徐淮宿城际铁路、盐连铁路、宁连铁路(待建)、徐连客运专线等。"十三五"末,江苏全省跨江达海、承东接西、辐射南北、方便快捷的快速铁路网构建完毕,将从根本上改变江苏铁路布局不均、在综合交通运输体系发展中相对滞后的现状。

（四）航运

江苏省东濒黄海,长江和京杭大运河呈十字形贯穿江苏省,太湖平原和里下河平原水网密布,水运历来在江苏省的交通体系中占有重要地位,江苏省绝大部分城市历史上均是依托水运优势得以发展繁荣。

江苏是港口大省,国家交通运输部公布的我国53个主要港口名录中,江苏有7个;在沿海25个主要港口中,江苏有5个。

南京港是中国沿海主要港口,是国家重要的主枢纽港和对外开放一类口岸。连云港港是国家25个沿海主要港口、12个区域性中心港口之一。徐州港是国家28个内河主要港口之一。苏州港吞吐量居中国内河港口之首。2013年,连云港港集装箱吞吐量在中国沿海和内河港口中位列第九名,苏州港位居第十。

表2 江苏港口（21个,江苏省覆盖）

分 类	名 单
海洋港口（黄海）	连云港港、大丰港、洋口港、吕四港
内河港口（长江、京杭大运河）	南京港、镇江港、常州港、徐州港（万寨港、邳州港、双楼港、孟家沟港）、如皋港、淮安港、宿迁港、江阴港、苏州港（张家港港区、常熟港区、太仓港区,其中太仓港区享受海港待遇）、南通港、淮安港、泰州港、扬州港（高邮港）

第四章　经济社会发展

2017 年,全省上下以习近平新时代中国特色社会主义思想为指引,自觉践行新发展理念,坚持稳中求进工作总基调,以供给侧结构性改革为主线,全力推进稳增长、促改革、调结构、惠民生、防风险各项工作,经济社会发展的稳定性协调性明显增强。全省经济发展迈上新台阶,改革创新展现新活力,转型升级取得新成效,发展质量得到新提升,民生福祉获得新改善,社会事业实现新进步。

一、综合

经济发展总体平稳、稳中有进、稳中向好。全年实现地区生产总值 85 900.9 亿元,比上年增长 7.2%。其中,第一产业增加值 4 076.7 亿元,增长 2.2%;第二产业增加值 38 654.8 亿元,增长 6.6%;第三产业增加值 43 169.4 亿元,增长 8.2%。全省人均地区生产总值 107 189 元,比上年增长 6.8%。全员劳动生产率持续提高,全年平均每位从业人员创造的增加值达 180 578 元,比上年增加 17 907 元。产业结构加快调整。全年三次产业增加值比例调整为 4.7∶45.0∶50.3,服务业增加值占 GDP 比重比上年提高 0.3 个百分点。全年高新技术产业产值比上年增长 14.4%,总量占规上工业总产值比重达 42.7%,比上年提高 1.2 个百分点。战略性新兴产业产值增长 13.6%,总量占规上工业总产值比重达 31.0%,比上年提高 0.8 个百分点。经济活力持续增强,全年非公有制经济实现增加值 58 326.7 亿元,比上年增长 7.5%,占 GDP 比重达 67.9%。私营个体经济增加值占 GDP 比重为 44.1%,民营经济增加值占 GDP 比重达 55.4%。年末全省工商部门登记的私营企业 258.6 万户,全年新增 49 万户,注册资本 128 648 亿元,比上年增长 31.2%;个体户 510.4 万户,全年新增 99.1 万户。新型城镇化建设加快推进。年末城镇化率达 68.8%,比上年提高 1.1 个百分点。区域发展更趋协调。扬子江城市群对全省经济增长的贡献率达 77.7%,沿海经济带对全省经济增长的贡献率达 17.1%。

就业形势保持平稳。年末全省就业人口 4 757.8 万人,第一产业就业人口 799.3 万人,第二产业就业人口 2 041.1 万人,第三产业就业人口 1 917.4 万人。城镇就业人口 3 179.4 万人,城镇新增就业 148.6 万人,城镇登记失业率 2.98%。新增转移农村劳动力 26.3 万人。促进失业人员再就业 80.6 万人,其中就业困难人员就业 14.4 万人。"去产能"企业职工得到妥善分流安置。

消费价格温和上涨。全年居民消费价格比上年上涨 1.7%,其中城市上涨 1.8%,农村上涨 1.5%。分类别看,食品烟酒类上涨 0.4%,衣着类上涨 2.3%,居住类上涨 2.8%,生活用品及服务类上涨 3.1%,交通和通信类上涨 1.8%,教育文化和娱乐类上涨 2.0%,医疗保健类上涨 1.5%,其他用品和服务类上涨 2.4%。食品价格中,粮食上涨 1.5%,食用油上涨 0.4%,水产品上涨 3.0%,鲜菜下跌 7.0%,畜肉类下跌 3.7%,蛋类下跌 4.6%。工业生产者价格继续回升。全年工业生产者出厂价格比上年上涨 4.8%,涨幅比上年扩大 6.7 个百分点;工业生产者购进价格上涨 9.7%,涨幅扩大11.7个百分点。

表1　居民消费价格指数及其构成情况(以上年为100)

指　标	全省	城市	农村
居民消费价格	101.7	101.8	101.5
食品烟酒	100.4	100.5	99.8
衣着	102.3	102.3	102.2
居住	102.8	102.9	102.8
生活用品及服务	103.1	103.0	103.2
交通和通信	101.8	101.8	101.7
教育文化和娱乐	102.0	102.1	101.7
医疗保健	101.5	101.4	101.8
其他用品和服务	102.4	102.4	102.4

经济社会发展中还存在不少困难和问题,如发展不平衡不充分的问题仍较突出,自主创新能力和经济发展质量需进一步提高,转型升级任务艰巨,实体经济发展面临不少困难,生态环境还存在较多短板,优质教育、医疗、养老服务等方面的供给与人民群众期盼仍有差距。

二、农林牧渔业

种植业结构继续调整。全年粮食播种面积540.6万公顷,比上年减少2.6万公顷;棉花种植面积4.2万公顷,减少2.2万公顷;油料种植面积41.2万公顷,减少2.7万公顷;蔬菜种植面积140.8万公顷,减少2.2万公顷。全年粮食总产量3539.8万吨,比上年增产73.8万吨,增长2.1%。其中,夏粮1260.6万吨,增长3.6%;秋粮2279.2万吨,增长1.3%。

林牧渔业总体稳定。全年造林面积3.6万公顷,比上年增长33.5%。全年猪牛羊禽肉产量335.4万吨,比上年下降3.0%;禽蛋产量186.1万吨,下降6.3%;牛奶总产量59.9万吨,增长1.6%。水产品总产量520.1万吨,下降0.6%,其中淡水产品370.6万吨,海水产品149.5万吨,分别下降0.8%和0.1%。

现代农业加快推进。绿色农业、智慧农业、订单农业等现代农业加快发展。全省有效灌溉面积达413.2万公顷,新增有效灌溉面积6.4万公顷,新增节水灌溉面积17.7万公顷;新增设施农业面积3.4万公顷;年末农业机械总动力4991.4万千瓦,比上年增长1.7%。

表2　主要农产品产量情况

产品名称	产量(万吨)	比上年增长(%)
粮食	3539.8	2.1
棉花	5.1	−30.9
油料	126.3	−4.2

产品名称	产量（万吨）	比上年增长（%）
♯油菜籽	88.6	−5.4
花生	36.2	−1.3
蚕茧	3.9	−0.5
茶叶	1.4	−0.1
水果（含瓜果类）	940.3	5.3
猪牛羊禽肉	335.4	−3.0
水产品	520.1	−0.6

三、工业和建筑业

工业生产平稳运行。全年规模以上工业增加值比上年增长 7.5%，其中轻工业增长 8.6%，重工业增长 6.9%。分经济类型看，国有工业增长 7.8%，集体工业增长 2.0%，股份制工业增长 8.0%，外商港澳台投资工业增长 6.6%。在规模以上工业中，国有控股工业增长 6.7%，私营工业增长 8.0%。

工业企业效益较快增长。全年规模以上工业企业实现主营业务收入 15.5 万亿元，比上年增长 10.9%；利润总额 10 359.7 亿元，比上年增长 12.4%。企业亏损面 11.6%，比上年下降 0.7 个百分点。规模以上工业企业总资产贡献率、主营业务收入利润率和成本费用利润率分别为 15.0%、6.7% 和 7.2%。

表3　主要工业产品产量情况

产品名称	单位	产量	比上年增长（%）
纱	万吨	517.82	2.40
布	亿米	88.65	−0.18
化学纤维	万吨	1 471.18	6.38
卷烟	亿支	1 042.12	1.40
智能手机	万台	6 296.00	26.35
彩色电视机	万台	1 659.25	−9.95
♯智能电视	万台	934.98	2.93
家用电冰箱	万台	894.95	12.33
房间空调器	万台	424.80	5.45
粗钢	万吨	10 427.73	4.64
钢材	万吨	12 295.44	5.85
十种有色金属	万吨	43.44	32.18
水泥	万吨	17 330.20	−0.57

续表

产品名称	单位	产量	比上年增长(%)
硫酸	万吨	383.23	15.38
纯碱	万吨	357.23	14.82
乙烯	万吨	145.30	−10.60
化肥(折100%)	万吨	161.70	−10.32
汽车	万辆	125.52	−11.27
♯轿车	万辆	62.48	−15.30
♯新能源汽车	万辆	5.06	56.61
民用钢质船舶	万载重吨	1 462.09	−0.95
太阳能电池	万千瓦	3 832.18	25.86
发电设备	万千瓦	574.36	4.94
光纤	万千米	3 559.23	42.39
光缆	万芯千米	9 606.73	3.89
微型电子计算机	万台	5 617.10	7.80
集成电路	亿块	517.91	13.28
程控交换机	万线	0.68	−0.15

先进制造业加快发展。全年规模以上工业中,医药制造业增加值比上年增长12.9%,专用设备制造业增加值增长15.1%,电气机械及器材制造业增加值增长11.7%,通用设备制造业增加值增长11.4%,计算机、通信和其他电子设备制造业增加值增长11.9%。代表智能制造、新型材料、新型交通运输设备和高端电子信息产品的新产品产量实现较快增长。全年工业机器人产量增长99.6%,3D打印设备增长77.8%,新能源汽车增长56.6%,服务器增长54.2%,光纤增长42.4%,智能手机增长26.4%,太阳能电池增长25.9%。

建筑业稳定发展。全年实现建筑业总产值27 955.9亿元,比上年增长8.4%;竣工产值21 542.9亿元,增长1.3%;竣工率达77.1%。全省建筑业企业实现利税总额1 870.2亿元,增长3.0%。建筑业劳动生产率为31.2万元/人,增长2.4%。建筑业企业房屋建筑施工面积232 034.2万平方米,增长4.8%;竣工面积75 454.3万平方米,增长0.6%,其中住宅竣工面积54 752万平方米,增长0.4%。

四、固定资产投资

固定资产投资平稳增长。全年完成固定资产投资53 000.2亿元,比上年增长7.5%。其中,国有及国有经济控股投资11 030.2亿元,增长5.6%;港澳台及外商投资4 484.5亿元,下降4.4%。投资中,民间投资37 485.5亿元,增长9.5%,占固定资产投资比重达70.7%。分类型看,完成项目投资43 371.1亿元,比上年增长7.3%;房地产开发投资9 629.1亿元,增长7.5%。全年商品房销售面积14 211.1万平方米,增长1.8%。其中,住宅销售面积12 486.7万平方米,下降1.4%。

投资结构持续调优。第一产业投资343.4亿元,比上年增长17.2%;第二产业投资26 412.4亿元,增长7.0%;第三产业投资26 244.4亿元,增长7.5%。第二产业投资中,工业投资26 180.8亿元,增长6.7%,其中制造业投资24 418.1亿元,增长6.8%。工业技术改造投资15 167.9亿元,增长11.5%,占工业投资比重达57.9%。高新技术产业投资7 748.2亿元,增长8.1%。第三产业投资中,科学研究和技术服务业增长20.2%,水利、环境和公共设施管理业增长18.3%,居民服务、修理和其他服务业增长17.7%,教育增长14.8%,卫生和社会工作增长19.7%。

重点项目扎实推进。全省200个民生领域补短板重大项目顺利实施,完成投资4 100亿元。交通、水利等一批重大基础设施项目相继启动或建成。南京禄口国际机场T1航站楼改扩建工程顺利启动,连徐高铁全线建设陆续开工,全国最大的内河水运工程长江南京以下12.5米深水航道二期基建疏浚工程开工,宁和城际轨道交通一期、宁高城际轨道交通二期工程开通运营,连盐铁路全线铺架及新建站房工程圆满完成。

五、国内贸易

消费品市场增势稳定。全年实现社会消费品零售总额31 737.4亿元,比上年增长10.6%。按经营单位所在地分,城镇消费品零售额28 385.3亿元,增长10.2%;乡村消费品零售额3 352.1亿元,增长14.1%。按消费类型分,商品零售额28 660.8亿元,增长10.5%;餐饮收入额3 076.6亿元,增长11.4%。在限额以上企业商品零售额中,粮油、食品类增长10.4%,饮料类增长9.2%,烟酒类增长6.5%,服装、鞋帽、针纺织品类增长10.2%,金银珠宝类增长12.9%,日用品类增长8.7%,五金、电料类增长7.7%,书报杂志类增长17.4%,家用电器和音像器材类增长14.9%,中西药品类增长14.4%,通讯器材类增长18.6%,文化办公用品类增长7.3%,家具类增长12.8%,石油及制品类增长8.3%,建筑及装潢材料类增长9.9%,汽车类增长6.7%。网上零售保持较快增长,限额以上批发和零售业网上零售额增长49.8%。

六、开放型经济

对外贸易保持较快增长。全年货物进出口总额40 022.1亿元,比上年增长19.0%。其中,出口总额24 607.2亿元,比上年增长16.9%;进口总额15 414.9亿元,比上年增长22.6%。

表4　货物进出口贸易主要分类情况

指　　标	绝对数(亿元)	比上年增长(%)
出口总额	24 607.2	16.9
#一般贸易	11 900.6	16.0
加工贸易	10 248.9	11.8
#工业制成品	23 112.6	13.9
初级产品	374.6	10.6
#机电产品	16 200.5	18.1

续表

指标	绝对数（亿元）	比上年增长（%）
♯高新技术产品	9 337.7	21.2
♯国有企业	2 539.1	34.2
外商投资企业	14 318.5	16.3
私营企业	7 345.4	13.6
进口总额	15 414.9	22.6
♯一般贸易	7 348.1	25.6
加工贸易	6 226.9	22.3
♯工业制成品	12 512.5	19.0
初级产品	2 031.4	31.8
♯机电产品	9 161.1	21.2
♯高新技术产品	6 426.1	23.6
♯国有企业	1 087.3	31.0
外商投资企业	11 189.3	21.5
私营企业	2 904.4	23.9

表5　对主要国家和地区货物进出口情况

国家和地区	出口额（亿元）	比上年增长（%）	进口额（亿元）	比上年增长（%）
美国	5 794.3	22.4	1 024.7	26.2
欧盟	4 653.1	18.6	1 882.1	25.8
东盟	2 651.5	14.5	1 963.9	25.9
中国香港	2 061.0	15.1	44.1	5.8
日本	1 850.0	7.9	1 946.1	22.3
拉丁美洲	1 294.2	16.1	738.4	18.1
韩国	1 249.7	13.5	3 093.9	24.9
中国台湾	707.7	7.6	2 004.5	10.0
印度	811.6	24.0	104.2	59.0
非洲	586.8	15.5	139.5	35.5
俄罗斯	292.6	14.8	70.2	31.2

利用外资保持稳定。全年新批外商投资企业3 254家，比上年增长13.9%；新批协议注册外资554.3亿美元，增长28.5%；实际使用外资251.4亿美元，增长2.4%。新批及净增资9 000万美元以上的外商投资大项目347个，比上年增长19.7%。全年新批境外投资项目631个，中方协议投资额92.7亿美元。

七、交通、邮电和旅游

交通运输基本平稳。全年旅客运输量比上年下降4.9％，货物运输量增长9.4％，旅客周转量、货物周转量分别增长4.2％和24.4％。全省机场飞机起降46.3万架次，比上年增长18.1％；旅客吞吐量4 446.3万人次，增长19.6％；货邮吞吐量57.1万吨，增长10.6％。完成规模以上港口货物吞吐量25.7亿吨，比上年增长6.4％，其中外贸货物吞吐量4.9亿吨，增长8.7％；集装箱吞吐量1 724万标准集装箱，增长5.9％。年末全省公路里程15.8万公里。其中，高速公路里程4 692公里，新增35公里。铁路营业里程2 770.9公里，铁路正线延展长度4 735.9公里。年末民用汽车保有量1 619.5万辆，增长12.9％；净增184.9万辆。年末私人汽车保有量1 408.2万辆，增长12.5％；净增156万辆。其中，私人轿车保有量987.6万辆，增长10.7％；净增95.5万辆。

表6　各种运输方式完成运输量情况

运输方式	货物周转量		货运量		旅客周转量		客运量	
	绝对数（亿吨公里）	比上年增长（％）	绝对数（万吨）	比上年增长（％）	绝对数（亿人公里）	比上年增长（％）	绝对数（万人）	比上年增长（％）
总计	9 726.5	24.4	234 092.2	9.4	1 659.4	4.2	127 951.6	−4.9
铁路	291.4	3.2	5 720.0	7.2	750.0	11.5	19 785.5	11.1
公路	2 377.9	11.1	128 915.0	10.0	746.9	−4.2	104 566.0	−7.9
水路	6 382.2	22.2	85 668.0	8.0	3.2	34.6	2 431.0	7.0
民航	1.2	7.0	8.2	7.6	159.3	16.4	1 169.1	14.1
管道	673.8	4.9	13 781.0	−0.1	—	—	—	—

注：民航运输量数据仅指东航江苏分公司完成数。

邮政电信快速发展。全年邮政行业业务总量880.9亿元，比上年增长32.7％；电信业务总量2 067.7亿元，增长73.0％。邮政行业业务收入560.7亿元，比上年增长21.0％；电信业务收入915.2亿元，增长8.6％。年末局用交换机总容量168.2万门。年末固定电话用户1 512.1万户；其中城市固定电话用户1 003.2万户，乡村固定电话用户508.9万户。年末移动电话用户8 807.7万户，比上年末增加608.9万户。年末电话普及率达129部/百人。长途光缆线路总长度4.3万公里，新增4 027.3公里。年末互联网宽带接入用户3 106.2万户，新增420.9万户。

旅游业较快增长。全年接待境内外游客74 657.4万人次，比上年增长9.6％；实现旅游业总收入11 662.2亿元，增长13.6％。接待入境过夜游客370.1万人次，增长12.2％。其中，外国人241.8万人次，增长10.9％；港澳台同胞128.4万人次，增长14.8％。旅游外汇收入42亿美元，增长10.3％。接待国内游客74 287.3万人次，增长9.6％，实现国内旅游收入11 307.5亿元，增长13.6％。

八、财政、金融

财政收入稳定增长。全年完成一般公共预算收入8 171.5亿元，同口径增长4.6％；上划中央四税5 779.8亿元,比上年增长9.1%。

表7　财政收入分项情况

指　　标	绝对数（亿元）	比上年增长（%）
一般公共预算收入	8 171.5	4.6（同口径）
♯增值税	2 864.2	−3.3（同口径）
企业所得税	1 145.2	17.0
个人所得税	386.8	1.2
上划中央四税	5 779.8	9.1
♯国内消费税	693.4	−2.2
增值税	2 864.8	9.3

财政支出结构优化。全年一般公共预算支出10 621.4亿元,比上年增长6.4%。一般公共预算支出中,教育支出2 003.7亿元,比上年增长8.7%;公共安全支出716.6亿元,增长12.9%;医疗卫生支出797亿元,增长11.8%;社会保障和就业支出1 047.2亿元,增长16.6%;住房保障支出326.3亿元,增长21.1%。

金融信贷规模扩大。年末全省金融机构人民币存款余额129 942.9亿元,比年初增加8 836.3亿元。其中,住户存款比年初增加2 183.9亿元,非金融企业存款比年初增加1 953.7亿元。年末金融机构人民币贷款余额102 113.3亿元,比年初增加11 005.7亿元。其中,中长期贷款比年初增加10 230.9亿元,短期贷款比年初增加2 265.3亿元。

表8　年末金融机构人民币存贷款情况

指　　标	绝对数（亿元）	比年初增加（亿元）	比上年末增长（%）
各项存款余额	129 942.9	8 836.3	7.3
♯住户存款	46 088.0	2 183.9	5.0
非金融企业存款	47 205.0	1 953.7	4.3
各项贷款余额	102 113.3	11 005.7	12.1
♯短期贷款	31 981.0	2 265.3	7.6
中长期贷款	65 118.5	10 230.9	18.7
♯消费贷款	27 687.9	5 290.0	23.6
♯住房贷款	24 191.0	4 318.4	21.7

证券交易市场保持稳定。年末全省境内上市公司382家,省内上市公司通过首发、配股、增发、可转债、公司债在上海、深圳证券交易所筹集资金2 115.8亿元。江苏企业境内上市公司总股本3 258.1亿股,比上年增长14.8%;市价总值40 676亿元,比上年增长9.4%。年末全省共有证券公司6家,证券营业部887家;期货公司9家,期货营业部157家;证券投资咨询机构3家。全年证券市场完成交易额30万亿元。分类型看,证券经营机构股票交易额17.3万亿元,比上年下降12.1%;期货经营机构代理交易额12.7万亿元,下降14.9%。

保险行业快速发展。全年保费收入3 449.5亿元,比上年增长28.2%。分类型看,财产险收入

814亿元,增长11.0%;寿险收入2 211.3亿元,增长46.7%;健康险和意外伤害险收入424.2亿元,下降5.7%。全年赔付额983.6亿元,比上年增长7.5%。其中,财产险赔付455.6亿元,增长4.1%;寿险赔付433.2亿元,增长7.2%;健康险和意外伤害险赔付94.8亿元,增长29.0%。

九、科学技术和教育

科技创新能力稳步提升。全省科技进步贡献率达62.0%,比上年提高1.0个百分点。全省专利申请量、授权量分别达51.4万件、22.7万件,其中发明专利申请量18.7万件,比上年增长15.1%;发明专利授权量4.2万件,增长1.4%;PCT专利申请量达4 590件,增长42.9%;万人发明专利拥有量达22.5件,增长22.2%。全省企业共申请专利36万件。全年共签订各类技术合同3.7万项,技术合同成交额达872.9亿元,比上年增长19.7%。省级以上众创空间达607家。2017年,江苏共有54个项目获国家科技奖,获奖总数位列全国各省第一。

高新技术产业加快发展。组织实施省重大科技成果转化专项资金项目138项,省资助资金投入9.7亿元,新增总投入93.4亿元。全省按国家新标准认定高新技术企业累计达1.3万家。新认定省级高新技术产品10 359项,已建国家级高新技术特色产业基地162个。

科研投入力度逐步增强。全社会研究与发展(R&D)活动经费占地区生产总值比重达2.7%左右(原可比口径)。全省从事科技活动人员122万人,其中研究与发展(R&D)人员80万人。全省拥有中国科学院和中国工程院院士100人。全省各类科学研究与技术开发机构中,政府部门属独立研究与开发机构达450个。全省已建国家和省级重点实验室168个,科技服务平台294个,工程技术研究中心3 263个,企业院士工作站359个,经国家认定的技术中心110家。

教育事业全面发展。全省共有普通高校142所。普通高等教育本专科招生53.4万人,在校生176.8万人,毕业生49万人;研究生教育招生6.5万人,在校生17.7万人,毕业生4.6万人。高等教育毛入学率达56.7%,比上年提高2.0个百分点。全省中等职业教育在校生65.2万人(不含技工学校)。九年义务教育巩固率100%,高中阶段教育毛入学率99.3%。特殊教育招生0.4万人,在校生2.8万人。全省共有幼儿园6 982所,比上年增加115所;在园幼儿260.5万人,比上年增加3.3万人。学前三年教育毛入园率达98%。

表9　各阶段教育学生情况

指　标	招生数		在校生数		毕业生数	
	绝对数(万人)	比上年增长(%)	绝对数(万人)	比上年增长(%)	绝对数(万人)	比上年增长(%)
普通高等教育	59.8	2.4	194.5	2.0	53.6	1.9
♯研究生	6.5	21.5	17.7	9.4	4.6	5.3
普通高中教育	31.5	−1.1	94.3	−0.9	31.8	−6.2
普通初中教育	75.8	8.0	208.7	7.1	61.3	−0.6
小学教育	95.3	2.0	540.2	3.5	77.4	7.2

十、文化、卫生和体育

公共文化服务水平提升。城乡公共文化服务体系不断完善。年末全省共有文化馆、群众艺术馆113个，公共图书馆114个，博物馆317个，美术馆27个，综合档案馆113个，向社会开放档案69.1万件。共有广播电台8座，中短波广播发射台和转播台21座，电视台8座，广播综合人口覆盖率和电视综合人口覆盖率均达100%。有线电视用户1997.7万户。生产故事影剧片41部。报纸出版22.7亿份，杂志出版1.3亿册，图书出版6亿册。

卫生事业快速发展。年末全省共有各类卫生机构32200个。其中，医院1734个，疾病预防控制中心116个，妇幼卫生保健机构111个。各类卫生机构拥有病床46.5万张，其中医院拥有病床37.6万张。共有卫生技术人员54.2万人，其中执业医师、执业助理医师20.9万人，注册护士23.4万人，疾病预防控制中心卫生技术人员0.6万人，妇幼卫生保健机构卫生技术人员1.1万人。

体育事业稳定发展。江苏体育健儿在第十三届全国运动会取得优异成绩。在重大比赛中获世界冠军39项，获金牌180人次，获银牌113人次，获铜牌153人次。

十一、环境保护、节能降耗和安全生产

生态保护有力推进。年末全省自然保护区增至31个，其中国家级自然保护区3个，面积达53.63万公顷；自然湿地保护率达到48.2%；林木覆盖率提高到22.9%。全面推行河长制和断面长制，确保太湖流域实现安全供水、不发生大面积湖泛，长江、淮河等重点流域以及近岸海域污染治理深入推进。城乡环境综合整治成效显著，建成国家生态市（县、区）45个，国家生态园林城市16个，国家生态工业园区21个，国家生态文明建设示范市县5个。

节能减排成效显著。紧扣生态环境突出短板，深入实施"263"专项行动，全年全省煤炭消费量减少1000万吨以上。压减钢铁产能634万吨、煤炭产能18万吨、水泥产能510万吨、平板玻璃产能330万重量箱，顺利完成年度目标。万元地区生产总值能耗降低率及化学需氧量、二氧化硫、氨氮、氮氧化物排放量继续下降，均超额完成目标任务。

安全生产形势稳定。事故起数和死亡人数实现"双下降"，全年发生各类生产安全事故7295起，死亡4410人，按可比口径计算，分别下降17.54%和9.94%。亿元GDP生产安全事故死亡率为0.05，比上年下降19.05%。

十二、人口、人民生活和社会保障

人口总量保持增长。年末全省常住人口8029.3万人，比上年末增加30.7万人，增长0.38%。在常住人口中，男性人口4041.1万人，女性人口3988.3万人；0～14岁人口1099.4万人，15～64岁人口5856.7万人，65岁及以上人口1073.2万人。全年人口出生率9.71‰，比上年下降0.05个千分点；人口死亡率7.03‰，与上年持平；人口自然增长率2.68‰，比上年下降0.05个千分点。

居民收入持续增加。根据城乡一体化住户抽样调查，全年全省居民人均可支配收入35024元，

较上年增长9.2%。其中,工资性收入20 399元,增长9.3%;经营净收入4 994元,增长5.7%;财产净收入3 239元,增长12.4%;转移净收入6 392元,增长10.2%。按常住地分,城镇居民人均可支配收入43 622元,增长8.6%;农村居民人均可支配收入19 158元,增长8.8%。全省居民人均可支配收入中位数30 182元,增长10.0%。全省居民人均可支配收入中,按五等份分组,低收入组人均可支配收入9 975元,中等偏下收入组人均可支配收入19 928元,中等收入组人均可支配收入30 169元,中等偏上收入组人均可支配收入44 122元,高收入组人均可支配收入79 953元。全省居民人均生活消费支出23 469元,比上年增加1 339元。

　　社会保障体系加快完善。稳步实施全民参保计划,参保覆盖面持续扩大。年末全省企业职工基本养老、城镇职工基本医疗、失业、工伤、生育保险参保人数分别为2 097.5万人、2 600.7万人、1 583万人、1 689.4万人和1 521.3万人,分别比上年末增加51万人、110.2万人、44.7万人、55.5万人和70.1万人。城乡居民基本养老保险参保人数1 268.4万人,领取基础养老金人数1 051.7万人。城乡居民基本医疗保险参保人数5 019.6万人。调整退休人员基本养老金,全省人均增幅不低于5.5%,惠及760多万退休人员。城乡居民基本养老保险基础养老金最低标准由每人每月115元提高到125元。城乡居民医保人均财政补助最低标准提高到每人每年470元。

第五章　人口与行政区划

一、人口结构

2017 年年末，江苏省常住人口为 8 029.30 万人，比上年增长 30.7 万人，增长 0.38%。全省常住人口中城镇人口为 5 520.95 万人，城镇化率为 68.8%，较上年增长 1.1 个百分点。2017 年 11 月 1 日零时，全省人口年龄构成中 0～14 岁人口为 1 103.24 万人，占总人口的 14.06%，占比增加 0.55 个百分点；15～64 岁人口为 5 556.87 万人，占总人口的 70.82%，占比减少 2.9 个百分点；65 岁及以上人口 1 186.61 万人，占比 15.12%，占比增加 1.61 个百分点，较比上年增长 0.38%。在常住人口中，男性占比 50.33%，自 2015 年人口普查年之后男性占比一直保持持平。

2017 年 11 月 1 日零时，全省人口中具有大学（指大专以上）文化程度的人口为 1 258.95 万人；具有高中文化（含中专）程度的人口为 1 439.69 万人；具有初中文化程度的人口为 2 885.04 万人；具有小学文化程度的人口为 1 937.17 万人（以上各种受教育程度的人包括各类学校的毕业生、肄业生和在校生）。

表 1　2017 年江苏人口

年末常住人口	8 029.30	万人
年末户籍人口	7 794.19	万人
从业人员	4 757.80	万人
出生人口	77.82	万人
死亡人口	56.43	万人
结婚人数	67.55	万对
离婚人数	24.62	万对
人口密度	749	人/平方公里
人口平均期望寿命（2015 年）	77.51	岁
男	75.50	岁
女	79.52	岁

数据来源：江苏统计局

二、行政区划

江苏现有 13 个省辖市,下辖 96 个县(市、区),其中 20 个县、21 个县级市、55 个市辖区。截至 2017 年底,全省共有 826 个乡镇、458 个街道办事处。截至 2017 年底,全省共有 14 462 个村委会、7 201 个居委会。

表 2　江苏省行政区划　　　　　　　　　　　　　　　　　　　　　(单位:个)

市名	各级市单位数	县级单位数	县	县级市	市辖区	镇	乡	街道办事处	村民委员会	居民委员会
全　省	13	96	20	21	55	758	68	458	14 462	7 201
南京市	1	11	0	0	11	13	0	87	283	959
无锡市	1	7	0	2	5	30	0	53	639	601
徐州市	1	10	3	2	5	97	0	66	2 042	671
常州市	1	6	0	1	5	36	0	25	645	397
苏州市	1	9	0	4	5	53	0	37	1 026	1 162
南通市	1	8	2	3	3	65	0	37	1 304	613
连云港市	1	6	3	0	3	50	10	30	1 432	252
淮安市	1	7	3	0	4	84	20	21	1 453	253
盐城市	1	9	5	1	3	96	0	26	1 826	611
扬州市	1	6	1	2	3	62	5	14	1 005	376
镇江市	1	6	0	3	3	31	0	25	489	278
泰州市	1	6	0	3	3	71	5	20	1 425	449
宿迁市	1	5	3	0	2	70	28	17	893	579

数据来源:江苏统计局

1996 年以来,经国务院批准,全省对省辖市行政区划进行了较大规模调整。1996 年,扬泰分设,撤县级泰州市,设地级泰州市;淮宿分设,撤县级宿迁市,设地级宿迁市。2000 年以来,全省调整了苏州、无锡、常州、南京、镇江、扬州、南通、徐州、淮安、连云港、盐城、泰州、宿迁 13 个省辖市市区行政区划。其中,2011 年,经国务院批准,对扬州市行政区划进一步进行调整,撤销县级江都市,设立扬州市江都区,撤销扬州市维扬区。2012 年经国务院批准,苏州市撤销沧浪区、平江区、金阊区,合并设立姑苏区,撤销了吴江市,设立吴江区;泰州市撤销了姜堰市,设立姜堰区。2013 年 2月,南京市撤销秦淮区与白下区,合并设立新的秦淮区,撤销鼓楼区与下关区,合并设立新的鼓楼区,撤销高淳县、溧水县,分别设立高淳区、溧水区。2014 年连云港市撤销新浦区、海州区,设立新的海州区。2015 年,常州戚墅堰区和武进区合并组建新的武进区。2015 年撤销淮安市清河区、清浦区,设立淮安市清江浦区,以原清河、清浦区的行政区域为清江浦区的行政区域。2016 年根据国务院、省政府批复,同意设立无锡市新吴区,将无锡市锡山区的鸿山街道和滨湖区的江溪、旺庄、硕放、梅村、新安街道划归新吴区管辖,以上述 6 个街道的行政区域为新吴区的行政区域。

1998年以来,全省对布局不尽合理和规模偏小的乡镇、村进行了撤并。至2011年底,共撤并乡镇1018个,撤并率51%,其中2011年撤并乡镇19个。2012年江苏省围绕城镇化和城乡一体化发展战略,撤并24个镇、3个街道办事处,新设立10个街道办事处。2017年较上年撤并6个乡镇、增设3个街道办事处。乡镇规模和人口数量更加符合资源优化配置的要求,加快了城市化的进程。

表3 2017年全省县级以上行政区划一览表

设区市	县(市、区)
南京(11区)	玄武区、秦淮区、建邺区、鼓楼区、浦口区、栖霞区、雨花台区、江宁区、六合区、溧水区、高淳区
无锡(5区2市)	梁溪区、新吴区、锡山区、惠山区、滨湖区、江阴市、宜兴市
徐州(5区3县2市)	鼓楼区、云龙区、贾汪区、泉山区、铜山区、丰县、沛县、睢宁县、邳州市、新沂市
常州(5区1市)	天宁区、钟楼区、新北区、武进区、金坛区、溧阳市
苏州(5区4市)	姑苏区、虎丘区、吴中区、相城区、吴江区、常熟市、张家港市、昆山市、太仓市
南通(3区1县4市)	崇川区、港闸区、通州区、海安市、如东县、启东市、如皋市、海门市
连云港(3区3县)	连云区、海州区、赣榆区、东海县、灌云县、灌南县
淮安(4区3县)	淮安区、淮阴区、清江浦区、洪泽区、涟水县、盱眙县、金湖县
盐城(3区5县1市)	亭湖区、盐都区、大丰区、滨海县、阜宁县、射阳县、建湖县、响水县、东台市
扬州(3区1县2市)	广陵区、邗江区、江都区、宝应县、高邮市、金湖县
镇江(3区3市)	京口区、润州区、丹徒区、丹阳市、扬中市、句容市
泰州(3区3市)	海陵区、高港区、姜堰区、兴化市、靖江市、泰兴市、扬中
宿迁(2区3县)	宿城区、宿豫区、沭阳县、睢宁县、新沂市

第三篇　经济社会发展报告

第一章 2017 年江苏省经济和社会发展分析

2017 年,全省上下以习近平新时代中国特色社会主义思想为指引,自觉践行新发展理念,坚持稳中求进工作总基调,以供给侧结构性改革为主线,全力推进稳增长、促改革、调结构、惠民生、防风险各项工作,经济社会发展的稳定性协调性明显增强。全省经济发展迈上新台阶,改革创新展现新活力,转型升级取得新成效,发展质量得到新提升,民生福祉获得新改善,社会事业实现新进步。

一、综合

2017 年江苏全省经济发展总体平稳、稳中有进、稳中向好,主要指标增幅保持在合理区间,转型升级步伐不断加快,新旧动力加速转换,发展质量稳步提升,民生福祉持续改善。全年实现地区生产总值 85 900.9 亿元,比上年增长 7.2%。过去五年来,江苏面对新旧动能接续转换的现实压力,主动适应经济发展新常态,自觉践行新发展理念,扎实抓好供给侧结构性改革,大力推动"两聚一高"新实践、加快建设"强富美高"新江苏,"十二五"规划胜利完成,"十三五"规划顺利推进。地区生产总值连跨三个万亿元级台阶,2017 年达到 8.59 万亿元,年均增长 8.4%。

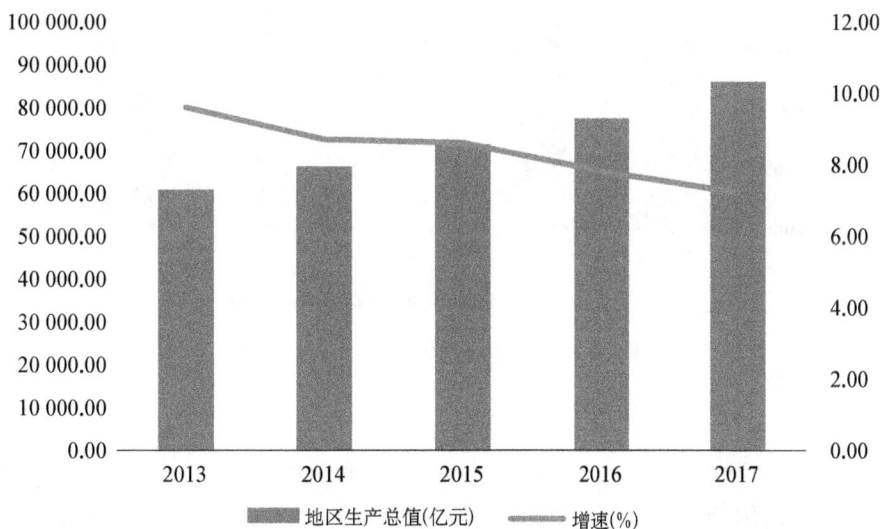

图 1　2013—2017 年江苏省地区生产总值级增速变动(单位:亿元、%)

数据来源:历年《江苏统计年鉴》

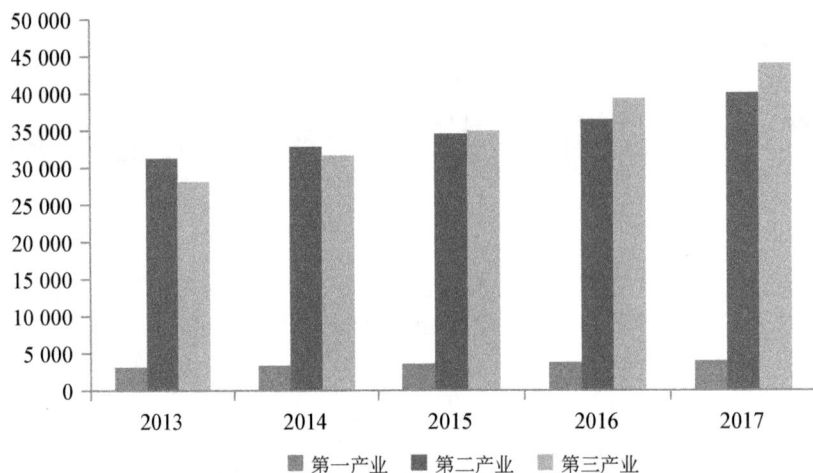

图2 2013—2017年江苏省三次产业增加值变动（单位：亿元）

数据来源：历年《江苏统计年鉴》

2013—2017年，江苏三大产业增加值逐年增加。2017年第一产业增加值4 076.7亿元，增长2.2%；第二产业增加值38 654.8亿元，增长6.6%；第三产业增加值43 169.4亿元，增长8.2%。全省人均地区生产总值107 189元，比上年增长6.8%。全员劳动生产率持续提高，全年平均每位从业人员创造的增加值达180 578元，比上年增加17 907元。

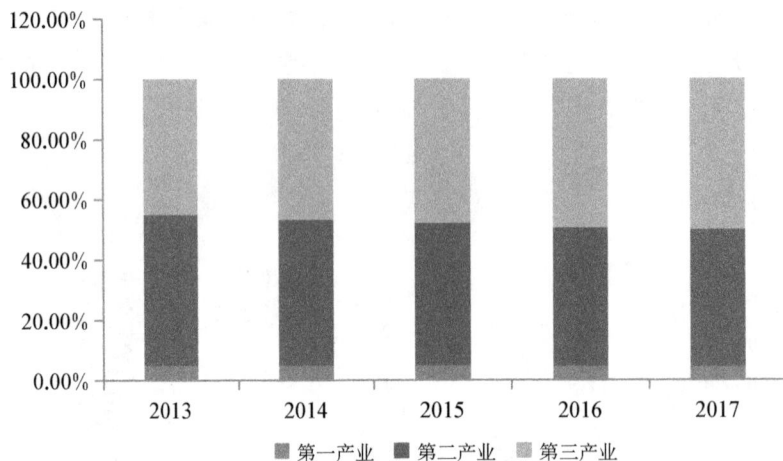

图3 2013—2017年江苏省三次产业增加值比重（单位：%）

数据来源：历年《江苏统计年鉴》

近年来，江苏产业结构发展出现一些新特点，三次产业结构已从"二、三、一"转变为"三、二、一"型，三次产业增加值比例调整为4.5∶45.5∶50，全年服务业增加值占GDP比重比上年提高0.3个百分点。

表 1　江苏三次产业 GDP 总值及年实际增速（2013—2017 年）

年份	总值（亿元）				增速（%）			
	GDP	第一产业	第二产业	第三产业	GDP	第一产业	第二产业	第三产业
2013	60 712.81	3 469.86	29 888.45	27 354.5	9.6	2.9	10.0	9.8
2014	66 150.64	3 634.33	31 742.04	30 774.27	8.7	3.0	8.2	10
2015	71 289.51	3 986.05	33 031.06	34 272.4	8.6	3.3	8.5	9.4
2016	77 388.28	4 077.18	34 619.5	38 691.6	7.8	0.7	6.6	9.8
2017	85 900.94	4 076.65	38 654.85	43 169.44	7.2	2.2	6.6	8.2

数据来源：历年《江苏统计年鉴》

第一产业。总体上看第一产业占 GDP 的比重呈现不断下降趋势。随着全省经济的不断发展和第三产业的持续壮大，2013 年至今第一产业占 GDP 比重基本维持在 2%～5% 之间。2017 年第一产业增加值 4 076.7 亿元，比上一年增长 2.2%。

第二产业。第二产业始终在全省经济中占据重要的地位，占 GDP 的份额最大，对经济增长的贡献也大。改革开放以来，第二产业在 GDP 中所占的比重呈现波浪式运动，但总体上看没有发生大幅度的变化。从波动情况看，第二产业的比重从 1978 年的 52.6% 下降到 1991 年的 49.6%，随后从 1992 年起开始保持在 50% 以上，2005 年上升到 56.6%，再到顶点，随着工业化进程的推进，江苏从工业高速发展阶段进入到工业化后期和后工业化时代，第二产业占比逐年下降，2017 年下降到 45.5%，被第三产业超过，从雄踞多年的首位下降为第二位，实现了江苏产业结构的重大转型。

第三产业。第三产业占 GDP 的比重总体呈现上升趋势，增长趋势的阶段性特征明显。自改革开放到 1987 年，第三产业占 GDP 的比重一直没有发生明显变化，占比始终保持在 20% 以下。而在 1988 年以后，第三产业的比重迅速上升，1989 年首次超过了第一产业达到 25.8%，随后保持稳定提高的趋势，2013 年第三产业增加值占 GDP 的比重超过 40%，2017 年为 50%。

表 2　2013—2017 年江苏省各行业生产总值（亿元）

行　　业	2013 年	2014 年	2015 年	2016 年	2017 年
地区生产总值	59 753.37	66 150.64	71 289.51	77 388.28	85 900.94
第一产业	3 469.86	3 634.33	3 986.05	4 077.18	3 938.23
第二产业	29 086.08	31 742.04	33 031.06	34 619.50	40 066.42
第三产业	27 197.43	30 774.27	34 272.40	38 691.60	43 983.42
农、林、牧、渔业	3 646.06	3 835.16	4 209.52	4 323.53	4 176.69
农业	2 182.66	2 314.24	2 566.23	2 569.37	2 453.47
林业	59.87	66.07	72.36	72.72	116.51
畜牧业	489.12	472.91	515.88	543.57	620.78
渔业	738.21	781.11	831.58	891.51	747.47
农、林、牧、渔服务业	176.2	200.83	223.47	246.35	238.46
工业	25 503.86	27 847.72	28 980.20	30 455.15	35 429.83
采矿业	243.96	259.69	193.36	159.47	294.42
制造业	24 124.67	26 320.50	27 363.73	28 825.33	34 170.62

江苏经济年鉴（2018）

续表

行　业	2013 年	2014 年	2015 年	2016 年	2017 年
电力、热力、燃气及水生产和供应业	1 135.23	1 267.53	1 423.11	1 470.36	964.80
建筑业	3 590.16	3 902.52	4 058.52	4 173.66	4 651.75
批发和零售业	6 123.46	6 559.03	6 992.68	7 470.27	10 105.81
交通运输、仓储和邮政业	2 425.11	2 591.98	2 706.28	2 837.16	2 896.47
住宿和餐饮业	1 027.97	1 094.45	1 189.40	1 291.32	1 897.19
信息传输、软件和信息技术服务业	1 361.42	1 596.29	1 884.73	2 479.27	2 692.47
金融业	3 958.79	4 723.69	5 302.93	6 011.13	6 129.98
房地产业	3 308.4	3 564.44	3 755.45	4 292.79	5 588.97
租赁和商务服务业	2 033.78	2 470.65	2 846.44	3 453.33	3 477.88
科学研究和技术服务业	774.22	981.08	1 106.94	1 217.93	1 386.78
水利、环境和公共设施管理业	382.91	428.73	497.14	553.39	580.96
居民服务、修理和其他服务业	877.51	1 073.53	1 259.45	1 507.03	1 701.29
教育	1 680.21	1 923.42	2 254.83	2 491.08	2 320.41
卫生和社会工作	887.94	1 017.43	1 232.90	1 416.81	1 390.91
文化、体育和娱乐业	418.85	536.56	635.64	795.79	836.80
公共管理、社会保障和社会组织	1 752.72	2 003.97	2 376.46	2 618.64	2 723.86

数据来源：历年《江苏统计年鉴》

在行业层面，2017 年江苏省第二产业中工业的增加值为 35 429.83 亿元，占地区生产总值 41.24%，与上年相比，下降 1.9 个百分点。其中制造业增加值为 34 170.62 亿元，占地区生产总值 39.78%，与上年相比，提高了 6.2 个百分点。第三产业中的批发和零售业、金融业、房地产业增加值规模较大，分别为 10 105.81 亿元、6 129.98 亿元和 5 588.97 亿元，占地区生产总值的比重分别为 11.76%、7.13% 和 6.51%，相较于 2016 年，批发和零售业、金融业的占比呈现上升趋势。

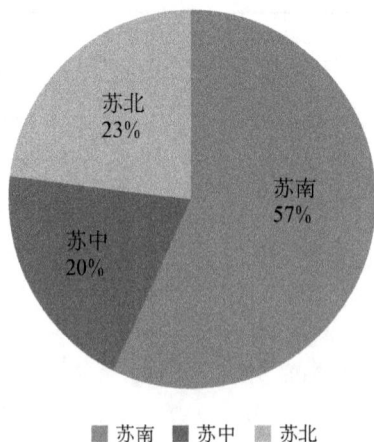

图 4　2017 年江苏省三大区域生产总值比重（单位：%）

数据来源：《江苏统计年鉴 2018 年》

· 64 ·

就图 4 而言,苏南、苏中和苏北地区的生产总值为 50 175.2 亿元、17 544.1 亿元和 20 268.11 亿元,分别占江苏省生产总值的 57%、20% 和 23%。其中,苏南地区的南京与无锡对地区生产总值的贡献较大,而苏中和苏北地区也逐渐在发挥其后发优势,缩小与苏南地区的区域差距。

表 3　2017 年江苏居民消费价格指数及其构成情况(以上年为 100)

指　　　标	全省	城市	农村
居民消费价格	101.7	101.8	101.5
食品烟酒	100.4	100.5	99.8
衣着	102.3	102.3	102.2
居住	102.8	102.9	102.8
生活用品及服务	103.1	103.0	103.2
交通和通信	101.8	101.8	101.7
教育文化和娱乐	102.0	102.1	101.7
医疗保健	101.5	101.4	101.8
其他用品和服务	102.4	102.4	102.4

数据来源:《2017 年江苏国民经济与社会发展统计公报》

2017 年江苏消费价格温和上涨。全年居民消费价格比上年上涨 1.7%,其中城市上涨 1.8%,农村上涨 1.5%。分类别看,食品烟酒类上涨 0.4%,衣着类上涨 2.3%,居住类上涨 2.8%,生活用品及服务类上涨 3.1%,交通和通信类上涨 1.8%,教育文化和娱乐类上涨 2.0%,医疗保健类上涨 1.5%,其他用品和服务类上涨 2.4%。食品价格中,粮食上涨 1.5%,食用油上涨 0.4%,水产品上涨 3.0%,鲜菜下跌 7.0%,畜肉类下跌 3.7%,蛋类下跌 4.6%。工业生产者价格继续回升。全年工业生产者出厂价格比上年上涨 4.8%,涨幅比上年扩大 6.7 个百分点;工业生产者购进价格上涨 9.7%,涨幅扩大 11.7 个百分点。

另外,2017 年江苏经济活力持续增强,全年非公有制经济实现增加值 58 326.7 亿元,比上年增长 7.5%,占 GDP 比重达 67.9%。私营个体经济增加值占 GDP 比重为 44.1%,民营经济增加值占 GDP 比重达 55.4%。年末全省工商部门登记的私营企业 258.6 万户,全年新增 49 万户,注册资本 128 648 亿元,比上年增长 31.2%;个体户 510.4 万户,全年新增 99.1 万户。新型城镇化建设加快推进。年末城镇化率达 68.8%,比上年提高 1.1 个百分点。区域发展更趋协调。扬子江城市群对全省经济增长的贡献率达 77.7%,沿海经济带对全省经济增长的贡献率达 17.1%。就业形势保持平稳。年末全省就业人口 4 757.8 万人,第一产业就业人口 799.3 万人,第二产业就业人口 2 041.1 万人,第三产业就业人口 1 917.4 万人。城镇就业人口 3 179.4 万人,城镇新增就业 148.6 万人,城镇登记失业率 2.98%。新增转移农村劳动力 26.3 万人。促进失业人员再就业 80.6 万人,其中就业困难人员就业 14.4 万人。"去产能"企业职工得到妥善分流安置。

然而,经济社会发展中还存在不少困难和问题,如发展不平衡不充分的问题仍较突出,自主创新能力和经济发展质量需进一步提高,转型升级任务艰巨,实体经济发展面临不少困难,生态环境还存在较多短板,优质教育、医疗、养老服务等方面的供给与人民群众期盼仍有差距。

二、农林牧渔业

种植业结构继续调整。全年粮食播种面积540.6万公顷,比上年减少2.6万公顷;棉花种植面积4.2万公顷,减少2.2万公顷;油料种植面积41.2万公顷,减少2.7万公顷;蔬菜种植面积140.8万公顷,减少2.2万公顷。全年粮食总产量3 539.8万吨,比上年增产73.8万吨,增长2.1%。其中,夏粮1 260.6万吨,增长3.6%;秋粮2 279.2万吨,增长1.3%。

林牧渔业总体稳定。全年造林面积3.6万公顷,比上年增长33.5%。全年猪牛羊禽肉产量335.4万吨,比上年下降3.0%;禽蛋产量186.1万吨,下降6.3%;牛奶总产量59.9万吨,增长1.6%。水产品总产量520.1万吨,下降0.6%,其中淡水产品370.6万吨,海水产品149.5万吨,分别下降0.8%和0.1%。

现代农业加快推进。绿色农业、智慧农业、订单农业等现代农业加快发展。全省有效灌溉面积达413.2万公顷,新增有效灌溉面积6.4万公顷,新增节水灌溉面积17.7万公顷;新增设施农业面积3.4万公顷;年末农业机械总动力4 991.4万千瓦,比上年增长1.7%。

表4　2017年江苏主要农产品产量情况

产品名称	产量(万吨)	比上年增长(%)
粮食	3 539.8	2.1
棉花	5.1	−30.9
油料	126.3	−4.2
#油菜籽	88.6	−5.4
花生	36.2	−1.3
蚕茧	3.9	−0.5
茶叶	1.4	−0.1
水果(含瓜果类)	940.3	5.3
猪牛羊禽肉	335.4	−3.0
水产品	520.1	−0.6

数据来源:《2017年江苏国民经济与社会发展统计公报》

三、工业和建筑业

工业生产平稳运行。全年规模以上工业增加值比上年增长7.5%,其中轻工业增长8.6%,重工业增长6.9%。分经济类型看,国有工业增长7.8%,集体工业增长2.0%,股份制工业增长8.0%,外商港澳台投资工业增长6.6%。在规模以上工业中,国有控股工业增长6.7%,私营工业增长8.0%。

工业企业效益较快增长。全年规模以上工业企业实现主营业务收入15.5万亿元,比上年增长10.9%;利润总额10 359.7亿元,比上年增长12.4%。企业亏损面11.6%,比上年下降0.7个百分点。规模以上工业企业总资产贡献率、主营业务收入利润率和成本费用利润率分别为15.0%、6.7%和7.2%。

表5　2017年江苏主要工业产品产量情况

产品名称	单位	产量	比上年增长（%）
纱	万吨	517.82	2.4
布	亿米	88.65	−0.18
化学纤维	万吨	1 471.18	6.38
卷烟	亿支	1 042.12	1.4
智能手机	万台	6 296	26.35
彩色电视机	万台	1 659.25	−9.95
♯智能电视	万台	934.98	2.93
家用电冰箱	万台	894.95	12.33
房间空调器	万台	424.8	5.45
粗钢	万吨	10 427.73	4.64
钢材	万吨	12 295.44	5.85
十种有色金属	万吨	43.44	32.18
水泥	万吨	17 330.2	−0.57
硫酸	万吨	383.23	15.38
纯碱	万吨	357.23	14.82
乙烯	万吨	145.3	−10.6
化肥（折100%）	万吨	161.7	−10.32
汽车	万辆	125.52	−11.27
♯轿车	万辆	62.48	−15.3
♯新能源汽车	万辆	5.06	56.61
民用钢质船舶	万载重吨	1 462.09	−0.95
太阳能电池	万千瓦	3 832.18	25.86
发电设备	万千瓦	574.36	4.94
光纤	万千米	3 559.23	42.39
光缆	万芯千米	9 606.73	3.89
微型电子计算机	万台	5 617.1	7.8
集成电路	亿块	517.91	13.28
程控交换机	万线	0.68	−0.15

数据来源：《2017年江苏国民经济与社会法统计公报》

先进制造业加快发展。全年规模以上工业中，医药制造业增加值比上年增长12.9%，专用设备制造业增加值增长15.1%，电气机械及器材制造业增加值增长11.7%，通用设备制造业增加值增长11.4%，计算机、通信和其他电子设备制造业增加值增长11.9%。代表智能制造、新型材料、新型交通运输设备和高端电子信息产品的新产品产量实现较快增长。全年工业机器人产量增长99.6%，3D打印设备增长77.8%，新能源汽车增长56.6%，服务器增长54.2%，光纤增长42.4%，智能手机增长26.4%,太阳能电池增长25.9%。

建筑业稳定发展。全年实现建筑业总产值27 955.9亿元,比上年增长8.4%;竣工产值21 542.9亿元,增长1.3%;竣工率达77.1%。全省建筑业企业实现利税总额1 870.2亿元,增长3.0%。建筑业劳动生产率为31.2万元/人,增长2.4%。建筑业企业房屋建筑施工面积232 034.2万平方米,增长4.8%;竣工面积75 454.3万平方米,增长0.6%,其中住宅竣工面积54 752万平方米,增长0.4%。

四、固定资产投资

表6 2013—2017年江苏省固定资产投资额(亿元)

指　　标	2013 年	2014 年	2015 年	2016 年	2017 年
投资总额(亿元)	35 982.52	41 552.75	45 905.17	49 370.85	53 000.21
按经济类型分					
国有经济	6 865.27	8 308.13	8 901.58	8 236.65	8 811.26
集体经济	1 639.37	1 835.30	1 872.50	806.51	742.24
私营个体经济	14 955.56	18 185.36	21 252.12	23 417.12	26 992.16
联营经济	82.69	66.04	52.32	42.52	22.64
股份制经济	1 567.00	1 376.93	1 210.16	1 176.19	1 144.20
有限责任公司	5 924.45	6 792.92	7 752.74	10 481.14	10 079.59
港澳台投资经济	1 597.74	1 679.36	1 648.71	2 306.36	2 250.40
外商投资经济	2 315.26	2 476.57	2 253.73	2 386.47	2 234.05
其他经济	1 035.18	832.16	961.31	517.88	723.67
按资金来源分					
国家预算内资金	529.19	627.26	806.89	990.43	1 044.76
国内贷款	5 091.04	5 360.60	4 810.95	5 778.54	6 386.98
利用外资	1 127.55	1 152.05	926.17	599.88	376.11
自筹资金	29 444.25	33 325.52	36 305.15	36 257.99	37 667.86
其他资金来源	6 822.96	6 232.21	7 206.37	10 830.18	11 518.51
按构成分					
建筑安装工程	20 821.56	24 686.18	27 570.90	28 989.35	30 261.05
设备工器具购置	10 903.11	12 327.57	14 225.16	15 368.57	16 915.28
其他费用	4 257.84	4 539.00	4 109.11	5 012.94	5 823.89
按产业分					
♯住宅	5 646.33	6 367.41	6 527.16	6 971.13	7 611.69
第一产业	195.71	206.97	232.24	293.11	343.42
第二产业	18 412.48	20 298.45	22 890.96	24 673.81	26 412.41
♯工业					26 180.81
第三产业	17 374.32	21 047.33	22 781.97	24 403.93	26 244.38

续表

指　标	2013 年	2014 年	2015 年	2016 年	2017 年
新增固定资产(亿元)	26 434.29	32 156.36	36 648.83	33 963.72	38 353.72
房屋建筑面积(万平方米)					
施工面积	100 944.93	109 353.56	98 850.04	93 782.52	90 333.85
♯住宅	42 305.79	44 641.13	45 370.63	45 254.99	45 487.43
竣工面积	33 342.59	34 562.35	36 541.38	24 665.24	22 989.74
♯住宅	9 251.55	8 426.35	9 349.36	8 335.47	8 062.50
商品房销售面积(万平方米)	11 454.77	9 846.84	11 414.05	13 962.09	14 211.12

数据来源:历年《江苏统计年鉴》

固定资产投资平稳增长。全年完成固定资产投资53 000.2亿元,比上年增长7.5%。其中,国有及国有经济控股投资11 030.2亿元,增长5.6%;港澳台及外商投资4 484.5亿元,下降4.4%。投资中,民间投资37 485.5亿元,增长9.5%,占固定资产投资比重达70.7%。分类型看,完成项目投资43 371.1亿元,比上年增长7.3%;房地产开发投资9 629.1亿元,增长7.5%。全年商品房销售面积14 211.1万平方米,增长1.8%。其中,住宅销售面积12 486.7万平方米,下降1.4%。

表7　2013—2017 年江苏固定资产投资产业结构

年　份	总值(亿元)			比重(%)		
	第一产业	第二产业	第三产业	第一产业	第二产业	第三产业
2013	195.7	18 412.5	17 374.3	0.54	51.17	48.29
2014	206.9	20 298.5	21 047.3	0.5	48.85	50.65
2015	232.2	22 891	22 782	0.51	49.86	49.63
2016	293.1	24 673.8	24 403.9	0.59	49.98	49.43
2017	343.4	26 412.4	26 244.4	0.65	49.83	49.52

数据来源:历年《江苏统计年鉴》

投资结构持续调优。第一产业投资343.4亿元,比上年增长17.2%;第二产业投资26 412.4亿元,增长7.0%;第三产业投资26 244.4亿元,增长7.5%。第二产业投资中,工业投资26 180.8亿元,增长6.7%,其中制造业投资24 418.1亿元,增长6.8%。工业技术改造投资15 167.9亿元,增长11.5%,占工业投资比重达57.9%。高新技术产业投资7 748.2亿元,增长8.1%。第三产业投资中,科学研究和技术服务业增长20.2%,水利、环境和公共设施管理业增长18.3%,居民服务、修理和其他服务业增长17.7%,教育增长14.8%,卫生和社会工作增长19.7%。

表8　2017 年江苏分行业固定资产投资情况(亿元)

行　业	投资额	♯新　建	♯扩　建	♯改　建
总计	43 371.1	21 652.45	7 464.45	11 919.36
农、林、牧、渔业	471.8	383.68	47.48	36.25
农业	218.54	173.01	24.67	20.34
林业	12.04	9.22	1.78	0.56

续表

行　业	投资额	#新　建	#扩　建	#改　建
畜牧业	86.66	72.57	9.61	4.48
渔业	26.18	22.99	2.57	0.62
农、林、牧、渔服务业	128.38	105.89	8.84	10.26
采矿业	108.83	38.59	2.11	67.2
煤炭开采和洗选业	7.64	0.45	0	6.69
石油和天然气开采业	27.05	1.44	0	25.61
黑色金属矿采选业	39.18	26.2	0.38	12.6
有色金属矿采选业	2.89	1.8	0	1.08
非金属矿采选业	23.87	8.69	1.48	13.27
开采辅助活动	1.11	0	0.25	0.86
其他采矿业	7.09	0	0	7.09
制造业	24 418.11	8 286.01	4 416.14	9 967.55
农副食品加工业	696.84	302.22	125.33	261.54
食品制造业	372.84	154.5	64.74	141.83
酒、饮料和精制茶制造业	112.56	48.97	19.74	42.19
烟草制品业	9.54	0	3.13	6.41
纺织业	1 259.7	363.03	305.92	519.25
纺织服装、服饰业	684.23	235.72	156.06	271.01
皮革、毛皮、羽毛及其制品和制鞋业	190.99	64.13	33.19	88.61
木材加工和木、竹、藤、棕、草制品业	521.79	218.79	95.79	197.36
家具制造业	413.52	215.26	64.26	105.68
造纸和纸制品业	272.26	78.93	63.41	115.1
印刷和记录媒介复制业	195.8	50.81	45.02	89
文教、工美、体育和娱乐用品制造业	387.11	132.5	87.45	154.93
石油加工、炼焦和核燃料加工业	121.59	38.33	22	57.6
化学原料和化学制品制造业	1 835.27	578.5	201.25	984.6
医药制造业	615.41	254.54	72.32	253.02
化学纤维制造业	258.42	53.38	94.59	97.1
橡胶和塑料制品业	858.6	262.82	164.44	352.7
非金属矿物制品业	1 289.68	527.56	204.44	501.4
黑色金属冶炼和压延加工业	392.79	138.84	55.3	176.41
有色金属冶炼和压延加工业	388.83	98.83	60.06	206.6
金属制品业	1 500.56	492.47	272.05	605.7
通用设备制造业	2 683.04	718.62	593.83	1 136.13
专用设备制造业	2 153.32	763.78	367.47	836.91
汽车制造业	1 448.92	489.89	263.04	539.28
铁路、船舶、航空航天和其他运输设备制造业	459.09	179	96.01	159.52

续表

行　业	投资额	♯新　建	♯扩　建	♯改　建
电气机械和器材制造业	2 462.11	844.83	469.27	973.17
计算机、通信和其他电子设备制造业	2010	672.2	265.31	792.71
仪器仪表制造业	473.94	128.16	101.54	195.52
其他制造业	157.42	74.78	26.99	46.42
废弃资源综合利用业	172.54	98.67	20.4	48.44
金属制品、机械和设备修理业	19.42	5.94	1.79	11.39
电力、热力、燃气及水生产和供应业	1 674.4	880.1	377.41	371.21
电力、热力生产和供应业	1 321.16	693.38	294.44	296.53
燃气生产和供应业	92.22	56.68	12.38	19.77
水的生产和供应业	261.02	130.04	70.59	54.92
建筑业	231.6	161.13	23.9	30.73
房屋建筑业	53.53	35.89	4.97	7.05
土木工程建筑业	118.09	91.08	10.8	11.05
建筑安装业	15.07	5.89	4.47	3.4
建筑装饰和其他建筑业	44.9	28.28	3.66	9.23
批发和零售业	1 649.48	990.12	413.08	186.01
批发业	874.5	456.68	280.07	98.72
零售业	774.98	533.44	133.01	87.29
交通运输、仓储和邮政业	2 883.21	2 239	377.58	180.03
铁路运输业	186.99	173.64	0.47	6.89
道路运输业	1 685.64	1 297.07	244.7	106.62
水上运输业	195.95	130.05	20.87	20.88
航空运输业	44.42	35.93	8.49	0
管道运输业	22.64	12.27	9.76	0.48
装卸搬运和运输代理业	94.97	69.83	13.13	7.55
仓储业	627.1	500.31	75.24	37.07
邮政业	25.48	19.91	4.93	0.53
住宿和餐饮业	418.79	271.68	81.16	52.95
住宿业	227.34	166.9	22.16	30.12
餐饮业	191.45	104.78	59	22.83
信息传输、软件和信息技术服务业	611.16	427.36	71.35	75.91
电信、广播电视和卫星传输服务	95.66	59.85	1.18	31.49
互联网和相关服务	83.05	63.43	4.59	4.12
软件和信息技术服务业	432.45	304.08	65.58	40.29
金融业	121.66	89.05	22.44	5.04
货币金融服务	64.57	50.49	7.83	2.33
资本市场服务	29.3	24.41	3.36	1.05

续表

行　业	投资额	♯新　建	♯扩　建	♯改　建
保险业	3.5	1.33	0.51	1.16
其他金融业	24.28	12.82	10.75	0.5
房地产业	1 181.73	924.79	128.12	74.18
房地产业	1 181.73	924.79	128.12	74.18
租赁和商务服务业	1 595.91	1 238.35	168.6	141.87
租赁业	64.87	44.14	7.29	4.78
商务服务业	1 531.04	1 194.22	161.31	137.1
科学研究和技术服务业	768.48	543.94	121.94	65.4
研究和试验发展	264.4	198.42	40.91	17.14
专业技术服务业	223.47	140.63	37.15	21.23
科技推广和应用服务业	280.62	204.89	43.88	27.03
水利、环境和公共设施管理业	4 692.76	3 285.46	873.86	445.62
水利管理业	470.8	310.66	101.12	52.95
生态保护和环境治理业	176.06	128.48	16.79	19.22
公共设施管理业	4 045.91	2 846.32	755.94	373.45
居民服务、修理和其他服务业	307.13	215.39	37.3	42.26
居民服务业	211.88	150.58	21.93	35.49
机动车、电子产品和日用产品修理业	47.78	26.68	11.34	2.65
其他服务业	47.47	38.13	4.03	4.13
教育	677.4	527.01	103.24	27.32
教育	677.4	527.01	103.24	27.32
卫生和社会工作	534.39	355.53	73.81	69.11
卫生	435.19	287.18	64.56	48.83
社会工作	99.2	68.35	9.24	20.28
文化、体育和娱乐业	546.77	442.6	53.56	38.31
新闻和出版业	4.04	2.19	1.07	0
广播、电视、电影和影视录音制作业	38.3	26.2	8.97	2.25
文化艺术业	221.45	178.85	14.29	21.4
体育	107.4	89.62	9.03	7.97
娱乐业	175.57	145.73	20.2	6.69
公共管理、社会保障和社会组织	477.49	352.64	71.36	42.41
中国共产党机关	3.12	0.28	2.32	0.53
国家机构	404.94	316.16	46.28	32.42
人民政协、民主党派				
社会保障	5.4	4.4	0	1
群众团体、社会团体和其他成员组织	23.18	9.37	10.11	2.76
基层群众自治组织	40.85	22.42	12.65	5.71

数据来源:《江苏统计年鉴 2018 年》

重点项目扎实推进。全省 200 个民生领域补短板重大项目顺利实施,完成投资 4 100 亿元。交通、水利等一批重大基础设施项目相继启动或建成。南京禄口国际机场 T1 航站楼改扩建工程顺利启动,连徐高铁全线建设陆续开工,全国最大的内河水运工程长江南京以下 12.5 米深水航道二期基建疏浚工程开工,宁和城际轨道交通一期、宁高城际轨道交通二期工程开通运营,连盐铁路全线铺架及新建站房工程圆满完成。2017 年,全省固定资产投资中,铁路运输业完成投资 186.99 亿元,同比增长 99.35%;航空运输业完成投资 44.42 亿元,同比增长 122.1%;环境治理业完成投资 176.06 亿元,同比增长 56.36%;文化体育和娱乐业完成投资 546.77 亿元,同比下降 14.86%;广播、电视、电影和影视录音制作业完成投资 38.3 亿元,同比下降 31.36%;教育完成投资 677.4 亿元,同比增长 14.64%。

五、财 政

2017 年全省一般公共预算收入 8 171.53 亿元,同口径增长 4.6%。其中,税收收入 6 484.33 亿元,同口径增长 4.7%,占一般公共预算收入的 79.4%。全省一般公共预算支出 10 622.18 亿元,增加 640.22 亿元,增长 6.4%。省级一般公共预算收入 504.39 亿元,同口径增长 2.4%。省级一般公共预算支出 933.81 亿元,下降 3.3%。

表 9 2017 年江苏省财政收入分项情况

指　标	绝对数(亿元)	比上年增长(%)
一般公共预算收入	8 171.5	4.6(同口径)
♯增值税	2 864.2	−3.3(同口径)
企业所得税	1 145.2	17
个人所得税	386.8	1.2
上划中央四税	5 779.8	9.1
♯国内消费税	693.4	−2.2
增值税	2 864.8	9.3

数据来源:《2017 年江苏国民经济与社会发展统计公报》

全省政府性基金收入 7 005.8 亿元,增长 15.8%。全省政府性基金支出 7 559.24 亿元,增长 21.9%。省级政府性基金收入 116.11 亿元,受政策性减收因素影响,下降 18.2%。省级政府性基金支出 57.56 亿元,下降 9.8%。

全省国有资本经营预算收入 168.64 亿元,增长 38.7%。全省国有资本经营预算支出 139.32 亿元,增长 46.7%。省级国有资本经营预算收入 19.91 亿元,受部分企业改制重组影响,下降 24.1%,省级国有资本经营预算支出 19.38 亿元,增长 19.6%。

表 10 2013—2017 年江苏财政支出情况（亿元）

指　标	2013 年	2014 年	2015 年	2016 年	2017 年
一般公共预算支出	7 798.47	8 472.45	9 687.58	9 981.96	10 621.40
一般公共服务	859.41	856.70	845.68	920.93	1 035.58
公共安全	452.99	473.83	519.92	634.76	716.63
教育	1 434.99	1 504.86	1 746.22	1 842.94	2 003.67
科学技术	302.59	327.10	371.96	381.02	436.14
文化体育与传媒	173.54	190.86	196.06	193.28	187.93
社会保障和就业	631.15	709.59	838.06	897.93	1 047.24
医疗卫生	475.86	560.93	649.31	712.77	796.96
节能环保	229.18	237.78	308.45	285.11	292.55
城乡社区事务	1 006.80	1 221.64	1 535.59	1 440.12	1 562.70
农林水事务	868.34	899.31	1 008.60	985.62	887.45
交通运输	448.58	496.93	547.81	511.81	469.56
资源勘探电力信息等事务	345.89	364.33	448.45	437.26	323.51
其他各项支出	569.15	628.59	671.47	738.41	861.48

数据来源：历年《江苏统计年鉴》

财政支出结构优化。2017 年全年一般公共预算支出 10 621.4 亿元，比上年增长 6.4％。一般公共预算支出中，教育支出 2 003.7 亿元，比上年增长 8.7％；公共安全支出 716.6 亿元，增长 12.9％；医疗卫生支出 797 亿元，增长 11.8％；社会保障和就业支出 1 047.2 亿元，增长 16.6％；住房保障支出 326.3 亿元，增长 21.1％。

六、国内贸易

就整体情况而言，江苏省消费品市场增势稳定。2017 年江苏省全年实现社会消费品零售总额 31 737.4 亿元，比上年增长 10.6％。按经营单位所在地分，城镇消费品零售额 28 385.3 亿元，增长 10.2％；乡村消费品零售额 3 352.1 亿元，增长 14.1％。按消费类型分，商品零售额 28 660.8 亿元，增长 10.5％；餐饮收入额 3 076.6 亿元，增长 11.4％。在限额以上企业商品零售额中，粮油、食品类增长 10.4％，饮料类增长 9.2％，烟酒类增长 6.5％，服装、鞋帽、针纺织品类增长 10.2％，金银珠宝类增长 12.9％，日用品类增长 8.7％，五金、电料类增长 7.7％，书报杂志类增长 17.4％，家用电器和音像器材类增长 14.9％，中西药品类增长 14.4％，通讯器材类增长 18.6％，文化办公用品类增长 7.3％，家具类增长 12.8％，石油及制品类增长 8.3％，建筑及装潢材料类增长 9.9％，汽车类增长 6.7％。网上零售保持较快增长，限额以上批发和零售业网上零售额增长 49.8％。

2017 年，江苏省顺应互联网快速发展形势，着力推动网络经济与实体经济的深度融合，不断强化云计算、大数据、人工智能、物联网等数字技术的深入应用，不断营造催生新业态、新模式、新经济发展的厚实土壤，全省网络经济呈现出良好的发展态势，主要呈现出四个特点：一是网络经营主体

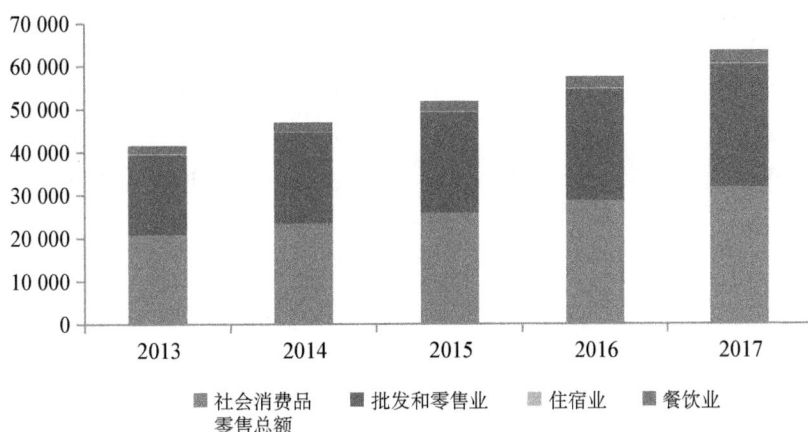

图 5　历年社会消费品情况(亿元)

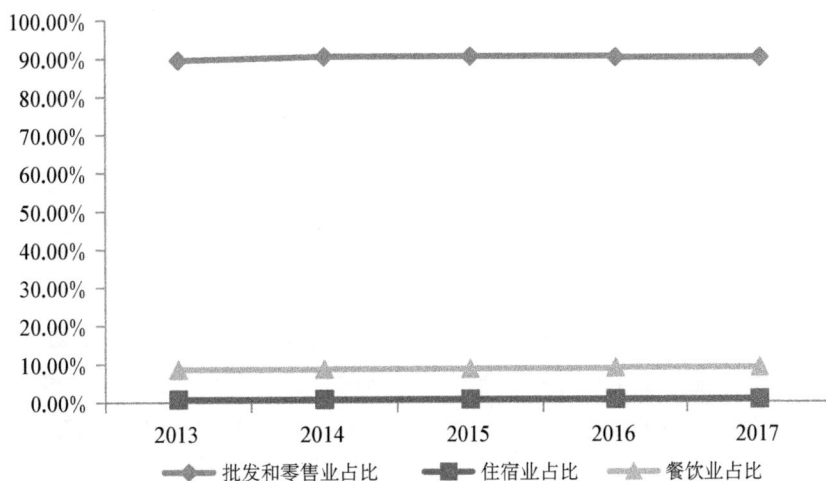

图 6　历年分行业占社会消费品零售总额(%)

数据来源:历年《江苏统计年鉴》

结构明显优化,发展活力进一步增强。二是网络交易深度融合特色产业,助推经济转型升级。三是网络交易培育新动能,经济发展质量显著提升。四是网络交易环境明显优化,支撑保障更加有力。

表 11　2013—2017 年国内贸易的基本情况

指　　标	2013 年	2014 年	2015 年	2016 年	2017 年
限额以上法人企业(个)	25 175	22 683	22 165	22 514	22 540
批发业	13 050	11 388	10 753	10 852	11 209
零售业	8 681	8 147	8 290	8 571	8 425
住宿业	1 042	1 026	1 057	1 061	1 047
餐饮业	2 402	2 122	2 065	2 030	1 859

续表

指标	2013 年	2014 年	2015 年	2016 年	2017 年
限额以上产业活动单位(个)	39 672	36 544	36 099	36 611	37 610
批发业	16 009	13 474	12 734	12 437	12 724
零售业	18 645	18 395	18 635	19 436	20 195
住宿业	1 178	1 156	1 203	1 203	1 196
餐饮业	3 840	3 519	3 527	3 535	3 495
限额以上企业(单位)从业人数(人)	1 442 376	1 372 467	1 316 192	1 288 982	1 272 986
批发业	462 293	426 460	414 793	404 339	421 163
零售业	605 001	589 719	573 752	561 763	536 361
住宿业	134 364	127 611	129 100	126 789	123 237
餐饮业	240 718	228 677	198 547	196 091	192 225
限额以上批发和零售业					
商品购进总额(亿元)	42 377.608 83	41 554.166 44	40 149.814 62	43 797.28	51 102.711 22
商品销售总额(亿元)	46 399.820 02	46 152.510 76	42 772.984 97	47 801.39	55 723.659 75
商品库存总额(亿元)	2 496.855 06	2 582.836 13	2 471.783 14	2 928.76	5 200.158 12
社会消费品零售总额(亿元)	20 878.2	23 458.07	25 876.77	28 707.12	31 737.412 64
商品交易市场数(个)	2 625	2 826	2 861	2 817	2 753
消费品市场	2 204	2 438	2 466	2 448	2 399
生产资料市场	421	388	395	369	354

数据来源:历年《江苏统计年鉴》

从整体上看,2013—2017 年江苏省商贸流通转型升级步伐加快,区域城乡协调发展,现代化水平显著提升,营商环境明显改善,为应对复杂多变的国内外经济形势、促进国民经济持续健康发展做出了重要贡献。但是,也存在着实体商业亟待转型,线上与线下、内贸与外贸融合发展有待协调,总体流通效率低、成本高,市场布局有待优化,供应链发展水平不高等问题。

七、开放型经济

江苏是外贸大省,改革开放三十多年来,江苏对外贸易取得了长足发展,进出口规模连续 13 年保持全国第二位,连续 5 年跃上 5 000 亿美元台阶,为江苏省开放型经济发展做出了积极贡献。

表 12　2013—2017 年江苏对外贸易发展情况(亿美元)

指标	2013 年	2014 年	2015 年	2016 年	2017 年
进出口总额	5 508.443 52	5 637.619 38	5 456.135 52	5 096.124 89	5 911.385 93
进口总额	2 219.875 24	2 218.929 62	2 069.453 32	1 902.682 69	2 278.404 52
初级产品	346.206 9	330.391 45	253.400 02	233.262 75	299.855 3
工业制成品	1 831.547 29	1 840.537 83	1 749.466 49	1 591.867 61	1 849.923 2
出口总额	3 288.566 28	3 418.689 76	3 386.682 2	3 193.442 2	3 632.981 41

续表

指　标	2013 年	2014 年	2015 年	2016 年	2017 年
初级产品	52. 563 48	56. 007 04	50. 985 68	51. 384 58	55. 263 4
工业制成品	3 193. 956 05	3 321. 423 05	3 285. 581 44	3 077. 725 26	3 411. 886 61
协议注册外资项目(个)	3 453	3 031	2 580	2 859	3 254
协议注册外资	472. 68	431. 868 5	393. 61	431. 394 1	554. 26
实际使用外资	332. 59	281. 741 6	242. 75	245. 429 6	251. 35
外商投资企业基本情况					
年底登记户数(户)	50 514	51 634	53 551	55 938	58 577
投资总额	6 663. 76	7 181. 31	7 821. 536 314	8 798. 681 3	9 658. 187 344
注册资本	3 542. 82	3 839. 34	4 229. 012 641	4 718. 229 2	5 226. 158 642
对外经济合作					
对外承包工程					
合同金额	86. 565 3	96. 610 8	77. 96	72. 870 8	108. 2
完成营业额	72. 629 9	79. 54	87. 61	91. 112 2	95. 2
对外劳务合作					
新签劳务人员合同工资总额	7. 568	12. 08	5. 19	4. 531 9	4. 4
劳务人员实际收入总额	8. 882 6	8. 535 1	7. 46	6. 963 4	7. 21
境外投资情况					
新批项目数(个)	605	736	880	1 067	631
贸易型项目	210	277	315	286	213
非贸易型项目	395	459	565	781	418
中方协议金额(万美元)	614 272. 164 5	721 571	1 030 460	1 422 365. 3	927 072
贸易型项目	128 831	167 014	225 716	242 425. 7	106 254
非贸易型项目	485 441	554 557	8 047 444	1 179 939. 6	820 818

数据来源:历年《江苏统计年鉴》

对外贸易保持较快增长。全年货物进出口总额 40 022.1 亿元,比上年增长 19.0%。其中,出口总额 24 607.2 亿元,比上年增长 16.9%;进口总额 15 414.9 亿元,比上年增长 22.6%。

表 13　2017 年江苏省进出口贸易主要分类情况

指　标	绝对数(亿元)	比上年增长(%)
出口总额	24 607.2	16. 9
#一般贸易	11 900.6	16
加工贸易	10 248.9	11. 8
#工业制成品	23 112.6	13. 9
初级产品	374.6	10. 6
#机电产品	16 200.5	18. 1

续表

指 标	绝对数（亿元）	比上年增长（%）
♯高新技术产品	9 337.7	21.2
♯国有企业	2 539.1	34.2
外商投资企业	14 318.5	16.3
私营企业	7 345.4	13.6
进口总额	15 414.9	22.6
♯一般贸易	7 348.1	25.6
加工贸易	6 226.9	22.3
♯工业制成品	12 512.5	19
初级产品	2 031.4	31.8
♯机电产品	9 161.1	21.2
♯高新技术产品	6 426.1	23.6
♯国有企业	1 087.3	31
外商投资企业	11 189.3	21.5
私营企业	2 904.4	23.9

数据来源：《2017年江苏国民经济与社会发展统计公报》

从贸易方式看，一般贸易进出口总额19 249亿元，增长19.5%；占进出口总额比重达48.1%，超过加工贸易6.9个百分点。从出口主体看，国有企业、外资企业、私营企业出口额分别增长34.2%、16.3%和13.6%。从出口产品看，机电、高新技术产品出口额分别增长18.1%、21.2%。

表14　2017年江苏省对主要国家和地区货物进出口额及增长速度

国家和地区	出口额（亿元）	比上年增长（%）	进口额（亿元）	比上年增长（%）
美国	5 794.3	22.4	1 024.7	26.2
欧盟	4 653.1	18.6	1 882.1	25.8
东盟	2 651.5	14.5	1 963.9	25.9
中国香港	2 061	15.1	44.1	5.8
日本	1 850	7.9	1 946.1	22.3
拉丁美洲	1 294.2	16.1	738.4	18.1
韩国	1 249.7	13.5	3 093.9	24.9
中国台湾	707.7	7.6	2 004.5	10
印度	811.6	24	104.2	59
非洲	586.8	15.5	139.5	35.5
俄罗斯	292.6	14.8	70.2	31.2

数据来源：《2017年江苏国民经济与社会发展统计公报》

一方面，从出口市场看，对美国、欧盟、日本出口比上年分别增长22.4%、18.6%和7.9%，对印度、俄罗斯、东盟出口分别增长24%、14.8%和14.5%。另一方面，对"一带一路"沿线国家而言，江苏省 2017 年对其沿线国家的出口保持较快增长,出口额 5 929.4 亿元,增长 16.3%;占全省出口总额的比重为 24.1%,对全省出口增长的贡献率为 23.3%。

表 15 2013—2017 年江苏省境外投资情况

指 标	2013 年	2014 年	2015 年	2016 年	2017 年
新批项目数(个)	605.00	736.00	880.00	1 067.00	631.00
按项目类型					
企业	550.00	698.00	851.00	1 049.00	584.00
子公司	522.00	685.00	806.00	990.00	570.00
独资子公司	414.00	517.00	621.00	759.00	429.00
合资子公司	108.00	168.00	184.00	231.00	141.00
联营公司	28.00	13.00	45.00	59.00	14.00
机构	55.00	38.00	29.00	18.00	47.00
按主体类型					
国有及国有控股企业	58.00	58.00	52.00	95.00	83.00
集体企业	3.00	1.00	3.00	6.00	6.00
民营企业	426.00	554.00	693.00	814.00	432.00
外资企业	118.00	123.00	132.00	152.00	110.00
按业务类型					
♯参股并购类项目	80.00	110.00	170.00	220.00	137.00
风险投资类项目	10.00	7.00	7.00	2.00	1.00
贸易型项目	210.00	277.00	315.00	286.00	213.00
非贸易型项目	395.00	459.00	565.00	781.00	418.00
♯境外加工贸易项目	38.00	61.00	65.00	76.00	44.00
境外资源开发项目	9.00	10.00	18.00	7.00	2.00
中方协议金额(万美元)	614 272.16	721 571.00	1 030 460.00	1 422 365.30	927 073.04
按项目类型					
企业	611 916.66	721 154.00	1 030 122.97	1 422 194.30	904 664.29
子公司	579 870.77	712 482.00	996 893.18	1 373 374.70	885 165.37
独资子公司	488 365.25	543 147.00	798 599.18	1 137 147.00	689 252.41
合资子公司	91 505.52	169 335.00	198 294.00	236 227.70	195 912.96
联营公司	32 045.90	8 672.00	33 229.79	48 819.70	19 498.92
机构	2 355.50	417.00	337.00	171.00	22 408.75
按主体类型					
国有及国有控股企业	46 417.89	65 224.00	59 895.09	180 317.30	138 680.02
集体企业	974.00	9 998.00	38 164.00	4 641.40	27 704.58
民营企业	434 217.55	547 679.00	795 137.29	999 928.00	631 618.67
外资企业	132 662.73	98 669.00	137 263.59	237 478.60	129 069.77
按业务类型					

续表

指 标	2013 年	2014 年	2015 年	2016 年	2017 年
♯参股并购类项目	126 802.73	110 347.00	199 901.75	306 426.30	493 900.63
风险投资类项目	28 342.00	17 973.00	7 753.00	897.00	2 655.00
贸易型项目	128 831.00	167 014.00	225 715.62	242 425.70	106 254.26
非贸易型项目	485 441.00	554 557.00	804 744.35	1 179 939.60	820 818.78
♯境外加工贸易项目	34 307.20	57 923.00	112 432.52	150 458.10	157 282.66
境外资源开发项目	24 100.00	22 658.00	73 734.22	30 807.80	10 000.00

数据来源:历年《江苏统计年鉴》

境外投资保持稳定。全年新批外商投资企业3 254家,比上年增长13.9%;新批协议注册外资554.3亿美元,增长28.5%;实际使用外资251.4亿美元,增长2.4%。新批及净增资9 000万美元以上的外商投资大项目347个,比上年增长19.7%。全年新批境外投资项目631个,中方协议投资额92.7亿美元。

八、交通、邮电和旅游

交通运输基本平稳。全年旅客运输量比上年下降4.9%,货物运输量增长9.4%,旅客周转量、货物周转量分别增长4.2%和24.4%。全省机场飞机起降46.3万架次,比上年增长18.1%;旅客吞吐量4 446.3万人次,增长19.6%;货邮吞吐量57.1万吨,增长10.6%。完成规模以上港口货物吞吐量25.7亿吨,比上年增长6.4%,其中外贸货物吞吐量4.9亿吨,增长8.7%;集装箱吞吐量1 724万标准集装箱,增长5.9%。年末全省公路里程15.8万公里。其中,高速公路里程4 692公里,新增35公里。铁路营业里程2 770.9公里,铁路正线延展长度4 735.9公里。年末民用汽车保有量1 619.5万辆,增长12.9%;净增184.9万辆。年末私人汽车保有量1 408.2万辆,增长12.5%;净增156万辆。其中,私人轿车保有量987.6万辆,增长10.7%;净增95.5万辆。

表16　2017年各种运输方式完成运输量情况

运输方式	货物周转量		货运量		旅客周转量		客运量	
	绝对数(亿吨公里)	比上年增长(%)	绝对数(万吨)	比上年增长(%)	绝对数(亿人公里)	比上年增长(%)	绝对数(万人)	比上年增长(%)
总计	9 726.5	24.4	234 092.2	9.4	1 659.4	4.2	127 951.6	−4.9
铁路	291.4	3.2	5 720	7.2	750	11.5	19 785.5	11.1
公路	2 377.9	11.1	128 915	10	746.9	−4.2	104 566	−7.9
水路	6 382.2	22.2	85 668	8	3.2	34.6	2 431	7
民航	1.2	7	8.2	7.6	159.3	16.4	1 169.1	14.1
管道	673.8	4.9	13 781	−0.1	—	—	—	—

注:民航运输量数据仅指东航江苏分公司完成数

邮政电信快速发展。全年邮政行业业务总量880.9亿元,比上年增长32.7%;电信业务总量

2 067.7亿元,增长73.0%。邮政行业业务收入560.7亿元,比上年增长21.0%;电信业务收入915.2亿元,增长8.6%。年末局用交换机总容量168.2万门。年末固定电话用户1 512.1万户;其中城市固定电话用户1 003.2万户,乡村固定电话用户508.9万户。年末移动电话用户8 807.7万户,比上年末增加608.9万户。年末电话普及率达129部/百人。长途光缆线路总长度4.3万公里,新增4 027.3公里。年末互联网宽带接入用户3 106.2万户,新增420.9万户。

表 17　历年邮电业务基本情况

指　标	2013 年	2014 年	2015 年	2016 年	2017 年
邮电业务总量(亿元)	1 252.18	1 680.8	2 280.6	3 431.23 * (1 860.33)	2 948.63
邮政行业业务总量	269.6	359	516.02	663.69	880.93
电信业务总量	982.58	1 321.8	1 764.598 416	2 767.54 * (1 196.64)	2 067.7
邮电业务收入(亿元)	1 107.62	1 153.4	1 244.3	1 345.35	1 475.92
邮政行业业务收入	233.1	299.5	407.22	463.33	560.72
电信业务收入	874.52	853.9	837.078 472 4	882.018 544 1	915.2
函件(亿件)	7.61	6.26	4.88	3.33	2.86
包件(万件)	407.2	273.9	220.3	165.3	150.49
快递(亿件)	9.841 55	14.843 52	22.9	28.38	35.96
报刊期发数(万份)	1 243.86	1 192	1 104.06	1 062.97	1 094.68
长途电话通话量(万分钟)	360 575	350 016.386 8	349 124.925 8	325 726.93	255 071
移动短信业务量(亿条)	581.54	522.998 534 9	512	619.691 083	771.6
年末固定电话用户(万户)	2 289.81	2 133.612 3	1 972.992 2	1 708.33	1 512.08
♯城市	1 275.85	1 222.911 01	1 217.979 7	1 096.96	1 003.19
乡村	1 013.95	910.701 29	755.012 5	611.37	508.89
年末移动电话用户(万户)	7 941.95	8 070.350 2	8 227.333 5	8 198.75	8 807.69
固定宽带接入用户(万户)	1 431.35	1 523.353 2	2 183.055 2	2 685.24	3 106.15
邮政局所(个)	2 414	2 399	2 385	2 381	2 376
邮路及农村投递路线总长度(万公里)	32.981 6	34.898 2	35.15	37.17	40.2
♯汽车邮路	6.7	8.931 9	9.07	11.59	13.9
铁路邮路	0.12	0	0	0	0
移动电话交换机容量(万户)	10 357	10 473.077 4	10 633.077 4	10 863.077 4	10 644
固定长途电话交换机容量(万路端)	38	37.6	37.555 1	37.555 1	21
长途光缆线路长度(公里)	35 864	36 249.35	38 840.776	2 939 497.74	3 248 412
每局所服务面积(平方公里)	42.5	42.77	44.95	45.02	45.12
人均邮电业务量(元/人)	1 577.15	2 111.557 789	2 859.220 441	579.26	698.342 759 6
每百人平均函件量(件/百人)	958.49	786.432 160 8	611.42	4	4
每百人平均订阅报刊量(份/百人)	15.66	15	13.84	13	14
每百人平均包件(件/百人)	5.12	4.108 668 342	2.76	2	1.87
每百人移动短信量(条/百人)	73 251	65 873.06	5 535	77 691.546 58	96 095
电话普及率(部/百人)	128.87	128.52	128.5	124.206 492 2	128.53
固定电话普及率	28.84	26.87	24.8	21.417 564 73	18.83
移动电话普及率	100.03	101.65	103.4	102.788 927 4	109.69

数据来源:历年《江苏统计年鉴》

旅游业较快增长。全年接待境内外游客 74 657.4 万人次，比上年增长 9.6%；实现旅游业总收入 11 662.2 亿元，增长 13.6%。接待入境过夜游客 370.1 万人次，增长 12.2%。其中，外国人 241.8 万人次，增长 10.9%；港澳台同胞 128.4 万人次，增长 14.8%。旅游外汇收入 42 亿美元，增长 10.3%。接待国内游客 74 287.3 万人次，增长 9.6%，实现国内旅游收入 11 307.5 亿元，增长 13.6%。

表 18　江苏旅游业发展基本情况

	2013 年	2014 年	2015 年	2016 年	2017 年
旅行社数（个）	2 204	2 251	2 336	2 469	2 593
星级饭店数（个）	970	873	791	696	649
国内旅游接待人数（万人次）	51 539.2	57 113.32	61 933.65	67 779.99	74 287.31
国内旅游收入（亿元）	6 940.048 24	7 863.510 354	8 769.305 831	9 952.469 368	11 307.511 14
接待海外旅游者人数（人次）	2 880 287	2 970 956.41	3 050 104.04	3 297 735	3 701 038
旅游外汇收入（万美元）	237 988.9	303 271.326 6	352 728.999 5	380 362.090 9	419 471.863 8

数据来源：历年《江苏统计年鉴》

九、金融

金融信贷规模扩大。年末全省金融机构人民币存款余额 129 942.9 亿元，比年初增加 8 836.3 亿元。其中，住户存款比年初增加 2 183.9 亿元，非金融企业存款比年初增加 1 953.7 亿元。年末金融机构人民币贷款余额 102 113.3 亿元，比年初增加 11 005.7 亿元。其中，中长期贷款比年初增加 10 230.9 亿元，短期贷款比年初增加 2 265.3 亿元。

表 19　2017 年江苏省年末金融机构人民币存贷款情况

指　标	绝对数（亿元）	比年初增加（亿元）	比上年末增长（%）
各项存款余额	129 942.9	8 836.3	7.3
♯住户存款	46 088	2 183.9	5
非金融企业存款	47 205	1 953.7	4.3
各项贷款余额	102 113.3	11 005.7	12.1
♯短期贷款	31 981	2 265.3	7.6
中长期贷款	65 118.5	10 230.9	18.7
♯消费贷款	27 687.9	5 290	23.6
♯住房贷款	24 191	4 318.4	21.7

数据来源：《2017 年江苏国民经济与社会发展统计公报》

证券交易市场保持稳定。年末全省境内上市公司 382 家，省内上市公司通过首发、配股、增发、可转债、公司债在上海、深圳证券交易所筹集资金 2 115.8 亿元。江苏企业境内上市公司总股本 3 258.1 亿股，比上年增长 14.8%；市价总值 40 676 亿元，比上年增长 9.4%。年末全省共有证券公司 6 家，证券营业部 887 家；期货公司 9 家，期货营业部 157 家；证券投资咨询机构 3 家。全年证券市场完成交易额 30 万亿元。分类型看,证券经营机构股票交易额 17.3 万亿元,比上年下降 12.1%;期货经营机构代理交易额 12.7 万亿元,下降 14.9%。

保险行业快速发展。全年保费收入 3 449.5 亿元,比上年增长 28.2%。分类型看,财产险收入 814 亿元,增长 11.0%;寿险收入 2 211.3 亿元,增长 46.7%;健康险和意外伤害险收入 424.2 亿元, 下降 5.7%。全年赔付额 983.6 亿元,比上年增长 7.5%。其中,财产险赔付 455.6 亿元,增长 4.1%; 寿险赔付 433.2 亿元,增长 7.2%;健康险和意外伤害险赔付 94.8 亿元,增长 29.0%。

十、科学技术和教育

科技创新能力稳步提升。全省科技进步贡献率达 62.0%,比上年提高 1.0 个百分点。全省专利申请量、授权量分别达 51.4 万件、22.7 万件,其中发明专利申请量 18.7 万件,比上年增长 15.1%;发明专利授权量 4.2 万件,增长 1.4%;PCT 专利申请量达 4 590 件,增长 42.9%;万人发明专利拥有量达 22.5 件,增长 22.2%。全省企业共申请专利 36 万件。全年共签订各类技术合同 3.7 万项,技术合同成交额达 872.9 亿元,比上年增长 19.7%。省级以上众创空间达 607 家。2017 年, 江苏共有 54 个项目获国家科技奖,获奖总数位列全国各省第一。

高新技术产业加快发展。组织实施省重大科技成果转化专项资金项目 138 项,省资助资金投入 9.7 亿元,新增总投入 93.4 亿元。全省按国家新标准认定高新技术企业累计达 1.3 万家。新认定省级高新技术产品 10 359 项,已建国家级高新技术特色产业基地 162 个。

表 20　江苏省历年科研发展情况

指　标	2013 年	2014 年	2015 年	2016 年	2017 年
科技机构数(个)	19 393	21 844	23 101	25 402	24 112
科研单位	143	144	142	135	133
规模以上工业企业	17 996	20 411	21 542	23 564	22 007
♯大中型工业企业	7 231	7 538	7 432	7 816	7 204
高等院校	801	854	971	1 055	1 133
其他	453	435	446	648	839
科技活动人员数(万人)	109.456 7	115.000 4	111.99	117	—
♯大学本科及以上学历	49.090 6	53.614 1	54.84	70.16	—
研究与发展经费内部支出(亿元)	1 487.45	1 652.82	1 801.23	2 026.87	2 260.06
研究与发展经费支出占地区生产总值比重(%)	2.45	2.5	2.53	2.62	2.63

数据来源:历年《江苏统计年鉴》

科研投入力度逐步增强。全社会研究与发展(R&D)活动经费占地区生产总值比重达 2.6% 左右(原可比口径)。全省从事科技活动人员 122 万人,其中研究与发展(R&D)人员 80 万人。全省拥有中国科学院和中国工程院院士 100 人。全省各类科学研究与技术开发机构中,政府部门属独立研究与开发机构达 450 个。全省已建国家和省级重点实验室 168 个,科技服务平台 294 个,工程技术研究中心 3 263 个,企业院士工作站 359 个,经国家认定的技术中心 110 家。

表 21 2017 年江苏省各类教育招生和在校生情况

指　　标	招生数		在校生数		毕业生数	
	比上年增长(%)	绝对数(万人)	比上年增长(%)	绝对数(万人)	比上年增长(%)	绝对数(万人)
普通高等教育	59.8	2.4	194.5	2.0	53.6	1.9
♯研究生	6.5	21.5	17.7	9.4	4.6	5.3
普通高中教育	31.5	−1.1	94.3	−0.9	31.8	−6.2
普通初中教育	75.8	8	208.7	7.1	61.3	−0.6
小学教育	95.3	2	540.2	3.5	77.4	7.2

数据来源:《2017 年江苏国民经济与社会发展统计公报》

教育事业全面发展。全省共有普通高校 142 所。普通高等教育本专科招生 53.4 万人,在校生 176.8 万人,毕业生 49 万人;研究生教育招生 6.5 万人,在校生 17.7 万人,毕业生 4.6 万人。高等教育毛入学率达 56.7%,比上年提高 2.0 个百分点。全省中等职业教育在校生 65.2 万人(不含技工学校)。九年义务教育巩固率 100%,高中阶段教育毛入学率 99.3%。特殊教育招生 0.4 万人,在校生 2.8 万人。全省共有幼儿园 6 982 所,比上年增加 115 所;在园幼儿 260.5 万人,比上年增加 3.3 万人。学前三年教育毛入园率达 98%。

表 22 2017 年江苏省人才队伍建设情况

全省新入选国家"千人计划"	85 人
国家"千人计划"外专项目	9 人
江苏"外专百人计划"	50 人
新引进长期外国专家	3 520 人
海外留学回国人员	11 413 人
全省新增专业技术人才	51.38 万人
全省新增高技能人才	31.66 万人
外国专家年度中国政府"友谊奖"	3 名
外国专家"江苏友谊奖"	20 名
发放海外人才居住证	49 个

数据来源:江苏省人社厅

人才队伍建设成绩斐然。全省新入选国家"千人计划"85 人、国家"千人计划"外专项目 9 人、江苏"外专百人计划"50 人,新引进长期外国专家 3 520 名、海外留学回国人员 11 413 名。"六大人才高峰"高层次人才培养选拔计划资助 610 个项目、5 587 人。实施国家级、省级引智项目 587 项。全省新增专业技术人才 51.38 万人,组织专业技术人员参加继续教育 147.84 万人次。举办国家级高级研修项目 6 期、省级高级研修项目 24 期,累计培养 4 431 名高层次专业技术人才,评审通过具有高级专业技术资格人员 3.5 万人。全省新增高技能人才 31.66 万人。组织开展职业技能鉴定 126.45 万人次,其中 109.07 万人次取得不同等级的职业资格证书,平均通过率 86.3%,高级工以上鉴定取证人数占 28.6%。新设省级博士后创新实践基地 80 个、示范博士后科研工作站 10 个,新增国家级高技能人才培训基地 5 个、技能大师工作室 5 个和省级专项公共实训基地 10 个、技能大师工作室 20 个,评选出 100 名企业首席技师,选树 10 名江苏大工匠、94 名江苏工匠。新建省级引进国外智力成果示范推广基地和示范单位 21 家、江苏省外国专家工作室 100 家。年末全省共有技工院校 118 所,在校学生 25.33 万人。全年招生 10.56 万人,毕业 6.96 万人,毕业生当年总体就业率 97.8%,开展社会培训 38.36 万人次。34 所技工院校建立校企联合实训中心,评选技工院校示范专业 10 个、精品课程 40 门、教学名师 20 名。3 名外国专家获得年度中国政府"友谊奖",20 名外国专家获年度"江苏友谊奖"。办理外国人来华工作许可 1.15 万件。发放海外人才居住证 49 个。

十一、文化、卫生和体育

公共文化服务水平提升。城乡公共文化服务体系不断完善。年末全省共有文化馆、群众艺术馆 113 个,公共图书馆 114 个,博物馆 317 个,美术馆 27 个,综合档案馆 113 个,向社会开放档案 69.1 万件。共有广播电台 8 座,中短波广播发射台和转播台 21 座,电视台 8 座,广播综合人口覆盖率和电视综合人口覆盖率均达 100%。有线电视用户 1 997.7 万户。生产故事影剧片 41 部。报纸出版 22.7 亿份,杂志出版 1.3 亿册,图书出版 6 亿册。

2017 年,全省新闻出版广播影视产业营业收入达 2 200 亿元。江苏国家数字出版基地营业收入稳定在 200 亿元以上,数字阅读等核心内容产业占比增长明显。全年实现电影票房 52.04 亿元,比上年增长 24.31%,居各省区市第二位。全省版权示范创建实现设区市全覆盖,完成一般作品版权登记 28.66 万件,比上年增长 58%,位居各省区市第二。

目前,江苏已建成"省有四馆、市有三馆、县有两馆、乡有一站、村有一室"五级公共文化设施网络体系,设施覆盖率达到 90% 以上。全省拥有 226 处全国重点文物保护单位,12 座国家历史文化名城。全省共有文化法人单位 10 万多家,其中年营业额 500 万元以上规模企业 6 000 余家,文化产业发展综合指数排名全国第二。

表 23　2017 年江苏省卫生事业基本情况

项　目	机构数（个）	床位数（张）	卫生工作人员（人）	♯卫生技术人员	♯医师
总　计	32 037	469 805	692 794	547 993	217 225
医院	1 727	370 291	417 543	346 968	118 482
综合医院	1 015	228 243	269 925	230 117	78 644
中医医院	121	45 572	57 622	49 448	18 292
中西医结合医院	32	6 894	9 207	7 645	2 931
专科医院	420	65 351	69 676	54 457	17 499
护理院	139	24 231	11 113	5 301	1 116
基层医疗卫生机构	29 118	89 560	232 850	172 369	87 462
社区卫生服务中心（站）	2 780	21 336	49 270	41 726	17 822
卫生院	1 058	67 957	88 951	74 565	33 168
村卫生室	15 320		47 554	16 620	15 109

项　目	机构数（个）	床位数（张）	卫生工作人员（人）	#卫生技术人员	#医师
门诊部	1 481	161	21 070	16 028	7 656
诊所、卫生所、医务室	8 479	106	26 005	23 430	13 707
专业公共卫生机构	911	7 357	35 849	25 294	10 123
疾病预防控制中心	116		8 160	6 278	3 862
专科疾病防治院（所、站）	43	1 665	1 663	1 246	535
健康教育所（站、中心）	6		99	38	16
妇幼保健院（所、站）	110	5 687	14 333	11 571	4 771
急救中心（站）	43	5	1 699	722	383
采供血机构	30		2 206	1 588	125
卫生监督所（中心）	104		3 399	2 976	
计划生育技术服务机构	459		4 290	875	431
其他卫生机构	281	2 597	6 552	3 362	1 158
疗养院	14	2 597	1 284	715	259
医学科学研究机构	9		408	199	119
医学在职培训机构	28		935	205	89
临床检验中心（所、站）	45		2 076	1 054	78
统计信息中心	8		72	5	1
其他	177		1 777	1 184	612

数据来源：《江苏统计年鉴2018年》

卫生事业快速发展。年末全省共有各类卫生机构32 200个。其中，医院1 734个，疾病预防控制中心116个，妇幼卫生保健机构111个。各类卫生机构拥有病床46.5万张，其中医院拥有病床37.6万张。共有卫生技术人员54.2万人，其中执业医师、执业助理医师20.9万人，注册护士23.4万人，疾病预防控制中心卫生技术人员0.6万人，妇幼卫生保健机构卫生技术人员1.1万人。

体育事业稳定发展。江苏体育健儿在第十三届全国运动会取得优异成绩，在重大比赛中获世界冠军39项，获金牌180人次，获银牌113人次，获铜牌153人次。

十二、环境保护、节能降耗和安全生产

生态保护有力推进。年末全省自然保护区增至31个，其中国家级自然保护区3个，面积达53.63万公顷；自然湿地保护率达到48.2%；林木覆盖率提高到22.9%。全面推行河长制和断面长制，确保太湖流域实现安全供水、不发生大面积湖泛，长江、淮河等重点流域以及近岸海域污染治理深入推进。城乡环境综合整治成效显著，建成国家生态市（县、区）45个，国家生态园林城市16个，国家生态工业园区21个，国家生态文明建设示范市县5个。

节能减排成效显著。紧扣生态环境突出短板，深入实施"263"专项行动，全年全省煤炭消费量减少 1 000 万吨以上。压减钢铁产能 634 万吨、煤炭产能 18 万吨、水泥产能 510 万吨、平板玻璃产能 330 万重量箱,顺利完成年度目标。万元地区生产总值能耗降低率及化学需氧量、二氧化硫、氨氮、氮氧化物排放量继续下降,均超额完成目标任务。

表 24　2013—2016 年江苏省环境保护情况

项　目	2013 年	2014 年	2015 年	2016 年
污染排放与处理利用情况				
废水				
工业废水排放量(亿吨)	22.06	20.49	20.64	17.94
城镇生活污水排放量(亿吨)	37.35	39.59	41.45	43.68
集中式治理设施污水排放量(亿吨)	0.03	0.03	0.04	0.04
化学需氧量排放量(万吨)	114.89	110	105.46	74.65
♯工业源	20.92	20.44	20.13	13.48
农业源	37.61	36.41	35.07	4.61
城镇生活源	55.87	52.79	49.96	56.37
集中式治理设施	0.49	0.37	0.29	0.19
氨氮排放量(万吨)	14.74	14.25	13.77	10.28
♯工业源	1.44	1.37	1.35	1.12
农业源	3.82	3.75	3.62	0.11
城镇生活源	9.43	9.08	8.76	9.03
集中式治理设施	0.05	0.05	0.03	0.02
废气				
二氧化硫排放量(万吨)	94.17	90.47	83.51	57.01
♯工业源	90.95	87.02	79.47	52.51
城镇生活源	3.2	3.43	4.03	4.48
集中式治理设施	0.03	0.03	0.01	0.02
氮氧化物排放量(万吨)	133.8	123.26	106.76	93.03
♯工业源	98.53	88.82	75.36	62.19
城镇生活源	0.61	0.64	0.86	0.7
机动车	34.62	33.74	30.5	30.11
集中式治理设施	0.04	0.05	0.05	0.04
烟(粉)尘排放量(万吨)	49.996	76.37	65.45	47.17
♯工业源	45.56	72.05	61.22	42.97
城镇生活源	1.71	1.82	1.94	2.09
机动车	2.7	2.48	2.27	2.1
集中式治理设施	0.03	0.03	0.02	0.01
工业固体废物				
一般工业固体废物产生量(万吨)	10 855.87	10 924.73	10 701.01	11 648.53
一般工业固体废物综合利用量(万吨)	10 501.86	10 577.77	10 206.98	10 661.65

续表

项 目	2013 年	2014 年	2015 年	2016 年
♯综合利用往年贮存量	113.87	114.3	11.32	37.52
一般工业固体废物综合利用率(%)	95.73	95.82	95.28	91.23
一般工业固体废物处置量(万吨)	286.79	278.92	407.37	742.27
♯处置往年贮存量	16.04	0.7	0.12	1.28
一般工业固体废物贮存量(万吨)	197.14	182.75	98.09	283.03
自然生态保护与建设情况				
自然保护区个数(个)	31	31	31	31
♯国家级自然保护区	3	3	3	3
自然保护区面积(万公顷)	56.64	56.64	56.64	53.63
自然保护区面积占辖区面积(%)	5.5	5.5	5.5	5.227 095 517

数据来源:历年《江苏历年统计年鉴》

安全生产形势稳定。事故起数和死亡人数实现"双下降",全年发生各类生产安全事故 7 295 起,死亡 4 410 人,按可比口径计算,分别下降 17.54% 和 9.94%。亿元 GDP 生产安全事故死亡率为 0.05,比上年下降 19.05%。

十三、人口、人民生活和社会保障

2017 年末,江苏常住人口总量超过 8 000 万人,达到 8 029.3 万人,较 2016 年末增加 30.7 万人,增长率为 0.38%。全省人口密度增加到每平方公里 749 人。

2017 年全省人口呈现三大特点:一是总人口继续呈低速增长的趋势。2017 年全省常住人口增长率,略高于"十二五"期间年均 0.27% 的增长率,但远低于 2000—2010 年的年均 0.72% 的增长率。二是"全面两孩"政策的实施增加了全省出生人数。2016 年和 2017 年,全省常住出生人口分别为 77.96 万人、77.82 万人,比"全面两孩"政策实施前的"十二五"时期年均出生人数分别多出 3.48 万人、3.34 万人;出生率分别为 9.76‰ 和 9.71‰,与"十二五"时期相比,分别提高了 0.38 个千分点、0.33 个千分点。出生人口中二孩比重大幅上升。2017 年出生人口中二孩比重已接近 50%,而在 2010 年出生人口中二孩比重还不到 30%。三是人口继续向城镇地区集中。2017 年末,江苏城镇人口 5 520.95 万人,占总人口比重为 68.76%。与 2016 年末相比,城镇人口增加 104.3 万人,城镇人口比重上升 1.04 个百分点。

表 25　2013—2017 年江苏省人口数、户数(常住)

年 份	总户数(万户)	总人口(万人)	按性别分				平均每户人数(人/户)	年平均人口(万人)	人口密度(人/平方公里)
			男		女				
			人口数	比重(%)	人口数	比重(%)			
2013	2 593.31	7 939.49	3 997.09	50.34	3 942.40	49.66	3.06	7 929.74	773.83
2014	2 601.33	7 960.06	4 007.09	50.34	3 952.97	49.66	3.06	7 949.78	742.00

续表

年　份	总户数（万户）	总人口（万人）	按性别分				平均每户人数（人/户）	年平均人口（万人）	人口密度（人/平方公里）
			男		女				
			人口数	比重（%）	人口数	比重（%）			
2015	2 617.80	7 976.30	4 014.65	50.33	3 961.65	49.67	3.05	7 968.18	743.94
2016	2 621.20	7 998.60	4 025.66	50.33	3 972.94	49.67	3.05	7 987.45	746.14
2017	2 631.68	8 029.30	4 041.05	50.33	3 988.25	49.67	3.05	8 013.95	749.00

数据来源:历年《江苏统计年鉴》

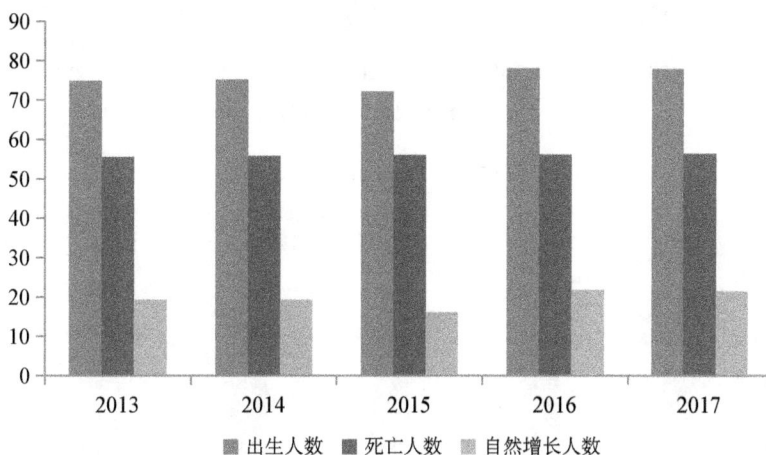

图 7　江苏省 2013—2017 年人口数（万人）

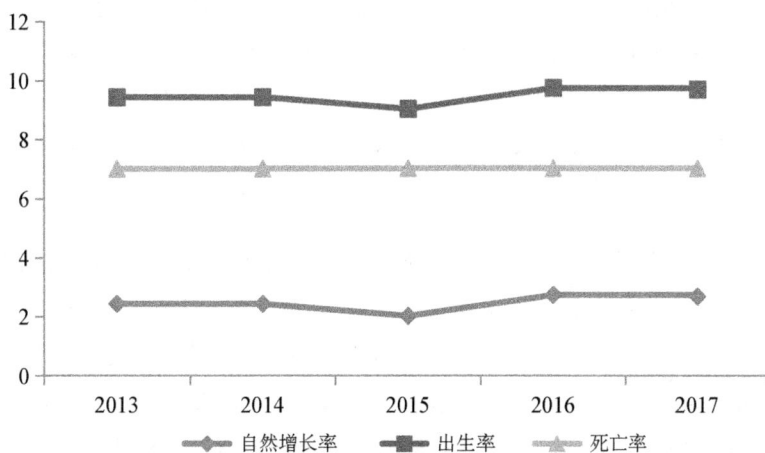

图 8　江苏省 2013—2017 年人口出生死亡率以及自然增长率（%）

数据来源:历年《江苏统计年鉴》

人口总量保持增长。2017 年年末全省常住人口 8 029.3 万人,比上年末增加 30.7 万人,增长 0.38%。在常住人口中,男性人口 4 041.1 万人,女性人口 3 988.3 万人;0～14 岁人口 1 099.4 万人,

15～64岁人口5 856.7万人，65岁及以上人口1 073.2万人。全年人口出生率9.71‰，比上年下降0.05个千分点；人口死亡率7.03‰，与上年持平；人口自然增长率2.68‰，比上年下降0.05个千分点。

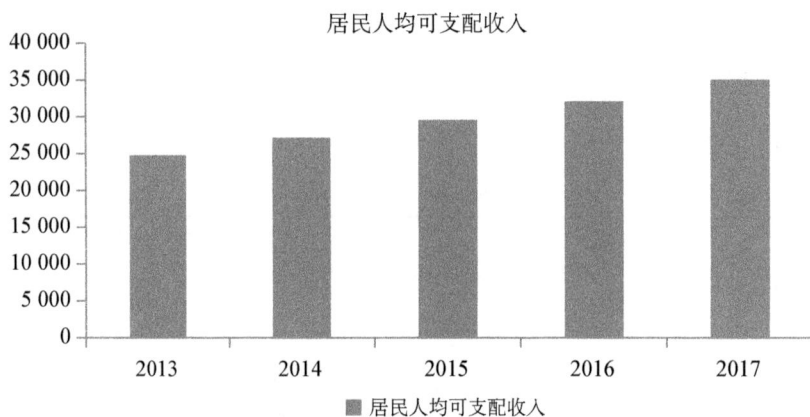

图9 江苏省居民人均可支配收入（元）

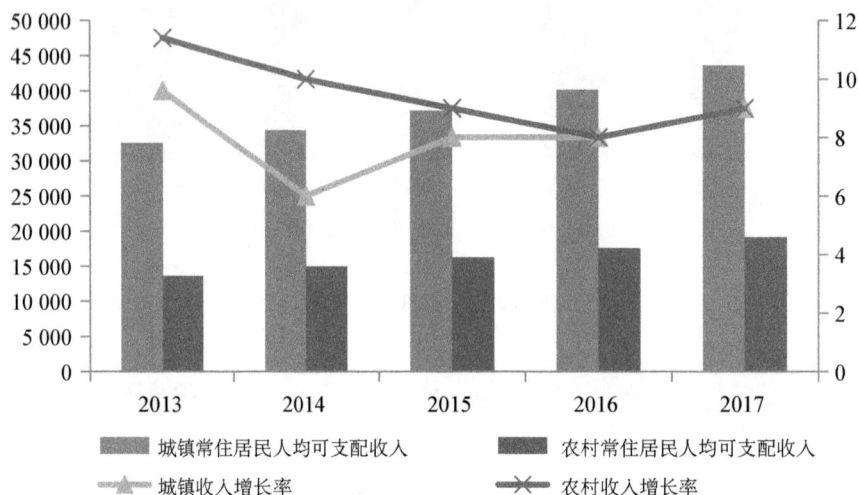

图10 江苏城镇和农村常住居民人均可支配收入及增长率（元、%）

数据来源：历年《江苏统计年鉴》

　　居民收入持续增加。根据城乡一体化住户抽样调查，全年全省居民人均可支配收入35 024元，较上年增长9.2%。其中，工资性收入20 399元，增长9.3%；经营净收入4 994元，增长5.7%；财产净收入3 239元，增长12.4%；转移净收入6 392元，增长10.2%。按常住地分，城镇居民人均可支配收入43 622元，增长8.6%；农村居民人均可支配收入19 158元，增长8.8%。全省居民人均可支配收入中位数30 182元，增长10.0%。全省居民人均可支配收入中，按五等份分组，低收入组人均可支配收入9 975元，中等偏下收入组人均可支配收入19 928元，中等收入组人均可支配收入30 169元，中等偏上收入组人均可支配收入44 122元，高收入组人均可支配收入79 953元。全省居民人均生活消费支出23 469元，比上年增加1 339元。

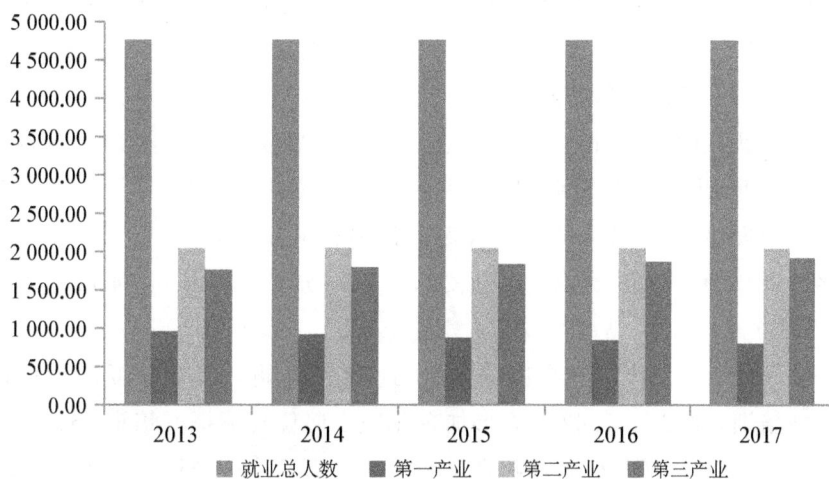

图 11　江苏省就业人数（万人）

数据来源：历年《江苏统计年鉴》

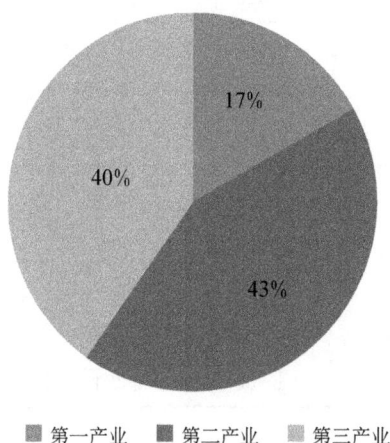

■ 第一产业　■ 第二产业　■ 第三产业

图 12　2017 年江苏三产业占总就业人数的比重（%）

数据来源：《江苏统计年鉴 2018》

就业形势保持平稳。年末全省就业人口 4 757.8 万人，第一产业就业人口 799.3 万人，占总就业人数的 16.8%，比 2016 年下降 0.9 个百分点；第二产业就业人口 2 041.1 万人，占总就业人数的 42.9%；第三产业就业人口 1 917.4 万人，占总就业人数的 40.3%，比 2016 年增加 1 个百分点。城镇就业人口 3 179.4 万人，城镇新增就业 148.6 万人，城镇登记失业率 2.98%。新增转移农村劳动力 26.3 万人。促进失业人员再就业 80.6 万人，其中就业困难人员就业 14.4 万人。"去产能"企业职工得到妥善分流安置。

实施全民创业行动计划。支持 29.1 万人成功自主创业并带动就业 122.93 万人，其中，引领大学生创业 3.76 万人，扶持农村劳动力创业 9.39 万人。

大力促进重点群体就业。帮助城镇失业人员再就业 80.55 万人，就业困难人员就业 14.41 万人，城镇零就业家庭动态为零。新增转移农村劳动力 26.27 万人，累计转移 1 927.86 万人，转移率

74.3%。全面完成国家和省下达钢铁、煤炭职工分流安置任务,为1 340名去产能企业职工提供政府补贴培训,妥善安置2 318名钢铁煤炭行业去产能职工,安置率达到100%。帮助11.56万建档立卡低收入农户劳动力实现稳定转移就业。

实施高校毕业生就业创业计划。开发就业见习岗位4.22万个,安排3.1万未就业高校毕业生参加见习,2.96万人通过见习实现就业,2.35万人见习期满留岗就业。扎实做好离校未就业高校毕业生实名制登记管理,离校未就业毕业生实名登记率和服务率均为100%。招录"三支一扶"高校毕业生388名,其中支教96名、支农64名、支医26名、扶贫188名、水利14名。高校毕业生年末总体就业率97.2%。

推行终身职业技能培训制度。在全国率先启动实施重点群体免费接受职业培训行动,18.28万人接受免费职业培训。组织147.47万人参加企业职工岗位技能提升培训、64.48万人参加城乡劳动者就业技能培训、31.78万人参加创业培训,为25.15万新生代农民工提供具有针对性的岗前、提升和转岗培训。

表26 江苏社会保障的基本情况

		2013年	2014年	2015年	2016年	2017年
失业保险	年末参保人数	1 389.34	1 441.56	1 490.91	1 538.22	1 582.95
	全年发放失业保险金人数	68.70	67.93	68.30	70.54	65.36
	全年发放失业保险金(亿元)	31.69	35.71	40.63	47.17	48.96
城镇职工基本医疗保险	年末参保职工人数	1 731.09	1 784.86	1 818.20	1 849.36	1 921.36
	年末参保退休人员	543.64	576.95	610.80	641.16	679.77
工伤保险	年末参保人数	1 487.27	1 540.11	1 594.14	1 633.93	1 690.19
	年末享受工伤待遇的人数	13.57	14.28	14.66	15.08	14.33
年末参加生育保险人数		1 355.62	1 374.56	1 471.68	1 510.32	1 582.01

数据来源:历年《江苏统计年鉴》

社会保障体系加快完善。稳步实施全民参保计划,参保覆盖面持续扩大。年末全省城镇职工基本医疗保险参保人数2 601.13万人,比上年末增加110.6万人,其中参保职工1 921.36万人,参保退休人员679.77万人,分别比上年末增加72万人和38.61万人。参保农民工466.17万人,比上年末增加13.9万人。年末全省城乡居民基本医疗保险参保人数5 017.97万人。城乡居民基本医疗保险财政补助标准调整为每人每年不低于470元,比上年增加45元。年末全省失业保险参保人数1 582.95万人,比上年末增加44.73万人,其中,参保农民工446.63万人,比上年末增加15.95万人。年末领取失业保险金人数32.14万人,比上年末减少1.84万人。年末全省工伤保险参保人数1 690.19万人,比上年末增加56.26万人,其中,参保农民工556.71万人,比上年末增加7.8万人。认定工伤11.37万件,比上年增加0.3万件。劳动能力鉴定7.82万件,达到伤残等级6.87万人,分别比上年增加0.27万件和0.25万件。享受工伤保险待遇14.33万人,比上年减少0.77万人。年末全省生育保险参保人数1 582.01万人,其中女职工668.65万人,分别比上年末增加71.69万人和4.68万人。享受生育保险待遇167.13万人次。

年末全省企业职工基本养老保险参保人数2 818.2万人,比上年末增加92.26万人,其中参保职工2 097.3万人,参保离退休人员720.9万人,分别比上年末增加50.88万人和41.38万人。参保农民工480.41万人,比上年末增加9.21万人。年末纳入社区管理企业退休人员687.89万人,第五轮免费健康体检率74.6%。企业退休人员月人均基本养老金水平调整后达到2 735元。年末全省城乡居民基本养老保险参保人数1 279.57万人,比上年末减少9.97万人,领取基础养老金人数1 058.63万人,比上年末增加12.84万人。全省城乡居民基本养老保险基础养老金最低标准调整为每人每月125元,比上年增加10元。

第二章　2017 年江苏省产业发展分析

一、第一产业发展分析

第一产业是国民经济的基础产业,主要包括农、林、牧、渔业及相关服务业。2017 年,江苏农林牧渔业实现总产值 4 076.65 亿元,同比增长 −0.01%,增速较上一年有一定滑落。图 1 显示了 2012—2017 年江苏第一产业的发展情况,从中可以看出,在 2012 年后,第一产业占 GDP 的比重有着明显的下滑,从 2012 年的 6.23% 下滑到 2017 年的 4.75%。

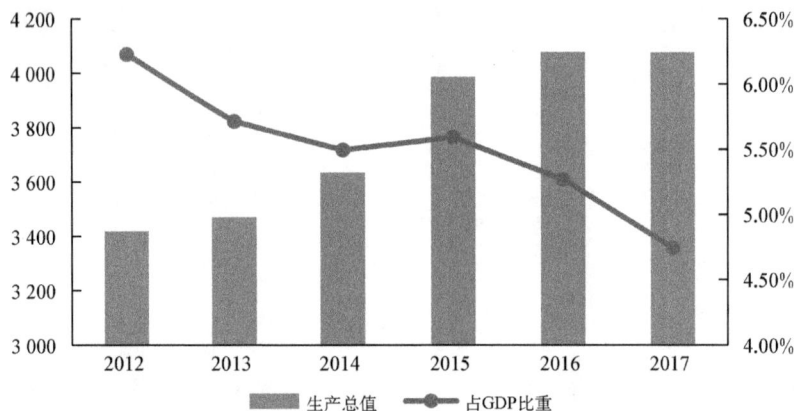

图 1　2012—2017 年江苏省第一产业产值变动

数据来源:历年《江苏统计年鉴》

在第一产业增速不断下滑的同时,第一产业对江苏经济 GDP 的贡献率和拉动作用也呈现出明显的下滑趋势。2017 年,江苏省第一产业贡献率为 1.6%,比 2016 年增加 1.1 个百分点;第一产业拉动为 0.1%,比 2016 年增加 0.1 个百分点。

表 1　第一产业对 GDP 贡献及拉动作用(单位:%)

年　份	第一产业贡献率	第一产业拉动	第一产业年增速
2012	2.6	0.3	4.60
2013	1.8	0.2	3.10
2014	1.7	0.1	3.40
2015	1.7	0.1	3.20
2016	0.5	0.0	0.50
2017	1.6	0.1	−0.01

数据来源:历年《江苏统计年鉴》

注:产业贡献率指各产业增加值增量与 GDP 增量之比;产业拉动指 GDP 增长速度与各产业贡献率之乘积。

从构成看,2017 年江苏省第一产业增加值中,农业占 52.77%,渔业占 22.52%,畜牧业占16.18%,林业和农、林、牧、渔服务业所占比例较小,分别为 1.9% 和 6.63%。参见图 2。

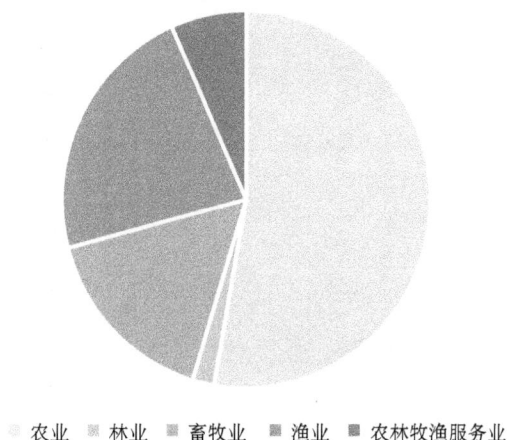

农业　林业　畜牧业　渔业　农林牧渔服务业

图 2　2017 年江苏省第一产业行业构成情况
数据来源:《江苏统计年鉴 2018》

2017 年全省粮食播种面积 7 601.25 千公顷,较上年减少 75.68 千公顷;全年粮食总产量3 539.83 万吨,较上年增产 73.83 万吨,上升 2.13%,总产量属于历史上较高的年份。全年油料产量 126.35 万吨,下降 4.2%。

表 2　2017 年江苏省农作物播种面积和产量

指　标	播种面积(千公顷)	单位面积产量(千克/公顷)	总产量(吨)
农作物总播种面积	7 601.25		
粮食作物	5 406.43	6 547	35 398 322
夏粮	2 399.96	5 253	12 606 271
小麦	2 180.78	5 369	11 709 153
元麦	2.48	3 669	9 098
大麦	124.15	5 335	662 327
蚕豌豆	92.55	2 439	225 693
秋粮	3 006.47	7 581	22 792 051
稻谷	2 275.96	8 458	19 249 131
♯中稻和一季晚稻	2 275.94	8 458	19 248 956
♯籼稻	283.26	8 023	2 272 685
玉米	470.49	5 855	2 754 856
高粱	0.18	8 350	1 503
谷子	0.09	2 067	186
薯类	46.92	6 125	287 390
大豆	198.88	2 312	459 890
其他秋粮	13.95	2 803	39 095

续表

指　标	播种面积（千公顷）	单位面积产量（千克/公顷）	总产量（吨）
经济作物	469.43		
棉花	41.6	1 226	50 959
油料	411.8	3 068	1 263 498
♯花生	91.8	3 946	362 222
油菜籽	311.9	2 840	885 697
芝麻	7.99	1 915	15 304
麻类	0.28	2 836	794
♯黄麻			
苎麻	0.26	2 492	648
糖类	1.48	60 207	89 106
♯甘蔗	1.47	60 548	83 006
烟叶			
药材	13.67		
其他经济作物	0.60	12 465	7 479
♯薄荷	0.60	12 465	7 479
其他农作物	1 725.39		
♯蔬菜	1 407.63	39 360	55 404 835
瓜果类	162.32	39 039	6 336 758
绿肥	8.32		

数据来源：《江苏统计年鉴2018》

江苏粮食产量是波动性微增，但消费总量却持续上升，增产的幅度赶不上消费增长的速度，粮食自给率逐年下降。粮食消费持续上升的原因：一是人口的增加。从2003年到2015年底，全省常住人口增加571万人，按照人均消费粮食400公斤计算，每年增加粮食需求20万吨左右，导致粮食需求总量的刚性上升。二是城乡居民消费结构改变。越来越多的农民转移到城镇，由粮食生产者变为粮食消费者，消费结构也随之改变，即口粮消费减少、肉蛋奶消费增加。据测算，一个城镇居民每日的肉蛋奶消费，折合成产出这些肉蛋奶所消耗的饲料粮约713.7克，比农村居民的463.6克高出约250克。随着人口总量增长、城镇人口比重上升和生活水平提高，城乡居民对农产品数量、质量、安全性和多样化的需求不断提高，保障粮食和重要农产品有效供给的任务越来越重。

全年粮食总产量3 539.8万吨，比上年增加73.8万吨，增长2.1%。其中，夏粮总产量1 260.6万吨，增长3.6%；秋粮总产量2 279.2万吨，增长1.3%。全年累计出栏生猪2 805.5万头，下降1.5%；猪肉产量214.3万吨，下降1%；年末生猪存栏1 640.3万头，下降3%。家禽累计出栏66 151万只，下降7.4%；年末家禽存栏29 550万只，下降1.9%。预计水产品总量520万吨。绿色农业、智慧农业、订单农业等现代农业加快发展，新增高效设施农业面积预计达51.5万亩。

表3　2013—2017年江苏省畜牧业发展情况

指　标	2013年	2014年	2015年	2016年	2017年
牲畜年末头数(万头)					
大牲畜	34.53	34.54	34.15	33.54	33.42
牛	30.41	30.59	30.70	30.30	30.50
＃奶牛	20.41	20.51	19.98	19.88	13.92
马	0.29	0.28	0.25	0.21	0.19
驴	2.82	2.77	2.44	2.34	2.09
骡	1.01	0.90	0.76	0.69	0.64
猪	1 787.26	1 799.50	1 780.30	1 690.56	1 640.30
羊	403.07	413.80	417.50	404.30	398.50
山羊	393.59	404.10	407.64	394.84	389.25
绵羊	9.48	9.70	9.86	9.46	9.25
畜禽产品产量					
猪牛羊出栏头数(万头)					
当年肉猪出栏头数	3 049.56	3 073.60	2 978.32	2 847.27	2 805.50
当年出售和自宰的肉用牛	17.29	17.60	17.40	16.97	17.43
当年出售和自宰的肉用羊(万只)	703.87	719.45	730.24	739.27	707.70
肉类产量(万吨)	383.23	379.46	369.43	355.63	343.25
猪肉	229.86	232.35	225.84	216.36	214.30
牛肉	3.19	3.27	3.22	3.11	2.93
羊肉	7.79	8.01	8.14	8.26	7.99
禽肉	131.93	125.40	122.02	118.13	110.20
其他畜禽产品产量(吨)					
牛奶产量	598 912	607 200	595 900	590 100	599 300
绵羊毛产量	344	359	366	348	351
山羊毛产量	10	10	10	11	10
蜂蜜	4 058	4 521	4 844	4 423	4 219
禽蛋(万吨)	200.07	196.97	198.81	201.15	186.05

数据来源:《江苏统计年鉴2018》

　　按照中央和省委决策部署,完善农机化扶持政策,优化农机装备结构,拓展农机服务领域,全省农机化发展取得了显著成效,农机化呈现出"一优、二强、二降"的良好趋势。

　　2017年,全省农业综合机械化水平达到83%。大中型拖拉机、联合收割机、水稻插秧机分别达到18万台、17.5万台、14.6万台,粮食烘干机达到2.5万台、粮食产地烘干能力达到50%,高效植保机达到9.1万台,高效植保能力达到81%,稻麦秸秆机械化还田面积达4 480万亩,还田率超过65%。全省农机专业合作社达到8 807个,农机经营服务总收入达321.8亿元。

表4　2013—2017年江苏省农业现代化情况

指　标	2013 年	2014 年	2015 年	2016 年	2017 年
农业机械化情况					
农业机械总动力（万千瓦）	4 405.78	4 649.98	4 825.49	4 906.55	4 991.41
机耕面积（千公顷）	5 947.94	6 100.16	6 066.15	5 939.63	5 828.96
机播面积（千公顷）	4 371.78	4 437.83	4 576.06	4 663.12	4 640.00
♯机播小麦面积	2 099.42	2 117.97	2 148.19	2 158.20	2 132.46
机械植保面积（千公顷）	6 732.05	5 736.80	5 649.06	5 699.61	5 588.41
机械收获面积（千公顷）	5 114.39	5 549.26	5 142.77	5 199.94	5 107.99
农村电气化情况					
农村用电量（亿千瓦小时）	1 801.86	1 834.93	1 836.19	1 869.27	1 887.99
农用物资使用情况					
化肥施用量（折纯量）（万吨）	326.82	323.61	319.99	312.52	303.85
每亩耕地施用化肥（折纯量）（千克）	47.43	47.00	46.54	45.46	44.19
农用塑料薄膜使用量（万吨）	11.68	11.98	11.32	11.39	11.51
农用柴油使用量（万吨）	106.80	107.45	108.58	108.71	108.96
农药使用量（万吨）	8.12	7.95	7.81	7.62	7.32
农田水利情况					
有效灌溉面积（千公顷）	3 785.27	3 890.53	3 952.50	4 054.07	4 131.88
节水灌溉面积　　（千公顷）	2 005.43	2 189.54	2 336.09	2 422.57	2 637.47
除涝面积　　　　（千公顷）	2 853.25	2 961.97	3 017.69	3 125.61	4 014.38
水土流失治理面积（千公顷）	886.97	899.66	893.82	907.89	918.81
堤防长度　　　　（公里）	55 403	55 387	55 654	55 797	56 232
堤防保护面积　　（千公顷）	3 519.38	2 767.32	2 826.85	2 885.60	2 945.35

数据来源：《江苏统计年鉴2018》

二、第二产业发展分析

江苏省第二产业稳步发展。2017年,全年实现增加值38 654.85亿元,增长6.6%;第二产业占地区生产总值的比重为45%,比2016年下降0.7个百分点。实现利润1.1万亿元以上,增长14%左右;工业投资、工业技改投资分别增长7%和10%左右;单位GDP能耗、单位工业增加值能耗分别下降4.8%和5.9%左右,超额完成省定目标。

2017年以前伴随着第二产业增速的逐年下滑,第二产业对江苏GDP的贡献率和拉动作用也不断减少,从2010年的59.3%和7.5%,迅速下降到2016年的38.7%和3.0%。2017年,第二产业对江苏GDP的贡献率和拉动作用分别为42.4%和3.0%。

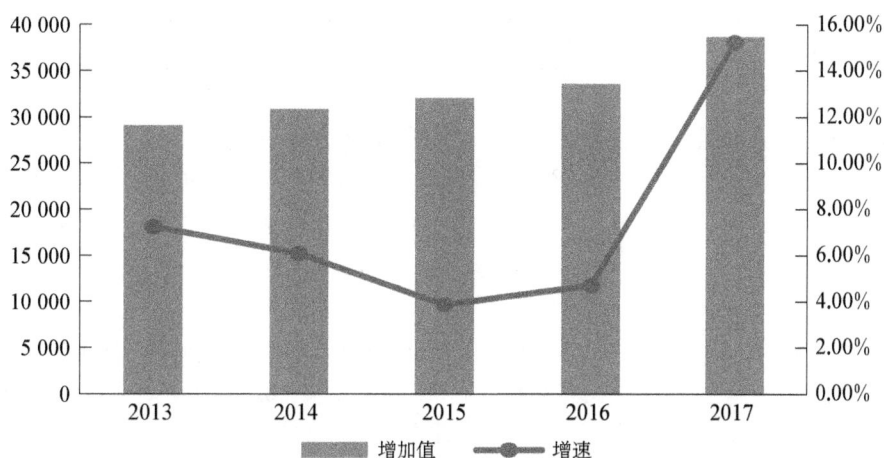

图3　江苏省2013—2017年工业运行情况

表5　第二产业对GDP贡献及拉动作用(单位:%)

年　份	第二产业贡献率	第二产业拉动	第二产业年增速
2010	59.3	7.5	13.10
2011	56.0	6.2	11.69
2012	57.7	5.8	11.10
2013	55.8	5.4	10.02
2014	50.4	4.4	8.20
2015	51.8	4.4	8.30
2016	38.7	3.0	6.59
2017	42.4	3.0	6

数据来源:历年《江苏统计年鉴》

2017年以来,江苏工业经济呈现出平稳、向好的运行特征,结构调整稳步推进,新的增长动能不断积聚,各项指标维持在经济新常态下的合理区间,工业经济持续下行的压力逐步减弱。2017年,全省规模以上工业增加值比上年增长7.5%,基本与上月、半年增速持平,平稳、向好的趋势得到进一步巩固。

表6　2017年江苏规模以上工业企业个数及产销总值　　　　　　　　(单位:亿元)

项　目	企业单位数(个)	资产总计	主营业务收入	主营业务成本	利润总额
总　计	45 414	116 706.58	148 996.61	127 204.28	10 052.54
按登记注册类型分					
内资企业	35 861	76 531.46	99 936.65	85 354.25	6 575.07
国有企业	64	3 902.02	3 238.52	3 140.20	22.08
集体企业	150	237.72	470.20	412.58	29.01
股份合作企业	50	64.91	91.47	77.73	7.07

项　目	企业单位数(个)	资产总计	主营业务收入	主营业务成本	利润总额
联营企业	10	12.42	11.91	10.22	0.42
有限责任公司	5 691	25 508.73	25 870.90	21 428.89	1 788.80
♯国有独资	201	4 860.14	2 824.09	1 998.88	183.10
股份有限公司	1 350	12 210.56	10 209.08	8 116.29	963.65
私营企业	28 504	34 514.75	59 972.86	52 104.01	3 761.53
其他企业	42	80.35	71.71	64.33	2.50
港、澳、台商投资企业	3 454	14 527.00	17 980.96	15 516.96	1 293.40
外商投资企业	6 099	25 648.12	31 079.01	26 333.07	2 184.07
按轻重工业分					
轻工业	16 408	27 600.08	38 999.89	32 171.50	2 755.71
重工业	29 006	89 106.50	109 996.72	95 032.78	7 296.83
按企业规模分					
大型企业	1 147	48 645.65	55 190.61	46 938.80	3 825.81
中型企业	5 620	29 417.97	37 518.07	31 521.74	2 908.84
小微型企业	38 647	38 642.95	56 287.92	48 743.75	3 317.88
按行业分					
采矿业	**56**	**972.99**	**463.41**	**380.97**	**−51.38**
煤炭开采和洗选业	7	656.17	223.25	152.84	11.18
石油和天然气开采业	2				
黑色金属矿采选业	8	37.10	58.01	51.55	2.26
有色金属矿采选业	3	8.23	3.73	2.36	0.64
非金属矿采选业	35	115.64	111.47	92.05	7.34
开采辅助活动	1				
其他采矿业					
制造业	**44 742**	**105 803.36**	**142 942.11**	**121 779.58**	**9 696.04**
农副食品加工业	1 439	1 816.97	4 475.32	4 011.06	234.70
食品制造业	411	796.98	1 065.76	802.75	97.53
酒、饮料和精制茶制造业	164	1 187.78	1 252.61	904.76	202.91
烟草制品业	6	637.63	562.17	114.54	82.45
纺织业	4 171	3 968.45	6 432.81	5 722.95	329.56
纺织服装、服饰业	2 102	2 021.04	3 416.63	2 945.91	219.81
皮革、毛皮、羽毛及其制品和制鞋业	528	345.96	865.20	761.52	46.21
木材加工和木、竹、藤、棕、草制品业	1 046	871.40	2 081.00	1 815.01	140.28
家具制造业	294	257.78	376.38	320.92	20.75
造纸和纸制品业	542	1 752.12	1 545.21	1 297.38	121.52

项　目	企业单位数(个)	资产总计	主营业务收入	主营业务成本	利润总额
印刷和记录媒介复制业	601	663.19	791.42	650.97	63.08
文教、工美、体育和娱乐用品制造业	1 223	968.31	2 054.52	1 762.25	132.30
石油加工、炼焦和核燃料加工业	134	1 003.92	2 209.68	1 820.05	127.93
化学原料和化学制品制造业	3 285	11 036.35	15 640.58	13 287.28	1 183.24
医药制造业	679	2 937.94	3 925.19	2 380.56	438.65
化学纤维制造业	703	2 299.79	2 842.08	2 550.98	149.82
橡胶和塑料制品业	2 128	2 563.05	3 413.70	2 896.00	222.67
非金属矿物制品业	2 570	3 710.42	4 790.82	4 101.23	328.86
黑色金属冶炼和压延加工业	1 166	6 519.34	9 560.36	8 529.67	573.81
有色金属冶炼和压延加工业	995	2 117.07	4 134.89	3 777.06	178.85
金属制品业	2 970	4 356.19	6 164.47	5 352.10	360.00
通用设备制造业	4 063	7 205.33	8 732.77	7 221.31	715.79
专用设备制造业	3 082	6 460.04	6 918.26	5 657.73	539.58
汽车制造业	1 886	6 221.17	7 504.69	6 197.46	611.83
铁路、船舶、航空航天和其他运输设备制造业	812	3 434.31	3 278.27	2 785.69	256.90
电气机械和器材制造业	4 050	13 243.91	16 301.92	13 997.59	1 032.28
计算机、通信和其他电子设备制造业	2 516	14 256.99	18 530.61	16 725.17	922.85
仪器仪表制造业	899	2 867.54	3 608.62	2 975.63	333.99
其他制造业	141	129.32	227.48	199.00	12.83
废弃资源综合利用业	125	143.96	223.95	196.43	13.88
金属制品、机械和设备修理业	11	9.12	14.72	12.63	1.17
电力、热力、燃气及水的生产和供应业	**616**	**9 930.23**	**5 591.09**	**5 043.73**	**407.87**
电力、热力的生产和供应业	362	7 920.40	4 905.40	4 522.82	294.28
燃气生产和供应	112	651.11	504.40	400.83	81.64
水的生产和供应业	142	1 358.72	181.29	120.07	31.95
按省辖市分					
南京市	2 348	11 603.75	10 936.47	8 781.68	867.69
无锡市	5 258	16 602.3	15 543.76	13 338.61	1 053.61
徐州市	2 412	6 812.38	11 668.49	9 789.15	873.07
常州市	4 240	8 988.12	12 085.73	10 480.86	732.22
苏州市	9 840	30 203.70	32 005.86	27 491.43	2 002.15
南通市	5 131	9 144.90	14 522.32	12 589.66	1 128.18
连云港市	1 504	3 470.65	5 338.77	4 315.45	447.48
淮安市	2 175	2 876.94	5 894.20	5 062.32	360.95

续表

项 目	企业单位数（个）	资产总计	主营业务收入	主营业务成本	利润总额
盐城市	2 879	5 431.98	8 080.48	6 980.76	434.37
扬州市	2 858	4 993.90	9 025.44	7 878.76	531.01
镇江市	2 046	5 419.87	6 773.33	5 862.98	443.33
泰州市	2 992	6 613.17	11 941.88	9 939.15	861.66
宿迁市	1 747	2 599.90	2 365.05	1 934.23	279.25

数据来源：历年《江苏统计年鉴》

工业经济运行平稳。全年全省规模以上工业增加值比上年增长 7.5%。分经济类型看，国有企业增加值增长 7.8%，股份制企业增加值增长 8%，民营企业增加值增长 8%，私营工业企业增加值增长 8%。分轻重工业看，轻工业增加值增长 8.6%，比重工业高出 1.7 个百分点。高技术行业、装备制造业增加值分别增长 11.8%、9.5%，增速分别比规模以上工业高出 4.3 个、2 个百分点。全年全省高新技术产业产值比上年增长 14.4%，占规模以上工业总产值的比重达 42.7%。列统的 40 个工业大类行业中有 36 个行业产值比上年有不同程度增长，其中仪器仪表制造业增长 15.7%，专用设备制造业增长 15.3%，计算机、通信和其他电子设备制造业增长 14.9%，医药制造业增长 14.6%，电气机械和器材制造业增长 14.1%，通用设备制造业增长 14%。全年工业机器人产量增长 99.6%，3D 打印设备增长 77.8%，新能源汽车增长 59%，服务器增长 54.2%，光纤增长 42.4%，智能手机增长 26.4%，太阳能电池增长 25.9%。全年规模以上工业企业产销率达 98.8%。企业经济效益较快增长。2017 年，全省规模以上工业企业实现主营业务收入 15.5 万亿元、利润总额 10 359.7 亿元，分别增长 10.9%、12.4%；主营业务收入利润率为 6.69%。

表 7　按行业分施工投产项目个数（2017 年）

行 业	施工项目（个）	#新开工	全部建成投产项目（个）	项目建成投产率（%）
采矿业	185	168	154	83.24
煤炭开采和洗选业	7	6	6	85.71
石油和天然气开采业	37	37	28	75.68
黑色金属矿采选业	67	65	55	82.09
有色金属矿采选业	6	6	6	100.00
非金属矿采选业	45	33	39	86.67
开采辅助活动	5	3	4	80.00
其他采矿业	18	18	16	88.89
制造业	40 963	32 786	33 867	82.68
农副食品加工业	1 255	1 047	1 053	83.90
食品制造业	588	466	501	85.20
酒、饮料和精制茶制造业	195	154	166	85.13

行　　业	施工项目(个)	＃新开工	全部建成投产项目(个)	项目建成投产率(%)
烟草制品业	7	4	4	57.14
纺织业	2 849	2 387	2 457	86.24
纺织服装、服饰业	1 540	1 292	1 367	88.77
皮革、毛皮、羽毛及其制品和制鞋业	413	345	357	86.44
木材加工和木、竹、藤、棕、草制品业	1 045	870	921	88.13
家具制造业	767	592	611	79.66
造纸和纸制品业	561	466	476	84.85
印刷和记录媒介复制业	435	350	372	85.52
文教、工美、体育和娱乐用品制造业	766	635	649	84.73
石油加工、炼焦和核燃料加工业	127	96	102	80.31
化学原料和化学制品制造业	2 705	2 046	2 165	80.04
医药制造业	730	522	555	76.03
化学纤维制造业	372	269	297	79.84
橡胶和塑料制品业	1 650	1 356	1 357	82.24
非金属矿物制品业	2 286	1 799	1 864	81.54
黑色金属冶炼和压延加工业	654	528	535	81.80
有色金属冶炼和压延加工业	598	448	482	80.60
金属制品业	2 841	2 327	2 386	83.98
通用设备制造业	5 215	4 325	4 412	84.60
专用设备制造业	3 770	2 948	3 137	83.21
汽车制造业	1 835	1 393	1 432	78.04
铁路、船舶、航空航天和其他运输设备制造业	720	566	567	78.75
电气机械和器材制造业	3 722	2 955	3 028	81.35
计算机、通信和其他电子设备制造业	1 936	1 501	1 496	77.27
仪器仪表制造业	829	652	669	80.70
其他制造业	287	235	242	84.32
废弃资源综合利用业	221	174	166	75.11
金属制品、机械和设备修理业	44	38	41	93.18
电力、热力、燃气及水生产和供应业	1 445	1 006	1 117	77.30
电力、热力生产和供应业	894	616	690	77.18
燃气生产和供应业	117	82	96	82.05
水的生产和供应业	434	308	331	76.27

续表

行 业	施工项目(个)	#新开工	全部建成投产项目(个)	项目建成投产率(%)
建筑业	631	522	552	87.48
房屋建筑业	143	110	123	86.01
土木工程建筑业	339	290	300	88.50
建筑安装业	40	34	34	85.00
建筑装饰和其他建筑业	109	88	95	87.16

数据来源:历年《江苏统计年鉴》

2017年全省工业和建筑业呈现出以下变化:

一是工业生产平稳运行。全年规模以上工业增加值比上年增长7.5%,其中轻工业增长8.6%,重工业增长6.9%。分经济类型看,国有工业增长7.8%,集体工业增长2.0%,股份制工业增长8.0%,外商港澳台投资工业增长6.6%。在规模以上工业中,国有控股工业增长6.7%,私营工业增长8.0%。

二是工业企业效益较快增长。全年规模以上工业企业实现主营业务收入15.5万亿元,比上年增长10.9%;利润总额10 359.7亿元,比上年增长12.4%。企业亏损面11.6%,比上年下降0.7个百分点。规模以上工业企业总资产贡献率、主营业务收入利润率和成本费用利润率分别为15.0%、6.7%和7.2%。

三是先进制造业加快发展。全年规模以上工业中,医药制造业增加值比上年增长12.9%,专用设备制造业增加值增长15.1%,电气机械及器材制造业增加值增长11.7%,通用设备制造业增加值增长11.4%,计算机、通信和其他电子设备制造业增加值增长11.9%。代表智能制造、新型材料、新型交通运输设备和高端电子信息产品的新产品产量实现较快增长。全年工业机器人产量增长99.6%,3D打印设备增长77.8%,新能源汽车增长56.6%,服务器增长54.2%,光纤增长42.4%,智能手机增长26.4%,太阳能电池增长25.9%。

四是建筑业稳定发展。全年实现建筑业总产值27 955.9亿元,比上年增长8.4%;竣工产值21 542.9亿元,增长1.3%;竣工率达77.1%。全省建筑业企业实现利税总额1 870.2亿元,增长3.0%。建筑业劳动生产率为31.2万元/人,增长2.4%。建筑业企业房屋建筑施工面积232 034.2万平方米,增长4.8%;竣工面积75 454.3万平方米,增长0.6%,其中住宅竣工面积54 752万平方米,增长0.4%。

三、第三产业发展分析

2012年以来,全省服务业增加值一直保持9%以上的增长速度,2012—2016年分别增长9.7%、9.8%、10.0%、9.4%和9.7%。2017年全省服务业增加值比上年增长8.2%。其中,交通运输仓储和邮政业增加值3 097.7亿元,增长8.4%;金融业增加值6 786.4亿元,增长9.2%;房地产业增加值5 015.7亿元,增长3.1%。服务业增加值占地区生产总值比重达50.3%。2017年1~11月,全省规模以上服务业企业实现营业收入12 560亿元,同比增长12.1%;营业利润1 131.5亿元,增长 15%。现代服务业加快发展,互联网和相关服务业实现营业收入 592.8 亿元,增长 71.3%,商务服务业营业收入增长 16.6%,软件和信息技术服务业营业收入增长 17.6%,邮政业营业收入增长 18.4%。民生相关产业快速发展,居民服务业营业收入增长 27.7%,文化艺术业营业收入增长 13.2%,体育服务业营业收入增长 20.8%,卫生服务业营业收入增长 15.9%。全年公路客货运周转量增长 10.3%,铁路客货运周转量增长 9%,机场旅客吞吐量、货邮吞吐量分别增长 19.6%、10.6%。

表 8　2012—2017 年江苏省第三产业增加值　　　　　　　　　　　(单位:亿元)

行　　业	2012 年	2013 年	2014 年	2015 年	2016 年	2017 年
第三产业	23 518.0	26 421.7	30 599.5	34 085.9	38 458.5	43 169.44
批发和零售业	5 704.7	6 223.5	6 559.03	6 992.68	7 470.27	7 470.27
交通运输、仓储和邮政业	2 352.4	2 500.1	2 591.15	2 705.44	2 834.56	3 097.70
住宿和餐饮业	1 045.2	1 053.0	1 094.45	1 189.40	1 291.32	1 291.32
信息传输、软件和信息技术服务业	1 103.8	1 341.6	1 579.55	1 870.81	2 443.22	2 479.27
金融业	3 136.5	3 808.8	4 723.69	5 302.93	6 011.13	6 786.40
房地产业	2 992.8	3 308.4	3 564.44	3 755.45	4 292.79	5 015.70
租赁和商务服务业	1 415.2	1 861.6	2 469.55	2 845.33	3 451.12	3 453.33
科学研究和技术服务业	612.5	703.6	884.50	998.71	1 097.81	1 217.93
水利、环境和公共设施管理业	322.0	348.0	428.27	496.67	551.91	553.39
居民服务、修理和其他服务业	686.0	803.2	1 073.53	1 259.45	1 507.03	1 507.03
教育	1 420.5	1 527.0	1 866.58	2 195.15	2 426.57	2 491.08
卫生和社会工作	731.6	819.0	1 015.45	1 230.89	1 410.95	1 416.81
文化、体育和娱乐业	303.0	383.4	536.56	635.64	795.79	795.79
公共管理和社会组织	1 691.9	1 740.5	2 003.97	2 376.46	2 618.65	2 618.64

数据来源:历年《江苏统计年鉴》

2017 年,全省服务业增加值 43 169.44 亿元占地区生产总值 85 900.94 亿元的比重为 50.25%,比 2012 年提高 7.0 个百分点,年均提高 1.8 个百分点,超出二产 6.4 个百分点。2013 年,服务业占比首次超过工业占比,两者比例为 45.5∶42.7,服务业超出工业 2.8 个百分点。2015 年,服务业占比首次超过第二产业占比,两者比例为 48.6∶45.7,服务业占比超出二产 2.9 个百分点。2016 年,服务业占比首次超过 50%,标志着产业结构实现从"二三一"到"三二一"的根本性转变。

江苏正处于经济转型的关键点,服务经济为主导的产业体系正在逐步形成。2012 年,江苏省全年实现服务业增加值 23 676 亿元,占 GDP 比重为 43.8%。2015 年,全省实现服务业增加值首次超过 3 万亿元,达 3.4 万亿元,占 GDP 比重达 48.6%,首次超过第二产业占比,全省经济结构实现了由"二三一"向"三二一"的根本性转变。2016 年,江苏省实现服务业增加值达 38 152 亿元,比上年增长 9.2%,增速高出地区生产总值增速 1.4 个百分点;全省服务业增加值占地区生产总值比重为 50.1%,占比首次超过 50%,服务业首占"半壁江山"。2017 年,全省实现服务业增加值 43 169.4 亿元,比上年增长 8.2%,增速高出地区生产总值增速 1 个百分点,服务业增加值占地区生产总值比重为 50.3%,超过第二产业占比 5.3 个百分点。

2012 年以来,随着产业结构转型升级的深入推进,服务业产业结构明显优化,在传统服务业保持平稳发展的同时,现代服务业呈快速发展态势。现代服务业主要行业占比明显提升。从四年行业占比变化情况来看,现代服务业各行业增加值占比显著提升。金融业是服务业中占比提升幅度最大的行业,2016 年占比较 2012 年提高 2.1 个百分点。租赁和商务服务业占比提高 1.9 个百分点。信息传输、软件和信息技术服务业占比提高 1.2 个百分点。居民服务、修理和其他服务业占比提高 0.7 个百分点。其他现代服务业各行业占比也均有不同程度提升。传统服务业主要行业占比明显下降。与 2012 年相比,2016 年各行业中,只有批发和零售业,交通运输、仓储和邮政业,住宿和餐饮业增加值占比下降。批发和零售业增加值占比由 2012 年的 10.6% 下降至 2016 年的 9.8%,四年降低 0.8 个百分点;交通运输、仓储和邮政业降低 0.7 个百分点;住宿和餐饮业降低 0.2 个百分点。

从总量规模看,2017 年除宿迁外,全省 13 个设区市服务业增加值突破 1 000 亿元,比 2016 年增加 1 个,新增宿迁。2017 年,苏州、南京、无锡增加值列前三位,其中苏州增加值为 8 861.65 亿元、南京为 6 997.22 亿元、无锡为 5 412.18 亿元。2012—2017 年江苏省各市第三产业增加值情况见表 9。

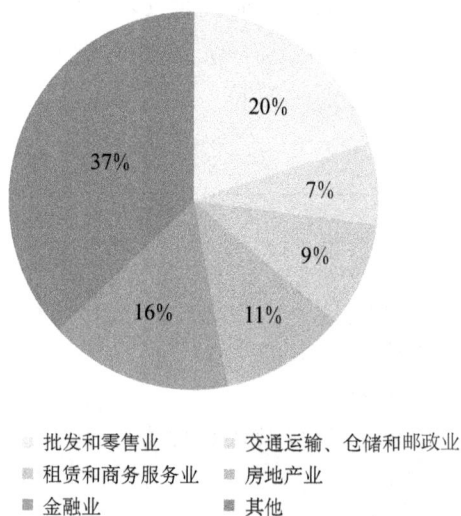

图 4　第三产业增加值分行业比重

数据来源:《江苏统计年鉴 2018》

表 9　2012—2017 年江苏省各市第三产业增加值　　　　　　　　　　　(单位:亿元)

地区	2012 年	2013 年	2014 年	2015 年	2016 年	2017 年
南京	3 845.7	4 356.6	4 983.0	5 571.61	6 133.16	6 997.22
无锡	3 418.9	3 714.2	3 971.2	4 183.11	4 728.05	5 412.18
徐州	1 665.6	1 885.1	2 244.1	2 460.06	2 751.79	3 121.08
常州	1 742.7	1 972.0	2 355.3	2 610.56	2 938.73	3 362.70
苏州	5 314.3	5 951.6	6 663.9	7 243.24	7 975.82	8 861.65
南通	1 825.5	2 070.0	2 500.8	2 815.96	3 231.24	3 712.14
连云港	634.9	718.8	814.2	918.95	1 025.02	1 147.03
淮安	783.7	900.1	1 082.4	1 260.76	1 455.24	1 583.05
盐城	1 191.0	1 350.3	1 563.7	1 772.5	1 992.15	2 261.78
扬州	1 173.6	1 333.9	1 584.8	1 762.88	2 000.36	2 327.02
镇江	1 095.1	1 248.9	1 499.9	1 642.63	1 825.66	1 889.92
泰州	1 075.4	1 227.0	1 464.2	1 657.93	1 927.89	2 242.32
宿迁	578.4	655.7	751.1	836.75	935.92	1 065.31

数据来源:历年《江苏统计年鉴》

苏南、苏中地区占比提升较快。2017 年,从占地区生产总值比重情况看,苏南服务业增加值占比较 2012 年提高 5.8 个百分点,苏中提高 7.5 个百分点,苏北提高 4.9 个百分点。2017 年,南京、苏州、无锡增加值占比列全省前三位,占比分别为 16.21%、20.53% 和 12.54%;2016 年,南京、苏州、无锡服务业占比分别较 2012 年提高 5.0 个、7.3 个、6.1 个百分点。13 个设区市中,南通提高最快,2016 年比 2012 年提高 7.7 个百分点。连云港、宿迁提升较为缓慢,2016 年分别比 2012 年提高 3.5 个和 1.8 个百分点。

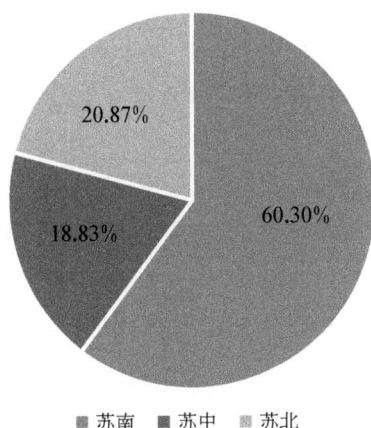

■ 苏南　■ 苏中　■ 苏北

图 5　2017 年江苏省区域第三产业增加值比重(单位:%)

数据来源:《江苏统计年鉴 2018》

从增长速度来看,2017 年江苏各市中第三产业增加值增长最快的城市是扬州市,达到了 16.33%,其次是泰州市 16.31%、南通市 14.88%、无锡市 14.47%、常州市 14.43%、宿迁市 13.82%、盐城市 13.53%、徐州市 13.42%,而增速最慢的城市是镇江市 3.52%,其余地区的增速基本在 10% 左右。

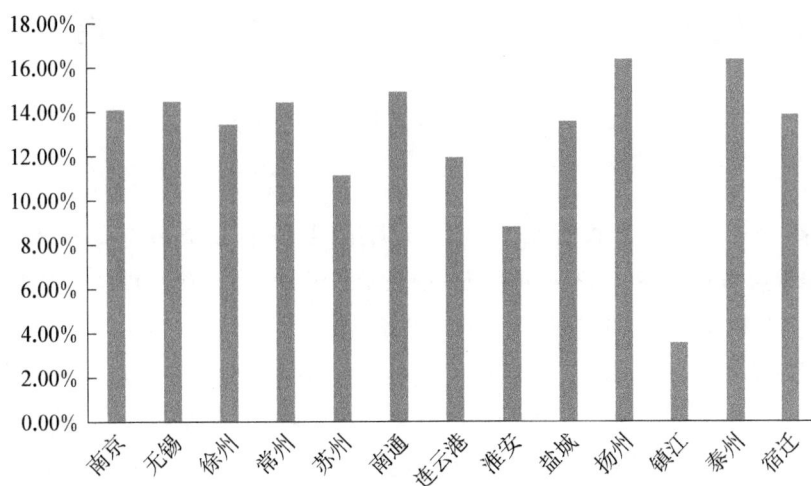

图 6　2017 年江苏省各市第三产业增加值增速

数据来源:《江苏统计年鉴 2018》

2017 年 1~7 月,全省实现民航旅客吞吐量 2 937.5 万人次,同比增长 18.5%,比上年同期加快 0.6 个百分点。南京机场实现旅客吞吐量 1 636.4 万人次,增长 13.2%,比上年同期回落 0.2 个百分点。1～7月,无锡机场实现旅客吞吐量406.6万人次,增长6%。支线机场中,盐城机场T2航站楼投运,新增多条航线,1～7月旅客吞吐量突破100万人次,达104.5万人次,增速全省最快,增长55.7%。连云港机场86.2万人次,增长53.9%;南通机场158.3万人次,增长45.3%;徐州机场141.1万人次,增长35.9%;扬泰机场137万人次,增长32.9%;常州机场184万人次,增长30.7%;淮安机场83.3万人次,增长17.9%。

2017年前10个月,全省规模以上服务业企业营业收入同比增长12.5%,营业利润同比增长19.5%。增速最快的互联网和相关服务业,营业收入增速高达76.7%。前三季度,全省服务业增加值同比增长8.1%,高于GDP增速0.9个百分点,占GDP比重达50.5%。

2013—2017年,全省第一产业就业人数占比明显下降,第二产业和服务业就业人数占比均呈提高态势,服务业提高幅度高于第二产业。2017年,全省服务业吸纳就业人数1917.39万人,比2013年净增156万人;服务业就业人数占比为40.3%,比2013年提高3.3个百分点,年均提高0.8个百分点。2017年,服务业增加值占地区生产总值的50.25%,说明服务业用较少的就业人数创造了较大的经济总量。

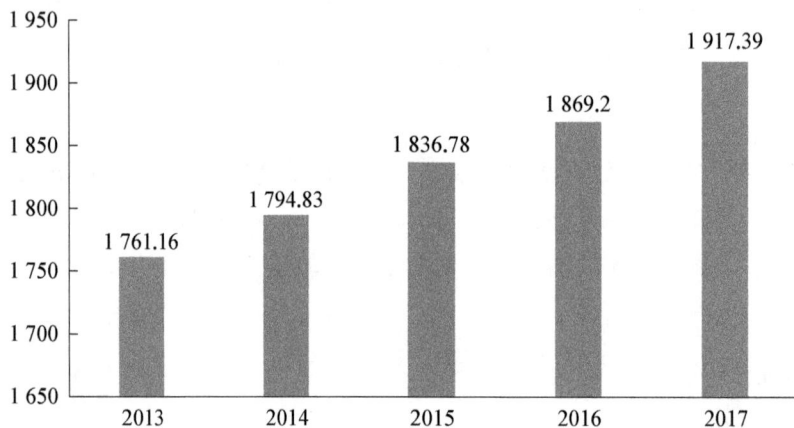

图7　2013—2017年江苏服务业就业人数

数据来源:《江苏统计年鉴2018》

2010年以来,全省固定资产投资结构进一步优化,服务业投资占全部投资比重持续提高。2017年,全省实现服务业投资26 244.4亿元,增长7.5%,与固定资产投资增速持平,是2010年的2.63倍。服务业投资占比49.5%,比2016年提高0.1个百分点。一些关键领域、基础设施、重大民生项目投入力度较大。其中,科学研究和技术服务业增长20.2%,卫生和社会工作增长19.7%,水利、环境和公共设施管理业增长18.3%,居民服务、修理和其他服务业增长17.7%。固定资产投资是经济增长的重要引擎,固定资产投资额的大幅增加说明对第三产业的资金投入增大,将有利于形成服务业自身的发展力,促进产业自身的升级优化,最终形成相应的叠加效应。

表 10　2017 年江苏省第三产业固定资产投资额　　　　　　　　　　　　　　（单位：亿元）

行　　业	投资额	＃内资	＃港澳台投资	＃外商投资
第三产业	26 095.48	24 628.66	1 024.51	401.53
交通运输、仓储和邮政业	2 883.21	2 749.43	81.52	46.71
信息传输、软件和信息技术服务业	611.16	579.96	21.26	9.94
批发和零售业	1 649.48	1 616.03	13.82	11.32
住宿和餐饮业	418.79	392.06	3.34	3.14
金融业	121.66	121.16	0	0.5
房地产业	10 810.85	9 747.44	789.94	273.07
租赁和商务服务业	1 595.91	1 549.91	24.68	21.21
科学研究和技术服务业	768.48	741.65	11.87	14.96
水利、环境和公共设施管理业	4 692.76	4 623.45	62.68	5.57
居民服务、修理和其他服务业	307.13	294.14	7.84	3.15
教育	677.4	674.57	0.27	2.2
卫生和社会工作	534.39	528.68	0.45	5.26
文化、体育和娱乐业	546.77	533.19	6.84	4.48
公共管理和社会组织	477.49	476.99	0	0.02

数据来源：《江苏统计年鉴 2018》

服务业利用外资上升，2017 年，服务业实际利用外资 1 079 288 万美元。第三产业外商直接投资项目 1 848 个，占新批项目总数的 56.79％；外商实际投资 1 079 288 万美元，占外商实际投资总额的 42.94％。其中，批发和零售业、租赁服务、房地产业占外商实际投资总额的比重分别为 8.24％、8.91％、13.77％。

表 11　2017 年江苏省第三产业外商直接投资情况

行　　业	项目数（个）	项目数占比（％）	实际投资（万美元）	实际投资占比（％）
第三产业	1 848	56.79	1 079 288	42.94
交通运输、仓储和邮政业	51	1.57	73 217	2.91
信息传输、计算机服务和软件业	194	5.96	32 166	1.28
批发和零售业	772	23.72	207 142	8.24
住宿和餐饮业	42	1.29	1 603	0.06
金融业	53	1.63	60 883	2.42
房地产业	117	3.60	346 007	13.77
租赁和商务服务业	268	8.24	223 912	8.91
科学研究、技术服务和地质勘查业	235	7.22	86 260	3.43
水利、环境和公共设施管理业	18	0.55	28 337	1.13
居民服务和其他服务业	23	0.71	12 201	0.49
教育	30	0.92	194	0.01
卫生、社会保障和社会福利业	20	0.61	2 824	0.11
文化、体育和娱乐业	25	0.77	4 542	0.18

数据来源：《江苏统计年鉴 2018》

第三产业境外投资稳步发展。全年第三产业新批项目359个,占新批项目总数的56.89％;中方协议投资万美元431 671万美元,占中方协议投资总额的46.56％。其中,租赁和商务服务业、批发和零售业是江苏省2017年境外投资的重点行业,中方协议投资占中方协议投资总额的比重分别为9.42％、8.46％。表12反映了2017年江苏省境外投资主要行业分布情况。

表12 2017年江苏省境外投资主要行业

行 业	新批项目(个)	新批项目占比(％)	中方协议投资(万美元)	中方协议投资占比(％)
第三产业	359	56.89	431 671	46.56
交通运输、仓储和邮政业	8	1.27	9 760	1.05
信息传输、计算机服务和软件业	22	3.49	24 761	2.67
批发和零售业	189	29.95	78 447	8.46
住宿和餐饮业	3	0.48	8 828	0.95
金融业	4	0.63	22 126	2.39
房地产业	4	0.63	28 387	3.06
租赁和商务服务业	64	10.14	87 337	9.42
科学研究、技术服务和地质勘查业	40	6.34	50 788	5.48
居民服务和其他服务业	8	1.27	15 464	1.67
教育	8	1.27	24 675	2.66
文化、体育和娱乐业	9	1.43	120	0.01

数据来源:《江苏统计年鉴2018》

为策应《国务院关于加快发展生产性服务业促进产业结构调整升级的指导意见》,江苏省政府于2015年6月底出台了《关于加快发展生产性服务业促进产业结构调整升级的实施意见》,推动生产性服务业发展。江苏省发改委去年出台了《江苏省生产性服务业双百工程实施方案》,"双百工程"即在全省培育形成100家在全国有较强影响力和示范作用的生产性服务业集聚示范区及100家处于行业领先地位、具备显著创新能力的生产性服务业领军企业。2016年底,经过层层推荐和多轮专家评审,南京软件谷、苏州科技城等20家首批集聚示范区和苏交科、中电环保等24家领军企业名单公布。

在江苏省政府办公厅发布的《江苏省"十三五"现代服务业发展规划》中,生产性服务业将突出抓好金融服务、现代物流、科技服务、商务服务、信息技术服务、服务贸易等六大重点服务产业,培育壮大电子商务、节能环保服务等两个服务业细分领域和行业。

生活性服务业的方向是精细化和高品质。按省政府办公厅出台的《关于加快发展生活性服务业促进消费结构升级的实施意见》,"十三五"规划提出,积极培育生活性服务新业态新模式,由生存型、传统型、物质型向发展型、现代型、服务型转变,促进和带动其他生活性服务业发展,推进传统服务业提档升级,并明确了商贸流通、健康服务、养老服务、文化服务、旅游服务、家庭服务、教育培训服务、体育服务等8个重点行业。

第三章 2017 年江苏省行业经济发展分析

一、金融业

2017 年,江苏省金融业保持平稳运行,社会融资规模增长适度,金融市场交易活跃。金融基础设施建设不断完善,金融生态环境持续优化。证券业稳步发展,多层次资本市场建设持续推进。保险业保持较快发展,保险服务能力再上新台阶。

2017 年,江苏省金融业实现增加值 6 786.4 亿元,比 2016 年增长 12.9%,增速与 2016 年相比有所下降。从产业结构来看,金融业增加值占地区生产总值的比重达到 7.9%,比 2015 年提高 0.3 个百分点,与 2016 年基本持平。金融业对地区经济总量贡献率在不断提高。金融业增加值占第三产业增加值的比重上升至 15.72%,比 2015 年提高 0.8 个百分点。2013—2017 年江苏省金融业增加值情况见图 1。

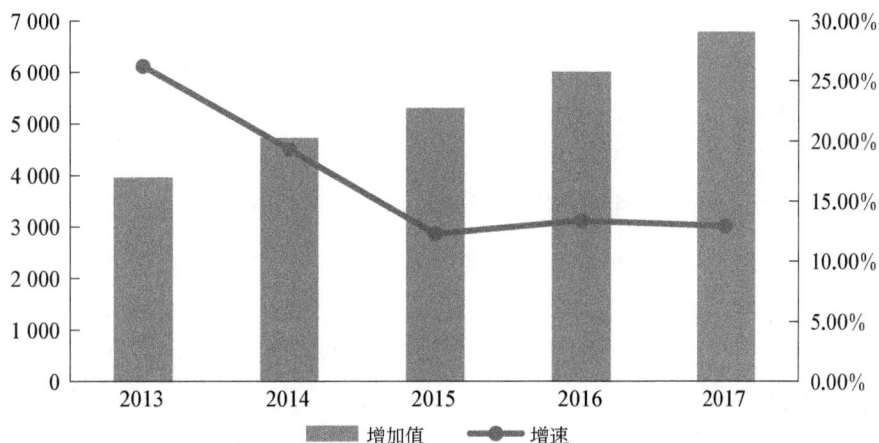

图 1 2013—2017 年江苏省金融业增加值

数据来源:历年《江苏统计年鉴》

1. 机构规模稳步增长,组织体系更趋完备

2017 年末,江苏省银行业金融机构资产总额 16.7 万亿元,同比增长 6.7%。机构数量稳步增加,年末地方法人金融机构 171 家,比年初新增 2 家(见表 1)。盈利水平有所上升,全年银行业金融机构实现净利润 1 702.8 亿元,同比增加 183.4 亿元。金融对实体经济支撑作用进一步增强,全年实现金融业增加值 6 786.4 亿元,同比增长 9.2%。

2017 年末,江苏省金融机构总资产为 16.7 万亿元,同比增长 6.7%。机构数量稳步增加,地方法人金融机构 171 家,比年初新增 2 家。盈利水平有所上升,全年银行业金融机构实现净利润

1702.8亿元,同比增加183.4亿元。金融对实体经济支撑作用进一步增强,全年实现金融业增加值6786.4亿元,同比增9.2%。

表1 2017年江苏省银行业基本情况

机构类别	营业网点			法人机构(个)
	机构个数(个)	从业人数(人)	资产总额(亿元)	
大型商业银行	5 073	109 137	57 505	0
国家开发银行和政策性银行	93	2 446	8 444	0
股份制商业银行	1 369	42 177	29 539	0
城市商业银行	938	29 827	33 404	4
城市信用社	0	0	0	0
小型农村金融机构	3 331	50 331	25 989	63
财务公司	16	437	1 113	14
信托公司	4	538	276	4
邮政储蓄银行	2 524	9 421	6 849	0
外资银行	76	2 229	1 493	6
新型农村金融机构	867	10 346	951	704
其他	6	854	1 140	6
合计	14 297	257 743	166 703	801

注:营业网点不包括国家开发银行和政策性银行、大型商业银行、股份制商业银行等金融机构总部数据;大型商业银行包括中国工商银行、中国农业银行、中国银行、中国建设银行和交通银行;小型农村金融机构包括农村商业银行、农村合作银行和农村信用社;新型农村金融机构包括村镇银行、贷款公司、农村资金互助社;"其他"包含金融租赁公司、汽车金融公司、货币经纪公司、消费金融公司等。

数据来源:中国人民银行南京分行、江苏银监局、江苏省金融办。

在去杠杆、存款脱媒、派生存款减少等因素的共同影响下,全省存款增长继续放缓。2017年末,全省金融机构人民币存款余额为13万亿元,同比增长7.3%,增速同比下降5个百分点。其中,住户存款新增2184亿元,同比少增1154亿元;企业存款新增1954亿元,同比少增4391亿元。从存款品类看,在存款总量同比少增的情况下,高成本负债反而同比多增。2017年,全省协议存款、协定存款、结构性存款共计新增3861亿元,同比多增928亿元;非银行业金融机构存款新增366亿元,同比多增1068亿元。从存款币种看,人民币存款和外币存款均同比少增,全年新增人民币存款8836亿元,同比少增4397亿元;受汇率波动影响,企业和居民持有外币意愿减弱,全年外币存款增长95.3亿美元,同比少增16.8亿美元。

表2 2013—2017年江苏省金融机构、人员基本情况

项 目	2013年	2014年	2015年	2016年	2017年
机构数(家)	12 330	12 686	13 024	13 227	13 318
♯国有商业银行	4 849	4 839	4 822	4 774	4 726
政策性银行	93	93	93	93	93

项　　目	2013 年	2014 年	2015 年	2016 年	2017 年
股份制商业银行	915	1 074	1 183	1 325	1 369
农村商业银行	2 932	3 034	3 132	3 287	3 330
农村信用社	146	135	109	1	1
财务公司	11	12	13	14	16
信托投资公司	4	4	4	4	4
租赁公司	1	1	3	5	5
职工人数(人)	**215 558**	**226 183**	**236 576**	**241 768**	**243 125**
♯国有商业银行	100 229	102 718	103 548	102 764	100 510
政策性银行	2 341	2 333	2 331	2 393	2 446
股份制商业银行	34 570	37 513	39 932	41 533	42 177
农村商业银行	41 065	43 469	46 054	48 774	49 727
农村信用社	2 293	2 090	1 682	542	604
财务公司	292	325	360	381	437
信托投资公司	336	400	428	461	538
租赁公司	121	118	228	388	470

数据来源:历年《江苏统计年鉴》

2. 各项存款增长趋缓,高成本负债同比多增

在去杠杆、存款脱媒、派生存款减少等因素的共同影响下,全省存款增长继续放缓。2017 年末,全省金融机构人民币存款余额为 13 万亿元,同比增长 7.3%,增速同比下降 5 个百分点。其中,住户存款新增 2 184 亿元,同比少增 1 154 亿元;企业存款新增 1 954 亿元,同比少增 4 391 亿元。从存款品类看,在存款总量同比少增的情况下,高成本负债反而同比多增。2017 年,全省协议存

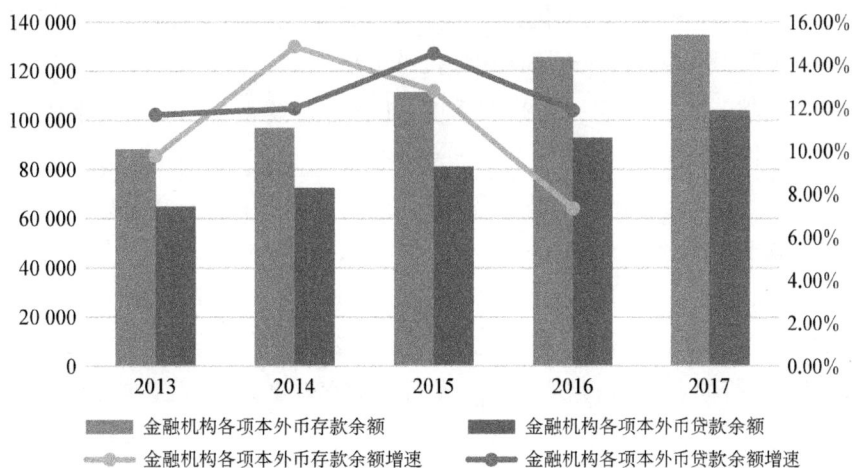

图 2　2013—2017 年江苏省金融机构本外币存贷款余额

数据来源:历年《江苏统计年鉴》

款、协定存款、结构性存款共计新增3 861亿元，同比多增928亿元；非银行业金融机构存款新增366亿元，同比多增1 068亿元。从存款币种看，人民币存款和外币存款均同比少增，全年新增人民币存款8 836亿元，同比少增4 397亿元；受汇率波动影响，企业和居民持有外币意愿减弱，全年外币存款增长95.3亿美元，同比少增16.8亿美元。

贷款保持适度增长，信贷资源进一步流向实体经济。2017年末，全省本外币各项贷款余额10.4万亿元，同比增长11.9%，增速同比回落2.9个百分点。全年新增本外币贷款1.1万亿元，同比少增1 010亿元。2016—2017年江苏省金融机构人民币贷增长变从贷款币种看，人民币贷款增速同比回落，全年新增人民币贷款1.1万亿元，同比少增1 233亿元。受2017年进出口贸易回暖，贸易融资需求增加影响，全省外汇贷款同比回升，至2017年末，全省外币贷款余额289.9亿美元，同比增长8.7%，增速较上年大幅提高33.5个百分点。

从期限结构看，短期贷款与票据融资此消彼长，中长期贷款高位增长。2017年，全省本外币短期贷款增加2 341亿元，同比多增3 709亿元。票据融资比年初减少1 712亿元，同比多减2 432亿元。中长期贷款保持高位增长，年末全省本外币中长期贷款余额增速为18.4%，较年初增加1万亿元，同比少增1 945亿元。

从贷款投向看，制造业贷款呈恢复性增长，涉农及小微企业贷款同比多增。2017年末，全省制造业本外币贷款余额1.6万亿元，同比增长3.9%，增速同比提升7.5个百分点；比年初新增594亿元，同比多增1 167亿元。其中，《中国制造2025江苏行动纲要》确定的15个重点领域贷款同比增长18.1%；全省钢铁、煤炭、水泥、平板玻璃、船舶等产能过剩行业贷款同比净下降8.7%。2017年末，全省金融机构本外币小微企业贷款（不含票据融资）余额为2.5万亿元，同比增长15.4%，增速比上年末提高1.4个百分点；本外币涉农贷款余额为3.1万亿元，同比增长9.9%，增速比上年末提高1.7个百分点。

表外融资同比多增，各类表外业务增势不一。2017年末，全省表外融资（委托贷款、信托贷款和银行承兑汇票净额）同比多增1 102亿元。分具体业务看，委托贷款同比大幅下滑，信托贷款保持较快增长。2017年末，全省金融机构委托贷款新增375亿元，同比少增1 835亿元；全省金融机构信托贷款新增620亿元，同比多增611亿元。未贴现银行承兑汇票明显减少，2017年，全省金融机构未贴现银行承兑汇票减少98.7亿元，同比多增2 326亿元。

贷款利率有所上涨。2017年第一至第四季度，江苏省定期存款加权平均利率分别为2.07%、2.001 1%、2.002 4%和2.011 9%，同比分别上涨9个、3.9个、5.8个和4.44个基点。受市场利率上涨向信贷市场传导影响，全年贷款利率呈现上行态势。2017年第一至第四季度，江苏省新发放人民币贷款加权平均利率分别为5.342%、5.480 8%、5.650 4%和5.605 1%，同比变动幅度分别为−21.82个、−8.31个、12.90个和21.72个基点。利率市场化改革深入推进。省、市、县三级利率定价自律机制相继建立并有序运转，市场化产品发行量不断扩大，全省90家地方法人机构通过合格审慎评估，累计发行同业存单11 362亿元，发行大额存单1 033亿元。

表 3　2017 年江苏省金融机构人民币贷款利率区间(单位:%)

	月份	1 月	2 月	3 月	4 月	5 月	6 月
	合计	100.0	100.0	100.0	100.0	100.0	100.0
	下浮	11.9	15.6	12.5	10.5	11.0	7.7
	基准	27.1	25.7	23.7	23.0	24.5	24.5
上浮	小计	60.9	58.7	63.8	66.5	64.6	67.8
	(1.0,1.1]	25.0	21.9	19.1	21.5	18.5	16.6
	(1.1,1.3]	18.7	18.4	18.7	20.7	20.7	25.3
	(1.3,1.5]	7.6	8.4	11.8	10.8	11.6	12.5
	(1.5,2.0]	6.7	6.7	10.0	9.4	9.7	9.6
	2.0 以上	3.0	3.4	4.2	4.1	4.0	3.3
	月份	7 月	8 月	9 月	10 月	11 月	12 月
	合计	100.0	100.0	100.0	100.0	100.0	100.0
	下浮	7.2	7.0	5.7	6.9	6.3	4.6
	基准	19.9	20.3	20.9	17.8	20.0	23.4
上浮	小计	73.0	72.7	73.4	75.4	73.7	72.0
	(1.0,1.1]	16.8	16.7	18.0	17.7	19.4	19.9
	(1.1,1.3]	26.2	24.7	25.6	26.8	25.2	26.5
	(1.3,1.5]	14.8	15.1	14.2	15.3	14.0	13.1
	(1.5,2.0]	10.5	11.4	11.1	10.7	10.6	8.8
	2.0 以上	4.7	4.7	4.5	5.0	4.5	3.7

3. 证券业实力持续增强,多层次资本市场建设稳步推进

2017 年末,江苏省共有法人证券公司 6 家,总资产 4 279.5 亿元,证券营业部 887 家,同比增长 17.86%。行业利润实现较快增长,2017 年,江苏省证券行业实现营业总收入 227.7 亿元,同比增长 17.2%;实现利润总额 134.6 亿元,同比增长 34.9%。

资本市场总体规模继续位居全国前列。截至 2017 年末,江苏省境内上市公司总数为 382 较上年新增 65 家,上市公司总数位居全国第三。拟上市公司 238 家,后备上市企业资源充足。IPO 融资在全国位居前列。2017 年,全省上市公司首发融资 304 亿元,同比增长 20.6%;配股、增发融资 1 850 亿元,同比增长 27.3%。

表 4　2013—2017 年江苏省证券业基本情况

项　目	2013 年	2014 年	2015 年	2016 年	2017 年
上市公司数(家)	235	254	276	317	382
＃A 股	230	252	275	316	381
＃B 股	5	5	4	4	4

续表

项　　目	2013 年	2014 年	2015 年	2016 年	2017 年
辅导企业数(家)	206	175	193	197	238
证券公司数(家)	6	6	6	6	6
证券营业部数(家)	540	624	683	805	887
期货经纪公司(家)	10	10	10	10	9
期货经纪公司营业部(个)	119	125	135	140	159
证券投资咨询机构数(家)	2	3	3	3	3
证券从业人员数(人)	9 333	9 391	10 908	11 201	12 089
期货从业人员数(人)	2 636	2 468	2 279	1 155	1 168
证券投资者开户数(万户)	767	811	1 075	1 325	1 537
期货投资者开户数(户)	210 026	223 885	242 964	178 432	197 688
上市公司募集资金总额(亿元)	283.69	701.45	1 213.98	2 254.62	2 115.76
发行	0	93	108	250	302
配股	0.00	4.70	9.93	0.00	0.00
增发	79.84	550.43	1 061.31	1 452.69	1 200.41
公司债	203.90	53.32	35.05	551.50	613.14
上市公司总资产(亿元)	10 848.16	22 963.26	30 964.62	57 063.33	67 281.71
上市公司净资产(亿元)	5 373.23	7 008.93	8 768.52	12 855.78	16 006.77
上市公司总股本(亿股)	1 379.89	1 596.57	2 153.45	2 838.48	3 258.14
市价总值(亿元)	12 787.24	19 630.99	36 720.48	37 171.14	40 675.96
上市公司净利润(亿元)	424.42	587.80	738.74	1 097.29	1 456.44
上市公司每股收益(元)	0.36	0.35	0.33	0.37	0.47
证券经营机构证券交易量(亿元)	62 452.24	98 654.91	351 317.58	196 825.91	172 892.25
期货经营机构代理交易量(亿元)	212 668.01	196 768.34	305 574.82	148 889.90	126 659.74

数据来源:历年《江苏统计年鉴》

　　多层次资本市场建设稳步推进。截至 2017 年末,江苏省新三板挂牌公司 1 390 家,总量位居全国前列,江苏企业境内上市公司总股本 3 258.1 亿股,比上年增长 14.8%,市价总值 40 676 亿元,比上年增长 9.4%。截至 2017 年底,江苏区域股权交易中心已有 2 220 家挂牌企业,累计通过各种方式为企业融资 360.9 亿元。

　　截至 2017 年末,江苏省共有省级以上保险公司 5 家,资产总额 6 527.8 亿元,同比增长 10.8%。全年实现保费收入 3 449.5 亿元,同比增长 28.2%,各类赔款给付 983.6 亿元,同比增长 7.5%。分险种看,财产险保费收入 856.2 亿元,同比增长 11.7%,人身险保费收入 2 593.3 亿元,同比增长 34.8%。

表 5　2013—2017 年江苏省保险业基本情况

指　　标	2013 年	2014 年	2015 年	2016 年	2017 年
保费收入（亿元）	1 446.08	1 683.76	1 989.91	2 690.25	3 449.51
财产险	518.61	606.29	672.19	733.43	814.00
♯企业财产保险	39.77	41.48	41.85	41.10	41.85
家庭财产保险	2.65	2.53	4.33	4.99	4.83
机动车辆保险	393.49	465.69	531.15	587.92	639.44
人身意外伤害险	41.88	48.47	54.22	61.32	69.65
健康险	76.41	112.27	179.58	388.53	354.60
寿险	809.17	916.72	1 083.92	1 506.96	2 211.26
各项赔款和给付（亿元）	527.02	616.78	732.59	915.13	983.62
财产险	303.23	336.30	403.04	437.66	455.61
♯企业财产保险	25.05	18.46	35.33	22.84	23.69
家庭财产保险	0.53	0.57	1.92	2.39	1.76
机动车辆保险	246.34	277.02	315.95	356.70	375.88
人身意外伤害险	11.18	13.45	15.26	17.64	21.25
健康险	24.00	35.16	46.09	55.89	73.54
寿险	188.62	231.87	268.21	403.95	433.21
保险公司数（家）	90	93	95	99	102
♯财产保险公司	39	39	40	41	41
人寿保险公司	51	54	55	58	61
♯中资保险公司	63	62	64	67	67
外资保险公司	27	31	31	32	35
保险公司分支机构（家）	5 743	5 900	5 894	6 253	6 073
从业人员数（万人）	23.49	27.34	39.64	53.83	62.28

数据来源：历年《江苏统计年鉴》。

4. 保险资金投资力度进一步加大，资金运用配置更趋优化

2017 年，全省保险资金投资保持较快速度增长，并以多种形式参与江苏产业科技创新中心和先进制造业基地、苏南国家自主创新示范区和南京江北新区等重大平台、战略性新兴产业建设。服务"三农"取得新成效。2017 年，江苏保监局制定大病保险业务监管实施细则、建立农村建档立卡低收入人口重疾兜底保障机制。全省统颁的政策性农业保险险种达 55 种，保险产品不断丰富。涉农贷款保证保险收入突破 1 亿元，为破解农业企业融资难融资贵问题提供了新动力。

表 6　2017 年江苏省保险业基本情况

项目	数量
总部设在辖内的保险公司数（家）	5
其中：财产险经营主体（家）	2
人身险经营主体（家）	3

续表

项目	数量
保险公司分支机构（家）502	502
其中:财产险公司分支机构（家）	302
人身险公司分支机构（家）	201
保费收入（中外资,亿元）	3 450
其中:财产险保费收入（中外资,亿元）	856
人身险保费收入（中外资,亿元）	2 593
各类赔款给付（中外资,亿元）	984
保险密度（元/人）	4 312
保险深度（%）	4

数据来源:江苏保监局。

5. 互联网金融发展逐步规范,总体规模居全国前列

截至 2017 年末,江苏省互联网金融业态种类齐全,各个业态的发展情况均处于全国前列。一是网络借贷行业发展趋于稳健。目前,江苏省正常运营的网络借贷平台数量共计 62 家,位居全国第六位,而网络借贷平台数量前五的省份广东、北京、上海、浙江、山东分别有 410 家、376 家、261家、233 家、75 家平台。此外,江苏省 2017 年全年网络借贷成交量为 563.83 亿元,占全国总成交量的 2.01%,2017 年 12 月底待收余额为 374.57 亿元,位居全国第五位。二是网络小贷公司数量居前。据盈灿咨询和网贷之家不完全统计,截至 2017 年底,江苏省金融办已批准成立 26 家互联网科技小额贷款公司,成为全国少数几个网络小贷公司数量超过 20 家的省份之一。三是众筹行业发展较为平稳。据盈灿咨询不完全统计,截至 2017 年底,江苏省正常运营众筹平台数量 9 家,占全国数量的 4.31%,排在全国第六位。其中奖励众筹平台最多,有 6 家;其次为非公开股权融资平台,有 2家;另外还有 1 家混合类众筹平台。四是第三方支付机构数量没有明显变化。全国 243 家持有第三方支付牌照的机构中,江苏省共有 16 家,占比为 6.58%。

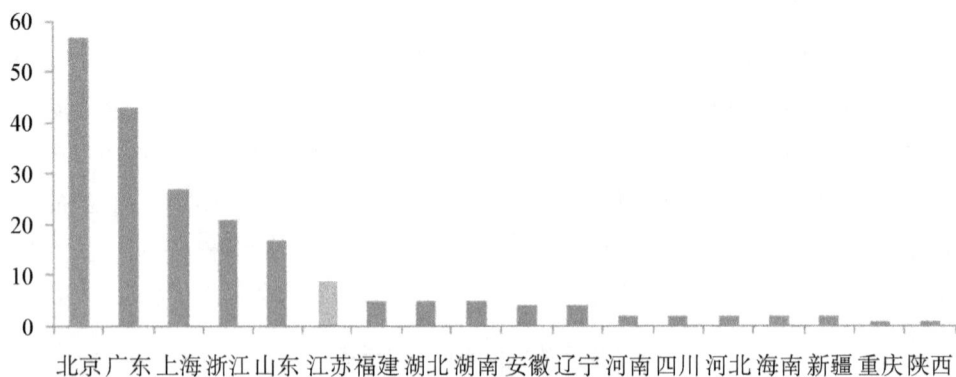

图 3　全国正常运行的互联网金融平台

二、建筑及房地产业

2017 年全年实现建筑业总产值 27 955.9 亿元,比上年增长 8.4%;竣工产值 21 542.9 亿元,增长 1.3%;竣工率达 77.1%。全省建筑业企业实现利税总额 1 870.2 亿元,增长 3.0%。建筑业劳动生产率为 31.2 万元/人,增长 2.4%。建筑业企业房屋建筑施工面积 232 034.2 万平方米,增长 4.8%;竣工面积 75 454.3 万平方米,增长 0.6%,其中住宅竣工面积 54 752 万平方米,增长 0.4%。

2017 年,全国建筑业总产值 213 954 亿元,同比增长 10.5%。江苏占比 13.07%(以省统计局统计产值同口径测算),产值规模继续保持全国第一。全国排名前 5 位的省份是江苏 27 955.9 亿元、浙江 27 235.8 亿元、湖北 13 391.2 亿元、山东 11 477.8 亿元、四川 11 400.3 亿元。

2017 年,江苏省房地产市场持续升温。自从 2015 年第四季度房地产政策调整后,房地产市场明显回暖,在 2017 年实现增加值 5 015.69 亿元,增速达到 16.84%,是近五年来的新高。2013—2017 年江苏省房地产业增加值情况见图 4。

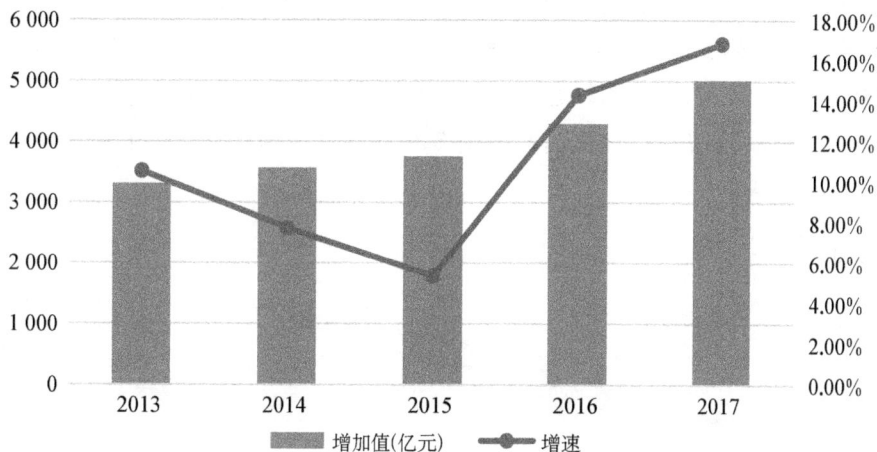

图 4 2013—2017 年江苏省房地产业增加值

数据来源:历年《江苏统计年鉴》

2017 年,全省商品房销售面积为 14 211.1 万平方米,同比增长 1.8%;其中住宅销售面积为 12 486.7 万平方米,同比下降 1.3%。2017 年,全省 13 个设区市中,商品房销量排名前三的城市由 2016 年的苏州、南京、无锡调整为苏州、南通、南京。2017 年,江苏省商品房成交均价为 9 195 元/平方米,同比增长 4.4%;其中住宅成交均价为 9 070 元/平方米,同比增长 3.9%。从城市看,2017 年,南京、无锡、苏州 3 个热点城市依旧是全省房价水平最高的城市,但是南京市商品房成交均价同比下降,而其他 12 个设区市不同程度上涨。

截至 2017 年末,江苏省商品房待售面积为 5 590.5 万平方米,较上年末净减少 928.6 万平方米;其中,住宅待售面积为 3 021.2 万平方米,较上年末净减少 753.6 万平方米;以商业、办公为主的非住宅商品房待售面积为 2 569.3 万平方米,较上年末净减少 175 万平方米。

到 2017 年底,全省 13 个设区市中,商品房待售面积排名前三的城市分别是无锡、南通、苏州,待售面积均超过 800 万平方米,占全省总量的 49.4%,远超其他城市;商品房待售面积去化量排名前三的城市分别是徐州、无锡、南京,待售面积分别减少123.8万平方米、115.8万平方米、114万平方米。

三、旅游业

旅游业是国民经济的战略性产业,资源消耗低,带动系数大,就业机会多,综合效益好。从当前和今后一个时期的国际国内环境来看,随着工业化、信息化、城镇化、市场化、国际化的深入发展,高速交通体系的快速完善,特别是人均国民收入的稳步增加而持续增长的大众化和多样性消费需求,都为江苏旅游业发展提供了新的机遇。同时旅游业对转变发展方式、拉动有效需求、优化产业结构具有积极的促进作用和带动作用,与江苏省实施城乡发展一体化、经济国际化等战略息息相关。

1. 旅游业各项指标均保持快速增长

2017年在新常态下主动探索作为,全省旅游业发展呈现出量质并举、转型升级的良好势头,"畅游江苏"体系建设和品牌打造取得了新成效,旅游业在国民经济和社会发展中的贡献度不断提高。全省旅游业总收入再破万亿,达1.16万亿元,5年来年均增长12.2%。对标"高质量",做强"优质旅游",正在成为业内热点。全省接待境内外游客7.47亿人次,5年年均增长9.6%;旅游业总收入超过1.16万亿元,年均增长12.2%;旅游业增加值5 195亿元,年均增长12.2%,占全省GDP的比重超过6%,对国民经济的贡献逐年提高。图5描述了2013—2017年江苏省旅游业收入变动情况。

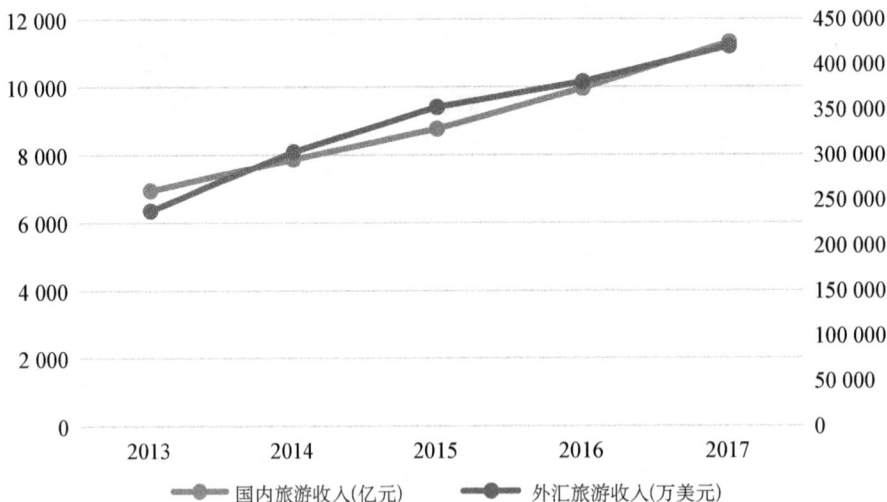

图5 2013—2017年江苏省旅游业收入变动

数据来源:历年《江苏统计年鉴》

2017年,全省接待境内外游客7.47亿人次亿人次,5年年均增长9.6%;实现旅游业增加值5 195亿元,年均增长12.2%。在入境旅游方面,全年接待境外游客370.1万人。其中,有近一半外国游客留宿苏州。国外游客中,日本、韩国、美国游客居前三名。2017年,全省接待国内旅游者7.43亿人次,苏州、南京、无锡成为首选目的地。上海、浙江和安徽成为江苏十大客源省(市)的前三名。全省共有5A级景区23家、国家级旅游度假区6家,数量全国第一;四星级以上饭店248

家,旅行社 2 602 家,持证导游 50 298 人,数量全国领先。2013—2017 年江苏省旅游业基本情况参见表 7。

表 7　2013—2017 年江苏省旅游业基本情况

指　　标	2013 年	2014 年	2015 年	2016 年	2017 年
旅行社数(个)	2 204	2 251	2 336	2 469	2 593
星级饭店数(个)	970	873	791	696	649
入境旅游人数(万人次)	280.8	297.1	305.0	329.8	370.1
外国人	133.4	197.0	200.8	218.0	241.8
香港同胞	12.9	14.42	14.04	15.4	18.2
澳门同胞	5.1	0.62	0.71	0.82	1.07
台湾同胞	81.2	85.02	89.42	95.58	109.05
国内旅游人数(亿人次)	5.1	5.7	6.2	6.8	7.4
旅游外汇收入(亿美元)	23.80	30.32	35.27	38.04	41.95
国内旅游收入(亿元)	6 940.5	7 863.51	8 769.31	9 952.47	11 307.51

数据来源:历年《江苏统计年鉴》

从江苏省各市情况来看,苏州和南京旅游业规模和比重最大。2017 年,苏州、南京接待国内旅游人数分别为 12 046.42 万人次、11 383.32 万人,占全省的 16.21% 和 15.32%;国内旅游收入分别为 2 161.32 亿元、2 020.43 亿元,占全省的 19.12% 和 17.87%。2017 年苏州、南京接待海外旅游人数分别为 1 756 298 人次、745 117 人次,占全省的 47.45% 和 20.13%;旅游外汇收入分别为 230 448 万美元、79 227 万美元,占全省的 54.94% 和 18.89%。表 8 汇总了江苏省各市 2013—2017 年旅游业收入情况。

表 8　2013—2016 年江苏省各市旅游业收入

项目	2013 年	2014 年	2015 年	2016 年	2017 年
旅游外汇收入(万美元)	**237 989**	**303 271**	**352 729**	**380 362**	**419 472**
南京	40 063	55 293	63 999	67 617	79 227
无锡	26 985	32 994	35 783	38 954	42 482
徐州	2 193	2 975	3 861	3 938	4 963
常州	7 590	10 160	12 066	13 147	15 468
苏州	135 687	170 463	200 183	216 708	230 448
南通	11 196	10 792	11 668	12 482	12 581
连云港	1 668	1 876	2 064	2 281	2 716
淮安	888	1 313	1 558	1 705	2 125
盐城	2 533	4 511	5 866	6 419	8 212
扬州	3 711	4 919	5 588	6 280	7 506
镇江	3 130	4 640	5 992	6 479	8 539
泰州	1 990	2 791	3 255	3 631	4 161
宿迁	255	546	846	721	1 044

续表

项目	2013 年	2014 年	2015 年	2016 年	2017 年
国内旅游收入(亿元)	6 940.05	7 863.51	8 769.31	9 952.47	11 307.51
南京	1 317.48	1 470.00	1 612.15	1 803.45	2 020.43
无锡	1 100.40	1 229.85	1 356.25	1 518.91	1 702.64
徐州	360.47	423.46	485.99	565.90	658.92
常州	557.39	639.98	718.35	820.04	936.79
苏州	1 419.09	1 574.81	1 728.79	1 932.50	2 161.32
南通	348.16	400.60	453.04	521.98	601.43
连云港	257.25	297.42	338.70	391.58	454.12
淮安	200.12	231.63	264.02	305.64	353.66
盐城	166.09	195.21	226.27	265.56	311.75
扬州	454.42	525.21	592.00	681.91	785.29
镇江	474.53	543.93	614.12	706.19	812.87
泰州	186.19	213.63	241.54	278.22	321.39
宿迁	98.47	117.79	138.08	160.60	186.90

数据来源:历年《江苏统计年鉴》

2017 年,江苏省更加注重区域旅游合作,推进苏南、苏中、苏北优势互补、协调发展。支持苏南创新发展,积极探索旅游新业态、新产品和运营管理新机制。加大对苏中、苏北地区的规划、资金和政策支持,鼓励旅游业跨越式发展。从区域情况来看,苏南、苏中、苏北地区 2017 年分别实现旅游外汇收入 37.62 亿美元、2.42 亿美元、1.91 亿美元分别占全省的89.68%、5.78% 和4.54%;实现国内旅游收入 7 634.05 亿元、1 708.11 亿元、1 965.35 亿元,分别占全省的 67.51%、15.11% 和17.38%。图 6、图 7 描绘了 2013—2017 年江苏省苏南、苏中、苏北地区旅游外汇收入、国内旅游收入比重的变动情况。

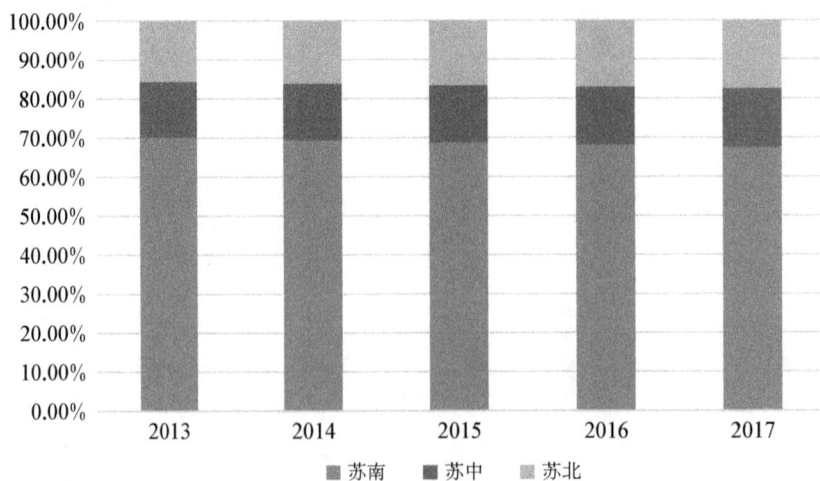

图 6　2013—2017 江苏省各区域国内旅游收入比重

数据来源:历年《江苏统计年鉴》

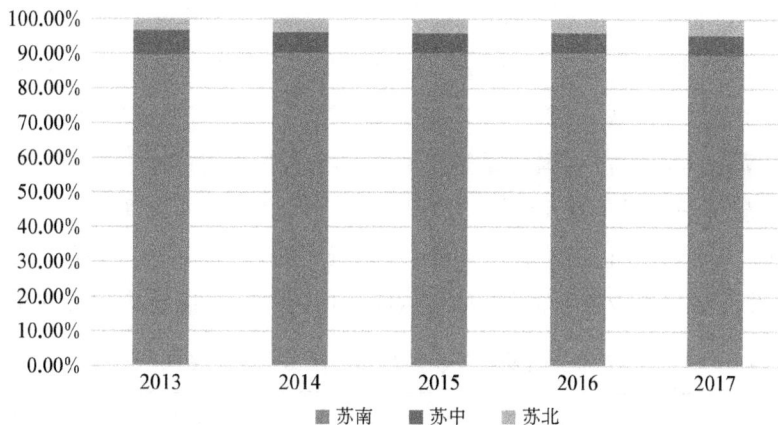

图 7　2013—2017 江苏省各区域旅游外汇收入比重

数据来源:历年《江苏统计年鉴》

推动建立区域旅游合作联盟,支持"苏锡常"、"宁镇扬"和"徐连盐"等市旅游部门联合打造旅游新线路。积极推进长三角区域旅游合作,先后两次承办了长三角旅游合作联席会议,形成了长三角旅游发展合作协议和"苏州共识",拓展了江苏的客源地,促进了与沪浙皖二省一市的交流合作。

目前,景点游览消费只占旅游收入中的小部分,在入境旅游者花费构成中,景点游览占比只有4.01%,低于住宿占比17.13%、餐饮占比8.14%以及餐饮19.68%;在国内旅游者花费构成中,景点游览占比9.6%,低于住宿占比17.4%、餐饮占比20.7%以及购物占比24.0%。

表 9　赴江苏旅游者消费构成(2016 年)

入境旅游者		国内旅游者	
市内交通	2.42%	市内交通	1.9%
长途交通	28.08%	长途交通	13.5%
邮电通讯	2.90%	邮电通讯	1.0%
住宿	17.13%	住宿	17.4%
餐饮	8.14%	餐饮	20.7%
购物	19.68%	购物	24.0%
娱乐	6.67%	娱乐	6.4%
景点游览	4.01%	景点游览	9.6%
其他	19.97%	其他	5.5%

四、信息传输、软件和信息技术服务业

信息传输、软件和信息技术服务业是关系到国民经济和社会发展全局的基础性、战略性、先导性产业,具有技术更新快、产品附加值高、应用领域广、渗透能力强、资源消耗低、人力资源利用充分等突出特点,对经济社会发展具有重要的支撑和引领作用。按国民经济行业分类(GB/T 4754—2011),信息传输、软件和信息技术服务业属于 I 门类,涵盖 63(电信、广播电视和卫星传输服务)、64(互联网和相关服务)和 65(软件和信息技术服务业)等 3 个行业大类。

1. 产业规模持续扩大,继续领跑全国

2017年江苏省软件与信息服务业主营业务收入累计达 8 378 亿元,与 2016 年相比,增速达
14.5%,是 2010 年的 3.5 倍,是 2013 年的 1.5 倍,业务总量不断实现新的突破。2017 年江苏省软
件与信息服务业主营业务收入占全国比重达 17.09%,自 2010 年以来,江苏软件与信息服务业主
营业务收入占全国规模一直保持在 16% 以上,经济效应良好。产业处于稳定发展状态,企业与就
业人数也持续增加。江苏省软件与信息服务业的发展已经步入良性循环,逐步渗透到社会生活和
生产各个领域中,并发挥出产业关联的经济效应,成为促进江苏国民经济发展的重要产业之一。

表 10　2010—2017 年全国及江苏软件与信息服务业主营业务收入与增速情况

全　国	2010 年	2011 年	2012 年	2013 年	2014 年	2015 年	2016 年	2017 年
主营业务外收入(亿元)	13 588	18 848	24 793	30 587	37 026	42 847	48 232	54 289
增速(%)	46.09	38.71	31.53	23.36	21.05	15.72	12.56	14.5
江苏	2010	2011	2012	2013	2014	2015	2016	2017
主营业务外收入(亿元)	2 291	3 106.3	4 305.6	5 177.3	6 439	7 062	8 165.6	9 441
增速(%)		35.58	38.60	20.24	24.36	9.67	15.62	12.6
江苏占全国比重(%)	16.86	16.48	17.37	16.93	17.39	16.48	16.93	17.09

数据来源:中国工业与信息化部、江苏经信委

图 8 和图 9 分别是 2010—2017 年全国和江苏省软件和信息服务业主营业务收入、增速和占比
的情况。2012—2017 年全国软件和信息服务业主营业务收入一直呈现稳步上升趋势,由 2010 年的
13 588 亿元上升至 2017 年的 54 289 亿元。但由于主营业务收入的不断扩大,全国软件和信息服务
业主营业务收入增速水平在 2010—2017 年期间处于下降趋势,由 2010 年 46% 的增速下降为 2017
年 14.5% 的增速。从图 2 可以看到,2010—2017 年江苏软件和信息服务业主营业务收入也一直
呈现上升趋势,与全国保持一致。增速水平整体上看呈现下降趋势,但期间有所反弹,2013—2014
年和 2015—2016 年都有轻微回升。江苏软件和信息服务业主营业务收入占全国规模在
2010—2017 年间整体波动较小,处于基本稳定的状态,最高时占全国比重达 17.39%,最低时也保
持在 16.48%。这反映出江苏省软件与信息服务业的发展已经步入良性循环,对社会生活和生产的
各个领域的渗透和关联带动作用十分稳定。

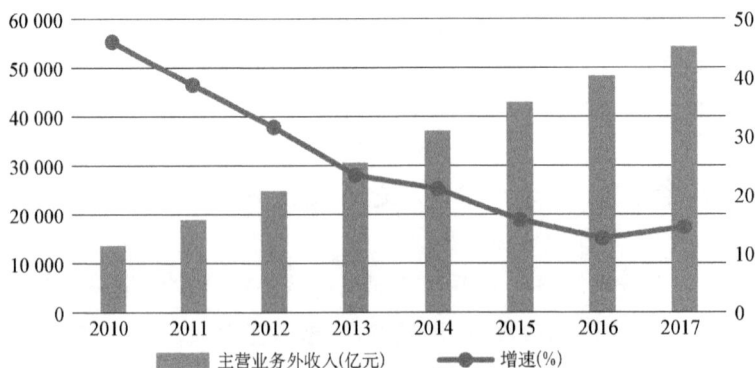

图 8　2010—2017 年全国信息与软件服务业发展情况

数据来源:中国工业与信息化部

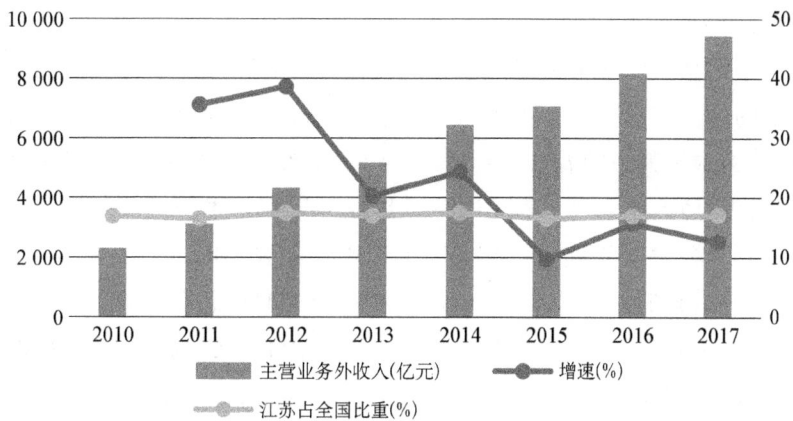

图 9　2010—2017 年江苏省信息与软件服务业发展情况

数据来源：江苏省经济和信息化委员会

　　江苏软件与信息产业规模已经连续多年在全国位于前列，总体业务收入甚至多次位居全国第一，持续保持稳定发展的良好态势。从全国数据分地区来看，东部地区稳步发展，中西部地区软件业加快增长。2017 年，东部地区完成软件业务收入 4.4 万亿元，同比增长 13.8%，占全国软件业的比重为 79.2%，比上年下降 0.1 个百分点；中部和西部地区完成软件业务收入分别为 2 497 亿元和 6 187 亿元，分别增长 15.9% 和 17.3%，占全国软件业的比重为 4.5% 和 11.2%，比上年分别提高 0.1 个和 0.3 个百分点；东北地区完成软件业务收入 2 778 亿元，增长 7.1%，占全国软件业的比重为 5.1%，同比下降 0.3 个百分点。中心城市保持集聚发展态势，质量效益领先全国。全国 15 个副省级中心城市实现软件业务收入 3 万亿元，比上年增长 14.3%，增速高出全国平均水平 0.4 个百分点，占全国软件业的比重为 55.2%，比上年回落 0.3 个百分点；实现利润总额 4 469 亿元，增长 19.1%，高出全国平均水平 3.3 个百分点，占全国比重的 63.7%。全国软件业务收入达到千亿元的中心城市和直辖市共 15 个，合计实现软件业务收入 4.3 万亿，占全国的比重达到 78%。主要软件大省保持平稳发展，部分省市增速突出。江苏、广东、北京、上海依旧稳居我国软件与信息服务行业的第一阵营，2017 年完成软件业务收入分别增长 12.6%、14.2%、12.2%、和 11.0%。从增速上看，江苏和北京有较大幅度增长，上海和广东增速则开始放缓。从业务收入看，江苏仅次于广东，累计完成业务收入 9 441 亿元。

表 11　2016—2017 年江苏软件与信息服务业与广东、北京、上海的比较

地区	2016 年		2017 年	
	业务收入（亿元）	增速（%）	业务收入（亿元）	增速（%）
全国	48 232	12.56	54 289	14.5
广东	8 223	15.74	9 517	14.2
北京	6 416	18.31	7 590	12.2
上海	3 816	12.87	4 307	11.0
江苏	8 166	15.62	9 441	12.6

数据来源：中国工业与信息化部

2. 产业结构有所优化,集聚形态日渐成熟

软件产业一直是信息产业的重要组成部分,其以高附加值、高科技水平的特点,渗透到国民经济和社会生产生活的各个方面。它与传统的产业结合并进一步促进传统产业的提升,引导产品更新换代,推动产业结构的调整。随着云计算、移动互联网、物联网等新技术、新概念、新模式不断涌现,新兴软件快速发展,新的产业增长点不断孕育形成。软件技术服务增长势头也相当突出,特别是与网络相关的信息服务发展迅速。2016年,江苏省软件服务收入比重已占到软件业务收入的44.9%,软件产业服务化趋势日益突出,特别是与网络相关的信息服务发展迅速。其中,信息技术咨询服务收入3745亿元,信息系统集成服务收入2569亿元。软件服务业对两化融合推动作用继续加大,与工业相关的软件业务收入占比达到36.5%。其中,嵌入式系统软件完成收入2569亿元。

表12 2016年全国及江苏软件与信息服务分类业务相关指标情况

指标名称	单位	全国		江苏	
		2016年	增速(%)	2016年	增速(%)
软件业务收入	亿元	48 232	12.56	8 166	15.62
其中:软件产品收入	亿元	15 027	6.97	1 851	13.35
信息技术服务收入	亿元	26 090	17.93	3 745	31.91
嵌入式系统软件收入	亿元	7 113	0.51	2 569	−0.81

数据来源:中国工业与信息化部、江苏省经济与信息委员会,经作者整理计算

以南京市为例,目前,南京市已形成了以中国(南京)软件谷、南京软件园、江苏软件园"一谷两园"等国家级园区为重点,徐庄软件园、江东软件城、新城科技园、白下高新园等省级软件园、互联网产业园为支撑的软件产业集聚发展的格局,其中"一谷两园"软件产业规模占全市70%以上。全市拥有中国软件业务收入百强企业8家、中国互联网百强企业5家、国家规划布局内重点软件企业12家、涉软上市(挂牌)企业77家、涉软企业超过3 700家。微软、IBM、甲骨文、HP、SAP等30家世界500强软件企业和36家中国软件百强企业在南京设立创新中心和研发中心。累计经登记软件产品11 737个,其中"中国优秀软件产品"93个。涉软从业人员总数近65万人,拥有国家、省、市软件产业人才培训基地37家,年培训规模超过8万人次。2017年,南京软件和信息服务业产业规模稳步扩大,完成软件业务收入3 926亿元,同比增幅12.7%,占全省的44%,规模继续在国内城市中名列前茅。2017年,阿里巴巴江苏总部项目、小米科技华东总部项目、科大讯飞区域中心项目落户南京。全市已有微软、IBM、HP、甲骨文、SAP等30家世界500强软件企业和中兴、华为、东软、中软等37家中国软件百强企业落户,软件产业的国际化水平不断提升。

表13 2016年中心城市软件业统计数据:以南京、深圳、广州为例

指标名称	单位	南京	深圳	广州
企业个数	个	1 558	2 200	1 535
软件业务收入	亿元	3 125	4 482	2 214
其中:软件产品收入	亿元	1 034	777.8	653.5
信息技术服务收入	亿元	1 669	1 859	1 507.9
嵌入式系统软件收入	亿元	4 218.8	1 845.6	5 219.8

数据来源:中国工业与信息化部、江苏省经济与信息委员会,经作者整理计算

表 14　2016—2017 年南京市软件与信息服务行业相关业务指标

指标名称	单位	2016 年	同比增幅(%)	2017 年 1—11 月	同比增幅
企业个数	个	1 558	−0.88	1 590	0.02
软件业务收入	亿元	3 125	12.9	3 515	12.5
其中:软件产品收入	亿元	1 034	10.2	1 153	10.4
信息技术服务收入	亿元	1 669	16.2	1 870	15.2
嵌入式系统软件收入	亿元	421.8	7.3	491.8	7.7

数据来源:中国工业与信息化部、江苏省经济与信息委员会,经作者整理计算

再从 2017 年 1—11 月份的最新数据上来看,我国软件和信息技术服务业完成软件业务收入 49 020 亿元,同比增长 14.5%,增速同比回落 0.3 个百分点,比 1—10 月提高 0.6 个百分点。其中,11 月份增长 19.6%,增速比 10 月提高 7 个百分点。从产业结构上看,1—11 月,软件产品实现收入 14 983 亿元,同比增长 12.6%,增速同比回落 0.1 个百分点,比 1—10 月提高 0.4 个百分点。信息技术服务保持较快发展态势,在线运营及平台类信息技术服务持续快速增长。信息技术服务实现收入 26 406 亿元,同比增长 16.9%,增速同比提高 1.2 个百分点,比 1—10 月提高 0.7 个百分点。嵌入式系统软件实现收入 7 631 亿元,同比增长 10.1%,增速同比回落 6.1 个百分点,低于全行业增速 4.4 个百分点。软件产品与信息技术服务都处于快速增长之中,而嵌入式系统软件增速明显回落,表明产业结构处于持续调整之中。比较 2017 年 1—11 月的全国数据,江苏省软件与信息服务业增幅水平基本与全国保持一致,其中嵌入式系统软件收入占软件总收入较全国水平比重较大。

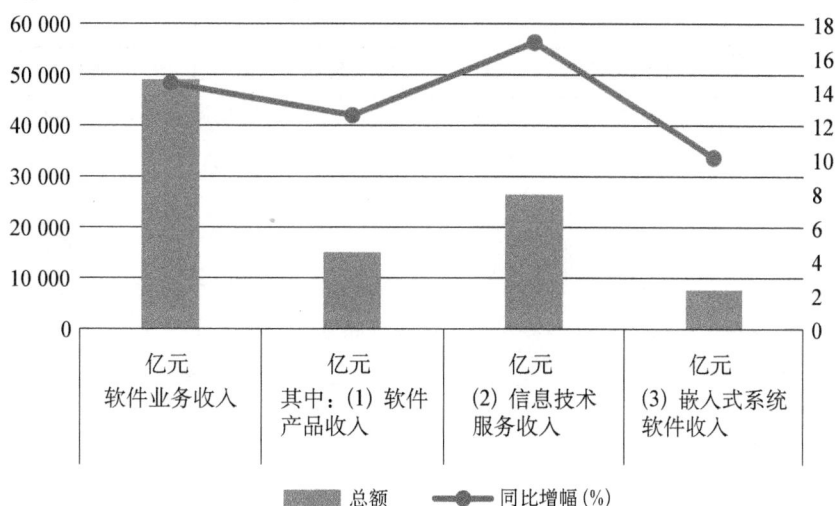

图 10　2017 年全国信息与软件业发展情况

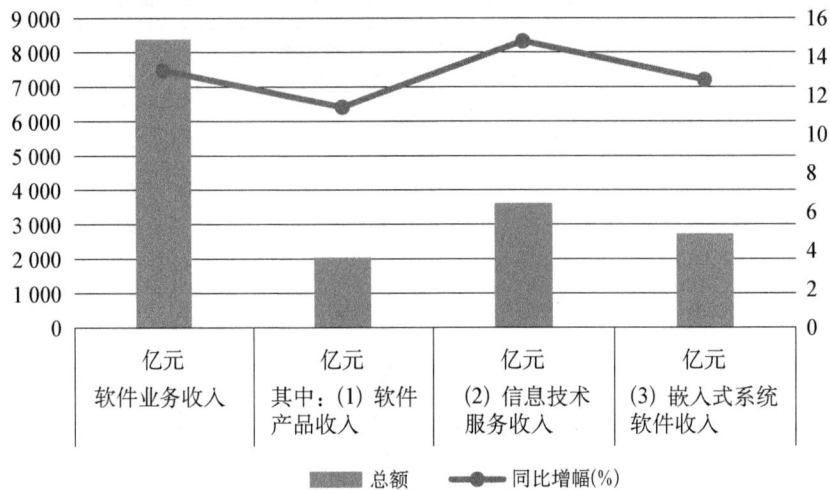

图11　2017年江苏信息与软件业发展情况

数据来源:中国工业与信息化部

　　表15是2017年1—11月全国各省份、直辖区和自治区软件和信息服务业的产业结构情况,从表中可以看到江苏软件业务收入占全国比重高达17.09%,仅次于广东17.45%,位列全国第二位。从业务收入类别层面看,江苏省软件产品收入占全国17.61%,位居全国第一;信息技术服务收入占全国13.68,仅次于广东和北京,位列全国第三。

表15　2017年全国各省市软件与信息服务业的业务结构比重情况

单位名称	企业个数	软件业务收入(亿元)		(1) 软件产品收入		(2) 信息技术服务收入	
		本期累计	占比	本期累计	占比	本期累计	占比
北京	2 880	6 275	12.80	2 229	14.88	3 934	14.90
天津	518	1 137	2.32	303	2.02	639	2.42
河北	300	187	0.38	24.7	0.16	155	0.59
山西	81	18.7	0.04	7.8	0.05	9	0.03
内蒙古	60	27	0.06	9.5	0.06	17	0.06
辽宁	1 900	1 795	3.66	886.7	5.92	858	3.25
吉林	915	476	0.97	102	0.68	266	1.01
黑龙江	516	159	0.32	59	0.39	85	0.32
上海	1 891	3 532	7.21	1 193	7.96	2 229	8.44
江苏	4 844	8 378	17.09	2 639	17.61	3 613	13.68
浙江	1 775	3 863	7.88	1 028	6.86	2 345	8.88
安徽	521	257	0.52	108	0.72	114	0.43
福建	2 711	2 466	5.03	905	6.04	1 295	4.90
江西	121	69	0.14	31	0.21	36	0.14
山东	4 233	4 420	9.02	1 581	10.55	2 086	7.90
河南	287	77	0.16	28	0.19	45	0.17

续表

单位名称	企业个数	软件业务收入（亿元）		（1）软件产品收入		（2）信息技术服务收入	
		本期累计	占比	本期累计	占比	本期累计	占比
湖北	2 575	1 361	2.78	697	4.65	593	2.25
湖南	623	427	0.87	209	1.39	174	0.66
广东	3 863	8 554	17.45	1 775	11.85	4 547	17.22
广西	220	77	0.16	10	0.07	66	0.25
海南	161	78	0.16	25	0.17	52	0.20
重庆	1 504	1 107	2.26	245	1.64	625	2.37
四川	1 415	2 466	5.03	926	6.18	1 511	5.72
贵州	256	126	0.26	72	0.48	53	0.20
云南	197	56	0.11	12	0.08	43	0.16
陕西	661	1 527	3.12	441	2.94	941	3.56
甘肃	123	34	0.07	11	0.07	22	0.08
青海	22	0.9	0.00	0.24	0.00	0.49	0.00
宁夏	65	13	0.03	4	0.03	7	0.03
新疆	130	43	0.09	8	0.05	33	0.12

数据来源：中国工业与信息化部

3. 创新能力稳步提升，产业成果卓越

两化融合发展水平进入新时期，根据工信部发布了《中国两化融合发展数据地图（2017）》，我国两化融合发展平均水平 51.8 分。2017 年中国两化融合发展数据地图覆盖全国 31 个省份、近300 个主要城市。2017 中国重点城市两化融合发展水平前五名分别是广州（65.1 分）、苏州（64.0分）、深圳（63.9 分）、青岛（61.2 分）、南京（60.2 分），江苏占 2 个城市。江苏省两化融合发展水平为 57.7 分，明显高于全国平均水平，位居全国首位。江苏将两化深度融合作为构建现代产业体系的战略举措，加快构建新载体、应用新技术、探索新模式，区域两化融合发展水平总指数已连续两年位居全国第一。

企业集成互联能力大幅提升，智能制造基础逐步夯实。重点装备自主创新能力日渐增强，以新型传感器、智能控制系统、工业机器人、自动化成套生产线为代表的智能制造产业集群化格局逐渐显现，全省高端装备制造产业销售收入已超万亿元。信息技术全面渗透到江苏省工业企业的研发设计、生产制造、经营管理、市场营销、财务管理、重大决策等各个环节，40% 以上的企业实现了关键业务环节的信息化全覆盖，研发、生产、服务等产业链各环节两化融合均衡发展，均处于全国领先水平，带动产业链整体水平大幅提升。江苏省工业企业实现管控集成、产供销集成、产业链协同的比例分别为 36.1%、30.1%、11.2%，均高于全国平均水平，对提升产品质量、提高生产效率、加速创新等方面的促进作用显著，极大地提高了企业的综合竞争力和效益，超百亿工业企业普遍应用信息化向价值链高端攀升。

企业互联网化转型具有成效。全省电子商务交易额超过 1.8 万亿元，B2B 电子商务交易额超过 1.3 万亿元，继续保持全国前列。应用电子商务的企业比例为 61.4%，工业企业网上采购率和网上销售率分别为 21.0% 和 22.9%，处于全国领先水平。重点行业电子商务平台初具规模，涌现出苏宁易购、中国制造网等一批电子商务龙头企业。工程机械、设备制造等行业服务型制造转型加速,远程诊断、产品全生命周期服务、融资租赁等业务日益成为企业利润的重要来源。纺织、轻工等行业龙头企业逐步形成大规模个性化定制、网络化协同制造、开放创新空间等新型生产方式。全省工业云、工业大数据、互联网金融服务等新业态新模式层出不穷。

根据工信部公布的2017年1—11月中心副省级城市软件与信息服务业主要经济指标完成情况表,南京软件业收入位居第二,仅次于深圳。其中软件产品收入位居第一,信息服务服务收入位居第三。这反映出南京不愧为"中国软件名城",具有软件与信息服务业发展水平。中国(南京)软件谷是南京重点打造的软件与信息服务特色产业园,同时也是全国首批、江苏唯一的国家新型工业化(软件和信息服务业)示范基地,先后获得国家火炬计划现代通讯软件产业基地、国家数字出版基地、国家级博士后工作站等多项国家级荣誉。2017年6月,以中国(南京)软件谷为核心的雨花台区入选全国第二批"大众创业万众创新示范基地",是全省唯一一个以软件和信息服务业为特色的示范基地。2017年9月,在南京召开的中国软件名城工作会议上,国家工信部信软司、江苏省经信委和南京市人民政府签署合作备忘录,共同推动中国(南京)软件谷创建继上海浦东新区之后全国第二个中国软件名城示范区。截至目前,已集聚各类软件企业超2 200家,其中:世界500强及世界软件百强企业12家,中国软件百强、中国电子信息百强及中国互联网百强企业28家。集聚涉软从业人员超23万人。现已形成了"五大产业集群",包括以华为、中兴、亚信、三星电子等为龙头的通信软件及运维服务产业集群;以富士通南大、SAP、趋势科技、江苏润和等为引领的云计算大数据及信息安全产业集群;以京东、苏宁(数据中心、物流)、满运软件、领添信息等为支柱的互联网产业集群;以亿嘉和、中科创达、创维信息、怡化信息为核心的人工智能及智能终端产业集群;以中电十四所、三胞集团、丰盛集团等为平台的旗舰经济。

无锡软件园以打造中国领先的软件创新社区为目标,以公共技术、投资融资、人力资源、综合服务等公共服务平台为支撑,提供360度企业全生命周期服务,致力于推进物联网、云计算、软件及服务外包、文化创意、新媒体、电子商务、互联网广告、智能硬件等新兴产业集聚发展。现汇聚创新企业近500家,其中世界500强、全球服务外包100强投资企业25家,约占无锡市70%,各类人才约3万名,其中85%拥有本科及以上学历。产业规模连续多年高速增长,综合实力持续攀升,位列全国火炬计划软件产业基地十强、中国服务外包TOP10园区第四名,持续位列无锡市"Park"园区排名榜首。先后获得国家火炬计划软件产业基地、国家传感网高技术产业基地、国家广告产业园区、国家动漫游戏产业振兴基地、国家动画产业基地、国家数字出版基地、国家文化产业示范基地、国家级科技企业孵化器等8项国家级品牌及数十项省级以上荣誉。

江苏省集成电路产业销售规模连续多年位居全国首位。今年3月江苏省半导体行业协会公布的数据显示,2017年江苏省集成电路产业销售总收入为1 687.68亿元,同比增长17.82%。根据中国半导体行业协会数据,2017年中国集成电路产业销售额为5 411.3亿元,按此计算,2017年江苏省集成电路销售额在全国占比为31.19%,占据相当重要的位置。其中集成电路设计业销售收入为194.66亿元,同比增长21.96%;集成电路晶圆业销售收入为245.91亿元,同比增长13.78%;集成电路封测业销售收入为878.16亿元,同比增长22.08%;分立器件销售收入为166.28亿元,同比增长15.33%。从产业链看,江苏省已形成涵盖EDA、设计、制造、封装、设备、材料等较为完整的集成电路产业链,汇集了众多知名集成电路企业。从地域分布上看,江苏省集成电路产业主要集中在苏南地区,苏南地区集成电路产业销售额约占江苏省销售总额的80%以上,形成了以无锡、苏州和南京等市为中心的集成电路产业带。不过,目前苏中和苏北也正在逐步发展,如南通、扬州等城市发展势头良好。

江苏物联网产业发展较早,具有良好的基础条件与技术优势。2016 年全省物联网产业实现业务收入 4 610 亿元。已先后有阿斯利康、中电海康、阿里巴巴、浪潮、华为等多家重点企业与无锡签署了战略合作协议或达成合作意向,阿斯利康物联网医疗、阿里集团"双创中心"等一批重大项目已落户无锡,中电海康、华为等其他合作项目正有序推进,瑞士、德国、澳大利亚等国也都派出相关机构来江苏了解物联网产业发展并寻求合作机会。由江苏主导或参与起草制定的物联网国际标准达 20 多项,国家标准和行业标准 70 多项。目前,省内物联网及相关领域国家级研发机构达 30 多家,50 余所国内外知名高校科研机构在江苏设立高水平的研发中心,在核心芯片、通信协议、协同处理、智能控制等领域突破一大批关键技术并实现产业化。其中,在温家宝总理的关怀下,中国科学院、江苏省人民政府、无锡市人民政府签署共建中国物联网研究发展中心(筹)三方协议。2009 年 12 月 30 日,江苏省批复成立江苏物联网研究发展中心作为中国物联网研究发展中心。物联网中心成立以来,积极发挥中国科学院资源导入及学科优势,结合江苏、无锡地方新兴战略产业特点,秉承"科学唯实,开拓创新,笃信致远"发展理念,致力于建成国家级"感知中国"创新基地、中国物联网产业培育中心、集成创新中心和行业应用示范中心。物联网中心已成为我国最大规模的物联网专业研发机构和中国科学院最大规模的院地合作平台。

4. 重点企业平稳发展,行业龙头效应凸显

根据工信部公布 2017 年(第 16 届)中国软件业务收入前百家企业名单。江苏省有 7 家企业上榜,分别是南京南瑞集团公司(第 6 位)、熊猫电子集团有限公司(第 13 位)、江苏省通信服务有限公司(第 27 位)、国电南京自动化股份有限公司(第 34 位)、江苏金智集团有限公司(第 70 位)、江苏润和科技投资集团有限公司(第 90 位)、南京联创科技集团股份有限公司(98 位)。其中,南瑞集团是国家科技部设立的"国家电力自动化工程技术研究中心"和国家发改委设立的"电力系统自动化—系统控制和经济运行国家工程研究中心"的依托单位,是"国家火炬计划重点高新技术企业"和国家认定企业技术中心,注册商标"NARI"是中国驰名商标。

工信部在 2015 年组织了互联网与工业融合创新试点遴选工作,经过地方政府、央企集团、行业协会等的推荐申报、专家评审等环节,遴选确定 100 家企业作为互联网与工业融合创新试点企业,并确定了各企业的融合创新试点方向和项目。其中,江苏省共有 7 家企业入选,入选企业数量居各省市之首,具体名单见表 17。

表 16　2017 年江苏软件企业七强

全国百强排名	企业名称	业务收入(万元)
6	南京南瑞集团	1 150 419
13	熊猫电子集团有限公司	695 789
27	江苏省通信服务有限公司	524 848
34	国电南京自动化股份有限公司	426 174
70	江苏金智集团有限公司	216 804
90	江苏润和科技投资集团有限公司	169 174
98	南京联创科技集团股份有限公司	158 027

数据来源:中国工业与信息化部

为深刻把握江苏省"互联网＋"发展趋势，充分发挥互联网在企业生产组织、资源配置、产品形态和商业模式中的优化集成作用，促进新一代信息技术向研发设计、生产管控、供应链管理、市场服务等环节渗透融合，推动生产方式向柔性、智能、精细转变，着力提升工业经济核心竞争力。江苏省经信委各地审核推荐，组织形式审查、专家评审、示范候选现场考察和公示，发布了《关于开展2017年江苏省两化深度融合创新（互联网与工业融合创新）试点示范工作的通知》，确定了南京南瑞集团等50家为示范企业、南京康尼精密机械有限公司等230家为试点企业。

为推动江苏省软件产业加快技术创新，提升行业发展水平和市场竞争力，加快完善以企业为主体、市场为导向、产学研相结合的技术创新体系，根据《江苏省认定企业技术中心管理办法（2010年）》，委科技质量处会同软件与信息服务业处，在省内进行软件企业技术中心的认定。经企业申报、各地推荐、专家核查、综合审核、现场考察等程序，根据企业的年营业收入、软件产品登记数、科技活动经费、软件研发专职人员数、软件开发设备、软件业务收入占比进行分析，并将软件企业技术中心细分为智能交通、智能电网、信息安全、网络信息服务、IC设计、工业软件等11个门类，最后认定216家软件企业技术中心为2017年省认定软件企业技术中心。

表17　江苏2017年省级软件企业技术中心（部分）

序号	企业技术中心名称	序号	企业技术中心名称
1	南京多伦科技有限公司技术中心	18	江苏东大集成电路系统工程技术公司技术中心
2	南京莱斯信息技术股份有限公司技术中心	19	美新半导体（无锡）有限公司技术中心
3	江苏省洪芯智能技术有限公司技术中心	20	江苏南大苏富特科技股份有限公司技术中心
4	江苏大为科技股份有限公司技术中心	21	徐州中矿大华洋通信设备有限公司技术中心
5	南京科远自动化集团股份有限公司技术中心	22	江苏华骋科技有限公司技术中心
6	南京磐能电力科技股份有限公司技术中心	23	江苏春兰清洁能源研究院有限公司技术中心
7	江苏兆伏新能源有限公司技术中心	24	泰兴市晨光高新技术开发有限公司技术中心
8	江苏国瑞信安科技有限公司技术中心	25	南京中兴新软件有限责任公司技术中心
9	南京南自信息技术有限公司技术中心	26	中博信息技术研究院有限公司技术中心
10	南京新模式软件集成有限公司技术中心	27	江苏远望神州软件有限公司技术中心
11	焦点科技股份有限公司技术中心	28	中国船舶重工集团公司第716研究所技术中心
12	江苏爱信诺航天信息科技有限公司技术中心	29	江苏润和软件股份有限公司技术中心
13	苏州同程旅游网络科技有限公司技术中心	30	南京擎天科技有限公司技术中心
14	昆山中创软件工程有限责任公司技术中心	31	昆山华东信息科技有限公司技术中心
15	江苏集群信息产业股份有限公司技术中心	32	江苏国泰新点软件有限公司技术中心
16	方正国际软件有限公司技术中心	33	江苏省森创软件科技有限公司技术中心
17	苏州市蜗牛电子有限公司技术中心	34	江苏东华测试技术股份有限公司技术中心

数据来源：江苏工业与信息化局

五、公共服务业

公共服务业是指为满足全体公民的公共消费需求而提供公共产品和公共服务的的产业,其涵盖范围比较广泛,《江苏省"十二五"规划纲要》把义务教育、公共就业服务、社会保障、基本医疗卫生、公共文化体育、福利救助、社会公共安全等纳入基本公共服务,因此本节所界定的公共服务业包括国民经济行业分类(GB/T 4754—2002)中,代码为M(科学研究、技术服务和地质勘查业)、N(水利、环境和公共设施管理业)、P(教育)、Q(卫生、社会保障和社会福利业)、R(文化、体育和娱乐业)、S(公共管理和社会组织)的六个行业。

2017 年,江苏省公共文化服务水平提升。城乡公共文化服务体系不断完善。年末全省共有文化馆、群众艺术馆113 个,公共图书馆114 个,博物馆317 个,美术馆27 个,综合档案馆113 个,向社会开放档案69.1 万件。共有广播电台8 座,中短波广播发射台和转播台21 座,电视台8 座,广播综合人口覆盖率和电视综合人口覆盖率均达100%。有线电视用户1 997.7 万户。生产故事影剧片41 部。报纸出版22.7 亿份,杂志出版1.3 亿册,图书出版6 亿册。

表18 汇总了2013—2017 年江苏省公共服务业分行业增加值变化情况。不难发现,各行业2017 年增加值较2013 年基本上都实现了翻番,说明近年来江苏省公共服务业保持着持续发展的态势。

表 18　2013—2017 年江苏省公共服务业各行业增加值　　　　　　　　（单位:亿元）

指　　　标	2013 年	2014 年	2015 年	2016 年
科学研究、技术服务和地质勘查业	774.2	884.5	998.7	1 097.8
水利、环境和公共设施管理业	382.9	428.3	496.7	551.9
教育	1 680.2	1 866.6	2 195.2	2 426.6
卫生、社会保障和社会福利业	887.9	1 015.4	1 230.9	1 411.0
文化、体育和娱乐业	418.9	536.6	635.6	795.79
公共管理和社会组织	1 752.7	2 004.0	2 376.5	2 618.7

数据来源:历年《江苏统计年鉴》

与2015 年相比,2016 年江苏省公共服务业各行业增加值的增速(可变价)分别为:科学研究、技术服务和地质勘查业9.92%,水利、环境和公共设施管理业11.11%,教育10.54%,卫生、社会保障和社会福利业14.63%,文化、体育和娱乐业25.20%,公共管理和社会组织10.19%。图12 描述了2012—2016 年江苏省公共服务业各行业增速情况。从中可以看出,各个公共服务业的年增速还是呈现出较为明显的放缓趋势。

为准确把握江苏省公共服务业发展趋势,比较了2013—2017 年公共服务业的典型指标,见表19。由表19 可见,2017 年科技机构数24 112 个,比2016 年略有减少;普通高等教育毕业生53.53万人,比2016 年增加1.01 万人;每万人医院病床数为54.6 张,比2016 年增加2.7 张。不难看出,从与民生密切相关的指标值来看,2017 年江苏省公共服务业总体发展取得显著成绩。

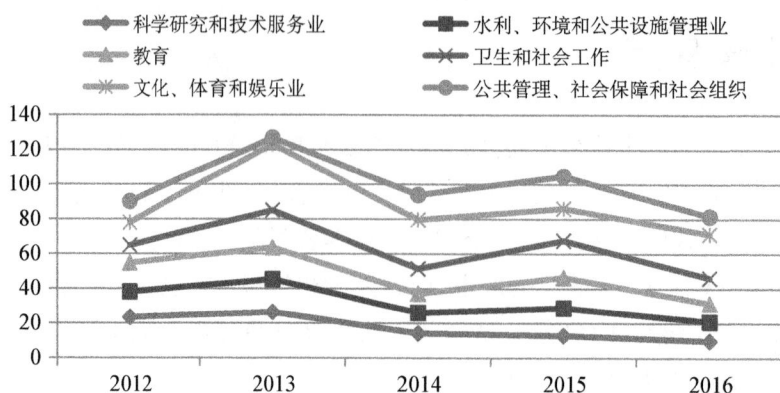

图 12 2012—2016 年江苏省公共服务业增速

数据来源:历年《江苏统计年鉴》

表 19 2013—2017 年公共服务业典型指标比较

指标	2013 年	2014 年	2015 年	2016 年	2017 年
科技机构数(个)	19 393	21 844	23 101	25 402	24 112
每万人医院病床数(张)	43.0	45.8	48.3	51.9	54.6
普通高等教育毕业生数(万人)	51.41	52.04	52.69	52.52	53.53

数据来源:历年《江苏统计年鉴》

六、现代物流业

现代物流业是将运输、储存、装卸、搬运、包装、流通加工、配送、信息处理等基本功能根据实际需要有机结合的活动的集合,是融合运输业、仓储业、货代业和信息业的复合型生产服务业。现代物流业作为我国经济发展的重要产业和新的经济增长点,在促进经济增长,提高经济运行质量,改善国民经济结构等方面发挥着重要作用。作为东部最发达省份之一,江苏省独特的区位优势和雄厚的经济基础为江苏省发展现代物流业创造了有利条件。

1. 社会物流规模持续扩大

2017 年,全省物流业运行总体平稳,物流需求稳中有增,运行效率继续提高。2017 年全省物流业增加值为 5 316.9 亿元,按可比价格计算,同比增长 8.4%。物流业增加值占全省服务业增加值的比重为 12.3%。

2017 年全省社会物流总额 279 563 亿元,同比增长 13.7%。其中工业品物流总额 226 722.9 亿元,同比增长 13.2%,占社会物流总额的 81.1%;进口物流总额 15 121.5 亿元,同比增长 19.6%,占社会物流总额的 5.4%;农产品物流总额 3 009.3 亿元,同比增长 5.3%,占社会物流总额的 1.1%;外省市商品购进额 33 090.5 亿元,同比增长 14.9%,占社会物流总额的 11.8%。

与 2016 年相比,2017 年全省物流业总体平稳增长,增速略有下滑。钢铁、煤炭等大宗生产资料物流受产能过剩、需求乏力影响,业务下滑。即使是快递、快运等近年来增速较高的企业,增长幅度也有所放缓。电子、快消、医药、冷链等生活资料物流需求较旺,上升势头明显。特别是电子商务

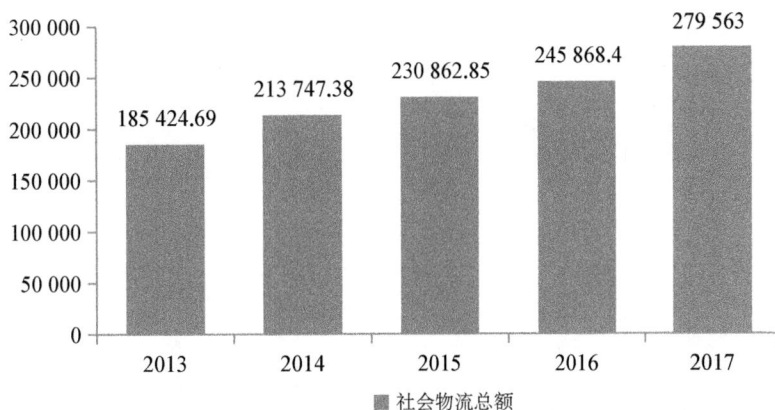

图 13 2013—2017 年江苏省物流总额（单位：亿元）

数据来源：历年《江苏省物流业统计公报》，经作者整理、计算

物流、快递和配送、跨境电子商务、加盟和结盟、车货匹配平台、农村物流等新兴业态和创新型业务发展迅猛。

货物运输量方面：2017 年，江苏贯彻着力补齐航道等交通基础设施短板，大力推进航空发展，加强沿江沿海港口整合力度，全省加快构建现代综合交通运输体系的目标取得新成效，在交通基础设施建设、运输产业发展和运输服务提升等方面都取得了新进展，全年完成货运总量为 234 092.2 万吨，比上年增长 8.5%，货物周转量为 9 726.4 亿吨公里，同比增长 17.3%，多种运输方式协同性有所增强。其中，受轻质、高货值货运需求成倍增长和"一带一路"沿线经贸往来密切带来的新增需求影响，铁路运输需求平稳增长，全年实现铁路货运量 5 720.0 万吨，比上年同期增长 7.2%，货物周转量 291.4 亿吨公里，同比增长 3.2%。公路货运中质轻价高的货物运输需求激增，多式联运需求明显增加和干线运输平台撮合优势快速释放，全年完成公路货运量 128 915.0 万吨，比上年同期增长 10.0%，货物周转量 2 377.9 亿吨公里，同比增长 11.1%；水运在大宗物资运输中的比较优势进一步增强，内河集装箱运输加快发展，全年完成水路货运量 85 668.0 万吨，同比增长 8.0%，货物周转量 6 382.2 亿吨公里，同比增长 22.2%；全省完成港口货物吞吐量 231 624.8 万吨，比上年同期增长 6.8%。此外，欧洲及中亚等地区通过管道向东部市场出口原油的规模进一步增大，江苏管道运输量和中转量稳步增长。

2017 年全省货运需求总体稳定，货运量为 234 092 万吨，比上年增长 8.55%，货物周转量为 9 726.51 亿吨公里，增长 17.32%。其中铁路货运量 5 720 万吨，同比上升 7.22%，货物周转量 291.42 亿吨公里，比上年同期上升 3.17%；水路货运量 85 668 万吨，上升 8.01%，货物周转量 6 382.21 亿吨公里，上升 22.16%；公路货运量 128 915 万吨，同比增长 10.03%，货物周转量 2 377.90 亿吨公里，增长 11.10%。

表 20 2013—2017 年江苏省货运量和货物周转量

指 标	2013 年	2014 年	2015 年	2016 年	2017 年
货运量（万吨）	194 048	208 623	211 648	215 651	234 092
＃铁路	6 806	6 090	5 066	5 335	5 720

续表

指　　标	2013 年	2014 年	2015 年	2016 年	2017 年
公路	103 709	114 449	113 351	117 166	128 915
水运	70 909	75 328	80 343	79 314	85 668
输油管道	12 617	12 749	12 881	13 828	13 781
货物周转量(亿吨公里)	10 536.8	11 028.5	7 374	8 290.69	9 726.51
♯铁路	373.2	346.1	303.70	282.46	291.42
公路	1 790.4	1 978.5	2 072.96	2 140.33	2 377.90
水运	7 753.0	8 087.07	5 886.75	5 224.60	6 382.21
输油管道	619.3	615.7	623.30	642.20	673.80

数据来源:历年《江苏统计年鉴》

2. 社会物流效率稳步提升

2017 年全省社会物流总费用 12 136.2 亿元,同比增长 10.5%。社会物流总费用与 GDP 的比率为 14.1%,比去年下降 0.3 个百分点。物流总费用的构成为:运输费用 6 201.6 亿元,同比增长 10.6%,占社会物流总费用的 51.1%;保管费用 4 669.3 亿元,增长 10.9%,占社会物流总费用的 38.5%;管理费用 1 265.3 亿元,增长 8.5%,占社会物流总费用的 10.4%。

物流效率得以持续性的提升,一是物流企业加快了战略调整,持续推进战略性收缩,实施业务细分和客户聚焦;二是推进模式创新。物流企业与制造、商贸企业联动融合更加紧密,成为企业模式创新的重要源泉;三是加强内部管理。物流企业逐步从粗放式管理向集约化管理转型,从追求速度和价格向提升质量和效率转变;四是加大网点布局。受城镇化推进和内需市场拉动,快递、快运、城市配送等物流企业加快向农村地区、中西部地区延伸网点,向三四级市场下沉网络;五是推动技术应用。物流企业加大信息化建设投资力度,信息服务平台与实体物流平台相结合。加大设施装备投入力度,逐步减少对人工的依赖,提高物流产出效率。

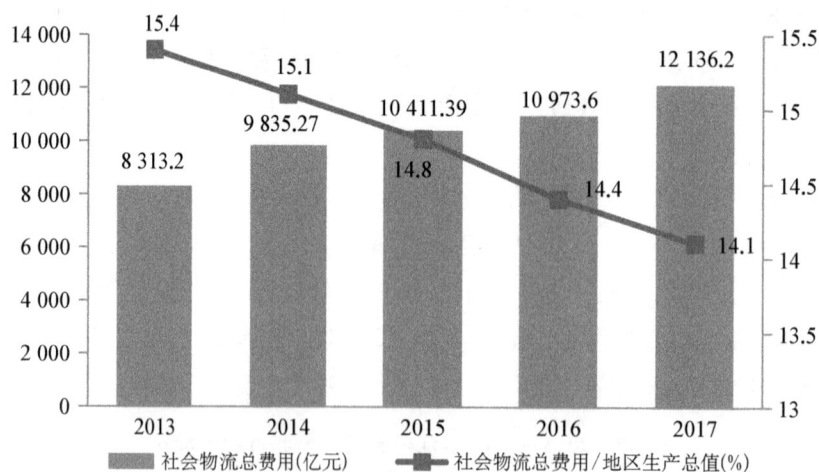

图 14　2013—2017 年江苏省社会物流总费用

数据来源:历年江苏省物流业统计公报,经作者整理、计算经核算,2017年全省物流相关行业实现增加值5 316.9亿元,比上年增长8.4%。物流业景气指数(LPI)月度平均值为54.1%,略高于前两年的平均值,行业回升向好态势明显。月度调查的172家省重点物流企业及100家重点跟踪监测物流企业数据显示,2017年平均每单位的物流业务收入、成本、利润分别比上年增长19.9%、19.8%和19.2%,增幅均有所上升。苏南、苏中、苏北地区平均每单位的物流业务收入增幅分别为22.6%、15.7%、10.6%,业务成本增幅分别为22.4%、11.7%、9.8%。其中,苏南地区物流企业收入增幅高于全省平均值,引领示范作用明显。从重点物流企业营业利润来看,2017年平均每单位的物流业务利润额占物流业务收入的比重为6.8%,与上年基本持平。其中有125家企业物流业务收入同比增长,64家企业利润有所下降,14家企业出现亏损,亏损面8.1%。物流企业经营收益继续呈现两极分化特点,越来越多的物流企业成为转型升级发展的受益者。

专业化发展方面:物流业转型升级取得明显成效,模式创新、管理升级和服务高效等能力均有较大提升。部分优势物流企业采用适合自身发展的模式,在服务居民消费升级、生产供应链管理、线上线下互动发展和跨区域协同发展等细分需求领域实现差异化发展,物流专业化服务水平越来越高,实现降低物流成本和提高盈利能力的双赢。江苏物润船联深化长江经济带多式联运平台业务,积极开展网约租货车、网约租货船、无运输工具从事货物运输物流服务,加速移动互联网与道路运输行业的深度融合。江苏辉源供应链管理有限公司构建"智能商务供应链"物流模式,通过第四方供应链平台的搭建,提供包括综合物流、采购执行、分销执行、区域代理、国内贸易、国际贸易及信息系统支持等诸多环节在内的一体化供应链管理服务。中储南京智慧物流通过实名认证、保证金制度、会员信用评级等多手段保证交易安全,通过ISO体系认证提升自身管理水平,通过提高平台保护等级、完善平台客户端种类提升服务质量,货运量和运单量继续高速增长。

景气度指数方面:2017年物流景气调查指数显示,平均库存量指数、库存周转次数指数均值分别为50.3%、53.8%,均值比上年分别增长1.2个和1.5个百分点,且第四季度均值分别为50.5%和54.4%,高于前三季度均值,呈现出平均库存量适度增长,库存周转次数小幅增长,货物周转效率稳步增长趋势。设备利用率指数、资金周转率指数、从业人员指数均值分别为53.9%、52.4%、48.8%,比上年均值分别增长1.0个、0.7个百分点和下降3.3个百分点,表明在物流业务需求增长的拉动下,物流装备与流动资金的利用效率有了明显改善。而从业人员规模逆势下降,表明随着物流智慧化水平的提升,行业对人工劳动的依赖性降低,单位人均产出呈上升趋势。

3. 企业经营效益明显改善

重点物流载体方面:20家重点监测的物流基地数据显示,2017年物流基地(园区)自身营业总收入、利税总额分别增长3.1%、2.7%,规模效益小幅提高。入驻企业营业总收入、上缴税收总额分别增长20.2%、3.9%,入驻企业数增长11.2%,其中,入驻年营收2 000万元以上的企业数增长22.1%,占园区入驻物流企业数的15.2%,集聚能力进一步增强。南京综合保税区服务平台成功引进由苏商集团、日本公司等投资的保税仓库和标准工厂项目,2017年,注册企业累计达26家,完成报关单票数13万票,进出区货值达到70亿美元。"快递+农业"、"快递+制造业"、邮政"一市一品"等新模式、新业态在快递服务领域势头不减,效益明显。苏南快递产业园已入驻菜鸟、京东、苏宁、唯品会等设立的"云仓"20多个,总面积近百万平方米,发展势头迅猛。受益于全球经济总体回暖,苏州现代物流园新增注册企业29家,园区内企业进出口业务总体增幅超过45%,多数企业通过经营转型和技术提升增强了竞争优势,成为区域发展的增长动力。上合组织(连云港)国际物流园依托港口口岸和国际班列优势,加快推动与"一带一路"沿线国家和地区的物流、商贸和产业合作,共同提升新亚欧大陆桥经济走廊的服务能力,初步构建起连接东西的贸易物流网络。目前园区入驻企业38家,2107年度总营业收入37.3亿元,税收总额5 347万,园区主导物流产业发展形势向好。

重点监测企业方面:月度调查的172家省重点物流企业及100家重点跟踪监测物流企业数据显示,2017年平均每单位的物流业务收入、成本、利润分别比上年增长19.9%、19.8%和19.2%,增幅均有所上升。苏南、苏中、苏北地区平均每单位的物流业务收入增幅分别为22.6%、15.7%、10.6%,业务成本增幅分别为22.4%、11.7%、9.8%。其中,苏南地区物流企业收入增幅高于全省平均值,引领示范作用明显。业务收入构成中,传统物流业务在业务收入中的比重依然很高,2017年,运输、配送加工、货代等业务占业务总收入的比重分别为44.6%、15.4%、12.0%。包装、流通加工及信息服务等业务增速较快,分别为138%、26.4%和23.3%,表明物流增值服务的能力及方式呈现扩大趋势。业务成本构成中,教育培训、信息咨询、包装材料消耗等费用同比分别增长63.1%、47.7%、12.4%,表明企业用于创新投入及增值投入的支出明显加速。利息支出、水电费、行政处罚支出等费用同比分别下降了4.0%、4.4%、16.3%,物流业务营业税金及附加占物流业务收入为0.51%,同比下降0.1个百分点,表明促进企业降本措施取得实效。从重点物流企业营业利润来看,2017年平均每单位的物流业务利润额占物流业务收入的比重为6.8%,与上年基本持平。其中有125家企业物流业务收入同比增长,64家企业利润有所下降,14家企业出现亏损,亏损面8.1%。物流企业经营收益继续呈现两极分化特点,越来越多的物流企业成为转型升级发展的受益者。

景气度指数方面:2017年物流景气调查指数显示,主营业务利润、主营业务成本和物流服务价格指数均值分别为52.0%、57.2%和49.2%,均值比上年分别增长2.9个、2.5个和0.3个百分点,且第四季度均值分别为53%、57.1%和50%,行业效益景气度稳步攀升。主营业务利润与服务价格指数的同步回升,表明行业服务水平的提升逐步得到市场认可,市场同质化竞争状态有所改善。

4. 物流发展环境趋于优化

综合政策措施方面:党的十九大报告提出了加强"物流等基础设施网络建设"和在"现代供应链等领域培育新增长点、形成新动能"的总体思路,进一步突出了物流业在国民经济中的重要地位和作用。2017年,江苏在多个综合政策措施中明确了物流业发展的目标与任务,对推进物流业与产业融合互动发展提供了政策保障。省政府下发了《关于加快发展先进制造业振兴实体经济若干政策措施的意见》(苏政发〔2017〕25号),明确了物流服务、供应链设计、物流业降本和重点项目推进等具体工作的目标及措施。省政府办公厅下发了《关于推进农村一二三产业融合发展的实施意见》(苏政办发〔2017〕4号),明确加快农产品冷链物流和电商物流体系建设。省政府办公厅转发了省发展改革委等部门《关于加快推进省级示范物流园区创新发展意见的通知》(苏政办发〔2017〕97号),进一步完善物流园区基础设施网络,提升公共服务能力。省政府办公厅下发了《关于加快发展冷链物流保障食品安全促进消费升级的实施意见》(苏政办发〔2017〕109号),着力构建"全链条、网络化、严标准、可追溯、新模式、高效率"的现代化冷链物流体系,满足居民消费升级需要。

在降本增效方面,《关于进一步推进物流降本增效促进实体经济发展的实施意见》(苏政办发〔2018〕17号),文件紧扣江苏实际,立足补长短板,明确了34条具体措施。在税收政策方面,国家税务总局深化税务系统"放管服"改革,明确了货物运输业小规模纳税人可在税务登记地、货物起运地、货物到达地或运输业务承揽地中任何一地,就近向国税机关申请代开增值税专用发票。在诚信体系建设方面,国家邮政总局出台意见,建立唯一电子化信用档案进行信用评定和管理,对以加盟方式经营快递业务的,在信用建设方面实行统一管理,强化落实企业总部在信用管理方面的主体责任。绿色物流方面,国家邮政局等 10 个部门协同推进快递业绿色包装工作,促进快递包装的"增绿"和"减污"。交通运输部提出了全面推进实施绿色交通发展七大工程和构建绿色交通发展三大制度保障体系。多部门综合施策,进一步优化物流市场生态环境。

创新发展方面:2017 年,江苏"1+3"重点功能区战略("1",指的是扬子江城市群,"3",包括江淮生态经济区、沿海经济带和淮海经济区)从点题到破题,速度不断加快,在相关的布局规划、实施政策和发展意见中,物流业作为基础支撑、协同发展和创新发展的重要方式得到了充分体现。此外,各地也相应出台了推动物流业的政策措施。无锡市经信委会同财政局、质监局修订出台了《无锡市物流标准化试点专项资金使用管理办法》,推动提升物流标准化水平。苏州市在全面推广智慧物流试点企业成功经验的基础上,积极推动物流+互联网,全力打造具有苏州特色的智慧物流体系。淮安市通过政府引导,发挥苏北重要的交通枢纽和物流节点作用,建设各具特色的物流基地、集聚区和现代物流小镇。全省及各市围绕"一带一路"倡议和长江经济带等区域发展战略,也相继出台了中欧班列、港口建设和航运升级等方面的具体措施,促进了物流的跨界竞合,进一步提升物流业的保障支撑能力。

2017 年,江苏积极推进无车承运人试点工作,利用互联网技术,将全社会碎片化的货运需求和碎片化的运力需求进行了有效整合。全省现有 24 家无车承运人全国试点企业,还有 15 家省级试点单位,试点数居全国前列。编制了《江苏省中欧班列建设发展实施方案(2017—2020 年)》,组建了江苏省中欧班列发展联席会议,在已开通"苏满欧""宁满俄""连新亚""宁新亚"、徐州至塔什干等5 条线路,涉及连云港、苏州、南京、徐州四市的基础上,推动中欧班列有序发展、扩量增效,强化对外向型经济的物流服务支撑。出台了《江苏省内河集装箱发展行动计划(2016—2018 年)》,积极支持和推进沿江港口集装箱业务一体化经营发展、集装箱业务铁水联运发展、中欧(亚)国际集装箱铁路班列扩量增效和内河集装箱运输加快发展。此外,进一步深化了智慧物流、"互联网+"高效物流、道路货运业和粮食物流等推进工作,多措并举,促进物流业创新发展。

七、制造业

江苏是闻名全国的制造业大省,期制造业总体规模大,活力强,基础好。全省制造业经济延续了总体平稳、逐步趋好的态势,主要指标保持在合理区间,结构调整深入推进,新动能继续积累,工业经济的稳定性、向好性继续增强经济总量不断扩大。

1. 制造业总体平稳向好

2017 年,制造业总产值增长 3.64%,远高于采矿业和电力、热力、燃气和水生产和供应业,成为稳定工业生产的动力源。技术引领作用更加突出。工业产值占比排名前十的行业中,技术含量较高的行业占据多数。其中,医药制造业、汽车制造业、通用设备制造业、仪器仪表制造业等高技术产业均保持 10% 以上增速。节能降耗取得积极进展。2014 年,产值增速倒数十个行业中,高耗能产业和资源类产业占据多数,且增速明显回落。其中,煤炭开采和洗选业、有色金属矿采选业等六个行业呈现负增长,石油加工、炼焦和核燃料加工业、化学纤维制造业等高耗能行业低速增长。

表 21　2013—2017 年江苏省制造业基本情况

指　　标	2013 年	2014 年	2015 年	2016 年	2017 年
制造业增加值(亿元)	24 227.2	25 484.3	26 434.8	27 813.3	28 825.3
制造业增加值占地区生产总值比重(%)	41.0	39.15	37.70	36.56	37.25
制造业固定资产投资额(亿元)	17 318.2	—	21 234.6	22 869.7	24 418.1
♯发电量(亿千瓦时)	4 288.9	4 347.1	4 374.63	4 667.73	4 812.5
钢材(万吨)	12 398.0	13 255.2	13 090.1	13 469.7	12 295.4
水泥(万吨)	17 991.9	19 439.1	17 936.0	17 989.8	17 330.2
农用化肥(万吨)	247.0	230.7	204.76	207.63	159.76
布(亿米)	81.1	91.3	87.27	91.46	76.99
汽车(辆)	1 072 024	1 257 000	1 267 629	1 448 900	1 255 244

数据来源:历年《江苏统计年鉴》

江苏省制造业 2017 年共实现固定资产投资 24 418.11 亿元,其中工器具购置投资 13 594.60 亿元,占 55.67%;建筑工程投资 8 889.68 亿元,占 36.41%;安装工程投资、其他投资分别为 918.32 亿元、1 015.52 亿元,分别占 3.76% 和 4.16%。全年工业机器人产量增长 99.6%,服务器增长 54.2%,智能手机增长 26.4%,太阳能电池增长 25.9%。2017 年江苏省制造业细分行业固定资产投资见表 22。

表 22　2017 年江苏省制造业细分行业固定资产投资　　　　　　（单位:亿元）

行　　业	投资额	建筑工程	安装工程	工器具购置	其他
制造业	24 418.11	8 889.68	918.32	13 594.60	1 015.52
农副食品加工业	696.84	293.74	26.89	344.16	32.05
食品制造业	372.84	167.03	10.77	170.83	24.22
酒、饮料和精制茶制造业	112.56	37.19	5.02	67.41	2.94
烟草制品业	9.54	6.54	0.51	2.40	0.09
纺织业	1 259.70	429.91	32.24	750.16	47.38
纺织服装、服饰业	684.23	276.45	19.81	357.60	30.37
皮革、毛皮、羽毛及其制品和制鞋业	190.99	83.10	4.95	93.84	9.09
木材加工和木、竹、藤、棕、草制品业	521.79	208.86	15.23	268.38	29.31
家具制造业	413.52	169.29	12.08	199.81	32.34
造纸和纸制品业	272.26	101.39	8.76	151.23	10.89
印刷和记录媒介复制业	195.80	73.72	5.70	108.60	7.77
文教、工美、体育和娱乐用品制造业	387.11	161.80	11.13	199.57	14.61
石油加工、炼焦和核燃料加工业	121.59	52.86	4.75	57.14	6.84
化学原料和化学制品制造业	1 835.27	693.85	121.22	941.56	78.63
医药制造业	615.41	253.11	26.96	298.73	36.61
化学纤维制造业	258.42	77.49	6.42	163.53	10.97

续表

行　业	投资额	建筑工程	安装工程	工器具购置	其他
橡胶和塑料制品业	858.60	271.95	28.96	526.87	30.82
非金属矿物制品业	1 289.68	500.55	49.39	687.42	52.31
黑色金属冶炼和压延加工业	392.79	139.13	21.19	215.83	16.65
有色金属冶炼和压延加工业	388.83	131.60	20.97	213.91	22.35
金属制品业	1 500.56	538.71	45.55	861.74	54.56
通用设备制造业	2 683.04	915.12	84.00	1 595.71	88.22
专用设备制造业	2 153.22	836.12	62.62	1 172.11	82.48
汽车制造业	1 448.92	525.75	43.21	814.53	65.42
铁路、船舶、航空航天和其他运输设备制造业	459.09	178.95	12.60	241.96	25.57
电气机械和器材制造业	2 462.11	836.17	87.22	1 437.32	101.40
计算机、通信和其他电子设备制造业	2 010.00	585.93	120.34	1 240.24	63.48
仪器仪表制造业	473.94	183.02	11.71	262.39	16.82
其他制造业	157.42	82.69	5.20	59.01	10.51
废弃资源综合利用业	172.54	70.84	12.58	78.83	10.28

数据来源:《江苏统计年鉴2018》

江苏省制造业2017年共有外商直接投资项目1 169个,金额111.81亿美元;境外投资新批项目198个,中方协议额35.02亿美元。与2016年相比,外商直接投资项目和金额都有所上升,而境外投资项目和协议额却有所下降。2017年江苏省制造业外商直接投资和境外投资情况见表23。

表23　2017年江苏省制造业外商直接投资和境外投资情况

行　业	外商直接投资项目（个）	实际外商直接投资（万美元）	境外投资新批项目数(个)	境外投资中方协议额（万美元）
制造业	1 169	1 118 072	198	350 157
农副食品加工业	13	12 270	3	2 122
食品制造业	16	20 936	3	3 182
饮料制造业	8	6 411	14	18 005
烟草制品业	0	0	0	0
纺织业	35	21 277	14	7 454
纺织服装、鞋、帽制造业	22	16 007	1	200
皮革、毛皮、羽毛(绒)及其制品业	2	993	4	6 394.895
木材加工及木、竹、藤、棕、草制品业	9	1 545	6	10 435
家具制造业	28	8 541	1	100
造纸及纸制品业	5	20 864	0	0
印刷业和记录媒介的复制	6	2 193	2	69
文教体育用品制造业	16	2 916		

续表

行　　业	外商直接投资项目（个）	实际外商直接投资（万美元）	境外投资新批项目数（个）	境外投资中方协议额（万美元）
石油加工、炼焦及核燃料加工业	1	1 446	4	26 337
化学原料及化学制品制造业	38	123 575	9	98 713
医药制造业	29	108 243	2	20 221
化学纤维制造业	1	3 771	3	614
橡胶制品业	9	7 652	6	668
塑料制品业	35	28 586	3	6 866
非金属矿物制品业	52	46 325	2	14 500
黑色金属冶炼及压延加工业	0	783	5	2 067
有色金属冶炼及压延加工业	12	33 732	19	4 248
金属制品业	53	42 231	8	1 490
通用设备制造业	201	97 747	29	40 100
专用设备制造业	166	65 760	15	9 155
交通运输设备制造业	105	101 553	11	23 365
电气机械及器材制造业	108	100 267	20	40 933
通信设备、计算机及其他电子设备制造业	146	189 404	7	3 980
仪器仪表及文化、办公用机械制造业	34	16 624	5	2 001
工艺品及其他制造业	18	34 955	2	6 934
废弃资源和废旧材料回收加工业	1	1 475	0	0

数据来源:《江苏统计年鉴2018》

2. 中小企业平稳增长、稳中有进

生产经营总量增速稳步提高。至2017年底,全省规模以上中小工业企业数占全省规模以上工业的97.4%,总资产同比增长7.7%。2017年,全省规模以上中小工业完成总产值占全省规模以上工业的63.6%,同比增长12.4%,比去年同期提高2.9个百分点;实现主营业务收入占全省规模以上工业的62.7%,同比增长9.8%,比去年同期提高0.1个百分点。全省规模以上中小工业产销率为96.1%。

企业运行质效良好。2017年,全省规模以上中小工业实现利润总额占全省规模以上工业比重的63.4%,同比增长8.8%。至12月底,全省规模以上中小工业亏损面为11.7%,比去年同期下降0.7个百分点;企业"两项资金"占用总额(应收账款净额与存货之和)同比增长10.8%,比去年同期提高4.5个百分点。

四大主要行业总产值均突破万亿元。2017年,全省规模以上中小工业主要行业中,机械、轻工、石化和纺织四大行业支撑作用显著,总产值均突破万亿元,其中,机械行业总产值突破3万亿元,轻工行业总产值突破2万亿元。四大行业的产值和主营业务收入合计占规模以上的比重均为74.0%。石化、电子和医药行业产销增长较快,石化行业总产值和主营业务收入分别增长16.2%和15.2%,电子行业总产值和主营业务收入分别增长16.5%和13.6%,医药行业总产值和主营业务收入分别增长13.9%和11.8%。受去产能影响,冶金行业(不含有色)总产值和主营业务收入增长趋缓,均为5.5%。建材行业效益增长较快,利润总额增长14.7%,比去年同期提高9.1个百分点。

苏南地区继续稳中趋好。2017年,苏南地区规模以上中小工业总产值同比增长11.2%,比去年同期提高7.3个百分点;主营业务收入同比增长9.9%,比去年同期提高5.4个百分点;利润总额同比增长8.2%,比去年同期回落4.6个百分点。苏中地区规模以上中小工业总产值、主营业务收入和利润总额同比分别增长12.9%、12.0%和10.3%。苏北地区规模以上中小工业总产值、主营业务收入和利润总额同比分别增长13.5%、7.8%和8.3%。

出口增幅稳步回升。2017年,全省规模以上中小工业完成出口产品交货值同比增长9.6%,比去年同期提高7.4个百分点。苏南地区规模以上中小工业出口产品交货值同比增长11.1%,比去年同期提高10.0个百分点。苏中地区规模以上中小工业出口产品交货值同比增长4.4%。苏北地区规模以上中小工业出口产品交货值同比增长12.3%,比去年同期提高8.2个百分点。

3. 民营经济加快转型升级

民营工业对全省工业经济增长贡献率达58%。截至2017年底,全省规模以上民营工业企业占全省规模以上工业企业数的77.2%,比上年底提高0.8个百分点。2017年,规模以上民营工业累计实现增加值占全省规模以上工业比重为54.7%,同比增长8.0%,拉动全省规模以上工业增速4.4个百分点,对全省规模以上工业增长贡献率达58.0%。规模以上民营工业完成主营业务收入同比增长10.6%;完成利润总额同比增长15.1%。

新登记注册私营企业近50万户。2017年,全省新登记私营企业和个体工商户合计148.0万户,同比增长15.9%。其中,新登记私营企业49.0万户,新登记个体工商户99.0万户,平均每天新注册私营企业1 342家,个体工商户2 712家。截至12月底,全省私营企业和个体工商户累计登记户数为769.0万户,比上年底增加107.3万户,其中,私营企业累计登记户数为258.6万户,比上年底增加35.7万户;个体工商户累计登记户数为510.4万户,比上年底增加71.6万户。全省私营企业集团达2 181户,比上年底增加111户。

私营企业新增注册资本达2.6万亿元。2017年,全省私营企业和个体工商户新增注册资本(金)27 300.6亿元,同比增长32.0%,其中,私营企业新增注册资本26 014.4亿元,同比增长32.0%;个体工商户新增注册资金1 286.2亿元,同比增长31.7%。截至12月底,全省私营企业和个体工商户注册资本(金)总额达133 919.2亿元,比上年底增长30.8%,其中,私营企业注册资本128 648.0亿元,比上年底增长31.2%;个体工商户注册资金5 271.2亿元,比上年底增长23.1%。私营企业单体规模继续扩张,户均注册资本由上年底的440.0万元提高到498.0万元;注册资本超过1亿元的私营企业比上年底增长25.4%,达15 165户。

民间投资占全部固定资产投资的比重超70%。2017年,全省完成民间投资同比增长9.5%,高于全部固定资产投资增速2.0个百分点;占全部投资的比重为70.7%,较上年同期提高1.4个百分点;对固定资产投资增长的贡献率达88.0%。其中,私营企业和个体工商户完成工业投资同比增长13.6%,高于全省工业投资增幅6.9个百分点,增幅比上年提高6.7个百分点;占全省工业投资的比重为68.0%,高于上年4.2个百分点,对工业投资增长起到了较强的支撑作用。

民营经济纳税近8 000亿元。2017年,全省民营经济上缴税金7 617.2亿元,同比增长6.6%,高于全省税收增幅2.9个百分点;占全省税务部门直接征收总额的62.0%,同比提高3.6个百分点。其中,上缴国税4 811.6亿元,上缴地税2 805.6亿元。从主要税种看,上缴增值税同比增长46.6%,上缴营业税同比下降98.1%,上缴地税的企业所得税同比增长10.8%。从主要行业看,制造业缴纳国税占民营经济缴纳国税的44.2%,纳税额同比增长37.7%,较上年提高28.3个百分点,其中交纳增值税同比增长27.2%。

民营企业进出口总额超过1 500亿美元。2017年,全省民营企业实现出口总额1 142.4亿美元,同比增长10.0%,比上半年出口总额增幅高0.6个百分点,民营企业出口总额占全省出口总额的31.4%。民营企业实现进口总额448.0亿美元,同比增长20.2%,增幅较1—11月提高0.4个百分点,较上年同期提高42.0个百分点,比全省进口总额增幅高0.4个百分点;民营企业进口总额占全省进口总额的19.7%,较上年同期提高0.1个百分点。

八、高新技术产业

按照《江苏省高新技术产业统计分类目录》(2012年修订)所确定的统计口径,江苏省高新技术产业包括以下9个行业:航空航天制造业、电子计算机及办公设备制造业、电子及通讯设备制造业、医药制造业、仪器仪表制造业、智能装备制造业、新材料制造业、新能源制造业以及软件业。软件业统计参见第四节,本节主要分析其余8个制造业行业的发展状况。

图15显示了江苏省2013—2017年规模以上工业总产值增长情况及高新技术产业产值的占比。其中,我们可以看出,近五年来,江苏工业在稳步增长的同时,结构和产业层次都不断提升。高新技术产业产值占规模以上工业总产值的比重由2013年的38.54%提高到2017年的42.7%。

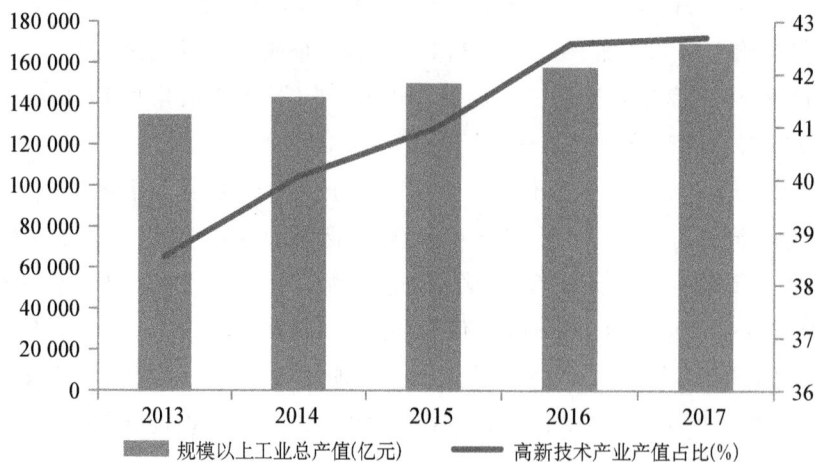

图15　2013—2017年江苏省工业总产值及高新技术产业产值占比情况
数据来源:《江苏统计年鉴2018》

全省高新技术产业中,航空航天制造业实现工业总产值400.40亿元,占高新技术产业总产值的0.59%;电子计算机及办公设备制造业实现工业总产值2 742.34亿元,占4.04%;电子及通讯设备制造业实现工业总产值14 679.56亿元,占21.63%;医药制造业实现工业总产值4 897.07亿元,占7.22%;仪器仪表制造业实现工业总产值3 955.22亿元,占5.83%;智能装备制造业实现工业总产值19 130.571亿元,占28.19%;新材料制造业实现工业总产值18 587.573亿元,占27.39%;新能源制造业实现工业总产值3 471.02亿元,占5.11%。

表24　2013—2017年江苏高新技术产业分行业产值　（亿元）

项　　目	2013 年	2014 年	2015 年	2016 年	2017 年
总计	51 899.10	57 277.28	61 373.61	67 124.65	67 863.74
按行业分					
航空航天制造业	263.65	294.68	316.28	335.07	400.40
电子计算机及办公设备制造业	2 548.86	2 349.71	2 375.86	2 882.60	2 742.34
电子及通信设备制造业	12 288.74	13 621.74	13 955.09	14 693.38	14 679.56
生物医药制造业	3 184.23	3 586.55	4 170.23	4 716.59	4 897.07
仪器仪表制造业	1 190.99	1 291.54	1 393.42	3 874.04	3 955.22
高端装备制造业	15 561.06	17 376.23	18 182.56	18 649.01	19 130.57
新材料制造业	13 602.31	15 378.60	17 289.21	18 348.33	18 587.57
新能源制造业	3 259.25	3 378.23	3 690.95	3 625.64	3 471.02

数据来源:《江苏统计年鉴2018》

全省高新技术产业主要分布在苏南及沿江地区,苏南五市高新技术产业产值37 362.09亿元,占全省的55.05%;苏中三市高新技术产业产值17 170.39亿元,占全省的25.30%;苏北五市高新技术产业产值13 332.26亿元,占全省的19.65%。

从江苏省各市的情况来看,2017年工业增加值前三位是苏州、无锡、南京,三市工业增加值分别为7 606.45亿元、4 553.15亿元、3 853.39亿元,分别占全省工业增加值的21.47%、12.85%和10.88%。工业增加值最小的是宿迁和连云港,分别为1 073.27亿元和958.61亿元,占全省工业增加值比重分别为3.03%和2.71%。2013—2017年江苏省各市工业增加值见表25。

表25　2013—2017年江苏省各市工业增加值　（单位:亿元）

市	2013 年	2014 年	2015 年	2016 年	2017 年
南京	2 997.63	3 119.12	3 395.26	3 581.72	3 853.39
无锡	3 893.56	3 747.59	3 837.28	3 977.58	4 553.15
徐州	1 793.48	1 883.7	1 976.57	2 122.58	2 448.17
常州	2 036.27	2 170.19	2 269.99	2 428.84	2 817.63
苏州	6 370.37	6 360.14	6 490.44	6 709.02	7 606.45
南通	2 168.16	2 307.63	2 453.38	2 633.06	3 042.25
连云港	642.67	706.89	767.27	851.82	958.61
淮安	819.60	903.34	985.66	1 071.99	1 187.50
盐城	1 405.02	1 524.64	1 653.9	1 771.68	1 943.81
扬州	1 468.79	1 634.48	1 749.58	1 925.92	2 170.55
镇江	1 431.04	1 498.41	1 588.95	1 728.00	1 820.66
泰州	1 362.30	1 462.03	1 565.28	1 679.83	1 954.39
宿迁	679.18	780.91	873.04	976.89	1 073.27

数据来源:历年《江苏统计年鉴》

　　江苏省 3 个区域中,苏南 2016 年实现工业增加值 20 651.28 亿元,占全省比重为 58.29％ 比 2016 年下降 0.29 个百分点;苏中、苏北分别实现工业增加值 7 167.19 亿元、7 611.36 亿元,占全省比重分别为 20.23％ 和 21.48％。参见图 16。

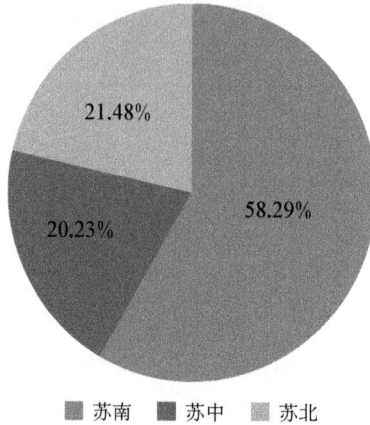

图16　2017 年江苏省各区域工业增加值比重

数据来源:《江苏统计年鉴 2018》

第四篇　江苏省经济社会发展比较研究报告

第一章　江苏省综合经济在全国的地位与变化分析

一、综 合

江苏省的综合经济实力一直保持全国较优水平。2017年,江苏省实现地区生产总值达到 85 900.94亿元,比上年增长7.4%。人均GPD达到107 189元,高出去全国平均水平47 529元,且按平均汇率折算,为15 876美元,比上年人均增加1 290美元。江苏省虽然土地面积只占全国的 1.1%,年末总人口占全国的5.8%,但地区生产总值占全国的10.4%,比上年增长0.2个百分点,第一产业比重有所下滑,第二和第三产业的比重有所上升,变化幅度都不大。据统计,江苏省一天地区生产总值为235.35亿元,比2015年高出40.04亿元。

表1　江苏主要经济指标占全国的比重(2013—2017年)

指　标	2017 年			2013 年		
	全　国	江　苏	占全国的比重(%)	全　国	江　苏	占全国的比重(%)
土地面积(万平方公里)	960	10.26	1.069	960	10.26	1.069
年末总人口(万人)	139 008	8 029.30	5.8	136 072	7 939.49	5.8
地区生产总值(亿元)	827 122	85 900.94	10.4	568 845	59 161.75	10.4
第一产业	65 468	4 076.65	6.2	56 957	3 646.08	6.4
第二产业	334 623	38 654.85	11.6	249 684	29 094.02	11.7
第三产业	427 032	43 169.44	10.1	262 204	26 421.65	10.1
人均生产总值(元)	59 660	107 189	高 47 529 元	41 908	74 607	高 32 699 元
公共财政预算收入(亿元)	91 448	8 171.53	8.9	129 143	6 568.46	5.1
♯固定资产投资(不含农户)	631 684	53 000.21	8.4	436 528	35 982.52	8.2
♯房地产开发	109 799	9 629.11	8.8	86 013	7 241.45	8.4
社会消费品零售总额(亿元)	366 262	31 737.40	8.7	237 810	20 796.50	8.7
进出口总额(亿美元)	277 923	40 020.81	14.4	41 597	5 508.44	13.2
♯出口	153 321	24 607.16	16.0	22 094	3 288.57	14.9
卫生机构床位数(万张)	794	46.98	5.9	618	36.83	6.0
卫生技术人员(万人)	898	54.80	6.1	721	42.90	6.0
♯执业(助理)医师	339	21.72	6.4	279	16.97	6.1
城镇居民人均可支配收入(元)	36 396	43 622	高 7 226 元	26 955	32 538	高 5 583 元
农村居民人均纯收入(元)	13 432	19 158	高 5 726 元	8 896	13 598	高 4 702 元

数据来源:历年《江苏统计年鉴》、《中国统计摘要2018》

二、GDP 与人均 GDP

(一)地区生产总值

在经济新常态下,江苏省 2017 年的经济稳中有进、稳中向好,平缓的增长曲线彰显出了经济发展"质"与"量"的新跨越。江苏省的经济在新发展理念指引下,转变发展方式,发展质量和效益不断提升,体量变大,体型变优,经济更具活力和韧性。

2017 年,江苏省全年实现地区生产总值 85 900.94 亿元,比上年增长 7.4%,仅次于广东(89 879.23 亿元)。江苏 GDP 总量从 2013 年的 59 161.75 亿元增加到 2017 年的 85 900.94 亿元,名义上的增幅达到 45.20%。选取 2017 年 GDP 排名前六的省份进行考察,从 GDP 排名来看,2017 年江苏省排名全国第二,位居广东省之后,其次是山东、浙江、河南与四川。全国各省份的 GDP 排名情况与上年保持一致,江苏省经济实力在全国的排名近十年来都未发生过变化。

表2　全国及各地区 GDP 情况(2013—2017 年)　　　　　　　　　　　　　单位:亿元

	排名	排名变化	2013 年	2017 年	名义增幅(%)	年平均增幅(%)
广东	1	—	62 163.97	89 879.23	44.58	11.15
江苏	2	—	59 161.75	85 900.94	45.20	11.30
山东	3	—	54 684.33	72 678.18	32.90	8.23
浙江	4	—	37 568.49	51 768.26	37.80	9.45
河南	5	—	32 155.86	44 988.16	39.91	9.98
四川	6	2↑	26 260.77	36 980.22	40.82	10.20
湖北	7	2↑	24 668.49	36 522.95	48.06	12.01
河北	8	2↓	28 301.41	35 964.00	27.07	6.77
湖南	9	1↑	24 501.67	34 590.56	41.18	10.29
福建	10	1↑	21 759.64	32 298.28	48.43	12.11
全国			568 845	827 122	45.40	11.35

数据来源:历年《中国统计年鉴》、《中国统计摘要 2018》

GDP 名义增幅来看,2013—2017 年间江苏 GDP 的名义增幅达到 45.20%,超过广东和其他前六名的省份,但低于全国 45.40% 的增幅水平;湖北、福建两省的名义增长一直保持往年的水平,位于全国前两名,而湖南的增长幅度出现下缓。

从历年 GDP 实际增幅来看,2013—2017 年间全国及各地区 GDP 实际增幅呈现小幅下降趋势。2017 年江苏 GDP 实际增速为 7.2%,比 2016 年下降了 0.6 个百分点,普遍低于其他排名前六的省份,仅超过全国 0.3% 的水平,在 GDP 总量排名前六的省份中,处于最后一位。江苏省 2013—2017 年平均名义增幅与 2017 年实际增速排名情况的显著差异说明其整体的经济增长在全国处于较高水平,只是近年来放缓了经济增长的步伐以推动经济结构的改革。这种现象的出现说明江苏省经济结构不断优化,全省经济运行总体平稳、稳中有进。

2013—2017 年间江苏表明江苏 GDP 实际年平均增速为 8.4%,高于全国(7.35%)水平,江苏省在经济增长上并不占有优势,因为其正处于供给侧改革扎实推进的阶段,经济发展速度放缓,以发展经济质量为侧重点,使经济发展稳中向好。(见表2,图1)。

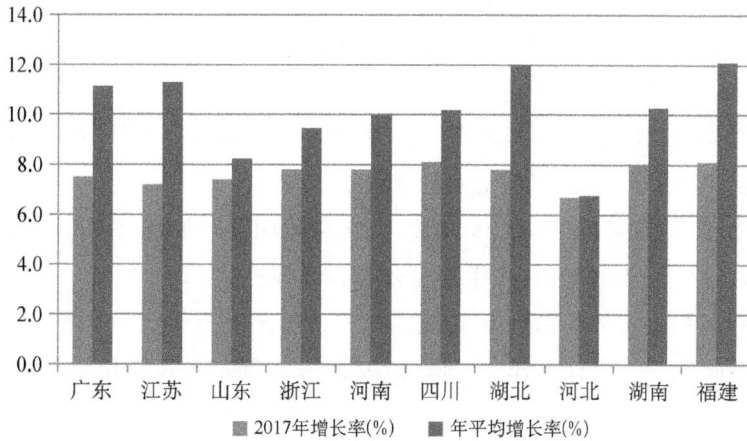

图1　2017 年部分地区 GDP 实际增幅

数据来源:历年《中国统计年鉴》、《中国统计摘要 2018》

从 GDP 规模占全国的比重来看,历年排名前十的省份 GDP 之和占全国的比重基本维持在 57％到 60％,在 2017 年时占比为 63.06％,已经超过了历年的占比水平。从 2017 年各省份的经济数据观察到,虽然中西部地区经济总量没有先发城市高,但其增速普遍大于排名前十城市,体现出了后发优势。

2013 年至 2017 年江苏 GDP 占全国 GDP 的比重一直呈现出小幅度的波动,围绕 10.3％上下波动。整体上全国经济排名前十的省份占全国总量的比重,出现连续下滑。除湖北、福建 2017 年较 2013 年均上升了 0.07 个百分点,同期其他经济强省的比例都出现不同程度的下滑,其中山东 GDP 较 2013 年下降了 0.83 个百分点,河北下降了 0.63 个百分点,这两个省份属于占比下降最严重的。作为经济大省,江苏一直在占比基数较大的情况下,保持稳定说明其经济发展向好,雄厚的经济实力为中国经济增长做出了突出贡献(见图2)。

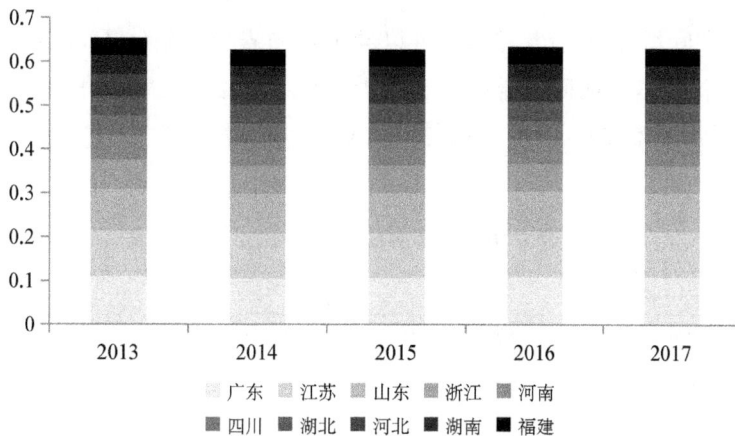

图2　历年中国部分地区 GDP 规模占全国比重

数据来源:历年《中国统计年鉴》、《中国统计摘要 2018》

（2）人均 GDP

从人均地区生产总值（人均 GDP）角度来看，2017 年江苏人均 GDP 为 107 189 元，位居全国第四，仅次于天津（119 238 元）、上海（124 571 元）和北京（128 927 元）三个直辖市，是全国同期水平 59 660 元的 1.80 倍，比上年增长 0.04 倍。

2013—2017 年间，江苏人均 GDP 名义增幅为 44.00％，在人均 GDP 排名前十的省份中，该指标位列第 1，比上年上升 2 个名次，赶超福建和重庆。

从人均 GDP 排名来看（见表 3），江苏 2017 年排名较 2013 年保持不变，仍居第 4 位，而同属于经济规模大省的浙江、广东和山东 2017 年排名分别为第 5 位、第 7 位和第 8 位，与 2013 年相比，浙江排名保持不变，广东和山东都分别上升了 1、2 位。江苏人均 GDP 排名基本与本省 GDP 规模在全国排名都属于前列，这反映出江苏作为全国经济大省，不仅总量规模位居全国前列，人均规模也名列前茅的事实。

表3　全国及部分地区人均 GDP 情况（2013—2017 年）　　　　单位:元

	排名	排名变化	2013 年	2017 年	名义增幅（%）	年平均增幅（%）
北京	1	1↑	93 213	128 927	38	9.58
上海	2	1↑	90 092	124 571	38	9.57
天津	3	2↓	99 607	119 238	20	4.93
江苏	4	—	74 607	107 189	44	10.92
浙江	5	—	68 462	92 057	34	8.62
福建	6	3↑	58 540	82 976	43	10.85
广东	7	1↑	56 323	81 089	39	9.63
山东	8	2↑	67 498	72 851	29	7.34
内蒙古	9	3↓	42 795	63 786	−5	−1.37
重庆	10	2↑	42 613	63 689	49	12.21
全国			41 908	59 660	42	10.5

数据来源:历年《中国统计年鉴》、《中国统计摘要2018》

考察人均 GDP 实际增幅情况（见表 4），可以看出不同省份和地区人均 GDP 增速也呈现出与 GDP 增速相类似的特征:东部地区的增速大于其他省份，其中江苏、福建、广东、浙江四沿海省份增速发展较快。特殊的情况是北京 GDP 增幅与人均 GDP 增幅相差较大，主要是因为北京在 2017 年常住人口出现负增长。

表4　历年中国及部分地区人均 GDP 实际增幅　　　　（%）

	2013 年	2014 年	2015 年	2016 年	2017 年
北京	7.03	7.28	6.29	7.87	12.45
上海	5.95	8.05	5.96	10.16	9.64
天津	6.98	5.62	2.62	6.57	3.64
江苏	9.16	9.74	7.48	8.25	12.53
浙江	8.21	6.58	6.41	7.59	10.20
福建	9.65	9.71	7.08	8.81	12.20

续表

	2013 年	2014 年	2015 年	2016 年	2017 年
广东	8.22	8.39	6.38	7.83	11.41
山东	8.80	8.09	5.40	5.51	7.60
内蒙古	4.94	5.25	1.21	3.01	（13.88）
重庆	9.50	11.83	9.34	10.65	9.99
全国	9.00	11.32	5.79	9.38	10.52

数据来源:历年《中国统计年鉴》、《中国统计摘要 2018》

　　2013 年江苏人均 GDP 实际增幅为 9.16%,随着供给侧结构性改革进入实质性阶段,2013 年以后人均 GDP 增速开始逐步下降,直至 2016 年江苏省的人均 GDP 实际增幅有所回升,且 2017 年高于全国 10.52% 的增速水平。2013—2017 年,江苏人均 GDP 的变化轨迹与全国及其他省份(地区)情况是一致的。2013 年福建、江苏、山东、广东、浙江等省份处于人均 GDP 的领先地位。重庆在 2013 年之后人均 GDP 逐渐上升,至 2016 年,重庆的人均 GDP 位于全国第一。上海、北京虽然在 2012 年之后增速与其他省份的距离不断缩小,但在 2016 年这两个市的人均 GDP 情况出现回暖,其中上海在 2016 年人均 GDP 位于全国第一,北京在 2017 年人均 GDP 处于全国第二,仅次于江苏省。从 2013—2017 年的全国各省份人均 GDP 增幅数据可以观察出,经济结构的转型升级在多数省份取得阶段性成果,经济在短暂的低迷之后,在 2016 年又逐渐开始上扬。

　　无论是 GDP 还是人均 GDP,在经济总量上东部沿海地区较其他地区的省份,呈现出明显的优势。东部地区由于经济总量大,发展速度较其他中西部地区优势不明显,但是增速仍处于全国的前列位置,且其对于拉动国内经济具有不可撼动的贡献。分布其中的十省市中有一半是 GDP 规模位于全国前十的地区,并且大多数省份经济结构和发展方式有较多的相似性。2017 年东部十省(市)地区生产总值合计为 403 734 亿元,占全国规模的 52.32%,比 2015 年略微上升约 0.7 个百分点。

表 5　东部省(市)2017 年 GDP 与 GDP 增速情况

省(市)	GDP(亿元)	GDP 增速
广东	89 879.23	7.5
江苏	85 900.94	7.2
山东	72 678.18	7.4
浙江	51 768.26	7.8
河北	35 964	6.7
福建	32 298.28	8.1
上海	30 133.86	6.9
北京	28 000.35	6.7
天津	18 595.38	3.6
海南	4 462.54	7.0

数据来源:历年《中国统计年鉴》、《中国统计摘要 2018》

结合江苏位于中国东部①地区的事实，从区域范围来看，2017 年江苏经济发展在东部地区仍处于领先位置。2017 年江苏 GDP 规模占东部地区的 19.10％，仅次于广东 19.99％，位列东部地区第二名（见图 3）。

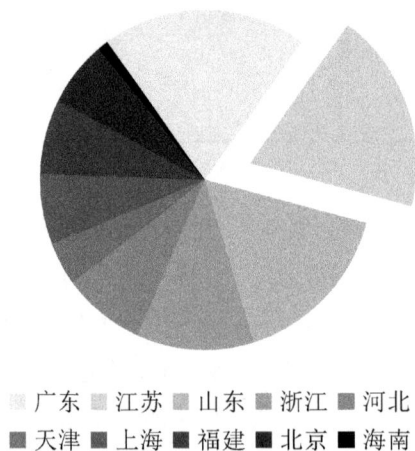

图 3　2017 年东部地区各省（市）GDP 规模占比　单位：％

数据来源：《中国统计摘要 2018》

三、财政金融

（一）财政

伴随着总体宏观经济的快速发展，江苏省的财政收支不断增加，金融规模不断提高，金融市场不断深化，总体呈现出增长的发展态势，但明显受到国际和国内宏观经济的影响。2017 年江苏财政收入稳定增长，全年公共财政预算收入 8 171.53 亿元，比上年增长 0.62％；基金预算收入 7 174.43 亿元，比上年增长 18.63％。公共财政预算支出 10 621.39 亿元，比上年增长 6.41％；

从基本财政状况来看，全国乃至大部分省份和地区的地方财政一般预算收入在 2016 年之前呈现出明显增加，2016 年之后逐渐有所下降。江苏这一指标从 2013 年的 6 568.5 亿元上升到 2017 年的 8 171.5 亿元，其中 2016 年及 2017 年的一般预算收入趋于稳定，增幅不大。

2017 年江苏地方财政一般预算收入为 8 171.5 亿元，位居全国第二，仅次于广东（11 315.2 亿元），排名较 2013 年没有变化。紧随其后的依次是上海市（6 642.3 亿元）、山东省（6 098.5 亿元）、浙江省（5 803.4 亿元）和北京市（5 430.8 亿元）。

从增速来看，2017 年江苏地方财政一般预算收入增速为 1.15％，低于全国 5.05％的增速，低于广东省 10.46％、上海 16.06％和山东 10.2％。2013—2017 年江苏地方财政一般预算收入名义增幅为 24.41％，年平均增长率为 6.10％，低于全国平均水平。江苏省经济总量在全国排名第二，但由于江苏经济体量大，近两年经济由快速发展趋于平稳发展，经济结构较为稳定。

---

　① 　注：东部包括北京.天津.河北.上海.江苏.浙江.福建.山东.广东和海南 10 省（市）.

表 6　全国及部分地区地方财政预算收入（2013—2017 年）　（单位：亿元）

	排名	排名变化	2013 年	2017 年	名义增幅（%）	年平均增长率（%）
广东省	1	—	7 081.5	11 315.2	59.79	14.95
江苏省	2	—	6 568.5	8 171.5	24.41	6.10
山东省	3	↓1	4 559.9	6 098.5	33.74	8.43
上海市	4	↑1	4 109.5	6 642.3	61.63	15.41
浙江省	5	—	3 796.9	5 803.4	52.84	13.21
北京市	6	—	3 661.1	5 430.8	48.34	12.08
全国			69 011.2	91 447.5	32.51	8.13

数据来源：历年《中国统计年鉴》、《中国统计摘要 2018》

从地方财政规模占全国地方财政规模比重来看，2017 年江苏地方财政一般预算收入和支出占比分别为 8.94% 和 6.23%。江苏财政收入规模占比与其经济规模占全国的比重基本相一致，同时历年来占比的稳定性也反映出江苏在积极应对风险和挑战中财政综合实力的不断增强。

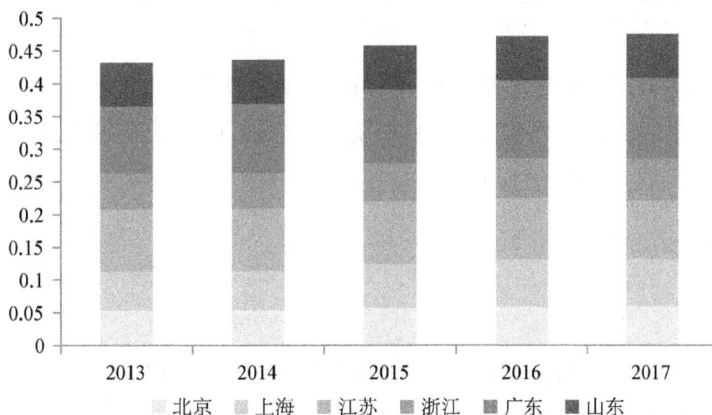

图 4　历年中国部分地区地方财政一般预算收入占全国比重

数据来源：历年《中国统计年鉴》、《中国统计摘要 2018》

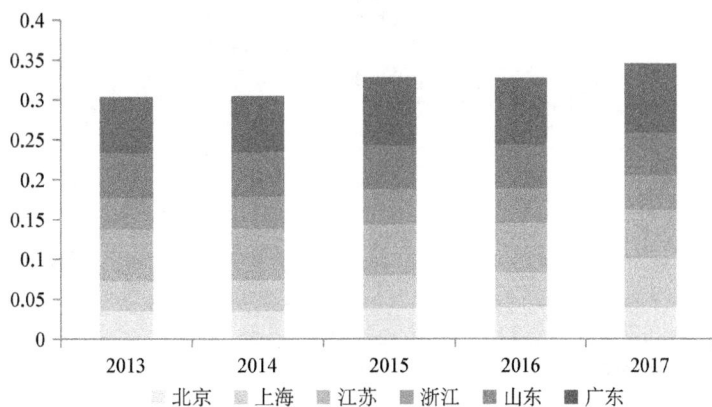

图 5　历年中国部分地区地方财政一般预算支出占全国比重

数据来源：历年《中国统计年鉴》、《中国统计摘要 2018》

（二）金融

金融信贷规模稳步扩大。年末全省金融机构人民币存款余额1 641 044.22亿元,比年初增加135 180亿元,比上年末增长8.98％。其中,住户存款比年初增加45 461.15亿元;非金融企业存款比年初增加40 745亿元。年末金融机构人民币贷款余额1 201 320.99亿元,比年初增加135 281亿元,比上年末增长12.69％。其中,中长期贷款比年初增加53 059亿元;短期贷款比年初下降18 372亿元。

从全国范围看,2017年末,存款余额和当年增量列广东和北京之后,居全国第三位;贷款余额和当年增量仅列广东之后,赶超浙江,居全国第二位(表7)。

表7　2017年江苏与全国部分地区基本金融状况(亿元)

	北京	上海	广东	山东	浙江	江苏
金融机构存款余额	144 086	112 461.74	194 535.75	91 018.7	107 321	129 942.89
居民储蓄存款	28 962.2	25 763.2	62 942.27	44 409.1	40 804	46 088.01
金融机构贷款余额	69 556.2	67 182.01	126 031.95	70 873.9	90 233	102 113.27

数据来源:2017年各省(市)经济运行统计公报

从增速来看,2012—2014年江苏金融机构货币供应量增长出现平稳回落态势,2015年开始回升,2015年之后重新开始下降。江苏存款增速从2012年的14.8％下降到2014年的9.5％,到2015年又回升到14.9％,2017年增速下降至7.3％。从全国范围来看,江苏存款余额增速变化情况与全国及部分经济发达省份的波动都比较大(图6、7)。2017年,江苏存款余额为134 776.17亿元,较2016年增长了7.3％,低于同期全国平均水平(8.8％)。江苏贷款增速先是从2012年的13.6％下降到2014年的12.5％,又到2017年的11.9％。2017年贷款余额为104 007.34亿元,较2016年下降了2.6个百分点。同样从全国范围来看,贷款余额增速在2013年之后出现了小程度的下滑,但在2014年后又开始回升,其中江苏2013年的贷款余额12.6％的增速低于同期全国水平(13.9％),但2017年贷款余额11.9％的增速高于同期全国水平(12.1％)。

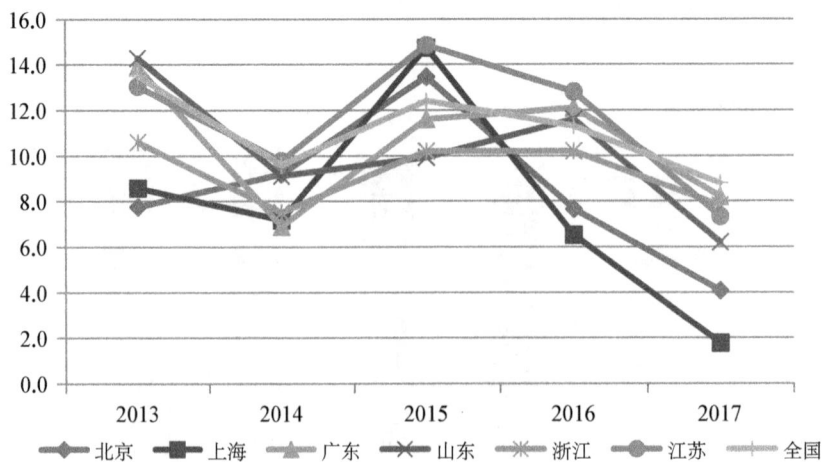

图6　2013—2017年全国及部分地区金融机构存款余额增速(％)

数据来源:历年《中国统计年鉴》、《江苏统计年鉴》(2018)

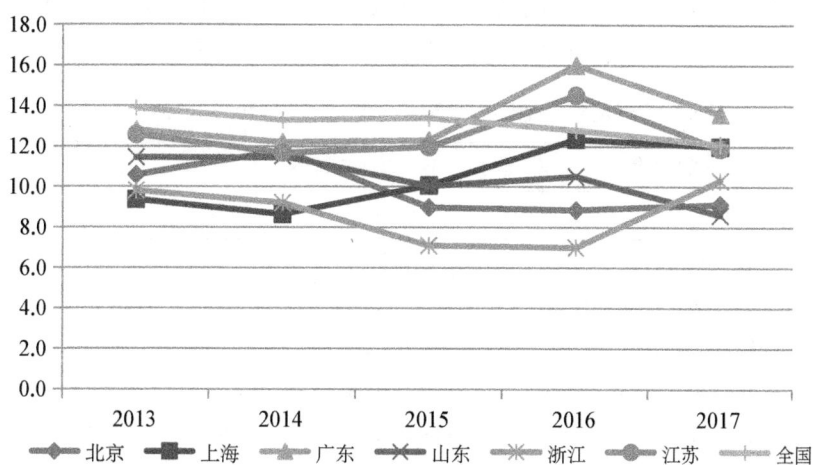

图 7　2013—2017 年全国及部分地区金融机构贷款余额增速(％)

数据来源:历年《中国统计年鉴》、《江苏统计年鉴》(2018)

　　从存款内部结构来看,江苏城乡居民储蓄存款稳步增加。随着居民生活水平的日益提高,城乡居民储蓄存款稳定增长。2017 年末,城乡居民储蓄存款余额 46 686.69 亿元,增速为 4.8％,低于全国同期水平(7.5％),但高于北京(3.39％)、上海(2.59％)等经济发达地区(见图 8)。

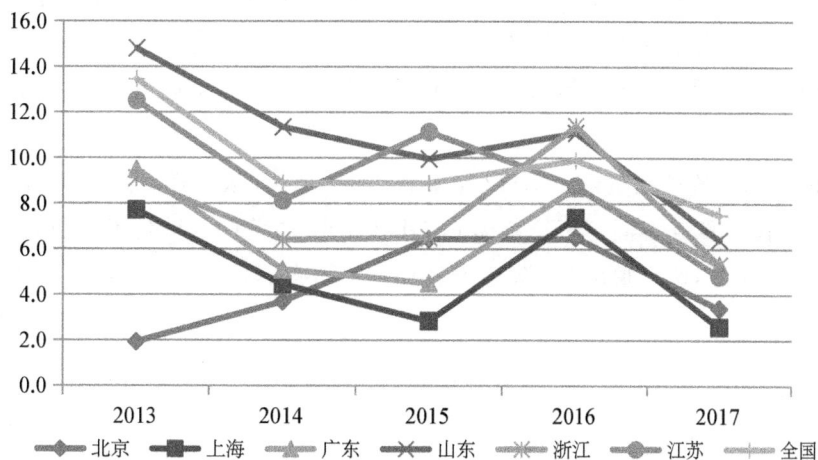

图 8　2013—2017 年全国及部分地区居民储蓄存款余额增速(％)

数据来源:历年《中国统计年鉴》、《江苏统计年鉴》(2018)

四、固定资产投资

　　2017 年江苏固定资产投资缓中趋稳。全年完成固定资产投资 53 000.21 亿元,比上年增长 7.35％。其中,国有经济投资 8 811.26 亿元,增长 6.98％;港澳台及外商投资 4 484.45 亿元,较上年下降 4.44％;私营个体投资 26 992.16 亿元,增长 15.27％,占固定资产投资比重达 50.9.3％。分类型看,完成项目投资 43 248.71 亿元,比上年增长 7.01％;房地产开发投资 9 629.11 亿元,增长

7.51%。从总量规模来看,江苏位列全国第二位,仅次于山东(54 236.03亿元),排在其后的依次是河南(43 890.36亿元)、广东(37 403.91亿元)、河北(33 012.23亿元)。

表8 江苏及部分地区固定资产投资额情况(2013—2017年)

	2013年		2015年		2017年	
	金额	占比	金额	占比	金额	占比
江苏	35 982.52	8.24	45 905.2	8.32	53 000.21	8.39
山东	35 875.86	8.22	47 381.46	8.59	54 236.03	8.59
河南	25 321.52	5.80	34 951.28	6.34	43 890.36	6.95
辽宁	24 791.4	5.68	17 917.89	3.25	6 444.75	1.02
河北	22 629.77	5.18	28 905.74	5.24	33 012.23	5.23
广东	21 794.98	4.99	29 950.48	5.43	37 403.91	5.92
浙江	20 189.07	4.62	27 323.32	8.81	31 328.08	4.93
四川	19 754.36	4.53	25 525.9	4.63	31 235.89	4.94
全国	**436 528**		**551 590**		**631 684**	

数据来源:历年《中国统计年鉴》、《中国统计摘要2018》

2013—2017年,六省固定资产投资额总和占全国的比重基本维持在37%—40%,其中江苏固定资产投资额占全国的比重由2013年的8.24%上升至2017年的8.39%。从固定资产投资增速来看,2013—2017年全国及主要省份固定资产投资增速都出现了不同程度的下降,其中江苏名义增速由2013年的13%,上升至2015年的15%,而后下降到2017年的7.35%,5年间平均增速达到10%。

2017年河南省固定资产投资额占GDP比重高达97.56%,较上年下降0.43个百分点,但仍是这些省份中的最高值。江苏省固定资产投资占GDP比重61.70%,排名第5位,但高出同为经济大省和强省的广东、浙江,这反映出"三驾马车"中的"投资"对江苏的经济贡献度要明显高于其他省份。

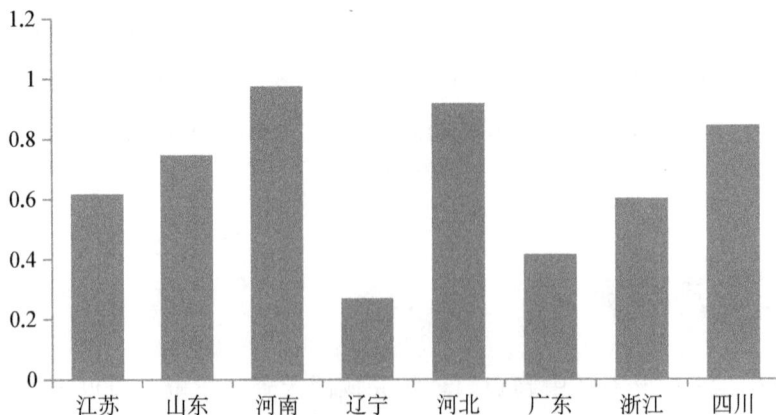

图9 2017年江苏及部分省份固定资产投资完成额占GDP比重(%)

数据来源:历年《中国统计年鉴》、《中国统计摘要2018》

　　投资结构持续调优。第一产业投资 343.4 亿元,比上年增长 17.2%;第二产业投资 26 412.4 亿元,增长 7.0%;第三产业投资 26 244.4 亿元,增长 7.5%。第二产业投资中,工业投资 26 180.8 亿元,增长 6.7%,其中制造业投资 24 418.1 亿元,增长 6.8%。工业技术改造投资 15 167.9 亿元,增长 11.5%,占工业投资比重达 57.9%。高新技术产业投资 7 748.2 亿元,增长 8.1%。第三产业投资中,科学研究和技术服务业增长 20.2%,水利、环境和公共设施管理业增长 18.3%,居民服务、修理和其他服务业增长 17.7%,教育增长 14.8%,卫生和社会工作增长 19.7%。但与其他省份地区相比,江苏省的第三产业固定资产投资比重相对偏低,广东、浙江、北京、上海等地基本上都已经达到 60% 以上,而江苏只有 49.52%。

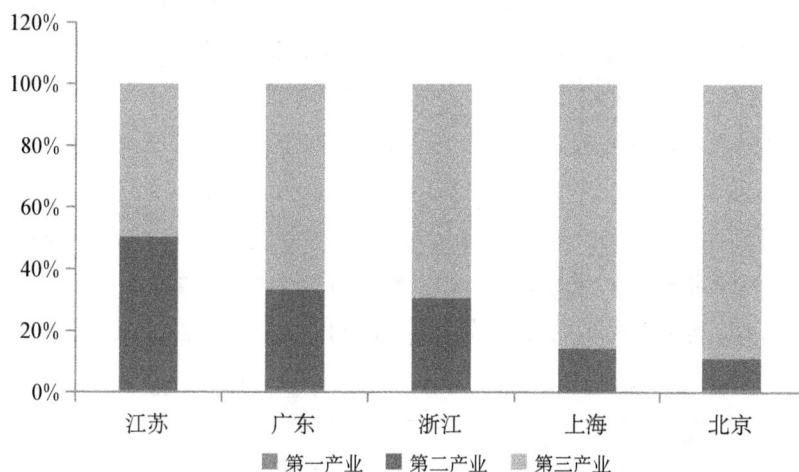

图 10　2017 年江苏及部分省份固定资产投资完成额三产结构(%)

数据来源:历年《中国统计年鉴 2018》《江苏统计年鉴 2018》

　　从固定资产投资内部结构来看,房地产开发投资作为其主要组成部分,受房地产调控限购、限贷等政策持续实施的影响,2017 年江苏全年房地产开发投资达到 8 240.2 亿元,位于全国所有省份中第二位,但增速为 7.51%,略高于全国 7.51% 的平均增速。

表 9　2017 年全国及部分省份房地产投资情况

	房地产开发(亿元)	房地产销售面积(万平方米)	房地产销售额(亿元)
全国	109 798.53	169 407.82	133 701.31
江苏	9 629.11	14 211.12	13 066.85
浙江	8 226.78	9 599.67	12 339.99
山东	6 637.25	12 813.18	8 096.97
辽宁	2 289.67	4 148.45	2 771.69
河南	7 090.25	13 313.89	7 129.40
河北	4 823.91	6 425.91	4 628.37
广东	12 075.69	15 958.81	18 792.76

数据来源:《江苏统计年鉴 2018》

五、居民收入与城乡差距

江苏省的经济发展水平随着总量的提高而上升,江苏人民的生活水平因此而得到良好的改善,此时人均可支配收入大幅度提高。2017年江苏全体居民人均可支配收入为35 024.09元,位于全国第五位,前四位分别是上海、北京、浙江和天津。

其中,江苏城镇居民名义人均可支配收入达到36 396.19元,较2013年增长了近12 036.27元,增幅达到38.11%,位列全国第四位,是同期全国平均水平的1.19倍。城镇居民人均可支配收入位居其前的省份依次是上海(62 595.74元)、北京(62 406.34元)、浙江(51 260.73元);但从增幅来看,2017年江苏该指标较2013年增长了38.11%,超出全国同期37.52%的增幅水平。2013—2017年江苏城镇居民可支配收入年平均增幅为8.3%,与同期全国水平(8.3%)持平。

2017年江苏农村人均可支配收入17 605.6元,是同期全国水平的1.4倍,位列全国第五位,排在其前面的省份依次是上海(25 520.4元)、浙江(22 866.1元)、北京(22 309.5元)和天津(20 075.6元)。2016年江苏农民人均可支配收入较2013年增长了30.2%,略低于同期全国增幅(31.2%),2013—2016年年平均增速为9.53%,略低于全国平均增幅9.38%。可见,江苏在近年来所做的民生工作以及其惠及民生的社会效应令人瞩目。

表10　全国及部分地区人均可支配收入变化(2013—2017年)

	城镇居民人均可支配收入				农民人均可支配收入			
	2013 年	2017 年	增幅(%)	年平均增幅(%)	2013 年	2017 年	增幅(%)	年平均增幅(%)
上海	44 878.32	62 595.74	39.48	9.87	19 208.3	27 825.04	44.86	11.21
北京	44 563.93	62 406.34	40.04	10.00	17 101.18	24 240.49	41.75	10.44
浙江	37 079.68	51 260.73	38.24	9.56	17 493.92	24 955.77	42.65	10.66
天津	28 979.82	40 277.54	38.98	9.75	15 352.60	21 753.68	41.69	10.42
江苏	31 585.48	43 621.75	38.11	9.53	13 521.29	19 158.03	41.69	10.42
广东	29 537.29	40 975.14	38.72	9.68	11 067.79	15 779.74	42.57	10.64
全国	26 467.00	36 396.19	37.52	9.38	9 429.59	13 432.43	42.45	10.61

数据来源:历年《中国统计年鉴》、《江苏统计年鉴2018》

城乡收入差反映的是我国经济发展中存在的不平衡问题,城镇化的推进使得城乡收入差距逐渐减少。从2013—2017年,在六省市中的城乡收入比都呈现出稳定。江苏省的城乡收入比在六省市中仅高于浙江和天津,和上海相当。

由于可支配收入水平决定了消费支出水平,因此可支配收入上的区域差异直接导致了人均消费支出地区差异。2017年江苏全省居民人均消费支出23 468.63元,比上年增长6.05%,是全国水平的1.28倍,与全国其他省份比较,可以发现,2017年江苏全省居民人均消费支出排名第六,落后于上海(39 791.85元)、北京(37 425.34元)、天津(27 841.38元)、浙江(27 079.06元)和广东(24 819.63元),基本与人均可支配收入的全国排名状况一致。

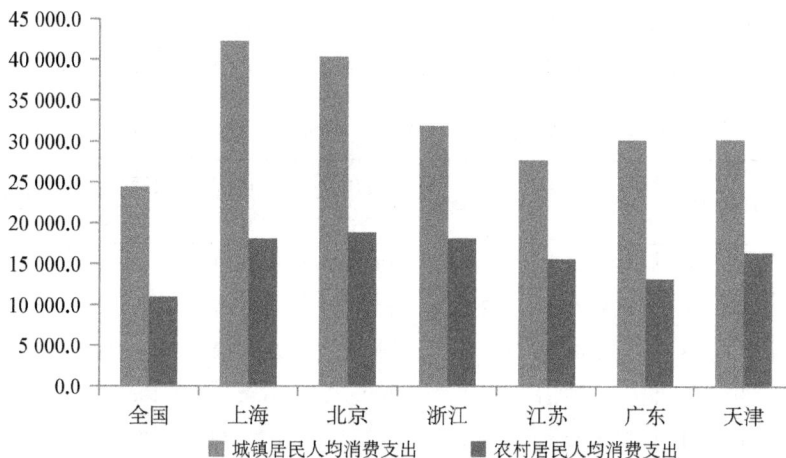

图 11　2017 年全国部分地区城乡居民人均消费支出　单位：元

数据来源：历年《中国统计年鉴》、《中国统计摘要 2018》

六、物价水平

2017 年，江苏消费价格温和上涨。全年居民消费价格比上年上涨 1.74％，其中城市上涨 1.8％，农村上涨 1.5％。2017 年六个经济发达省市中，浙江的 CPI 指数最高，达到 102.12，其次是北京（101.91）和江苏（101.74），然后到上海（101.68），广东最低，只有 101.51。从 2013—2017 年的趋势来看，江苏省物价上涨只有在 2013 年和 2014 年低于全国总体水平，在 2015 年出现了物价水平的较大幅度上涨。通常来看，江苏省农村的物价水平上涨幅度高于城市，但在 2015 年，农村的物价水平开始低于城镇。在城乡收入差距日益增大、农村社会保障制度不完善的情况下，农村对物价上涨的抵御程度低于城市，物价上涨过快会给社会稳定和健康发展带来不利影响。

表 11　2013—2017 年江苏及全国部分省份 CPI 指数变化

	2013 年	2014 年	2015 年	2016 年	2017 年
北京	103.30	101.62	101.85	101.40	101.91
上海	102.30	102.65	102.42	103.23	101.68
江苏	102.35	102.21	101.66	102.27	101.74
浙江	102.30	102.06	101.41	101.92	102.12
广东	102.46	102.31	101.55	102.30	101.51
山东	102.23	101.91	101.23	102.08	101.52
全国	102.62	101.99	101.44	102.00	101.56

数据来源：历年《中国统计年鉴》和《江苏统计年鉴 2018》
注：上一年＝100

2017 年，江苏在八大类商品中：食品烟酒上涨 0.36％，衣着上涨 2.27％，居住上涨 2.84％，生活用品及服务上涨 3.06％，交通和通信下降 1.77％，教育文化和娱乐上涨 2.03％，医疗保健上涨 1.45％，其他用品和服务上涨 2.4％。在食品烟酒中，鲜菜下降 7％，畜肉类下降 3.7％，水产品上涨

3.0%，禽肉类下降1.1%，食用油上涨0.4%，粮食上涨1.5%，蛋类下降4.6%。工业生产者价格有所回升。全年工业生产者出厂价格同比上升8.5%。全年工业生产者购进价格上升3.9%。

表12　2017年全国和东部部分省份消费者价格指数

	居民消费价格指数	食品烟酒	衣　着	居　住	生活用品及服务	交通和通信	教育文化和娱乐	医疗保健	其他用品和服务
全国	101.56	99.61	101.26	102.58	101.09	101.11	102.40	106.04	102.44
江苏	101.74	100.36	102.27	102.84	103.06	101.77	102.03	101.45	102.40
北京	101.91	100.48	97.81	103.81	100.65	100.34	102.29	107.42	102.69
天津	102.11	100.29	100.15	101.39	100.76	100.11	103.25	115.38	101.50
上海	101.68	101.24	100.52	101.74	101.45	100.69	100.88	106.62	102.58
浙江	102.12	100.31	101.93	105.09	100.70	101.26	102.68	102.34	101.08
山东	101.52	99.57	101.08	102.56	100.94	101.13	102.82	105.41	101.82
广东	101.51	99.96	101.52	102.15	100.94	101.31	102.64	106.22	101.69
福建	101.18	99.04	100.62	102.39	101.19	100.94	102.26	103.01	107.41

数据来源:《中国统计摘要2018》

注:上一年=100

七、就业

年末全省就业人口4 757.8万人,第一产业就业人口799.31万人,第二产业就业人口2 041.1万人,第三产业就业人口1 917.39万人。城镇地区就业人口3 179.4万人,城镇新增就业104.3万人,城镇登记失业率2.98%,较上年下降0.02个百分点。新增转移农村劳动力73.6万人。促进失业人员再就业80.55万人,其中就业困难人员就业14.4万人。

由表13中可以看出,江苏省第一产业从业人员占比不断下降,由2013年的20.1%下降到2017年的16.8%,第二产业和第三产业的从业人员所占比例不断上升,这与全国就业人员构成的变化趋势相同,全国从事第一产业的人员占比由2013年的31.4%下降到2017年的27%。

江苏省的第二产业依然是吸纳就业的主要部门,从事第二产业人员占比达到42.9%,高于第三产业从业人员0.6个百分点,而全国看来,第三产业的从业人员占比最大,2017年第二产业的从业人员(28.1%)超过了第一产业(27%),表明江苏省的工业依然是经济发展和保障就业的重要部门。

表13　江苏省和全国按三次产业分从业人员构成(2013—2017年)

年份	江苏省			全国		
	第一产业	第二产业	第三产业	第一产业	第二产业	第三产业
2013	20.1	42.9	37	31.4	30.1	38.5
2014	19.3	43	37.7	29.5	30	40.6
2015	18.4	43	38.6	28.3	29.3	42.4
2016	17.7	43	39.3	27.7	28.8	43.5
2017	16.8	42.9	42.3	27	28.1	44.9

数据来源:《江苏统计年鉴》,《中国统计摘要2018》

社保体系更加牢固。机关事业单位养老保险制度改革全面展开,城乡居民基本医疗保险制度整合取得突破,全民参保登记全面完成,社会保险主要险种覆盖率达 97％以上。年末全省企业职工基本养老、城镇职工基本医疗、失业、工伤、生育保险参保人数分别为 2 097.5万人、2 600.7万人、1 583 万人、1 689.4万人和 1 521.3万人,分别比上年末增加 51 万人、110.2万人、44.7万人、55.5万人和 70.1万人。城乡居民基本养老保险参保人数 1 268.4万人,领取基础养老金人数 1 051.7万人。城乡居民基本医疗保险参保人数 5 019.6万人。调整退休人员基本养老金,全省人均增幅不低于 5.5％,惠及 760 多万退休人员。城乡居民基本养老保险基础养老金最低标准由每人每月 115元提高到 125 元。城乡居民医保人均财政补助最低标准提高到每人每年 470 元。

江苏省 2017 年城镇失业率为 2.98％,低于 3.9％的全国水平,在长三角区域,也低于上海市的 3.9％,就业政策取得良好效果。从历年来看,江苏省城镇登记失业率一直低于全国水平,在长三角地区与浙江省接近,而上海城镇登记失业率则一直高于全国水平,在长三角也是历年最高。但相比较而言,广东省的城镇登记失业率一直以来都较低,不仅低于长三角地区省份,也是全国最低的省份。

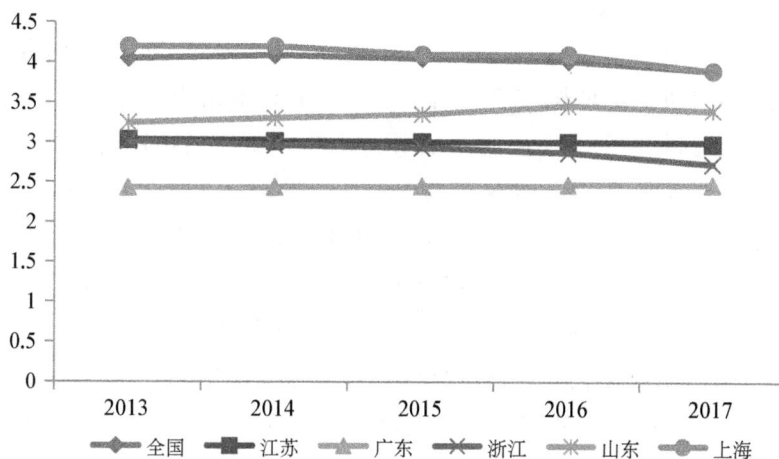

图 12 全国和部分地区历年城镇登记失业率(2013—2017 年)

数据来源:历年《中国统计年鉴》,上海、江苏、浙江国民经济和社会发展统计公报

第二章 江苏省产业经济在全国的地位与变化分析

一、产业结构

三次产业结构能够反映经济的发展水平,且遵循一般规律。经济发展程度越高,农业(即第一产业)增加值在 GDP 中的比例越低,服务业(第三产业)增加值在 GDP 中的比例越高。江苏表现出明显的工业化后期阶段特征,农业占比很低,且逐年降低,从 2012 年占比 6.1% 降低至 2016 年的5.4%,而 2017 年进一步下滑到 4.7%;第二产业(工业和建筑业)比重也在不断下降,从 2013 年的49.2% 下降到 2017 年的 45%,近,4 年来下降近 4.2 个百分点。服务业(即第三产业)从 2013 年的44.7% 增加到 2017 年的 50.3%,增加了近 5.6 个百分点,服务业对经济增长的贡献越来越大。

2017 年,消费成为江苏经济增长"三驾马车"的主动力,产业结构由"二三一"变为"三二一",服务业占 GDP 比重已经达到50.3%。三产比重依旧超过二产,经济结构发生质的飞跃。江苏服务业提升以后,对先进制造业有促进作用,如生产性服务业会带动制造业发展,提升"微笑曲线"两端。此外,生活性服务业的档次和质量也会进一步提升,如健康、文化服务业将直接提升百姓生活质量。

与全国 7.9:40.5:51.6 的三次产业构成比例相比较,可以看出江苏的第一产业比低于全国水平,且低 3.2 个百分点,比东部地区略低一些,第二产业比重略高,第三产业比重最高,说明工业带动江苏经济增长的现状较比之前年份没有那么显著。与同属于东部地区的北京、上海相比,江苏服务业占比较为落后。2017 年,全年实现地区生产总值 85 900.94 亿元,比上年增长 7.4%。其中,第一产业增加值 4 076.65 亿元,下降 0.01%;第二产业增加值 38 654.85 亿元,增长 11.66%;第三产业增加值 43 169.44 亿元,增长 11.57%,三次产业增加值比例调整为 4.7:45.0:50.3。

江苏经济社会已经迈入了工业化、城市化、国际化、市场化互动并进的新阶段。着力推进产业优化升级:努力调强第一产业发展能力,加快传统农业向现代农业转变;努力调优第二产业结构,提升制造业发展质量;努力调高第三产业比重,加速发展现代服务业。按三次产业的比重结构来看,新兴产业、高技术产业和现代服务业等高端产业将是该地区未来产业结构调整有转型的主要方向。

表1 全国及部分地区三产产业比重变化(2014—2017 年)

省份	2014 年			2015 年			2016 年			2017 年		
	第一产业	第二产业	第三产业	第一产业	第二产业	第三产业	第一产业	第二产业	第三产业	第一产业	第二产业	第三产业
全国	9.2	42.6	48.2	9.0	40.5	50.5	8.6	39.8	51.6	7.9	40.5	51.6
东部	5.8	45.5	48.8	6.2	48.9	44.9	6.0	45.2	48.9	4.92	42.02	53.05
北京	0.7	21.4	77.9	0.6	19.6	79.8	0.5	19.2	80.3	0.4	19.0	80.6

省份	2014 年			2015 年			2016 年			2017 年		
	第一产业	第二产业	第三产业	第一产业	第二产业	第三产业	第一产业	第二产业	第三产业	第一产业	第二产业	第三产业
山东	8.1	48.4	43.5	7.9	46.8	45.3	7.4	45.4	47.3	6.7	45.3	48.0
上海	0.5	34.7	64.8	0.6	41.3	58.0	0.4	29.1	70.5	0.3	30.7	69.0
天津	1.3	49.4	49.3	1.3	46.7	52.0	1.2	44.8	54.0	1.2	40.8	58.0
浙江	4.4	47.7	47.9	4.3	45.9	49.8	4.2	44.1	51.6	3.9	43.4	52.7
江苏	5.6	47.7	46.7	5.7	45.7	48.6	5.4	44.5	50.1	4.7	45.0	50.3
广东	4.7	46.2	49.1	4.6	44.6	50.8	4.6	43.2	52.1	4.2	42.9	52.8

数据来源:《江苏统计年鉴 2018》《中国统计摘要 2018》

二、农业

江苏是我国东部经济大省之一,也是我国的产粮大省,通过大力实施"三化"带"三农"战略,即以工业化致富农民、城市化带动农村、产业化提升农业,全省农业产业化经营水平不断提高,农产品加工业和优势特色产业蓬勃发展,联农富农机制不断完善,较好地形成了区域化布局、专业化分工、规模化生产、一体化经营的农业产业化发展新格局。近年来,江苏保持了农业增长、农业增效、农民增收的好势头。从农业 GDP 规模来看,2017 年江苏一产 GDP 达到 4 076.65 亿元,排名全国第四位,较 2014 年下降一位。排在第一名和第二名的依次是山东((4 876.74 亿元)、河南(4 339.49 亿元)、四川(4 282.81 亿元)。2017 年江苏农业 GDP 较 2014 年增长了 12.22%,年平均增幅达到 5.94%,比全国增速高 1.61 个百分点,是农业产值靠前省份中增速较高的省份。

表 2　中国部分地区第一产业 GDP 情况(2014—2017 年)　　　　　(单位:亿元)

	排名	2014 年	2016 年	2017 年	增幅(%)	年平均增幅(%)
山东	1	4 798.4	4 929.1	4 876.74	2.72	1.35
河南	2	4 160.8	4 286.3	4 339.49	3.02	1.50
江苏	3	3 634.3	4 078.5	4 076.65	12.22	5.94
四川	4	3 531.1	3 924.1	4 282.81	11.13	5.42
广东	5	3 166.7	3 693.6	3 792.40	16.64	8.00
湖南	6	3 148.8	3 578.4	3 689.96	13.64	6.60
全国		58 333.0	63 496.2	65 468	8.85	4.33

数据来源:《江苏统计年鉴 2018》《中国统计摘要 2018》

2017 年江苏农林牧渔业总产值达到 7 210.41 亿元,仅次于山东(9 298.19 亿元)与河南(7 913.41 亿元),位居全国第三。2017 年每亩耕地创造的农林牧渔业总产值,比上年累计增长 2.3%。山东作为一个农业大省,经过改革开放 40 年的发展,农业和农村经济发展呈现良好的态势,基本形成了"四大粮食作物、四大经济作物、两大优势产业"的农业产业布局。

表3　2013—2017年江苏及部分省份农林牧渔业总产值增速(按可比价计算)　　　　　　单位:%

	2013年	2014年	2015年	2016年	2017年	五年平均增速
山东	3.8	4.0	4.3	4.4	4.0	4.1
河南	4.4	4.2	4.6	4.5	4.6	4.46
江苏	2.6	3.1	2.6	0.8	2.3	2.85
四川	3.5	4.0	3.6	4.0	3.7	3.76
河北	3.3	4.0	2.7	3.5	4.1	3.52
全国	4.0	4.2	4.4	3.5	3.9	4

数据来源:《江苏统计年鉴2018》、《中国统计摘要2018》

选取全国农林牧渔业总产值排名前五位的省份进行比较(山东、河南、江苏、四川、湖北),可以发现,2013年山东、河南、江苏、四川、河北农林牧渔业总产值占全国的比重分别为9.0%、7.4%、6.3%、6.0%和5.4%,中间虽然有波动,但波幅很小,到2017年五省比例分别为8.11%、6.90%、6.29%、6.07%和5.72%,与前几年相比,呈现大幅下降之势。

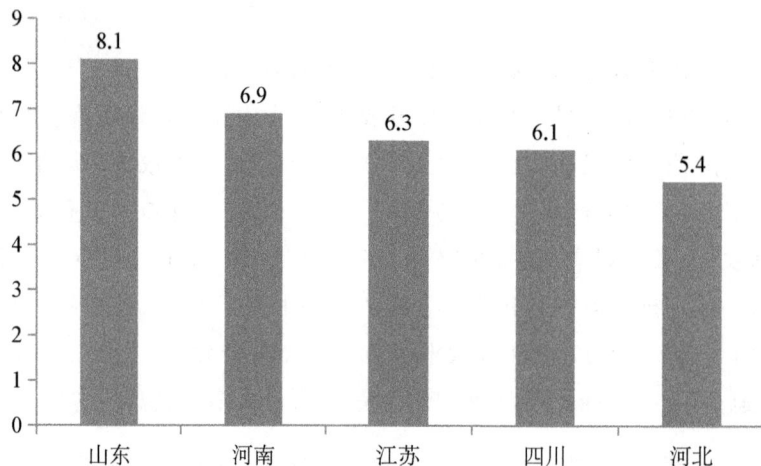

图1　2017年山东、河南、江苏、四川、河北农林牧渔业总产值占全国的比重(%)

从地区农业内部产业结构来看(见表4),江苏省种植业产品产量有所下降,林牧渔业总体稳定,相对与全国来说,2017年江苏渔业比重分别高出11.78%,但林业和畜牧业分别低了2.45%和10.2%,农业比重则与全国平均水平相当,仅低了1.06%;与其他省份相比,江苏畜牧业占比也明显偏低,但渔业占比明显偏高,农业服务业也位居前列。这种结构上的差异一方面是由自然条件决定的,如江苏自古就被称为鱼米之乡,地区河道密布,水资源丰富,因此渔业较为发达;另一方面,与农业发展形态也有关系,江苏由于经济发达,导致了都市农业、观光农业也普遍发达,因此农业服务业相对发达。

表4　2017年全国及部分地区农业内部结构　　　　　　　　　　（单位：亿元、%）

	农业		林业		牧业		渔业	
	绝对值	比重	绝对值	比重	绝对值	比重	绝对值	比重
全　国	61 720	53.83	4 987	4.35	30 243	26.38	12 320	10.74
山　东	9 298.19	49.50	165.09	1.78	2 399.68	25.81	1 535.96	16.52
河　南	4 812.52	60.83	128.88	1.63	2 425.84	30.65	141.91	1.79
江　苏	3 804.95	52.77	136.73	1.90	1 166.97	16.18	1 623.43	22.52
四　川	4 015.97	57.67	239.13	3.43	2 326.71	33.41	239.07	3.43
河　北	3 491.67	56.84	160.92	2.62	1 899.37	30.92	214.97	3.50

数据来源：《江苏统计年鉴2018》、《中国统计摘要2018》

从主要农产品产量结构来看，2017年江苏粮食产量达到3 539.83万吨，较2013年增产了116.85万吨，产量位居全国第五；油料产量达到126.35万吨，较2013年减产24.02万吨；棉花产量为5.1万吨，较2013年减产15.83万吨。从表5可以看出，相对于其他省份来说，江苏粮食产量相对较高，而在肉类、奶类和棉花上产量相对较少，这和表4所反映的农业内部产业结构基本一致。

表5　2017年全国及部分地区主要农业产品产量　　　　　　　　　　（单位：万吨）

地区	粮食	棉花	肉类	奶类
全国总计	61 793	549	8 588	3 655
河北	3 508.02	30.1	463.65	465.43
山西	1 299.9	0.8	82.52	94.28
内蒙古	2 768.45	—	267.69	741.3
辽宁	2 136.74	—	440.46	141.11
吉林	3 720	—	265.49	50.27
黑龙江	6 018.78	—	242.39	542.72
江苏	3 539.83	5.1	343.25	59.93
安徽	3 476	14.3	404.26	31.94
江西	2 127.1	7.7	335.17	12.78
山东	4 723.23	34.5	795.57	274.02
河南	5 973.4	8.7	705.29	320.51
湖北	2 599.7	18.2	429.41	16.03
湖南	2 984	10.6	543.9	9.6
广东	1 365.12	—	412.81	13.25
广西	1 467.7	0.3	415.37	10.04
四川	3 498.4	0.8	666.03	63.79

数据来源：《江苏统计年鉴2018》、《中国统计摘要2018》

三、工业

2017年以来，江苏省全年规模以上工业增加值比上年增长7.5%，其中轻工业增长8.6%，重工业增长6.9%。分经济类型看，国有工业增长7.8%，集体工业增长2.0%，股份制工业增长8.0%，外商港澳台投资工业增长6.6%。在规模以上工业中，国有控股工业增长6.7%，私营工业增长8.0%。全年规模以上工业企业实现主营业务收入14.9万亿元，较上年减少4.85%；利润10 052.54亿元，较上年减少4.94%。企业亏损面11.42%，比上年下降0.88个百分点。规模以上工业企业总资产贡献率、主营业务收入利润率和成本费用利润率分别为14.22%、7%和7.11%。

2014年苏浙沪鲁粤四省一市中，江苏、山东、广东规上工业总量位居前三位，浙江、上海工业规模相对较小，增速分别为9.9%、9.6%和8.4%，均高于全国平均水平（8.3%），浙江、上海规上工业增长较慢，增速仅分别为6.9%和4.3%。到2017年，这些省份的工业增加值有所下降，比上年增长分别为7.5%、7.2%、6.9%、8.3%和6.8%，而全国平均水平为（6.6%）。

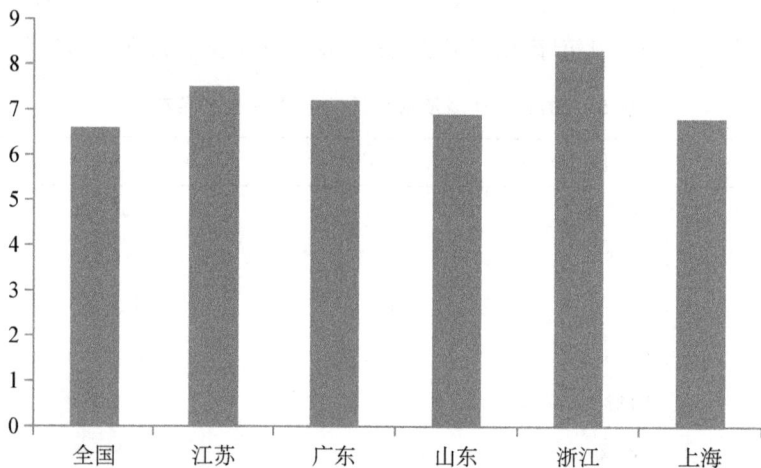

图2　2017年我国部分地区规模以上工业增加值增速对比

数据来源：《江苏统计年鉴2018》、《中国统计摘要2018》

2017年江苏全省工业增加值达到了30 455.15亿元，与2015年相比增加了2 458.72亿元，增幅为2.58%，这一方面进一步反映了经济的下行压力，另一方面反映了江苏积极进行产业结构升级，从以第二产业为主转向以第三产业为带动力促进经济的发展。

就全国范围来看，2017年江苏规模以上工业利润总额达到了10 359.7亿元，位列全国第一位，其中广东超过山东，位于第二位。江苏、广东和山东三省的规模以上工业利润总额分别由2012年的7 250.20亿元、8 016.35亿元、5 464.9亿元增加到2017年的10 359.7亿元、8 986亿元、8 327.6亿元，按名义价格计算，2017年的规模以上工业利润总额分别较2012年增长了145.2%、107.8%和146.9%。

2008—2017年，江苏、广东和山东三省工业利润总额的增幅分别为153.03%、174.58%和112.25%。三个省份中，江苏与广东工业规模增长速度明显较快，并且要高于全国增长水平（125.1%），而山东的增速要落后于这两个省。

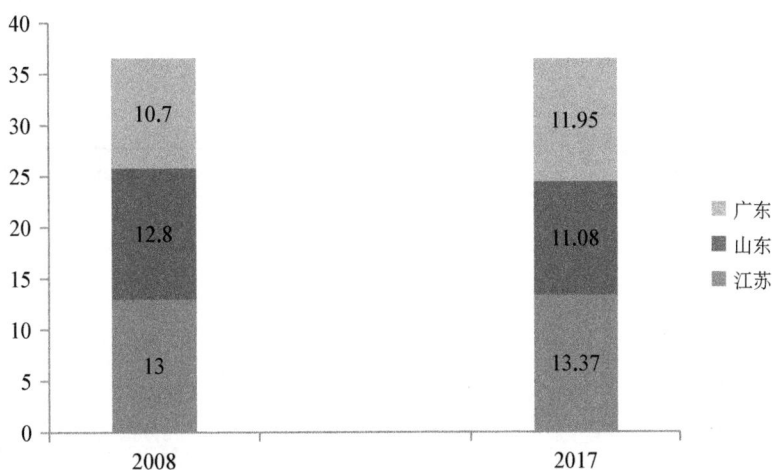

图 3　2008—2017 年江苏及全国部分地区工业利润总额占全国比重　单位:%

数据来源:《江苏统计年鉴 2018》、《中国统计摘要 2018》

表 6　中国及部分地区工业利润总额情况(2008—2017 年)　　　　　　　(单位:亿元)

	排名	2008 年	2017 年	增加额	名义增幅(%)
江苏	1	3 972.93	10 052.54	6 079.61	153.03
广东	2	3 272.60	8 986	5 713.4	174.58
山东	3	3 923.56	8 327.6	4 404.04	112.25
河南	4	2 287.78	5 272.4	2 984.62	130.46
浙江	5	1 634.20	4 569.8	2 935.6	179.64
上海	6	967.24	3 210.9	2 243.66	231.97
福建	7	896.11	3 208.6	2 312.49	258.06
河北	8	1 369.84	3 118.7	1 748.86	127.67
江西	9	507.96	2 475.7	1 967.74	387.38
湖北	10	909.03	2 470.6	1 561.57	171.78
全国		30 562.37	75 187	44 624.63	146.01

数据来源:《江苏统计年鉴 2018》、《中国统计摘要 2018》

　　从工业企业主要经济指标和效益指标统计数据来看:首先,江苏主营业务收入总量居全国第一,增幅居前。2017 年,随着江苏经济的快速增长,江苏工业企业主营业务收入增速也在高速运行,总量达到 148 996.61 亿元,位列第二的是山东,总量为 142 660.2 亿元,江苏与第二名山东的差距为 6 336.41 亿元。2017 年,全省规模以上工业企业实现主营业务收入 15.5 万亿元、利润总额 10 359.7 亿元,分别增长 10.9%、12.4%;主营业务收入利润率为 6.69%。

　　2017 年江苏工业企业利润总额达到 10 052.54 亿元,超过山东,位居全国第一。企业亏损面 11.42%,比 2016 年末增长 0.13 个百分点。2017 年江苏省规模以上工业企业中外商投资和港澳台商投资工业企业企业亏损面高达到 19.16%,这也迫使江苏企业积极的采取措施转型升级,改变以依靠招商引资为主的发展模式。由于 2015—2016 年江苏省处于经济增长速度换挡期、结构调整阵痛期和前期刺激政策消化期"三期叠加"的宏观背景下,多数省份都出现了企业亏损的现象。

2017年江苏省规模以上工业企业总资产贡献率、主营业务收入利润率和成本费用利润率分别为14.22%、6.75%和7.11%。

表7   2017年江苏及部分省份工业企业经济指标   (单位:亿元)

地　　区	主营业务收入	主营业务成本	销售费用	利润总额	亏损企业亏损总额
全国总计	1 164 624	988 959.2	31 801.2	75 187.1	6 843.8
北京	20 354.9	16 885.40	1 109.8	1 992.50	233.9
天津	17 019.6	14 452.80	480.1	1 096.00	202.3
河北	51 900.5	45 323.70	991.2	3 118.70	208.6
山西	17 725.3	14 278.80	568.9	1 024.50	343.7
辽宁	22 480.20	18 749.30	668.4	1 001.40	445.4
吉林	23 162.30	19 651.50	853.8	1 129.20	329.2
黑龙江	10 158.70	8 409.90	288	474.70	122.9
上海	37 426.80	29 997.90	1 405.9	3 210.90	297.3
江苏	148 996.61	127 204.28	4 001.9	10 052.54	557
浙江	67 081.00	56 126.70	1 975.8	4 569.80	343.3
安徽	43 408.10	37 691.30	1 119.8	2 285.30	142.7
福建	48 004.30	41 444.80	1 167.8	3 208.60	125.5
江西	35 585.10	30 947.20	688.9	2 475.70	57.6
山东	142 660.20	124 816.30	3 156.2	8 327.60	592.8
河南	80 605.70	70 581.70	1 511.4	5 272.40	330.4
湖北	43 531.20	37 066.90	1 259.5	2 470.60	189.9
广东	135 598.70	114 028.2	4 524.6	8 986	479

数据来源:《江苏统计年鉴2018》、《中国统计摘要2018》

2017年江苏省工业亏损企业亏损总额较高为557亿元,比上年下降46.3亿元,仅次于排名第一的山东(592.8亿元),但其利润总额位列第一,高出位于第二的广东省1 066.54亿元,高出位于第三的山东省1 724.94亿元。这主要是因为,一方面沿海有些省份终端消费产品的比重比江苏高很多,出口比重也比江苏大,但是因为是终端产品,竞争很大,利润空间受到压缩,此外,出口也不是特别景气。而且,随着行业分工越来越细化,竞争激烈,利润越来越低,不少省份主导产业是加工制造产业,利润空间比较小。另一方面,江苏近年来工业总量和利润在快速上升,可能与产业选择有关,江苏的工业科技含量相对较好,主要是技术密集型产业,市场需求逐年上升,利润空间比较大。

江苏除了在工业规模和工业的产业结构上与其他工业大省有差异外,另一个非常重要的差异是工业生产中的外资使用程度。江苏一直是我国吸引外资的重要地区,而外资最主要的投资领域是制造业,外资企业成为江苏工业生产的重要主体,而临近的浙江等省份由于自身经济发展特点,引入外资规模有限,外资企业在工业(制造业)生产中的份额相对较小。2017年江苏省外资企业比例仍然在增长,达到20.81%,比2016年下降23.33个百分点。2017年外商投资企业的亏损面较高,利润总额也仅有3 477.47亿元,总资产贡献率为12.28%,比上年下降3.14%。我国的制造业自2008年已经出现外资撤出的现象,撤出的外资有相当一部分如服装纺织业流向了人力成本更为低廉的东南亚。相比之下,2017年江苏省大中型工业企业和私营企业较上年利润总额并不理想,大中型企业和私营企业的利润总额分别达到了6 734.66亿元、3 761.53亿元,相较2016年下降了126.23亿元、453.00亿元,总资产贡献率也分别达到了14.18%、18.27%,比2016年稍有下降,这与近两年来江苏的政策导向有一定的关系。近两年江苏为发展民营经济出台了一系列的政策文件,推动产学研一体化的同时鼓励其实现"五个发展"和"五个转变",并且对其发展也有一定政策偏向。2017年江苏省科研机构数达到了24 112个,比2016年少了1 290个,其中大中型工业企业占到了7 204个,占比为29.88%,约为1/3。

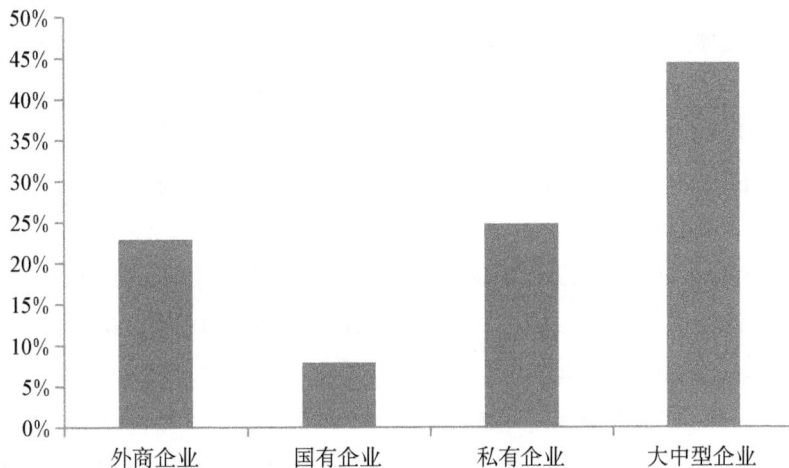

图4　2017年江苏省不同类型工业企业利润总额占全省的比重

数据来源:《江苏统计年鉴2018》《中国统计摘要2018》

江苏实体经济优势突出,制造业总产值约占全国1/8。推动制造业转型升级,以创新优势取代成本优势,是江苏清晰的路径。抓传统产业改造提升,江苏省突出智能制造主攻方向,实施《中国制造2025江苏行动纲要》。2017年,全省大中型企业研发中心建有率超过90%,工业技改投入达1.4万亿元。抓新兴产业培育壮大,江苏省围绕移动通信、集成电路、物联网等产业,实施前瞻性产业技术创新和重大科技成果转化两个专项,尽快让新兴产业成长为支柱产业,全省战略性新兴产业占规模以上工业总产值比重超过30%。数字经济、创意经济、分享经济等新经济增长点也快速成长。

江苏省突出抓好苏南国家自主创新示范区建设,抓好创新型试点城市、高新技术产业开发区和大学科技园建设。到2017年,苏南国家自主创新示范区全社会研发投入占地区生产总值比重达到2.82%,每万人发明专利拥有量32件,科技进步贡献率超过63%,城市群一体化创新发展的格局正在加快形成。全省新认定高新技术企业1 000家以上,培育科技型拟上市企业800家以上。培育和认定10—20家创新示范企业,省级"小巨人"企业50家,培育国家级知识产权示范企业40家以上。优秀科技园区50家,优秀众创空间50家,瞪羚企业183家。这些创新"强磁场",使得不同区域、不同领域的创新"浓度"不断提升。

加快从要素驱动、投资驱动转向创新驱动。全省全社会研发投入由2012年的1 288亿元增至2017年的2 260.06亿元,年均增长12%;占GDP比重从2012年的2.33%提高到2017年的2.63%。

四、服务业

  "十三五"时期,是江苏深入贯彻落实科学发展观、加快转变经济发展方式的攻坚时期,也是全面建成更高水平小康社会并向基本实现现代化迈进的关键时期。加快发展现代服务业对于江苏推进经济转型升级和实现"两个率先"具有十分重要的意义。2010年江苏提出以实施服务业提速计划为抓手,促进生产服务业集聚化、生活服务业便利化、基础服务业网络化、公共服务业均等化,逐步实现由制造为主向服务为主的转变,树立"江苏服务"的崭新形象。2015年作为"十二五"规划的收官之年,更应大力发展服务业,服务业对其他产业、对人民生活的服务能力和服务质量需要增强。2017年第三产业的生产总值达到了38 458.45亿元,比2016年增加了4 710.99亿元,增幅为12.25%。服务业提质更值得关注,"两个占比过半",显现出江苏经济结构质的进步,见证了江苏经济发展方式的根本转变——服务业增加值占GDP比重2017年达到50.3%,在拉动经济增长的"三驾马车"中,最终消费占GDP比重从2012年的42%提升至2017年的52%,以消费拉动为主要动力的经济增长模式初步确立。服务业已成为江苏拉动经济快速增长的重要力量;但是,与国内服务业发达省市相比,江苏服务业发展还存在一定的差距。作为现代服务业的代表,2017年金融业增加值6 786.4亿元,占全省GDP的7.9%,比2012年提高2.1个百分点,是服务业中占比提升幅度最大的行业。2016年,全省产业结构实现从"二三一"到"三二一"的根本性转变,服务业成为对全省经济增长贡献最大、拉动最高的产业。现代物流业、科技服务业、软件和信息服务业、文化产业等也高歌猛进。

  从服务业GDP规模来看,2017年江苏服务业GDP达到43 169.44亿元,排名全国第二位,仅次于广东的43 169.44亿元,高于山东(34 876.32亿元)、浙江(27 279.31亿元)。江苏服务业发展规模与广东的差距较大,2017年两省差值达到4 318.84亿元,与2016年相比,差距扩大了1 024.84亿元。江苏服务业增加值的全国排名基本与GDP排名一致,由此可见,江苏服务业总量、服务业发展水平与地区经济的发展基本一致。从各年服务业GDP占全国的比重来看,2013年之后,服务业GDP规模排名前十的省份占比之和基本维持在60%左右,其中2017年江苏占比为10.11%,大约居全国十分之一强,这也反映出江苏第三产业对于全国第三产业增长起到越来越重要的作用。

表8   中国部分地区服务业GDP情况(2013—2017年)

(单位:亿元)

地区	2013年	2014年	2015年	2016年	2017年	2013—2017年增幅(%)
全国	275 887.04	306 038.2	346 149.7	384 221	427 031.5	54.78
北京市	14 986.43	16 627.04	18 331.74	19 995.3	22 569.27	50.60
辽宁省	10 486.56	11 956.19	13 243.02	11 360.0	12 362.08	17.88
上海市	13 445.07	15 275.72	17 022.63	19 362.3	20 783.47	54.58
江苏省	26 421.64	30 599.49	34 085.88	38 152.0	43 169.44	63.39
浙江省	17 337.22	19 221.51	21 341.91	24 000.6	27 279.31	57.35
广东省	29 688.97	33 223.28	36 853.47	41 446.0	47 488.28	59.95
山东省	22 519.23	25 840.12	28 537.35	31 669.0	34 876.32	54.87

续表

地区	2013 年	2014 年	2015 年	2016 年	2017 年	2013—2017 年增幅(%)
湖北省	9 398.77	11 349.93	12 736.79	14 423.5	16 503.4	75.59
河南省	10 290.49	12 961.67	14 875.23	16 818.3	19 198.68	86.57
湖南省	9 885.09	11 406.51	12 759.77	14 485.3	16 755.11	69.50

数据来源:《江苏统计年鉴 2018》、《中国统计摘要 2018》

从各年服务业 GDP 增速来看,受金融危机影响 2008 年之后,各主要经济大省的增速都呈现下滑趋势。2017 年江苏服务业 GDP 较 2016 年增长了 11.57%,增幅比 2016 年增加了 0.36 个百分点,增长幅度在全国处于平均水平,低于浙江(13.23%)、广东(12.93%),高于北京(9.59%)以及全国平均 11.14% 的增速。

表 9　历年中国及各地区服务业增加值指数(可比价格,上年＝100)

年份	北京	上海	江苏	浙江	山东	广东
2013	107.6	108.8	109.8	108.7	109.2	109.9
2014	107.5	108.8	110.01	108.59	108.9	107.99
2015	106.9	106.9	108.5	108	108	108
2016	112.3	115.5	113.5	112.9	111.2	114.1
2017	106.7	106.8	106.8	106.6	106.5	106

数据来源:《江苏统计年鉴 2018》、《中国统计摘要 2018》

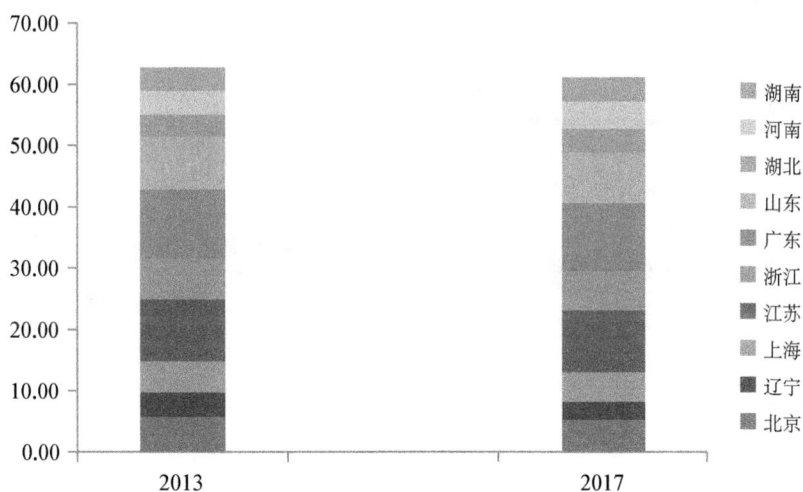

图 5　历年各地区第三产业 GDP 占全国比重

数据来源:《江苏统计年鉴 2018》、《中国统计摘要 2018》

从服务业占 GDP 的比重来看,考察 2013—2017 年间全国及各主要省份服务业占 GDP 比重,可以发现各省份该指标的变化方向不一致,其中 2017 年江苏第三产业占 GDP 的比重较 2013 年上升了 4.73 个百分点,而广东下降了 0.34 个百分点,浙江上升了 5.16 个百分点。反映出 2017 年以来,在宏观经济处于"三期叠加"的背景下,江苏服务业的发展也受到了一定得影响,在这样一个背景下,政府也大力鼓励各个企业加快产业结构转型,促进产业优化升级。同时,服务业的贡献下降也与人口红利逐渐减弱有关。2017年江苏服务业占GDP比重为50.25%,比上年下降1.02个百分点。与全国其他省份在服务业占GDP比重相比较,江苏比重明显偏低。同一时期,北京服务业的增加值占GDP比重为80.60%、上海为68.97%、广东为52.84%以及浙江为52.70%,均高于江苏。与服务业发达省份相比,江苏省现代服务业企业普遍体量较小、产业雷同、竞争力弱,资源分散、同质化发展的现象比较突出。新兴业态布局分散,规模效应尚不明显,缺少龙头企业和知名品牌,集聚区集聚功能和产业带动能力还需持续提高。制造业企业大量服务资源还未真正向社会开放,仍以官办服务机构为主,服务效率相对较低。在研发创新方面,电子商务、创新型孵化器、互联网资讯等领域与北京、上海、广东、浙江等地相比较为滞后,此外,江苏省科技服务业存在政策体系不完善、业务领域发展不平衡、科技服务机构自我发展能力较弱等问题,在很大程度上制约了产业的发展。服务业跃居江苏第一大产业。

2017年,江苏服务业对地区生产总值贡献率、拉动均超过二产,成为对经济增长贡献最大、拉动最高的产业。日前,江苏省统计局发布全省服务业发展情况指出,服务业跃居江苏第一大产业,发展动力仍在积聚。2013—2016年,江苏全省服务业增加值一直保持9%以上的增长速度,2013—2016年分别增长9.8%、10.0%、9.4%和9.7%。2017年江苏全省服务业增加值增长8.2%,增长有点下降,这并不能表示江苏省服务业发展态势不好,而是代表其在稳态发展,稳中向好。2017年,全省服务业增加值达38 691.60亿元,增长8.2%。按可比价格计算,2013—2017年,年均增长9.42%。2017年,江苏全省服务业吸纳就业人数1 917.39万人,比2013年净增156.23万人;服务业就业人数占比为40.3%,比2013年提高3.3个百分点,年均提高0.82个百分点。2017年,服务业增加值占地区生产总值的50.0%,说明服务业用较少的就业人数创造了较大的经济总量。

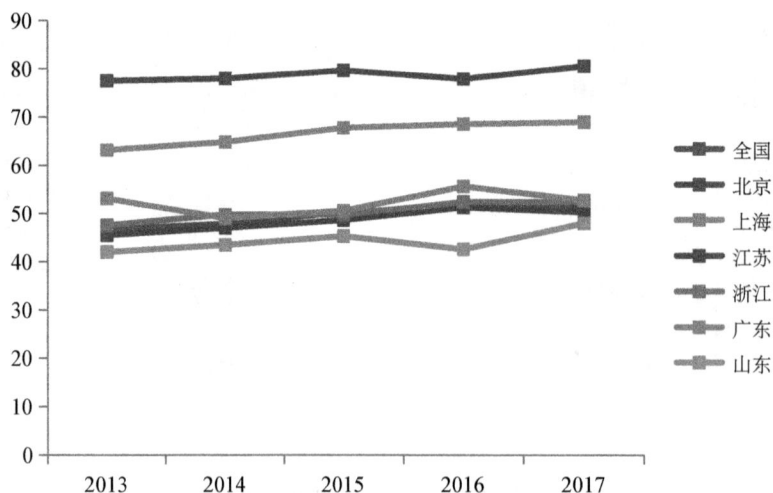

图6 2013—2017年全国及部分地区服务业GDP占总GDP比重 单位:%

数据来源:《江苏统计年鉴2017》、《中国统计摘要2017》

"十三五"以来,江苏省出台了一系列关于加快发展现代服务业的文件,不断完善推进现代服务业发展的政策体系,服务业重点产业的领先优势逐步明朗。江苏主动适应经济发展新常态,财税金融改革不断深化,金融宏观调控体系、财政金融体制日趋完善。全省财政金融稳健运行,在规模稳步扩张的同时,结构明显优化。金融行业总量不断攀升,多层次资本市场体系逐步完善。在保证各项重大改革措施顺利实施的同时,有力地支持了江苏经济建设和各项社会事业持续健康发展。

2017年,江苏省金融业保持平稳运行,社会融资规模增长适度,金融市场交易活跃。具体影响可以体现在以下三个方面:

一是金融业影响力明显提升。1978—2017年,我国服务业增加值从905亿元增长到427 032亿元,年均实际增长10.5%,比GDP年均实际增速高1.0个百分点;服务业占GDP的比重从24.6%上升至51.6%;对国民经济增长的贡献率从28.4%上升至58.8%,成为国民经济第一大产业和经济增长的主动力。江苏银行综合实力跻身全国城市商业银行前三甲,华泰证券进入国内证券行业第一方阵,金融业已成为江苏省现代服务业的"第一板块"和全省经济的支柱产业。

二是现代物流业服务功能持续增强。现代服务业加快发展,互联网和相关服务业实现营业收入592.8亿元,增长71.3%,商务服务业营业收入增长16.6%,软件和信息技术服务业营业收入增长17.6%,邮政业营业收入增长18.4%。民生相关产业快速发展,居民服务业营业收入增长27.7%,文化艺术业营业收入增长13.2%,体育服务业营业收入增长20.8%,卫生服务业营业收入增长15.9%。全年公路客货运周转量增长10.3%,铁路客货运周转量增长9%,机场旅客吞吐量、货邮吞吐量分别增长19.6%、10.6%。全省物流相关行业实现增加值5 316.9亿元,比上年增长8.4%。物流业景气指数(LPI)月度平均值为54.1%,略高于前两年的平均值,行业回升向好态势明显。从社会物流需求来看,2017年,全省实现社会物流总额279 563.0亿元,同比增长13.7%,增速比上年提高了7.2个百分点,物流需求规模快速增长。其中,受仪器仪表、专用设备、电子设备及医药等新型制造业的产销量高速增长拉动,工业品物流需求保持较高增速,工业品物流总额为226 722.9亿元,同比增长13.2%,增幅比上年同期提高7.2个百分点,占社会物流总额的比重为81.1%;受国际市场回暖、大宗原材料需求量价齐升和国内供给侧结构性改革多重影响,大宗矿产、化工原料、机电等产品进口物流需求增速明显,进口货物物流总额同比增长19.6%;受居民消费升级及消费品类多样化发展带动,居民消费物流需求继续保持快速增长势头,单位与居民物品物流总额同比增长32.7%。

三是旅游业质态明显提高。2017年全省在建和计划建设的超百亿旅游项目已达18个。全省接待境内外游客7.47亿人次,5年年均增长9.6%;旅游业总收入超过1.16万亿元,年均增长12.2%;旅游业增加值5 195亿元,年均增长12.2%,占全省GDP的比重超过6%,对国民经济的贡献逐年提高。全省共有5A级景区23家、国家级旅游度假区6家,数量全国第一;四星级以上饭店248家,旅行社2 602家,持证导游50 298人,数量全国领先。江苏是全国第二个旅游业迈上万亿元台阶的省份,产业规模和服务质量继续保持全国第一方阵。

表 10　2017 年全国及部分地区传统服务业情况

	批发和零售业		交通运输、仓储和邮政业	
	增加值	比重(%)	增加值(亿元)	比重(%)
全国	71 290.7	9.4	36 802.7	4.4
北京市	2 486.8	8.9	1 208.4	4.3
上海市	4 393.36	14.58	960.28	3.19
江苏省	7 470.27	9.65	2 837.16	3.67
浙江省	6 219.61	22.8	1 939	7.1

数据来源:《江苏统计年鉴2018》、《中国统计摘要2018》

　　传统服务业占比的下降主要是由于现代服务业在服务业中地位提升所导致,2012—2017 年,江苏现代服务业占服务业的比重由 43.50% 上升到 51.6%。房地产业在江苏现代服务业中依然占据突出地位,目前江苏省房地产、商业等传统服务业对外开放程度较高,但金融、医疗、教育等高端服务业领域拓展不够,与享有国家试点政策和改革红利的上海、广东以及天津等地相比,还存在一定差距。传统服务业比重偏大,批发零售、餐饮等传统业态仍占据主导地位,金融、电子商务、科技信息等生产性服务业落后于制造业,且在服务业中占比较低,研发、设计、创意等服务业供给不足。软件和信息服务、金融、教育等行业的地区差距相当明显,农村服务业基础比较薄弱,城市服务业发展水平有待持续提升。

表 11　2017 年全国及部分地区现代服务业情况

	网上零售业		实物商品网上零售业	
	总值(亿元)	比上年增长(%)	总值(亿元)	比上年增长(%)
全国	71 750.7	32.2	54 805.6	28
北京市	6 823.6	15.9	5 149.2	11.9
上海市	6 787.1	25.7	5 817.9	23.9
江苏省	7 006.9	39	5 545.3	34.8
浙江省	12 297.9	29.4	8 503.2	27.7
山东省	2 539.3	37.5	2 084.5	32.3
广东省	15 683.3	34.2	13 605.7	31.3

数据来源:《江苏统计年鉴2018》、《中国统计摘要2018》

　　从表 11 可以看出,江苏省网上零售额的增长速度位于全国领先地位,根据马斯洛需求理论,人们在满足了基本的生理需求之后,会追求更高层次的满足。江苏经济发展到今天,人们会更注重服务的质量以及服务种类的多样性。江苏省"十三五"规划中将服务业发展的目光转移到了养老服务业上。江苏省于 1986 年进入老龄化社会,比全国早 13 年,是全国最早进入老龄化的省份,也是老龄化程度最高的省份。江苏省的人口老龄化问题突出体现在以下五点:一是老年人口基数大。2017 年底,全省 60 周岁以上老年人口达到 1 786.26 万,占户籍人口的 22.76%,高于全国 5.3 个百分点;65 周岁以上老年人口达到 1 186.61 万,占户籍人口总数的 15.12%。二是增速快。从 2010 年到 2016 年,全省 60 周岁以上老年人口增加了 488 万,平均每年净增近 81.33 万。三是寿龄高。到

2017年底,全省80周岁以上老年人口达到226.70万,占老年人口的12.69%。四是空巢比例高。全省空巢老人占全省老年人口的52%。五是失能失智多。全省失能、部分失能和失智老年人约占老年人口的10%,其中完全失能的约占3%。这一现状与持续增长的社会需求相比,凸显养老服务有效供给仍显不足,服务水平仍有明显差距。预计到2020年,全省60岁以上老年人口将达到1 950万人,占总人口的比例将达到25%,到2030年将超过30%,2052年达到峰值37.81%,绝对数为2 743.31万人。故江苏在"十二五"成果的基础上进一步发展养老服务业,在"十三五"规划中江苏计划到2020年,城乡社区居家养老服务基本实现全覆盖,城市街道开展日间照料服务,城市社区提供助餐服务,城乡标准化社区居家养老服务中心建成率分别达到80%、40%以上,以县(市、区)为单位居家呼叫服务和应急救援服务信息网络实现全覆盖。

就目前供需情况来看,一方面,物质供给和精神供给并不平衡,对于老年人的精神供给相对贫乏,这也是造成保健品市场乱象和诈骗频发的主要原因之一。另一方面,无论是物质产品还是精神产品的开发,都属于不充分的阶段,导致很多老年人难以在市面上选购到满意的产品。这也恰恰说明,老年用品市场还有很大提升空间,需要去拓展,去改进。相关企业应当把提供符合市场需求的适老产品当作发展方向。对于地方经济而言,这也将成为新的经济增长极。

第三章　2017年江苏省开放型在全国的地位与变化分析

一、对外贸易

2017年,世界经济复杂多变,市场存在较大不确定性,但江苏外贸进出口值达到了5 911.38亿元,占全国比重的14.40%,占比在全国位于第二,仅次于广东省(24.52%)。其中出口总额达到了3 632.98亿元,占进出口总额的61.46%,形成了贸易顺差。继2016年江苏省进出口下降之后,2017年进出口总额开始上升且较2015年增加455.25亿元。

2017年,实现进出口总额为5 096.12亿美元,比上年增加了815.26亿美元,上升幅度为16%。其中,出口总额为3 632.98亿美元,较2016年增加了439.54亿美元,增加了13.76%;进口总额为2 278.40亿美元,较2016年增加了375.72亿美元,增加了19.75%。图1直观地描述了2013—2017年江苏省进出口额的变动情况。

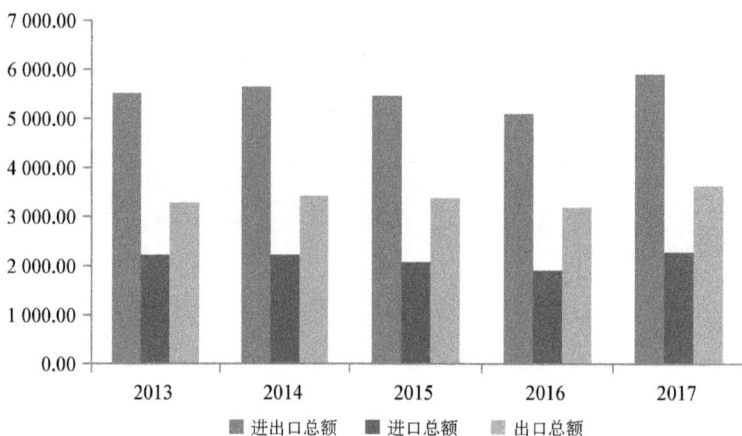

图1　2013—2017年江苏省进出口额变动(单位:亿美元)

数据来源:历年《江苏统计年鉴》

近年来,江苏省进出口增速经历较大的波动。2009—2010年增速由负转变为正,并达到近五年的高点,接近40%。但此后连续下滑,2011年下降到了15%左右,增速放缓近三分之一,虽然2014年进出口总额实现2.3%的增速,但在2015年、2016年增速出现了负增长,直到2017年增速为正,具体见图2。

2017年我国外贸发展克服之前遇到的困难,进出口直线上升,且高于2014年。就全国来看,江苏省的进出口总额(5 911.39亿美元)仅次于广东(10 064.76亿美元)。其中:进出口总额上升16%;出口方面,江苏省上升13.76%。2017年江苏省的出口结构有所改变,虽仍以机电产品、传统劳动密集型产品为主,但船舶、高新技术产业的出口也较为引人注目。2017 年江苏省机电产品出口总额 2 393.00 亿美元,占出口总额的 65.87%,与 2016 年相比增加了 312.96 亿美元。而传统劳动密集型产品中纺织纱线、织物及制品出口总额达到了 213.36 亿美元,较 2016 年增加了 11.97 亿美元,出口额增幅比上年高 11.856 亿美元。船舶行业出口额出现增长形式,后继订单量有所增大,相比 2016 年而言船舶压力缓解,2017 年江苏省出口船舶 60.77 亿美元,较 2016 年增加了 2.11 亿元。高新技术产业虽一直以来都不是我国的强项,但 2017 年江苏省高新技术产品出口总额达到了 1 380.00 亿美元,出口额占总出口额比重的 37.99%。

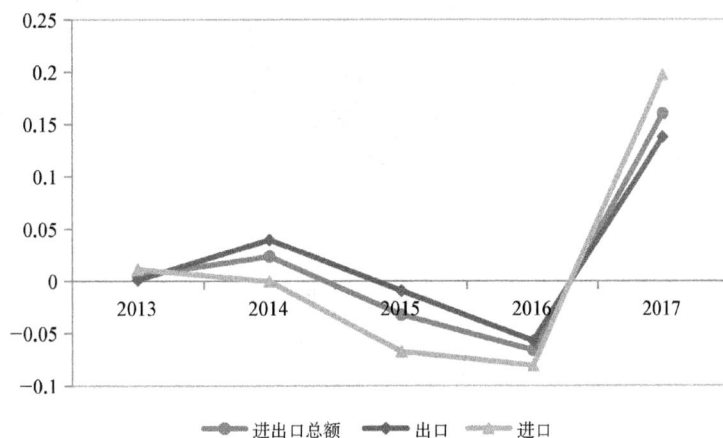

图 2　2013—2017 年江苏省进出口增速变动

数据来源:历年《江苏统计年鉴》

　　一般贸易走势有所回暖,加工贸易趋向平稳。2017 年全省一般贸易方式进出口总额达到了 2 842.43 亿美元,占全省进出口总额 48.08%,占比较 2016 年同期上升 0.21 个百分点。其中,一般贸易出口上升 13%。同期,加工贸易方式进出口总额为 2 434.66 亿美元,占全省进出口总额 41.19%,占比增长 1.21 个百分点。

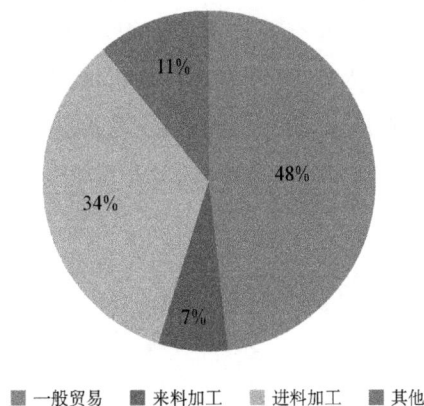

图 3　2017 年江苏省按贸易方式分进口贸易结构

数据来源:《江苏统计年鉴 2018》

2017年江苏省一般贸易出口额为1 756.4亿美元,占出口总额的,比2016年下降约0.35个百分点;来料加工装配贸易、进料加工贸易出口额分别为134.2亿美元、1 379.0亿美元,来料加工装配贸易较2016年减少了2.4亿美元,进料加工贸易出口额较2016年增加了126.3亿美元,分别占2017年出口总额的3.7%和37.96%,见图4。

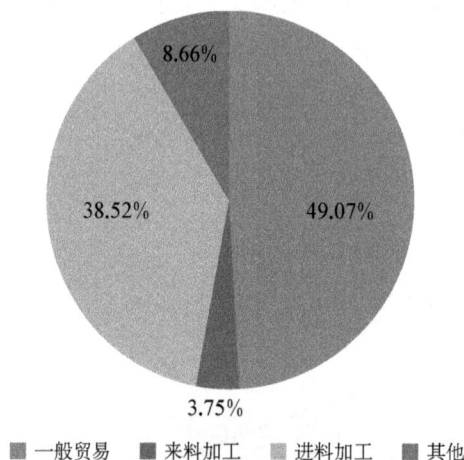

图4 2017年江苏省按贸易方式分出口贸易结构

数据来源:《江苏统计年鉴2018》

2017年,江苏一般贸易进出口2 842.43亿美元,占江苏省外贸总值的48.08%,同比提升0.21个百分点。其中,高新技术产品持续发力,较上年增长17.97%,带来的增加值远高于传统产品,显示出江苏省部分高尖端产业的出口比较优势正在提升。

在江苏省2017年进出口商品类型中,初级产品进口299.86亿美元,占进口总额的13.16%,较2016年上涨了0.9个百分点;而初级产品出口55.26亿美元,虽比2015年增加了3.88亿美元,但仅占出口总额的1.52%,表现出明显的不平衡。初级产品进口以非食用原料（燃料除外）和矿物燃料、润滑油及有关原料为主,分别占进口总额9.04%和3.31%。工业制成品进口18 449.923 2亿美元,占进口总额的86.05%,而工业制成品出口3 411.89亿美元,占出口总额的98.41%。工业制成品进口中,机械及运输设备、化学成品及有关产品两项比重较大,分别占进口总额的51.45%和11.14%。工业制成品出口中,机械及运输设备、杂项制品两项比重较大,分别占出口总额的57.14%和18.40%。2017年江苏省进出口商品类型参见表1。

表1 2017年江苏省进出口商品类型

商品类型	进口金额（万美元）	进口比重（%）	出口金额（万美元）	出口比重（%）
总　计	21 497 785.1	100	34 671 500.1	100
初级产品	2 998 553	13.95	552 634	1.593 9
食品及活动物	168 564.4	0.784 1	246 853.2	0.712 0
活动物	1 779.9	0.008 3	1 423.1	0.004 1
肉及肉制品	51 851	0.241 2	1 885.4	0.005 4
乳品及蛋品	17 446.5	0.081 2	702.5	0.002 0

商品类型	进口金额（万美元）	进口比重（%）	出口金额（万美元）	出口比重（%）
鱼、甲壳及软体类动物及其制品	757.7	0.003 5	12 025.4	0.034 7
谷物及其制品	7 873.3	0.036 6	10 762.1	0.031 0
蔬菜及水果	50 723.8	0.235 9	123 759.5	0.357 0
糖、糖制品及蜂蜜	3 114.4	0.014 5	11 759.2	0.034 0
咖啡、茶、可可、调味料及其制品	9 939.1	0.046 2	8 278.2	0.023 9
饲料（不包括未碾磨谷物）	5 389.3	0.025 1	28 819.8	0.083 1
杂项食品	19 689.5	0.091 6	47 437.9	0.136 8
饮料及烟类	9 168.8	0.042 6	2 892.1	0.008 3
♯饮料	9 168.8	0.042 6	445.2	0.001 3
非食用原料（燃料除外）	1 943 109.5	9.038 6	235 609.4	0.679 5
生皮及生毛皮	13 139	0.061 1	73.4	0.000 2
油籽及含油果实	21 247.3	0.098 8	125.1	0.000 4
生橡胶（包括合成橡胶及再生橡胶）	118 978.4	0.553 4	21 125.7	0.060 9
软木及木材	99 776.3	0.464 1	6 456.5	0.018 6
纸浆及废纸	356 729.6	1.659 4	1 071.1	0.003 1
纺织纤维（羊毛条除外）及其废料	253 387.5	1.178 7	107 153	0.309 1
天然肥料及矿物（煤、石油及宝石除外）	50 037.6	0.232 8	9 036.1	0.026 1
金属矿砂及金属废料	1 006 669.8	4.682 7	6 078	0.017 5
其他动、植物原料	23 144	0.107 7	84 490.5	0.243 7
矿物燃料、润滑油及有关原料	711 496.4	3.309 6	60 443.8	0.174 3
煤、焦炭及煤砖	106 219.2	0.494 1	7 935	0.022 9
石油、石油产品及有关原料	254 096.4	1.182 0	52 341	0.151 0
天然气及人造气	351 180.8	1.633 6	167.8	0.000 5
动植物油、脂及蜡	166 213.9	0.773	6 835.6	0.019 7
动物油、脂	1 799	0.008 4	3 312.8	0.009 6
植物油、脂	159 555.5	0.742 2	527.8	0.001 5
已加工的动植物油、脂及动植物蜡	4 859.4	0.022 6	2 994.9	0.008 6
工业制成品	18 499 232	86.051 8	34 118 866.1	98.406 1
化学成品及有关产品	3 387 835.7	15.759 0	2 628 376.3	7.580 8
有机化学品	1 687 788.1	7.851 0	1 034 111.9	2.982 6
无机化学品	149 274.9	0.694 4	168 249.1	0.485 3
染料、鞣料及着色料	66 683.4	0.310 2	110 485.9	0.318 7
医药品	271 687.6	1.263 8	254 603.8	0.734 3
精油、香料及盥洗、光洁制品	46 938.9	0.218 3	104 355.1	0.301 0
制成肥料	6 618.3	0.030 8	43 150.5	0.124 5
初级形状的塑料	568 187.1	2.643 0	246 866	0.712 0

续表

商品类型	进口金额 (万美元)	进口比重 (%)	出口金额 (万美元)	出口比重 (%)
非初级形状的塑料	357 238.4	1.661 7	262 187.6	0.756 2
其他化学原料及产品	233 419	1.085 8	404 366.4	1.166 3
按原料分类的制成品	1 648 327.2	7.667 4	5 299 092.2	15.283 7
皮革、皮革制品及已鞣毛皮	25 997.4	0.120 9	24 010.8	0.069 3
橡胶制品	75 636.9	0.351 8	173 304.4	0.499 8
软木及木制品(家具除外)	3 575.7	0.016 6	122 535.5	0.353 4
纸及纸板;纸浆、纸及纸板制品	72 317.8	0.336 4	260 890.3	0.752 5
纺纱、织物、制成品及有关产品	216 042.8	1.005 0	2 109 523.7	6.084 3
非金属矿物制品	160 575	0.746 9	295 411.4	0.852 0
钢铁	351 535.1	1.635 2	1 007 542.9	2.906 0
有色金属	447 243.3	2.080 4	282 728	0.815 4
金属制品	295 403.2	1.374 1	1 023 145.4	2.951 0
机械及运输设备	11 061 596.8	51.454 6	19 811 741.1	57.14
动力机械及设备	362 116.6	1.684 4	707 145	2.040
特种工业专用机械	932 884.3	4.339 4	898 226.7	2.590 7
金工机械	277 057.3	1.288 8	136 748.8	0.394 4
通用工业机械设备及零件	890 338.7	4.141 5	1 686 652.1	4.864 7
办公用机械及自动数据处理设备	633 426.3	2.946 5	4 803 391.6	13.854 0
电信及声音的录制及重放装置设备	733 208.8	3.410 6	4 176 033.3	12.044 6
电力机械、器具及其电气零件	6 843 684.6	31.834 4	5 549 063.9	16.004 7
陆路车辆(包括气垫式)	341 637.1	1.589 2	1 096 089.5	3.161 4
其他运输设备	47 243.2	0.219 8	758 390.1	2.187 4
杂项制品	2 396 192.3	11.146 2	6 378 242.8	18.396 2
活动房屋;卫生、水道、供热及照明装置	14 606.5	0.067 9	172 705.2	0.498 1
家具及其零件;褥垫及类似填充制品	20 780.5	0.096 7	628 915.6	1.814 0
旅行用品、手提包及类似品	3 055.2	0.014 2	161 464.3	0.465 7
服装及衣着附件	57 722.7	0.268 5	2 482 888.1	7.161 2
鞋靴	126 923.6	0.590 4	225 297.4	0.649 8
专业、科学及控制用仪器和装置	1 551 156.7	7.215 4	1 286 866.9	3.711 6
摄影器材、光学物品及钟表	385 349.6	1.792 5	217 332.8	0.626 8
杂项制品	236 597.6	1.100 6	1 202 772.6	3.469 1

数据来源:《江苏统计年鉴2018》

　　经历2016年的贸易乏力之后,2017年江苏省大部分产品的出口额已呈现上涨趋势,只有部分商品还处于下降趋势,如二极管及类似半导体器件较上年出口减少幅度较大,达10.18亿美元,说明我国的半导体等高新技术产品自主生产能力尚欠缺。同期,七大类传统劳动密集型产品出口561.9亿美元,较2015年减少了4.1亿美元,下降幅度为0.72%,占全省出口总值的11.03%,同比下降 5.67 个百分点。全省主要出口产品中：船舶出口 60.77 亿美元，上升 3.6%；集成电路出口 171.13 亿美元，上升 11.42%；钢材出口额为 99.59 亿美元，上升 5.38%；蓄电池出口额为 22.07 亿美元，增长 21.82%；液晶显示板 63.94 亿美元，下降 1.96%，下降幅度较上年有明显减少。

2017 年国企和民营企业数量明显减少，外资企业数量也有所下降。全省民营企业进出口 1 513.483 亿美元，上升 13.22%。其中，出口增长 10.45%，进口增长 20.86%。同期，外商投资企业进出口 3 768.204 6 亿美元，增长 15.62%。其中，出口增长 13.35%，进口增长 18.66%。国有企业进出口 535.70 亿美元，增长 29.80%。其中，出口增长 30.6%，进口增长 27.92%。图 5 反映了不同经济类型企业进口额占江苏省 2017 年进口总额的比重；图 6 反映了不同经济类型企业出口额占江苏省 2017 年出口总额的比重。

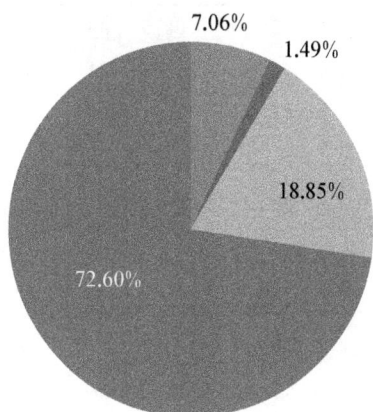

图 5　2017 年江苏省按经济类型分进口贸易结构
数据来源：《江苏统计年鉴 2018》

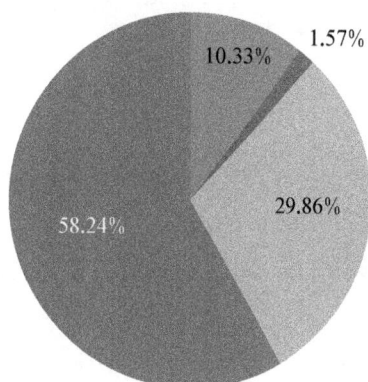

图 6　2017 年江苏省按经济类型分出口贸易结构
数据来源：《江苏统计年鉴 2018》

对美国、东盟出口不再下滑，其中美国出口增长 19.32%，东盟出口增长 11.49%。同时对韩国出口增长了 10.54%，增长率高于 2016 年 10.14 个百分点。美国继续超越欧盟是江苏省第一大贸易伙伴，东盟则成为江苏省第三大贸易市场。中国香港出口增长 11.76%，超越日本成为江苏省第四大贸易市场。当前，江苏省前五大贸易伙伴分别为：美国 855.85 亿美元，欧盟 687.25 亿美元，东盟 391.39 亿美元，中国香港 304.77 亿美元，日本 273.01 亿美元。

"一带一路"倡议已是江苏省进出口的重要增长点，2017 年，江苏省对东盟、印度、俄罗斯、墨西哥和智利进出口分别增长 16.17%、23.78%、14.60%、8.17% 和 5.89%；其中对俄罗斯的增长速度下降 6.3%，海外市场多元化的趋势凸显。

从进出口商品的国家和地区来看，亚洲是江苏省对外贸易的主要来源地和目的地。2017 年，江苏省对亚洲的进出口总额为 3 152.75 亿美元，占进出口总额的 53.33%，与 2016 年相比，金额增加了 393.23 亿美元，比重下降了 0.82 个百分点。其中对亚洲进口总额 1 562.12 亿美元，占进口总额比重为 68.56%；对亚洲出口总额 1 590.63 亿美元，占出口总额比重为 43.78%。欧洲和北美洲也是重要的对外贸易来源地和目的地，江苏省 2017 年对欧洲和北美洲的进出口总额分别为 1 059.12 亿美元和 1 088.55 亿美元，分别占进出口总额的 17.92% 和 18.41%，在 2016 年对外贸易疲软的情况下，今年江苏对各大洲的进出口贸易总额普遍呈现一种上升的趋势。2017 年，江苏省最重要的三个贸易伙伴国是美国、韩国、日本,分别占江苏省进出口总额的17.04%、10.85%和9.49%,自2015年以来,韩国取代日本成为中国的第二大贸易伙伴国。前三位的进口来源地是韩国、中国台湾、日本,分别占江苏省进口总额的20.07%、13.00%和12.63%。前三位的出口目的地是美国、中国香港、日本,分别占江苏省出口总额的23.56%、8.39%和7.51%,同样,从2015年开始中国香港取代日本成为江苏第二大出口国。另外,亚太经合组织、欧洲联盟、东南亚国家联盟等区域一体化组织也在江苏省对外贸易发展中扮演着重要角色。参见表2。

表2 2017年江苏省进出口商品主要国家和地区

国家(地区)	金额(万美元)			比重(%)		
	进出口	进口	出口	进出口	进口	出口
亚　洲	31 527 457	15 621 194	15 906 263	53.333 44	68.561 99	43.782 95
＃巴林	12 144	2 409	9 735	0.020 543	0.010 573	0.026 795
孟加拉国	308 142	5 493	302 649	0.521 269	0.024 111	0.833 059
缅甸	95 408	1 380	94 028	0.161 397	0.006 056	0.258 819
柬埔寨	123 761	14 646	109 115	0.209 361	0.064 282	0.300 346
塞浦路斯	10 702	88	10 614	0.018 104	0.000 388	0.029 215
中国香港	3 112 464	64 751	3 047 713	5.265 203	0.284 196	8.389 014
印度	1 351 283	154 056	1 197 227	2.285 899	0.676 158	3.295 44
印度尼西亚	920 078	365 134	554 944	1.556 45	1.602 584	1.527 517
伊朗	209 978	47 025	162 953	0.355 209	0.206 396	0.448 537
以色列	143 657	34 609	109 048	0.243 018	0.151 901	0.300 162
日本	5 608 939	2 878 885	2 730 055	9.488 366	12.635 53	7.514 64
科威特	81 105	36 730	44 375	0.137 201	0.161 208	0.122 146
中国澳门	8 909	279	8 630	0.015 07	0.001 223	0.023 754
马来西亚	1 280 092	756 130	523 962	2.165 469	3.318 682	1.442 238
巴基斯坦	210 721	10 141	200 579	0.356 466	0.044 511	0.552 107
菲律宾	643 904	309 708	334 195	1.089 26	1.359 321	0.919 893
卡塔尔	149 477	121 866	27 611	0.252 863	0.534 876	0.076
沙特阿拉伯	439 750	256 234	183 517	0.743 904	1.124 619	0.505 14
新加坡	1 133 209	509 946	623 263	1.916 993	2.238 17	1.715 569
韩国	6 416 655	4 572 090	1 844 565	10.854 74	20.067 07	5.077 277
斯里兰卡	47 610	6 059	41 551	0.080 539	0.026 593	0.114 371
叙利亚	11 336	28	11 308	0.019 177	0.000 122	0.031 127
泰国	1 354 633	608 633	746 000	2.291 566	2.671 311	2.053 411
土耳其	354 272	27 869	326 403	0.599 304	0.122 32	0.898 443
阿拉伯联合酋长国	523 816	144 600	379 215	0.886 113	0.634 656	1.043 813
越南	1 234 294	329 764	904 530	2.087 994	1.447 344	2.489 774
中国台湾	4 005 860	2 961 182	1 044 677	6.776 515	12.996 74	2.875 537

续表

国家（地区）	金额（万美元）			比重（%）		
	进出口	进口	出口	进出口	进口	出口
非　洲	1 071 375	206 634	864 741	1.812 393	0.906 924	2.380 253
♯喀麦隆	12 209	4 991	7 219	0.020 654	0.021 903	0.019 87
埃及	110 776	2 027	108 748	0.187 394	0.008 898	0.299 336
加蓬	9 885	7 247	2 638	0.016 722	0.031 809	0.007 261
摩洛哥	38 777	5 845	32 933	0.065 598	0.025 652	0.090 65
尼日利亚	112 854	9 318	103 536	0.190 909	0.040 895	0.284 99
南非	259 415	74 294	185 121	0.438 839	0.326 078	0.509 556
欧　洲	10 591 215	3 070 817	7 520 398	17.916 64	13.477 93	20.700 35
♯比利时	408 625	123 872	284 754	0.691 251	0.543 677	0.783 802
丹麦	132 102	31 400	100 702	0.223 47	0.137 817	0.277 188
英国	1 111 176	178 343	932 833	1.879 721	0.782 753	2.567 678
德国	2 385 803	1 126 314	1 259 488	4.035 945	4.943 434	3.466 818
法国	693 146	223 697	469 449	1.172 561	0.981 815	1.292 187
爱尔兰	53 552	13 974	39 578	0.090 591	0.061 33	0.108 941
意大利	661 967	228 158	433 809	1.119 816	1.001 393	1.194 085
荷兰	1 765 670	173 131	1 592 540	2.986 897	0.759 876	4.383 561
希腊	76 465	2 211	74 254	0.129 352	0.009 704	0.204 388
葡萄牙	63 221	12 832	50 389	0.106 948	0.056 321	0.138 698
西班牙	449 506	89 811	359 695	0.760 408	0.394 184	0.990 083
奥地利	138 963	93 812	45 151	0.235 076	0.411 745	0.124 28
芬兰	127 896	65 900	61 996	0.216 355	0.289 235	0.170 648
匈牙利	150 409	48 864	101 545	0.254 44	0.214 465	0.279 509
挪威	76 841	26 814	50 027	0.129 988	0.117 689	0.137 702
波兰	332 670	37 226	295 444	0.562 761	0.163 388	0.813 226
罗马尼亚	100 721	15 338	85 384	0.170 385	0.067 317	0.235 024
瑞典	318 934	201 970	116 964	0.539 525	0.886 455	0.321 951
瑞士	180 695	113 883	66 812	0.305 672	0.499 838	0.183 903
俄罗斯联邦	535 281	103 511	431 770	0.905 509	0.454 313	1.188 474
乌克兰	95 847	31 388	64 459	0.162 14	0.137 762	0.177 428
捷克	299 511	70 432	229 078	0.506 667	0.309 13	0.630 552
拉丁美洲	2 999 166	1 090 432	1 908 734	5.073 542	4.785 945	5.253 906
♯阿根廷	189 834	65 820	124 014	0.321 133	0.288 886	0.341 356
巴西	1 160 967	684 615	476 353	1.963 951	3.004 798	1.311 19
智利	259 816	70 010	189 807	0.439 518	0.307 274	0.522 454
哥伦比亚	103 027	2 882	100 145	0.174 285	0.012 648	0.275 654
危地马拉	26 307	1 667	24 640	0.044 502	0.007 314	0.067 824

续表

国家(地区)	金额(万美元)			比重(%)		
	进出口	进口	出口	进出口	进口	出口
墨西哥	721 581	126 681	594 900	1. 220 663	0. 556 006	1. 637 499
巴拿马	91 038	44	90 994	0. 154 004	0. 000 191	0. 250 468
秘鲁	132 689	34 566	98 123	0. 224 463	0. 151 713	0. 270 088
乌拉圭	67 080	44 895	22 185	0. 113 475	0. 197 047	0. 061 064
委内瑞拉	22 914	14 160	8 754	0. 038 762	0. 062 148	0. 024 095
北美洲	10 885 538	1 765 919	9 119 619	18. 414 53	7. 750 683	25. 102 3
♯加拿大	813 441	252 549	560 892	1. 376 057	1. 108 446	1. 543 888
美国	10 071 880	1 513 370	8 558 511	17. 038 1	6. 642 234	23. 557 82
大洋洲	2 037 587	1 027 569	1 010 017	3. 446 885	4. 510 039	2. 780 133
♯澳大利亚	1 674 008	913 909	760 100	2. 831 837	4. 011 178	2. 092 22
新西兰	163 021	80 461	82 560	0. 275 775	0. 353 148	0. 227 251
巴布亚新几内亚	22 215	15 091	7 124	0. 037 579	0. 066 235	0. 019 608
附:东南亚国家联盟	6 815 957	2 902 010	3 913 946	11. 530 22	12. 737 03	10. 773 37
欧洲联盟	9 661 465	2 789 009	6 872 456	16. 343 82	12. 241 06	18. 916 85
亚太经济合作组织	41 462 933	17 807 414	23 655 519	70. 140 8	78. 157 39	65. 113 24

数据来源:《江苏统计年鉴2018》

从城市来看,2017 年江苏十三个城市中,进出口总额最高的是苏州,达到 3 160.79 亿美元,远高出排在第二位的南京812.53 亿美元,因此苏州的外贸依存度也高达 123.53%,表现出极强的外向型经济特征。外贸依存度排在第二位的城市是无锡52.4%,再次是南京35.36%,而宿迁的外贸依存度只有 7.6%,全省最低。宿迁的进出口总额29.48亿美元,位列十三个城市的末位,其次是徐州 78.01 亿美元。

表3　2017 年江苏省各市进出口情况　　　　　　　　　　(单位:亿美元)

市	进出口	进口	出口	外贸依存度(%)
南京市	611.87	344.15	267.73	35.4
无锡市	812.53	495.19	317.34	52.3
徐州市	78.01	63.34	14.66	8.0
常州市	312.66	229.39	83.27	32.0
苏州市	3 160.79	1 871.61	1 289.18	123.5
南通市	348.20	249.38	98.82	30.5
连云港市	82.11	39.07	43.03	21.1
淮安市	46.36	30.03	16.33	9.4
盐城市	86.53	58.41	28.12	11.5
扬州市	107.99	78.68	29.32	14.4
镇江市	105.36	69.85	35.51	17.8
泰州市	129.48	82.16	47.32	18.5
宿迁市	29.48	21.72	7.76	7.6

数据来源:《江苏统计年鉴2018》

苏南部分地区增长乏力,苏中、苏北增长较快。2017年,苏南五市合计进出口5 003.2亿美元,比上年增加686.44亿美元。无锡、南京、镇江进出口额分别上升16.40%、21.85%、2.12%;苏州和常州分别上升15.46%和13.35%。同期,苏中和苏北地区分别进出口585.68亿美元和322.49亿美元,进出口额增幅分别达到了15.14%、18.75%;其中,苏北地区的连云港、盐城、淮安和宿迁增幅达到了16.63%、8.83%、32.31%和21.72%。

二、利用外资

近年来,江苏省外商直接投资规模稳步扩大,从2009年的23 253亿美元一直增加,至2011年突破300亿美元大关。2012年后,由于世界宏观经济的影响,以及欧美企业在我国出现FDI回流的趋势,江苏省利用外资规模不断下滑,从2012年的357.60亿美元,减少到2015年的242.75亿美元。从2016年开始,江苏省的外商直接投资规模逐渐扩大。2017年较2015年上升了3.54%,2013—2017年江苏省外商直接投资规模变动见图8。

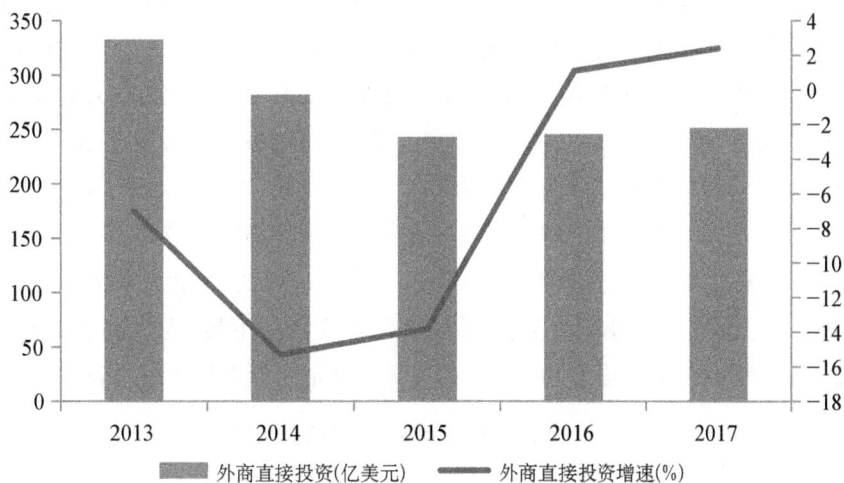

图7 2013—2017年江苏省外商直接投资规模及增速

数据来源:历年《江苏统计年鉴》

江苏吸引FDI不断减少的原因可以归纳为:第一,欧美企业的投资意愿和能力有所下降。由于金融危机导致投资获利空间收窄、投资风险剧增,加上国内劳动力成本上升、土地等资源供应趋紧、融资困难、人民币汇率上升等多重压力,使欧美企业投资行为趋于谨慎,投资意愿和能力明显下降。与此同时,危机造成的资金链断裂,也大大降低了发达经济体企业的投资能力。第二,发达国家资本回流倾向明显增强。在经历了2008年金融危机的沉重打击和长期经济下滑之后,欧美发达国家纷纷提出回归实体经济和制造业再造等口号,鼓励资本回流。在美国,2012年2月,奥巴马政府表示要在2015年前把美国的出口提高一倍,甚至建议在海外投资设厂的跨国公司应当向美国支付基本的最低税金,用来为选择留在美国并雇佣美国人力的公司减税,以激励企业重夺全球尖端科技制造业的领先地位。特别是第三次工业革命将对利用外资形成新的冲击。以互联网技术和可再生能源的结合为基础、以数字化制造为标志的第三次工业革命,作为一种新的经济模式,将对世界经济格局产生影响,可能进一步导致技术密集型和劳动密集型的产业向发达国家"回溯"。同时,2016年特朗普竞选美国总统成功,其反对全球化的主张对世界贸易也有影响,特朗普提出将制造业转移回美国,使得中国整体利用外资受到冲击。第三,投资和贸易保护主义抬头影响外资企业在江苏发展。受金融危机的影响,发达经济体由于市场需求不足,经济发展和就业受到制约。各国之间争夺市场的竞争势必加剧,这就使得各种贸易保护主义措施明显增加,全球国际贸易和投资环境进一步恶化。江苏外贸依存度较高,国际投资和贸易保护主义的加强在很大程度上影响外商来华投资的信心和决心,进而影响外资企业扩大生产和经营的规模,甚至有可能导致外商撤资。第四,发展中国家和新兴经济体利用外资竞争更趋激烈。金融危机后,发展中国家和新兴经济体呈现巨大活力,流向亚洲、拉丁美洲和加勒比地区的外商直接投资保持在历史高位,非洲的外商直接投资流入量也较2011年有所增加。不少新兴经济体如印度、巴西、俄罗斯等国通过调整吸引外资政策以及不断改善投资环境,对国际资本的吸引力显著增强。目前,新兴经济体外商直接投资流量占GDP比重均高于世界平均水平并呈稳步上升态势。这将意味着,今后江苏利用外资的竞争会更趋激烈。

从行业层面来看,制造业是2017年江苏省外商直接投资最为集中的行业,其外商直接投资项目数达1 169个,占项目总数的35.93%,占比较2015年上涨4.38个百分点,项目的绝对数增加了267个;实际投资金额为5 463.08亿美元,占投资总额的56.56%,占比与2016年相比增加13.96个百分点。此外,房地产业、科学研究、技术服务业以及租赁和商务服务业是利用外资规模较大的3个行业,其2017年外商实际投资金额分别为961.57亿美元、1 001.97亿美元、470.83亿美元。江苏2017年实际利用外资金额有所上升,且制造业与服务业均呈现一种上升的态势。这体现出江苏省利用外资政策导向的变化,通过放宽市场准入、改革管理模式、优化市场环境,进一步扩大服务业对外开放领域,提高服务业利用外资水平,形成以服务经济为主导,先进制造业和现代服务业协调并进的外资产业结构。表4汇总了2017年江苏省分行业外商直接投资情况。

表4　2017年江苏省按行业分外商直接投资情况　　　　　　　　　　　　(单位:万美元)

行　业	项目(个)	协议注册	实际使用
总　　计	3 254	5 542 587	2 513 541
农、林、牧、渔业	62	95 187	30 449
采矿业	—	500	219
制造业	1 169	2 249 135	1 118 072
农副食品加工业	13	34 263	12 270
食品制造业	16	25 865	20 936
饮料制造业	8	8 577	6 411
烟草制品业	—	—	—
纺织业	35	50 813	21 277
纺织服装、鞋、帽制造业	22	14 731	16 007
皮革、毛皮、羽毛(绒)及其制品业	2	1 202	993
木材加工及木、竹、藤、棕、草制品业	9	14 552	1 545
家具制造业	28	34 471	8 541

续表

行　业	项目(个)	协议注册	实际使用
造纸及纸制品业	5	14 169	20 864
印刷业和记录媒介的复制	6	13 751	2 193
文教体育用品制造业	16	21 012	2 916
石油加工、炼焦及核燃料加工业	1	13 997	1 446
化学原料及化学制品制造业	38	196 370	123 575
医药制造业	29	80 833	108 243
化学纤维制造业	1	1 771	3 771
橡胶制品业	9	23 671	7 652
塑料制品业	35	49 194	28 586
非金属矿物制品业	52	132 262	46 325
黑色金属冶炼及压延加工业	—	8 958	783
有色金属冶炼及压延加工业	12	45 376	33 732
金属制品业	53	69 401	42 231
通用设备制造业	201	245 933	97 747
专用设备制造业	166	190 044	65 760
交通运输设备制造业	105	169 881	101 553
电气机械及器材制造业	108	245 276	100 267
通信设备、计算机及其他电子设备制造业	146	456 915	189 404
仪器仪表及文化、办公用机械制造业	34	35 604	16 624
工艺品及其他制造业	18	48 419	34 955
废弃资源和废旧材料回收加工业	1	1 829	1 475
电力、热力、燃气及水的生产和供应业	89	114 009	57 878
建筑业	86	298 961	227 635
交通运输、仓储和邮政业	51	141 378	73 217
信息传输、计算机服务和软件业	194	318 996	32 166
批发和零售业	772	675 601	207 142
住宿和餐饮业	42	19 910	1 603
金融业	53	367 573	60 883
房地产业	117	397 433	346 007
租赁和商务服务业	268	505 293	223 912
科学研究、技术服务和地质勘查业	235	240 367	86 260
水利、环境和公共设施管理业	18	53 694	28 337
居民服务和其他服务业	23	23 192	12 201
教育	30	5 200	194
卫生、社会保障和社会福利业	20	33 762	2 824
文化、体育和娱乐业	25	2 396	4 542

数据来源:《江苏统计年鉴2018》

截至 2017 年末,江苏省登记的外商投资企业共 58 577 个,与 2016 年相比增加了 2 639 家企业,实际投资总额达 9 658.19 亿美元。制造业是外商投资企业最集中的行业,企业数达 27 435 个,占外商投资企业总数的 46.84％,实际投资额达 5 463.08 亿美元,占外商投资企业投资总额的 56.56％。服务业细分行业来看,批发和零售业和邮政业和科学研究、技术服务和地质勘查业这两个行业的外商投资企业也较多,企业数分别占外商投资企业总数的 15.83％ 和 8.24％。实际投资额较多的行业是房地产业以及科学研究、技术服务,这两个行业分别占实际外商投资总额的 9.96％ 和 10.37％。表 5 反映了 2017 年末江苏省登记外商投资企业的行业分布情况。

表5　2017 年末江苏省登记外商投资企业行业分布

行　　　业	企业数(个)	企业数占比(％)	投资总额(万美元)	实际投资占比(％)
总　　　计	58 577	100	96 581 873.44	100
农、林、牧、渔业	853	1.456 203	1 020 042	1.056 142 58
采矿业	18	0.030 729	142 217	0.147 250 5
制造业	27 435	46.835 79	54 630 789	56.564 225 6
电力、燃气及水的生产和供应业	611	1.043 072	2 383 425	2.467 776 63
建筑业	785	1.340 116	2 774 772	2.872 974 32
批发和零售业	9 997	17.066 43	4 737 696	4.905 367 89
交通运输、仓储和邮政业	989	1.688 376	2 316 230	2.398 203 21
住宿和餐饮业	3 446	5.882 855	488 925	0.506 228 55
信息传输、软件和信息技术服务业	1 786	3.048 978	811 304	0.840 016 49
金融业	1 184	2.021 271	1 352 132	1.399 985 51
房地产业	1 849	3.156 529	9 615 741	9.956 051 75
租赁和商务服务业	3 708	6.330 13	4 708 259	4.874 889 15
科学研究、技术服务业	4 828	8.242 143	10 019 654	10.374 259 4
水利、环境和公共设施管理业	157	0.268 023	555 727	0.575 394 27
居民服务和其他服务业	413	0.705 055	377 783	0.391 153 62
教育	58	0.099 015	18 620	0.019 279 22
卫生和社会工作	48	0.081 943	328 914	0.340 554 98
文化、体育和娱乐业	381	0.650 426	260 274	0.269 485 67
其他	31	0.052 922	39 368	0.040 761 14

数据来源:《江苏统计年鉴 2018》

江苏目前正积极发展为先进制造配套的金融保险、商贸物流、电子商务、研发设计、会计审计、信息科技等服务业,鼓励发展基于网络的平台经济、文化创意、工业设计等新兴业态,引导制造业企业延伸服务链条、增加服务环节,推动制造业由生产型向生产服务型转变。鼓励和拓展健康美容、养生养老、医疗服务、教育培训、文化娱乐、休闲旅游等民生服务业利用外资,推动生活性服务业向精细化、个性化和高品质转变,促进居民消费结构升级。

从企业类型来看,独资经营企业是江苏省外商直接投资的主体,其 2017 年投资额为 165.93 亿美元,与 2016 年相比减少了 16.61 亿美元,约占外商直接投资总额的 66.01％。此外,合资经营企业、合作经营企业、外商投资股份制企业在 2017 年的投资额分别为 79.11 亿美元、1.34 亿美元和 4.96 亿美元,金额与 2016 年相比除合资经营企业以外都有所下降,合作经营企业、独资经营企业、外商投资股份制企业较上年分别下降 41.11%、9.10%、18.59%。合作企业虽然下降幅度较大,但是占江苏省外商直接投资总额仅为 0.54%。图 8 描述了这四类外商直接投资企业 2013 —2017 年投资金额占比的变动情况。由图可见,独资经营企业的直接投资额所占比重从 2013 年的 80.94% 到 2017 年的 66.01%,表现出明显的下降趋势,其他各类型企业直接投资额占比则上下波动。

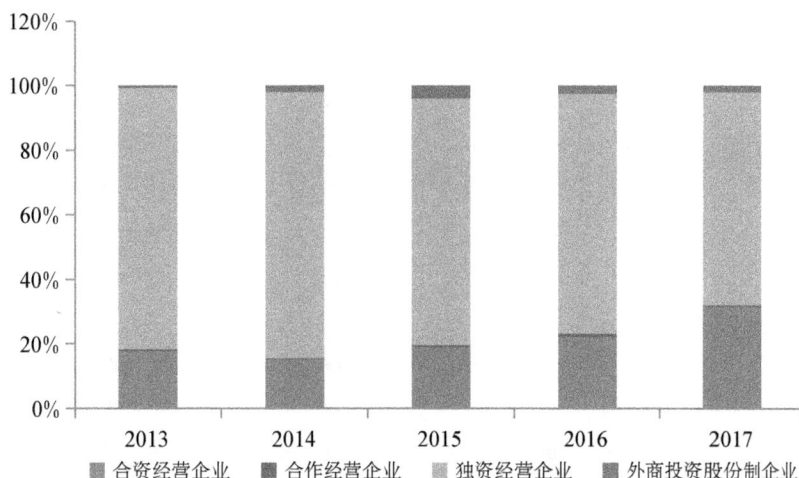

图 8　2013 —2017 年江苏省各类型企业外商直接投资额比重

数据来源:历年《江苏统计年鉴》

　　2017 年,亚洲成为江苏省外商直接投资的主要来源地,其项目个数达 2 098 个,占项目总数的 64.47%;实际投资金额达 181.32 亿美元,占全部实际投资金额的 72.14%。亚洲国家(地区)中,中国香港、中国台湾、日本、新加坡、韩国等都是重要的投资来源地。其中中国香港投资项目数达 1 000 个,占项目总数的 30.73%;实际投资金额 145.34 亿美元,占全部实际投资金额的 57.82%。另外,南美洲和欧洲也是重要来源地,其 2017 年实际投资金额占全部外商直接投资的比重分别为 6.53% 和 5.16%。表 6 反映了 2017 年江苏省按国家(地区)分的外商直接投资情况。

表 6　2017 年江苏省按国家(地区)分外商直接投资

国家(地区)	项目(个)	项目数比重(%)	实际投资(万美元)	实际投资比重(%)
合　计	3 254	100.00	2 513 541	100
亚　洲	2 098	64.47	1 813 243	72.14
♯中国香港	1 000	30.73	1 453 410	57.82
中国澳门	9	0.28	4 441	0.18
中国台湾	478	14.69	51 909	2.07
印度尼西亚	8	0.25	1 412	0.06
日本	109	3.35	78 873	3.14
马来西亚	38	1.17	1 596	0.06

国家(地区)	项目(个)	项目数 比重(%)	实际投资 (万美元)	实际投资 比重(%)
菲律宾	7	0.22	—	—
新加坡	106	3.26	119 340	4.75
韩国	223	6.85	94 430	3.76
泰国	5	0.15	88	0.003
非　洲	91	2.80	19 602	0.78
欧　洲	327	10.05	129 787	5.16
♯比利时	6	0.18	1 704	0.07
丹麦	6	0.18	451	0.02
英国	45	1.38	15 376	0.61
德国	90	2.77	24 862	0.99
法国	22	0.68	13 574	0.54
爱尔兰	5	0.15	7 023	0.28
意大利	37	1.14	4 226	0.17
卢森堡	3	0.09	6 698	0.27
荷兰	19	0.58	20 044	0.80
希腊	3	0.09	—	—
葡萄牙	3	0.09	—	—
西班牙	16	0.49	2 875	0.11
芬兰	7	0.22	3 840	0.15
瑞士	6	0.18	9 733	0.39
北美洲	275	8.45	74 945	2.98
♯加拿大	68	2.09	10 907	0.43
美国	205	6.30	56 287	2.24
大洋洲	119	3.66	47 946	1.91
♯澳大利亚	50	1.54	2 741	0.11
南美洲	89	2.74	164 080	6.53

数据来源:《江苏统计年鉴2018》

三、对外经济合作

2017年,江苏全年新批境外投资项目631个,比上年较少40.86%。中方协议投资92.71亿美元,下降幅度达到34.82%。其中企业项目584个,比2016年减少465个;机构项目47个,比2016年增加29个。企业项目中,独资子公司项目429个,合资子公司项目141个,联营公司项目14个。2017年的新批项目中,有137个参股并购类项目、1个风险投资类项目。新批项目中,贸易型项目有213个,比2016年减少73个;非贸易型项目有418个,比2016年减少363个。图9反映了2013—2017年新批项目数的变动情况从图中可以看出,企业新批项目数从2013年至2016年一直持续上升,直到 2017 出现直线下降,而机构新批项目数变化情况则与企业正好相反。

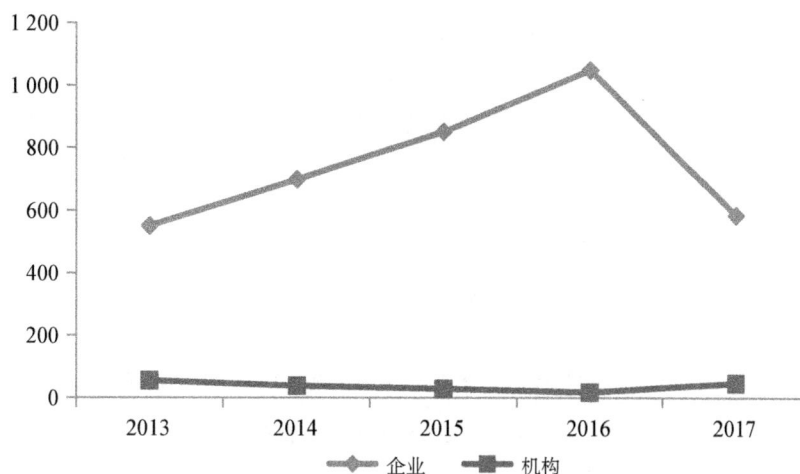

图 9 2013—2017 年江苏省境外投资新批项目数

数据来源:历年《江苏统计年鉴》

  2017 年,江苏省境外投资金额 92.71 亿美元,比 2016 年增加 49.53 亿美元。其中企业境外投资额 90.47 亿美元,比 2016 年较少 51.75 亿美元;机构境外投资额 22 408.75 万美元,比 2015 年增加 22 237.75 万美元。企业项目中,独资子公司境外投资额 68.93 亿美元,合资子公司境外投资额 19.59 亿美元,联营公司境外投资额 1.95 亿美元。2017 年,参股并购类项目实现境外投资 49.39 亿美元,风险投资类项目实现境外投资 2 655 万美元,分别比 2016 年增加 18.75 亿美元、1 758 万美元。图 10 反映了 2013—2017 年境外投资金额的变动情况,投资额从 2013 年的 61.43 亿美元一直持续上升至 2016 年的 142.24 亿美元,再到 2017 年下降至 92.71 亿美元。

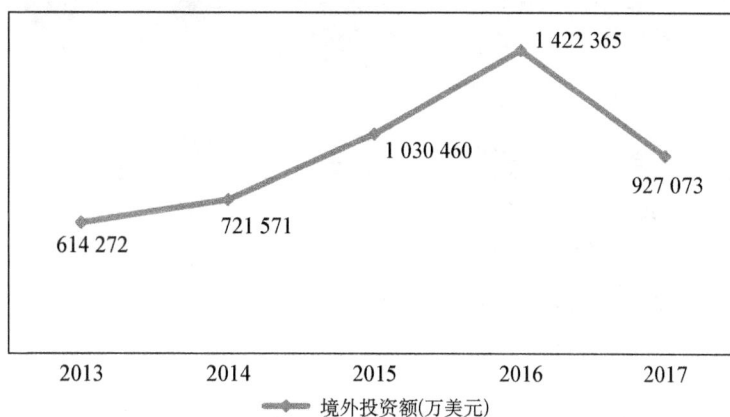

图 10 2013—2017 年江苏省境外投资额

数据来源:历年《江苏统计年鉴》

  在参与江苏省境外投资的各类企业中,民营企业占据重要地位,其 2017 年境外投资额占境外投资总额的 68.13%,比 2016 年下降了 2.17 个百分点。外资企业、国有及国有控股企业、集体企业境外投资额占江苏省境外投资总额的比重分别为 13.92%、14.96% 和 2.99%。参见图 11。

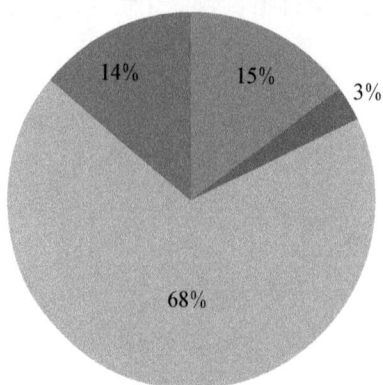

图11 2017年江苏省境外投资企业类型

数据来源:《江苏统计年鉴2018》

在2017年江苏省境外投资总额中,贸易型项目境外投资额为10.63亿美元,占11.46%;非贸易项目境外投资额为82.08亿美元,占88.54%。图12反映了2013—2017年非贸易型项目境外投资额及其比重的变动情况。不难发现,非贸易型项目境外投资额比重产品从2014年开始持续上升,至2017年已经增长了48.01%,平均增速为16%。

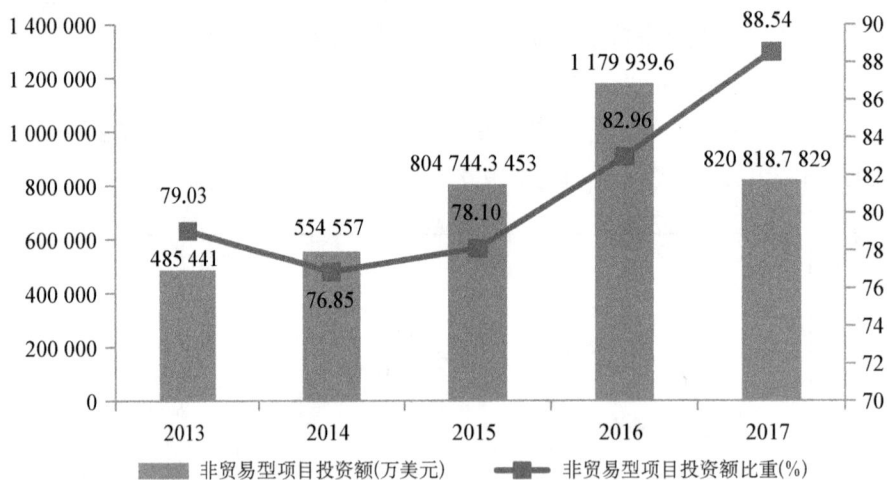

图12 2013—2017年江苏省境外投资非贸易型项目比重

数据来源:历年《江苏统计年鉴》

2017年,亚洲成为江苏省境外投资的主要目的地,其新批项目个数达363个,占新批项目总数的57.53%;中方协议投资达45.93亿美元,占全部中方协议投资的49.55%。亚洲国家(地区)中,中国香港、印度尼西亚、新加坡等都是重要的境外投资目的地。其中对中国香港新批项目数达169个,占新批项目总数的26.78%;中方协议投资17.94万美元,占全部中方协议投资的19.36%。而对印度尼西亚、美国、泰国的中方协议投资分别达到48 935.39万美元、195 044.80万美元、48 759万美元,占中方协议投资比重分别为5.28%、21.04%、5.26%。表7反映了2017年江苏省按国家(地区)分的境外投资情况。

表7　2017年江苏省境外投资主要国家(地区)

	新批项目数 (个)	新批项目数 比重(%)	中方协议投资 (万美元)	中方协议 投资比重(%)
全　部	631	100	927 073	100
亚洲	363	57.53	459 342	49.55
巴林	—	—	—	—
孟加拉国	7	1.11	1 308	0.14
缅甸	9	1.43	2 750	0.30
柬埔寨	9	1.43	2 996	0.32
塞浦路斯	—	—	—	—
朝鲜	—	—	—	—
中国香港	169	26.78	179 445	19.36
印度	10	1.58	12 650	1.36
印度尼西亚	15	2.38	48 935	5.28
伊朗	—	—	—	—
以色列	4	0.63	6 000	0.65
日本	25	3.96	4 026	0.43
老挝	2	0.32	330	0.04
中国澳门	—	—	—	—
马来西亚	19	3.01	1 174	0.13
蒙古	1	0.16	10	0.00
尼泊尔	—	—	—	—
巴基斯坦	8	1.27	5 547	0.60
菲律宾	1	0.16	25	0.00
卡塔尔	—	—	—	—
沙特阿拉伯	—	—	—	—
新加坡	14	2.22	44 784	4.83
韩国	9	1.43	28 515	3.08
斯里兰卡	3	0.48	1 800	0.19
泰国	19	3.01	48 759	5.26
土耳其	1	0.16	11 520	1.24
阿拉伯联合酋长国	6	0.95	25 203	2.72
越南	11	1.74	11 557	1.25
中国台湾	10	1.58	1 704	0.18
东帝汶	—	—	—	—
哈萨克斯坦	4	0.63	4 323	0.47
吉尔吉斯斯坦	—	—	—	—
土库曼斯坦	—	—	—	—

	新批项目数 （个）	新批项目数 比重（％）	中方协议投资 （万美元）	中方协议 投资比重（％）
乌兹别克斯坦	3	0.48	15 295	1.65
其他	4	0.63	685	0.07
非洲	21	3.33	25 518	2.75
阿尔及利亚	—	—	—	—
安哥拉	1	0.16	154	0.02
喀麦隆	—	—	—	—
乍得	—	—	—	—
刚果	1	0.16	5 000	0.54
埃及	1	0.16	101	0.01
赤道几内亚	1	0.16	325	0.04
埃塞俄比亚	5	0.79	14 196	1.53
加蓬	—	—	—	—
几内亚	—	—	—	—
肯尼亚	—	—	—	—
毛里塔尼亚	—	—	—	—
毛里求斯	—	—	—	—
莫桑比克	1	0.16	13	0.00
纳米比亚	1	0.16	500	0.05
尼日利亚	2	0.32	200	0.02
塞内加尔	1	0.16	0	0.00
塞舌尔	—	—	—	—
南非	—	—	—	—
苏丹	—	—	—	—
坦桑尼亚	1	0.16	3 400	0.37
乌干达	1	0.16	—	—
赞比亚	1	0.16	100	0.01
津巴布韦	—	0.00	—	—
欧洲	97	15.37	171 703	18.52
比利时	4	0.63	878	0.09
丹麦	1	0.16	15	0.00
英国	9	1.43	3 419	0.37
德国	32	5.07	45 979	4.96
法国	15	2.38	8 416	0.91
意大利	5	0.79	870	0.09
卢森堡	—	—	—	—
荷兰	5	0.79	1 240	0.13

续表

	新批项目数 （个）	新批项目数 比重（%）	中方协议投资 （万美元）	中方协议 投资比重（%）
西班牙	7	1.11	85 669	9.24
阿尔巴尼亚	—	—	—	—
奥地利	1	0.16	300	0.03
保加利亚	—	—	—	—
芬兰	2	0.32	11 149	1.20
匈牙利	1	0.16	272	0.03
挪威	—	—	—	—
波兰	—	—	—	—
罗马尼亚	—	—	—	—
瑞典	3	0.48	1 717	0.19
瑞士	2	0.32	5 919	0.64
俄罗斯联邦	2	0.32	218	0.02
乌克兰	—	—	—	—
克罗地亚	—	—	—	—
捷克	—	—	—	—
塞尔维亚	1	0.16	160	0.02
拉丁美洲	18	2.85	40 580	4.38
阿根廷	—	—	—	—
巴西	1	0.16	2 550	0.28
开曼群岛	9	1.43	19 718	2.13
智利	1	0.16	8 000	0.86
古巴	—	—	—	—
厄瓜多尔	—	—	—	—
墨西哥	3	0.48	1 238	0.13
秘鲁	—	0.00	—	—
英属维尔京群岛	3	0.48	9 072	0.98
北美洲	113	17.91	196 987	21.25
加拿大	4	0.63	1 943	0.21
美国	108	17.12	195 045	21.04
其他	1	0.16	—	—
大洋洲	19	3.01	32 942	3.55
澳大利亚	19	3.01	32 942	3.55
斐济	—	—	—	—
瓦努阿图	—	—	—	—
新西兰	—	—	—	—
萨摩亚	—	—	—	—

数据来源：《江苏统计年鉴2018》

2017年,江苏省境外投资涵盖了三次产业。第一产业新批项目9个,占新批项目总数的1.43%;中方协议投资1.22亿美元,占中方协议投资总额的1.32%。第二产业新批项目263个,占新批项目总数的41.68%;中方协议投资48.32亿美元,占中方协议投资总额的52.12%。其中,采矿业、制造业、电力、燃气及水的生产和供应业以及建筑业新批项目占新批项目总数的比重分别为0.63%、31.38%和3.96%,中方协议投资占中方协议投资总额的比重分别为3.70%、37.77%和8.28%。第三产业新批项目359个,占新批项目总数的56.89%;中方协议投资43.17亿美元,占中方协议投资总额的46.56%。其中,租赁和商务服务业、批发和零售业、房地产业是江苏省2017年境外投资的重点行业,中方协议投资占中方协议投资总额的比重分别为9.42%、8.46%、3.06%。表8反映了2017年江苏省境外投资主要行业分布情况。

表8 2017年江苏省境外投资主要行业分布情况

	新批项目数(个)	新批项目占比(%)	中方协议投资(万美元)	中方协议投资占比(%)
全部	631	100	927 073	100
第一产业	9	1.43	12 202	1.32
农、林、牧、渔业	9	1.43	12 202	1.32
农业	5	0.79	3 299	0.36
林业	1	0.16	5 000	0.54
畜牧业	0	0.00	0	0.00
渔业	1	0.16	3 400	0.37
农、林、牧、渔服务业	2	0.32	503	0.05
第二产业	263	41.68	483 200	52.12
采矿业	4	0.63	34 300	3.70
煤炭开采和洗选业	1	0.16	5 000	0.54
黑色金属矿采选业	0	0.00		0.00
有色金属矿采选业	1	0.16	3 900	0.42
非金属矿采选业	0	0.00		0.00
其他采矿业	2	0.32	25 400	2.74
制造业	198	31.38	350 157	37.77
农副食品加工业	3	0.48	2 122	0.23
食品制造业	3	0.48	3 182	0.34
饮料制造业	14	2.22	18 005	1.94
纺织业	14	2.22	7 454	0.80
纺织服装、鞋、帽制造业	1	0.16	200	0.02
皮革、毛皮、羽毛(绒)及其制品业	4	0.63	6 394.895	0.69
木材加工及木、竹、藤、棕、草制品业	6	0.95	10 435	1.13
家具制造业	1	0.16	100	0.01
造纸及纸制品业	0	0.00	0	0.00
印刷业和记录媒介的复制	2	0.32	69	0.01

	新批项目数(个)	新批项目占比(%)	中方协议投资(万美元)	中方协议投资占比(%)
文教体育用品制造业	0	0.00	0	0.00
石油加工、炼焦及核燃料加工业	4	0.63	26 337	2.84
化学原料及化学制品制造业	9	1.43	98 713	10.65
医药制造业	2	0.32	20 221	2.18
化学纤维制造业	3	0.48	614	0.07
橡胶制品业	6	0.95	668	0.07
塑料制品业	3	0.48	6 866	0.74
非金属矿物制品业	2	0.32	14 500	1.56
黑色金属冶炼及压延加工业	5	0.79	2 067	0.22
有色金属冶炼及压延加工业	19	3.01	4 248	0.46
金属制品业	8	1.27	1 490	0.16
通用设备制造业	29	4.60	40 100	4.33
专用设备制造业	15	2.38	9 155	0.99
交通运输设备制造业	11	1.74	23 365	2.52
电气机械及器材制造业	20	3.17	40 933	4.42
通信设备、计算机及其他电子设备制造业	7	1.11	3 980	0.43
仪器仪表及文化、办公用机械制造业	5	0.79	2 001	0.22
工艺品及其他制造业	2	0.32	6 934	0.75
废弃资源和废旧材料回收加工业		0.00		0.00
电力、燃气及水的生产和供应业	25	3.96	76 782	8.28
电力、热力的生产和供应业	25	3.96	76 782	8.28
建筑业	36	5.71	21 961	2.37
房屋和土木工程建筑业	25	3.96	18 210	1.96
建筑安装业	6	0.95	2 803	0.30
建筑装饰业	3	0.48	838	0.09
其他建筑业	2	0.32	110	0.01
第三产业	359	56.89	431 671	46.56
交通运输、仓储和邮政业	8	1.27	9 760	1.05
道路运输业	1	0.16	4 000	0.43
水上运输业	1	0.16	13	0.00
装卸搬运和其他运输服务业	2	0.32	100	0.01
仓储业	1	0.16	5 600	0.60
邮政业	3	0.48	47	0.01
信息传输、计算机服务和软件业	22	3.49	24 761	2.67
电信和其他信息传输服务业	1	0.16	112	0.01
计算机服务业	10	1.58	13 772	1.49

续表

	新批项目数（个）	新批项目占比（%）	中方协议投资（万美元）	中方协议投资占比（%）
软件业	11	1.74	10 878	1.17
批发和零售业	189	29.95	78 447	8.46
批发业	162	25.67	73 043	7.88
零售业	27	4.28	5 404	0.58
住宿和餐饮业	3	0.48	8 828	0.95
住宿业	0	0.00	0	0.00
餐饮业	3	0.48	8 828	0.95
金融业	4	0.63	22 126	2.39
房地产业	4	0.63	28 387	3.06
房地产业	4	0.63	28 387	3.06
租赁和商务服务业	64	10.14	87 337	9.42
租赁业	1	0.16	2 000	0.22
商务服务业	63	9.98	85 337	9.20
科学研究、技术服务和地质勘查业	40	6.34	50 788	5.48
研究与试验发展	22	3.49	14 790	1.60
专业技术服务业	9	1.43	7 413	0.80
科技交流和推广服务业	9	1.43	28 585	3.08
水利、环境和公共设施管理业	8	1.27	15 464	1.67
生态保护和环境治理业	8	1.27	15 464	1.67
居民服务和其他服务业	8	1.27	15 464	1.67
居民服务业	0	0.00	0	0.00
其他服务业	8	1.27	15 464	1.67
教育	8	1.27	24 675	2.66
教育	9	1.43	24 675	2.66
文化、体育和娱乐业	9	1.43	120	0.01
新闻出版业	1	0.16	120	0.01
广播、电视、电影和音像业	5	0.79	2 345	0.25
文化艺术业	1	0.16	500	0.05

数据来源:《江苏统计年鉴2018》

　　江苏省内各地区对2017年江苏省境外投资中的贡献各不相同。图13显示,苏南、苏中、苏北全年境外投资额分别为64.21亿美元、15.27亿美元和13.21亿美元,占全省境外投资总额的比重分别为69.26%、16.48%和14.25%。从表9可以看出,南京、苏州、南通是江苏省境外投资最多的市,2017年中方协议投资金额分别为23.18亿美元、18.07亿美元和13.60亿美元,占全省境外投资总额的比重分别为25.00%、19.49%和14.67%。相对而言,苏中、苏北各市境外投资较少,例如宿迁、扬州的中方协议投资金额分别为0.86亿美元、0.62亿美元,占全省境外投资总额的比重仅分别为0.93%、0.67%,属于全省各市中方协议投资金额占比最少的两个市。

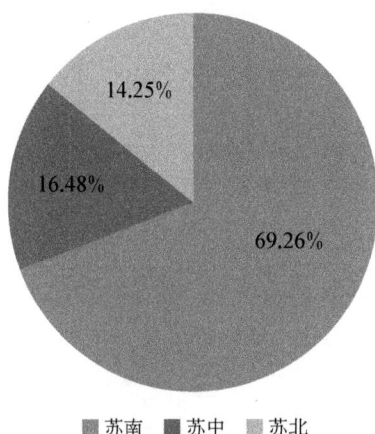

图 13　2017 年江苏省分地区境外投资情况

数据来源:《江苏统计年鉴 2018》

表 9　2017 年江苏各市境外投资情况

市	新批项目数(个)	新批项目占比(%)	中方协议投资(万美元)	中方协议投资占比(%)
南京市	112	17.75	180 658	19.49
无锡市	84	13.31	120 488	13.00
徐州市	22	3.49	39 717	4.28
常州市	67	10.62	82 889	8.94
苏州市	157	24.88	231 756	25.00
南通市	56	8.87	136 019	14.67
连云港市	17	2.69	35 003	3.78
淮安市	9	1.43	17 136	1.85
盐城市	17	2.69	31 657	3.41
扬州市	16	2.54	6 239	0.67
镇江市	28	4.44	26 341	2.84
泰州市	38	6.02	10 535	1.14
宿迁市	8	1.27	8 634	0.93

数据来源:《江苏统计年鉴 2018》

　　除境外投资外,对外承包工程和对外劳务合作也是江苏省对外经济合作的重要内容。2017年,江苏省对外承包工程和对外劳务合作的合同金额分别为108.21亿美元、4.40亿美元,实际完成营业额分别为95.29亿美元、7.22亿美元,年末在外人数则分别为3.19万人、5.95万人。表10反映了2013—2017年江苏省对外承包工程和对外劳务合作的基本情况。从表10可知,从2013年到2017年,江苏省对外承包工程合同金额和实际完成营业额持续增长,呈现较为稳定的发展趋势,同时年末在外人数略有减少。而从2013年到2017年,江苏省对外劳务合作合同金额逐渐减小,而实际完成营业额呈先减少再增加的情况。

项目	2013 年	2014 年	2015 年	2016 年	2017 年
对外承包工程合同金额(亿美元)	86.57	96.61	77.96	72.87	108.21
对外承包工程实际完成营业额(亿美元)	72.63	79.54	87.61	91.11	95.29
对外承包工程年末在外人数(万人)	3.6	3.7	3.8	3.2	3.2
对外劳务合作合同金额(亿美元)	7.6	12.1	5.2	4.5	4.4
对外劳务合作实际完成营业额(亿美元)	8.9	8.5	7.4	6.9	7.2
对外劳务合作年末在外人数(万人)	5.2	5.9	6.4	5.5	6.0

数据来源:历年《江苏统计年鉴》

第五篇　江苏省区域经济发展报告

第一章　苏南、苏中、苏北地区经济社会发展比较

　　江苏是中国经济最发达的省份之一,但是和中国经济一样,江苏经济发展并不平衡,呈现出明显的地区差异,其中苏南地区包括苏州、无锡、常州、镇江、南京五市,经济发达,已经进入到工业化后期阶段,力争在全国率先基本实现现代化;苏中地区包括扬州、泰州和南通三市,进入到工业化中期阶段,和苏南地区相比尚有很大差距;苏北地区包括徐州、连云港、宿迁、淮安、盐城五个省辖市,经济相对于苏南和苏中地区相对落后,加快推进工业化发展,是其目前经济发展的重要途径。

　　2017年,苏南转型升级步伐加快,苏中整体发展水平提升,苏北全面小康社会建设取得新进展。全年苏南、苏中、苏北地区生产总值分别比上年增长10％、13％和10％,苏南、苏中、苏北和苏北分别高于江苏省2.8个百分点、5.8个百分点和2.8个百分点;与2016年相比,苏南、苏中、苏北地区的经济发展水平有明显地提高,而且,苏中和苏北地区缩小了与苏南地区的差距。一般公共预算收入,只有苏南地区比上一年增长9％,苏中和苏北地区都出现下降趋势,且较上一年分别下降了1％和11％;固定资产投资分别增长5％、9％和10％,其中,只有苏南地区低于江苏省2.5个百分点,苏中和苏北地区都分别高于江苏省1.5个百分点和2.5个百分点;社会消费品零售总额分别增长10％、10％和11％,其中只有苏北地区高于江苏省0.4个百分点。

　　沿江、沿海、沿东陇海线"三沿"联动,成为我国东部地区新的经济增长极。长三角区域一体化、江苏沿海发展战略、苏南现代化建设示范区、苏南创新示范区等国家战略的实施,与"一带一路"倡议和长江经济带建设两大国家战略叠加影响,江苏省区域协调发展迎来新机遇。2017年,江苏省上下以习近平新时代中国特色社会主义思想为指引,自觉践行新发展理念,坚持稳中求进工作总基调,以供给侧结构性改革为主线,全力推进稳增长、促改革、调结构、惠民生、防风险各项工作,经济社会发展的稳定性协调性明显增强。全省经济发展迈上新台阶,改革创新展现新活力,转型升级取得新成效,发展质量得到新提升,民生福祉获得新改善,社会事业实现新进步。

一、总体经济发展

（一）GDP 和人均 GDP

　　2017年,苏南转型升级步伐加快,苏中整体发展水平提升,苏北全面小康社会建设取得新进展。全年苏南、苏中、苏北地区生产总值分别比上年增长10％、13％和10％,苏南、苏中、苏北和苏北分别高于江苏省2.8个百分点、5.8个百分点和2.8个百分点。

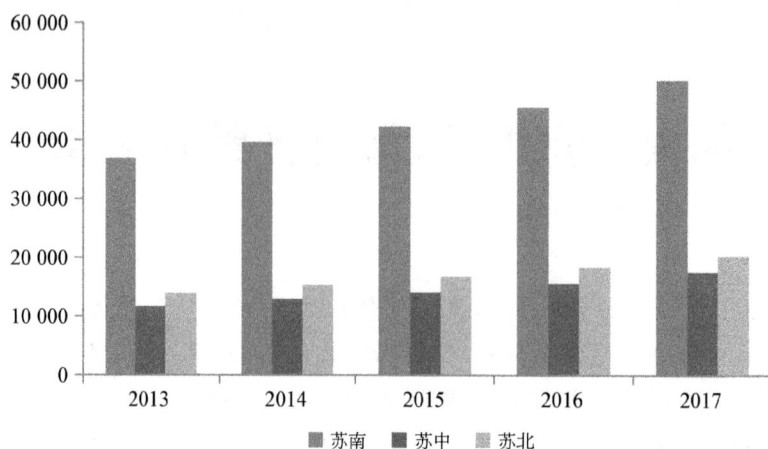

图1　三地区 GDP 规模（亿元）

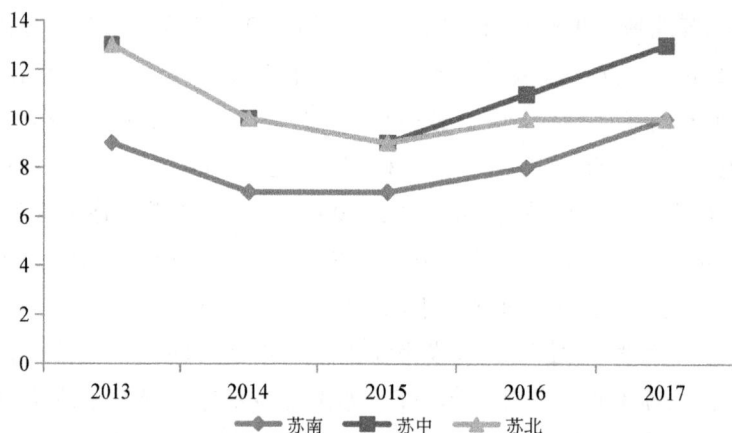

图2　三地区实际 GDP 增速（%）

数据来源：历年《江苏历年统计年鉴》

　　2013—2017 年,苏南、苏中、苏北地区名义生产总值年均分别增长 8.01%、10.63% 和 9.84%。在苏南经济发展质量和效益不断提升的同时,苏中、苏北对全省经济增长的贡献率与上一年保持基本一致,三大区域各展所长、优势互补、协调发展的局面逐步形成。苏南、苏中和苏北地区 GDP 总量分别从 2013 年的 36 860.92 亿元、11 713.46 亿元和 13 922.85 亿元增加到 2017 年的 50 175.19 亿元、17 544.09 亿元和 20 268.77 亿元,这几年间苏南、苏中和苏北地区增长了 36.12%、49.8% 和 45.6%。

　　自 2007 年底苏南五市以市为单位率先全面达小康以后,苏南人民已开启率先基本实现现代化的新征程,与此同时,一种全新的发展模式——"现代苏南模式"逐步形成并展现其风采,推动经济转型升级,大力发展高新技术产业、总部经济和生产性服务业,规模总量继续领跑全省,发展质量效益不断提升。

　　苏中抢抓沿江开发机遇,积极推进跨江融合发展,整体发展水平实现新的提升。以南通为例,去年地区生产总值、公共财政预算收入、规模以上工业增加值、工业用电量等多个经济指标增幅高于全省平均水平。其中,在江海联动、陆海统筹、转型升级等方面表现突出的南通被称为苏中新一轮发展中的"领头雁"。2013 年 8 月设立的上海自贸区让靠江靠海靠上海的南通看到了新机遇。南通提出要积极策应上海自贸区建设,抓住创建陆海统筹发展综合配套改革试验区的契机加快发展。

　　苏北五市以苏北振兴、沿海开发和沿东陇海产业带开发开放为重要契机,立足自身产业发展基础和禀赋,在"一中心"、"一基地"中找准定位,深入推进两化融合发展,做大做强优势主导产业,培育壮大战略性新兴产业,加快传统产业改造升级,大力发展现代服务业,形成具有区域特色和较强竞争力的现代产业体系。

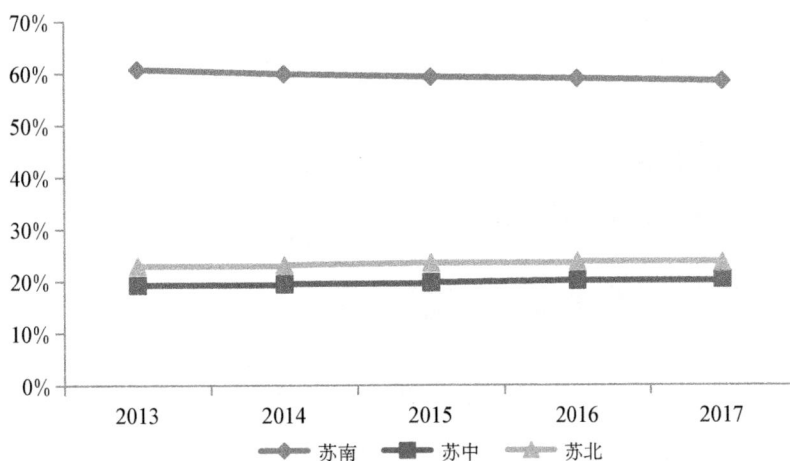

图 3　三地区 GDP 占江苏比例(%)

数据来源:《江苏历年统计年鉴》

　　苏南地区为长三角经济发达地区,其经济总量巨大,在整个江苏省 GDP 中占据绝对领先地位,2013 年苏南、苏中和苏北 GDP 占江苏总量的 60.71%、19.29% 和 22.93%。由于苏北地区在 2008 年以后增速高于苏南和苏中,使得其在江苏经济中的份额有所上升,到 2017 年升至 23.6%,苏南降至 58.41%,苏中也有所上升为 20.42%。但是三地区比例变化不大,显示区域发展不平衡仍然十分明显。

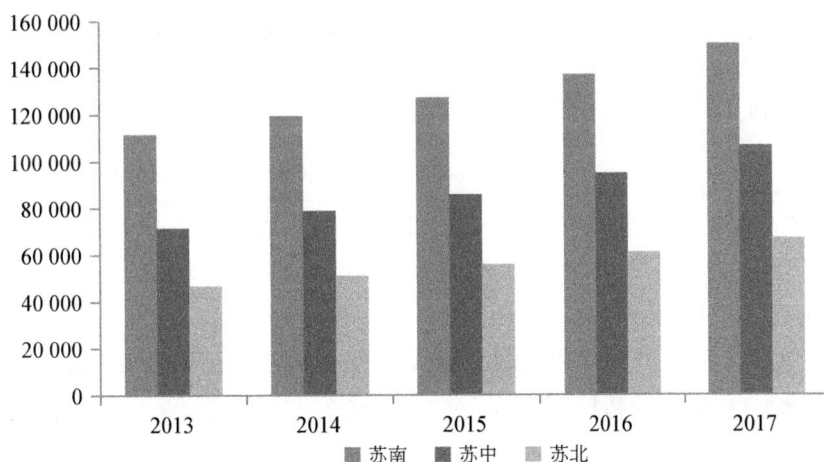

图 4　三地区人均 GDP(元)

数据来源:《江苏历年统计年鉴》

从人均 GDP 的角度来看,苏南、苏中和苏北三地区保持了持续快速增长,分别从 2013 年的 111 488.3 元、71 432.25 元、46 663.51 元增加到 2017 年的 150 200 元、106 637.1 元和 66 933.94 元(图 4),分别增长了 34.72%、49.28% 和 43.44%,且苏中增速快于苏北和苏南,并且苏北与苏中地区的人均 GDP 与苏南的差距呈现出逐年缩小的趋势,这显示了苏北和苏中地区发展具有的后发优势。

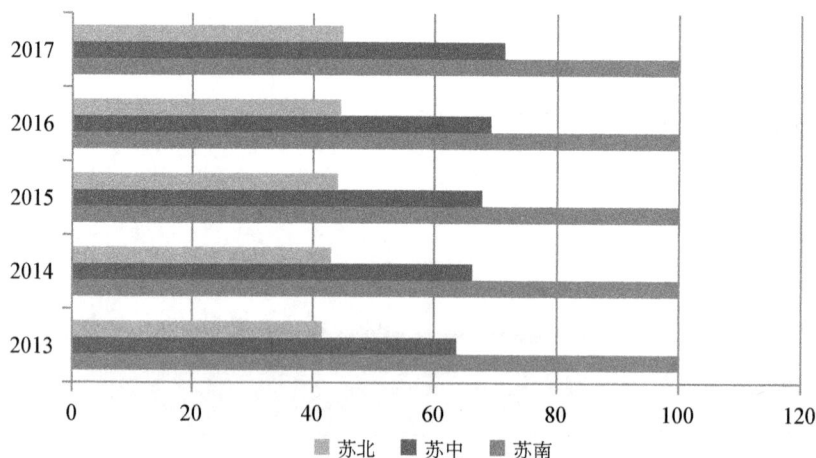

图 5　苏南、苏中、苏北人均 GDP 相对比例(苏南＝100)

数据来源:历年《江苏统计年鉴》

从具有比较意义的人均指标看:2013 年苏南人均 GDP 比苏中、苏北分别高 40 056.05 元和 64 824.79 元,2017 年差距扩大到 43 562.9 元和 83 266.06 元。从图 5 中我们可以看到,苏中和苏北地区相对于苏南的比例稳步提高,2013 年时,苏中、苏北地区的人均 GDP 分别是苏南地区的 63.6% 和 41.5%,到 2017 年时上升到 71.4% 和 44.8%,这说明在苏南保持快速增长的同时,苏中和苏北奋起直追,虽然经济总量的比例上变化不大,但是人均水平有了明显提高,反映了在各级政府和全省人民的努力下,江苏经济出现了明显的收敛趋势,经济发展逐渐趋于平衡。但是同时也必须看到,虽然苏中、苏北和苏南的相对差距在缩小,但是绝对差距却在扩大,三地区经济平衡发展仍然任重道远。

(二)财政金融

1. 财政

伴随着总体宏观经济的快速发展,苏南、苏中和苏北三个地区的财政收支不断增加,金融规模不断提高,金融市场不断深化,总体呈现出增长的发展态势,但明显受到国际和国内宏观经济的影响,并且地区间的差异依然十分明显。

从基本财政状况来看,三个地区的财政总收入、地方财政一般预算收入和地方财政一般预算支出都呈现出明显增加,苏南三项指标分别从 2013 年的 6 264.75 亿元、3 536.65 亿元和 3 479.21 亿元增加到 2017 年的 8 737.512 亿元、4 913.16 亿元和 5 051.41 亿元,苏中地区三项指标分别从 2013 年的 1 580.85 亿元、996.42 亿元和 1 239.5 亿元增加到 2017 年 1 995.43 亿元、1 246.30 亿元和 1 793.21 亿元,苏北地区三项指标则从 2013 年的 2 178.16 亿元、1 479.45 亿元和 2 209.82 亿元增加到 2017 年的 2 503.97 亿元、1 507.69 亿元和 2 842.60 亿元。从地方财政一般预算收入和预算支出来看,之前三个地区的增速相对比较稳定,这主要是由于地方分税制和支出结构相对比较稳定导致的。2013—2017年三地区的增速都出现了不同程度的下降,这与三个地区经济增速的趋势大致相同。

2017年,苏南、苏中、苏北一般公共预算收入分别达到4 913.16亿元、1 246.30亿元和1 507.69亿元,并且一般公共预算收入占地区生产总值的比重分别达到了9.8%、7.1%和7.4%。

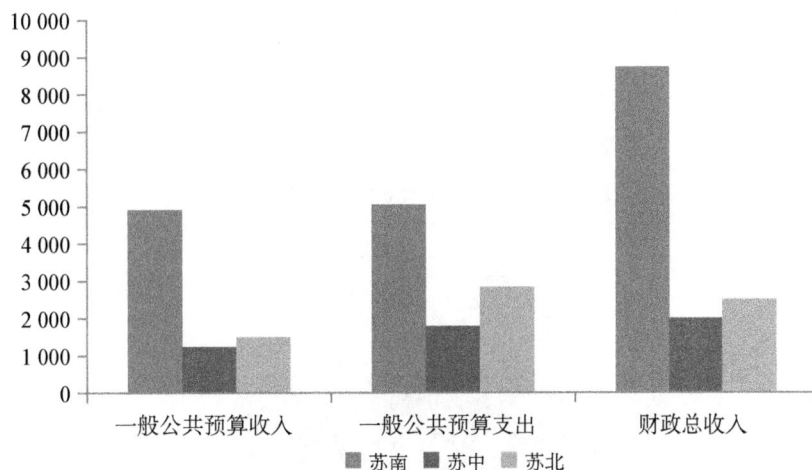

图6　2017年三地区基本财政状况(亿元)

数据来源:《江苏统计年鉴2018》

2017年,江苏省一般公共预算收入8 171.5亿元,同口径增长4.6%;上划中央四税5 779.8亿元,比上年增长9.1%。全年一般公共预算支出10 621.4亿元,比上年增长6.4%。财务支出结构有所优化。

表1　江苏省各地市2013—2017年财政总收入情况

地市	2013年	2017年
南京	1 591.59	2 439.228
无锡	1 228.35	1 584.028
常州	670.15	873.613 8
苏州	2 405.8	3 395.603
镇江	368.86	445.039 6
南通	739.64	929.200 8
扬州	418.54	517.192 2
泰州	422.68	549.033 8
徐州	659.95	844.83
连云港	297.43	339.460 5
淮安	417.19	433.995 8
盐城	530.47	545.234 8
宿迁	273.12	340.448 9

数据来源:历年《江苏统计年鉴》

从表1中可以发现,2013—2017年,江苏公共财政收入的区域结构已悄然变化。数据表明,苏州、南京和无锡的财政总收入高居江苏省的前列,其他市县的财政总收入也在稳步上升。2017年苏州以总量3 395.603亿元超过南京,苏北地区的徐州也在2017年超过镇江。

江苏各地公共财政收入变化及其趋势,折射出在全球金融危机背景下,苏南及沿江各市产业升级所面临的挑战。外向型经济较为薄弱的苏北各地公共财政收入迅猛增长,得益于投资拉动与产业经济的快速增长,但其深层机理在于地产黄金十年形成的南北地租级差,牵动社会乃至国际资本转向苏北洼地,而苏北交通基础设施的持续改善则是推动南北经济一体化、驱动产业落户的加速器。

尽管苏北和苏中地区财政指标增速高于苏南地区,但是由于经济总量上的巨大差异,导致无论是财政总收入、一般预算收入还是一般预算支出,和苏南有巨大的差异。2017年,苏南在三个指标上分别是苏中的4.4倍、3.9倍、2.8倍和苏北的3.5倍、3.3倍、1.8倍。

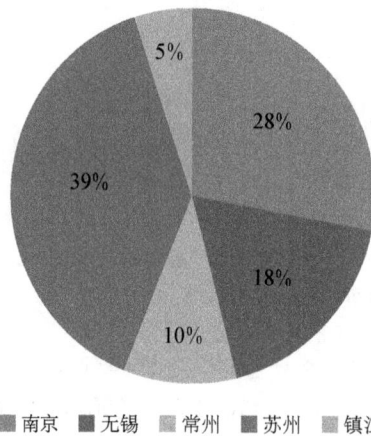

图7 苏南财政总收入中各市所占比例(%)

数据来源:《江苏统计年鉴2018》

从苏南、苏中和苏北地区内部来看,也存在着明显的地区差异。在苏南地区内部中,苏州占比39%,其次分别是南京(28%)、无锡(18%)、常州(10%)和镇江(5%)。与2016年相比,苏南各市占比都保持平稳。

表2 苏南地区2017年公共财政预算收入和支出分类情况

指 标	南京	无锡	镇江	常州	苏州
一般公共预算收入	1 271.911	930.001 7	284.337 8	518.805	1 908.1
税收收入	1 044.606	752.395 5	217.853 3	431.360 7	1 672.901
增值税	430.751 5	369.236 7	95.957 1	199.936 7	766.908 6
营业税	1.265 9	1.868 4	0.321 6	0.807 8	3.315 3
企业所得税	180.123	125.369 5	26.158 3	65.247 2	334.700 9
个人所得税	81.217 9	47.156 2	10.913 9	27.514 4	109.294 6
城市维护建设税	82.669 8	52.697 1	14.068 9	28.927 9	106.325 4
房产税	45.311 6	36.571 6	9.854 9	21.566 6	82.977 9

续表

指　标	南京	无锡	镇江	常州	苏州
土地增值税	87.473 7	26.274 3	18.603	12.487 2	96.535 5
耕地占用税	2.206 4	2.217	2.153 3	5.626	9.176 2
契税	91.823 5	51.216 9	26.369 7	38.453 5	94.822 8
其他各项税收	41.762 5	39.787 8	13.452 6	30.793 4	68.843 8
非税收入	227.3	177.6	66.48	87.44	235.19
专项收入	125.72	53.69	17.9	24.46	108.05
行政事业性收费收入	41.18	30.63	15.04	22.95	41.4
罚没收入	15.63	15.44	7.49	8.21	13.88
国有资源(资产)有偿使用收入	27.98	66.07	13.96	23.03	57.29
其他各项收入	16.79	11.77	12.09	8.79	14.57
上划中央收入	1 167.316	654.026 5	160.701 8	354.808 9	1 487.503
增值税	446.031 7	380.162 4	99.297 6	206.075 3	789.164 4
消费税	329.273 3	15.075 5	5.795 7	9.591 1	32.344 9
企业所得税	270.184 5	188.054 3	39.237 6	97.871	502.051 3
个人所得税	121.826 9	70.734 3	16.370 9	41.271 5	163.941 9
一般公共预算支出	1 354.087	987.662 5	386.636	551.553 4	1 771.47
一般公共服务	107.495 8	78.788	39.027 6	58.146 3	170.082 7
公共安全	97.291 3	62.806 9	27.605 7	39.773 2	127.446 2
教育	217.841 9	153.635 3	71.757	97.877 8	299.566 8
科学技术	67.294 2	42.211	12.653 1	25.089 4	124.027 5
文化体育与传媒	37.043 4	13.323 6	8.358 5	6.400 3	40.304 3
社会保障和就业	154.351 6	71.356 1	43.169 7	60.609	157.132 3
医疗卫生	89.609 4	58.336 2	24.245	41.715 4	103.389 2
节能环保	34.581	43.721 4	13.985 9	15.215 6	68.142 8
城乡社区事务	241.458 5	286.343 4	55.814 1	80.887 9	335.072 2
农林水事务	83.588 2	42.951 4	33.071 4	44.528 3	101.505
交通运输	54.263 9	34.219 8	8.705 3	10.987 8	71.669 8
资源勘探电力信息等事务	47.686 5	43.319 9	10.072 9	12.947 2	55.796 1
其他各项支出	121.581 6	56.649 5	38.169 8	57.375 2	117.334 9

数据来源:《江苏统计年鉴 2018》

2017 年苏州市全年实现一般公共预算收入 1 908.1 亿元,比上年增长 10.3%。其中税收收入 1 672.9 亿元,增长 11.1%,税收收入占一般公共预算收入的比重达 87.7%,比上年提高 0.7 个百分点,一般公共预算收入总量、增量和税收占比保持全省首位。财政支出更多投向民生领域。全年一般公共预算支出 1 771.5 亿元,比上年增长 9.5%。其中城乡公共服务支出 1 350.2 亿元,比上年增长 10.5%,城乡公共服务支出占一般公共预算支出的比重达 76.2%。南京市全年完成一般公共预算收入 1 271.91 亿元,比上年同口径增长 11.9%。其中税收收入 1 044.61 亿元,增长 13.2%,税收占比 82.1%。全年一般公共预算支出 1 353.96 亿元,比上年增长 15.3%,其中城乡社区、社会保

障和就业、住房保障、农林水事务支出分别增长19.3％、27.4％、27.7％和27.5％。财政一般公共
预算支出中民生支出占比达78％,连续9年入选中国"最具幸福感城市"。无锡全市一般公共预算
收入930.00亿元,比上年增长6.3％。财政支出结构继续调整,一般公共预算支出989.35亿元,比
上年增长14.1％。常州市全年完成一般公共预算收入518.8亿元,增长8％,总量排位回升至全省
第5位。其中税收收入431.4亿元,增长12.6％,增速列全省第1位;税收占比83.1％,居全省第2
位。主要税种中,增值税(50％)完成199.9亿元,增长33.9％;企业所得税完成65.2亿元,增长
27.2％;个人所得税完成27.5亿元,增长0.1％。全年一般公共预算支出551.7亿元,增长8.6％。民
生领域支出增长较快,教育支出98亿元,增长17.2％,社会保障和就业支出61.1亿元,增长12％,
住房保障支出26.5亿元,增长32.4％。镇江市全年实现一般公共预算收入284.34亿元,同口径比
上年增长3.3％,其中税收收入217.85亿元,增长1.9％;非税收入66.48亿元,增长7.9％。从主要
税种看,增值税下降14.0％,企业所得税增长18.0％,个人所得税下降6.2％。全年一般公共预算
支出386.59亿元,增长7.4％,其中教育支出74.26亿元,社会保障和就业支出41.58亿元,医疗卫
生支出24.91亿元,环境保护支出14.21亿元。

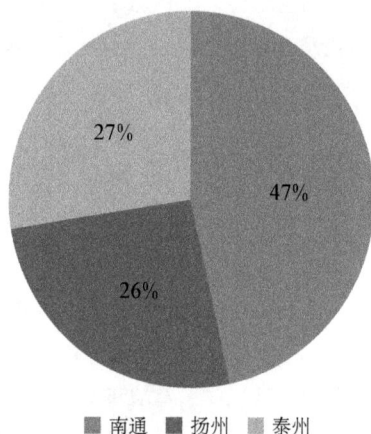

图8 苏中财政总收入中各市所占比例(％)

数据来源:《江苏统计年鉴2018》

从苏中地区内部来看,南通占比47％,其次是泰州(27％)、扬州(26％)。与2016年相比,南通
和扬州在苏中地区财政总收入中所占比例有明显的下降。

表3 苏中地区2017年公共财政预算收入和支出分类情况

指 标	南通	扬州	泰州
一般公共预算收入	590.602 6	320.178 8	335.515
税收收入	462.508 6	241.439 9	256.951 4
增值税	186.366 2	113.357 9	127.786 3
营业税	1.497	0.171 2	0.037 4
企业所得税	61.355 7	29.981 6	32.567
个人所得税	27.340 9	10.587 1	13.080 1
城市维护建设税	25.347 1	16.367 6	17.897 1

续表

指　　标	南通	扬州	泰州
房产税	19.197 9	10.640 7	9.152 9
土地增值税	56.836 1	19.298 9	19.253 3
耕地占用税	5.132 9	3.520 2	4.617 2
契税	47.350 3	21.775 8	16.104 7
其他各项税收	32.084 5	15.738 9	16.455 4
非税收收入	128.09	78.73	78.56
专项收入	25.43	17.5	19.17
行政事业性收费收入	35.68	26.16	18.07
罚没收入	10.46	8.36	7.66
国有资源(资产)有偿使用收入	50.39	14.24	16.11
其他各项收入	6.13	12.47	17.55
上划中央收入	338.598 2	197.013 5	213.519 2
增值税	194.272 1	116.541 6	131.050 2
消费税	11.281 1	19.618 5	13.998 3
企业所得税	92.033 6	44.972 5	48.850 6
个人所得税	41.011 4	15.880 9	19.620 1
一般公共预算支出	810.080 3	507.640 3	475.487
一般公共服务	95.302 8	67.025 4	56.062
公共安全	53.048 7	33.831 2	31.200 8
教育	152.989 8	90.356 9	76.570 2
科学技术	27.240 7	14.980 5	13.291 1
文化体育与传媒	9.135 9	8.574 5	7.66
社会保障和就业	97.624 2	55.299 4	49.283 4
医疗卫生	81.050 4	44.383 3	43.269 4
节能环保	11.608 1	20.043 1	9.627 8
城乡社区事务	103.729 9	66.161 4	50.188 7
农林水事务	75.019 5	49.070 1	47.911 1
交通运输	20.909 3	14.274 4	16.951 1
资源勘探电力信息等事务	19.286 7	12.023 6	20.696 6
其他各项支出	63.134 3	31.616 5	52.774 8

数据来源:《江苏统计年鉴2018》

　　2017年,南通市全年一般公共预算收入590.6亿元,增长0.1%,其中,增值税增长40.3%,改征增值税增长116.1%,企业所得税增长18.6%,个人所得税下降14.8%,契税增长27%。全年一般公共预算支出810.1亿元,增长8.1%。一般公共预算支出中民生支出625亿元,占一般公共预算支出的比重达到77%,比上年提高1.3个百分点。扬州全市一般公共预算收入320.18亿元,下降7.3%,其中,税收收入241.44亿元,下降9.6%。主体税种中,增值税113.36亿元,增长41.8;企业所得税29.98亿元,增长7.7%;个人所得税10.59亿元,增长3.9%;契税21.78亿元,增长50.6%。

全市一般公共预算支出 500.59 亿元,增长 3.4%,其中一般公共服务支出 69.11 亿元,增长 16.5%;教育支出 90.71 亿元,增长 6.8%;科学技术支出 19.95 亿元,增长 52.8%;社会保障和就业支出 55.48 亿元,增长 41.2%;医疗卫生与计划生育支出 45.72 亿元,增长 18.7%;交通运输支出 14.98 亿元,增长 25.0%。泰州市全年完成一般公共预算收入 343.97 亿元,增长 5.0%(同口径增长 10.0%),其中税收收入 265.03 亿元,增长 0.5%。一般公共预算支出 477.05 亿元,增长 6.3%,其中一般公共服务支出增长 7.4%,教育支出增长 4.6%,科学技术支出增长 10.8%,社会保障和就业支出增长 14.0%,节能环保支出增长 10.4%,城乡社区事务支出增长 26.6%,交通运输支出增长 40.2%,住房保障支出增长 14.1%。

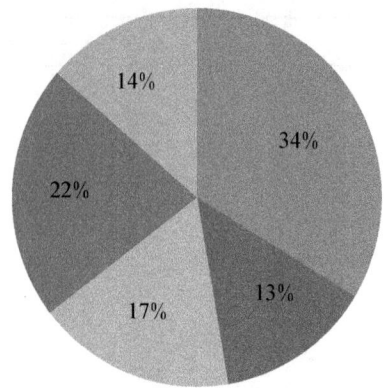

图 9　苏北财政总收入中各市所占比例(%)

数据来源:《江苏统计年鉴 2018》

　　从苏北地区内部来看,徐州占比 34%,其次是盐城(24%)、淮安(17%)、宿迁(14%)和连云港(13%)。与 2016 年相比,徐州所占比例有所上升,而连云港所占比例的下降幅度较大。

表 4　苏北地区 2017 年公共财政预算收入和支出分类情况

指　标	盐城	淮安	连云港	宿迁	徐州
一般公共预算收入	360.018 8	230.607 8	214.846 4	200.578 9	501.635 5
税收收入	271.927 6	177.057 2	159.371 1	154.577 1	365.228 4
增值税	108.495 6	84.175 1	76.501 4	61.807 1	141.021 3
营业税	0.910 7	0.856 3	0.565 7	0.188 6	0.164 6
企业所得税	25.208 2	16.874	19.274 1	28.939 7	33.991 2
个人所得税	9.823 8	7.645 6	7.451 8	6.632 4	15.526 1
城市维护建设税	18.257 7	16.562 9	10.756 6	9.567 9	28.633 3
房产税	18.480 9	7.579 7	5.187 4	7.549 5	14.312 2
土地增值税	27.961 9	13.145	9.708 4	16.263 7	55.002 8
耕地占用税	7.955 4	2.329 6	1.035 7	2.917 5	4.111
契税	27.920 6	14.816	12.052 6	9.895 1	35.597 3
其他各项税收	26.912 8	13.073	16.837 4	10.815 6	36.868 6
非税收收入	88.09	53.55	55.47	46	136.4
专项收入	20.33	13.99	15.71	8.94	26.55
行政事业性收费收入	20.89	13.61	18.46	9.96	30.33
罚没收入	9.85	8.59	7.13	5.63	16.3
国有资源(资产)有偿使用收入	34.12	13.82	7.84	14.55	57.86
其他各项收入	2.9	3.53	6.33	6.91	5.36

续表

指　标	盐城	淮安	连云港	宿迁	徐州
上划中央收入	185.216	203.388	124.614 1	139.87	343.194 5
增值税	112.048 1	86.903 4	78.723 1	63.669 7	141.496 8
消费税	20.619 5	79.704 8	5.801 9	22.842 3	127.421 7
企业所得税	37.812 4	25.311 2	28.911 3	43.409 5	50.986 8
个人所得税	14.736	11.468 6	11.177 8	9.948 5	23.289 2
一般公共预算支出	748.281 4	452.314	390.557 6	424.118 1	827.333 8
一般公共服务	80.487 4	50.274 6	48.382 4	35.817 5	69.424
公共安全	38.790 3	26.412	22.481	21.422 9	49.098 6
教育	134.788 1	85.693 1	75.766 9	71.837 9	173.988
科学技术	25.030 1	9.740 7	8.806 5	7.494 8	21.554
文化体育与传媒	11.889	6.302 1	4.296 1	5.223 7	11.330 7
社会保障和就业	89.547 6	51.792	41.069 3	49.040 8	95.568 2
医疗卫生	75.740 5	44.328 2	31.930 6	43.161 9	67.075 1
节能环保	13.731	6.958 1	10.998 8	12.681 2	18.590 8
城乡社区事务	51.249 3	36.546	35.514 3	32.419 4	123.261 6
农林水事务	85.554 1	49.590 4	42.894 7	65.661 2	89.477 2
交通运输	29.411 5	17.532 8	24.662 3	14.626 7	32.106 4
资源勘探电力信息等事务	34.256 7	29.169 5	6.090 9	25.421 3	15.086 9
其他各项支出	77.805 8	37.974 5	37.663 8	39.308 8	60.772 3

数据来源:《江苏统计年鉴2018》

　　2017年,徐州全市实现一般公共预算收入501.64亿元,同口径比上年增长5.0%。国税、地税和财政部门分别实现一般公共预算收入163.79亿元、224.66亿元和113.19亿元。完成税收收入365.23亿元,占一般公共预算收入比重为72.8%;主体税种增势良好,增值税(含营业税)、企业所得税、城市维护建设税和契税分别完成141.19亿元、33.99亿元、28.63亿元和35.60亿元。宿迁全市实现财政总收入439.9亿元,其中一般公共预算收入200.58亿元。一般公共预算收入中税收占比77.1%。完成工业入库地方税收50.3亿元,同口径增长10.8%;房地产业入库地方税收39.1亿元,下降−28.3%。完成财政总支出595.8亿元,比上年增长8.7%。其中一般公共预算支出424.48亿元。财政支出继续优化,民生支出保障有力。2017年全市民生支出341.7亿元,占一般公共预算支出的80.5%。盐城全市实现一般公共预算收入360亿元,比上年下降3.4%,其中税收收入271.9亿元,比上年下降3.7%,税收占一般公共预算收入的比重为75.5%。主体税种保持稳定,实现国内增值税68.6亿元、改征增值税(含营业税)40.8亿元、企业所得税25.2亿元、个人所得税9.8亿元。财政惠民力度不断加大,2017年全市用于民生保障支出578亿元,占一般公共预算支出的77%。淮安市全年实现一般公共预算收入230.61亿元,其中税收收入177.06亿元,税收收入占一般公共预算收入比重76.8%,比上年提升2.3个百分点。一般公共预算支出452.51亿元,其中民生类支出334.20亿元，占一般公共预算支出比重73.9%，比上年提升0.7个百分点。连云港市全年实现一般公共预算收入214.85亿元，同口径增长8.4%。其中，税收收入159.37亿元，增长2.3%，占一般公共预算收入的74.2%。

2.金融

2017年，江苏省年末全省金融机构人民币存款余额129 942.9亿元，比年初增加8 836.3亿元。年末金融机构人民币贷款余额102 113.3亿元，比年初增加11 005.7亿元。其中，苏南地区金融人民币存款余额85 770.25亿元，占全省比重66%，苏中地区金融机构人民币存款余额22 930.4亿元，占全省比重17.6%，苏北地区金融机构人民币存款余额21 242.23亿元，占全省比重16.4%。与2016年相比，苏中与苏北地区占全省的比重有所降低。

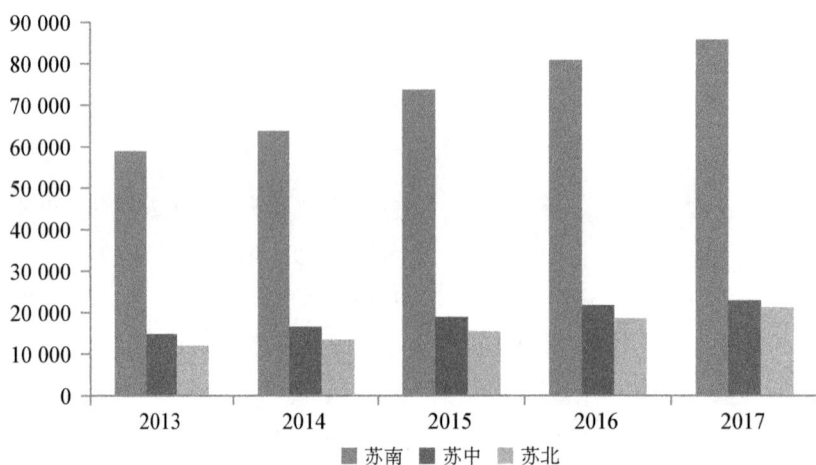

图10　2013—2017年苏南、苏中、苏北金融机构存款余额（亿元）

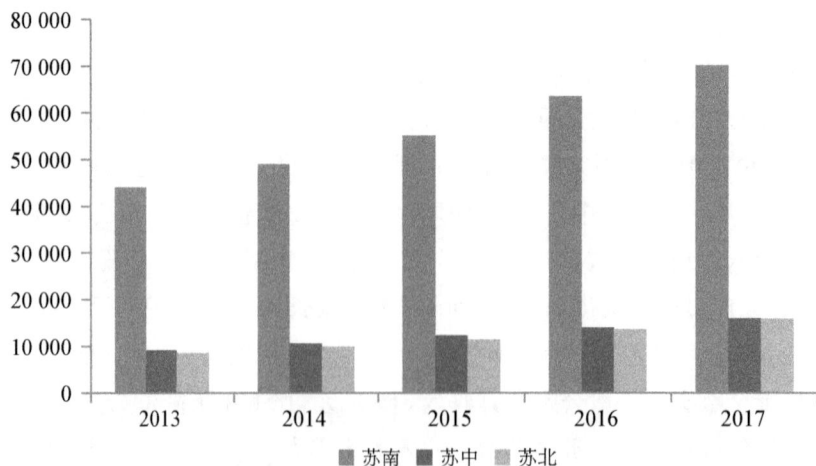

图11　2013—2017年苏南、苏中、苏北金融机构贷款余额（亿元）

数据来源：历年《江苏统计年鉴》

从金融市场来看，2013—2017年，苏南、苏中和苏北地区金融机构存款余额都呈现出上升的趋势,但其增速都比较缓慢。同时,苏南、苏中和苏北地区金融机构贷款余额也盛上升趋势,并且苏南地区贷款余额增速较快,这主要是因为政府在应对金融危机时所采取的贷款"宽松政策"和实施"四万亿"的财政刺激计划,使得银行贷款不断增加。

(三)居民收入和城乡差异

2017 年,江苏省新型城镇化建设加快推进,年末城镇化率达 68.8%,比上年提高 1.1 个百分点。城镇化水平的显著,有力地推动了新型工业化与新型城镇化良胜互动,持续地促进了新型城镇化与农业现代化协调发展。各地推动农民集中居住力度加大,使大量乡村人口集中到本乡镇范围的小城镇居住,原来的众多自然村逐渐消失,城乡居民稳步增收。

表 5 三地区城镇居民人均可支配收入(元)

年份	苏南	苏中	苏北
2013	39 224	29 706	22 933
2014	36 472	24 599	18 623
2015	39 476	26 760	20 312
2016	42 795	29 138	22 174
2017	46 592.32	31 862.69	24 293.59

数据来源:历年《江苏统计年鉴》

2017 年,苏南、苏中和苏北地区的城镇居民人均可支配收入分别为 46 592.32 元、31 862.69 元和 24 293.59 元,其为 2013 年的 1.2 倍、1.1 倍和 1 倍。从表 5 中可以看出,2013—2017 年,三地区的城镇居民人均可支配收入逐年在增长,苏南地区增长的幅度较大,而苏中和苏北地区增长相对缓慢。

表 6 三地区农村居民人均可支配收入(元)

年份	苏南	苏中	苏北
2013	19 107	14 375	11 769
2014	20 954	15 476	12 670
2015	22 760	16 862	13 841
2016	24 638	18 320	15 102
2017	26 759	20 000	16 501

数据来源:历年《江苏统计年鉴》

苏南地区农村居民人均可支配收入由 2013 年的 19 107 元增加到 2017 年的 26 759 元,增长了 40%;苏中地区农村居民可支配收入由 2013 年的 14 375 元增加到 2017 年的 20 000 元,增长了 39.1%;苏北地区农村居民人均可支配收入由 2013 年的 11 769 元增加到 2017 年的 16 501 元,增长了 40.2%。苏北地区收入的增长超过苏南和苏中地区,使三大区域的收入差距有所缩小。

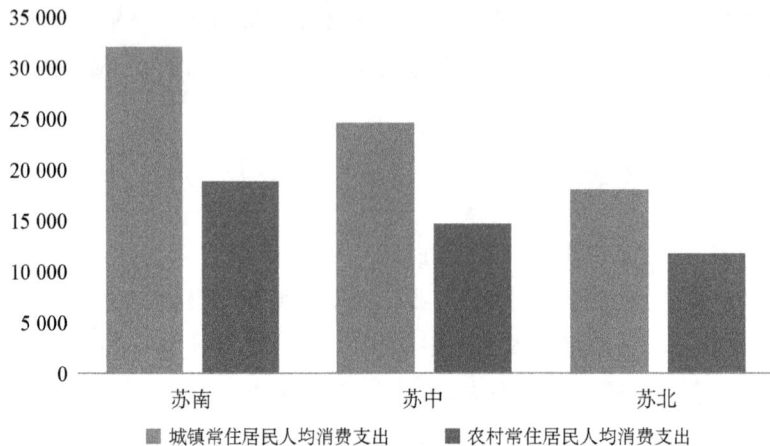

图 12　三地区城乡居民人均消费支出（元）

数据来源：《江苏统计年鉴 2018》

　　由于可支配收入水平决定了消费支出水平，因此可支配收入上的区域差异直接导致了人均消费支出地区差异。从表 5、表 6 中可以看出，三大区域的城镇和农村居民人均可支配收入的差距很大，这也就导致了城镇和农村居民在消费水平上的差异。2017 年苏南地区城镇居民人均消费支出和农村居民人均生活费支出分别为 31 034 元和 18 872 元，则苏中地区分别为 24 549 元和 14 644 元，苏北地区分别为 18 035 元和 11 763 元，其中差异最大的为苏南地区。

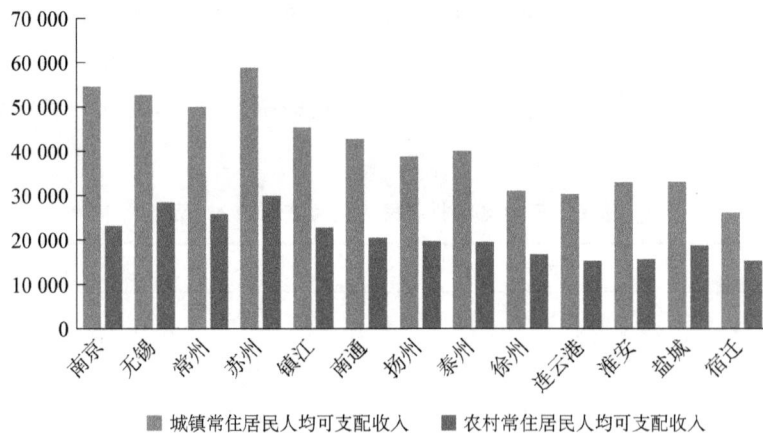

图 13　2017 年江苏各市城乡人均可支配收入（元）

数据来源：《江苏统计年鉴 2018》

　　图 13 显示了江苏 13 个省辖市的城乡人均可支配收入状况，总体来看，苏南地区省辖市的人均可支配收入高于苏中地区各市，苏中地区各市高于苏北地区各市，在 13 个市中，苏州市的人均可支配收入最高，其次是南京市，最低的是宿迁市，这和人均 GDP 的分布状况是相似的。

　　按照江苏省定全面小康标准，2010 年苏中地区的省辖市、县级地区都达到了省定全面小康标准，2011 年底，苏北地区的省辖市实现"零突破"，徐州率先达到省定全面小康标准，25 个全面小康指标中，有 24 个达到或超过省定目标值，其中核心指标全部达标。2012 年，盐城成为苏北第二个达标省辖市。截至 2015 年底，江苏 13 个省辖市中已有 10 个达到省定全面小康标准，已达标的县

（市、区）为 49 个,占纳入监测的 62 个县级地区的 79%。目前,苏南地区正在努力建设更高水平的小康社会,开启基本实现现代化新征程,苏中紧随苏南,不断提高小康水平。苏北全面小康工作加速推进,按照现行全面小康建设指标体系,苏北在已有 2 个省辖市、15 个县（市、区）达标的基础上,又有 1 个省辖市、8 个县（区）提出小康验收。

苏北的 12 个省定重点扶贫县,特别是全面小康综合评分排在末位的五县——泗洪、泗阳、灌南、灌云、睢宁,"人均 GDP""城乡居民人均收入""第三产业比重"等核心指标以潜在发展速度要到 2022年才能达到标准值的 100%。因此,建议从加快县域经济发展与精准扶贫两个方面着手,实现定向扶持,力争在"十三五"末期一个不少地把苏北各县带进全面小康社会。在加快县域经济发展方面,建议一用"滴灌行动五年计划",即针对苏北的 12 个省定重点扶贫县,由省政府主导,在产业、财政、金融、税收、投资等政策方面采取进一步的优惠政策与措施,定点定向扶持,项目安排优先;二用"涓滴行动五年计划",一方面对苏北的 12 个省定重点扶贫县,组织苏南地区的企业与投资机构通过联办开发区加强投资,另一方面苏北通过发展生态旅游与观光农业等,吸引外地民众前来消费,从而带动苏北发展和富裕。在精准扶贫方面,要进一步强化政策力度,通过设立专项基金扶贫、金融扶贫、互助资金扶贫、厂商扶贫、合作社扶贫等多种形式,让苏北贫困地区农民有更多创业增收机会。

江苏各地区不但存在着明显的区域差异,而且存在着显著的城乡差异,无论是苏南、苏中还是苏北,农村居民的人均纯收入和人均生活费支出都明显低于同地区的城镇居民。

二、产业结构

（一）三次产业结构

江苏经济发展水平上的地区差异同样也体现在三个地区的三次产业结构上,按照一般规律,经济发展程度越高,农业（即第一产业）增加值在 GDP 中的比例越低,服务业增加值在 GDP 中的比例越高。

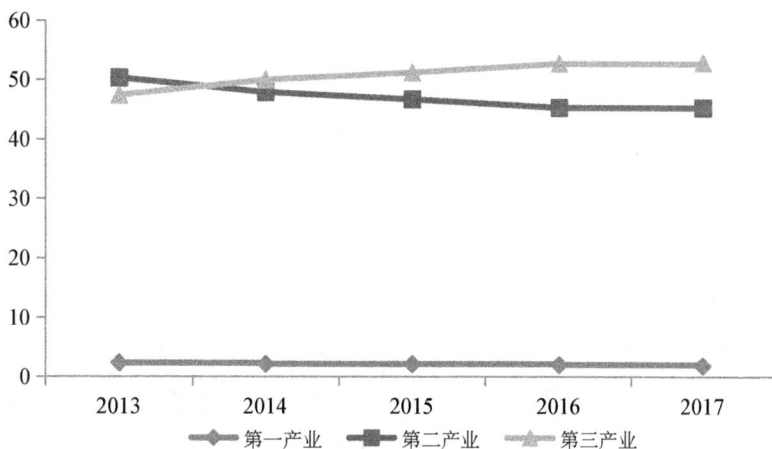

图 14　苏南地区三次产业结构（%）

数据来源:历年《江苏统计年鉴》

20世纪80年代,苏南以创办乡镇企业为发端,以农村工业为引擎,带动了社会经济的全面繁荣,其经验被概括为"苏南模式"。如今,苏南地区在全球化、国际化的背景下,以实现"两个率先"为目标,坚持快速发展、科学发展,再一次创造了苏南速度、苏南特色、苏南经验,形成了"新苏南发展模式"。苏南地区由此抓住了国际产业资本加速向长三角地区转移的机遇,积极实施招商引资战略,区域经济得到迅速的发展,同时,积极招商引资,吸引外资的投入,从"三来一补"到生产研发,不断提高外企的质量,增加高新科技企业的比重,提高了净出口的产值,提升了苏南地方经济总量,促进了地方经济的增长。2015年,江苏深入实施现代服务业"十百千"行动计划,服务业增加值占地区生产总值的比重提高1.4个百分点。苏南五市则不断加快服务业提档升级,为经济新常态下引领服务业更好更快向中高端发展,推进产业结构优化升级和持续健康发展提供有力支撑。苏南现代服务业发展壮大,生产性服务业做大做强,生活性服务业健康发展,同时构建区域金融中心和电子商务示范基地。

在此基础上,苏南地区呈现出明显的工业化后期阶段特征,农业比重很低,并且不断下降,从2013年的2.3%下降到2017年的1.8%;第二产业(工业和建筑业)比重也在不断下降,从2013年的50.3%下降到2017年的45.3%,下降了5个百分点;第三产业比重不断增加,从2013年的47.4%增加到2017年的52.8%,增加了5.4个百分点,并且第三产业逐渐成为经济增长的主要拉动力。总之,苏南地区的三次产业结构由2013年的2.3:50.3:47.4调整到2017年的1.8:45.3:52.8。

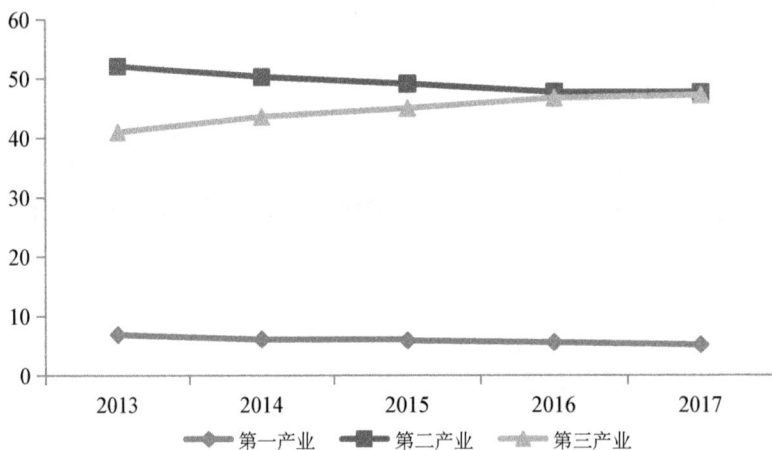

图15 苏中地区三次产业结构(%)

数据来源:历年《江苏统计年鉴》

根据实际情况来看,苏中地区工业经济起步较早,玩具、机电、医药、汽车等传统产业具有明显优势,是支撑苏中经济增长的特色产业,也是提高区域竞争力的重要基础,南通海工产业、扬州汽车产业、泰州生物医药业均在全国处于领先水平。因此,苏中地区则呈现出工业化中期阶段特征,第一产业比重从2013年的6.9%下降到2017年的5.2%,下降了近1.7个百分点;第二产业比重从2013年的52.1%下降到2017年的47.6%,下降了4.5个百分点;第三产业比重由2013年的41%增加到2017年的47.2%,增加了6.1个百分点。苏中地区三次产业结构由2013年的6.9:52.1:41调整到2017年的5.2:47.6:47.2,从整体来看,苏中地区第二产业比重大于第三产业比重。

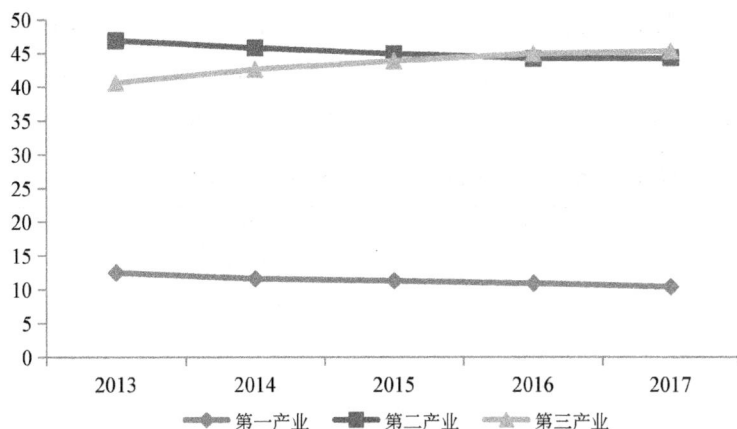

图 16　苏北地区三次产业结构(%)

数据来源:历年《江苏统计年鉴》

苏北地区显示出新型工业化发展特征,农业比重持续下降,从 2013 年的12.5%下降到 2017 年的10.4%,下降了2.1个百分点,按照一般产业结构演化趋势,农业比重的明显下降对应着工业比重的大幅提高,但是我们看到,苏北地区第二产业比重并没有明显提高,农业比重的下降主要对应着第三产业的不断提高,从 2013 年的 40.6% 提高到 2017 年的 45.3%,提高了4.7个百分点。因此,苏北地区可以利用自身比较优势,实施错位发展,主动承接苏南、上海等地以及国际产业转移,积极打造具有较强竞争力的现代产业体系。在先进制造业的发展上,要依托自身要素禀赋优势和产业发展基础,积极培育提升一批市场竞争力强、产业配套能力好、科技含量高的特色产业基地。在现代服务业的发展上,要积极围绕制造业发展,提升生产服务业配套服务水平;立足苏北生态环境优美、文化底蕴深厚、旅游资源丰富的优势,重点发展特色旅游、文化休闲等生活服务业。这样可以进一步缩小三大区域之间的差距。

(二)农业

"十三五"时期,以农业现代化工程为抓手,着力转变农业发展方式,持续推进农业结构调整,全面深化农村改革,全省农业农村经济保持良好发展势头,现代农业建设加快推进。苏北地区由于其区域大,耕地面积辽阔,再加上工业相对没有苏南和苏中地区发达,农业在其 GDP 中的比重高,使得江苏省农业主产区域是苏北地区。然而,当前经济发展进入新常态,农业发展面临农产品价格和生产成本"双重挤压",遭受资源与环境"双重约束",苏北农业转方式调结构、推进转型升级、加快现代化进程的压力倍增。

表 7　三地区农业 GDP 在江苏的比例(%)

年份	苏　南	苏　中	苏　北
2013	23.25%	20.71%	56.04%
2014	23.40%	20.58%	56.02%
2015	23.57%	20.17%	56.27%
2016	23.44%	20.19%	56.37%
2017	22.95%	20.27%	56.78%

数据来源:历年《江苏统计年鉴》

苏南和苏中地区受限于耕地面积,农业总产值相对较小,但是三地区农业 GDP 占江苏的比例总体比较稳定。2013 年苏南、苏中和苏北地区分别占比 23.25%、20.71% 和 56.04%,到 2017 年占比 22.95%、20.27% 和 56.78%。虽然所占比例有所波动,但波动的幅度很小。

表 8　三地区农业增加值指数（按可比价计算,上年＝100）

年份	苏南	苏中	苏北
2013	103.1	103.5	103.2
2014	102.4	104.2	104.6
2015	102.8	103.2	103.5
2016	104	104	105
2017	101.133 6	103.614 6	120.449 2

数据来源:历年《江苏统计年鉴》

从增长幅度来看,按照可比价格计算,从 2013 年到 2017 年,苏南和苏中地区农业增加值增幅很稳定,基本保持在 4% 左右,苏北地区除了 2017 年出现过 20.4% 的高速增长外,其余年份基本保持在 5% 的增幅,从总体来看,苏北农业增速快于苏南和苏中,但是差异很小。

表 9　2017 年三地区农业总产值（亿元）

指标	苏南	苏中	苏北
农林牧渔业总产值（亿元）	1 685.899	1 679.945	4 070.52
农业	892.872 1	788.703 4	2 209.528
林业	83.874	21.244 2	98.474 1
牧业	159.055	311.425 1	990.885 4
渔业	398.422 7	430.467 2	585.116 2
农林牧渔服务业	151.674 8	128.104 7	186.517 1

数据来源:《江苏统计年鉴 2018》

现代农业是继传统农业之后的一个农业发展新阶段。其内涵是以统筹城乡社会发展为基本前提,以科技进步为驱动力,以市场为导向,通过政府的宏观调控,实现农业产业化、集约化、商品化的生产与经营,提高农产品的市场竞争力和农业整体效益的新型产业形式。按照现代农业发展的要求,江苏各地区加快农业产业结构调整,优化农业生产要素合理配置,种植业和渔业产出规模逐年递增,畜牧业发展趋势呈生产规模逐步收缩调整,产业转型升级蓄势推进的新格局。

从表 9 中可以看出,2017 年苏南、苏中和苏北地区的农业总产值分别为 1 685.899 亿元、1 679.945 亿元和 2 209.528 亿元。其中,苏南地区农业、林业、牧业、渔业和农林牧渔服务业与 2016 年相比,分别增长了 58.4%、89.3%、99.3%、87.7% 和 72.9%;苏中地区农业、林业、牧业、渔业和农林牧渔服务业与 2016 年相比,分别增长了 55.7%、89.7%、129.3%、110.2% 和 118.6%;苏北地区农业、林业、牧业、渔业和农林牧渔服务业与 2016 年相比,分别增长了 77.9%、76.8%、148.4%、107.8% 和 119.2%。数据表明,苏中和苏北地区 2017 年在牧业、渔业和农林牧渔服务业方面实现了较快发展,其农业结构调整取得成效。

表 10　2017 年三地区主要农业产品产量(万吨)

指标	苏南	苏中	苏北
粮食	445.502 1	916.064 8	2 383.22
油料	16.678 8	54.335 8	59.941 7
棉花(吨)	4 100	15 303	23 789
肉类	38.58	86.27	253.24
♯猪牛羊肉	24.24	56.69	156.02
水产品	83.202 8	167.883	266.840 7

数据来源:《江苏统计年鉴 2018》

从主要农产品产量结构来看,相对于苏北来说,苏南和苏中地区各类产量普遍相对较少,这和三地区所反映的农业内部产业结构是一致的。

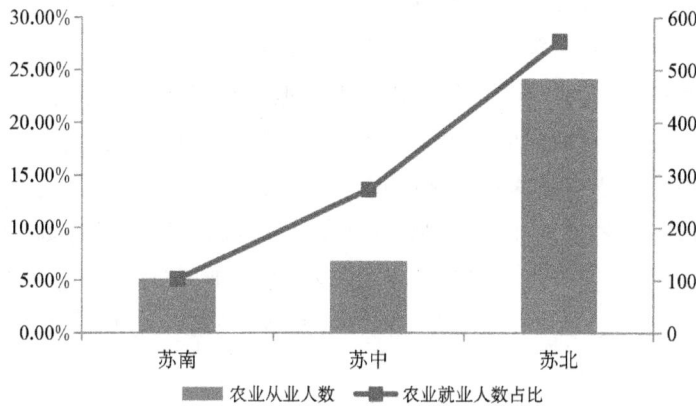

图 17　2017 年三地区农业从业人员人数及其在所有从业人员中的占比

数据来源:《江苏统计年鉴 2018》

就业结构也能够反映三个地区农业在经济发展中的作用。2017 年苏南农业从业人员 102.77 万人,较 2016 年减少了 3.43 万人,占苏南地区总就业人数的 5.1%,而苏中和苏北农业从业人员占

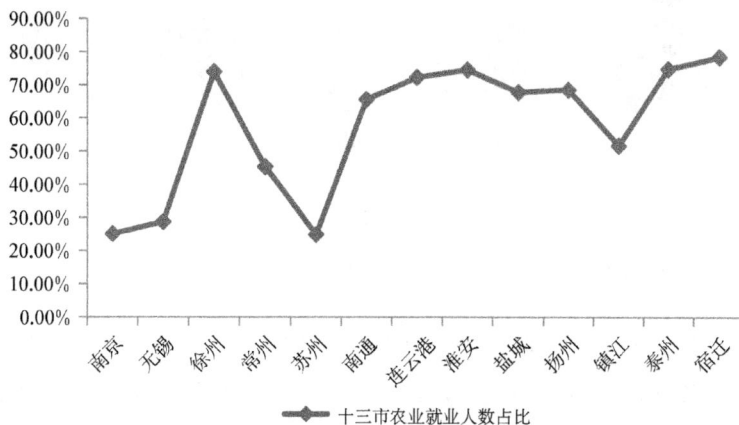

图 18　2017 年十三市农业人员在所有从业人员中的占比(%)

数据来源:《江苏统计年鉴 2018》

所在地区从业人员的比例分别为13.64%和27.72%,明显高于苏南地区,这反映了苏中和苏北农业在经济结构中还比较重要。

从江苏13个省辖市来看,农业从业人员比重最低的是苏州和南京,最高的是宿迁和泰州。总体上,苏南地区该指标低于苏中,苏中则低于苏北,基本上和经济发展程度成反比,即经济越发达,农业人员从业比例越低。

(三)工业

苏南地区工业尤其是制造业十分发达,目前逐步迈入工业化后期阶段,从产业结构来看,第二产业(主要是工业)在国民经济中的比重不断下降,但是苏南地区工业发展速度却并没有放缓,工业转型和产业升级突飞猛进,初步形成了以南京智能电网、软件,无锡物联网、集成电路,常州光伏、智能装备,苏州纳米、生物医药,镇江新材料等的先进制造业产业格局。

苏中地区抓住沿江与沿海开发的重大机遇,积极接受国际国内制造业的转移,努力构筑产业发展的新优势,经济增长不断加快,承南启北的纽带作用正逐步得到发挥。凭借沿江沿海两大经济起飞平台,以及崭新的服务理念和操作方式,加快了发达地区和苏南资源相对紧缺的产业向苏中有规划、有梯度地转移,新兴产业不断形成。加上苏中地区的纺织、机电、医药、汽车、建筑等传统产业优势,苏中工业产业结构和产业总量均有明显提升。

从产业结构来看,苏北各地工业尤其是制造业结构不断优化,形成了各地具有特色的产业集群,其中徐州工程机械产业、连云港新医药产业、盐城汽车产业、新能源产业以及淮安的石油机械产业、宿迁的酿酒产业都成为江苏乃至全国重要的产业集群,带动苏北工业的发展和升级。

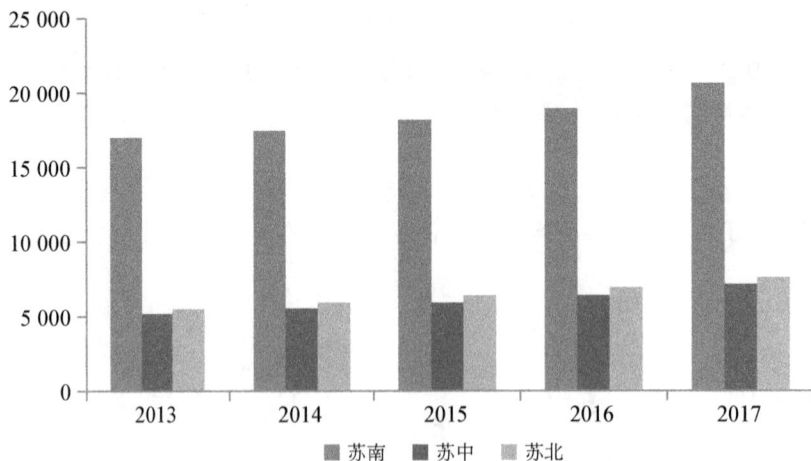

图19　三地区工业增加值(亿元)

数据来源:历年《江苏统计年鉴》

2013年以来,苏南、苏中和苏北地区工业保持稳定的增长。到2017年,苏南地区实现工业增长值20 651.28亿元,比2016年增加9.1%;苏中地区实现工业增长值7 167.19亿元,比2016年增加11.7%;而苏北地区实现工业增长值7 611.363亿元,比2016年增加9.4%。

表 11 三地区工业增加值指数（按可比价计算，上年＝100）

年份	苏 南	苏 中	苏 北
2013	109.3	112.9	114
2014	107.7	111.1	112.2
2015	106.1	110	110.2
2016	106.1	109.9	109.3
2017	106.948 6	108.038 4	105.579 6

数据来源：历年《江苏统计年鉴》

表 12 三地区工业增加值占江苏的比例（％）

年份	苏南	苏中	苏北
2013	61.8	18.47	19.73
2014	60.28	19.27	20.55
2015	59.34	19.48	21.13
2016	58.6	19.8	21.6
2017	58.29	20.23	21.48

数据来源：历年《江苏统计年鉴》

表 13 2016 年三地区工业总产值及经营状况（亿元）

指标	苏南	苏中	苏北
工业企业单位数（个）	23 732.00	10 981.00	10 717.00
资产总计（亿元）	72 217.72	20 751.97	21 191.85
负债合计（亿元）	38 542.39	10 535.60	10 476.31
主营业务收入（亿元）	77 345.15	35 489.64	33 346.99
主营业务成本（亿元）	65 955.68	30 407.57	28 081.91
利润总额（亿元）	5 099.00	2 520.85	873.07

数据来源：《江苏统计年鉴 2018》

从三地区工业增速角度来看（表 11），近 5 年来，苏中和苏北地区工业增速在整体上均超过苏南地区，其中，苏北地区的增速最快，这使得苏北工业增加值在江苏工业中的比重不断提高。从表 12 中可以看出，苏北地区工业增加值占江苏的比例从 2013 年的 19.73％提高到 2017 年的 21.48％，增长了近 1.75 个百分点，苏中地区则从 2013 年的 18.47％提高到 2017 年的 20.23％，增长了 1.76 个百分点，而苏南地区 2013 年的 61.8％下降到 2017 年的 58.29％，下降了 3.51 个百分点。

尽管苏北、苏中工业增速超过苏南，但是它们与苏南之间的差距还是十分巨大的。除了工业增加值，还可以从表 13 中的工业企业数量、资产额、主营业务收入和利润总额等指标上也可以看到这种巨大差异。

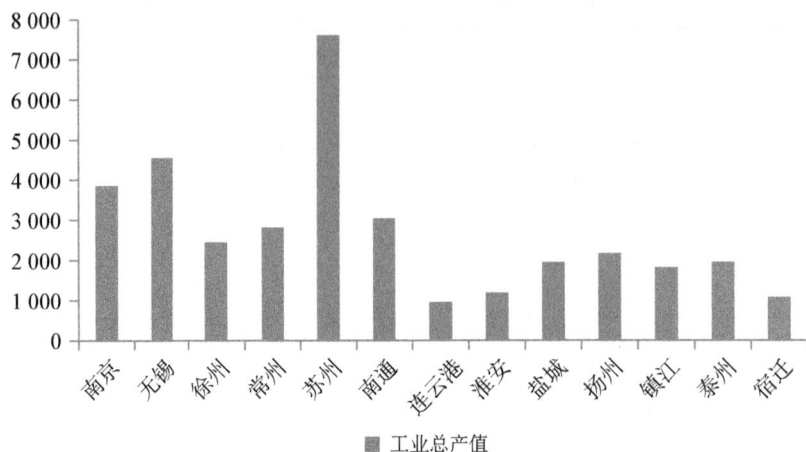

图 20　2017 年江苏十三市工业总产值（亿元）

数据来源：《江苏统计年鉴 2018》

　　江苏省十三市工业发展的基本情况，南京高新区的软件产业、苏州工业园区的纳米技术产业、无锡高新区的软件产业、常州高新区的太阳能光伏产业、石墨烯产业等已形成先发优势，产业创新链条日益完善，成为苏南乃至整个江苏省转变发展方式与调整经济结构的重要引擎。苏中地区形成了南通家纺产业、海工装备、船舶产业，泰州医药、船舶制造和扬州石油化工、汽车及零部件等特色产业集群，有力地提升了苏中的工业水平。徐州工程机械产业、连云港新医药产业、盐城汽车产业、新能源产业以及淮安的石油机械产业、宿迁的酿酒产业都成为江苏乃至全国重要的产业集群，带动苏北工业的发展和升级。

　　从江苏 13 个省辖市情况来看，工业总产值规模最大的是苏州，达到 7 606.45 亿元，其次是无锡（4 553.15 亿元）、南京（3 853.39 亿元），规模最小为连云港，只有 958.61 亿元。

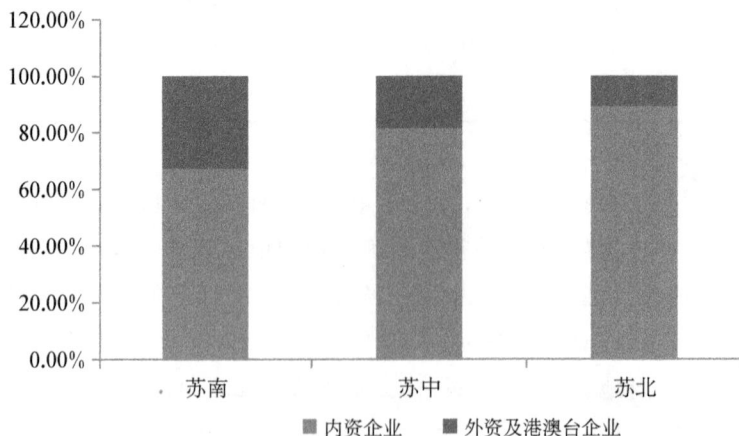

图 21　2017 年工业企业中的内外资企业所占比例（%）

数据来源：《江苏统计年鉴 2018》

　　苏南、苏中和苏北除了在工业规模和工业的产业结构上有差异外，另一个非常重要的差异是工业生产中的外资使用程度。苏南地区一直是我国吸引外资的重要地区，而外资最主要的投资领域是制造业,外资企业成为苏南地区工业生产的重要主体,而苏中和苏北地区由于外资规模有限,外资进入时间相对较短,外资企业在工业(制造业)生产中的份额相对较小。图 21 显示了三地区工业企业中内外资企业所占比例,可以非常明显地看到,苏南地区外资企业比例非常高,达到 32.23%,而苏中地区外资企业比例为 18.51%,苏北地区为 10.67%。

(四)服务业

加快发展现代服务业是省委、省政府做出的一项重大战略决策。从 2005 年开始,江苏省政府高度重视现代服务业发展,力图通过服务业发展来实现经济转型和增长方式转变。在省委省政府的带领下,各地政府也制定和出台了一系列文件支持和促进现代服务业快速发展,在政策的大力扶持下,江苏三地区的服务业都出现了快速发展。

苏南地区已经进入到工业化后期阶段,凭借着其雄厚的经济基础,再加上政府尤其是江苏省政府的大力支持(如 2011 年 10 月,江苏省委、省政府印发了《转型升级工程推进计划》,明确将重点培育宁苏锡等地现代服务业示范区,重点培育南京软件谷、昆山花桥商务服务集聚区、无锡太湖国际科技园等 20～30 家省级现代服务业示范区,支持南京开展国家服务业综合改革试点等),苏南现代服务业规模不断增加,产业结构不断优化。

苏中地区充分利用沿江和沿海开发战略实施所带来的历史机遇,大力发展现代服务业,提升服务业产业结构。苏中各地延续"十二五"初期的时机,努力实施"十二五"的服务业发展规划,践行未来五年内服务业重点发展方向和发展策略,并出台了一系列的专门计划对服务业发展进行扶持,对服务业发展的政策支持持续加码。

苏北地区经济的快速增长为苏北五市现代服务业的发展提供了基础,同时苏北各地政府发布一系列政策,将服务业发展放在显著重要的位置,积极推动服务业的发展。

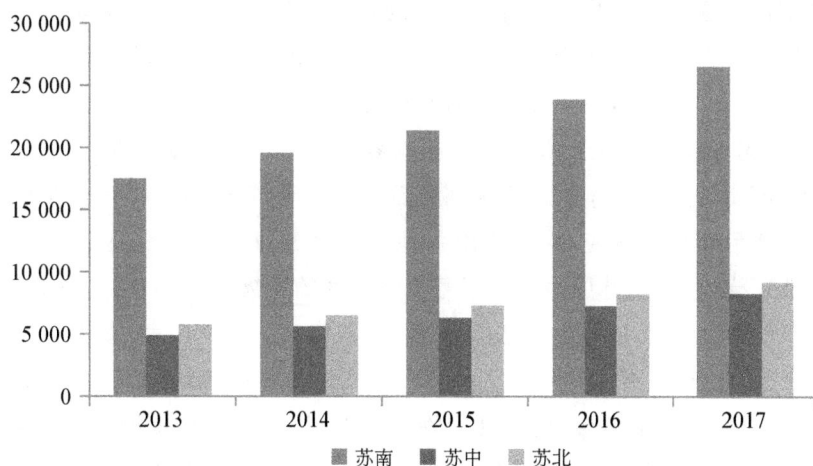

图 22　三地区服务业增加值(亿元)

表 14　三地区服务业增加值指数(按可比价计算,上年＝100)

年份	苏　南	苏　中	苏　北
2013	112	113.8	114.3
2014	111	112.2	111.7
2015	110.6	110.7	111.7
2016	110	110.6	110.2
2017	108.912 9	109.631 8	109.564 3

表 15　三地区服务业增加值占江苏的比例(%)

年份	苏　南	苏　中	苏　北
2013	63	16.9	20.1
2014	61.9	17.6	20.5
2015	61.2	18	20.9
2016	60.6	18.4	21
2017	60.30	18.83	20.87

数据来源:历年《江苏统计年鉴》

2017 年苏南地区服务业实现增加值 26 523.67 亿元,比 2016 年增加 2 649.18 亿元,增幅达到 11.1%;苏中地区服务业实现增加值 8 281.486 亿元,比 2016 年增加 1 047.976 亿元,增幅达到 14.5%;苏北地区服务业实现增加值 9 178.255 亿元,比 2016 年增加 963.345 亿元,增幅达到 11.7%。

从表 14、15 可以看出,三地区服务业的实际增速差异不大,基本上维持在一个水平上,使得三地区服务业增加值占江苏的比例基本上没有大的变化,2013 年苏南、苏中和苏北地区占比分别为 63%、16.9% 和 20.1%,到 2017 年变为 60.3%、18.83% 和 20.87%,苏南地区份额稍有下降,但变化很小,苏中地区占江苏比例有所上升,但幅度不大,苏北则基本保持不变。

目前在苏州、无锡、南京已经开始出现一批具有各自特色的现代服务业集聚区,如无锡动漫产业、南京软件产业、苏州研发设计和创意产业等局出现了具有较大规模的产业园区和聚集区,除了特色和优势服务产业形成集群效应之外,苏南各地区的服务业集聚区发展迅速,集聚效应逐渐凸显。伴随着服务业规模的提高,苏中地区的服务业聚集区的发展步伐加快,服务业集聚发展的效应初步显现。南通市级以上服务业集聚区已由 2007 年的 21 家(省级 3 家、市级 18 家)发展到 2012 年的 41 家(省级 7 家、市级 34 家),年均增长近 20%。这 41 家省、市级集聚区涵盖了中心商务区、软件与服务外包集聚区、科技服务集聚区、现代物流集聚区、文化创意集聚区、旅游休闲集聚区、市场与商贸集聚区 7 种形态,较 2007 年增加了 3 种形态,体现了服务业聚集区结构的不断优化。2013 年,扬州新认定服务业集聚区 12 个,全市市级以上服务业集聚区达到 38 个(其中省级服务业集聚区 8 个),覆盖金融、科技、商贸、旅游、软件与信息、物流、文化、商务等八大产业,38 个集聚区集聚企业 12 464 家,增长 7.7%,吸纳就业 20.82 万人,增长 14.5%。"十三五"时期,徐州市坚持把发展现代服务业作为产业转型升级的重要方向,服务业发展呈现出增长较快、结构优化、后劲增强、贡献提高的良好态势,重点发展现代物流、金融服务、科技服务等生产性服务业。连云港市则优先发展现代物流业、旅游休闲业、商贸流通业三大主导产业,创新提升金融保险、商务会展、科技服务、电子商务四大重点产业,培育壮大文化创意、互联网平台、软件信息、养老、服务外包五大新兴产业。

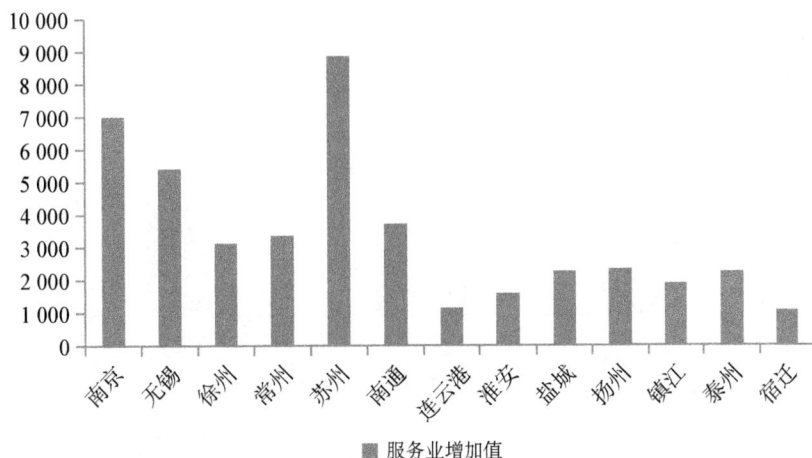

图 23　2017 年江苏十三市服务业增加值(亿元)

数据来源:《江苏统计年鉴 2018》

从江苏十三个省辖市来看,服务业增加值规模最大的是苏州,南京和无锡次之,苏北的连云港和宿迁规模最小。

表 16　江苏十三市服务业占 GDP 比例(%)

地区	2013 年	2014 年	2015 年	2016 年	2017 年
南　京	54.4	56.5	57.3	58	59.7
镇　江	42.7	48.4	49.1	48	47.1
常　州	45.2	48	49.5	51	50.8
无　锡	46	48.4	49.9	51	51.5
苏　州	45.7	46.1	46.9	52	51.2
南　通	41.1	44.2	45.8	48	48
扬　州	41	42.9	43.9	45	45.9
泰　州	40.8	43.4	45	47	47.3
徐　州	42.5	45.2	46.2	47	47.2
连云港	40.3	41.4	42.5	43	43.4
淮　安	41.8	44.1	45.9	48	47.6
盐　城	38.9	40.8	42.1	44	44.5
宿　迁	38.4	38.9	39.4	40	40.8

数据来源:历年《江苏统计年鉴》

江苏十三市服务业占 GDP 的比例呈稳步上升的趋势。南京市服务业占 GDP 的比例由 2013 年的 54.4% 增加到 2017 年的 59.7%,增加了 5.3 个百分点;南通市由 2013 年的 41.1% 增加到 2017 年的 48%,增加了 6.9 个百分点;盐城市由 2013 年的 38.9% 增加到 2017 年的 44.5%,增加了 5.4 个百分点。这表明服务业越来越成为经济增长的主要动力。

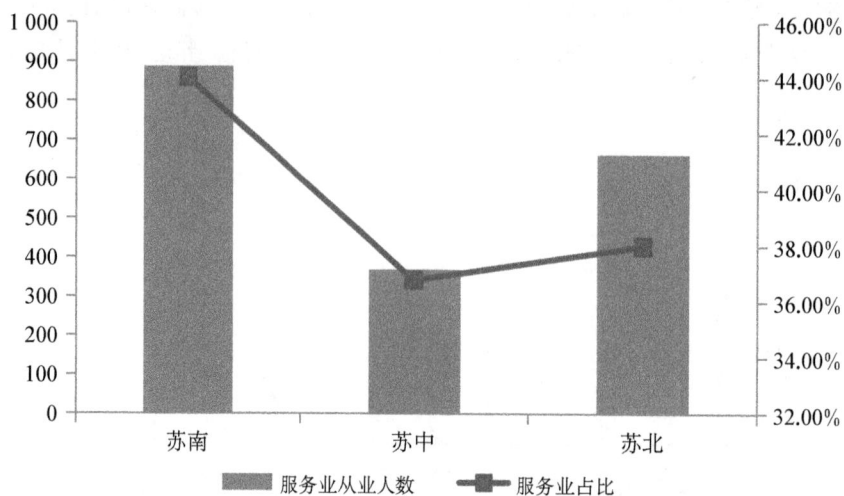

图 24　2017 年三地区服务业从业人员人数及其在所有从业人员中的占比(人、%)

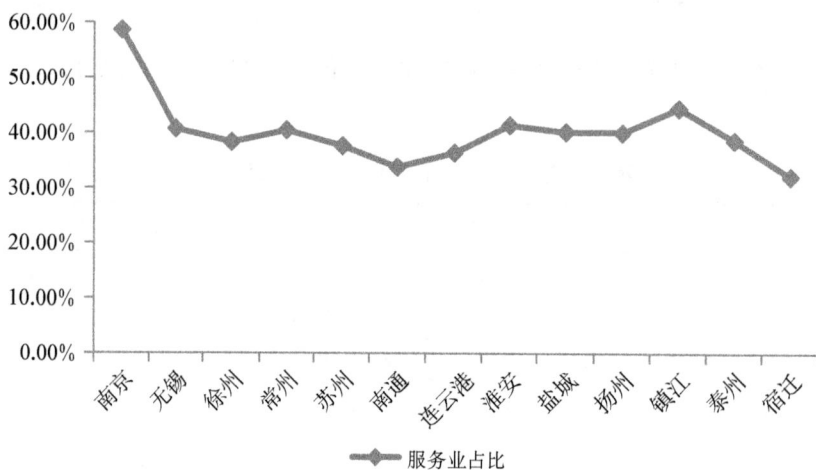

图 25　2017 年十三市服务业从业人员在所有从业人员中的占比(%)

数据来源:《江苏统计年鉴 2018》

　　从服务业人员就业角度来看,2017 年苏南地区 44.04% 的从业人员从事服务业工作,而苏中和苏北只有 36.78% 和 38.00%(图 24)。从十三个省辖市数据看到,南京市服务业从业人员比例最高,达到 58.65%,明显高于其他地区,这和南京市服务业比重很高是一致的。

三、对外经济

(一)出口

　　江苏经济尤其是苏南经济是高度开放型的经济,出口在国民经济中占据着十分重要的作用,是经济增长的重要拉动力。2008 年金融危机所造成的外需不足给江苏出口造成了巨大影响,2009 年江苏出口额出现了明显下降,不过,随着政府采取了诸多措施,以及外需的回暖,2010 年江苏出口呈现恢复性增长态势并逐步迈上新台阶。2017 年江苏全年货物进出口总额 40 022.1 亿元,比上年增长 19.0%。其中,出口总额 24 607.2 亿元,比上年增长 16.9%,对外贸易保持较快增长。

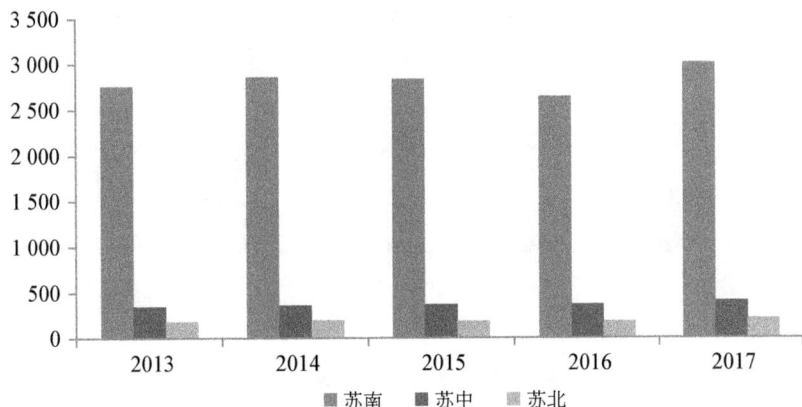

图 26 三地区出口规模(亿美元)

数据来源:历年《江苏统计年鉴》

2017 年苏南地区实现出口 3 010.184 亿美元,苏中和苏北地区分别实现出口 410.218 9 亿美元和 212.578 1 亿美元。与 2016 年相比,三个地区的出口总额都有所上升。

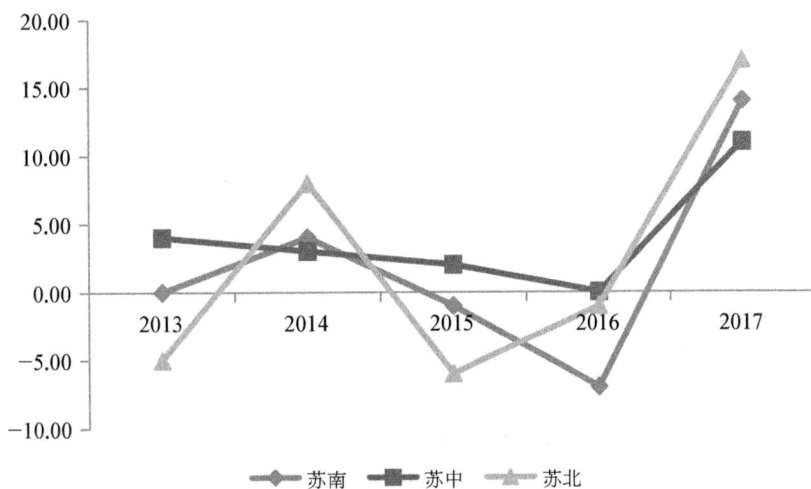

图 27 三地区出口增速(%)

数据来源:历年《江苏统计年鉴》

就出口速度而言,苏南和苏北地区除了 2014 年和 2017 年这两年实现了正的增长,其他几年均为负的增长,而苏中地区这几年在出口方面表现良好,均为正的增长。与 2016 年相比,2017 年苏南地区增长了 21 个百分点,苏中和苏北地区增长了 11 个百分点和 18 个百分点。

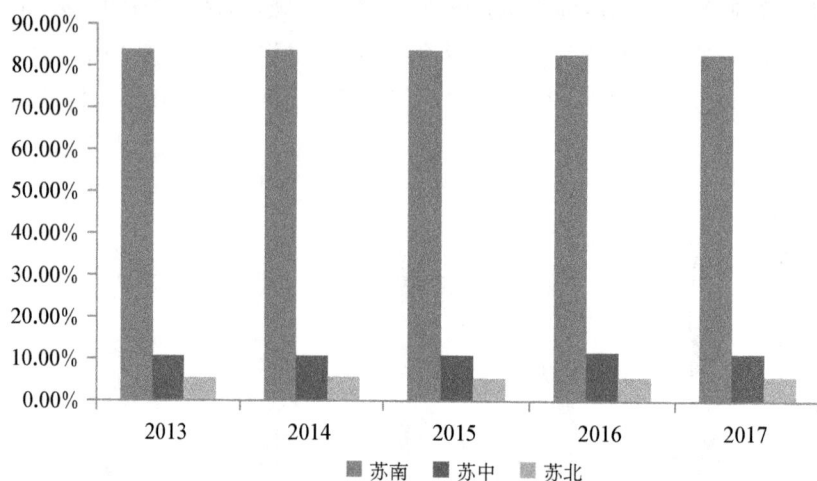

图 28　三地区出口占江苏省比例（%）

数据来源：历年《江苏统计年鉴》

　　传统上，苏南形成的外向型经济模式使其对出口和外资依赖程度比较高，而苏中和苏北地区外向型程度相对较低，这使得苏南地区出口占江苏的比例高于其 GDP 占江苏的比例，以 2017 年为例，苏南地区 GDP 占江苏的 58.41%，但是出口上苏南占到江苏的 82.86%，苏中和苏北 GDP 分别占江苏的 20.42% 和 23.60%，但出口仅占江苏的 11.29% 和 5.85%。虽然苏中和苏北出口规模相对较小，但是这两个地区也一直在积极吸引外商直接投资，希望通过出口拉动经济增长。

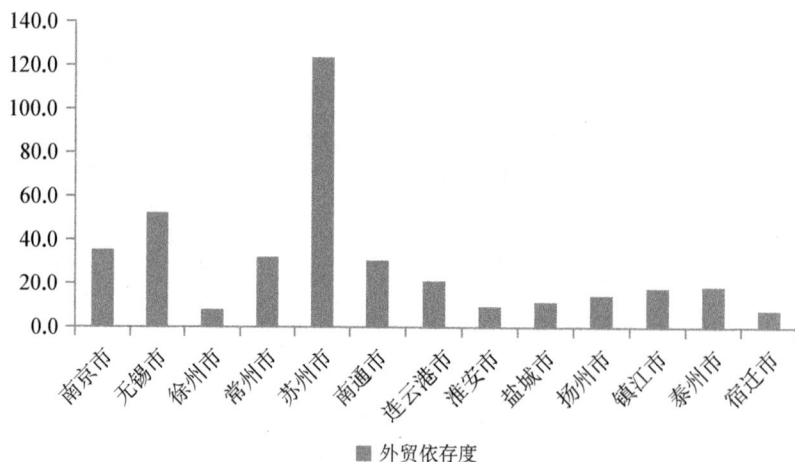

图 29　2017 年江苏各市的外贸依存度（%）

数据来源：《江苏统计年鉴 2018》

　　从整体来看，苏南地区外贸依存度明显高于苏中和苏北地区。其中，十三市中苏州的外贸依存度最高，达到了 123.5%，宿迁外贸依存度最低，只有 7.6%。十三市在对外贸易方面呈现出了较大的差异。

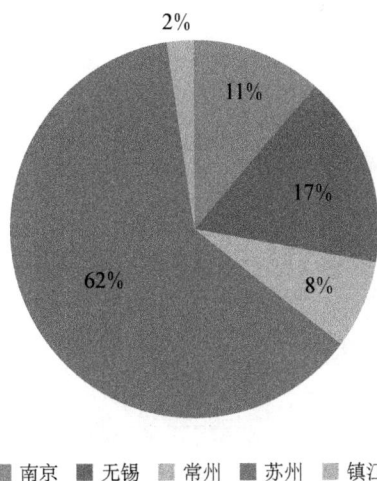

图 30　2017 年苏南各市出口占苏南比例（%）

数据来源：《江苏统计年鉴 2018》

　　江苏地区差异不仅体现在苏南、苏中和苏北三个地区上，同样也体现在地区内部。从苏南内部结构来看，2017 年苏州出口占到苏南五市的 62%，南京和无锡只占到 11% 和 17%，而镇江仅占到 2%，这远远低于它们在苏南 GDP 中的份额，苏州出口所占比例如此之高，除了其地理位置、国家政策等原因之外，外资企业尤其是出口型外资企业大量聚集有很大的关系，如昆山的台资企业聚集等。

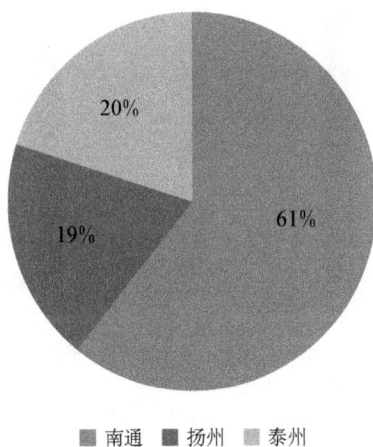

图 31　2017 年苏中各市出口占苏中比例（%）

数据来源：《江苏统计年鉴 2018》

　　苏中出口相对苏南的苏州"一家独大"的情况来说比较均衡，不过南通占据 61% 的份额也高于其 GDP 份额。从 1982 年南通港水运口岸对外开放，到近五年如东洋口港、启东港、南通兴东机场口岸开放先后获得国务院批准并通过国家验收，南通拥有两个江港口岸、两个海港口岸、一个空港口岸，形成全方位、立体式的口岸开放格局，居全省第一。2017 年南通外贸出口总值 249.377 8 亿美元，全市已从初期以劳动密集型、出口加工型为主，逐步向特色产业、科技和资本含量较高的先进制造业转变，初步形成以装备制造业、电子信息、新能源、新材料、生物医药、现代纺织为代表的支柱产业。

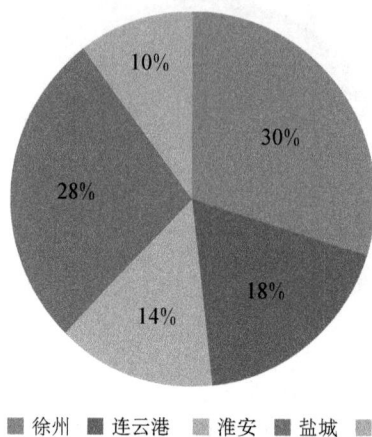

图32　2017年苏北各市出口占苏北比例（%）

数据来源：《江苏统计年鉴2018》

苏北地区中除了连云港利用其港口城市优势外，各市出口比例和GDP比例大致比较吻合。2017年，徐州市对外贸易保持增长态势，出口额占苏北地区的30%，位居第一，其次是盐城28%，连云港18%，淮安14%，宿迁10%。

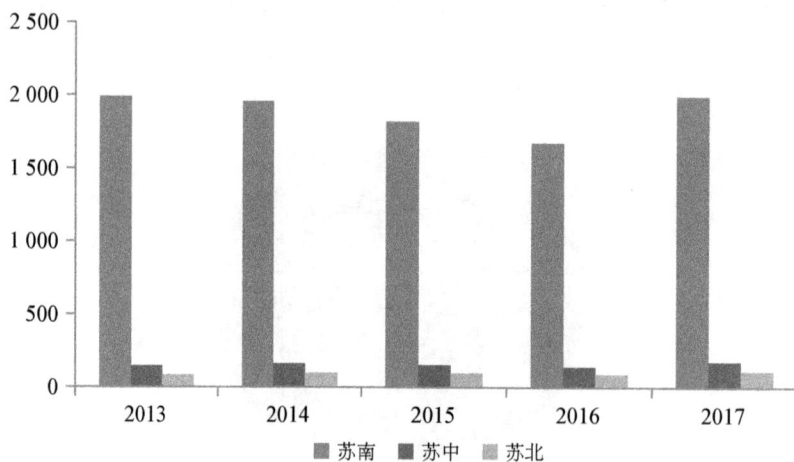

图33　历年三地区进口规模（亿美元）

数据来源：历年《江苏统计年鉴》

（二）进口

由于受到金融危机的影响，江苏进口在2009年出现了下滑，不过之后出现了明显的反弹和回升，但随之又出现了衰退，到2017年，江苏全年进口总额15 414.9亿元，比上年增长22.6%。其中苏南地区进口1 993.033亿美元，占江苏进口的87.47%，苏中和苏北地区进口175.458 3亿美元和109.913 2亿美元，占江苏进口的7.70%和4.82%。和出口一样，江苏三大区域进口同样表现出明显的地区差异，而且进口的集中程度高于出口。

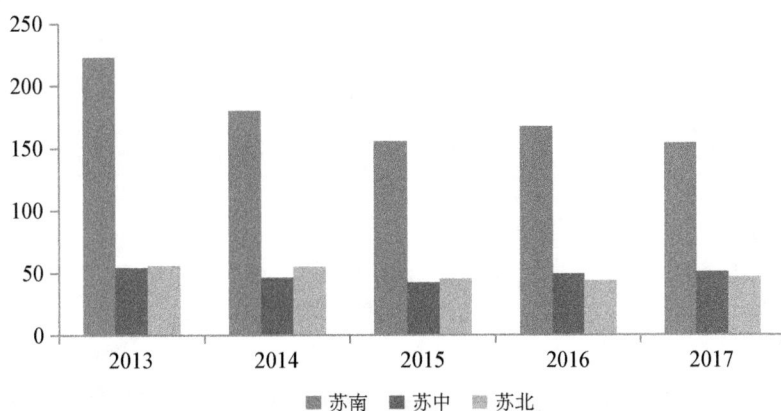

图 34　历年江苏三地区实际外商直接投资规模（亿美元）

数据来源：历年《江苏统计年鉴》

（三）外商直接投资（实际使用外资）

近年来，发达国家"再工业化"的"制造业回流"效应逐渐显现。数据显示，2012 年至 2013 年，欧洲与日本对江苏省实际外商直接投资额均出现小幅下降。美国的直接投资波动更加显著，自奥巴马政府正式提出重振制造业战略（2009 年）起，对江苏省的实际外商直接投资额逐年下降。2017年苏南地区吸引 FDI 153.897 3 亿美元，与 2013 年相比，减少 68.872 7 亿美元，降幅达到 30.9%。苏中地区在吸引 FDI 的总量上与苏南有较大差距，整体呈现出下滑趋势。苏北地区 2017 年吸引的FDI 只占苏南地区的 30.3%，与 2013 年相比，降幅达到 16.3%。

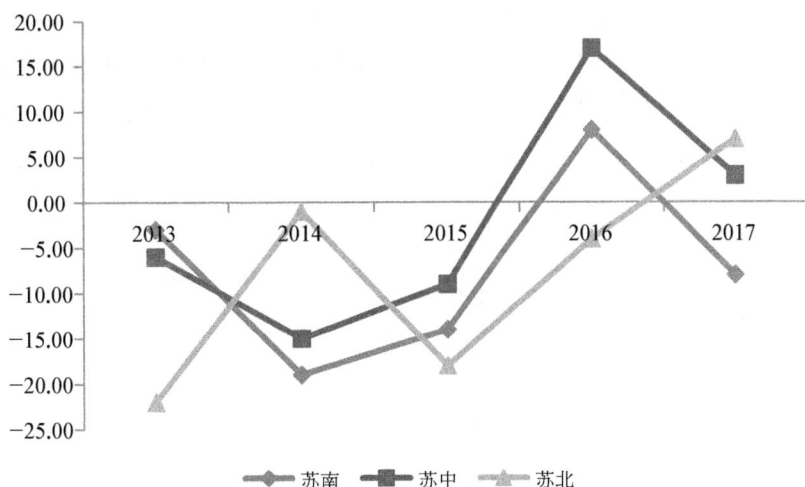

图 35　2013—2017 年三地区实际外商直接投资增速（%）

数据来源：历年《江苏统计年鉴》

江苏内部，制造业正发生"三位叠加"效应：传统制造业受挑战，中坚 IT 业在动荡，新兴产业正孵化。受国际市场需求萎缩、贸易摩擦频发、产能相对过剩等因素影响，制造业遭遇挑战。在这样的经济运行环境中，江苏外企生存压力大增。南京海关人士表示，人工成本、汇率成本、融资成本、环保成本、摩擦成本等都构成了外贸企业生存压力。因此,在此背景下,苏南、苏中 2013 年以来,吸引 FDI 逐年下降,2014 年降幅较大,2015 年有所收窄,在 2016 年又急剧回升,而在 2017 年又呈下降趋势,且苏南和苏中地区 2016 年的回升速度大于苏北。

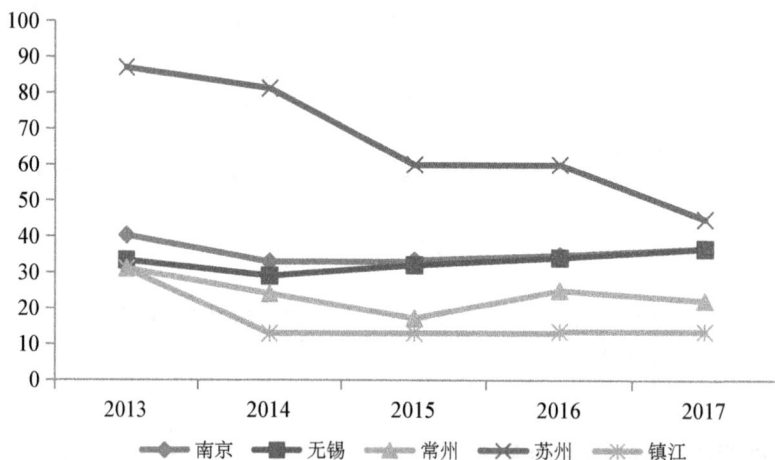

图 36　苏南各市实际外商直接投资规模(亿美元)

数据来源:历年《江苏统计年鉴》

从苏南内部结构来看,苏南地区外商直接投资规模最大的是苏州,2017 年为 44.830 2 亿美元,与 2013 年相比减少了 42.149 8 亿美元,降幅达到 48.46%。苏州因为发达的制造业,一直是我国吸引外商直接投资企业最多的地区,但 2013 年以来,外商对苏州的投资呈现出新的变化——制造业投资不断减少,但服务业投资有所提高。外商对苏州第三产业投资主要集中在批发零售业、住宿餐饮、信息技术、金融、租赁和商务服务、房地产和科学研究和技术服务业,三年中,每个行业均有不同程度下降,只有餐饮业一直呈现增长态势。苏南地区中,吸引 FDI 第二多的城市是南京,2017 年时达到 36.727 3 亿美元,与苏州所不同的是,近五年来,从总量上来说,南京对 FDI 的吸引力度并没有出现大幅的下降,反而在 2017 年时还出现了正增长。

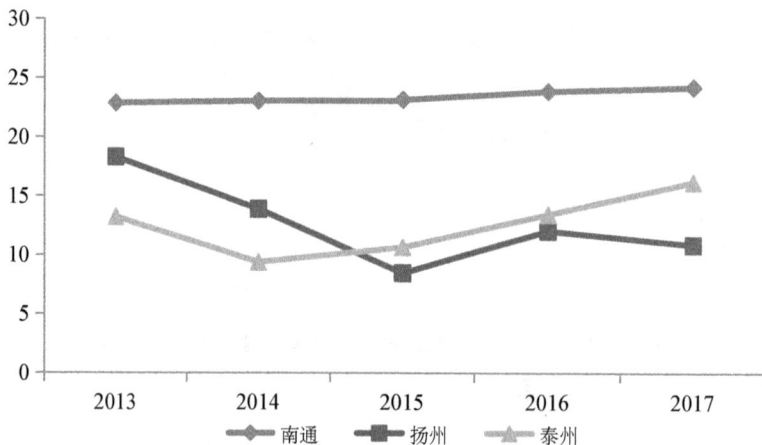

图 37　苏中各市实际外商直接投资规模(亿美元)

数据来源:历年《江苏统计年鉴》

从苏中内部结构来看,2013—2014 年,扬州和泰州两地吸引 FDI 出现不同程度的下滑,特别是扬州,2015 年实际利用外资资金只有 8.48 亿美元,比 2014 年减少 5.4 亿美元,与 2013 年相比,减少 9.8 亿美元。在 2017 年,苏中地区的南通和泰州 FDI 规模都有上升,与 2013 年相比,南通的增幅为 5.9%,泰州为 22.3%。

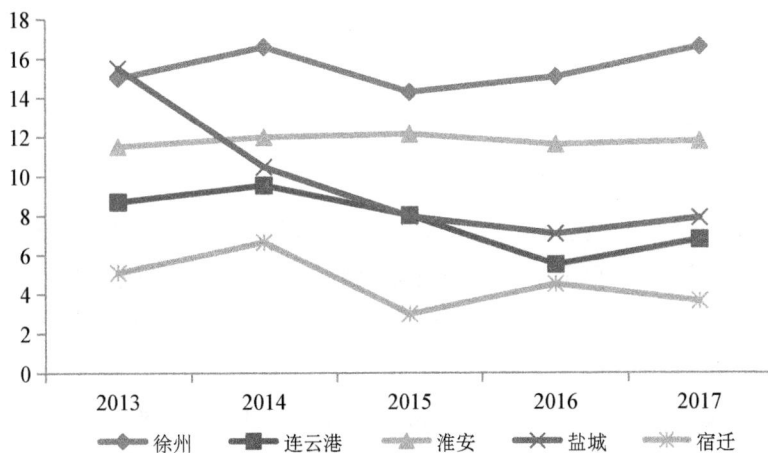

图 38　苏北各市实际外商直接投资规模(亿美元)

数据来源:历年《江苏统计年鉴》

从苏北内部结构来看,利用外资规模出现了明显分化,2013—2014 年苏北五市中,除盐城外,其余四市吸引 FDI 出现了正增长。在 2014 年后苏北五市整体上出现下滑,且在 2016 年只有徐州和宿迁有所回升,2017 年徐州市是苏北五市中吸引 FDI 最多的城市,达到 16.599 1 亿美元,比 2016 年增长 1.539 1 亿美元,其次是淮安市 11.782 4 亿美元。

第二章 江苏沿海区域

一、整体概况介绍

江苏沿海北起苏鲁交界的绣针河口,南抵长江口,大陆岸线全长954公里,海堤外滩涂面积750万亩,占全国滩涂面积1/4以上。早在新石器时期,江苏沿海地区就出现了海洋经济萌芽。如今的江苏,地处丝绸之路经济带、长江经济带与21世纪海上丝绸之路的交汇处,区位优势独特,发展海洋经济有着得天独厚的优势。

江苏沿海三市主要是指南通、连云港和盐城。沿海开发区域包括连云港、盐城和南通三市市区以及赣榆、东海、灌云、灌南、响水、滨海、射阳、大丰、东台、海安、如东、海门、启东等13个县(市)。沿海开发影响范围包括连云港、盐城和南通三市的全部区域。2017年沿海三市人口2 123.15万,面积35 095平方公里,地区生产总值15 457.64亿元,分别占全省的9%、3.7%和5.9%,人均地区生产总值81 145元,相当于全省平均水平的75.7%。沿海开发区区域人口1 665.2万,面积28 888平方公里,地区生产总值12 977.91亿元,分别占全省的5.7%、1.4%和3.55%,人均地区生产总值84 997元,相当于全省平均水平的79.3%。江苏沿海区域位于我国沿海地区中部,是我国沿海、沿江、沿陇海线生产力布局主轴线的交汇区域。南部毗邻我国最大的经济中心上海,是长江三角洲的重要组成部分;北部拥有新亚欧大陆桥东桥头堡连云港,是陇海—兰新地区的重要出海门户;东与日本、韩国隔海相望。该地区人均土地面积2.31亩,比全省平均水平多0.23亩;沿海滩涂面积1 031万亩,约占全国的1/4。海洋生物资源种类多、数量大,吕四渔场和海州湾渔场为全国重要渔场,海洋资源综合指数居全国第四位,是全国海洋资源富集区域之一。岸线资源优良,具备在淤泥性海岸建设深水海港的技术条件,连云港港可布局建设30万吨级航道和码头。该地区劳动力资源较为丰富,产业基础良好。农业开发历史悠久,生产条件优越,产业化和规模化经营水平较高,是黄淮海平原和江淮地区国家粮食主产区的重要组成部分;工业初具规模,纺织、机械、汽车、化工等已成为主导产业;建筑业较为发达,旅游业特色鲜明,海洋产业在部分领域具备明显的比较优势;服务业发展水平逐步提升,现代物流等生产性服务业处于加速发展阶段,生活性服务业发展模式不断创新。作为全国主要港口的连云港港和南通港辐射带动能力不断增强,南通、盐城和连云港三个机场的运输能力快速增长,新长铁路、沿海高速公路、苏通大桥等相继建成通车,区域综合交通体系初步形成;能源结构逐步优化、供给充足;水利设施较为完善,水资源供给和防洪保安能力显著增强。

2005年11月江苏省委十届九次全会正式提出把"三沿"开发进一步拓展为"四沿"开发。沿海开发,是江苏继沿沪宁线、沿江、沿东陇海线经济带之后,又一次重要的生产力战略布局。江苏省省委、省政府以《中华人民共和国国民经济和社会发展第十一个五年规划纲要》及《江苏省国民经济和社会发展第十一个五年规划纲要》为编制依据,出台了《江苏省沿海开发总体规划》(2005—2015

年)。该规划将江苏沿海开发地区的战略定位为区域性国际航运中心、新能源和临港产业基地、农业和海洋特色产业基地、重要的旅游和生态功能区。2009年国务院通过《江苏沿海地区发展规划》(2009—2020年),使得江苏沿海地区发展从"地方战略"升级到"国家战略",按照该规划,江苏沿海地区将建设我国重要的综合交通枢纽,沿海新型的工业基地,重要的后备土地资源开发区,生态环境优美、人民生活富足的宜居区,成为我国东部地区重要的经济增长极和辐射带动能力强的新亚欧大陆桥东方桥头堡。

2009年江苏沿海地区发展上升为国家战略以来,全省上下特别是沿海地区抢抓战略机遇,坚持规划引领,突出项目带动,加强政策支持,推动沿海地区发展取得重大阶段性成果,提前一年实现国家规划确定的第一阶段目标,圆满完成了沿海开发五年推进计划和六大行动确定的目标任务,成为全省增长速度最快、发展活力最强、开发潜力最大的区域之一,为全省经济增长和区域协调发展做出了重要贡献。

二、2017年经济表现

(一)经济规模不断增长

中国经济最发达的地方是沿海地区,而江苏经济最不发达的地区也是沿海地区。沿海本应成为江苏经济"增长极",但由于江苏经济发展存在着"浅内陆省"的倾向,江苏沿海经济成为中国沿海经济的"断裂带",是整个沿海经济带发展的"凹地"。2004年以来在江苏省强力推进区域共同发展战略和市场机制作用下,沿海地区抢抓沿海开发和长三角区域一体化两大国家战略的叠加机遇,经济建设取得了显著成效,总量规模大幅攀升,为全省区域共同发展新添了强劲引擎。以2013年GDP突破1万亿元和2015年人均GDP突破1万美元为标志,江苏沿海发展站上了新的起点,进入了新的阶段,东部地区重要经济增长极和新亚欧大陆桥东方桥头堡的地位初步显现。

2017年沿海开发地区实现地区生产总值12 977.91亿元,与2013年(8 662.83亿元)相比,增长了49.81%,人均地区生产总值则从57 196提高到84 997元,增幅达到48.1%。沿海三市的地区生产总值增长幅度为50.08%,比沿海开发区的49.81%略高;沿海三市人均地区生产总值增幅为49.16%,比沿海开发区的48.61%略高。按可比价格计算,沿海开发地区的地区生产总值和人均地区生产总值的年均增长率为12.45%和12.15%;沿海三市的地区生产总值和人均地区生产总值的年均增长率为和12.53%和12.29%。这一数值都要高于全省的平均水平11.3%和10.92%,表明江苏沿海地区在全省的经济发展中还是比较领先的。

表1　沿海地区经济GDP与人均GDP(2013—2017年)

	地区生产总值(亿元)			人均地区生产总值(元)		
	2013年	2017年	增幅(%)	2013年	2017年	增幅(%)
沿海三市合计	10 299.81	15 457.64	50.08%	54 401	81 145	49.16%
沿海地带合计	8 662.83	12 977.91	49.81%	57 196	84 997	48.61%
南通市市区	1 908.79	2 862.63	49.97%	82 054	121 783	48.42%
海安县	538.73	868.30	61.18%	62 199	100 295	61.25%

续表

	地区生产总值（亿元）			人均地区生产总值（元）		
	2013 年	2017 年	增幅（%）	2013 年	2017 年	增幅（%）
如 东 县	536.03	852.50	59.04%	54 431	86 897	59.65%
启 东 市	658.31	989.50	50.31%	68 653	103 950	51.41%
海 门 市	740.01	1 135.90	53.50%	82 005	125 445	52.97%
连云港市市区	603.02	1 447.84	140.10%	54 815	69 127	26.11%
赣 榆 县	376.41			39 612		
东 海 县						
灌 云 县	249.92	366.44	46.62%	31 544	45 405	43.94%
灌 南 县	235.90	342.21	45.07%	37 844	53 794	42.15%
盐城市市区	953.40	2 037.32	113.69%	59 043	85 756	45.24%
响 水 县	203.12	319.91	57.50%	40 382	63 854	58.12%
滨 海 县	300.10	442.53	47.46%	31 794	47 355	48.94%
射 阳 县	351.47	500.02	42.27%	39 402	56 531	43.47%
东 台 市	564.09	812.81	44.09%	57 201	82 906	44.94%

数据来源：各年《江苏统计年鉴》注：2013 年连云港市区包括赣榆县的数据。

从沿海开发区域内部各城市来看，如同全省情况一样，存在着严重的地区发展不平衡，自南向北，梯度落差较大。2017 年，国民生产总值超过 2 000 亿元的地区有南通市市区和盐城市市区，分别是 2 862.63 亿元和 2 037.32 亿元，而在 2016 年国民生产总值超过 2 000 亿元的地区只有南通市市区。连云港市市区的国民生产总值只有南通市市区的一半左右。连云港市市区的国民生产总值为 1 447.84 亿元，才略高于南部沿海市（县）启东市和海门市。南部市（县）的发展规模普遍要高于北部市（县），海安县、如东县、启东市和海门市的 GDP 均超过 800 亿元，最高的海门市，达到了 1 135.90 亿元。而北部市（县）只有东台市的 GDP 超过 800 亿元，为 812.81 亿元，最低的是响水县只有 319.91 亿元。南通及所属四个县（市）的发展在江苏沿海地区具有龙头地位，而南通又是江苏沿江区域，所以可以很好的利用其特殊的地理位置，加强江海联动，加强与长三角的联系，进而带动整个江苏沿海地区的发展。虽然沿海地区北部城市的经济发展水平要落后于南部的南通地区，从 2013—2017 年的增幅来看，苏北和苏南的增速都比较接近。其中苏南增速比较快的几个县是海安县和如东县，增速达到了 61.18% 和 59.04%，相比之下苏北的增速有所减缓，增速最快的是响水县为 57.50%。2017 年人均国民生产总值最高的城市是海门市，超过 12.5 万元，高于全省平均水平 107 189 元，其次是南通市区 121 783 元。人均 GDP 高于全省平均水平的沿海城市也就只有南通市和海门市，其他城市都在 107 189 元以下。除了盐城市市区，其他北部所有市（县）的人均 GDP 均低于沿海地区平均水平 84 997 元，其中最低的是灌云县，只有 45 405 元。倒数第二是滨海县 47 355 元。同样人均 GDP 的增幅还是南部地区比北部地区要稍大，其中增幅最多的是海安县，达到了 61.25%，而最低的是连云港市市区只有 26.11%。低于沿海地区人均 GDP 增幅的还有南通市市区 48.42%、灌云县 43.94%、灌南县 42.15%、射阳县 43.47% 和东台市 44.94%。

（二）增速全面"领跑"全省

图 1 是沿海开发区域 2009 年以来，GDP 与各产业年增长速度与全省水平的一个比较。从中

可以发现,2009 年国务院通过《江苏沿海地区发展规划》,从"地方战略"升级到"国家战略"后,沿海地区国民生产总值、第二产业、工业和第三产业的增速速度全面"领先"全省平均水平。其中,GDP增速高于全省平均值,2010 年达到 10%,高出全省水平 1.07 个百分点,而 2011 年以后,GDP 增速有所下降,但仍高于全省平均值。沿海地区的第二产业发展势头一直很强劲,2009 年以来,其增速和工业增速大多高于全省平均水平。沿海地区一个中心城市位于苏中,其余两个中心城市位于苏北,因此既不是全省的服务业中心,经济发展水平也还没有达到向服务业转型的时期,因此第三产业发展起步较晚,也相对比较落后(如图 1 所示),但在目前沿江地区加速起飞的发展阶段,加上一系列扶持沿海和苏北现代服务业的政策措施,使得 2011 年后沿海地区的服务业发展也开始迎来了快速增长时期,全面超越全省平均水平。总的来说,2009 年、2010 年、2011 年、2012 年、2013 年、2014 年和 2015 年连续五年,沿海地区的经济发展速度令人惊讶,这也显示出江苏沿海大开发战略对这些地区带来的发展动力和初步成效。

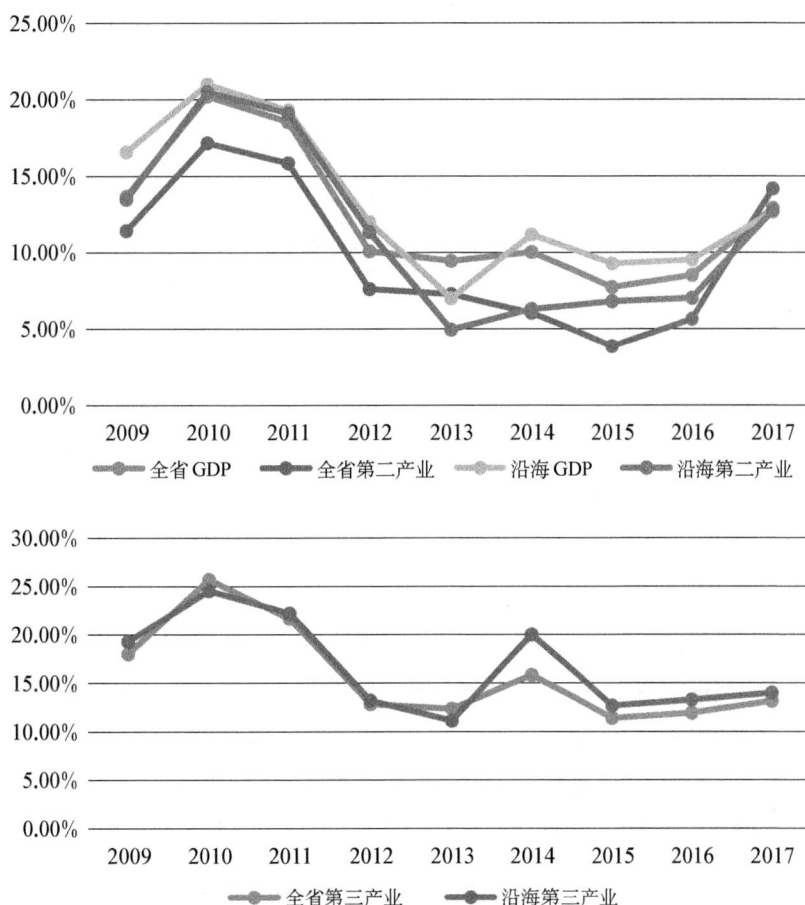

图 1　沿海地区 GDP、各产业增速与全省的比较

数据来源:各年《江苏统计年鉴》

2013—2017 年江苏沿海地区国民生产总值、第二产业和第三产业的年均增长率分别达到了 12.45%、9.23% 和 18.64%,同期全省平均值为 11.3%、8.22% 和 15.85%。这三个指标都超越全省水平,沿海地区的人均 GDP 增速要高出全省 GDP 增速 0.85 个百分比。人均 GDP 增速高于

GDP 增速可能得意于两个方面的原因:一是江苏沿海地区经济增长较快,但人口资质较好,人口负担有所减轻。二是产业结构有所提升,技术进步加快,人均劳动生产率得以提高。沿海地区经济越落后的地方增速反而越快,因为这些地区的发展潜力和要素回报率会更高。从表2可以看出,沿海地区 GDP、人均 GDP、第二产业和第三产业的年均增长率最快的城市主要集中在连云港市区和经济最为落后的灌南县和灌云县。第二产业增速与往年相比有放缓趋势。GDP 年均增长率最慢的城市是南通市市区、射阳县和东台县,其中射阳县只有 10.57%,射阳县也是唯一经济发展比较落后增速也不高的北部市(县)。沿海三市中连云港市市区的人均 GDP 年增长率最低,只有 6.53%,相比较于其余两个中心城市市区要偏低不少,盐城市区达到了 11.31%,南通市市区也有 12.1%。第二产业增速最低的地区主要是南通市市区和东台市,均没有超过 8%,此外射阳县也比较低。连云港市市区和盐城市市区增长速度比较快,都超过了 20%。

表 2　沿海各城市主要经济指标年均增长率(2013—2017 年,%)

	GDP 增速	人均 GDP 增速	第二产业增速	第三产业增速
全省	11.30	10.92	8.22	15.85
沿海地带合计	12.45	12.15	9.23	18.64
南通市市区	12.49	12.10	7.36	19.42
海安县	15.29	15.31	13.69	20.08
如东县	14.76	14.91	12.06	21.42
启东市	12.58	12.85	10.63	17.86
海门市	13.37	13.24	9.54	20.88
连云港市市区	35.02	6.53	28.13	39.40
灌云县	11.66	10.99	10.08	19.17
灌南县	11.27	10.54	9.82	16.12
盐城市市区	28.42	11.31	21.82	38.00
响水县	14.37	14.53	13.90	21.93
滨海县	11.87	12.24	9.15	18.42
射阳县	10.57	10.87	8.13	16.58
东台市	11.02	11.23	7.62	17.41

数据来源:各年《江苏统计年鉴》
注:2013 年连云港市区包括了赣榆县的数据。

(三)绝对数指标依旧落后全省平均水平

虽然沿海地区近几年经济加速发展领跑全省,但由于基础薄弱,主要经济指标的绝对数与全省平均水平仍然存在不小的差距。表 3 是沿海各城市主要经济指标绝对数以及占全省的比重情况。

首先分析沿海开发区域的地区生产总值、第一产业、第二产业、和第三产业的占比情况,2017年这四个指标分别为 15.11%、24.96%、15.40% 和 13.91%,而人口与土地面积的占比有20.74% 和 26.95%。可见,只有第一产业的产值比重与其人口和土地面积的份额相匹配,其余都明显较低,在全省经济中的地位并不突出,这也从一方面说明实施沿海开发的必要性。再结合图 2,

我们发现,2010—2017年间,沿海地区GDP占全省的比重先是不断上升,从2010年的14.63%上升到2012年的14.98%,仅在2012年后又开始有所下降,到2016年时达到了15.14%,2017年又略有下降,为15.11%,总的来说波动不是很大。沿海地区一直都是江苏重要的农产品基地,2010年以来,其第一产业产值占全省的份额一直都围绕在25%上下波动,2012年曾经下滑到25.07%,2013年又有所回升,到2016年又下降到23.8%,2017年又再次回升到24.96%。第二产业是沿海地区发展势头最为强劲的产业,2010年后第二产业和工业产值占全省的比重就持续呈现出不断提高的趋势,其中,第二产业从2010年的14.36%提高到了2012年的15.28%,随后两年又呈现出略微下降的态势,2015年有所回升,2017年又略微下降。工业则从2010年的13.42%提高到2012年的14.44%,随后又略有下降,2014年之后开始回升。在苏南发达地区和沿江地区城市不断向服务业转型的过程中,沿海地区的服务业产值占全省的比重是在下降的,从2010年的13.07%减少到2013年的12.65%。但之后也出现回升趋势。这一变化基本反映了江苏区域发展的战略,即苏南地区以制造业、服务业"双轮驱动",苏中和苏北地区积极承接产业转移,重点发展优势制造业,可见,各个地区的产业正在慢慢地步入成熟。

表3　沿海各城市主要经济指标占全省的比重情况(2013—2017年)

指　标	2013年		2017年	
	数值	占全省比重	数值	占全省比重
地区生产总值(亿元)	8 662.83	16.64%	12 977.91	15.11%
第一产业	874.01	23.97%	1 017.33	24.96%
第二产业	4 348.07	14.94%	5 954.14	15.40%
第三产业	3 440.76	13.02%	6 006.45	13.91%
固定资产投资额(亿元)	5 916.09	16.44%	10 069.29	19.00%
♯房地产开发投资	947.72	13.09%	1 192.50	12.38%
社会消费品零售总额(亿元)	3 151.42	15.15%	3 960.86	12.48%
进出口总额(亿美元)	389.37	7.07%	474.16	8.02%
♯出口	256.81	7.81%	312.10	8.59%
地方财政一般预算收入(亿元)	925.18	14.09%	1 020.58	12.49%
地方财政一般预算支出(亿元)	1 245.72	15.97%	1 629.43	15.34%
金融机构存款余额(亿元)	10 710.91	12.51%	17 907.84	13.78%
金融机构贷款余额(亿元)	7 074.72	11.44%	12 898.05	12.63%

数据来源:各年《江苏统计年鉴》

沿海地区其他经济指标的绝对值与全省平均水平相比显著落后的有其外向型经济发展水平。2017年沿海开发区域的进出口总额为474.16亿美元、出口总额为312.10亿美元,只占到全省水平的8.02%和8.59%,与一般认为的沿海地区的贸易地位是极不相符的。这主要是由于从客观条件来看,江苏的海岸线虽然有1 000多公里,但大部分属于淤涨型海岸,难以泊船,因此江苏沿海地区长期以来内陆化倾向明显,缺乏开放积淀,经济的关联度更多地是倾向于内陆,没能利用海洋,形成经济、文化的纽带。

表4　沿海地区GDP、各产业占全省的比重情况（2011—2017年）

	2011年	2012年	2013年	2014年	2015年	2016年	2017年
GDP	14.72%	14.98%	14.50%	14.79%	15.01%	15.14%	15.11%
第一产业	25.24%	25.07%	25.19%	24.17%	23.42%	23.80%	24.96%
第二产业	14.77%	15.28%	14.95%	14.98%	15.40%	15.75%	15.40%
工业	13.91%	14.44%	14.23%	14.25%	14.68%	14.87%	14.72%
第三产业	13.12%	13.17%	12.65%	13.49%	13.65%	13.65%	13.91%

数据来源：各年《江苏统计年鉴》

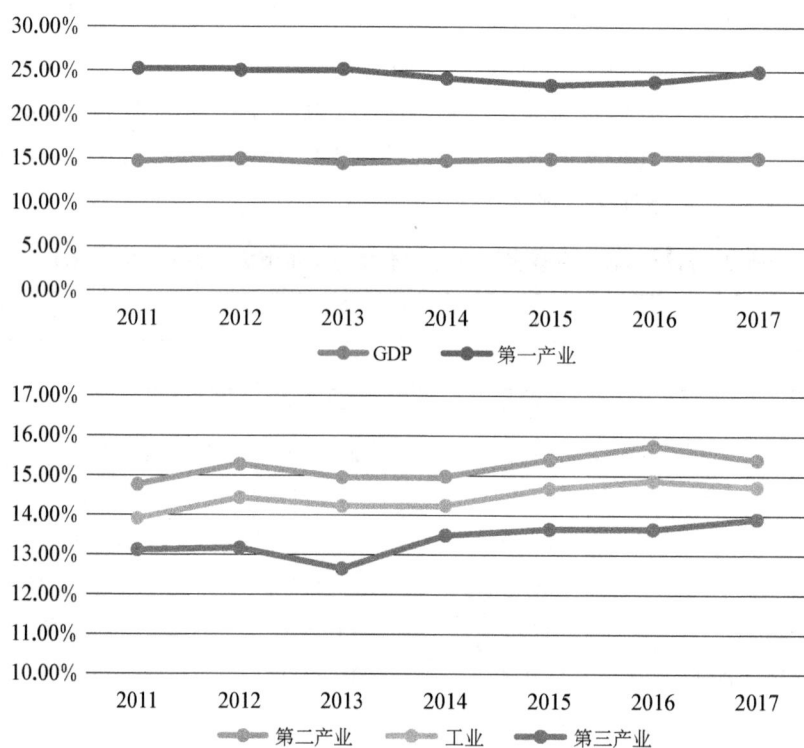

图2　沿海地区GDP、各产业占全省的比重情况（2011—2017年）

数据来源：各年《江苏统计年鉴》

　　总体来说，表3所列的经济指标，绝大多数指标的占比数值都有了一定的提高，这显示出沿海地区的经济地位在整个江苏都有所提高。其中固定资产投资额提高的百分点最多，其次是地方财政一般预算收入和地方财政一般预算支出。这说明在江苏沿海战略升级为"国家战略"后，对沿海地区建设的投入不断加大，2016年，江苏省集中力量组织实施沿海开发港口功能提升、沿海产业升级、临海城镇培育、滩涂开发利用、沿海环境保护和重大载体建设"六大行动"，进一步推动沿海地区科学发展，着力解决一批事关沿海开发的重大关键问题，给江苏沿海地区海洋经济的发展打好了坚实的基础。

（四）区域内县（市）经济发展不如沿江地区

　　沿海地区的县（市）包括南通的海安县、如东县、海门市和启东市，连云港的赣榆县、东海市、灌云县和灌南县，盐城的响水县、滨海市、射阳县、大丰市和东台市。从表5可以看出，GDP、工业增加值、人均 GDP、人均地方一般预算收入、规模以上工业企业利税总额、出口总额、外商直接投资总额、农村居民人均纯收入、城镇居民人均可支配收入等经济指标在全省 42 个县(市)的排名中,南通地区的四个县(市)位于中游偏上,盐城地区的五个县(市)位于中游偏下,而连云港地区的四个县(市)排名靠后,相较于沿江地区的县(市)经济发展要落后不少。

表 5　区域内县(市)经济主要指标在全省中的排名(2017 年)

名称	GDP	工业增加值	人均GDP	人均地方一般预算收入	规模以上工业企业利税总额	出口总额	外商直接投资总额	农村居民人均可支配收入	城镇居民人均可支配收入
海安县	14	15	14	14	7	14	12	15	14
如东县	17	16	16	19	9	13	15	18	15
启东市	10	12	13	12	11	11	8	11	13
海门市	8	8	8	11	5	6	10	10	10
东海县	30	30	36	41	21	30	22	31	27
灌云县	38	40	41	39	31	38	24	40	40
灌南县	39	36	32	29	39	37	33	41	35
响水县	40	37	27	23	23	19	37	33	31
滨海县	35	33	40	34	33	29	36	29	29
射阳县	29	31	30	37	36	34	35	24	30
东台市	18	19	18	20	27	18	26	12	20

数据来源:《江苏统计年鉴 2018》

在整个沿海地区十三个县(市)中,海门市的各项经济指标排名是最靠前的。除了人均地方一般预算收入为 11,其 GDP、人均 GDP、规模以上工业企业利税总额和农村居民人均可支配收入都挤进了前十。其次是启东市,大部分指标排名在 10~15 名之间。排名最后的是连云港地区的灌云县和灌南县,其中灌云县的人均 GDP、农村居民人均可支配收入和城镇居民人均可支配收入,灌南县的 GDP、人均 GDP、农村居民人均可支配收入均排在全省 42 个县(市)中的倒数。盐城地区的东台市在沿海北部县(市)中经济发展情况较好,各项指标基本排名处于全省中游水平。

(五)基础设施日臻完善,支撑保障能力明显增强

以连云港港为核心的沿海港口群基本形成,连云港港 30 万吨级航道一期工程建成通航,2016 年沿海港口吞吐量突破 3 亿吨,年均增长 14.8%。沿海综合交通体系逐步完善,海洋铁路、宁启铁路复线电气化改造建成通车,连盐、沪通、连淮扬镇、徐宿淮盐铁路建设进展顺利;临海高等级公路建成通车,"三纵五横"干线公路网络基本建成;长江南京以下 −12.5 米深水航道延伸到南通,"一纵两横"干线水运通道初步形成。沿海水利保障能力不断增强,海堤巩固完善、区域骨干河道整治工程有序推进,淡水资源供给、防洪减灾、水资源保护和河湖管理能力明显提高。能源基地建设取得新进展,沿海发电装机容量占全省比重提高 5 个百分点以上,风电、光伏电站并网容量分别占全省 98% 和 50% 左右,海上风电并网容量全国第一。

三、沿海地区产业经济发展现状

（一）产业结构高度化趋势，工业主导地位继续加强

随着江苏沿海地区生产力水平的提高和经济社会的发展，三次产业内部结构已发生了积极的变化。沿海地区三次产业结构比例由 2010 年的11.5∶51.5∶36.9调整为7.8∶45.9∶46.3，呈现出第一产业比重下降，第二产业、第三产业比重在上升，第三产业已占最大比重，产业结构正向合理化方向演变，这也预示着沿海地区工业进程正在加速。与全省5.7∶45.7∶48.6、沿江地区3.0∶47.8∶49.2和长三角地区4.3∶43.3∶52.4的三次产业构成比例相比较，可以看出，沿海地区的第一产业比重遥遥领先其他各经济带，高于全省平均水平，是沿江地区的将近 3 倍，第二产业比重略高，第三产业比重不够高，工业是带动这一地区经济增长的主要动力，产业层次还较低。近年来，江苏沿海地区产业基础条件不断改善，产业利好政策不断出台，以高新技术、资本密集型企业为代表的新型产业纷纷落户沿海地区，推动了沿海地区第二产业的大发展，也推动了农业产业化的进程。沿海地区产业内部结构所发生的变化，符合三次产业内部结构变化的一般规律，产业发展步入快车道。

表 6　沿海地区三次产业结构变化（2010—2017 年）

	2010 年	2011 年	2012 年	2013 年	2014 年	2015 年	2016 年	2017 年
第一产业	11.5	10.7	10.6	10.1	9.1	8.9	8.4	7.8
第二产业	51.5	51.5	51.2	50.2	48.0	46.9	45.8	45.9
第三产业	36.9	37.8	38.2	39.7	42.9	44.2	45.7	46.3

数据来源：各年《江苏统计年鉴》

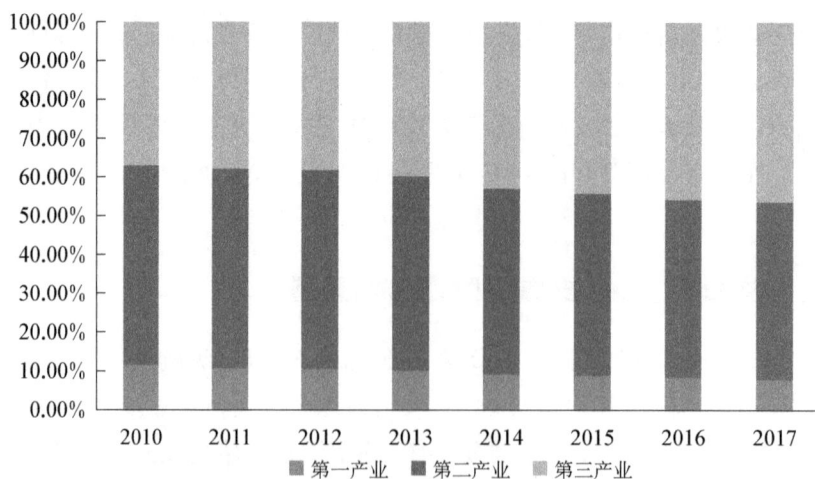

图 3　沿海地区三次产业结构情况（2010—2017 年）

数据来源：各年《江苏统计年鉴》

表 7 是沿海地区 2017 年三次产业产值和就业结构情况。在沿海地区所有城市中，2017 年第一产值占 GDP 的比重最高的城市是灌云县，达到了 18%，射阳县也达到了 17.2%，除此以外，响水

县、滨海县、灌南县的第一产值比重也较高。说明这些地区的农业经济占整个国民经济的重要性还很大,产业结构比较落后,社会经济发展和工业化程度不够高。三个市区,南通市市区的第一产业产值比重最低只有2.1%,其次是盐城市市区8.3%,最后是连云港市市区8.5%,相比较于苏南五市市区只有1.83%的第一产业而言,这一比重仍然过高。第二产业在沿海地区各城市的经济地位都非常重要,基本在50%上下,最高的是海门市49.6%,最低的是射阳县36.4%。沿海地区的苏北城市中第二产业占比均低于50%,可见在整个沿海地区中南部的南通地区产业结构要大大优于北部地区。第三产业产值占GDP的比重在整个沿海地区都偏低,最低的灌南县只有36.5%。

表7　沿海地区三次产业产值和就业结构(2017年,%)

	三次产业占GDP比重				三次产业就业人口占总就业人数的比重		
	第一产业	第二产业	♯工业	第三产业	第一产业	第二产业	第三产业
沿海三市合计	8.2	45.8	38.5	46.1	23.41	39.78	36.81
沿海地带合计	7.8	45.9	38.6	46.3	22.58	39.98	37.44
南通市市区	2.1	45.6	38.5	52.2	11.82	43.23	44.96
海 安 县	6.8	47.5	39.3	45.7	20.56	52.78	26.67
如 东 县	8.4	45.9	39.0	45.7	21.02	49.76	29.22
启 东 市	7.0	48.0	38.5	45.0	24.92	43.84	31.23
海 门 市	4.9	49.6	41.4	45.5	23.05	48.44	28.50
连云港市市区	8.5	44.4	35.0	47.1	23.79	35.91	40.30
灌 云 县	18.0	44.3	34.0	37.7	38.32	27.30	34.38
灌 南 县	15.8	47.7	41.5	36.5	41.09	30.39	28.52
盐 城 市 市 区	8.3	48.6	42.1	43.0	17.63	38.25	44.12
响 水 县	13.2	48.9	44.2	37.9	26.43	35.97	37.60
滨 海 县	14.0	40.6	34.3	45.4	27.61	34.65	37.74
射 阳 县	17.2	36.4	33.2	46.4	26.07	35.50	38.43
东 台 市	12.0	40.5	35.6	47.5	23.02	36.61	40.37

数据来源:2018年《江苏统计年鉴》

从三次产业的就业结构来看,江苏沿海区域的南部地区,即南通市区的四个市(县),第二产业是吸收劳动力的最主要产业部门。其中,海安县的第二产业就业人口占到总就业人数达到52.78%,是沿海地区所有城市中最高的,也是唯一超过50%的城市。在沿海北部地区的一些经济发展较落后的市(县)中,农业反而成为了劳动力最重要的流向,例如:灌云县、灌南县、滨海县普遍存在第一产业就业人口比重过高(超过30%)的现象,表现沿海北部的产业发展水平与南部地区的差距还很大,但充裕的农村劳动力也将成为这些地区的一大优势,在苏南逐渐丧失轻工产业的比较优势的情况下,沿海北部地区应该做好充分准备,积极承接区域产业转移,加快追赶步伐。

(二)工业生产快速增长、效益平稳攀升

从上文的分析中可以看出江苏沿海地带工业化进程明显加快,第二产业产值占地区生产总值的比重相对较高。纺织、机械,汽车、化工等已成为沿海地区的主导产业,南通的造船业,连云港的化学工业,盐城的纺织业、汽车制造业具有重要地位。以风力发电、核电为基础的新能源产业和现代医学产业发展势头良好。

表8　沿海地区工业经济主要指标变化情况（2012—2017年）

	2012年	2013年	2014年	2015年	2016年	2017年
工业总产值（亿元）	16 530.23	18 554.44	20 872.75	22 823.54	25 352.43	
主营业务收入（亿元）	16 352.6	18 610.17	20 731.08	21 556.29	24 982.76	27 941.57
单位产值利税率	12.51	12.7	12.7	12.9	13.3	

数据来源：各年《江苏统计年鉴》

2017年沿海三市规模以上工业企业数量达到了9 514个，主营业务收入27 941.57亿元，实现利润总额2 010.03亿元。其中南通市规模以上工业主营业务收入3 898.18亿元，利润总额269.31亿元。连云港市2016年以加快国家创新型试点城市建设为主线，深入实施创新驱动战略，推进科技创新工程，加快培育创新主体，完善科技服务体系，推动高新技术产业平稳较快发展，对全市经济转型升级起到积极的支撑作用。2017年其规模以上工业主营业务收入3 103.07亿元。2017年所有沿海地区的城市中，南通市市区的主营业务收入最高，达到了3 898.18亿元，其次是盐城市市区3 166.88亿元、连云港市市区3 103.07亿元和海安县2 534.78亿元。

表9　沿海地区工业经济运行情况（2017年）

地　区	规模以上工业企业个数（个）	主营业务收入（亿元）	利润总额（亿元）
沿海三市合计	9 514	27 941.57	2 010.03
沿海地带合计	7 607	23 305.65	1 712.86
南通市市区	1 434	3 898.18	269.31
海安县	967	2 534.78	181.12
如东县	725	2 045.53	163.21
启东市	487	1 784.04	154.48
海门市	673	2 125.03	222.75
连云港市市区	682	3 103.07	304.25
灌云县	227	779.24	44.76
灌南县	146	359.21	23.24
盐城市市区	1 144	3 166.88	150.36
响水县	146	968.54	68.54
滨海县	199	745.44	41.00
射阳县	282	713.33	32.25
东台市	495	1 082.38	57.59

数据来源：各年《江苏统计年鉴》

（三）高新技术产业与新兴产业加速崛起

江苏沿海三市的高新技术产业总产值自2010年以后一直都保持着高速的增速，南通、连云港和盐城的年均增长率分别达到了28.7%、39.5%和57.1%，比规模以上工业总产值的增长率要高出不少，也比苏南地区、沿江地区的同期增长率要高。其中，南通的高新技术产业产值在沿海三市中一直遥遥领先，2017年超过7 500亿元，达到7 564.33亿元，是盐城市3 239.83亿元的

2.33 倍和连云港市 2 137.79 亿元的 3.54 倍。高新技术产业快速增长的背后是其对各市工业结构的调整与升级,2010 年,南通、连云港和盐城的高新技术产业占工业总产值的比重只有 35.22%、33.38% 和 17.46%,到了 2016 年这一比重上升到了 55.45%、42.74% 和 40.59%,成为了工业生产中最重要的一股力量。盐城市的高新技术产业发展相对比较落后,产业发展慢、比重低的原因主要来自于两个方面的原因:一是盐城市的产业层次原来就比较低,其优势和支柱产业都不属于高新技术产业,如传统的汽车及其零部件制造业、纺织业,而且在沿海大开发过程中重点布局的造船和风电等产业也不属于高新技术产业。二是盐城市主要的高新技术企业是重化工业,在《江苏沿海开发战略》中明确指明了江苏沿海地区要发展生态化工业,因此盐城市除了响水县和滨海县的化工园区得到了发展外,其他地区的化工业都在萎缩。

表 10 沿海三市高新技术产业发展情况(2010—2017 年)

高新技术产值(亿元)	2010 年	2011 年	2012 年	2013 年	2014 年	2015 年	2016 年	2017 年
南通市	2 599.99	3 250.83	3 836.8	4 816	5 404.0	6 048.4	7 072.89	7 564.33
连云港市	646.28	868.7	1 144.58	1 830	1 699.3	1 936.90	2 178.43	2 137.79
盐城市	687.54	908.46	1 302.54	1 774	2 045.0	2 455.42	3 044.15	3 239.83
占规模以上工业总产值比重(%)	2010	2011	2012	2013	2014	2015	2016	2017
南通市	35.22	37.45	38.65	42.4	43.2	51.45	55.45	50.30
连云港市	33.38	33.02	33.53	44.3	34.3	43.01	42.74	35.10
盐城市	17.46	20.84	23.45	27.5	28.3	37.41	40.59	35.00

数据来源:各年《江苏统计年鉴》

2017 年南通市完成高新技术产业产值 7 564.33 亿元,增长 14.9%,占规模以上工业比重达到 50.30%,同比提高 2.8 个百分点。新兴产业发展势头强劲,海洋工程装备、新能源、新材料、生物技术和新医药、智能装备和节能环保等六大新兴产业完成产值 5 083.6 亿元,增长 11.7%,占规模以上工业的比重达到 33.8%,同比下降 0.1 个百分点。盐城市高技术产业发展加快。2017 年,全市高新技术产业实现产值 3 239.83 亿元,比上年增长 6.43%,占全市规模以上工业产值的比重 35% 以上。2017 年,高新技术产业产值对全市规模以上工业增长贡献率达 92.8%,比上年提高 9 个百分点。连云港市以推进国家创新型城市建设和高新区升格发展为契机,加快创新资源集聚,强化创新载体支撑,着力打造了新医药、硅材料、高性能纤维及复合材料、装备制造四大国家级产业基地,有力优化了产业结构,促进了高新技术产业的聚集发展。高新产业快速发展。2017 年高新技术产业产值 2 137.79 亿元,增长 16.0%;总量占全市规模以上工业总产值的 35.1%。临港产业平稳发展。产业集中程度不断提高,2017 年全市 36 个工业行业大类中有 31 个行业产值实现增长,行业增长面达到 86.1%。其中,化学原料和化学制品制造业完成产值 1 097.92 亿元,增长 25.4%;非金属矿物制品业完成产值 714.28 亿元,增长 19.7%;医药制造业完成产值 666.60 亿元,增长 17.5%;黑色金属冶炼和压延加工业完成产值 504.19 亿元,增长 12.6%;农副食品加工业完成产值 407.46 亿元,增长 15.6%。

表 11　沿海三市高新技术产业和新兴产业基本情况（2017 年）

	高新技术产业		新兴产业	
	产值（亿元）	增速（％）	主要优势新兴行业	产值（亿元）
南通	7 564.33	14.90	海洋工程装备、新能源、新材料、生物技术和新医药、智能装备和节能环保	5 083.6
连云港	2 137.79	16.00	新材料、新医药、新能源	703.99
盐城	3 044.15	20.07	节能环保、海洋生物、新材料产业	

数据来源：南通、连云港和盐城市《2017 年国民经济运行与统计年报》

（四）海洋经济发展前景广阔

全省海洋生产总值由"十一五"末的 3 551 亿元增至 6 406 亿元，占全省地区生产总值比重由 8.6％ 提升至 9.1％，占全国海洋生产总值比重由 9.0％ 提升至 9.9％。其中，沿海三市南通、盐城、连云港海洋生产总值分别达到 1 684 亿元、914 亿元、642 亿元，占地区生产总值的比重由"十一五"末的 25.3％、19.4％、27.0％ 提升至 27.4％、21.7％、29.7％。

2017 年江苏省海洋生产总值 7 217 亿元，比上年增长 9.2％，海洋生产总值占地区生产总值的 8.4％，海洋经济实现稳中向好发展。在海洋生产总值构成中，海洋产业增加值 4 119.8 亿元，海洋相关产业增加值 3 097.2 亿元。海洋第一产业增加值 291.8 亿元，第二产业增加值 3 402.4 亿元，第三产业增加值 3 522.8 亿元，海洋第一、第二、第三产业增加值占海洋生产总值的比重分别为 4.1％、47.1％和 48.8％。

从区域海洋经济发展情况看，2017 年，江苏省沿海三市中，南通市海洋生产总值为 1 947.2 亿元，比上年增长 9.3％，占全市地区生产总值的比重为 25.2％；盐城市海洋生产总值为 1 040.1 亿元，比上年增长 8.9％，占全市地区生产总值的比重为 20.5％；连云港市海洋生产总值为 728.7 亿元，比上年增长 8.8％，占全市地区生产总值的比重为 27.6％。省海洋与渔业局海洋经济信息中心主任钱林峰介绍，2017 年海洋经济占全省 GDP 的比重有所降低，主要是全省GDP 的体量越来越大了。

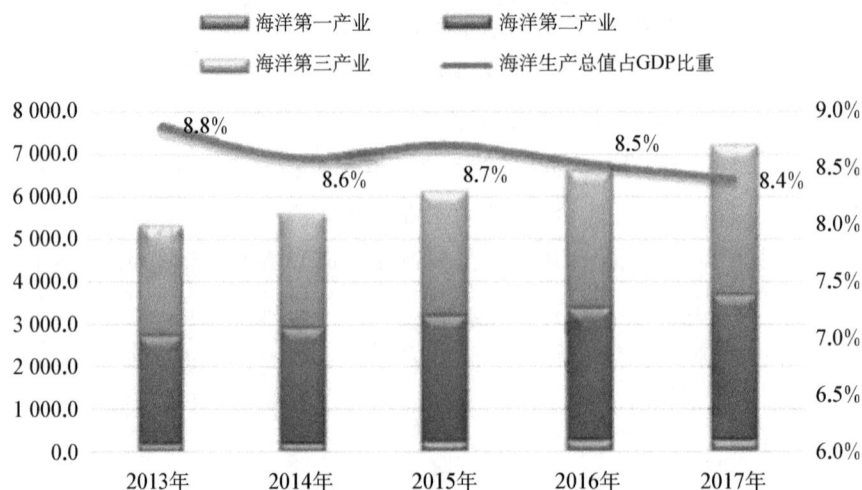

目前,全省涉海类园区超过30个,形成三个特色鲜明的区域带,沿海北部侧重发展港口物流、海洋渔业等产业;沿海中部做大做强海洋生物、海水淡化等产业;沿海南部和沿江重点打造船舶与海工装备产业。南通陆海统筹综合配套改革试验区建设稳步推进,盐城大丰港城经济区、滨海港城经济区等涉海园区加速崛起,连云港徐圩新区、赣榆海洋经济开发区等涉海经济园区快速成长。创建首批省级海洋经济创新示范园区,有力促进了海洋产业集聚发展。

表 12　江苏首批海洋经济创新示范园区功能定位

园　区	主导产业
上海合作组织(连云港)国际物流园区	中亚—环太平洋沿岸货物转运、物流增值服务创新、综合服务型现代化物流、跨境电子商务
启东海工船舶工业园	海洋工程装备、特种船舶制造及重大技术装备、海工船舶配套
如东洋口港经济区	临海石化、新能源、装备制造、新材料、港口物流
盐城新能源淡化海水产业示范园	淡化海水技术与综合利用、淡化海水装备、新能源装备、智能化控制装备
东台海洋工程特种装备产业园	船用油水分离器、生活污水处理装置、船用消声设备、船用导航等海洋工程特种装备

四、沿海地区开放型经济发展现状

2017年沿海地区出口总额为312.10亿美元,占全省比重为8.59%。实际利用外商直接投资分别为34.67亿美元,占全省比重为13.79%。沿海地区外向型经济发展近几年保持着高速增长,承接国际资本和产业转移的步伐加快,后发优势开始显现,正在成为江苏省开放型经济新的增长极为地区经济的稳定发展和综合实力的提高做出了贡献。

(一)对外贸易规模不断扩大,成为全省新的出口增长极

2010—2017年江苏沿海地区的出口总额在2014年之前都保持着增长趋势。但到2015年开始有所下降,出口总额从2010年的190.04亿美元,增长到2017年的312.10亿美元,年均增长率达到了9.18%。

表 13　沿海地区对外贸易发展情况(2010—2017年)

绝对值(亿美元)	2010 年	2011 年	2012 年	2013 年	2014 年	2015 年	2016 年	2017 年
出口总额	190.04	224.77	230.56	256.81	312.30	286.39	285.37	312.10
实际外商直接投资额	44.65	37.01	45.08	40.45	40.06	35.38	32.06	34.67
占全省的比重(%)	2010	2011	2012	2013	2014	2015	2016	2017
出口总额	7.02	7.19	7.02	7.81	9.14	8.46	8.94	8.59
实际外商直接投资额	15.67	11.52	12.61	12.16	14.22	14.57	13.06	13.79

数据来源:各年《江苏统计年鉴》

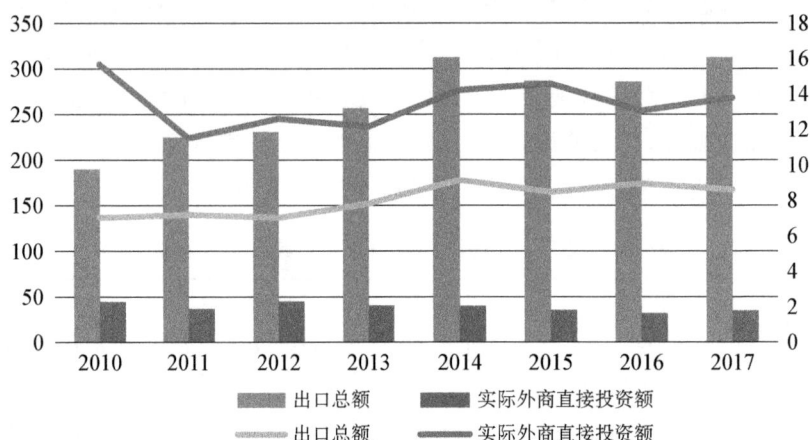

图4　沿海地区实际外商直接投资额和出口总额及增长率变化情况（2010—2017年）

数据来源：各年《江苏统计年鉴》

从沿海地区的内部城市来看，2017年出口总额最高的城市是南通市市区，占到整个沿海地区的39.46%，加上海安县、如东县、启东市和海门市，总共占到整个沿海地区的71.89%，是整个沿海地区对外贸易的绝对主体。这也反映出江苏沿海地区南北部开放型经济的巨大差异，连云港市市区和盐城市市区2017年的出口总额是31.33亿美元和31.08亿美元，远落后于南通。且从2010—2017年的年均增长率来看，沿海北部地区的增长率总体高于南部城市。其中最高的滨海县达到了39.62%，最低的启东市为0.96%。

表14　沿海地区开放型经济主要指标及增长率情况（2010—2017年）

	2017年（亿美元）		2010—2017年年均增长率（%）	
	出口总额	实际外商直接投额	出口总额	实际外商直接投资额
沿海合计	312.10	34.67	10.85	−2.02
南通市市区	123.17	10.08	6.32	6.29
海安县	15.47	2.67	10.19	12.58
如东县	17.66	2.27	16.94	−2.66
启东市	20.47	3.40	0.96	5.14
海门市	47.61	2.93	58.61	−2.29
连云港市市区	31.33	4.55	7.84	−0.09
灌云县	1.83	0.87	0.32	−6.05
灌南县	2.12	0.65	18.63	−8.52
盐城市市区	31.08	4.77	30.29	2.06
响水县	6.21	0.50	18.33	−7.14
滨海县	4.00	0.55	39.62	−7.63
射阳县	3.06	0.60	28.16	−6.49
东台市	8.12	0.82	33.26	−9.30

数据来源：各年《江苏统计年鉴》

（二）吸引 FDI 比较平稳，年增长率不断下滑

从图 5 江苏沿海地区 2011—2017 年的实际外商直接投资额及增长率的变化情况可以看出，沿海地区吸引 FDI 的规模明显上升，2011 年实际外商直接投资为 37.01 亿美元，2012 年实际外商直接投资额开始激增到 45.08，增长率高达 21.8％。2013 年之后就开始一直下降到 2016 年的 32.06 亿美元，而 2017 年又增长到 34.67 亿美元。在沿海所有地区中，2017 年吸引实际外商直接投资额最多的是南通市区，有 10.08 亿美元，其次是盐城市市区 4.77 亿美元、连云港市市区 4.55 亿美元。沿海北部一些市（县）在 2017 年获得的外资直接投资额都不足 2 亿美元，最低的响水县只有 0.5 亿美元，滨海县也只有 0.55 亿美元。

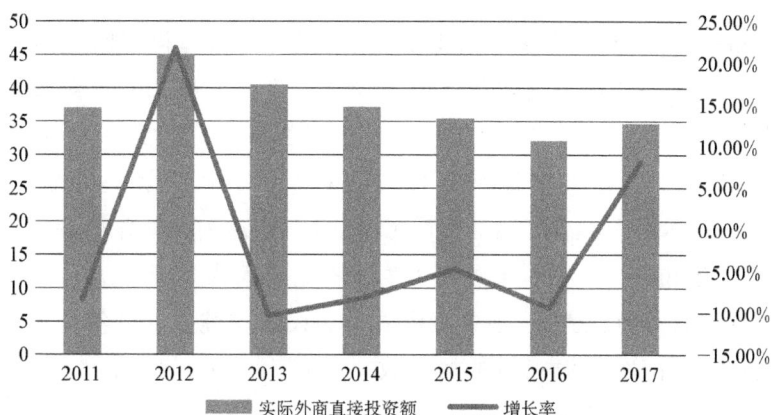

图 5　沿海地区实际外商直接投资额及增长率变化情况（2011—2017 年）

数据来源：各年《江苏统计年鉴》

（三）对外贸易地位在全省偏低

图 6 是沿海地区进出口总额、出口总额和实际外商直接投资额占全省比重的变化情况。其中 2011—2017 年间，进出口总额和出口总额在全省的比重有所增加，分别从 6.39％和 7.19％提高到 8.44％和 9％，但相较于该地区 GDP 和工业总产值占全省的比重，对外贸易的地位在省内偏低。

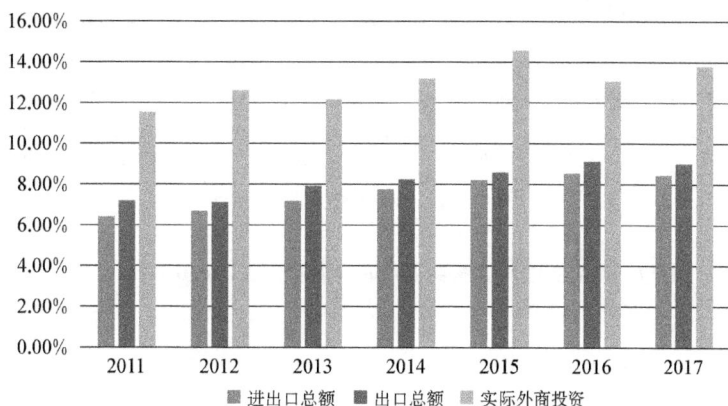

图 6　2011—2017 年沿海地区进出口总额、出口总额和外商直接投资占全省的比重

数据来源：各年《江苏统计年鉴》

实际外商直接投资总额从 2011 年到 2017 年都超过同期 GDP 和工业总产值比重。2011—2017 年间,沿海地区吸引的 FDI 占全省的份额呈现有增有减的趋势,2011 年为 11.52%,2012 年则上升到 12.61%,2013 年略有下降,之后持续上升到 2015 年的 14.57%,随后 2016 年下降到 13.06%,2017 年又上升到 13.79%。这表明在沿海大开发战略的背景下,江苏沿海地区并没有成为外资特别青睐和省内外资转移的目的地。

五、沿海地区人民生活发展现状

(一)收入水平不断上涨,农村居民收益更多

在沿海开发战略引领下,人民群众富裕程度有了明显提高,幸福感明显增强,居民收入持续增加。图 7 和图 8 是沿海三市城镇与农村居民人均收入变化情况。从绝对数量来看,在沿海三市中南通市的城镇与农村居民人均收入最高,2017 年达到了 42 756 元和 20 472 元,比 2010 年分别增长了 95.9% 和 106.5%,年均增长率为 13.7% 和 15.21%。其次是盐城市,2017 年盐城市的城镇与农村居民人均收入达到了 33 115 元和 18 711 元,年均增长率分别为 13.65% 和 16.26%。最后是连云港市,2017 年城镇居民人均可支配收入为 30 293 元,而农村居民人均纯收入只有 15 273 元,突破 15 000 元大关,但连云港农村居民人均纯收入的年均增长率却是最高的,有 17.62%。与沿江八市相比,沿海三市的居民收入要低出不少,但增长率却普遍要高。从图 8 中我们还可以发现,2010 年后沿海三市城镇与农村居民人均收入的增速开始加快,可见,江苏沿海大开发战略升级成为"国家战略"后对人民生活水平提高的作用更加显现,可以说沿海开发惠及民生的社会效应同样令人瞩目。

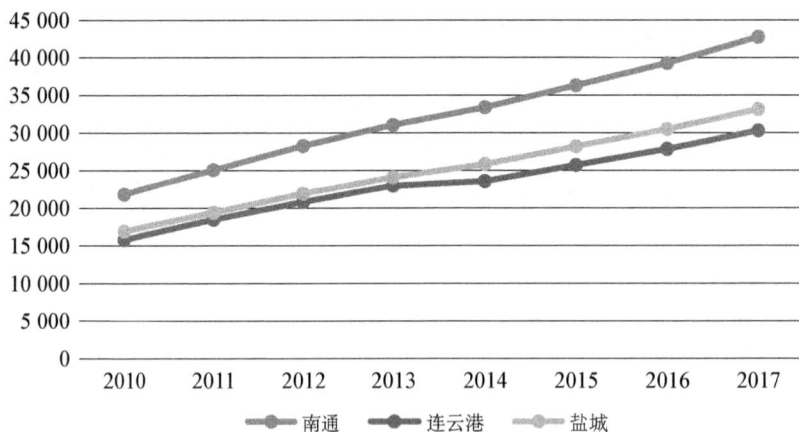

图 7 沿海三市城镇居民人均收入变化情况(2010—2017 年)

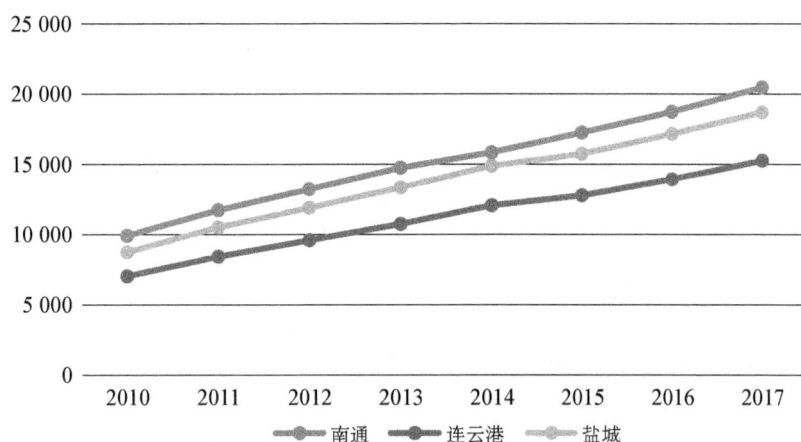

图 8　沿海三市农村居民人均收入变化情况（2010—2017 年）

数据来源：各年《江苏统计年鉴》

表 14　沿海地区居民收入水平变化情况（2010—2017 年）

城镇居民人均可支配收入（元）	2010 年	2011 年	2012 年	2013 年	2014 年	2015 年	2016 年	2017 年
南通	21 825	25 094	28 292	31 059	33 374	36 291	39 247	42 756
连云港	15 790	18 483	20 816	22 985	23 595	25 728	27 853	30 293
盐城	16 935	19 414	21 941	24 119	25 854	28 200	30 496	33 115
农村居民人均纯收入（元）	2010	2011	2012	2013	2014	2015	2016	2017
南通	9 914	11 730	13 231	14 754	15 850	17 267	18 741	20 472
连云港	7 039	8 434	9 589	10 745	12 067	12 778	13 932	15 273
盐城	8 751	10 511	11 898	13 344	14 891	15 748	17 172	18 711

数据来源：各年《江苏统计年鉴》

　　沿海三市城镇居民恩格尔系数波动存在一定的差异性。总体上说沿海三市城镇和农村的恩格尔系数处于下降趋势，其中，南通市一度由 2013 年的 34.5 和 35.6 下降到 2017 年的 28.1 和 28.7。连云港市则由 2013 年的 36.4 和 35.4 下降到 2017 年的 31.8 和 32.1。2012—2013 年之间，南通市和盐城市的城镇恩格尔系数十分接近，由于 2013 年出现了较大幅度的通货膨胀，尤其是食品价格涨幅明显，盐城市 2013 年有一个小幅度的回升。三市的农村居民的恩格尔系数一直都保持着逐年下降的情况，并且连云港市和盐城市 2015 年的城镇居民的恩格尔系数跟农村居民的恩格尔系数相同或略高，2016 年跟 2017 年的城镇和农村恩格尔系数比较接近，变化比较小。这与沿海八市的情况相似。说明盐城和连云港城镇居民的食品消费支出受价格变化影响较小，而农村居民则较大。根据联合国的标准，恩格尔系数在 59% 以上为贫困，50%～59% 为温饱，40%～50% 为小康，低于 40% 为富裕。目前发达国家的恩格尔系数基本上在 10%～20% 左右。因此按照联合国的恩格尔系数标准来说，沿海三市的城镇居民和农村居民都处在相对富裕的水平。

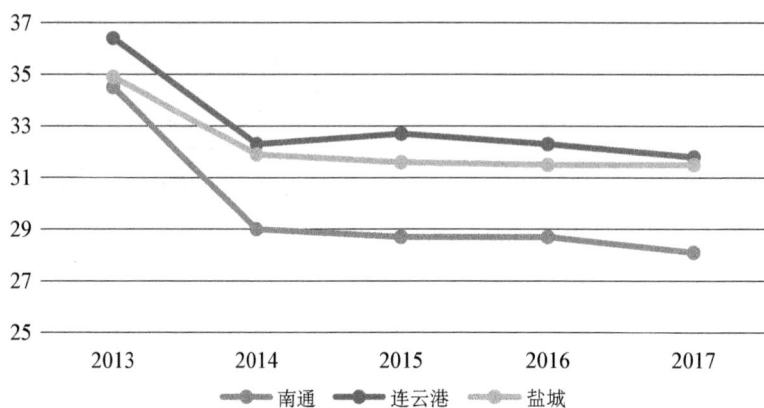

图9 沿海三市城镇居民恩格尔系数变化情况(2013—2017年)

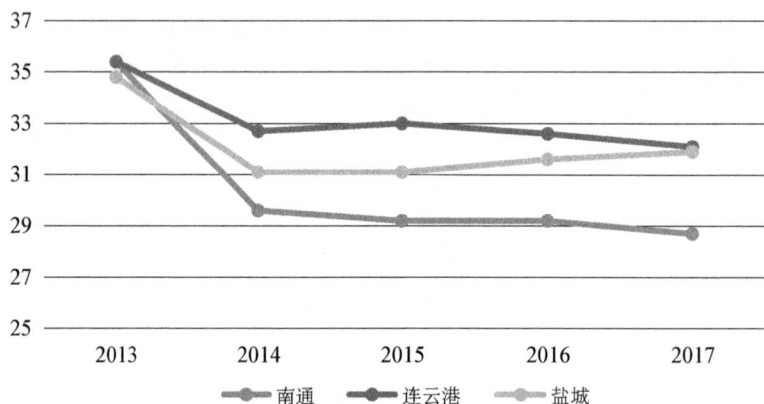

图10 沿海三市农村居民恩格尔系数变化情况(2013—2017年)

数据来源:各年《江苏统计年鉴》

(二)人民生活全面提高

沿海大开发战略除了在收入水平上给予民众实惠外,人均可支配收入、人均住房面积等指标的提升反映了人民生活水平的全面提高。南通市区是沿海地区所有城市中城镇居民人均收入最高的,在市(县)的比较中海门、启东、如东和海安县排在前四位,都超过了40 000元,其次是东台县。最低的是灌云县,只有25 034元。在所有市(县)中灌南县的农村居民人均纯收入增长最多,从2013年的20 479元,提高到2017年的26 635元。海门市也是所有市(县)中2017年农村居民人均纯收入最高的,这几乎是收入最低的灌南县的1.6倍多。居住水平是衡量一个国家或地区生活质量的指标之一,也是反映社会发展水平和文明程度的重要标志。沿海地区城镇居民人均住房建筑面积与农村居民人均住房建筑面积的全面增加,则反映了沿海大开发战略的对居民生活质量和居住环境的提升。其中,东台市的城镇人均住房面积最多,为59.3平方米,而响水县只有37.8平方米,东台的增长率最快,从2013年45.2平方米涨到了2017年的59.3平方米,农村人均住房面积最多的是启东市,为65.2平方米,是农村人均住房面积最低的射阳县的1.78倍。

表 15　沿海地区人民生活主要指标变化情况（2013—2017 年）

	城镇居民人均可支配收入（元）		农村居民人均纯收入（元）		城镇居民人均住房建筑面积（平方米）		农村居民人均住房面积（平方米）	
	2013 年	2017 年	2013 年	2017 年	2013 年	2017 年	2013 年	2017 年
海 安 县	29 474	40 656	14 119	19 640	48.3	53.1	54.0	61.1
如 东 县	29 445	40 416	13 529	18 683	45.3	55.7	53.5	63.0
启 东 市	29 482	40 759	15 766	21 691	40.0	46.3	54.0	65.2
海 门 市	32 387	44 138	16 920	22 515	42.0	48.1	59.0	64.2
灌 云 县	17 617	25 034	10 016	14 231	39.7	43.0	45.0	44.0
灌 南 县	20 479	26 635	9 488	13 639	40.3	53.5	41.0	54.9
响 水 县	20 045	27 832	11 084	15 586	36.9	37.8	45.0	49.3
滨 海 县	21 037	28 867	11 702	16 280	31.8	40.0	40.8	53.3
射 阳 县	21 291	28 816	13 121	18 064	36.1	41.7	41.3	36.7
东 台 市	26 241	35 380	15 312	21 431	45.2	59.3	54.8	59.2

数据来源：《江苏统计年鉴 2014》、《江苏统计年鉴 2018》

第三章 江苏沿江区域

一、整体概况介绍

　　沿江地区是江苏省乃至长江三角洲地区产业发展条件最优越的地区。本区是以上海为龙头的长江三角洲的重要组成部分,交通便利,辐射势能强劲,经济腹地广阔,消费市场巨大,是经济社会发展的上乘区域和贴近市场的理想投资区域,开发条件优良,现状经济基础好。其中,淡水资源丰沛,长江过境江苏多年平均径流量9 730亿立方米;岸线资源优良,拥有1 175公里长江岸线以及142.3公里可建万吨港口泊位的主江岸线;土地平坦,自然生态约束较小,空间开发适应性强,山地、湿地以及水面等不适宜开发土地仅占20%;劳动力充足且素质较高,1996年已普及9年义务教育,劳动者平均受教育年限超过9年。区位、水、土、岸线以及劳动力资源的综合叠加,产生优势发展要素整合的共振效应,使沿江地区成为江苏省乃至长江三角洲地区产业发展条件最为优良的区域。

　　江苏沿江八市,包括苏南地区的南京、无锡、苏州、常州和镇江,以及苏中地区的南通、扬州和泰州,是长江三角洲城市群的重要组成部分,是江苏经济发展的先发区域和主要支撑。土地面积5.1万平方公里,占江苏的47.58%、长三角的23.29%;2017年年末总人口4 244.17万人,占江苏的54.45%、长三角的26.35%。

　　2001年江苏省省委、省政府制定了《江苏省沿江开发总体规划》(2003—2010年)。规划中指出江苏拥有长江岸线的地区是沿江开发的核心区域。本区包括南京、镇江、常州、扬州、泰州、南通6个市区和句容、扬中、丹阳、江阴、张家港、常熟、太仓、仪征、江都、泰兴、靖江、如皋、通州、海门、启东15个县(市)[①],是江苏经济社会发展较为发达的地区。2017年该区域人口2 831.71万人,面积3.05万平方公里,国内生产总值45 053.33亿元,分别占全省的36.33%、28.5%和52.45%,人均国内生产总值138 982元,是全省平均水平的1.26倍。规划中制定的目标到2010年江苏沿江地区的国民生产总值达到12 800亿元,已经提前三年,在2007年就已经实现。该规划将江苏沿江开发的战略定位为:区域性国际制造业基地,走新型工业化道路的先行区,长江流域对外开放的重要门户,缩小江苏南北差距的重要纽带。

　　经过十几年的开发,截至2017年底江苏沿江地区集聚了99个省级开发区、37个国家级开发区、出口加工区和物流园区,集中了全省90%以上的大型冶金、石化企业和60%的电力企业,装备制造、化工、冶金、物流四大产业集群初步形成。以机械、成套设备、汽车和船舶产业为重点,形成机械基础件、关键零部件——先进重大技术装备的装备制造业产业链。以石油化工为龙头,形成基础

---

　　① 2009年通州并入南通市,2010年江都并入扬州市。

石化原料—精细化工、合成材料的化工产业链。以特种钢为重点,形成钢冶炼—特种钢材—金属制品的冶金产业链。同时,积极发展了电子、纺织、医药、造纸等优势产业。建立了社会化、专业化、信息化、规模化的现代物流服务体系,形成市场—第三方物流—生产企业—用户供应链,构建南京、苏州、无锡三大物流枢纽和一批专业物流中心。随着新一轮沿江开发的加速推进,为进一步加快沿江地区的发展带来了极其宝贵的契机和更广阔的空间。沿江地区作为江苏经济社会发展核心区域、先导区域的地位更加强化。

二、沿江区域综合经济发展现状

(一)经济总量规模不断扩大

在 20 多年的发展过程中,江苏沿江区域抢抓机遇,加快发展,经济不断实现新跨越,综合实力增强。经济总量迅速扩张,占全省份额明显提升,增长极的辐射带动作用日益显著。2017 年,沿江八市及沿江开发区域完成地区生产总值为 67 719 亿元和 45 053 亿元,按可比价格计算,比 2013 年的 47 684 亿元和 31 296 亿元,分别增长了 42.02% 和 43.96%。2013 年,沿江开发区域中仅有南京市区、江阴市、常州市区、常熟市、张家港市、南通市区、扬州市区、镇江市区和泰州市区的地区生产总值超过 1 000 亿元,到 2017 年,南京市区、江阴市、常州市区、常熟市、张家港市、太仓市、南通市区、如皋市、海门市、扬州市区、镇江市区、丹阳市、泰州市区均超过 1 000 亿元。2013—2017 年间,地区生产总值增幅最高的沿江开发区域中的城市是常州市区,增幅达 72.30%,其次是泰兴市和如皋市,增幅均超过 55%。

沿江八市及沿江开发区域的人均地区生产总值从 2013 年的 96 407 元和 99 052 元,分别提高到 2017 年的 136 023 元和 138 982 元,增幅达到了 41.09% 和 40.31%。在沿江开发区域的所有市县中,2017 年江阴市的人均地区生产总值最高,达到了 211 943 元,随后是张家港市、太仓市、扬中市、镇江市区和常熟市,这五市的人均地区生产总值均超过 15 万元。发达的县域经济是江苏沿江地区经济发展的最大推动力之一,"江阴现象"、"张家港精神"、常熟"富民兴市"等成为这些地区经济特色和发展经验的概况。2013—2017 年间,人均地区生产总值增幅最大的是泰兴和如皋两市,大幅增长了 57.67% 和 57.42%。可以发现在这 5 年时间内,整个常州地区(包括常州市区和常熟、张家港和太仓)和镇江地区(包括镇江市区和丹阳、扬中、句容)的人均地区生产总值增幅都较为显著。

表 1　江苏沿江八市及沿江开发区域经济总量情况

	地区生产总值(亿元)			人均地区生产总值(元)		
	2013 年	2017 年	增幅(%)	2013 年	2017 年	增幅(%)
沿江八市	47 684	67 719	42.02	96 407	136 023	41.09
沿江开发区域	31 296	45 053	43.96	99 052	138 982	40.31
南京市区	8 012	11 715	46.22	98 011	141 103	43.97
江阴市	2 706	3 488	28.90	166 307	211 943	27.44
常州市区	3 350	5 772	72.30	99 368	146 104	47.03
常熟市	1 980	2 280	15.15	131 338	150 532	14.61

	地区生产总值(亿元)			人均地区生产总值(元)		
	2013 年	2017 年	增幅(%)	2013 年	2017 年	增幅(%)
张家港市	2 145	2 606	21.49	172 093	207 380	20.50
太仓市	1 002	1 241	23.85	141 785	173 835	22.60
南通市区	1 909	2 863	49.97	82 054	121 783	48.42
启东市	658	990	50.46	68 653	103 950	51.41
如皋市	657	1 026	56.16	52 185	82 149	57.42
海门市	740	1 136	53.51	82 005	125 445	52.97
扬州市区	2 182	3 248	48.85	90 355	133 566	47.82
仪征市	410	628	53.17	72 963	110 871	51.96
镇江市区	1 265	1 879	48.54	103 675	152 461	47.06
丹阳市	925	1 233	33.30	94 839	125 422	32.25
扬中市	395	536	35.70	116 001	156 349	34.78
句容市	385	530	37.66	61 912	84 683	36.78
泰州市区	1 291	1 995	54.53	79 931	122 501	53.26
靖江市	670	923	37.76	97 730	134 364	37.48
泰兴市	610	964	58.03	56 735	89 456	57.67

数据来源:各年《江苏统计年鉴》

(二)经济地位十分显要

沿江开发区域在江苏经济发展全局中占有举足轻重的地位。2013—2017 年,沿江开发区域的国民生产总值占全省 GDP 的比重在小幅下降,最高的年份是 2013 年,达到 52.9%,超过江苏经济总量的一半,最低的年份是 2014 年,只有 52.2%。第二产业占全省的比重有缓慢下降的趋势,从 2013 年的 54.7% 下降到 2017 年的 53.9%。其中,工业占全省的份额在三次产业中最高,2013 年时已达 56.0%,2014—2016 年间,呈现出小幅上升趋势,2017 年小幅下降至 55.0%。第三产业占全省的比重呈现明显的波动趋势,2017 年时沿江开发区域第三产业占全省比重已达 53.4%。

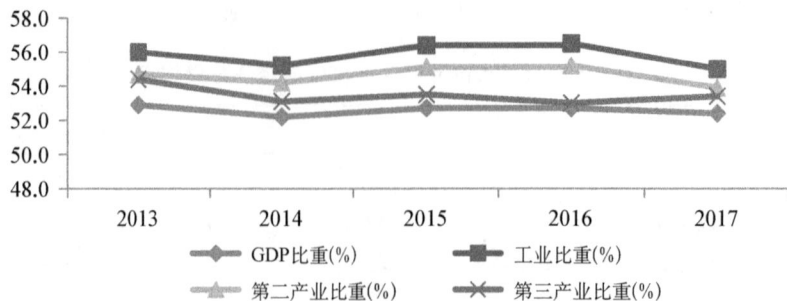

图 1 沿江开发区域经济指标占全省比重(2013—2017 年)

数据来源:各年《江苏统计年鉴》

2017年江苏沿江开发区域规模以上工业总产值占全省的48.3％,其中制造业比重达到48.2％.固定资产投资额、社会消费零售品总额、公共财政预算收入分别占到全省的46.8％、50.4％和46.9％.金融机构存、贷款余额均超过全省的一半以上,分别高达55.9％和55.1％.进出口总额2 431.19亿美元,其中出口1 502.06亿美元,占到全省的41.1％和41.3％.实际使用外资135.23亿美元,占全省的份额为53.8％.

可以说,从各项指标来看,沿江开发区域对江苏的经济地位至关重要,很多核心的经济指标都接近或者超过全省的50％,占到"半壁江山".而该地区的人口和土地面积却只占全省的36.3％和28.5％.沿江地区作为江苏经济社会发展核心区域、先导区域的地位更加强化.

表2 沿江开发区域主要经济指标占全省比重(2017)

指 标	全 省	沿江开发区域	沿江开发区域占全省比重(％)
年末户籍人口(万人)	7 794.19	2 831.71	36.3
土地面积(万平方公里)	10.72	3.05	28.5
地区生产总值(亿元)	85 900.94	45 053.33	52.4
第一产业	4 076.65	1 181.84	29.0
第二产业	38 654.85	20 839.11	53.9
第三产业	43 169.44	23 032.39	53.4
＃工业	34 013.58	18 698.26	55.0
固定资产投资额(亿元)	53 000.21	24 781.38	46.8
＃房地产开发投资	9 629.11	4 755.84	49.4
社会消费品零售总额(亿元)	31 737.41	15 998.12	50.4
进出口总额(亿美元)	5 911.39	2 431.19	41.1
＃出口	3 632.98	1 502.06	41.3
实际使用外资(亿美元)	251.35	135.23	53.8
一般公共预算收入(亿元)	8 171.53	3 834.42	46.9
一般公共财算支出(亿元)	10 621.39	4 298.38	40.5
金融机构存款余额(亿元)	129 942.89	72 585.38	55.9
＃住户存款	46 088.01	23 528.51	51.1
金融机构贷款余额(亿元)	102 113.27	56 296.09	55.1

数据来源:《江苏统计年鉴2018》

(三)经济增长速度有高有低

得益于良好的政策环境、自身增长动力的增强,沿江开发区域的经济增长速度持续保持高速.2013—2017年,GDP、人均GDP、第二产业、第三产业的年均增长率分别为10.99％、10.08％、7.75％和15.05％.其中,GDP增速低于全省平均水平0.31个百分点,第二产业增速低于全省平均水平0.49个百分点,第三产业增速低于全省平均水平0.80个百分点,人均GDP增速落后全省平均水平0.84个百分点.这反映出江苏近几年经济呈现出"南温北快"的特点,经济基础最为薄弱的苏北地区在国民经济生产总值及人均GDP、第三产值上都表现出更高的增长率.2017年苏北五市

GDP相比2013年增长了49.49%,分别比江苏省和全国高出4.29个、4.09个百分点,经济发展势头迅猛。

表3　沿江开发区域与全省相关经济指标年均增长率(2013—2017年,%)

	GDP增速	人均GDP增速	第二产业增速	第三产业增速
全　省	11.30	10.92	8.22	15.85
沿江开发区域	10.99	10.08	7.75	15.05
南京市区	11.56	10.99	7.28	15.15
江阴市	7.23	6.86	6.25	9.07
常州市区	18.08	11.76	13.69	23.06
常熟市	3.79	3.65	2.80	5.05
张家港市	5.37	5.13	3.63	7.77
太仓市	5.96	5.65	4.48	8.32
南通市区	12.49	12.11	7.36	19.42
启东市	12.62	12.85	10.63	17.86
如皋市	14.04	14.36	10.85	20.54
海门市	13.38	13.24	9.54	20.88
扬州市区	12.21	11.96	8.58	17.30
仪征市	13.29	12.99	10.47	18.94
镇江市区	12.14	11.77	9.03	16.02
丹阳市	8.33	8.06	6.96	37.22
扬中市	8.93	8.70	7.64	11.07
句容市	9.42	9.20	6.64	13.86
泰州市区	13.63	13.32	9.69	19.88
靖江市	9.44	9.37	5.46	14.97
泰兴市	14.51	14.42	9.94	22.11

数据来源:各年《江苏统计年鉴》
注:按当年价格计算

从城市来看,2013—2017年间,常州市区、如皋市、泰州市区三市的GDP年均增长率在沿江开发区域所有城市中最高,而常熟市最低,年增长率没有超过5%。苏中地区过去一直落后于苏南沿江,但随着沿江高速公路、苏北铁路以及润扬大桥的相继建成通车,苏中地区的交通条件明显改善,区位优势和成本优势日益显现,在经济增长速度上已逐步开始表现出与苏南地区的趋同性。人均GDP增速排在最前的三座城市依次是泰兴市、如皋市和泰州市区,排在末尾的城市则是常熟市、张家港市和太仓市。随着中心城市的经济结构转型,工业在城市中的地位开始逐步被服务业取代,制造业将向周边地区转移,因此从表3可以看出,沿江开发区域中的中心城市,江阴市、常熟市、张家港市、太仓市和南通市区的第二产业年均增速都要低于平均水平,相反,泰州市区、启东市、如皋市等县市的第二产业增速要普遍高于平均水平。服务业自2005年后一直是江苏经济较发达地区发展的一个重点,因此2013—2017年第三产业的年均增长率高于第二产业和GDP的增速,其中沿江开发区域为15.05%,接近于全省平均水平。在所有沿江开发区域的城市中,丹阳市的第三产业年均增长率位列前茅,超过了 30%,增速最慢的城市是常熟市,仅有 5.05%。

表 4　沿江开发区域与全省主要经济指标年增长率比较(2013—2017 年,%)

	2013 年	2014 年	2015 年	2016 年	2017 年
GDP					
沿江开发区域	14.28	13.44	8.81	8.43	12.41
全省	9.60	9.15	7.72	8.51	12.90
第二产业					
沿江开发区域	11.77	10.02	5.61	5.91	11.47
全省	10.00	9.06	3.86	5.65	14.18
第三产业					
沿江开发区域	16.70	16.12	12.06	11.08	13.81
全省	9.80	8.78	11.39	11.93	13.15

数据来源:各年《江苏统计年鉴》
注:按当年价格计算

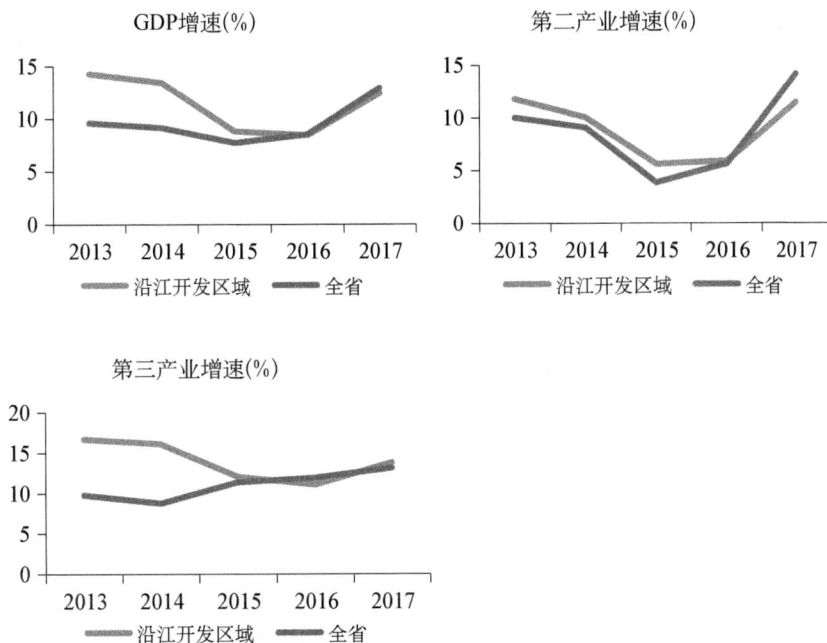

图 2　沿江开发区域 GDP、第二产业、第三产业增速与全省的比较(2013—2017 年)

数据来源:各年《江苏统计年鉴》
注:按当年价格计算

图 2 是沿江开发区域的 GDP、第二产业和第三产业生产总值 2013—2017 年间的年增长率与全省的比较。可以看出,2013—2014 年间沿江开发区域表现出较为明显的领先优势。2013—2015 年间沿江开发区域的 GDP 增速均超过全省水平,近两年 GDP 增速接近于全省水平。沿江开发区域的第二产业增速仅在 2017 年低于全省平均水平,2013—2016 年间均高于全省水平,是江苏工业经济在遭遇全球经济危机后的较重要的支撑地区。沿江开发区域的第三产业增速仅在 2016 年低于全省水平。沿江开发区域在 GDP、第二和第三产业增速上表现出一定的优势,这主要由于近些

年在推进江苏区域均衡发展的过程中,苏北五市的经济发展显示了强劲的增长势头,加上苏南地区产业升级与转型来到了"瓶颈"时期,发展后劲略显不足。

（四）县（市）经济较为发达

沿江地区的县（市）包括苏州的常熟市、张家港市和太仓市,无锡的江阴市,南通的启东市、如皋市和海门市,镇江的丹阳市、扬中市、句容市,泰州的靖江市和泰兴市,扬州的仪征市。从表5可以看出,GDP、工业增加值、人均GDP、人均地方一般预算收入、规模以上工业企业利税总额、出口总额、外商直接投资总额、农村居民人均纯收入、城镇居民人均可支配收入等经济指标在全省44个县（市）的排名中都十分靠前。尤其是江阴市、常熟市和太仓市大部分指标都能进入前10名。在沿江开发区域十三个县市中,江阴的农村居民人均纯收入在全省44个县（市）中排名首位。

表5 区域内县（市）经济主要指标在全省中的排名（2017年）

名称	GDP	人均GDP	公共财政预算收入	规模以上工业企业利税总额	出口总额	实际使用外资	农村居民人均纯收入	城镇居民人均可支配收入
江 阴 市	2	2	2	2	4	3	1	3
常 熟 市	4	6	4	6	2	2	3	4
张家港市	3	3	3	1	3	5	4	1
太 仓 市	6	4	5	10	5	4	5	5
启 东 市	10	13	9	11	11	8	11	13
如 皋 市	9	19	8	12	8	11	22	16
海 门 市	8	8	7	5	6	10	10	10
仪 征 市	22	12	20	15	32	28	17	18
丹 阳 市	7	9	12	16	9	7	9	9
扬 中 市	26	5	26	24	21	19	6	7
句 容 市	27	17	22	28	26	9	14	11
靖 江 市	12	7	13	13	10	14	13	12
泰 兴 市	11	15	10	4	12	6	16	17

数据来源:《江苏统计年鉴2018》

南通地区的三个沿江县（市）经济发展也较好,在全省中的排名中游靠前,并且相比较于其他的沿海地区（海安县、如东县）要稍好。丹阳市虽然总量指标并不突出,但人均指标都在全省前10名,是沿江地区经济发展不错的县（市）。相比较而言,仪征市、句容市和扬中市在整个沿江地区的县（市）中经济较靠后,但在大部分指标在全省的排名中也都在30位以内。

三、沿江地区产业经济发展现状

（一）产业结构不断优化

沿江开发区域的产业结构层次经过多年的调整,正逐步向高度化方向转换。以高新技术为主导、现代制造业为主体、大企业为支柱、现代物流业相配套的沿江工业走廊已初步形成。沿江八市三次产业结构比例由 2013 年的 3.4∶50.7∶45.9 调整为 2017 年的 2.7∶45.9∶51.4;沿江开发区域三次产业比例由 2013 年的 3.4∶52.7∶45.9 调整为 2017 年的 2.6∶46.3∶51.1,呈现出第一、第二产业比重下降,第三产业比重上升的格局。2013—2017 年间,沿江开发区域的第三产业比重一直呈现不断上升的态势,与此对应的是第二产业的比重在不断下降,其中工业产值的份额从 2013 年的 45.8% 下降到 2017 年的 41.5%(如图 3 所示)。与全省 4.7∶45.0∶50.3、长三角地区 5.6∶45.6∶57.2 和全国 7.9∶40.5∶51.6 的三次产业构成比例相比较,可以看出,沿江八市及沿江开发区域的农业比重较低,第二产业比重较高,第三产业比重不够高,工业是带动这一地区经济增长的主要动力。这一结构特征与该地区大力推进工业结构的高加工度化和资本技术密集型工业的发展密切相关,是经济发展特定阶段的必然结果。

表 6 沿江地区三次产业结构变化(2013—2017 年)

	2013 年	2014 年	2015 年	2016 年	2017 年
沿江八市					
第一产业	3.4	3.1	3.0	2.9	2.7
第二产业	50.7	48.5	47.3	45.9	45.9
工业	45.6	43.1	42.2	41.0	41.1
第三产业	45.9	48.4	49.6	51.2	51.4
沿江开发区域					
第一产业	3.4	2.9	3.0	2.9	2.6
第二产业	50.7	49.2	47.8	46.6	46.3
工业	45.8	43.8	42.7	41.8	41.5
第三产业	45.9	47.9	49.3	50.5	51.1

数据来源:各年《江苏统计年鉴》

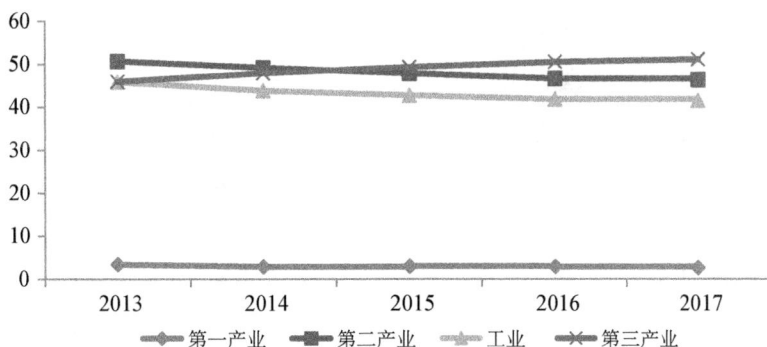

图 3 沿江开发区域三次产业占国民生产总值的比重(2013—2017 年,%)

数据来源:各年《江苏统计年鉴》

从沿江开发区域的内部城市来看,句容、启东、如皋三市的第一产业比重最高,分别为 8.5%、7.0% 和 6.4%,远高于沿江开发区域的平均水平。泰兴市的第一产业比重也较高,已超过 5%。表明这些地区的农业发展对当地的国民经济还有不小的作用,工业化进程要落后于区域中的其他城市。除了南京市区外,沿江开发区域内其他城市的第二产业比重差别不大,都集中在50%上下,其中最高的是江阴市54.5%,其次是扬中市和张家港市52.4%。江阴的工业比重在所有城市中最高,达到了52.3%,其次是扬中市50.2%。南京市区是沿江开发区域中第三产业比重最高的,达到了59.7%,这表明南京市区在产业结构的调整升级中走在了前列,全市经济正在向服务主导型的产业结构迈进。近五年来,南京市区的服务业发展速度明显加快,增加值年均增长率约15%,高于同期GDP增长水平,实现了"三二一"经济结构的战略转变。南通市区、常州市区和镇江市区的第三产业比重在50%以上,泰州市区是五个市区中最低的,只有46.2%。苏南沿江工业较发达县市的第三产业比重基本均超过45%,普遍高于沿江开发区域中的苏中县市。总的来说,在当前服务业正在逐渐成为经济结构战略性调整的主导产业和促进经济增长的支柱产业的背景下,沿江开发区域的第三产业虽然在加速发展,但与发达的制造业相比,存在"滞后"的问题。

表7 沿江开发区域三次产业产值和就业结构(2017年,%)

	三次产业占 GDP 比重			三次产业就业人数占比		
	第一产业	第二产业	第三产业	第一产业	第二产业	第三产业
沿江八市	2.7	45.9	51.4	10.7	47.7	41.6
沿江开发区域	2.6	46.3	51.1	11.3	45.1	43.6
南京市区	2.2	38.0	59.7	8.3	32.1	59.6
江 阴 市	1.2	54.4	44.4	4.7	61.3	34.0
常州市区	1.8	46.4	51.8	7.7	49.1	43.2
常 熟 市	1.8	51.1	47.0	3.6	60.9	35.5
张家港市	1.2	52.4	46.4	5.5	59.7	34.8
太 仓 市	2.9	50.6	46.5	5.5	58.1	36.4
南通市区	2.1	45.6	52.2	11.8	43.2	45.0
启 东 市	7.0	48.0	45.0	25.0	43.8	31.2
如 皋 市	6.4	48.0	45.6	24.1	46.8	29.1
海 门 市	4.9	49.6	45.5	23.1	48.4	28.5
扬州市区	3.0	47.9	49.1	15.8	44.2	40.0
仪 征 市	3.7	52.3	44.0	16.3	43.1	40.6
镇江市区	1.6	46.6	51.8	7.8	37.2	55.0
丹 阳 市	4.4	50.2	45.5	9.1	52.1	38.8
扬 中 市	2.6	52.4	45.0	6.1	52.9	41.0
句 容 市	8.5	46.8	44.7	24.2	38.8	37.0
泰州市区	3.5	50.5	46.2	14.0	40.8	45.2
靖 江 市	2.6	48.6	48.9	16.8	50.1	33.1
泰 兴 市	5.9	46.8	47.3	25.0	41.0	34.0

数据来源:《江苏统计年鉴2018》

从三次产业就业人数占比的情况来看,第二产业依旧是沿江开发区域吸纳就业的最主要产业。在五个市区和十三个县市中,只有南京市区和镇江市区的第三产业就业人数占比超过50％且高于第二产业。江阴市和常熟市两市的第二产业就业人数占比在60％以上,是沿江开发区域所有城市中最高的。

（二）工业产值规模不断扩大,企业效益稳步攀升

2017年,沿江开发区域规模以上工业企业实现利润总额5 010.39亿元,是2013年的1.20倍,单位产值利润率从6.32％上升到6.96％(如图4所示)。

表8　沿江开发区域工业经济主要指标情况(2013—2017年,亿元)

	2013年	2014年	2015年	2016年	
工业总产值	66 247.79	70 920.39	73 281.81	76 616.63	
制造业	64 835.94	69 358.96	71 862.66	75 153.06	
主营业务收入	65 778.31	70 144.41	71 953.10	76 241.33	72 004.40
利润总额	4 158.85	4 437.23	4 702.63	5 210.00	5 010.39

数据来源:各年《江苏统计年鉴》

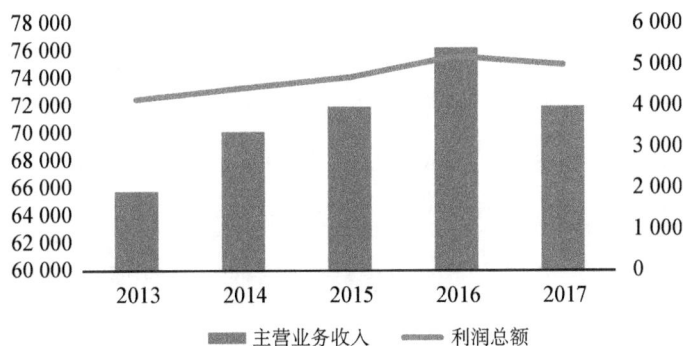

图4　沿江开发区域工业主营业务收入及利润总额(2013—2017年)

数据来源:各年《江苏统计年鉴》

2013年沿江开发区域规模以上工业企业总产值占全省的比重为48.1％,到2017年上升到55％,显示出沿江地区的工业对江苏的支撑作用在不断加强。目前沿江地区已经按照产业集群、资源集约、生态优先、和谐发展的原则,产业空间划分为10个产业集中区,包括南京浦口产业集中区、宁南沿江产业集中区、宁扬化工产业集中区、南京栖霞—丹徒产业集中区、镇江产业集中区、扬镇沿江产业集中区、常澄滨江新城产业集中区、高港—泰兴产业集中区、澄靖—皋张产业集中区、通常太产业集中区,重点发展化工、冶金、机械装备等沿江基础产业。沿江地区已经成为江苏开发开放和转型升级的主阵地,汽车、船舶、机械装备、石油化工四大产业85％以上的规模企业在沿江地区集聚,战略性新兴产业80％以上的规模企业在沿江地区落地生根。

表 9　沿江开发区域各城市工业经济发展情况(2013—2016 年)

	2013 年			2016 年			工业总产值年均增速（%）
	工业总产值（亿元）	占全省的比重（%）	单位产值利润率（%）	工业总产值（亿元）	占全省的比重（%）	单位产值利润率（%）	
沿江区域	66 247.79	49.20	5.18	76 616.63	48.60	6.80	7.41
南京市区	12 563.09	9.33	1.33	12 945.02	8.21	7.41	6.66
江阴市	6 140.78	4.56	0.39	5 376.01	3.41	6.28	−2.23
常州市区	7 724.21	5.74	0.47	10 733.40	6.81	6.02	11.15
常熟市	3 582.25	2.66	0.19	3 684.89	2.34	6.40	2.30
张家港市	4 922.05	3.66	0.16	4 571.66	2.90	3.87	−0.58
太仓市	1 994.70	1.48	0.12	2 027.67	1.29	7.63	2.68
南通市区	3 826.80	2.84	0.31	4 771.88	3.03	6.97	8.50
启东市	1 356.46	1.01	0.13	1 829.18	1.16	7.14	12.18
如皋市	1 412.27	1.05	0.08	1 985.12	1.26	6.49	9.96
海门市	1 629.51	1.21	0.20	2 053.24	1.30	10.74	9.60
扬州市区	5 425.97	4.03	0.49	5 918.50	3.75	5.65	5.69
仪征市	1 257.42	0.93	0.12	1 616.84	1.03	8.48	11.53
镇江市区	2 761.84	2.05	0.22	3 421.62	2.17	7.51	9.45
丹阳市	2 263.70	1.68	0.13	2 529.31	1.60	6.31	7.14
扬中市	1 056.61	0.78	0.09	1 372.66	0.87	6.86	11.98
句容市	1 096.64	0.81	0.08	1 399.25	0.89	5.11	12.01
泰州市区	3 617.52	2.69	0.33	5 489.57	3.48	7.41	27.06
靖江市	1 933.65	1.44	0.17	1 888.79	1.20	7.83	2.46
泰兴市	1 682.32	1.25	0.19	3 002.02	1.90	9.26	20.44

数据来源:各年《江苏统计年鉴》

（三）高新技术产业带动制造业结构升级

传统的观点认为工业结构的发展路径遵循着劳动密集型—资本密集型—技术密集型。高新技术产业的带动效应大,可以促进传统产业的整体进步,催生新兴产业,使主导产业、关联产业和基础产业之间形成体系。沿江八市和沿江开发区域抢抓国际制造业向长三角地区转移的机遇,着力于建设国际制造业生产基地,冶金、化工、电力、造纸、机械和运输仓储物流等沿江产业加速增长,基础产业带和高新技术产业群的集聚效应显现,集中了电子信息、生物与医药、光机电一体化、新材料等一批高水平的高新技术产业群,带动了沿江制造业产业层次的显著提升。

表 10　沿江八市 2017 年高新技术产业发展情况

	高新技术产业产值（亿元）	2013—2017 年均增长率（％）
南京	5 606.94	1.65
无锡	6 716.35	2.49
常州	5 902.00	10.66
苏州	15 158.14	3.75
南通	7 564.33	15.63
扬州	4 219.11	5.87
镇江	3 977.66	5.03
泰州	5 386.95	15.74

数据来源：各年江苏省高新技术产业主要数据统计公报

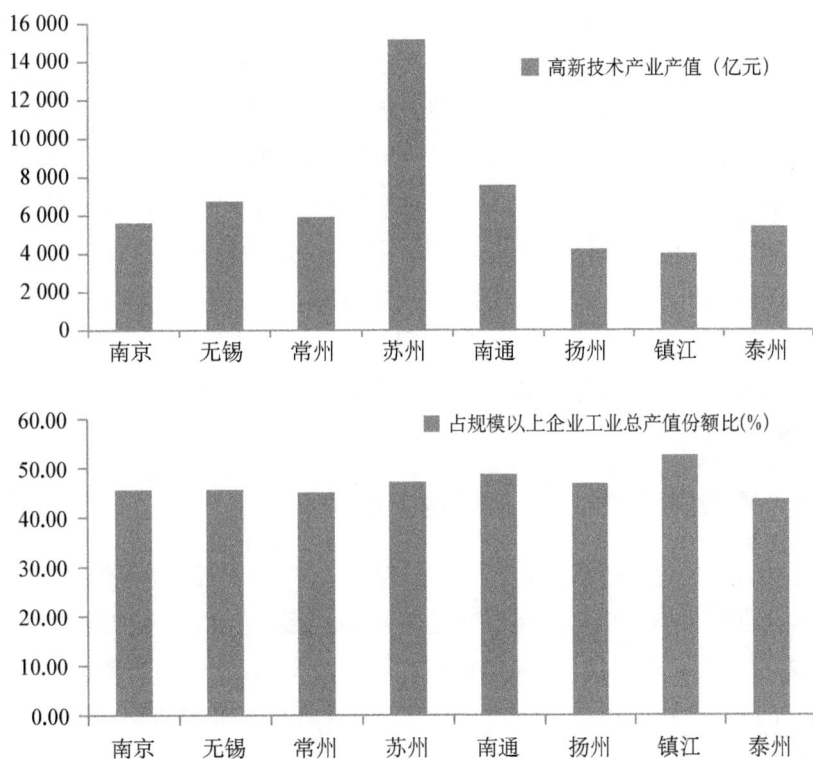

图 5　沿江八市高新技术产业发展情况（2017 年）

数据来源：各年江苏省高新技术产业主要数据统计公报

图 5 显示出沿江八市高新技术产业近年来的总体规模情况，从中可以看出高新技术产业产值的增加速度是相当快的，年均增长率达到了 7.6％，大大超过了同期工业产值的增长。同时，高新技术产业占规模以上工业总产值的比重也在逐步攀升。沿江八市是江苏重要的高新技术产业带，其 2017 年的高新技术产业产值占到全省的 80.35％。

2017 年，沿江八市中苏州市的高新技术产业产值遥遥领先于其他城市，也是唯一产值突破 10 000 亿元并逼近 15 000 亿的城市。2012 年以来，苏州市充分发挥开放型经济的优势，积极承接国际高技术产业的转移,形成了以产业集群为特征,以产业功能区为增长极,沿"两轴三带"展开的高新技术产业发展新格局,高新技术产业产值实现年均增长率5.09%,电子信息产业、装备制造产业、新材料产业、生物技术与新医药产业和新能源产业是苏州高新技术产业的五大主导产业。其中电子信息产业是苏州第一大支柱产业,占苏州高新技术产业总产值近70%,目前已经形成了软件、集成电路和新型电子元器件、计算机及外部设备、网络及通讯类产品、数字化视听电子产品等五大门类近百个产品集群的规模化生产能力。南通、无锡和常州排在第二方阵,三市2017年高新技术产业共实现产值7 564.33亿元、6 716.35亿元和5 902.00亿元,四年来的年均增长率分别为15.63%、2.49%和10.66%。排在第三方阵的是南京、泰州、扬州和镇江,均在3 500亿以上,第三方阵的城市年均增长率都普遍较低,除了泰州达到了15.74%的年均增长,其他城市都低于6%。

四、沿江地区开放型经济发展现状

沿江开发区域是江苏经济发展的重心区,包括苏南地区的南京、苏州、无锡、常州、镇江五市和苏中地区的南通、扬州、泰州三市,是长江三角洲城市群的重要组成部分,也是江苏经济发展的先发区域和主要支撑。2017年沿江开放区域城市进一步整合各种发展要素,创造新的沿江发展优势,主动与上海相呼应,积极融入到长三角地区一体化发展的大战略中,经济开放度水平再上新台阶。2017年,沿江八市和沿江开发区域进出口总额为5 588.89亿美元和2 431.19亿美元,占全省比重为94.54%和41.1%,其中出口为3 420.40亿美元和1 502.06亿美元;实际使用外资分别为205.17亿美元和135.23亿美元,占全省比重为81.63%和53.8%。沿江地区外向型经济发展一直保持着快速增长,基本形成了全方位、多层次、宽领域的对外开放格局,为地区经济的稳定发展和综合实力的提高做出了贡献。

(一)对外贸易规模持续扩大,但增速不断放缓

2013—2017年,沿江开发区域的对外贸易总额从2 188.33亿美元,提高到2 431.19亿美元,总体呈现上升趋势。其中,出口总额从1 282.71亿美元,提高到1 502.06亿美元,呈上升趋势。沿江八市的进出口总额从5 244.02亿美元,提高到5 588.89亿美元,呈现上升趋势。其中,出口总额从3 108.35亿美元,下降到3 420.40亿美元。2017年,沿江开发区域的进出口总额和出口额占全省的比重达到41.12%和41.35%。沿江八市的进出口总额和出口额占长三角地区的38.67%和40.53%。可见,沿江开发区域和沿江八市在江苏及长三角地区都具有举足轻重的贸易地位。从年增长率来看,2013—2017年中,无论是沿江开发区域还是沿江八市的对外贸易总额和出口额的增速都呈现出总体上升的趋势,但2013年、2015年和2016年有些指标的增速反而为负。沿江八市对国外市场的依赖也使得沿江八市在2009年全球金融危机后出现负增长,虽然2010年强劲反弹,但2015年、2016年国际经济形势不容乐观,出口增速再次出现负增长,对该地区的宏观经济冲击不小。但2017年沿江开发区域及沿江八市的出口增速分别达到12.18%、13.56%。

表 11　沿江区域及沿江八市外向型经济发展情况（2013—2017 年）

沿江开放区域	2013 年	2014 年	2015 年	2016 年	2017 年
外贸进出口总额（亿美元）	2 188.33	2 279.46	2 204.92	2 100.39	2 431.19
出口（亿美元）	1 282.71	1 365.29	1 394.22	1 338.94	1 502.06
FDI（亿美元）	178.76	142.28	135.04	139.06	135.23
出口增速（%）	−0.12	6.48	2.12	−3.96	12.18
沿江八市	2013 年	2014 年	2015 年	2016 年	2017 年
外贸进出口总额（亿美元）	5 244.02	5 343.66	5 173.08	4 825.44	5 588.89
出口（亿美元）	3 108.35	3 223.42	3 202.37	3 012.01	3 420.40
FDI（亿美元）	282.65	226.51	197.92	216.82	205.17
出口增速（%）	0.43	3.70	−0.65	−5.94	13.56

数据来源：各年《江苏统计年鉴》

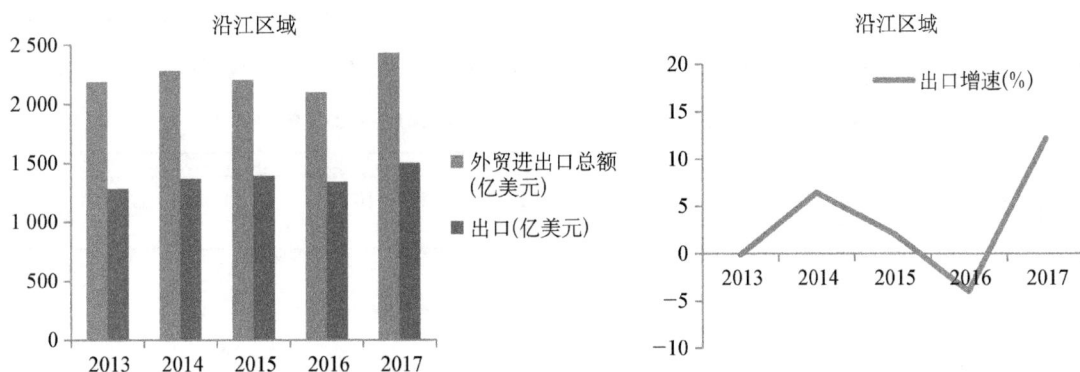

图 6　沿江开发区域进出口总额及出口额规模与增速（2013 —2017 年）

数据来源：各年《江苏统计年鉴》

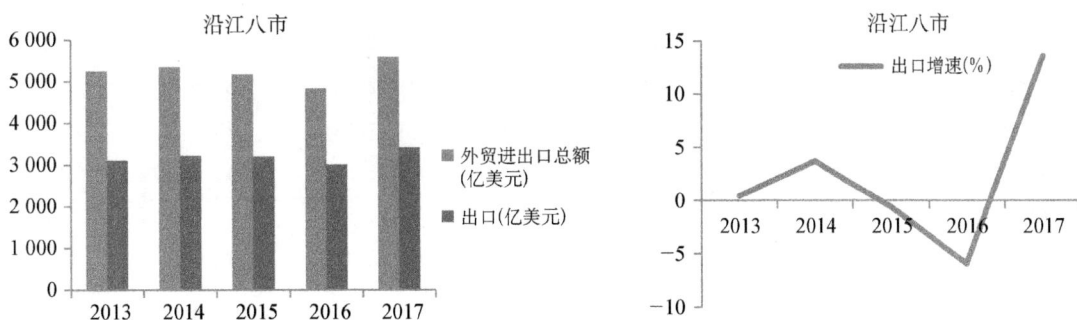

图 7　沿江八市进出口总额及出口额规模与增速（2013 —2017 年）

数据来源：各年《江苏统计年鉴》

（二）外贸依存度低于全省平均水平

长期以来，理论界一直把外贸依存度作为衡量一国（地区）经济开放度的重要指标。外贸依存度是一国(区)对外贸易总额与国内生产总值的比值,用于衡量一国(地区)经济对国际市场的依赖程度。根据对有关统计资料进行整理,2013—2017年沿江开发区域平均对外贸易依存度水平为37.58%,比江苏平均水平低近4.92个百分点。沿江八市因为包括了苏州和无锡的所有地区,外贸依存度提高到59.57%,高于省内平均水平,这说明沿江八市的经济开放程度处于领先地位,但存在明显的地区不平衡,苏中地区的外向型经济要远落后于苏南地区,因此沿江开发区域的对外贸易依存度在全省平均水平之下。

从沿江开发区域的单个城市来看,各地区的外贸依存度差异明显,较高的城市都集中在苏南地区。2013—2017年,张家港的外贸依存度高达85.56%,是所有沿江开发区域中最高的城市,其次是太仓和常熟,分别为72.57%和64.25%。苏南沿江地区抢抓了率先发展乡镇企业、浦东开发开放和国际产业转移三次重大战略机遇,不仅在20世纪80年代创造了闻名遐迩的"苏南模式",而且在改革与建设进程中创新出工业化、城市化、信息化、国际化互动并进的"新苏南发展模式",经济开放度也走在江苏的前列。依存度最低的城市是句容和扬中,都不超过10%。但我们也看出,沿江地区的区位优势及相应的优惠政策,也促进了镇江及苏中三市的出口贸易的发展,这些地区的外贸依存度都表现出不同程度的增长,但增长的幅度还是要普遍低于苏南沿江地区的。

表12　沿江开发区域各城市贸易依存度(2013—2017年,%)

地区＼年份	2013年	2014年	2015年	2016年	2017年	2013—2017年年均
长三角地区	69.50	77.70	60.59	53.13	53.13	67.24
全省	18.64	59.38	48.47	41.72	44.27	42.50
沿江八市	68.11	63.50	57.39	52.97	55.90	59.57
沿江开发区域	43.31	41.20	36.64	30.16	36.60	37.58
南京市区	43.10	39.90	33.66	31.57	35.40	36.73
江阴市	45.77	49.70	43.31	42.54	40.80	44.42
常州市区	49.07	43.10	36.86	35.64	35.50	40.03
常熟市	58.25	61.70	66.56	62.06	72.70	64.25
张家港市	93.01	92.50	80.63	78.06	83.60	85.56
太仓市	78.84	79.50	71.07	62.62	70.80	72.57
南通市区	53.20	51.50	51.93	45.91	43.50	49.21
启东市	30.42	25.50	23.46	22.54	17.20	23.82
如皋市	29.73	26.50	23.08	18.43	20.70	23.69
海门市	15.70	14.90	15.13	25.65	30.40	20.36
扬州市区	21.03	19.70	18.39	15.81	18.30	18.65
仪征市	15.04	13.50	5.60	12.71	4.40	10.25
镇江市区	30.79	27.30	24.09	25.46	23.50	26.23
丹阳市	17.28	16.90	16.09	14.77	15.20	16.05
扬中市	7.20	7.70	7.26	7.49	8.80	7.69
句容市	9.87	8.10	6.93	7.93	7.50	8.07

续表

年份 地区	2013 年	2014 年	2015 年	2016 年	2017 年	2013—2017 年均
长三角地区	69.50	77.70	60.59	53.13	53.13	67.24
泰州市区	22.53	21.40	17.12	17.56	18.80	19.48
靖江市	25.20	25.20	24.54	22.24	21.70	23.78
泰兴市	25.24	24.30	20.18	20.42	26.80	23.39

数据来源：各年《江苏统计年鉴》

（三）外商直接投资稳步上升

2017 年沿江开发区域的实际使用外资额为 135.23 亿美元，占全省的 53.8％，沿江八市的实际使用外资额为 205.17 亿美元，占长三角地区的 34.17％。外资存量的增加促使外资经济成份在国民经济中所占的比重快速上升。

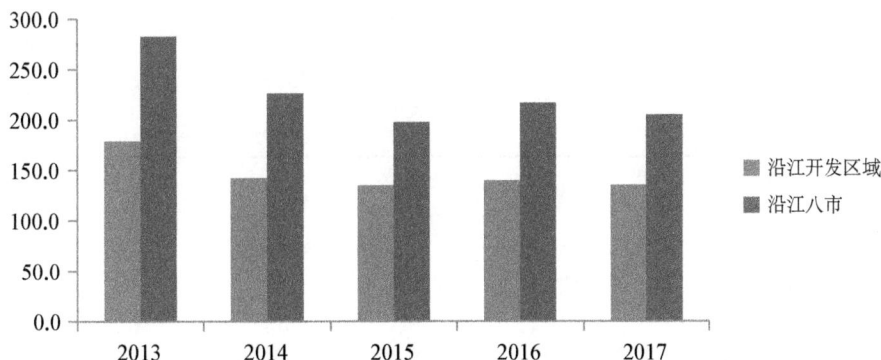

图 8　沿江开发区域和沿江八市 FDI 情况（2013—2017 年、亿美元）

数据来源：各年《江苏统计年鉴》

从表 13 可以看出，沿江开发区域各城市的实际使用外资表现出了极大的差异，2017 年南京市区实际使用外资 36.73 亿美元，占苏南地区的 23.87％，全省的 14.44％，是所有沿江开发区域中实际使用外资最高的城市。其次是常州市区 19.66 亿美元、泰州市区 10.17 亿美元。而实际使用外资额最低的城市是仪征市，没有超过 1 亿美元，还不到南京市区的 5％。沿江开发区域中苏中城市实际外商直接投资最多的是泰州市区，其次是南通和扬州市区。总的来说，沿江开发区域中市区城市比县市城市吸引了更多的 FDI。外向型经济较为发达的常熟、江阴和太仓等市 2017 年的 FDI 都在 4 亿美元以上，在江苏所有县市中排在第二、三和四位。但与昆山市的 7.14 亿美元，还是差距较大的。

表 13　沿江开发区域各城市的实际使用外资及在所在区域中比重的情况（2017 年）

	实际使用外资（亿美元）	占苏南/中地区的比重（％）	占全省的比重（％）
南京市区	36.73	23.87	14.44
江阴市	4.72	3.07	1.86
常州市区	19.66	12.77	7.73

续表

	实际使用外资（亿美元）	占苏南/中地区的比重（%）	占全省的比重（%）
常 熟 市	6.09	3.96	2.39
张家港市	3.93	2.55	1.54
太 仓 市	4.29	2.79	1.69
南通市区	10.08	19.85	3.96
启 东 市	3.40	6.70	1.34
如 皋 市	2.86	5.63	1.12
海 门 市	2.93	5.77	1.15
扬州市区	9.99	19.68	3.93
仪 征 市	0.80	1.58	0.31
镇江市区	5.30	3.44	2.08
丹 阳 市	3.44	2.24	1.35
扬 中 市	1.66	1.08	0.65
句 容 市	3.13	2.03	1.23
泰州市区	10.17	20.03	4.00
靖 江 市	2.44	4.81	0.96
泰 兴 市	3.60	7.09	1.41

数据来源：《江苏统计年鉴 2018》

五、沿江地区人民生活发展现状

（一）人均收入持续上升，但增速低于同期 GDP 水平

江苏沿江区域的国民经济和社会事业在近十年里得到了迅速发展，城乡人民生活水平不断提高，人均收入持续上升。从收入绝对额来看，2017 年沿江八市城镇常住居民人均可支配收入超过 50 000 元的是苏州（58 806 元）、南京（54 538 元）和无锡（52 659 元），超过 40 000 元的有常州（49 955 元）、镇江（45 386 元）、南通（42 756 元）和泰州（40 059），属于第一层次；苏中三市中南通城镇居民人均可支配收入最高，为 42 756 元，其次是泰州（40 059 元），扬州最低（38 828 元），但也都超过了 35 000 元。按 2000 年不变价格来看，2013—2017 年沿江八市的城镇居民人均可支配收入变化趋势如图 9 所示，在位次排序上有一处变化：南京在 2013 年之前一直落后于无锡，2014 年开始反超。沿江八市的城镇居民人均可支配收入自 2004 年以后每年都保持正增长，只有扬州 2008 年出现过一次负增长，但增速却有所放缓。2005 年和 2006 年两年，沿江八市城镇居民人均可支配收入全部有两位数增长，平均增速达到了 13.9% 和 12.6%，但 2011 年和 2012 年两年，只有扬州、苏州和泰州的增速超过 10%。2013—2017 年的城镇居民人均可支配收入年均增长率最高的城市是南京，达到 10.39%，是唯一超过 10% 的城市。增速最慢的城市是无锡，只有 8.76%。这一增速要低于同期 GDP 增速、人均 GDP 增速。

表 14　沿江八市城镇常住居民人均可支配收入（2013—2017 年）

地区	2013 年	2014 年	2015 年	2016 年	2017 年
南京	38 531	42 568	46 104	49 997	54 538
无锡	38 999	41 731	45 129	48 628	52 659
常州	36 611	39 483	42 710	46 058	49 955
苏州	42 748	46 677	50 390	54 341	58 806
镇江	32 977	35 752	38 666	41 794	45 386
南通	31 059	33 374	36 291	39 247	42 756
扬州	28 145	30 322	32 946	35 659	38 828
泰州	29 112	31 346	34 092	36 828	40 059

数据来源：各年《江苏统计年鉴》

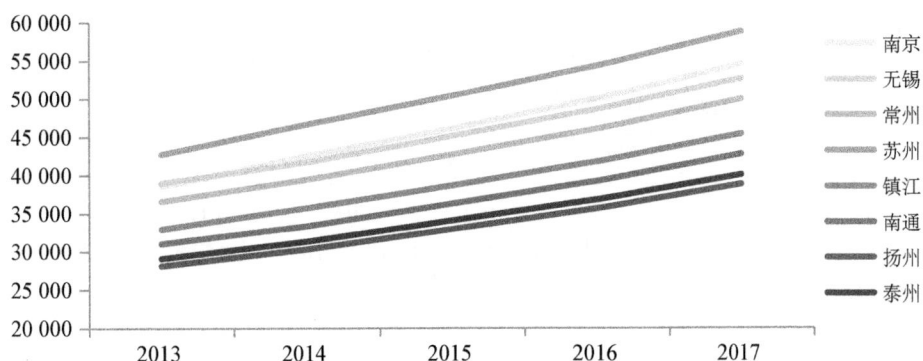

图 9　沿江八市城镇常住居民人均可支配收入（2013—2017 年）

数据来源：各年《江苏统计年鉴》

注：按 2000 年不变价格计算

农村居民人均纯收入也同样表现出不断增长的态势。从绝对数额来看，2017 年沿江八市中苏州、无锡的农村居民人均纯收入最高，分别达到了 29 977 元和 28 358 元，其次是常州 25 835 元、南京 23 133 元、镇江 22 724 元，泰州、扬州、南通排在倒数三位，均没有超过 21 000 元。可见，沿江八市中苏南和苏中在人均收入中表现出了极大的差距，并且这种差距随着时间的变化有不断扩大的趋势，2013 年农村居民人均收入最低的泰州是排在最高的苏州的 64.80%，2017 年增大到了 65.03%。2013—2017 年间，沿江八市农村居民人均收入的排位并没有发生任何变化，并且这八市的年均增长率都比较接近，增速最快的是南京 9.98%、最慢的是无锡 9.43%，苏中三市平均年增长率接近于苏南五市。农村居民人均收入的年均增速低于同期水平的城镇居民人均可支配收入，这反映出沿江八市城乡居民的收入差距在进一步扩大。

表 15　沿江八市农村常住居民人均纯收入（2013—2017 年）

地区	2013 年	2014 年	2015 年	2016 年	2017 年
南京	16 531	17 661	19 483	21 156	23 133
无锡	20 587	22 266	24 155	26 158	28 358
常州	18 643	20 133	21 912	23 780	25 835

续表

地区	2013 年	2014 年	2015 年	2016 年	2017 年
苏州	21 578	23 560	25 580	27 691	29 977
镇江	16 258	17 617	19 214	20 922	22 724
南通	14 754	15 821	17 267	18 741	20 472
扬州	14 214	15 284	16 619	18 057	19 694
泰州	13 982	15 076	16 410	17 861	19 494

数据来源:各年《江苏统计年鉴》

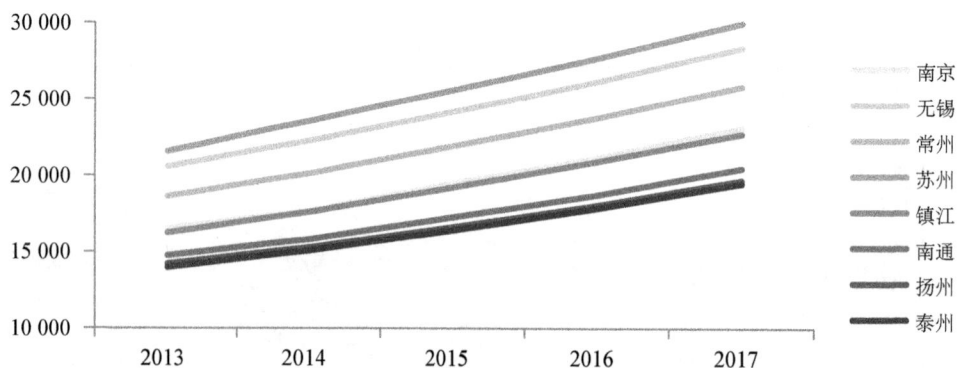

图 10　沿江八市农村常住居民人均纯收入(**2013—2017 年**)

数据来源:各年《江苏统计年鉴》

注:按 2000 年不变价格计算

(二)恩格尔系数不断下降

恩格尔系数指食品支出金额在居民生活消费总支出金额中所占的比例。一般说来,恩格尔系数的降低意味着居民的消费支出中用于购买食品的比重减少了,由此可表明社会整体的生活水准得到了提高。沿江八市城镇居民恩格尔系数的平均值从 2013 年的 34.74% 下降到 2017 年的

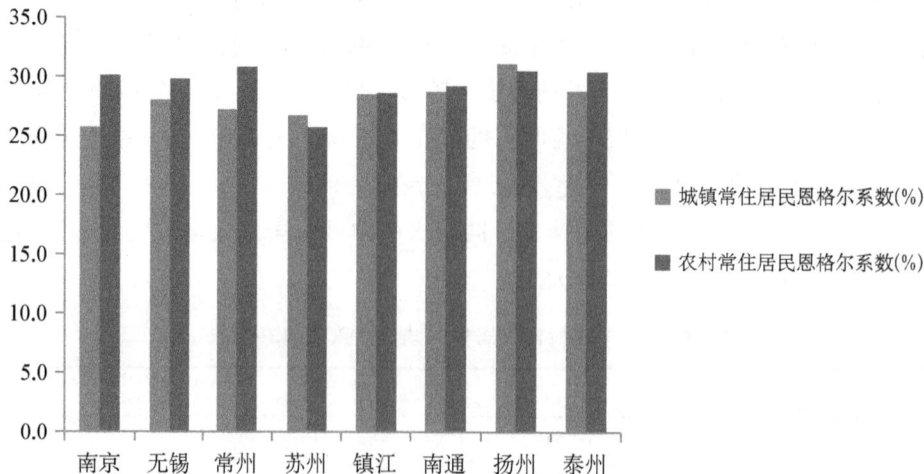

图 11　沿江八市城镇居民与农村居民恩格尔系数(**2017 年**)

数据来源:2018 年《江苏统计年鉴》

28.1%,高于全省的平均水平27.5%。农村居民恩格尔系数的平均值从2013年的35.01%下降到2017年的29.4%,高于全省平均水平28.9%。根据联合国的标准,恩格尔系数在59%以上为贫困,50%～59%为温饱,40%～50%为小康,低于40%为富裕。目前发达国家的恩格尔系数基本上在10%～20%左右。因此按照联合国的恩格尔系数标准来说,沿江八市的城镇居民和农村居民都处在相对富裕的水平。

细看2017年沿江开发区内部城市收入及恩格尔系数情况(如表16所示)可以发现,在城镇常住居民人均可支配收入上,常熟、张家港、江阴、太仓和南京市区处于第一层次,收入均超过54 000元,常州市区、扬中市、镇江市区和丹阳市紧随其后,收入超过45 000元,海门市、南通市区、启东市、句容市、泰州市区和靖江市处于第三层次,收入超过40 000元,其他城市处于第四层次,收入均超过35 000元。城镇居民恩格尔系数最低的是南京市区,只有25.3%,最高的是丹阳市,达到了33.1%。农村居民人均纯收入最高的依旧是江阴、常熟、张家港和太仓四市,超过30 000元;最低的城市是如皋市,只有18 463元。农村居民恩格尔系数最高的是仪征市30.9%,最低的是泰兴市21.2%,只有常熟市、张家港市、南通市区、海门市、镇江市区和泰兴市未超过全省平均水平(28.9%)。沿江开发区域中所有县市的城乡居民收入比均低于全省平均水平2.28,启东市最低1.88,南京市最高2.36。

表16　沿江开发区内各城市收入及恩格尔系数情况(2017年)

沿江开发区域	城镇居民人均可支配收入(元)	城镇居民恩格尔系数(%)	农村居民人均纯收入(元)	农村居民恩格尔系数(%)	城乡居民收入比(以农民收入为1)
南京市区	54 538	25.3	23 133	29.1	2.36
江 阴 市	59 165	29.0	30 532	29.8	1.94
常州市区	49 955	26.8	25 835	30.3	1.93
常 熟 市	59 015	27.5	30 288	26.9	1.95
张家港市	59 200	28.5	30 188	28.2	1.96
太 仓 市	58 458	29.6	30 026	30.4	1.95
南通市区	42 756	28.1	20 472	28.7	2.09
启 东 市	40 759	29.8	21 691	30.2	1.88
如 皋 市	39 918	28.5	18 463	30.3	2.16
海 门 市	44 138	28.1	22 515	28.8	1.96
扬州市区	38 828	30.8	19 694	30.1	1.97
仪 征 市	39 686	31.7	19 033	30.9	2.09
镇江市区	45 386	28.3	22 724	28.2	2.00
丹 阳 市	45 151	33.1	23 603	30.6	1.91
扬 中 市	49 764	29.6	25 895	29.5	1.92
句 容 市	44 015	29.9	20 527	30.4	2.14
泰州市区	40 059	28.1	19 494	30.3	2.05
靖 江 市	43 152	29.5	21 361	30.3	2.02
泰 兴 市	39 749	28.7	19 476	21.2	2.04

数据来源:各年《江苏统计年鉴》

六、扬子江城市群

　　2017年扬子江城市群八市共完成GDP约为6.74万亿元,人均GDP超过12万元。建设扬子江城市群是着眼江苏未来发展的战略之举,是落实"一带一路"和长江经济带建设两大国家战略的重要载体。扬子江城市群的建设,有利于加快沿江两岸地区发展能级整体提升,有效整合沿江苏南、苏中地区的空间资源、发展要素和创新网络的带动作用,进一步优化生产、生活和生态空间布局,促进江南、江北乃至与江苏沿海经济带融合发展,有利于加快集聚高端要素,嵌入全球高端价值链,形成高质量发展的新经济板块。

第四章　沿东陇海线区域

一、整体概况介绍

东陇海铁路沿线地区是沿东陇海线产业带的建设区域。本区包括徐州、连云港两个市区和邳州、新沂、东海三个县(市)。2017年人口991.06万,面积1.1789万平方公里,区内生产总值6 891.45亿元,人均GDP为79 164元,超过苏北平均水平,为全省平均水平的73.85%,三次产业增加值结构为7.24∶42.79∶48.41,三次产业从业人员结构为1.2∶1.57∶1.9。

沿东陇海线位于江苏省最北端,地处长江三角洲地区与环渤海地区的中间地带,交通大动脉陇海铁路和连霍高速公路横贯东西,京沪铁路和京沪高速公路纵贯南北,使本区西连广阔的中原和西部地区,北通我国政治文化中心北京,南与经济中心上海相连,东与日本、韩国隔海相望,区位优势明显,战略地位重要。该区自然环境优良,人居条件较好;土地、淡水、非金属矿产和海洋资源较为丰富,特别是非农用地资源独特,开发条件较好;教育基础扎实,文化底蕴较深,劳动力资源丰富,在矿业、机械、海洋、农业等领域拥有较强的科研力量。特别是改革开放以来,本区经济发展步伐不断加快,人民生活水平不断提高,形成了较好的农业基础,一定的工业优势和产业规模,商贸流通较为发达,交通、通信、电力、水利等基础设施条件较为完备,基本形成了支撑本区产业发展的基础设施体系。初步形成了以资源加工为主的加工工业,以工程机械、食品、化工、医药、纺织为主的支柱行业,以新医药、新材料、新能源等一批高附加值新型工业为主的产业发展体系。但囿于历史条件、基础薄弱、经济结构等多重因素,两市总体上看发展不快,经济实力仍然较弱,经济发展与先进地区的横向差距相当明显,属于全省整体经济的相对"低洼"地带,是江苏经济快速发展的主要"瓶颈"。

2005年,江苏省委、省政府在区域共同发展战略、加快苏北振兴重要举措,国家西部大开发、陇兰经济带建设战略的背景下,提出了建设沿东陇海线产业带,并规划制定了《江苏省沿东陇海线产业带建设总体规划》(2005—2010年)。该规划对沿东陇海线产业带建设的战略定位是:新兴的产业密集带、苏北地区对外开放的先导区、全省经济发展的重要增长极。目前,沿东陇海线产业带已经形成资源型加工、机械、化工、医药四大产业集群。以具有比较优势的农副产品资源和非金属矿产资源为基础,形成资源—初加工—制造的资源型加工产业链。以工程机械、重型汽车为重点,形成优质基础件—关键零部件—高水平辅机—整机组装的机械产业链。以盐化工和农用化工为重点,形成基础化工原料—化学中间体—精细化工的化工产业链。以拥有自主知识产权的医药研发和生产为重点,形成基础原料—中间体—制成品—药品包装的医药产业链。

江苏把沿东陇海线经济带建设作为发展重要战略,就是要在贯彻国家"一带一路"倡议中,发挥沿东陇海线经济带的先行先导作用,使其成为国家"一带一路"倡议总体布局的新经济增长极。

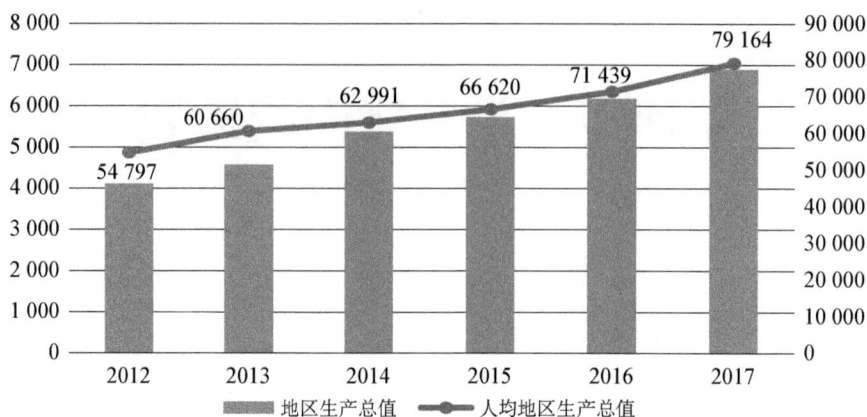

图 1　沿东陇海地区 GDP 与人均 GDP 变化情况（2012—2017 年）

数据来源:各年《江苏统计年鉴》

注:按增速计算按 2000 年不变价格

二、沿东陇海线综合经济发展现状

东陇海线经徐州自西向东依次穿越徐州市区、邳州市、新沂市、东海县和连云港市区,与沿海经济带交汇。长期以来,徐连两市经济发展相对滞后,是江苏经济快速发展的主要"瓶颈"。但徐州、连云港两市位于沿海经济带与陆桥经济带的交汇处,具有良好的区位条件和资源优势,近些年通过推进沿东陇海线产业带建设,快速振兴徐连经济,已成为全省培育的新区域经济增长极,提升了苏北发展水平,进而促进全省区域共同发展。

（一）经济总量大幅提升

2017 年沿东陇海地区实现地区生产总值 6 891.45 亿元,与 2013 年（4 576.31 亿元）相比,增长了 50.59%,人均地区生产总值则从 60 660 元提高到 79 164 元,增幅达到 30.5%。按可比价格计算,沿东陇海地区的地区生产总值和人均地区生产总值的年均增长率为 12.65% 和 7.63%。全省的平均水平为 11.3% 和 10.92%,与沿海地区的 GDP 与人均 GDP 增长率（12.45% 和 12.15%）相比,地区生产总值增长速度具有一定的优势,在全省的经济发展中比较抢眼。

自 2004 年以来,沿东陇海地区生产总值的规模就持续增大,2004 年为 1 033.78 亿元,2009 年突破 2 000 亿元大关,2017 年达到了 6 891.45 亿元。人均地区生产总值同样也保持着持续向上的趋势,2004 年是 14 110.06 元,2007 年突破 20 000 元,2010 年突破 30 000 元,2017 年达到了 79 164 元。

从沿东陇海地区的内部城市来看,2017 年实现地区国民生产总值最高的城市是徐州市市区,达到了 3 397.88 亿元,占整个沿东陇海线地区 GDP 的 49.3%,而连云港市市区只有 1 447.84 亿元的地区国民生产总值,是徐州市市区的二分之一不到。徐州市市区加上新沂市和邳州市的 GDP 占整个沿东陇海线地区的 71.97%,可见徐州地区是该经济地带最重要的组成部分,有着举足轻重的作用。连运港的东海县在 2017 年只取得了 483.82 亿元的地区生产总值,是整个沿东陇海线地区中最低的城市,而 2010 年 GDP 垫底的仍是连云港的东海县。但连云港市市区的地区生产总值增幅较高,达到了 231.02%,从 2010 年的 437.39 亿元,提高到 2017 年的 1 447.84 亿元。2017 年沿东陇海线地区人均地区生产总值最高的城市是徐州市市区,为 103 339 元,其次是新沂市 70 623 元,从增幅来看,连云港市市区人均 GDP 的增幅只有 78.97%,远低于沿东陇海线的平均水平,也是该地区所有城市中最低的,而徐州市市区的增幅却有 167.92%,可见相较于连云港的经济发展,徐州在近几年更加突出。人均地区生产总值最低的是东海县,只有 49 891 元,其次是邳州市 63 690 元,但东海县和邳州市的人均 GDP 的增幅很大,分别到达了 152.88% 和 141.07%,仅次于新沂市的 167.92%。

表 1　沿东陇海地区 GDP 与人均 GDP(2010—2017 年)

地　区	地区生产总值(亿元)			人均地区生产总值(元)		
	2010 年	2017 年	增幅(%)	2011 年	2017 年	增幅(%)
东陇海合计	3 023.58	6 891.45	127.92	40 643	79 164	94.78
徐州市市区	1 779.47	3 397.88	90.95	57 742	103 339	78.97
新沂市	241.2	644.26	167.11	26 360	70 623	167.92
邳州市	365.39	917.65	151.14	25 186	63 690	152.88
连云港市市区	437.39	1 447.84	231.02	42 683	69 127	61.95
东海县	200.14	483.82	141.74	20 696	49 891	141.07

数据来源:各年《江苏统计年鉴》

注:2010 年徐州市区的数据包括了当时的铜山县。

(二)2010 年后经济加速增长,增速超过全省平均水平

从表 2 中可以很清楚地看出,2012 年后沿东陇海地区的经济开始加速增长,连续三年经济增长率超出全省平均水平。尤其是 2013 年,当年 GDP 的增长率高达 11.4%,比全省平均水平高出近 2 个百分点,相当令人瞩目。2014 年沿东陇海地区的 GDP 增速为 17.62%,高于全省水平7.6%、沿江地区 9.07%。但到了 2015 年增速开始下滑,低于全省和沿江、沿海地区,2017 年比2016 年有增长,不过也低于全省和沿海沿江地区。我们发现与整个苏北地区的经济发展情况相比,同属于该地区的沿东陇海经济带并不突出,无论是 GDP 增速还是人均 GDP 增速都要低于苏北地区平均水平。在江苏省加大统筹力度,提出实施区域共同发展战略,加大对苏北发展的政策支持力度后,近三年来,全省呈现出“南升北快”的良好格局,在此背景下沿东陇海地区不断加速增长,逐步缩小与苏南、沿海和沿江地区的差距。

表 2　沿东陇海地区 GDP、人均 GDP 增长率与全省及其他经济带的比较(%)

GDP	2013 年	2014 年	2015 年	2016 年	2017 年	年均增长率
东陇海地区	11.40	17.62	6.43	7.87	11.52	12.65
全省平均水平	9.44	10.02	7.72	8.51	12.90	11.30
苏北地区	11.25	11.79	9.32	9.63	11.61	12.39
沿海地区	7.00	11.15	9.27	9.52	12.63	12.45
沿江地区	14.28	8.55	8.81	8.43	12.41	10.99

GDP	2013 年	2014 年	2015 年	2016 年	2017 年	年均增长率
人均 GDP	2013	2014	2015	2016	2017	年均增长率
东陇海地区	10.70	3.84	5.76	7.23	10.81	7.63
全省平均水平	9.16	9.74	7.48	8.25	12.53	10.92
苏北地区	11.07	11.35	8.94	9.25	11.14	11.82

数据来源:各年《江苏统计年鉴》
注:按 2000 年不变价格计算

(三)经济规模较小,占全省比重有所上升

沿东陇海地区的人口和土地面积占全省的比重大约在 10% 左右,然而从表 3 中可以看出,2017 年包括 GDP、规模以上工业总产值、社会消费品零售额、进出口总额、实际外资直接投资额、地方财政一半预算收支等经济指标占全省的比重都在 10% 以下,而且与沿江和沿海地区相比,差距也非常大,这说明沿东陇海地区的经济规模还较小,在全省中的地位较低。

2017 年沿东陇海地区进出口总额和出口总额分别为 142.93 亿美元和 87.91 亿美元,均只占全省的 2.54%。江苏作为长三角地区和全国的出口大省,外向型经济相当发达,然而东陇海地区的对外贸易发展相对比较落后。这主要由于连云港港口发展的滞后及徐州身处江苏腹地,对外部的交流相对较少,沿线经济外向扩张能力较弱,经济对外贸易依存度低。

表 3　沿东陇海地区主要经济指标及占全省的比重情况(2017 年)

指　　标	全　省	东陇海地区	占全省比重
地区生产总值(亿元)	85 900.94	6 891.45	8.02%
第一产业	4 076.65	507.12	12.44%
第二产业	38 654.85	2 995.51	7.75%
第三产业	43 169.44	3 388.83	7.85%
固定资产投资额(亿元)	53 000.21	5 595.19	10.56%
♯房地产开发投资	9 629.11	656.16	6.81%
社会消费品零售总额(亿元)	31 737.41	3 061.72	9.65%
进出口总额(亿美元)	5 616.93	142.93	2.54%
♯出口	3 467.15	87.91	2.54%
地方财政一般预算收入(亿元)	8 171.53	554.65	6.79%
地方财政一般预算支出(亿元)	10 621.40	875.65	8.24%
金融机构存款余额(亿元)	129 942.89	7 397.69	5.69%
金融机构贷款余额(亿元)	102 113.27	5 474.21	5.36%

数据来源:各年《江苏统计年鉴》

沿东陇海地区由于经济基础较差,与苏南、苏中地区存在着不小的差距,虽然经济总量规模在全省中的地位较低,但随着赶超脚步的不断加快和不断深入推进的省内区域均衡发展战略,沿东陇海地区主要经济指标占全省的比重有所提高(如图 2)。其中,地区国民生产总值的比重从 2013 年的 7.74% 提高到 2014 年的 8.27%,但在 2015 年的时候却有所下降,下降到 8.17%,2016 年下降

到8.12%,2017年下降到8.02%。近几年,沿东陇海地区的工业经济发展势头一直较好,因此第二产业占全省的比重呈现出上升的势头,从2013年的7.91%提高到了2016年的8.16%,2017年下降到7.75%。而第三产业的比重在2014年上升到7.86%,之后发展一直较为缓慢,略有下降,到2016年占全省的7.64%,2017年略有上升,为7.85%。

表4　沿东陇海地区主要经济指标占苏北及全省的比重情况(2013—2017年,%)

	2013年	2014年	2015年	2016年	2017年
苏北					
GDP	33.75	35.53	34.58	34.03	34.00
第二产业	36.20	37.14	35.59	34.44	33.35
第三产业	35.62	37.20	36.34	35.74	36.92
全省					
GDP	7.74	8.27	8.17	8.12	8.02
第二产业	7.91	8.35	8.27	8.16	7.75
第三产业	7.43	7.86	7.73	7.64	7.85

数据来源:各年《江苏统计年鉴》

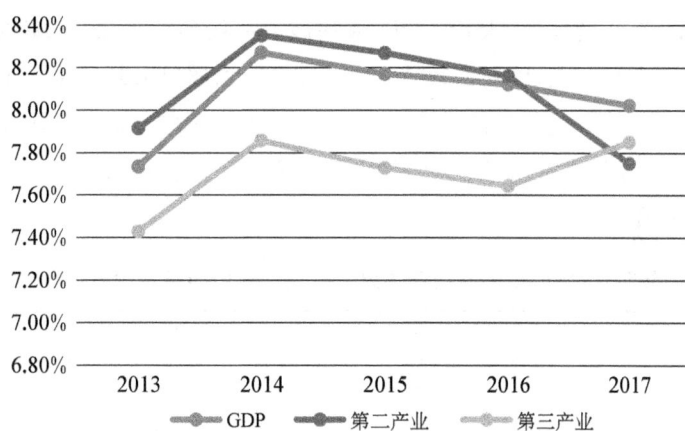

图2　沿东陇海地区主要经济指标占全省比重情况(2013—2017年)

数据来源:各年《江苏统计年鉴》

图3是沿东陇海地区主要经济指标占苏北比重的变化情况。其中,沿东陇海地区的GDP占苏北的比重从2013年的33.75%首先持续上升到2014年的35.53%,从2015年开始逐年下降,2017年下降到34%。第三产业首先从2013年的35.62%上升到2014年的37.2%,2015年开始下降,至2016年下降到35.74%,2017年又上升到36.92%。而第二产业占苏北地区的比重则相对稳定,基本持平。这显然由于在2009年后苏北地区加快经济增长步伐,虽然沿东陇海地区的增速也大幅提速,但却低于苏北的平均水平,才导致其在区域经济中的地位有所下降。从绝对值来看,沿东陇海地区是整个苏北经济版图中最重要的一部分的地位并没有下降多少,其经济总值还是占到了苏北的三分之一以上。

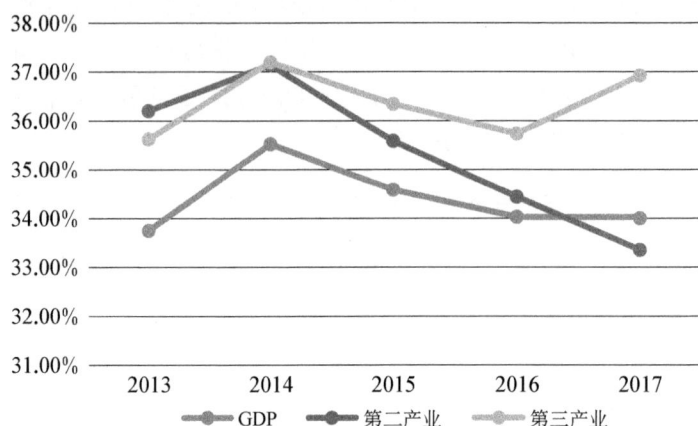

图3 沿东陇海地区主要经济指标占苏北比重情况(2013—2017年)

数据来源:各年《江苏统计年鉴》

(四)区域内县(市)经济在全省中排名靠后

沿东陇海线地区包括三个县(市),分别是徐州地区的新沂市、邳州市和连云港地区的东海县。从表5可以看出,GDP、工业增加值、人均GDP、人均地方一般预算收入、规模以上工业企业利税总额、出口总额、外商直接投资总额、农村居民人均纯收入、城镇居民人均可支配收入等经济指标在全省45个县(市)的排名中,沿东陇海地区的三个县(市)排名都比较靠后,其中,邳州市在GDP、工业增加值、出口总额上挤进过前15位,其他指标都在16位之外。新沂市很多指标都在25位后面,而东海县几乎所有指标都在30位后面。

表5 区域内县(市)经济主要指标在全省中的排名(2017年)

	新沂市	邳州市	东海县
GDP	21	13	30
工业增加值	23	13	30
人均GDP	24	28	36
人均地方一般预算收入	21	25	41
出口总额	23	15	30
外商直接投资总额	18	16	22
农村居民人均可支配收入	30	28	31
城镇居民人均可支配收入	34	25	27

数据来源:2018年《江苏统计年鉴》

三、沿东陇海地区产业经济发展现状

东陇海产业带建设,不仅能够促进徐连两市加快发展,带动苏北地区的发展,而且可以调动苏北各市的积极性和创造性,形成你追我赶、争先进位的良好发展态势。同时还能进一步呼应沿江开发,有利于承接沿沪宁线、沿江产业的梯度转移,实现全省南北上游产品与下游产品的延伸对接,对构筑江苏国际制造业基地是一个有力的支撑。对全国来讲,加快东陇海产业带建设,使中西部地区在有了面向远东和欧洲陆路通道的基础上,又有了一条面向世界的出海大通道,实现了双向开放,为打破陇兰地区既不沿边又不沿海的封闭状态创造了条件,有利于推动陇兰经济带快速隆起,进一步加快中西部地区的开放开发。

(一)产业结构调整稳步推进

随着江苏沿东陇海线地区生产力水平的提高和经济社会的发展,三次产业内部结构已发生了积极的变化。沿东陇海线地区三次产业结构比例由 2012 年的 7.18:51.08:41.74 调整为 7.48:44.71:47.19,呈现出第二产业比重下降,第一产业、第三产业比重在上升的趋势,产业结构正向合理化和更高层次的方向演变,这也预示着沿东陇海线地区产业结构在不断优化。这也预示着沿海地区工业进程正在加速。与全省的三次产业构成比例相比较,可以看出,沿东陇海线地区的第一产业比重高于其他产业带和全省平均水平,第二产业比重较为合理,第三产业比重不够高,工业是带动这一地区经济增长的主要动力,工业化进程加快。从图 4 可以看出,2013—2017 年沿东陇海线地区产业结构变化呈现出以下特征:第二产业比重不断下降,而同时第三产业的比重迅速提升。沿东陇海线地区产业内部结构所发生的变化,符合三次产业内部结构变化的一般规律,也体现出该地区经济发展近些年的主要变化,三次产业总体呈现"稳固、提升、活跃"的良好局面,产业发展步入快车道。

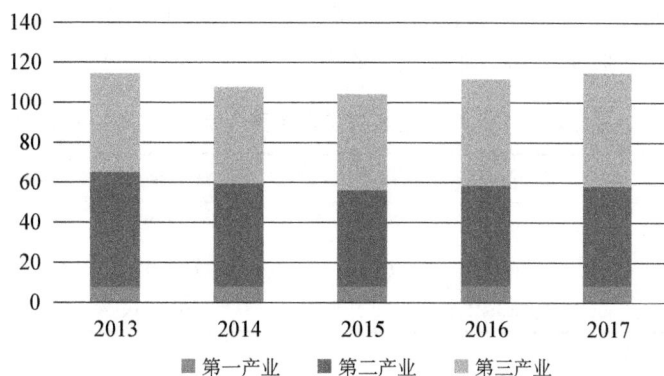

图 4 沿东陇海线地区三次产业结构情况(2013—2017 年)

数据来源:各年《江苏统计年鉴》

2017 年整个沿东陇海地区,第一产业比重最高的是东海县,达到了 14.43%,是第一产业比重最低的徐州市市区 3.54% 的 4 倍多。第二产业比重最高的是连云港市市区 44.4%,其次是邳州市 44%,其他三个县(市)的第二产业比重均没有超过 44%,工业化进程相对落后。第三产业比重最高的是徐州市市区 53.26%,其次是新沂市 47.17%,而东海县最低只有 41.83%。就 2010—2017 年的变化趋势而言,沿东陇海地区的三县(市)新沂市、邳州市和东海县,都呈现出第一产业比重大幅下降的情况,分别从 2010 年的 14.96%、16.31% 和 20.54%,降低为 2017 年的 11.03%、13.33% 和 14.43%。随之上升的是第二产业和第三产业的比重。其中,东海县第三产业比重的上升幅度最大,从2010年的33.89%提高到2017年的41.83%。徐州市市区和连云港市市区与三个县(市)的三次产业结构调整有所差异,徐州市市区的第二产业比重并没有增加,反而有所下降,从54.36%下降到43.2%,而连云港市市区的第二产业也有所下降,从50.71%下降到44.4%。徐州市市区第三产业比重从42.71%上升到53.26%,连云港市市区的第三产业比重则从42.85%上升到47.07%。

表6 沿东陇海线各地区三次产业比重变化情况(2010—2017年)

	2010年			2017年		
	第一产业	第二产业	第三产业	第一产业	第二产业	第三产业
东陇海合计	7.18	51.08	41.74	7.36	43.47	49.17
徐州市市区	2.93	54.36	42.71	3.54	43.20	53.26
新沂市	14.96	42.83	42.21	11.03	41.80	47.17
邳州市	16.31	43.99	39.70	13.33	44.00	42.66
连云港市市区	6.44	50.71	42.85	8.53	44.40	47.07
东海县	20.54	45.57	33.89	14.43	43.74	41.83

数据来源:各年《江苏统计年鉴》

(二)工业化进程加快,对地区经济的贡献率提高

从上文的分析中可以看出江苏东陇海地带工业化进程明显加快,第二产业产值占地区生产总值的比重相对较高。机械、医药、化工、食品等已成为该地区的主导产业,连云港的化学工业、造船业、医药业,徐州的装备制造业、食品、能源和冶金行业是两市的优势产业。

表7 沿东陇海线各地区工业经济发展主要指标情况(2013—2017年)

	2013年	2014年	2015年	2016年	2017年
工业总产值(亿元)	10 186.74	12 479.50	13 332.23	14 894.75	
制造业(亿元)	9 498.88	11 823.33	12 733.49	12 571.20	
主营业务收入(亿元)	10 256.45	12 465.54	13 201.24	15 163.22	12 891.4

数据来源:各年《江苏统计年鉴》

图5是2012—2016年沿东陇海地区规模以上工业企业运行的相关指标走势图,可以看出,工业生产持续增长,总产值从2012年的8 786.43亿元上升到了2016年的14 894.75亿元、主营业务收入从8 723.56亿元提高到了15 163.22亿元,年均增长率分别达到了18.37%和18.45%,高于同期GDP增速,也高于全省平均水平和沿海地区水平。

2017年沿东陇海地区所有城市中,徐州市市区拥有规模以上工业企业个数最多,达到了723个。资产合计4 721.37亿元。徐州地区的"一区二县(市)"是沿东陇海线区域工业发展的主要力量,其主营业务收入在区域中的占比都接近80%,占绝对地位。整个东陇海2017年拥有规模以上工业企业达到2 588家,规模以上工业企业实现主营业务收入12 891.4亿元,比上年下降14.98%;利润1 043.94亿元,下降15.15%。

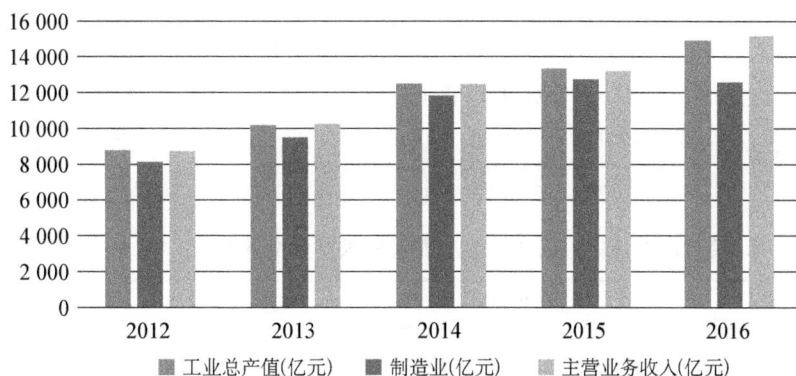

图 5 沿东陇海地区工业经济主要指标变化情况（2012—2016 年）

数据来源:各年《江苏统计年鉴》

表 8 沿东陇海地区工业经济运行情况（2017 年）

地 区	规模以上工业企业个数(个)	资产合计(亿元)	主营业务收入(亿元)	利润总额(亿元)
东陇海合计	2 588	8 998.60	12 891.40	1 043.94
徐州市市区	723	4 721.37	5 255.13	398.23
新 沂 市	306	448.48	1 173.96	95.89
邳 州 市	428	791.37	2 262.00	170.34
连云港市市区	682	2 668.50	3 103.07	304.25
东 海 县	449	368.87	1 097.25	75.23

数据来源:《江苏统计年鉴 2018》

2017 年,连云港市市区拥有规模以上工业企业 682 个,实现主营业务收入 3 103.07 亿元,实现利润总额 304.25 亿元。东海县是沿东陇海地区工业发展规模最小的城市,2017 年东海县拥有规模以上工业企业 449 个,资产合计 368.87 亿元,主营业务收入只有 1 097.25 亿元,并且利润总额也是最低的,只有 75.23 亿元,相当于利润率最高的徐州市市区的五分之一。2017 年主营业务收入最高的是徐州市市区为 5 255.13 亿元,占整个区域的比重 40.76%,而连云港市市区的主营业务收入为 3 103.07 亿元,占整个区域的比重 24.07%。

（三）高新技术产业与新兴产业逐步崛起

江苏沿东陇海地区的徐州市和连云港市自 2005 年以来,高新技术产业发展非常迅猛,年均增长率分别达到了 40.44% 和 46.94%,既高出全省平均水平（24.18%）以及沿江八市平均水平（22.04）和沿海三市平均水平（35.01%）,也高出同期 GDP 及工业总产值增长率。高新技术产业占规模以上工业总产值的比重也不断攀升,徐州市从 2012 年的 33.79%,快速增长到 2016 年的 36.8%;连云港市则从 34.13% 提升到 44.3%。高新技术产业在工业经济中的份额越大,越能说明沿东陇海地区工业结构在不断优化,经济增长方式调整、升级推动力越强。2017 年徐州市高新技术产业产值达 5 305.98 亿元,同比增长 28.9%,占工业产值比重达 36.5%,同比下降 0.3 个百分点。2017 年徐州市主导产业增长态势平稳。全年规模以上工业增加值比上年增长 9.0%,其中轻工业增长8.8%,重工业增长9.1%。分经济类型看,股份制工业增长9.3%;外商及港澳台投资工业增长11.3%;国有控股工业增长9.0%,民营工业增长8.1%。重点培育的六大优势产业实现产值13 332.97亿元,增长17.2%,占规模以上工业总产值比重为91.6%。其中,装备制造业、能源业、食品与农副食品加工业、煤盐化工业、冶金业和建材业分别增长24.3%、19.1%、11.6%、19.0%、12.6%和17.0%。

表9　沿东陇海地区徐州和连云港高新技术产业发展情况(2012—2017 年)

	2012 年	2013 年	2014 年	2015 年	2016 年	2017 年
高新技术产值(亿元)						
徐州市	3 016.11	4 013.63	4 047.74	4 505.26	5 177.46	5 305.98
连云港市	1 144.58	1 426.58	1 669.25	2 181.15	2 178.43	2 157.97
占规模以上工业共产值比重(%)						
徐州市	33.79	38.14	35.54	36.2	36.8	36.5
连云港市	34.13	34.54	34.31	39.1	44.3	35.1

数据来源:各年《江苏统计年鉴》

2017 年,高新技术产业积聚壮大。全年新增国家高新技术企业49 家,高新技术产业实现产值2 157.97亿元,增长16.0%,占规模以上工业总产值比重为35.1%。全年实现新产品产值703.99亿元,增长14.5%,占规模以上工业11.5%。

表10　沿东陇海地区高新技术产业和新兴产业基本情况(2017 年)

地区	高新技术产业		主要优势新兴行业
	产值(亿元)	增速(%)	
徐州	5 305.98	28.9	新材料、新能源、新医药、节能环保、智能装备
连云港	2 157.97	−0.01	新材料、新医药、新能源

数据来源:徐州、连云港《2017 年国民经济运行与统计年报》

沿东陇海线产业带建设也存在一些急需解决的问题:第一,产业规划起点比较低。一是战略定位不高。产业带的定位是江苏省"新兴的产业密集带、苏北地区对外开放的先导区、全省经济发展的重要增长极",但却没有争取将其上升到国家发展战略层面,成为西部大开发及中部崛起的龙头。二是建设区域过于狭窄。产业带的建设区域是东陇海铁路沿线地区,而紧邻东陇海铁路线的宿迁市只是产业带的影响区域,削弱了产业带对苏北的带动作用。三是主导产业定位不合理。产业带的主导产业是以资源加工型为主,没有突出临港工业和高新技术产业的地位,造成了产业功能和经济结构上的严重缺陷。

四、沿东陇海地区开放型经济发展现状

2017 年,沿东陇海线地区的进出口总额为142.93亿美元,比 2016 年的 116.16亿美元增长23.05%,其中出口为87.91亿美元,比 2016 年的 75.04亿美元增长17.15%;实际利用外商直接投资20.76亿美元,比去年的 17.38亿美元增长19.45%。沿东陇海线地区的外向型经济总体上比较

不发达,与苏南和沿江地区有较大差距,但近几年迅猛发展,增长率领先于全省其他地区,承接国际资本和区域产业转移的步伐加快,后发优势开始显现,正在成为江苏省开放型经济新的增长极为地区经济的稳定发展和综合实力的提高做出了贡献。

(一)对外贸易规模不断扩大,增速领先于其他三个经济带

从图 6 可以看出,2013 年以来沿东陇海地区的进出口总额和出口总额都是有增有减的状态,分别从 109.32 亿美元和 71.03 亿美元上升到 2017 年的 142.93 亿美元和 87.91 亿美元。2013 年、2015 年和 2016 年都出现了负增长。其余年份的进出口总额增长率和出口总额增长率都在 15% 上下,最高时曾分别达到 23% 和 17%。2012 年国际经济形势不断下行,我国出口受阻严重,江苏及苏南部分地区对外贸易增速都出现大幅下滑,但沿东陇海地区却"逆势上扬"继续保持 20% 左右的增长率,成为全省外向型经济新的增长点。

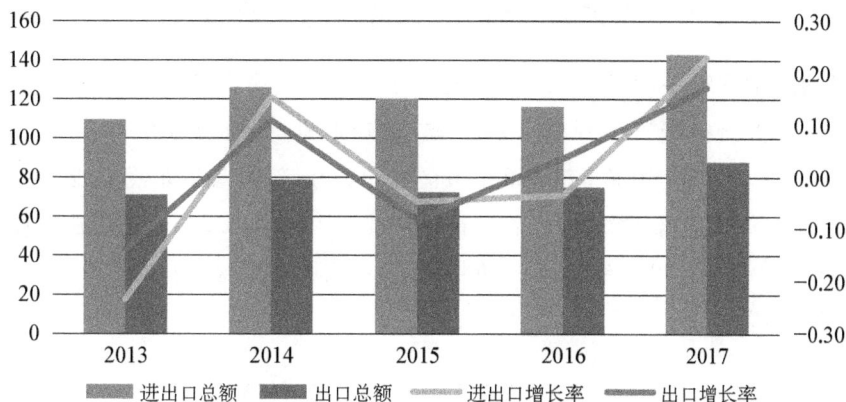

图 6　沿东陇海地区进出口总额和出口总额变化情况(2013—2017 年)

数据来源:各年《江苏统计年鉴》

表 11　沿东陇海地区对外贸易发展情况(2013—2017 年)

指　标	2013 年	2014 年	2015 年	2016 年	2017 年
进出口总额	109.32	126.12	120.25	116.16	142.93
出口总额	71.03	78.79	72.38	75.04	87.91
实际外商直接投资额	18.08	22.56	19.18	17.38	20.76

数据来源:各年《江苏统计年鉴》

2017 年徐州市市区实现进出口总额和出口总额 47.05 亿美元和 36.78 亿美元,占到整个东陇海线地区的 32.92% 和 41.84%。连云港市市区实现进出口总额和出口总额 72.61 亿美元和 31.33 亿美元,占到整个东陇海线地区的 50.8% 和 35.64%。三个县(市)只有邳州市的进出口总额和出口总额超过了 10 亿美元,最低的东海县进出口总额只有 4.83 亿美元。邳州市的进出口总额增长率最高,达到了 60.33%,但实际外商直接投资却在下降。总体来说,徐州市市区的增长要快于连云港市市区,主要是因为连云港市市区的进出口总额和出口总额均远远低于邳州市,为 32.16% 和 10.08%,且连云港市市区的外商直接投资额也出现了负增长。

表 12　沿东陇海地区开放型经济主要指标及增长率情况（2013—2017 年）

	2017 年（亿美元）			2013—2017 年增长率（%）		
	进出口总额	出口总额	实际外商直接投资额	进出口总额	出口总额	实际外商直接投资额
东陇海合计	142.93	87.91	20.76	30.74	23.76	14.82
徐州市市区	47.05	36.78	11.42	21.67	24.80	34.83
新 沂 市	6.73	5.10	1.73	28.93	31.11	179.03
邳 州 市	11.72	10.76	2.03	60.33	63.77	−19.44
连云港市区	72.61	31.33	4.55	32.16	10.08	−10.96
东 海 县	4.83	3.94	1.02	52.37	48.68	−25.00

数据来源：各年《江苏统计年鉴》

（二）吸引 FDI 规模不断扩大，年增长率持续保持高位

从图 7 江苏沿东陇海地区 2013—2017 年的实际外商直接投资额及增长率的变化情况可以看出，该地区实际外资直接投资额的规模有增有减，比较波动。从 2013 年的 18.08 亿美元下降到 2016 年的 17.38 亿美元，2017 年又上升到 20.76 亿美元。在《江苏省沿东陇海线产业带建设总体规划》出台之后，FDI 增长率出现了飞跃，之后一直保持在 15% 上下。2014 年 FDI 的增长率为 25%，随后 2015 年出现了负增长，2016 年仍然是负增长，但负增长的趋势有所缓解，2017 年为正增长，2017 年的增长率为 19%。

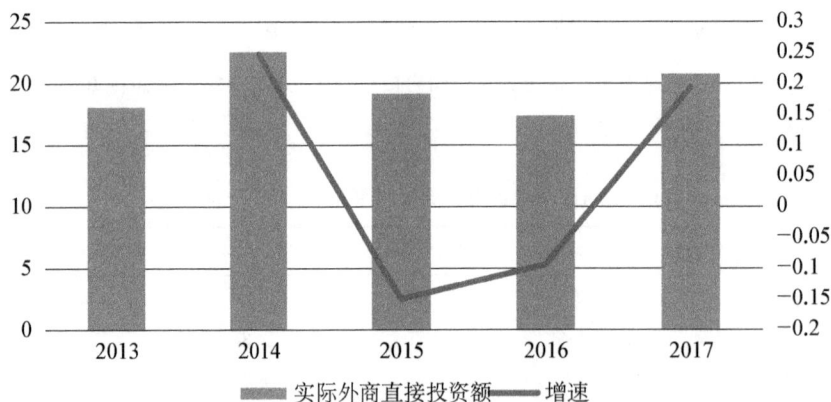

图 7　沿东陇海地区实际外商直接投资额及增长率变化情况（2013—2017 年）

数据来源：各年《江苏统计年鉴》

2017 年，在沿东陇海线地区中，徐州市市区是吸引外商直接投资额最高的城市，达到了 11.42 亿美元，占整个区域的 55.01%。其次是连云港市市区 4.55 亿美元，占整个区域的 21.92。在三个县（市）中，邳州市的实际外商直接投资额最高，为 2.03 亿美元，其次是新沂市的 1.73 亿美元，东海县最低，只有 1.02 亿美元。

（三）外向型经济在全省中的地位缓慢提高

图 8 是沿东陇海地区进出口总额、出口总额和实际外商直接投资额占全省比重的变化情况。其中 2013—2017 年间，进出口总额和出口总额的比重有所下上升，分别从 2.02％和 2.19％上升到 2.54％和 2.54％，但相比较于该地区 GDP 和工业总产值占全省的比重，对外贸易的地位在省内较低。实际外商直接投资总额占全省的比重稍高一点，并表现出持续的上升趋势。从 2013 年的 5.44％提高到 2014 年 8.01％，2015 年有略微降低到 7.9％，2016 年继续下降到 7.08％，2017 年迅速上升，为 8.26％。承接国际资本和区域产业转移的步伐加快，后发优势开始显现。

表 13　沿东陇海地区对外贸易发展在全省中的比重（2013—2017 年，％）

指　标	2013 年	2014 年	2015 年	2016 年	2017 年
进出口总额	2.02	2.27	2.25	2.34	2.54
出口总额	2.19	2.33	2.17	2.40	2.54
实际外商直接投资额	5.44	8.01	7.90	7.08	8.26

数据来源：各年《江苏统计年鉴》

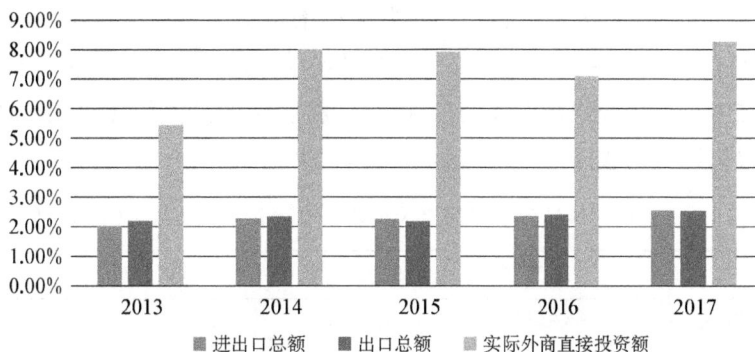

图 8　沿东陇海地区进出口总额、出口总额和 FDI 占全省比重变化情况

数据来源：各年《江苏统计年鉴》

五、沿东陇海地区人民生活现状

（一）城乡居民收入较快增长

在江苏省大力建设沿东陇海线产业带的政策推动下，城乡居民收入得到了较快的增长，民生民计明显改善。图 9 是沿东陇海地区徐州与连云港城镇与农村居民人均收入变化情况。

从绝对数量来看，徐州市的城镇与农村居民人均收入比连云港市要高，2017 年达到了 30 987 元和 16 697 元，比 2013 年分别增长了 30.36％和 38.54％。连云港市 2017 年城镇居民人均可支配收入为 30 293 元，而农村居民人均纯收入只有 15 273 元，但连云港城镇居民人均可支配收入和农村居民人均纯收入的年增长率却高出徐州市，达到 31.79％和 42.14％。

从表 14 中可以看出连徐两市城镇和农村居民人均收入年增长率变化情况还是存在差异的。

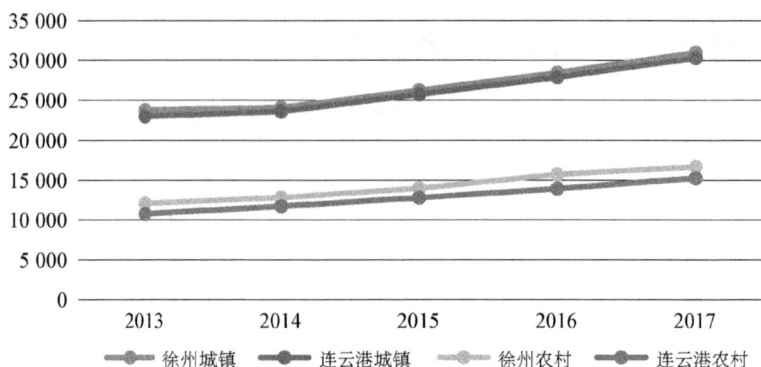

图9　徐连两市城镇和农村居民人均收入变化情况(2013—2017年)

数据来源:各年《江苏统计年鉴》

　　徐连两市城镇居民可支配收入的年增长率从2013年之后开始走低,2014年两市的城镇居民可支配收入的增长率只有1.3％和2.65％。但在2015年迅速增长到8.88％和9.04％,到2017年分别为9.03％和8.76％。而徐连两市的农村居民人均纯收入增长率在2014年有小幅的下降,在2015年迅速增长到9.14％和9.23％,到2017年分别为6.19％和9.63％。与城镇居民可支配收入的年增长率所不同的是,徐连两市的农村居民可支配收入的增长率在2012年后连续年保持两位数高速增长,2015年时分别达到了22.04％和22.73％,虽然在2016年有所下降,但依然高于城镇居民可支配收入,这表明在沿东陇海线经济发展的过程中,农村居民的民生问题得到了越来越多的重视,而且从趋势来看,农村居民的收入增长还将继续持续下去。

表14　徐连两市城镇和农村居民人均收入年增长率(2013—2017年,％)

指　标	2013年	2014年	2015年	2016年	2017年
徐州城镇居民可支配收入	9.46	1.30	8.88	8.40	9.03
连云港城镇居民可支配收入	10.42	2.65	9.04	8.26	8.76
徐州农村居民人均纯收入	11.99	6.30	9.14	12.46	6.19
连云港农村居民人均纯收入	12.06	8.87	9.23	9.03	9.63

数据来源:各年《江苏统计年鉴》

注:按2000年不变价格计算

　　徐连两市的城镇居民恩格尔系数从2013年的33.7％和36.4％分别下降到2017年的29.7％和31.8％。农村居民恩格尔系数的从2013年的35.8％和35.4％分别下降到2017年的31％和32.1％。图10显示了2013—2017年,江苏徐连二市城镇与农村居民的恩格尔系数变化情况,从中可以看出,城镇居民的恩格尔系数在整体上是下降的。两市比较的话,徐州市的城镇居民恩格尔系数一直低于连云港市。徐连两市农村居民的恩格尔系数则一直都保持着逐年下降的情况。徐州和连云港的农村居民恩格尔系数降幅都要比城镇居民的恩格尔系数明显很多。并且徐州市2014年的城镇居民的恩格尔系数要比农村居民的恩格尔系数低,这与沿海八市的情况相似。说明徐州城镇居民的食品消费支出受价格上涨影响较大,而农村居民则较小。根据联合国的标准,恩格尔系数在59％以上为贫困,50％～59％为温饱,40％～50％为小康,低于40％为富裕。目前发达国家的恩格尔系数基本上在10％～20％左右。因此按照联合国的恩格尔系数标准来说,徐连两市的城镇居民和农村居民都处在相对富裕的水平。

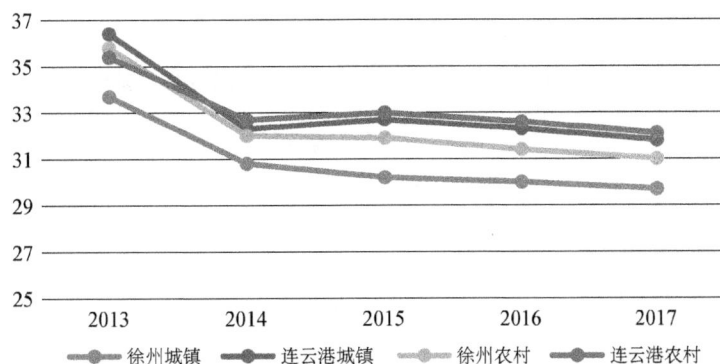

图 10　徐连两市城镇和农村居民恩格尔系数变化情况（2013—2017 年）

数据来源：各年《江苏统计年鉴》

（二）人民生活水平全方位提升

江苏沿东陇海线产业带的建设除了在收入水平上给予民众实惠外，人均储蓄存款余额、人均住房面积等指标的全面提升反映了人民生活水平全方面的进步。2017 年徐州市市区和连云港市市区的城镇居民人均收入水平为 30 987 元和 30 293 元，分别是 2013 年的 1.3 倍和 1.32 倍，徐州市市区要高出连云港市市区 694 元。

表 15　沿东陇海地区人民生活主要指标变化情况（2013—2017 年）

地　区	城镇居民人均可支配收入（元）		农村居民人均纯收入（元）		城镇居民人均住房面积（平方米）		农村居民人均住房面积（平方米）	
	2013 年	2017 年	2013 年	2017 年	2013 年	2017 年	2013 年	2017 年
徐州市市区	23 770	30 987	12 052	16 697	37.5	43.0	48.0	31.0
新　沂　市	19 255	27 261	10 979	15 886	43.1	46.4	45.9	33.1
邳　州　市	22 473	31 189	12 635	16 725	57.7	64.5	52.8	30.1
连云港市市区	22 985	30 293	10 745	15 273	39.1	47.8	43.0	32.1
东　海　县	21 719	29 758	11 118	15 882	41.9	45.0	41.7	35.0

数据来源：2013 年和 2017 年《江苏统计年鉴》

在市（县）的比较中邳州市城镇居民人均收入水平最高，为 31 189 元，其次是东海县 21 719 元，最后是新沂市 19 255 元。在三个县中邳州市的农村居民人均纯收入是最多的，从 2013 年的 12 635 元，提高到 2017 年的 16 725 元，也是所有市（县）中 2017 年农村居民人均纯收入最高的。新沂市和东海县的农村居民人均纯收入比较接近，都在 15 000 元左右。居住水平是衡量一个国家或地区生活质量的指标之一，也是反映社会发展水平和文明程度的重要标志。沿东陇海地区城镇居民人均住房建筑面积与农村居民人均住房建筑面积均全面增加，其中徐州市区和连云港市区的城镇居民人均住房面积从 2013 年的 37.5 平方米和 39.1 平方米，增加到 2017 年的 43 平方米和 47.8 平方米。三个县（市）中邳州市 2017 年城镇居民人均住房面积最高，为 64.5 平方米，新沂市和东海县也都在 45 平方米左右，而在 2013 年都只有 40 平方米左右。

第五章 沿沪宁线区域

一、整体概况介绍

　　沿沪宁线江苏地域内主要指东起苏州周庄,西至南京浦口,以沪宁铁路为主干,总长为300公里,两侧外沿50公里,包括南京、苏州、无锡、常州、镇江五个地级城市和昆山市、吴江市、常熟市、张家港市、太仓市、江阴市、句容市、丹阳市八个县级市①。2017年沿沪宁线江苏区域总人口(户籍人口)3 114.57万人、土地面积35 501平方公里,占全省的比重分别为39.96%和33.11%,完成国民生产总值65 073.84亿元,占全省的75.75%。沿沪宁线苏南五市总人口(常住)3 347.52万人、土地面积28 084平方公里,占全省的比重分别为41.69%和26.19%,实现地区生产总值50 175.19亿元,占全省的58.41%,人均地区生产总值146 119元,是全省平均水平的1.36倍。

　　沿沪宁线位于长江三角洲的北翼,紧邻中国改革开发的前沿,中国经济、文化、科技、金融、国际航运中心上海,地处素有"黄金水道"之称的长江下游,也是长江经济带与沿海经济带交汇处。区内交通便捷,高速公路网架基本形成,信息港、空港、河港网发达。公路里程达到63 370公里,客运量68 135万人。

　　沿沪宁线地区包括了江苏乃至长三角地区经济最为发达的"苏南地区"。近些年,该地区依托原有工业和经济基础、人才和科教资源、开发园区和产业载体以及长三角的区域优势,在加快经济转型升级中,大力发展战略性新兴产业,在全国新兴产业链中快速崛起了"苏南板块",为江苏经济转变增长方式及转型升级提供了内生动力和创新活力。目前,沿沪宁线地区重点发展了资源消耗少、环境污染小、附加值高的电子信息产业、生物医药、新材料等高新技术产业集群,为加快产业结构升级,提高产业竞争力,大力发展现代服务业,构筑辐射面广、影响力大的现代服务业高地,形成具有国际竞争力的高新技术产业带。其中,占高新技术产业主导地位的信息产业在这一地区初步形成了移动和卫星通信、光纤和光电子、微电子、计算机及网络设备、软件等五大产业链。新材料产业、太阳能产业也形成了一定的集聚,产业链基本形成。

二、沿沪宁线区域综合经济发展现状

　　江苏沿沪宁线地区的苏州、无锡、常州南京以及镇江,在中国改革开放的过程中走在了前列,其创造的"苏南模式"闻名全国。最初通过乡镇企业的发展实现工业化和城市化,在经历乡镇企业异军突起和外向型经济崛起后,苏南地区全面建设小康社会的创新性实践,演变成了"新苏南模式"。

---

　　① 2012年吴江被并入苏州市区

投资驱动向创新驱动转变,生产制造向设计创造转变,资源依赖向科技依托转变,这"三大转变"是目前苏南地区,也是沿沪宁线地区经济发展的战略调整重点,是经济增长方式的又一次转型之路。

(一)国民经济规模不断扩大,但增速全省最低

2017 年沿沪宁线区域的苏南五市共实现地区生产总值 50 175 亿元,相比较于 2013 年的 36 386 亿元,增幅达到了 37.90％。沿沪宁线五个市区及七个县(市)完成地区生产总值 65 053 亿元,比 2013 年增长了 34.27％。其中,五个市区比较,苏州市区的 GDP 最高,达到 17 320 亿元,其次是南京市区 11 715 亿元、无锡市区 10 512 亿元、常州市区 6 618 亿元,最低的是镇江市区只有 4 010 亿元。常州的 GDP 增幅最多,为 51.75％,南京的增幅为 46.22％,镇江为 37.00％,苏州为 33.07％,无锡最低,为 30.26％。在七个县市中,昆山市的 GDP 总量领先于其他城市,2017 年完成地区生产总值 3 520 亿元,在全省 48 个县(市)中排名第一。江阴市紧随其后,GDP 总量为 3 488 亿元,在全省排名第二。张家港市、常熟市紧随其后,也都超过了 2 000 亿元大关,分别位列第三和第四。相比而言,沿沪宁线镇江地区的丹阳市和句容市在经济总量上略微落后,其中丹阳市 2017 年实现地区生产总值 1 233 亿元,是 2013 年 925 亿元的 1.33 倍。最低的是句容市,只有 530 亿元,但其增幅也超过了 35％。县(市)中,2013—2017 年间,地区生产总值增幅最多的县市是句容市,达到了 37.31％,其次是丹阳市的 33.30％。江阴市、太仓市、张家港市和昆山市的 GDP 增幅也都超过 20％,最低的是常熟市,也有 15.15％。沿沪宁线区域内县(市)的经济总量规模增幅要普遍小于五个市区,说明沪宁线上的市区经济更具活力和实力,在 2017 年全国百强县域经济排名中,沪宁线上的昆山市、江阴市、张家港市、常熟市排在前 4 名,太仓市排第 6 名。

表 1　沿沪宁线区域经济总量情况(2013—2017 年)

	地区生产总值(亿元)			人均地区生产总值(元)		
	2013 年	2017 年	增幅(％)	2013 年	2017 年	增幅(％)
苏南五市	36 386	50 175	37.90	106 298	146 119	37.46
南京市区	8 012	11 715	46.22	98 011	141 103	43.97
无锡市区	8 070	10 512	30.26	124 640	160 706	28.94
江 阴 市	2 706	3 488	28.90	166 307	211 943	27.44
常州市区	4 361	6 618	51.75	92 995	140 435	51.01
苏州市区	13 016	17 320	33.07	123 209	162 388	31.80
常 熟 市	1 980	2 280	15.15	131 338	150 532	14.61
张家港市	2 145	2 606	21.49	172 093	207 380	20.50
昆 山 市	2 920	3 520	20.55	177 923	212 103	19.21
太 仓 市	1 002	1 241	23.85	141 785	173 825	22.60
镇江市区	2 927	4 010	37.00	92 633	125 962	35.98
丹 阳 市	925	1 233	33.30	94 839	125 422	32.25
句 容 市	386	530	37.31	61 912	84 683	36.78

数据来源:各年《江苏统计年鉴》

2017 年,沿沪宁线上苏南五市的人均 GDP 为 146 119 元,比 2013 年的 106 298 元增长了

37.46%。沿沪宁线上的五个市区,人均 GDP 最高的是苏州市区,为 162 388 元,比 2013 年增长了
31.80%,其次是无锡市区160 706 元、南京市区 141 103 元、常州市区 140 435 元和镇江市区125 962
元。在五个市区中,人均地区生产总值增幅最多的是常州市区,达到了 51.01%,南京市区也有
43.97%。七个县(市),人均 GDP 最高的是昆山市,达到了 212 103 元,在全省 48 个县(市)中排名第
一,这一数值是五个市区中人均 GDP 最高的苏州市区的 1.31 倍。紧随其后的是江阴市、张家港
市,分别为 211 943 元和207 380 元,太仓市、常熟市和丹阳市的人均 GDP 也突破了十万元大关。而
句容市只有 84 683 元,是沪宁线上最低的城市。从 2013—2017 年的增幅来看,县市的人均 GDP 涨
幅中句容市最高,为 36.78%,其次丹阳市是 32.25%,最低的是常熟只有 14.61%,其他县(市)均
超过 15%。从表 1 中我们还发现,GDP 增幅与人均 GDP 增幅相比较时,前者普遍要大于后者,这
与苏中、苏北地区以及"四沿"中的沿海和沿东陇海线地区的情况恰恰相反。这其中的原因可能有
三点:一是沪宁线经济带上的劳动力人口从低附加值部门到高附加值部门的转移力度不够,这反映
出产业结构的层次还有待提升,加工工业的比重过大。二是人口老龄化问题。三是劳动力和资本
的配置效率不高,劳动生产率没有随经济规模增长而提高。

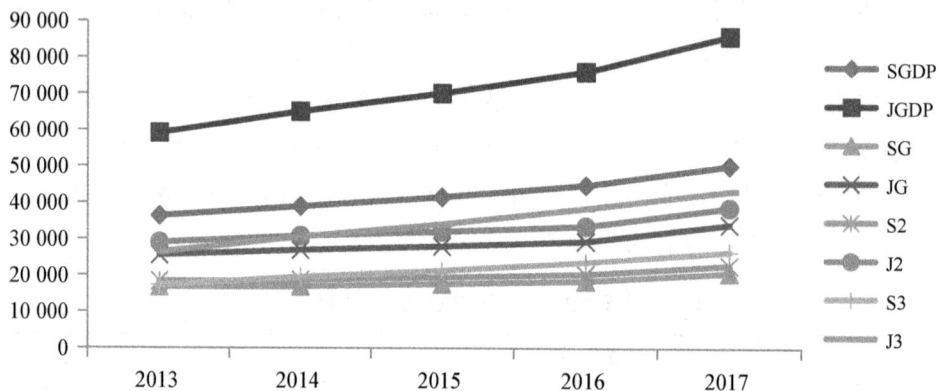

图 1　沿沪宁线上苏南五市的 GDP、各产业增速与全省的比较

数据来源:各年《江苏统计年鉴》

　　图 1 是沿沪宁线上苏南五市的 GDP、第二产业、工业和第三产业的年增长率与全省平均水平
的比较。其中 SGDP 是指苏南 GDP,JGDP 是指全省 GDP,S2 是指苏南第二产业产值,J2 是指全
省第二产业产值,SG 是指苏南工业产值,JG 是指全省工业产值,S3 是指苏南第三产业产值,J3 是
指全省第三产业产值。从中可以发现,与全省平均水平相比,苏南五市的 GDP 增速低于全省平均
水平,2013 年的全省水平为 9.44%,苏南五市落后 0.4 个百分点。一方面是由于苏中、苏北地区后
发优势显现后经济加速增长的势头很猛,另一方面是因为苏南五市现有的经济增长方式和产业发
展来到了"瓶颈"阶段,再加上国际经济形势的不稳定,使得出口受限,经济增速放缓,随着经济复
苏,外贸条件改善。第二产业和工业作为苏南五市的传统主导产业增速持续大幅下降,分别从
2005 年的 17.88% 和21.83%,降为 2008 年的 8.06% 和7.46%。虽然 2009 年在经历全球金融危机
后出现反弹企稳回升,但增速与危机前相比还是稍低,并且 2013 年再次下滑到 6.41% 和 6.34%,
但都高于当年全省平均水平。在工业增速不断下滑的同时,苏南第三产业开始加速发展,年增长率
一直保持着在较高的水平上,2013 年增速接近第二产值增速的两倍,第三产业正逐步成为苏南五

市经济增长的新动力。

表 2　沿沪宁线苏南五市 GDP 增长率（2013—2017 年，%）

	2013 年	2014 年	2015 年	2016 年	2017 年
苏南	**10.20**	**9.10**	**6.62**	**7.89**	**12.01**
南京	11.00	10.10	10.20	8.05	11.54
无锡	9.30	8.20	3.81	8.12	14.14
常州	10.90	10.10	7.57	9.50	14.62
苏州	9.60	8.30	5.40	6.69	11.92
镇江	12.10	10.90	7.69	9.46	4.59

数据来源：各年《江苏统计年鉴》

沿沪宁线苏南五市近几年的 GDP 增长率比较如表 2 所示。从中可以发现苏南五市的 GDP 增长率在 2012—2016 年都表现出了不同程度的持续下降趋势，而 2017 年表现出了上升趋势。2008 年由于全球金融危机，出现了大幅减速，降幅基本在 3 个百分点左右，2009 年 GDP 增速再次下滑，但降幅有所减少，虽然在 2010 年出现反弹，但 2011 年又开始减少，2012 年发展比较稳定，各地各有增减。2013 年有所下降，2014 年变化剧烈，尤其是无锡、苏州和镇江，2015 年增长率普遍下降，2016 年除了南京，其他四市增长率均出现不同程度的反弹。2017 年除了镇江 GDP 增速大幅下降，其他四市增长率均出现大幅增长。2015 年无锡市和苏州市的 GDP 增速在苏南五市中最低，只有不到 6%，而之前几年也是全省十三个地级市中增速最慢的，降幅也最明显比，其中无锡比 2013 年的 3.81% 减少了 5.79 个百分点，苏州的 GDP 增速比 2013 年减少了 4.50 个百分点。2017 年常州市的 GDP 增速相对较高，为 14.62%，是苏南五市中最高的，无锡紧随其后达到 14.14%，超过了苏南地区平均水平（12.01%）。总体来看，沿沪宁线经济区域 GDP 增速不断放缓的主要原因从根本上讲是当地经济结构所导致的，在人民币不断升值、国内货币政策从紧、国际需求萎缩、企业生产成本上升等因素的影响下，苏南以传统产业、加工制造业为主体的产业结构遭到了前所未有的危机，产业国际竞争力下降、出口受阻。

（二）在全省中经济地位显著，但有所下降

沿沪宁线苏南五市的总人口和土地面积占全省的比重分别为 41.69% 和 26.19%，然而表 3 中所列的包括地区生产总值、三次产业生产总值、规模以上工业总产值、地方财政一般预算收支以及进出口贸易等经济指标，除了第一产业产值、固定资产投资和地方财政一般预算支出外，苏南五市 2017 年所占的比重都超过了 50%，在全省的经济地位显著。其中 GDP、第二产业、工业和第三产业产值占全省比重分别为 58.41%、58.81%、62.06% 和 61.44%，相比较于 2013 年的 61.50%、62.93%、65.32% 和 65.56%，所有比重均有所降低。再结合图 2 可以看出，2013—2017 年间，沿沪宁线苏南五市的 GDP 占全省比重表现出不断下滑的趋势，2013 年为 61.50%，五年连续下降到 2017 年的 58.41%。五年间苏南五市第二产业、工业和第三产业占全省的比重也表现出持续减少的态势。

表 3　沿沪宁线苏南五市主要经济指标占全省的比重情况（2013—2017 年）

指　　标	2013 年		2017 年	
	数值	占全省比重（%）	数值	占全省比重（%）
地区生产总值（亿元）	36 385.87	61.50	50 175.19	58.41
第一产业	834.79	22.90	919.7	22.56
第二产业	18 307.79	62.93	22 731.82	58.81
♯工业	16 728.87	65.32	20 651.28	62.06
第三产业	17 243.29	65.26	26 523.67	61.44
规模以上工业总产值（亿元）	75 195.84	55.85	78 831.63	50.01
固定资产投资额（亿元）	19 492.71	54.17	23 548.52	44.43
社会消费品零售总额（亿元）	12 433.71	59.55	18 315.59	57.71
进出口总额（亿美元）	4 746.41	86.17	5 003.21	84.64
♯出口	2 757.17	83.84	3 010.19	82.86
实际外商直接投资（亿美元）	222.78	66.98	153.90	61.23
地方财政一般预算收入（亿元）	3 536.65	54.84	4 913.16	60.13
地方财政一般预算支出（亿元）	3 479.21	44.61	5 051.41	47.56
金融机构存款余额（亿元）	58 931.74	68.84	85 770.25	66.01
♯居民储蓄存款	19 607.25	57.97	24 756.69	53.72
金融机构贷款余额（亿元）	44 072.14	71.27	70 206.60	68.75

数据来源：各年《江苏统计年鉴》

　　沿沪宁线上的苏南五市外向型经济指标在全省中的比重尤其重要，2017 年进出口总额、出口总额和实际使用外资额占全省的比重分别达到了 84.64%、82.86% 和 61.23%，比 GDP 份额要高出许多。在江苏省拉动经济增长的"三驾马车"中，出口拉动起到十分重要的作用，苏南地区是全省开放型经济的主阵地，在全省经济社会发展大局中的地位至关重要。然而相较于 2013 年的情况，苏南五市的外向型经济指标所在比重还是有所下降。不过沿沪宁线上的苏南五市在全省经济地位的略微下降，就整个江苏而言，意味着苏中、苏北地区的经济赶超步伐在加快，南北之间的区域经济差距有望缩小。

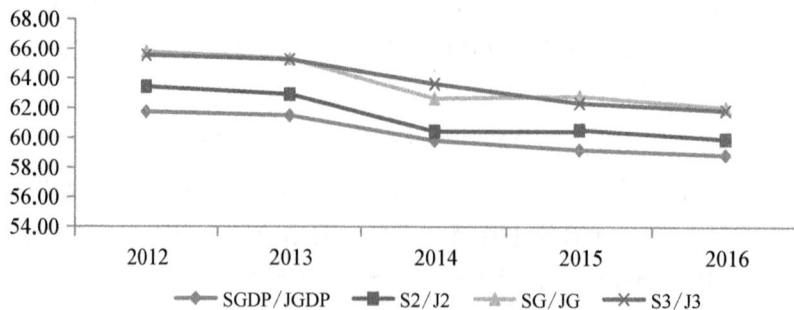

图 2　沿沪宁线上苏南五市的 GDP、各产业在全省中的占比情况（%）

数据来源：各年《江苏统计年鉴》

注：SGDP/JGDP 是指苏南 5 市 GDP 占全省比重，S2/J2 第二产业占全省比重，SG/JG 工业的占全省比重，S3/J3 第三产业占全省比重

（三）区域内的县（市）经济高度发达

沿沪宁线上的县（市）包括无锡的江阴市、苏州的昆山市、张家港市、常熟市和太仓市，以及镇江的丹阳市和句容市。从表4可以看出，GDP、工业增加值、人均GDP、人均地方一般预算收入、规模以上工业企业利税总额、出口总额、外商直接投资总额、农村居民人均纯收入、城镇居民人均可支配收入等经济指标在全省48个县（市）的排名中，苏州地区的四个县（市）和无锡地区的江阴市均排在前列，镇江地区的两个县（市）也能排在中游靠上。可以说，沿沪宁线区域内集中了全省乃至在全国都是最强的县（市），这也是区域经济的一大特征，"外向型经济发达、县区域经济发达"。

表4　区域内县（市）经济主要指标在全省中的排名（2017年）

地区	GDP	工业增加值	人均GDP	人均地方一般预算收入	规模以上工业企业利润总额	出口总额	外商直接投资总额	农村居民人均纯收入	城镇居民人均可支配收入
常熟	4	4	6	5	6	2	2	3	4
张家港	3	3	3	3	1	3	5	4	1
昆山	1	2	1	1	3	1	1	2	2
太仓	6	7	4	2	10	5	4	5	5
江阴	2	1	2	4	2	4	3	1	3
丹阳	7	6	9	15	16	9	7	9	9
句容	27	24	17	13	28	26	9	14	11

数据来源：《江苏统计年鉴2018》

沿沪宁线上七个县（市）的主要经济指标在全省中的排序如表4所示。昆山市在GDP、人均GDP、人均地方一般预算收入、出口总额和外商直接投资总额上都在全省48个县（市）中排名第一，是名副其实的全省经济最强县（市）。江阴市也表现不俗，在工业增加值和农村人均纯收入上排名全省第一。镇江的丹阳和句容两市在全省的县（市）中表现并不如苏州和无锡的县（市）优秀。其中，丹阳市在GDP、工业增加值、人均GDP、出口总额、外商直接投资总额、农村居民纯收入和城镇居民人均可支配收入的排名都进入了前十名，总体来说处于中游偏上的位置。句容市的经济要相对落后一点，出口总额、工业增加值、GDP和规模以上企业利润总额排在24名或之后，处于中游水平，只有吸引外商直接投资额、农村居民可支配收入和城镇居民人均可支配收入在2017年全省48个县（市）中分别排在了第9、14和11位。

三、沪宁线区域产业经济发展现状

2017年虽然面临着成本压力加大、外需萎缩的严峻形势，沿沪宁线江苏区域城市苦练内功，通过转型升级寻求新的发展动力，以推动新兴产业和高新技术产业发展为抓手，努力促进工业生产平稳发展。

（一）产业结构持续优化

江苏沿沪宁线区域是全省乃至全国现代化建设的先导地区，在复杂多变的国内外经济形势下，也走在了经济增长方式调整的前列。三次产业内部结构发生了积极的变化,三次产业结构比例由2004年的3.0:59.8:37.3调整为2017年的2.6:49.1:48.3,呈现出第一产业比重下降、第二产业比重下降、第三产业比重上升的特点,产业结构正向合理化方向演变,这也预示着沿沪宁线地区的产业结构优化升级在不断推进。与全省4.7:45.0:50.3的三次产业构成比例相比较,可以看出,沿沪宁线江苏地区的第一产业比重偏低,第二产业比重略高,第三产业比重略低,二三产业是带动这一地区经济增长的主要动力,产业层次已进一步提升。按三次产业的比重结构来看,沿沪宁线地区的苏南五市已经进入了后工业化时代,新兴产业、高技术产业和现代服务业等高端产业将是该地区未来产业结构调整有转型的主要方向。从图3中可以发现,2013—2017年间,沿沪宁线区域的第二产业占GDP的比重还有所下降,同时第三产业比重逐渐上升,三次产业的优化调整正在加速进行,总体呈现第二产业比重不断下滑,而第三产业比重不断上升的态势。

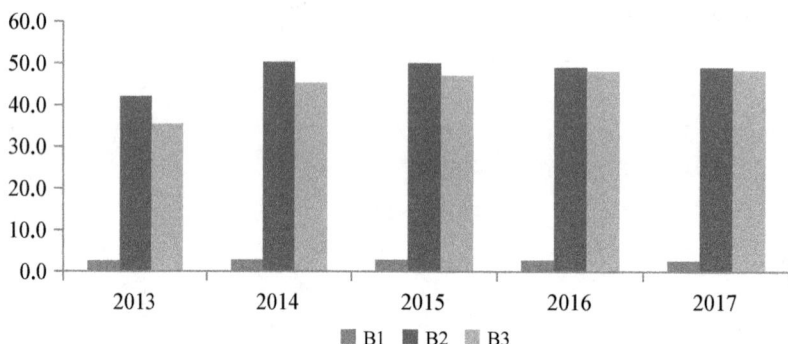

图3　沿沪宁线区域三次产业结构情况(2013—2017年)

数据来源:各年《江苏统计年鉴》

注:B1、B2、B3分别为第一产业比重,第二产业比重,第三产业比重

　　表5是沿沪宁线地区2017年三次产业产值和就业结构情况。在苏南五个市区中,除了镇江市区外的市区在2017年的第三产业比重均比第二产业高,并且超过了50%,其中南京市最高,达到了59.7%,无锡市区、苏州市区的第三产业比重为51.5%和51.2%,仅次于南京市区。原因是南京市、苏州市、无锡市和常州市近些年在服务外包、信息服务、现代物流、科技研发等现代服务业上加快发展。七个县(市)的第三产业比重相差不大,均处于45%左右的水平,其中,常熟市最高,为47.0%,最低的江阴市为44.4%。可见,沿沪宁线上的县(市)目前还处于工业经济高度发达,在国民经济中的地位显著,但服务业发展落后的阶段。

　　从三次产业的就业结构来看,除了南京市区,江苏沿沪宁线的其他城市都主要以工业吸纳大量劳动力。在苏南五个市区中,南京市区第三产业就业人数占比为62.6%,是唯一超过50%的城市。苏州市市区的第三产业就业人数为37.6%,比第二产业占比(59.1%)低,苏州的第二产业就业人数占比最高。无锡第二产业比重为55.2%,相应的第三产业占比只有40.7%。镇江市区第一产业就业人数达到了11.4%,是最低的苏州市区的2.8倍。七个县(市)中,全部都是第二产业就业人数高于第三产业,且高出的幅度还不小,第三产业就业人数占比均处于30%多的水平。例如,江阴市2017年第二产业吸纳的就业人口就是第三产业的1.8倍,最低的句容市也有1.1倍。句容市的农业就业人口都超过了20%,是最低的昆山市的17.3倍多。

表 5　沿沪宁线地区三次产业产值和就业结构(2017 年,%)

	三次产业占 GDP 比重			三次产业就业人数占比		
	第一产业	第二产业	第三产业	第一产业	第二产业	第三产业
苏南五市市区						
南 京 市	2.2	38.0	59.7	9.2	32.1	62.6
无 锡 市	1.3	47.2	51.5	4.1	55.2	40.7
常 州 市	2.4	46.8	50.8	10.4	49.2	40.4
苏 州 市	1.3	47.6	51.2	3.3	59.1	37.6
镇 江 市	3.6	49.3	47.1	11.4	44.2	44.5
县(市)						
江 阴 市	1.2	54.4	44.4	4.7	61.3	34.0
常 熟 市	1.8	51.1	47.0	3.6	60.9	34.5
张 家 港 市	1.2	52.4	46.4	5.5	59.7	34.8
昆 山 市	0.9	54.5	44.7	1.4	63.4	35.2
太 仓 市	2.9	50.6	46.5	5.5	58.1	36.4
丹 阳 市	4.4	50.2	45.5	9.1	52.1	38.8
句 容 市	8.5	46.8	44.7	24.2	38.8	37.0

数据来源:《江苏统计年鉴 2018》

(二)工业生产平稳增长、运行质量持续升高

工业经济是沿沪宁线江苏区域内最重要的产业,在国民经济中具有举足轻重的作用。通信设备、计算机及其他电子设备制造业、黑色金属冶炼及压延加工业、电气机械及器材制造业和化学原料及化学制品制造业是苏南五市的优势制造业,相对来说,产业层次比较高端,多为资本密集型产业或信息产业。表 6 和图 4 是沿沪宁线苏南五市 2013—2017 年工业经济的发展情况,从中可以看出,工业总产值、主营业务收入都呈现出不断增长的态势。2017 年苏南五市实现主营业务收入 77 345.44 亿元。单位产值利润率在 2013—2017 年处于小幅波动总体上升的状态。

表 6　沿沪宁线苏南五市工业经济主要指标变化情况(2013—2017 年)

经济主要指标	2013 年	2014 年	2015 年	2016 年	2017 年
工业总产值(亿元)	75 195.84	77 069.43	77 209.71	78 831.63	78 831.63
主营业务收入(亿元)	74 060.18	76 868.57	75 745.07	78 119.21	77 345.15
单位产值利润率(%)	4.97	5.64	5.78	6.35	

数据来源:各年《江苏统计年鉴》

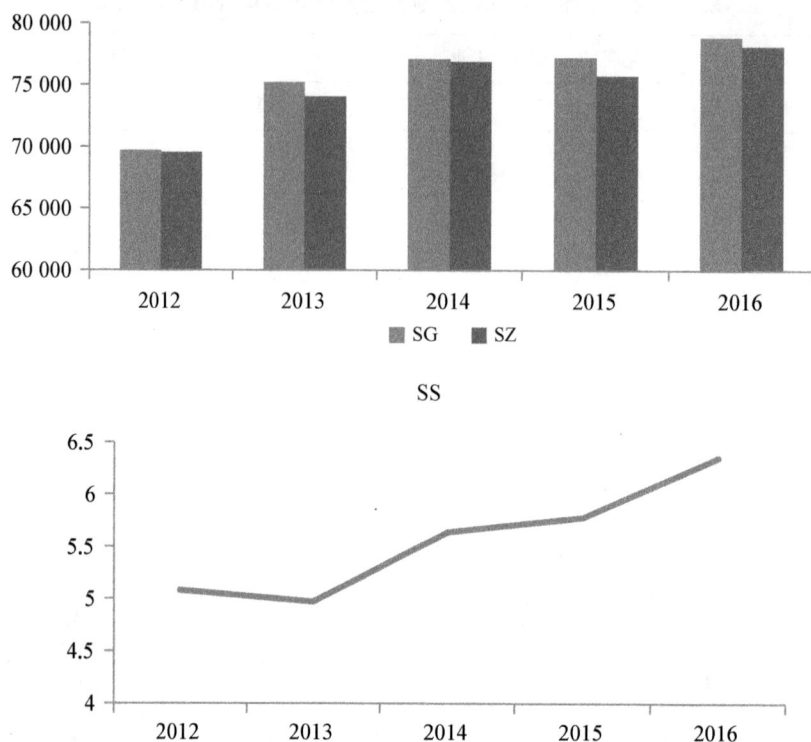

图4 沿沪宁线苏南五市工业经济主要指标变化情况（2012）

数据来源：各年《江苏统计年鉴》

注：SG、SZ、SS分别为工业总产值、主营业务收入、单位产值利润率（%）

　　其中，南京市规模以上工业总产值继2011年突破万亿元后，2017年达到12 945.02亿元；规模以上工业企业主营业务收入继2013年突破万亿元后，实现工业主营业务收入10 936.47亿元；实现利润总额867.69亿元。无锡市规模以上工业企业实现增加值14 352.96亿元。规模以上工业实现主营业务收入15 543.76亿元，略有下滑；工业企业实现利润1 053.61元。苏州市实现规模以上工业总产值30 713.99亿元，主营业务收入32 005.86亿元，利润总额2 002.15元。常州市完成规模以上工业产值8 942.07亿元，完成主营业务收入12 085.73亿元，实现利润总额732.22亿元。

表7 沿沪宁线地区工业经济运行情况（2013—2016年）

	2013 年			2016 年		
	工业总产值（亿元）	占全省的比重（%）	单位产值利润率（%）	工业总产值（亿元）	占全省的比重（%）	单位产值利润率（%）
苏南五市市区						
南京	12 647.14	9.39	5.94	11 603.75	9.94	7.48
无锡	14 890.65	11.06	4.98	16 002.28	13.71	6.58
常州	10 067.88	7.48	5.09	8 988.12	7.70	8.15
苏州	30 392.90	22.57	4.30	30 203.70	25.88	6.63
镇江	7 197.27	5.35	5.94	5 419.87	4.64	8.18

续表

	2013 年			2016 年		
	工业总产值（亿元）	占全省的比重（%）	单位产值利润率（%）	工业总产值（亿元）	占全省的比重（%）	单位产值利润率（%）
县（市）						
江阴	6 140.78	4.56	5.48	6 516.86	5.58	5.54
常熟	3 582.25	2.66	5.00	3 984.66	3.41	5.36
张家港	4 922.05	3.66	2.34	4 963.81	4.25	7.85
昆山	8 157.30	6.06	4.72	6 179.12	5.29	5.80
太仓	1 994.70	1.48	5.17	2 201.24	1.89	7.09
丹阳	2 263.70	1.68	5.21	1 456.92	1.25	8.33
句容	1 096.64	0.81	4.58	704.65	0.60	7.40
沿沪宁线区域	**103 353.26**	**76.76**	**4.86**	98 224.98	84.16	6.87

数据来源：各年《江苏统计年鉴》

根据表 7 中的数据可以对比沿沪宁地区五个市区和七个县（市）的工业经济运行情况。2016年，五个市区中，苏州市区完成工业总产值最多，达到了 30 713.99 亿元，占全省的比重 19.48%，其次是无锡市区 14 352.96 亿元，占全省的比重 9.1%，南京市区 12 945.02 亿元、常州市区 12 096.82亿元、最后是镇江市区，只有 8 722.84 亿元。单位产值利润率最高的是南京市区，为 7.41%，镇江市区为 6.67%，苏州市区最低，只有 5.77%。从 2013 年与 2016 年的对比来看，镇江市区的工业总产值增幅最高，达到了 42.86%，无锡市区则出现了负增幅，增速 −0.65%。

（三）工业结构调整升级加快，高新技术产业蓬勃发展

在沿沪宁线江苏区域苏南五市大力进行工业结构调整升级的过程中，以通信设备、计算机及其他电子设备制造业、电气机械及器材制造业等为代表高新技术产业蓬勃发展。高新技术产值从 2013 年的 34 013.1 亿元，提高到 2017 年的 39 378.1 亿元，年均增长率达到了 3.94%。从各年的增速来看，2015 年最低，只有 3.32%，2013 年为 6.88%，2017 年增速也只有 1.03%，增速呈现下降的趋势。

根据表 8 可以对沿沪宁线苏南五市的高新技术产业发展情况进行比较分析。2017 年苏州市高新技术产业产值最高，达到 15 158.1 亿元，遥遥领先于其他四市，占规模以上工业总产值47.11%，苏州市高新技术产业主要集中在电子及通讯设备制造业、电子计算机及办公设备制造业、电气设备制造业。其次是无锡市，2017 年高新技术产业实现产值 6 716.4 亿元，占规模以上工业总产值比重为 45.63%。镇江市 2017 年高新技术产业总产值在五市中最低，只有 3 977.7 亿元，但其占规模以上工业总产值的比重却最高，达到了 52.58%。

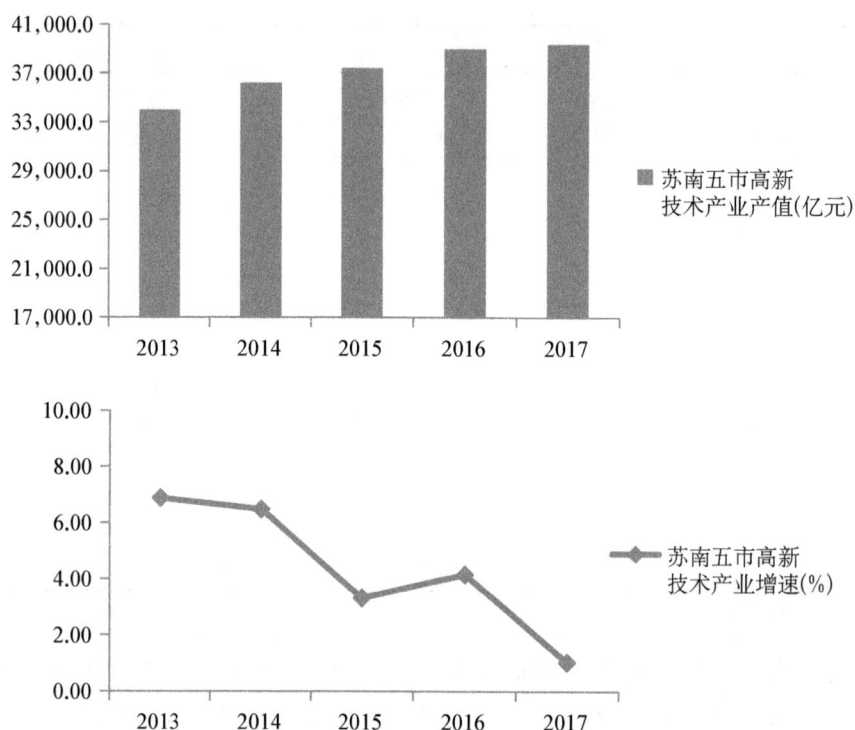

图 5 沿沪宁线苏南五市高新技术产业发展情况（2013—2017 年）

数据来源：各年《江苏统计年鉴》

注：SGAO 为 5 市高新技术产业产值

表 8 沿沪宁线苏南五市高新技术产业发展情况（2013—2017 年）

高新技术产业产值(亿元)	2013 年	2014 年	2015 年	2016 年	2017 年
南京	5 260.0	5 740.9	5 918.9	5 902.6	5 606.9
无锡	6 108.1	6 110.7	6 211.4	6 548.7	6 716.4
常州	4 138.0	4 805.9	4 975.6	5 453.8	5 902.0
苏州	13 183.0	13 644.9	13 962.3	14 470.3	15 158.1
镇江	3 311.0	3 900.8	4 337.5	4 586.9	3 977.7

数据来源：各年江苏省高新技术产业主要数据统计公报

从 2013—2017 年的年均增长率来看，苏南五市中，最快的是常州市，年均增长率为 10.7％，最低的是南京市 1.7％。苏南五市高新技术产业产值占规模以上工业总产值的比重都呈现出不断提高的趋势，增幅最多的是镇江市，从 2012 年的 46.1％ 提高到 2016 年的 47.2％，增长了 6.49 个百分点。南京市的增幅最小，只增长了 4.16 个百分点，其次是无锡、常州 5.45 个百分点。

（四）新兴产业迅猛发展，成为新的增长极

大力支持和力度培育战略性新兴产业是江苏经济长远发展的重大战略选择，是实现江苏产业升级和以创新为内在驱动力的经济增长方式转型的突破口。沿沪宁线的苏南五市根据自己的工业经济发展现状，结合本身的优势产业，各自确立了本市优先发展的战略性新兴产业，并制定了相关的扶持政策和规划安排。

表 9 沿沪宁线先进制造业发展情况（2017 年）

	主要优势新兴行业	高新技术产出产值
南京	新一代信息技术、生物医药、节能环保、风电光伏装备、新能源汽车、高端装备制造业、新材料、轨道交通、智能电网与电力自动化、航天航空	5 606.9 亿元
苏州	工业机器人、光伏、轨道交通、新能源汽车、生物技术、新医药	15 158.1 亿元
无锡	物联网、新能源、新材料和新型显示、新能源汽车、生物技术、新医药、节能环保、微电子、生物技术和新医药、软件和服务外包、工业设计和文化创意产业	6 716.35 亿元
常州	轨道交通、汽车及零部件、农机和工程机械、太阳能光伏、碳材料、新医药、新光源、通用航空、智能电网、智能数控和机器人	5 902 亿元
镇江	新材料、高端装备制造、新能源、航空航天、生物技术与新医药、新一代信息技术	3 977.66 亿元

2017 年，南京先进制造业加快发展，全年规模以上工业中，医药制造业增加值比上年增长 12.9%，专用设备制造业增加值增长 15.1%，电气机械及器材制造业增加值增长 11.7%，通用设备制造业增加值增长 11.4%，计算机、通信和其他电子设备制造业增加值增长 11.9%。代表智能制造、新型材料、新型交通运输设备和高端电子信息产品的新产品产量实现较快增长。全年工业机器人产量增长 99.6%，3D 打印设备增长 77.8%，新能源汽车增长 56.6%，服务器增长 54.2%，光纤增长 42.4%，智能手机增长 26.4%，太阳能电池增长 25.9%。2017 年，苏州制造业新兴产业产值 1.62 万亿元，占规模以上工业总产值的比重达 50.8%，比上年提高 1 个百分点。六大工业新产业中，工业机器人产业产值 227 亿元，增长 39.3%；集成电路产业产值 718 亿元，增长 17.2%。高端产品产量快速增长。工业机器人产量比上年增长 117.1%，3D 打印设备产量增长 77.8%，集成电路产量增长 11.1%。2017 年，无锡高新技术产业产值占规模以上工业总产值比重为 42.5%，每万人有效发明专利拥有量超过 34 件，科技进步贡献率达到 63.5%、全省领先。战略性新兴产业、先进制造业快速发展，预计物联网产业营业收入增长 18%，集成电路产业产值达到 890 亿元；实施国家级智能制造试点示范和应用项目 3 个，建成省级示范智能车间 59 个；全市军工科研院所和民口配套企业 120 余家，全省第二。2017 年，常州规模以上高新技术产业产值占规模以上工业总产值的比重达到 46.6%，规模以上工业十大产业链企业产值增长 15.8%，对全市产值增长的贡献率达 38.6%。各产业链均保持增长态势，其中新能源汽车及汽车核心零部件产业链增长 22.9%、智能电网产业链增长 22.2%、新材料产业链增长 20.6%、智能制造装备产业链增长 18.9%、新医药及生物技术产业链增长 15.4%。2017 年，镇江新增国家高新技术企业超过 100 家，规上工业企业及高新技术企业拥有研发机构占比达到 44%。重点培育的 12 条产业链销售同比增长 11%，占全市工业销售 51%，新能源、新一代信息技术、生物技术与新医药销售收入分别增长 13.9%、15.7% 和 12.2%。

（五）外资企业在工业经济中的地位显著

沿沪宁线江苏区域的城市因为其优越的地理位置和良好的工业基础，改革开放以来就一直是长三角地区以及全国吸引外商直接投资的"高地"，而外资企业在为该区域的工业发展和经济增长做出了重要的贡献。

表 10 是沿沪宁线江苏区域内五个市区和七个县（市）工业总产值中内外资企业的比重情况。

2016 年,整个区域外资企业的工业总产值占比达到了 44.85%,与内资企业比重相当,高于 2012 年的外资企业份额(44.03%)。从苏南五市市区的比较来看,苏州市市区对外资的依赖程度最高,其外资企业工业总产值的份额高达 64.69%,远高出其他四市市区,而无锡、南京、常州和镇江三市的市区都还是内资企业的比重要高于外资企业。七个县(市)中昆山市的外资经济最为发达,占到总产值的 84.56%,几乎是排在之后太仓市的 1.62 倍,太仓市的外资企业产值较内资企业相当。江阴市内资企业占工业总产值的比重在七个县(市)中最多,达到了 77.55 %,其次是丹阳市,也有72.98%。从 2012—2016 年的变化情况来看,除了无锡市、苏州市、镇江市、昆山市、句容市、丹阳市和江阴市,其他城市的外资企业在工业经济中的地位都有所提升。当然我们也要看到,处在工业化后期的沿沪宁线江苏区域,继续维持利用外资带来高增长的经济增长方式,已相当困难。随着该地区成本优势和土地价格、税收优惠等地方政策优势的丧失,外资随时会发生迁徙,将对经济将造成严重的打击。沿沪宁线地区应该深化对外开放,鼓励外商投资高端制造业、战略性新兴产业、现代服务业,增强外资工业发展优进而改善出口结构,推动工业经济转型升级。

表 10　沿沪宁线各地区内、外资企业占工业总产值的比重(%)

	2013 年		2016 年	
	内资企业	外资企业	内资企业	外资企业
苏南五市				
南京	59.15	40.85	58.36	41.64
无锡	64.83	35.17	63.46	36.54
常州	69.22	30.78	66.55	33.45
苏州	35.25	64.75	35.31	64.69
镇江	65.92	34.08	67.93	32.07
县(市)				
江阴	74.89	25.11	77.55	22.45
常熟	57.55	42.45	51.38	48.62
张家港	76.27	23.73	66.63	33.37
昆山	11.06	88.94	15.44	84.56
太仓	50.38	49.62	47.75	52.25
丹阳	71.57	28.43	72.98	27.02
句容	65.05	34.95	70.54	29.46

数据来源:各年《江苏统计年鉴》

四、沿沪宁线区域开放型经济发展现状

2017 年,沿沪宁线苏南五市进出口总额和出口总额为 5 003.21 亿美元和 3 010.19 亿美元,占全省比重为 84.64%和 82.86%,实际利用使用外资 153.90 亿美元,占全省比重为 61.23%。2017年,沿沪宁线江苏区域完成进出口总额 4 945.52 亿美元,其中出口总额 2 962.34 亿美元,占全省的比重分别达到了 83.67%和 81.54%,实际使用外资额 146.66 亿美元,占全省的 58.35%。沿沪宁线江苏区域是全省对外开放的排头兵,外向型经济十分发达,对全省的对外贸易发展有着极其重要的作用。2009年受全球金融危机影响,江苏外贸发展遭遇严峻考验,进出口增幅迅速回落。此后,江苏沿沪宁线地区积极转变外贸增长方式,以发展新兴产业或实现国际分工位次提升来向价值链的高端攀升,但我们要意识到低技术劳动密集型产品出口占相当比重、加工贸易为主要贸易方式、外资企业为外贸主体的情况仍将长期存在,外贸结构演进将是一个较长期的过程。

(一) 对外贸易规模再创新高,但增速不断回落

图6是沿沪宁线苏南五市进出口和出口总额及增长率变化情况。从中可以看出,2013—2014年间,苏南五市的进出口总额和出口总额连创新高,从2013年的4 746.41亿美元和2 757.17亿美元,增长到2014年的4 818.14亿美元和2 860.03亿美元。2009年因为遭遇全球金融危机的影响,企业订单迅速减少,导致当年苏南五市的进出口总额和出口总额比上年有所减少。从增速来看,趋势还是十分明显的,呈现出不断回落的情况。2004—2008年间,进出口总额和出口总额的年增速从43.10%、41.24%,逐步降为9.87%和14.36%,2009年首次出现了负增长,虽然2010年大幅反弹,但2012年又再次下滑到0.59%和3.85%。2014—2016年间进出口总额和出口额出现不同程度的下滑,从2014年的4 818.14亿美元和2 860.03亿美元,下降到2016年的4 316.78亿美元和2 642.56亿美元。然而2017年进出口总额和出口总额都表现出大幅增长,分别为5 003.21亿美元和3 010.19亿美元。当前,国际金融危机深层次影响日益显现。

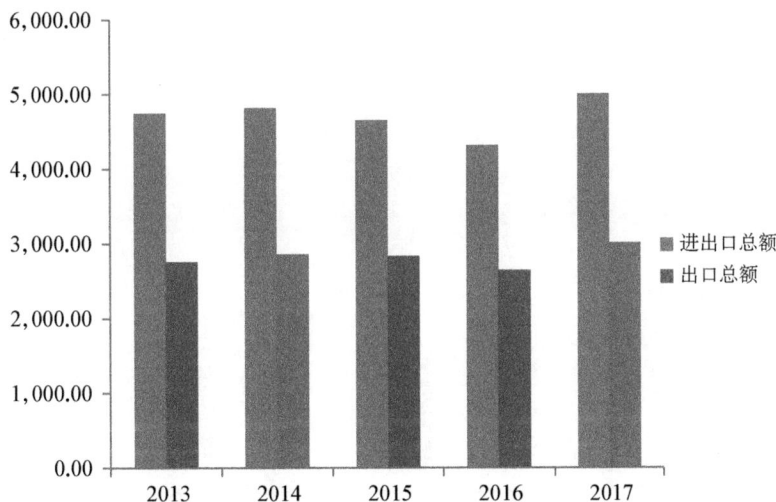

图6　沿沪宁线苏南五市进出口和出口总额及增长率变化情况(亿美元)

数据来源:各年《江苏统计年鉴》

从沿沪宁线江苏区域的内部城市来看,2017在五个市区城市中,苏州市市区的进出口总额和出口总额遥遥领先,分别达到了3 160.79亿美元和1 871.61亿美元,是排在第二位的无锡市市区的3.89倍和3.78倍。最低的是镇江市市区,只有105.36亿美元和69.85亿美元。七个县(市)中2017年完成进出口总额和出口总额最多的城市都是昆山市,分别达到了827.72亿美元和545.04亿美元,比无锡市市区还高出不少。除了丹阳和句容,其他县(市)的出口总额都超过50亿美元。丹阳和句容的进出口总额和出口总额明显要比苏、锡地区的县级市少很多,其中,句容市最低,只有

5.40亿美元和4.53亿美元。

2010—2014年间,进出口总额年均增长率最高的市区城市是常州市区,达到6.64%,出口总额增长最快的是镇江,年均增长率为8.57%。苏州市区的进出口总额和出口的年均增速最低,只有1.50%和2.67%。七个县(市)中2014年完成进出口总额和出口总额最多的城市都是昆山市,分别达到了847.91亿美元和535.77亿美元,比无锡市区还高出不少。除了丹阳和句容,其他县(市)的出口总额都超过100亿美元,并且都集中在150—200亿美元之间。丹阳和句容的进出口总额和出口总额明显要比苏、锡地区的县级市少很多,其中,句容市最低,只有5.79亿美元和4.52亿美元。2010—2014年间七个县级市的进出口总额和出口总额的年均增长率普遍要高于五市市区,其中进出口总额增速最快的是太仓市,达到了12.20%,出口总额增长最快的是丹阳市10.76%,而最低的昆山市只有0.80%和0.11%。

2015—2017年间,受世界经济形势的影响,苏南五市进出口总额和出口额均表现出增长态势,但是苏州市实际使用外资下滑最为明显,下滑12.64%。七个县级市中除了常熟市和张家港市,其他五个县级市均出现进出口总额或出口额下滑的现象。

表11 沿沪宁线地区开放型经济主要指标及增长率情况(2010—2017年)

	2017年(亿美元)			2010—2017年年均增长率(%)		
	进出口	出口	实际外资直接投资	进出口	出口	实际外资直接投资
苏南五市市区						
南　京	572.21	326.28	32.91	5.84	7.01	5.31
无　锡	741.70	442.31	29.04	4.91	5.08	−3.14
常　州	288.10	213.64	24.09	6.64	8.25	−0.35
苏　州	3 113.06	1 811.78	81.20	1.50	2.67	−3.66
镇　江	103.07	66.02	12.95	6.03	8.57	−5.36
县(市)						
常　熟	201.80	125.53	10.52	3.89	1.87	4.80
张家港	328.26	148.10	6.72	5.93	10.44	−5.16
昆　山	847.91	535.77	12.84	0.80	0.11	−7.12
太　仓	137.91	60.80	3.96	12.20	10.32	−16.30
江　阴	223.04	130.23	8.55	8.92	8.42	5.13
丹　阳	27.73	22.41	3.48	11.28	10.76	12.18
句　容	5.79	4.52	2.57	7.02	10.25	4.03
沿沪宁线区域	6 590.57	3 887.39	228.83	3.12	3.81	−2.02
苏南五市市区						
南 京 市	611.87	344.15	36.73	7.46	4.62	5.07
无 锡 市	812.53	495.19	36.65	9.34	8.63	7.23
常 州 市	312.66	229.39	22.16	5.75	3.96	14.38
苏 州 市	3 160.79	1 871.61	44.83	1.76	1.57	−12.64
镇 江 市	105.36	69.85	13.53	2.34	0.81	1.84

续表

	2017 年(亿美元)			2015—2017 年均增速(%)		
	进出口总额	出口额	实际使用外资	进出口总额	出口额	实际使用外资
县(市)						
江　阴　市	209.73	121.43	4.72	1.63	−1.08	−26.66
常　熟　市	244.74	167.60	6.09	5.23	7.36	−12.17
张家港市	321.29	159.83	3.93	4.89	3.89	−19.77
昆　山　市	827.72	545.04	7.14	−0.41	0.66	−17.57
太　仓　市	129.70	60.86	4.29	0.95	−1.77	−7.19
丹　阳　市	27.75	23.79	3.44	−0.50	0.62	1.96
句　容　市	5.40	4.53	3.13	1.14	−0.11	5.89
沿沪宁线区域	6 769.54	4 093.27	186.64	3.19	2.74	−3.90

数据来源:各年《江苏统计年鉴》

(二)引资规模具有优势

沿沪宁线江苏区域内的各个城市积极优化本地投资环境,加大招商引资力度,不断提升引资质量。2017 年沿沪宁线线苏南五市实际使用外资 153.9 亿美元,比上年下降 8.1%。其中苏州市实际使用外资 44.8 亿美元,居长三角十六个城市中的第二位,仅次于上海。镇江市引资 13.5 亿元,位居末位。从图 6 可以看出,2010—2012 年,沿沪宁线苏南五市的实际外商直接投资额一直呈现出不断上升的势头,从 2010 年的 194.6 亿美元,攀升到 2012 年的 228.8 亿元,之后便出现下降的势头,尤其是 2014 年下降幅度最大。从年增速来看,2006 年出现过一次较大幅度的提升,之后一直持续下降,到 2009 年由于全球金融危机的影响,当年引资增速只有 3.64%,2010 年和 2011 年逐步企稳回暖,2013 年增速又有所放缓,2014 年下降不少。2016 年除无锡市,其他地区的实际使用外资额的变化趋势同外商直接投资,增速放缓,有些甚至出现较大增幅的负增长,说明我国正在从外资引进向资本输出转变。

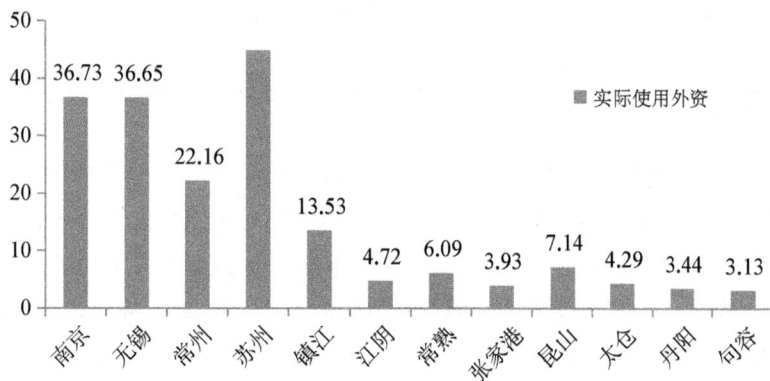

图 7　2017 年沿沪宁线苏南五市实际使用外资额情况(亿美元)

数据来源:2018 年《江苏统计年鉴》

表 11 中数据显示，2017 年沿沪宁线区域五个市区中的苏州市区实际使用外资额最高，为 44.83 亿美元，其次是南京市区 36.73 亿美元，镇江只有 13.53 亿美元。与 2015 年相比，常州市区年均增长 14.38%，苏州市区年均下降 12.64%，其他城市的实际使用外资额年均变化较小，均不超过 10%。七个县（市）中，昆山市的实际使用外资领先于其他县级市，2017 年为 7.14 亿美元，常熟为 6.09 亿美元，排在第二位。最低的句容市，只有 3.13 亿美元，其次是丹阳市 3.44 亿美元。

五、沿沪宁线区域人民生活发展现状

沿沪宁线江苏区域在保持经济又好又快发展的同时，把切实提高城乡居民收入作为经济发展的基本出发点，通过调整收入分配制度、鼓励就业和用好公共财政等政策措施，使人民更多地分享经济发展的成果。而城乡居民收入的提高也是作为进一步扩大内需、推动经济平稳较快发展的重要保障。因此基本形成了经济增长—社会财富增加—居民收入水平提高—消费需求增加—消费水平提高—经济持续增长的良性循环和良性互动局面。

（一）居民收入稳步增加，城乡收入差距有缩小的趋势

图 8 显示出沿沪宁线区域的城镇居民人均可支配收入与农村居民人均纯收入自 2013 年以来，一直保持着持续不断的增长，分别从 2013 年的 39 085.90 元和 19 206.20 元，提高到 2017 年的 48 864.50 元和 24 595.96 元。同时城乡收入比表现出先不断扩大而后缩小的趋势。2004—2008 年是城乡收入比持续扩大的时期，从 2004 年的 1.91 增加到 2.18，2009 年之后开始不断缩小，2013—2017 年间持续缩小，从 2013 年的 2.04 缩小到 2017 年的 1.99，说明沿沪宁线区域的城乡收入差距还是很大，但存在不断缩小的趋势。

表 12　沿沪宁线地区城乡收入及恩格尔系数变化情况（2013—2017 年）

	2013 年	2014 年	2015 年	2016 年	2017 年
城镇居民人均可支配收入（元）	39 085.90	42 515.03	45 978.1	49 627.00	48 864.50
恩格尔系数（城镇）（%）	33.13	29.33	29.07	28.80	28.33
农村居民人均纯收入（元）	19 206.20	21 195.43	23 062.50	25 019.70	24 595.96
恩格尔系数（农村）（%）	33.92	30.25	29.96	29.50	28.99

数据来源：各年《江苏统计年鉴》

从沿沪宁线江苏区域各城市来看（如表 13 所示），2017 年苏南五市中城镇居民人均可支配收入最高的是苏州市市区，达到 58 806 元，其次是南京市市区 54 538 元、无锡市市区 52 659 元，最后是常州市市区 49 955 元和镇江市市区 45 386 元。2017 年沿沪宁线地区县级市的农村居民人均纯收入最高的是江阴市，为 30 532 元。苏州的四个县（市）与江阴市的差距都不大，均超过了 30 000 元。丹阳市和句容市的农村居民人均纯收入在七个县市中最低，只有 23 603 元和 20 527 元。

2013—2017 年间，沿沪宁线江苏区域的城乡收入不仅都持续上升，而且每年的增速与当年的 GDP 增速相比，都要稍高。例如，2013 年城镇居民和农村可支配收入增速比当年的 GDP 增速分别高出 3.5 个和 0.67 个百分点。

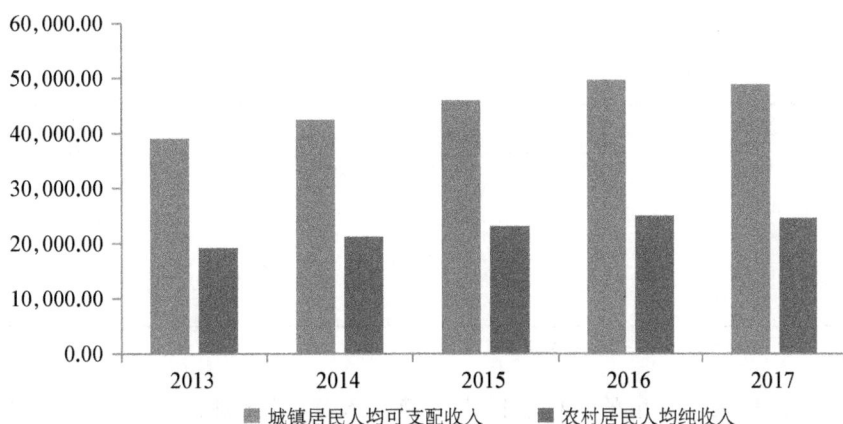

图 8　沿沪宁线居民人均收入变化情况（2013—2017 年）

数据来源：各年《江苏统计年鉴》

（二）人民生活质量全面提高

伴随着沿沪宁线江苏地区经济社会的发展和综合实力的提高,人均储蓄存款余额、人均住房面积、恩格尔系数等反映人民生活水平指标全面提升。如表 13 所示,南京、无锡、常州、苏州和镇江市区的城镇居民人均恩格尔系数在持续下降,分别从 2013 年的 33.5%、34.6%、34.5%、33.1% 和 35.6%,降为 2017 年的 25.3%、27.5%、26.8%、26.5% 和 28.3%,其中南京市区的降幅最多,达到了 8.2 个百分点。城镇居民人均住房建筑面积的不断增加则反映了居民生活质量和居住环境的提升,2017 年无锡市区的城镇居民住房面积最多,为 47.1 平方米,较 2013 年增加了 9.1 平方米,是增加最多的城市。只有南京市区的城镇居民人均住房建筑面积不足 40 平方米,为 39.8 平方米,但也比 2013 年增加了 7.0 平方米。

表 13　沿沪宁线地区人民生活主要指标变化情况（2013—2017 年）

	城镇居民人均 可支配收入（元）		城镇居民人均住房 建筑面积（平方米）		城镇居民 恩格尔系数（%）	
	2013 年	2017 年	2013 年	2017 年	2013 年	2017 年
苏南五市市区						
南　京	38 531	54 538	32.8	39.8	33.5	25.3
无　锡	38 999	52 659	38.0	47.1	34.6	27.5
常　州	36 611	49 955	41.5	45.2	34.5	26.8
苏　州	42 748	58 806	43.1	43.5	33.1	26.5
镇　江	32 977	45 386	40.4	45.0	35.6	28.3
县（市）						
江　阴	21 882	30 532	71.0	49.0	35.3	29.8
常　熟	21 691	30 288	82.1	74.7	32.0	26.9
张家港	21 689	30 188	70.0	69.3	29.6	28.2

续表

	农村居民人均纯收入（元）		农村居民人均住房面积（平方米）		农村居民恩格尔系数（%）	
	2013 年	2017 年	2013 年	2017 年	2013 年	2017 年
昆 山	21 793	30 489	55.0	45.2	33.7	28.9
太 仓	21 605	30 026	76.9	78.3	32.6	30.4
丹 阳	16 983	23 603	62.0	57.0	35.2	30.6
句 容	14 824	20 527	46.2	51.0	34.3	30.4

数据来源:《江苏统计年鉴2014》、《江苏统计年鉴2018》

　　沿沪宁线江苏区域七个县市的农村居民人均纯收入,按可比价格计算,2013—2017 年的五年间,增速均徘徊在 39％左右,增速最高的为昆山 39.90％,最低的为句容 38.47％,差异不是很大。农村居民恩格尔系数所有县级市都有所下降,降幅最多的是江阴市,下降了 5.5 个百分点,最少的是张家港市,下降了 1.4 个百分点。七个县市除了句容市和太仓市,农村居民人均住房面积都在减少,其中江阴市减少的最多,从 2013 年的 71.0 平方米,减少到 2017 年的 49.0 平方米。

第六篇　县域经济篇

第一章　江苏省县域经济发展研究报告

一、整体概况介绍

县域经济作为国民经济的基本单位,是经济社会生活中宏观和微观的结合部,无论在人口数量、地域规模,还是在经济发展中,都有着十分重要的地位。2012 年 9 月,经国务院、江苏省政府批复同意,苏州市县级吴江市撤销,设立苏州市吴江区,以原吴江市行政区域为吴江区的行政区域。2012 年 12 月,经国务院、江苏省政府批复同意,泰州市撤销县级姜堰市,设立泰州市姜堰区,以原姜堰市行政区域为姜堰区行政区域。2013 年 2 月,经国务院、江苏省政府批复同意,南京市溧水县、高淳县被撤销,设立南京市溧水区、高淳区,分别以原溧水县、原高淳县的行政区域为南京市溧水区、高淳区的行政区划。2014 年 5 月,经国务院、江苏省政府批复同意,连云港的赣榆县整建制撤县设区,为连云港赣榆区。2015 年 6 月,经国务院、江苏省政府批复同意,常州的金坛县,撤县设区,为常州金坛区。2015 年 8 月,经国务院、江苏省政府批复同意,撤销县级大丰市,设立盐城市大丰区,以原大丰市的行政区域为大丰区的行政区域。2016 年 6 月,经国务院批准撤销洪泽县,设立洪泽区。

因此,2017 年江苏县域经济研究对象共有 41 个县(市),与 2016 年相比没有变化,与 2015 年相比,减少 1 个。具体包括常州地区的溧阳市,淮安地区的金湖县、涟水县、盱眙县,连云港地区的东海县、灌南县、灌云县,南通地区的海安县、海门市、启东市、如东县、如皋市,苏州地区的常熟市、昆山市、太仓市、张家港市,泰州地区的靖江市、泰兴市、兴化市,无锡地区的江阴市、宜兴市,宿迁地区的沭阳县、泗洪县、泗阳县,徐州地区的丰县、沛县、邳州市、睢宁县、新沂市,盐城地区的滨海县、东台市、阜宁县、建湖县、射阳县、响水县,扬州地区的宝应县、高邮市、仪征市,镇江地区的丹阳市、句容市、扬中市。

2017 年,江苏县域经济总体保持良好发展势头。全国县域经济专门研究机构、社会智库中郡所发布了《2017 县域经济与县域发展报告》中,江苏县域整体实力摘得百强县第一,前 5 占 4 席,前 10 占 6 席,而福建、浙江省 10 席中均只占 2 席。其中,昆山为江苏第一,全国第一。昆山作为百强县的"尖子生",一直保持名列前茅的地位,拥有国家级经济技术开发区、国家级高新技术产业开发区、综合保税区。2016 年 1 月,昆山被住房和城乡建设部评为首批"国家生态园林城市"。而江阴、张家港、常熟排在 2—4 名,太仓、宜兴进入前 10 名。其余入围的百强县市集中在镇江、常州、苏州、南通、无锡、泰州这些苏南、苏中地区,苏北地区仅有盐城的东台市入围。苏南地区县域经济发展源于乡镇企业的发展,在新形势下苏南地区加快创新步伐,积极发展园区经济,使其县域经济实力继续保持全国领先。

2017 年,江苏省县域经济土地面积为 70 477.9 平方公里,占全省的 66.57%;年末户籍人口数量达到 4 168.67 万人,占全省户籍人口总数的 51.91%。县域经济全年实现区域生产总值 37 615.07 亿元,占江苏省 GDP 总量的 43.79%,其中实现工业增加值 16 236.93 亿元,服务业增加值16 887.3亿元,分别占全省的47.74％和38.39％。与2016年相比,虽然比重有所下降,但绝对数均超过了2016年的水平。县域经济在江苏省总体发展中依旧占有重要的地位,县经济的崛起对带动江苏省整体经济发展具有积极的推动作用。

二、江苏县域综合经济发展现状

自20世纪80年代以来,伴随着乡镇企业的兴起,江苏的县域经济一度进入一个蓬勃发展的时代,占据全省经济的半壁江山。以昆山、江阴为代表的一大批沿海县市成为江苏经济最为活跃的地区。从最早"村村点火、户户冒烟"的原始模式,到园区化承载、集群式推进,县域经济成为支撑国民经济中不可忽视的力量。

改革开放之初,苏南以"吃螃蟹"的勇气和决心,坚持走市场化之路,大力发展乡镇经济和乡镇企业,不仅冲击了高度集中统一的计划经济和资源配置的行政方式,而且为社会主义市场经济体制的建立开拓了道路,推动了区域经济长达数十年的高速发展。在全面深化改革的新形势下,苏南乡镇经济只有秉承改革思路,坚持破立并举,充分发挥市场配置资源的决定性作用,着力推动产业重兴、特色重显、渠道重拓、环境重建,才能重构发展新优势,推动经济新转型。

近五年来,江苏省县域经济规模不断扩大,但增速与大环境相似,有明显下降的趋势。2013年江苏省42个①县域经济全年完成地区生产总值28 706.76亿元,至2017年,全省县域经济地区生产总值已达37 615.07亿元,五年内平均增速到6.99％。但从具体增速来看,经过2010年的短暂调整之后,县域经济近几年面临较大的增速下滑问题。2017年出现较为明显的转好,2017年县域经济地区生产总值增速平均值11.95％,增速相较2016年加快了4.76个百分点。县域经济总量在全省的占比有所下滑,从2011年的45.36％,上升到2012年峰值46.20％,之后一路下滑到2015年的44.71％,2017年又下降到43.79％。以常住人口计算的人均GDP也面临同样的问题,2017年江苏省县域经济人均GDP年增长率均值达到19.72％,比全省人均GDP增长高出7.14个百分点。

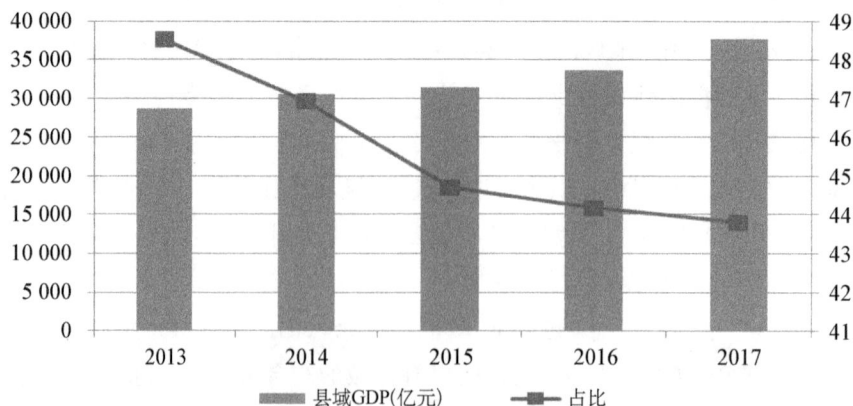

图1 江苏省县域经济地区生产总值及占全省的比重

数据来源:历年《江苏统计年鉴》

注:本表县域经济数据由2017年的41个县(市)相关指标加总计算所得。

---

① 按2017年的41个县域进行计算。

县域地区生产总值占全省地区生产总值的比重继续呈现下降趋势,这反映出随着宏观经济的日益严峻,竞争力薄弱的县域经济逐渐陷入困局,产业同质化、结构单一、技术力量不足等短板逐渐暴露。背后的核心重要因素在于县域产业发展同质化和产能过剩。从目前的情况来看,江苏相当部分县域产业体系雷同,而且很多产业链条短、科技含量低、附加值不高、能源消耗较大。特别是一些县域经济主要依靠钢铁、电解铝、水泥等传统工业或光伏、风电等新能源产业支撑,目前供给能力大幅超出需求,运行风险逐步显性化。

从苏南、苏中和苏北三大区域来看,其内部县域经济发展依然存在一定的差距。从经济总量上来说,苏南县(市)地区生产总值在全省县域经济中依旧占有绝对优势,但其占比从 2012 —2016 年逐年下降,五年间由 52.98% 下降到 48.03%,相反 2017 年却增速较快,占比达到 57.03%。苏中县(市)与苏南县(市)保持了基本一致的增长趋势,在近年来增速降低的情况下保持了总体经济的规模扩张。苏北县(市)在 2010 年后与其他区域县(市)的总体增长情况出现分离,虽然增速也出现了小幅下降,但与其他区域的增速差距逐步扩大。苏北县(市)经济总量保持了较高的增长速度,但是在 2014 年和 2015 年出现不同程度的下降,2016 年出现了小幅度的上升,2017 年又出现了较为明显的下降。其中 2017 年时苏北县域经济总量占全部县域经济的 23.03%,较 2016 年下降了 4.29 个百分点。

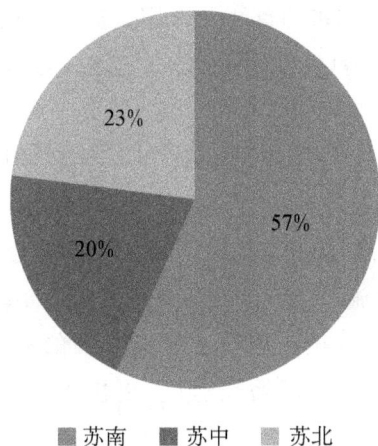

图 2　2017 年江苏省三大区域县域经济地区生产总值占比(%)

数据来源:历年《江苏统计年鉴》

注:本表县域经济数据由 2017 年的 41 个县(市)相关指标加总计算所得。

从县域经济数量来看,2017 年苏南地区共有 10 个县(市),年末户籍人口数达 815.67 万人,占全部县(市)的 19.57%,土地面积共计 11 276 平方公里,占全部县(市)的 17.29%;苏中地区共有 11 个县市,年末户籍人口达 1 124.8 万人,占全部县(市)的 26.98%,土地面积共计 16 915 平方米,占全部县(市)的 25.93%;苏北地区共有 20 个县市,年末户籍人口为 2 228.2. 万人,占全部县(市)的 53.45%,土地面积共计 37 032 平方米,占全部县(市)的 56.8%。

2017 年,苏南地区 10 个县(市)全年实现地区生产总值 17 851.14 亿元,占全省县域经济的 47.46%;苏中和苏北地区分别实现地区生产总值 9 433.42 亿元、10 330.51 亿元,占全省县域经济总量的 25.08% 和 27.46%。

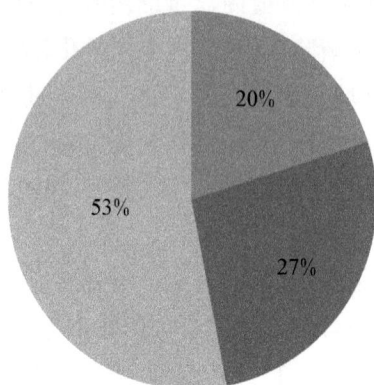

■ 苏南 ■ 苏中 ■ 苏北

图3 2017年江苏省三大区域县域户籍人口占比(%)

数据来源:历年《江苏统计年鉴》

注:本表县域经济数据由2017年的41个县(市)相关指标加总计算所得。

从表1中可以看出,三大区域中县域经济中的户籍人口和土地面积存在显著差异,苏南地区以全省县域经济中19.57%的人口和17.29%的土地创造了3倍于苏中的全省县域经济平均水平的经济密度,在全省县域经济发展中起到极为重要的作用。苏中地区全年地区生产总值仅为苏南地区县(市)的52.84%,苏北地区全年地区生产总值是苏南地区县(市)的57.87%,三大区域之间的总体经济发展还存在一定差距。

但从发展速度上来看,2016年全年苏中地区县(市)GDP平均增速为13.96%,高于苏南地区3个百分点,苏北地区县(市)GDP平均增速达到12.52%,比苏南地区高1.93个百分点。由于苏南地区经济发展基数较大,苏南、苏中、苏北三大区域县域经济在未来相当时间中仍将保持一定的差距。基于"长三角规划实施"、"江苏沿海开发"、"跨江联动"、"长江经济带"、"一带一路"等政策的叠加效应,苏北地区县域经济出现了快速发展的势头,展现出"三快于"的局面,即苏北地区县域经济增长速度快于苏北地区增长速度,更快于江苏省县域经济增长速度,更快于江苏省经济增长速度。

表1 2017年江苏省三大区域县(市)主要综合指标

	绝对值			比重(%)		
	苏南	苏中	苏北	苏南	苏中	苏北
县(市)数量	10	11	20	25	27.5	50
年末户籍人口(万人)	815.67	1 124.8	2 228.2	19.57	26.98	53.45
土地面积(平方公里)	11 276	16 915	37 032	17.29	25.93	56.78
GDP(亿元)	17 851.14	9 433.42	10 330.51	47.46	25.08	27.46

数据来源:《江苏统计年鉴2018》

注:本表县域经济数据由41个县(市)相关指标加总计算所得;经济密度比重是指区域县(市)经济密度与全部县(市)经济密度的比例。

从具体县(市)表现来看,以昆山市、常熟市、江阴市等为代表的明星苏南县(市)依旧保持了较好的发展态势,为县域经济发展树立了榜样。2017年全省县(市)地区生产总值排名中,前十位依次为昆山市、江阴市、张家港市、常熟市、宜兴市、太仓市、丹阳市、海门市、如皋市、启东市,其中7个县(市)来自苏南区域,该排名与2016年基本相同。人均GDP排名前十位依次为昆山市、江阴市、张家港市、太仓市、扬中市、常熟市、靖江市、丹阳市、海门市和宜兴市,其中8个县(市)来自苏南区域。排名前十位的县(市)人居GDP均超过10万元,远高于全省人均GDP均值107 189元,排名首位的昆山市人均GDP达212 103元,是末位县(市)人均GDP的4.67倍。

表2 2017年全省各县(市)主要经济指标

地区	GDP		GDP增长率		人均GDP	
	绝对值(亿元)	排名	绝对值(%)	排名	绝对值(元)	排名
江 阴 市	3 488.27	2	13.14	16	211 943	2
宜 兴 市	1 558.25	5	13.10	17	124 208	10
丰 县	456.94	31	12.77	20	48 084	39
沛 县	756.32	20	13.73	10	67 634	26
睢 宁 县	560.07	25	12.60	21	54 529	31
新 沂 市	644.26	21	14.62	7	70 623	24
邳 州 市	917.65	13	14.12	9	63 690	28
溧 阳 市	858.04	16	7.09	39	112 596	11
常 熟 市	2 279.55	4	7.91	36	150 532	6
张家港市	2 606.05	3	12.46	22	207 380	3
昆 山 市	3 520.35	1	11.39	29	212 103	1
太 仓 市	1 240.96	6	7.43	38	173 835	4
海 安 县	868.3	14	14.96	6	100 295	14
如 东 县	852.5	17	14.17	8	86 897	16
启 东 市	989.5	10	12.21	24	103 950	13
如 皋 市	1 025.8	9	13.44	12	82 149	19
海 门 市	1 135.9	8	25.62	1	125 445	8
东 海 县	483.82	30	11.63	26	49 891	36
灌 云 县	366.44	38	11.50	28	45 405	41
灌 南 县	342.21	39	11.54	27	53 794	32
涟 水 县	429.38	36	10.93	32	50 599	35
盱 眙 县	395.68	37	10.93	32	60 441	29
金 湖 县	267.87	41	10.74	33	80 696	21
响 水 县	319.91	40	18.20	2	63 854	27
滨 海 县	442.53	35	13.00	18	47 355	40
阜 宁 县	447	33	13.34	13	53 745	33
射 阳 县	500.02	29	13.22	14	56 531	30
建 湖 县	523.1	28	12.22	23	71 589	23
东 台 市	812.81	18	11.80	25	82 906	18
宝 应 县	574.93	24	13.56	11	75 828	22

续表

地区	GDP		GDP 增长率		人均 GDP	
	绝对值(亿元)	排名	绝对值(%)	排名	绝对值(元)	排名
仪 征 市	628.36	22	12.80	19	110 871	12
高 邮 市	608.41	23	13.19	15	81 908	20
丹 阳 市	1 233.27	7	8.56	35	125 422	9
扬 中 市	536.2	26	6.24	40	156 349	5
句 容 市	530.2	27	7.50	37	84 683	17
兴 化 市	862.3	15	15.15	5	68 679	25
靖 江 市	923.35	12	15.17	4	134 364	7
泰 兴 市	964.07	11	15.75	3	89 456	15
沭 阳 县	770.14	19	10.44	34	49 463	38
泗 阳 县	447.75	32	11.17	31	53 092	34
泗 洪 县	446.61	34	11.34	30	49 884	37

数据来源:《江苏统计年鉴2018》

从增长速度来看,由于明星县(市)经济基数较大,在地区生产总值和人均 GDP 增长率上相对较低,苏中、苏北县(市)总体增速迅猛。地区生产总值增长率排名前十的县(市)依次为海门市、响水县、泰兴市、靖江市、兴化市、海安县、新沂市、如东县、邳州市以及沛县。其中排名前三位的县(市)GDP 增长率均超过 15%,最高的仪征市增速达 25.62%,增速最低的是扬中市,只有 6.24%。

三、江苏县域产业经济发展现状

(一)县域产业结构进一步调整

2017 年,江苏省县域经济三次产业结构由 2016 年的 7.06 : 48.27 : 44.67,进一步调整为 4.48 : 45.54 : 49.98,第三产业开始占据主导地位,县域经济整体"服务化"进程稳步推进。该阶段特征符合钱纳里产业结构理论中关于"后工业化"阶段的描述:第二产业比重转为相对稳定并且开始有所下降,第三产业比重开始不断提高。相较于全省产业结构来看,县域产业结构依然存在第一、第二产业比重略高,第三产业比重偏低的问题。

从苏南、苏中、苏北三大区域来看,其县域产业结构存在显著差别。苏南县域产业结构存在显著的"弱农业"特征,第二和第三产业比重都处于较高的水平,其中第二产业及第三产业比重显著高于全省及县域平均水平,说明苏南地区县域工业发展规模虽然较大,但服务业已经成为经济发达县域地区产业结构调整的主导方向。以张家港市为例,该市服务业占地区生产总值比重每年提升1.4个百分点,达到46.2%,一般公共预算收入占 GDP 的比率达到8.2%,服务业成为促进经济社会发展的"主引擎"。张家港市依托较为发达的工业经济基础,打造现代物流、专业市场、金融保险等生产性服务业,促进产业转型升级,构筑高端的现代产业体系,并引导传统工业企业向服务业领域进军,推进传统产业优化升级,实现"二三产融合发展"。形成了以现代物流、专业市场为重点产业,创意产业、科技服务、现代商务等新兴服务业协调发展的较为完整的县域服务业产业链。

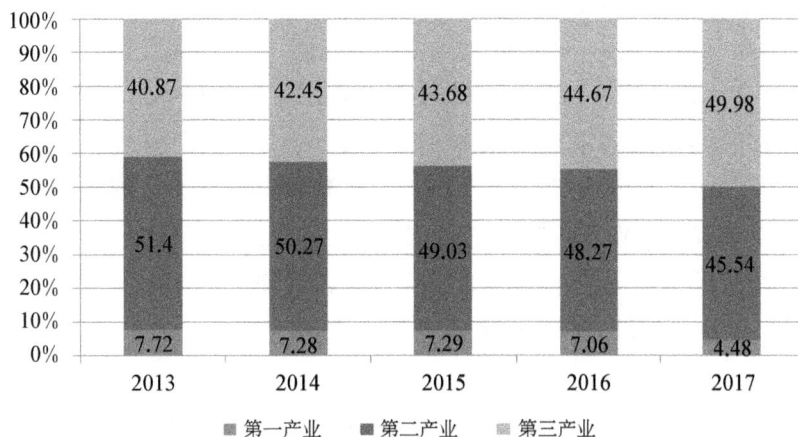

图4　2017年江苏省县域经济产业结构变化情况（%）

数据来源：历年《江苏统计年鉴》

注：本表县域经济数据由2017年的41个县（市）相关指标加总计算所得。

苏中县域产业结构与全省县域产业结构较为类似，其工业规模与全省县域平均水平相比减少了1.33个百分点，而服务业发展水平较之增加了0.6个百分点。苏北县域产业结构中的农业比重过高，达到10.41%，第二和第三产业比重均较低，县域经济整体对农业发展依赖程度较高，工业、服务业发展较为不足。

表3　2017年全省及地区县（市）三次产业结构（%）

	第一产业	第二产业	第三产业
全省县（市）	4.48	45.54	49.98
苏南县（市）	1.83	45.30	52.87
苏中县（市）	5.18	47.62	47.20
苏北县（市）	10.41	44.31	45.28

数据来源：《江苏统计年鉴2018》

注：本表域经济数据由2017年的41个县（市）相关指标加总计算所得。

从具体县（市）来看，明星县（市）的第一产业比重非常低，昆山市第一产业比重已经低于1%，张家港市、江阴市、常熟市第一产业比重分别为1.2%、1.2%、1.8%，县域经济发展对农业发展的依赖极低。值得注意的是，这些县（市）基本都具有较大的工业发展规模，其中昆山市第二产业比重已经达到54.5%，但其第三产业比重达到44.7%，还未成为主导产业，产业结构整体由工业主导。灌云县经济的发展则依赖于农业经济的发展，第一产业比重达到18.0%，而邳州市、新沂市、洪泽县、金湖县、涟水县、盱眙县、滨海县、射阳县、东台市、大丰市、建湖县、泗洪县、沭阳县虽然农业比重都超过10%，但其第三产业比重均超过40%。这种现象说明，江苏省经济强县（市）目前基本脱离了传统农业，处于工业主导状态，服务业比重有待进一步提高；传统弱县（市）在依赖农业发展的同时，克服工业基础不足的劣势，大力发展第三产业取得了一定的成果。

（二）县域农业发展稳步推进

2011—2017年间，江苏省县域农业规模稳步扩大，2017年江苏省县域农业全年实现增加值

2 500.01亿元,同比上年增长6.06%。全省县(市)第一产业增加值增速在2010年达到顶峰,苏南、苏中、苏北县(市)该指标分别达到10.16%、14.39%和13.01%,之后呈现波动下降的趋势。2017年,苏南地区第一产业生产总值为919.7亿元,占全省县(市)总量的23.4%;苏中地区完成第一产业生产总值908.79亿元,占全省县(市)总量的23.1%;苏北地区全年实现第一产业生产总值2 109.73亿元,占全省县(市)总量的53.6%。"十三五"期间,江苏将支持苏北大力发展优势特色产业,建设一批以"一村一品""一镇一业"为特征的规模化、集约化、标准化生产基地,以产粮大县为重点,加强设施农业、农产品精深加工、仓储物流建设,加大高标准农田建设力度,到2020年苏北地区高标准农田比重达60%,高效设施农业比重达20%。

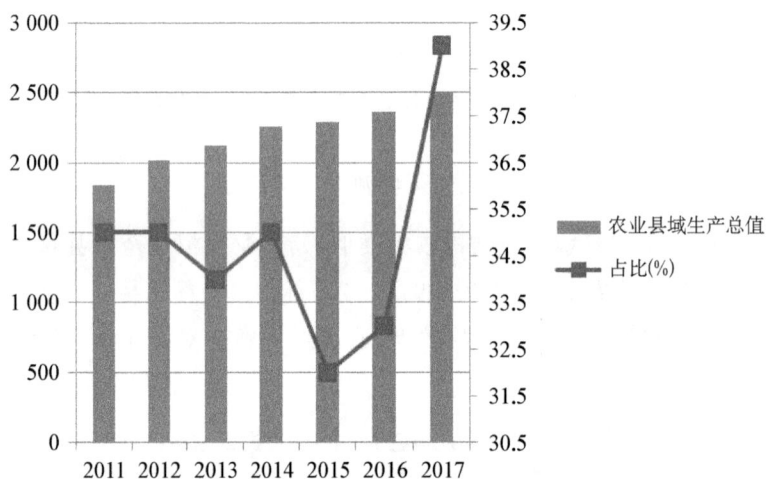

图5　江苏省县域农业生产总值及占全省的比重

数据来源:历年《江苏统计年鉴》

注:本表县域经济数据由2017年的41个县(市)相关指标加总计算所得。

从具体县(市)农业发展状况来看,邳州市、兴化市、沛县、东台市、沭阳县、睢宁县、射阳县、丰县、高邮市和如东县2017年第一产业增加值排名全省县(市)前十位,全部来自苏中、苏北地区,其增加值总和占全省县(市)总量的37.41%,全省县(市)第一产业增加值差距较小,产业集中度不高。从第一产业增加值增长率来看,最高的前十位县(市)依次是兴化市、丰县、泗洪县、新沂市、邳州市、沛县、睢宁县、扬中市、滨海县、高邮市,其中兴化市第一产业增长率超过13%,达到13.76%。全省县(市)中36个县(市)第一产业增加值出呈现增长状态,另有5个县(市)第一产业增加值出现下滑。

表4　2017年全省各县(市)第一产业经济指标

市　县	农林牧渔业总产值	农业	林业	畜牧业
江阴市	80.82	39.66	9.33	11.26
宜兴市	87.39	50.52	3.40	6.12
丰　县	162.86	117.70	1.20	37.25

市　县	农林牧渔业总产值	农业	林业	畜牧业
沛　　县	192.18	120.92	1.13	52.38
睢宁县	175.44	103.20	3.93	56.22
新沂市	150.04	75.59	5.29	43.28
邳州市	247.42	160.12	4.32	61.13
溧阳市	93.95	50.76	1.19	6.90
常熟市	78.47	46.82	3.02	4.30
张家港市	60.65	34.99	7.37	4.84
昆山市	55.51	15.86	4.82	1.47
太仓市	68.79	29.92	3.66	11.36
海安县	119.60	47.12	0.34	49.59
如东县	148.00	47.83	1.07	35.03
启东市	137.94	44.56	0.80	13.95
如皋市	114.47	62.57	0.23	37.10
海门市	99.99	49.80	1.11	12.98
东海县	136.67	78.26	4.49	26.53
灌云县	132.68	64.52	2.90	35.70
灌南县	100.99	65.56	2.25	20.49
涟水县	114.98	78.72	3.22	27.00
盱眙县	104.07	62.96	1.74	18.53
金湖县	66.26	38.17	1.98	7.49
响水县	77.05	36.11	1.43	19.19
滨海县	114.98	58.35	4.76	25.54
阜宁县	114.43	43.20	3.96	38.69
射阳县	187.67	73.62	4.95	42.69
建湖县	95.59	36.21	1.75	25.94
东台市	210.89	97.90	4.51	61.09
宝应县	128.24	49.47	2.41	16.89
仪征市	45.96	27.28	2.46	9.89
高邮市	142.90	53.81	2.20	21.36
丹阳市	87.54	51.96	2.05	9.83
扬中市	27.29	13.27	1.04	3.53
句容市	76.34	45.01	5.18	8.26
兴化市	206.28	91.26	1.56	17.56
靖江市	41.48	24.82	0.50	8.76
泰兴市	96.46	61.75	1.02	25.21
沭阳县	176.52	137.39	5.50	27.10
泗阳县	110.91	57.07	7.85	18.06
泗洪县	130.12	55.40	1.86	21.70

数据来源：《江苏统计年鉴2018》

（三）县域工业规模持续扩张

工业是江苏县域经济的重要支柱。2001年中国加入WTO之后,江苏以制造业为代表的实体经济得到了突飞猛进的发展,也涌现出了一批具备全球竞争力的知名企业,如沙钢集团、江苏阳光、红豆集团、森达等。特别是一大批中小企业的成长,向国内和世界提供丰富的价廉物美的产品,向世界输出了"江苏制造"的新概念,给江苏县域经济带来了充沛的活力。

2017年江苏省41个县(市)实现第二产业增加值18 226.20亿元,同比增长12.37%。其中工业增加值完成16 236.93亿元,比上年增加12.28%,高出2016年5.89个百分点。县域经济第二产业增加值完成额占全省总量的45.49%,工业增加值占比45.83%。全省县域工业发展速度显著高于全省平均水平,县域工业发展成为全省工业经济发展的巨大推动力,为江苏省经济全面发展打下了坚实的基础。

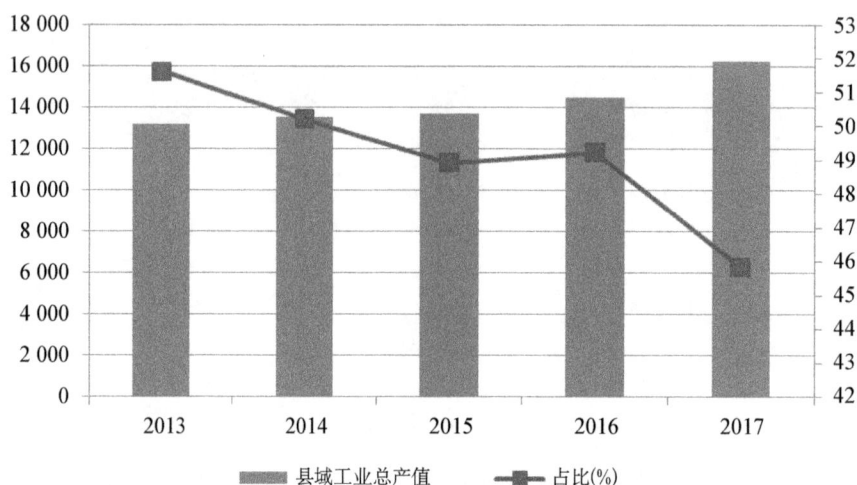

图6 江苏省县域工业生产总值及占全省的比重

数据来源:历年《江苏统计年鉴》

注:本表县域经济数据由2017年的41个县(市)相关指标加总计算所得。

从具体区域来看,苏南县(市)2017年完成第二产业增加值9 346.88亿元,占全省县(市)总量的51.28%,其中工业增加值完成8 753.63亿元,占全省县(市)总量的53.91%;苏中县(市)全年第二产业增加值为4 418.73亿元,占全省县(市)总量的比重为24.24%,其中完成工业增加值3 746.28亿元,占全省县(市)总量的比重为23.07%;苏北县(市)完成第二产业增加值4 460.59亿元,占全省县(市)总量的24.48%,其中工业增加值完成3 737.02亿元,占全省县(市)总量的23.02%。苏南县(市)工业增加值增速出现少许下降,但由于其工业发展基数大,在全省县域工业发展中仍占有绝对地位。苏中、苏北县(市)虽然工业规模在全市县(市)中占比仅为20%左右,但其增速显著高于其他区域,尤其是苏中地区,其县(市)工业总产值增长率达到13.97%,明显超过苏南的增长速度,发展势头迅猛,工业经济地位不断改善。

从个体县(市)来看,江阴市、昆山市、张家港市、常熟市、宜兴市、丹阳市、太仓市、海门市、如皋市、靖江市位居全省县(市)工业增加值前10位,其中江阴市、昆山市、张家港市、常熟市工业增加值超千亿,江阴市工业增加值达到1 824.56亿元。从工业增加值增长率上来看,所有县(市)均保持了

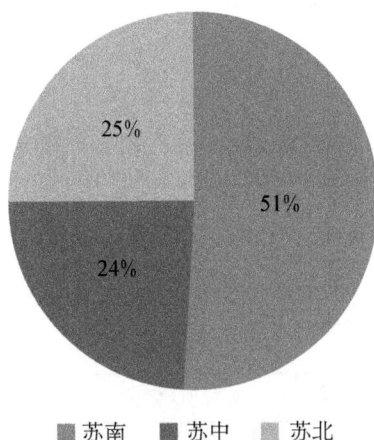

图7　2017年江苏省三大区域第二产业占比（%）

数据来源：历年《江苏统计年鉴》

注：本表县域经济数据由2017年的41个县（市）相关指标加总计算所得。

工业增加值增长，响水县、海安县、射阳县、邳州市、泰兴市、如东县、新沂市、靖江市、兴化市、丰县进入县（市）工业增加值前十位，均来自苏中、苏北地区。全省县（市）工业总产值和工业增加值总体表现类似，昆山市、江阴市、张家港市、常熟市、泰兴市、宜兴市、海安县、邳州市、如皋市、海门市进入县（市）工业总产值前十位，其中昆山市工业总产值达到了7 920.60亿元，昆山市工业总产值是末位县（市）的32.2倍。全省县（市）工业总产值增长率表现各异，响水县、泗阳县、东海县、灌云县、射阳县、阜宁县、睢宁县、邳州市、丰县、泰兴市工业增加值增速位列前十，其中江阴市、宜兴市、昆山市和张家港市的工业规模增速较低。工业强县（市）仍然以其良好的工业基础支撑全省工业发展，并保持稳步扩张，部分县（市）以其强劲的增长势头奋起直追，个别县（市）由于内部结构调整工业发展正在经历"阵痛"，县域工业整体呈现良性发展，工业规模持续扩张。

昆山市作为江苏县域经济中工业实力较强的地区。2016年，昆山的内资企业工业生产总值达到了1 294.31亿元，较2015年增加了149.93亿元，增长幅度达到了13.1%；外商港澳台商投资企业的工业生产总值为7 088.93亿元，与内资企业不同，2016年外商港澳台商投资企业的工业生产总值出现了小幅度下降的趋势，减少了37.66亿元，降幅为0.5%。同时，昆山工业企业中从业人数也有小幅度的下降，从2015年的79.80万人减少到75.68万人，减少了4.12万人，这一方面也体现了昆山产业重心发生了转移。截至2017年末昆山全市拥有1个千亿级产业集群和10个百亿级产业集群，拥有122家大型工业企业，373家中型企业。全市超亿元企业790家，其中，10亿元以上企业112家，百亿元以上9家。全年生产计算机整机4 488.56万台，比上年增长4.9%；液晶显示屏产量2.67亿片，增长19.9%。民生产品中，移动通信手持机（手机）的产量不断增加，全年产量4 815.78万台，增长26.2%。

2017年江阴市工业增加值超过了昆山市，达到了1 824.56亿元。江阴市工业发展的特点之一，就是大企业的作用非常明显，贡献继续增大。全市工业百强企业全年实现产品销售收入3 921.0亿元，实现利润278.9亿元，分别占全市规模以上工业企业的67.1%和77.6%，继续支撑全市经济大局。海澜集团开票销售超1 000亿元，成为全市首家开票销售超千亿的企业集团，兴澄特钢、澄星集团、三房巷集团等3家企业集团开票销售超500亿元，华西集团开票销售超300亿元。33家工业百强企业入库税金超亿元，其中超 10 亿元 4 家。全市一般公共预算收入增长 5.4%，其中税收收入增长 5.7%；固定资产投资增长 2.0%，其中工业投入增长 7.1%；社会消费品零售总额增长 9.6%。企业上市取得突破，新增境内外上市企业 17 家、新三板挂牌企业 105 家，累计分别达到 111 家、209 家，居全国同类城市前列。规模以上工业总产值和增加值分别增长 3.8% 和 5.8%，增速较上年分别回升 2.0 个和 1.4 个百分点，预计利润总额同比增长 11% 左右，增速较上年同期提高 9 个百分点左右，高新技术产业产值占规模工业产值比重达 43%，提高 0.7 个百分点。

表 6   2017 年全省各县（市）工业经济指标

县（市）	工业增加值		工业总产值		工业利润总额	
	绝对值（亿元）	排名	绝对值（亿元）	排名	绝对值（亿元）	排名
江 阴 市	1 824.56	1	5 771.92	2	361.18	2
宜 兴 市	694.61	5	2 646.64	6	132.34	14
丰 县	151.58	34	698.99	35	50.86	30
沛 县	261.69	22	1 503.25	17	82.64	20
睢 宁 县	186.68	29	775.17	31	75.12	22
新 沂 市	229.03	23	1 173.96	20	95.89	18
邳 州 市	354.15	13	2 262.00	8	170.34	8
溧 阳 市	353.20	14	1 416.60	19	87.47	19
常 熟 市	1 103.49	4	3 550.50	4	213.64	6
张家港市	1 300.01	3	5 203.48	3	389.53	1
昆 山 市	1 805.58	2	7 920.60	1	358.56	3
太 仓 市	587.71	7	2 116.65	11	156.06	10
海 安 县	341.42	15	2 534.78	7	181.12	7
如 东 县	332.15	16	2 045.53	13	163.21	9
启 东 市	380.97	12	1 784.04	16	154.48	11
如 皋 市	413.89	9	2 134.76	9	137.31	12
海 门 市	470.29	8	2 125.03	10	222.75	5
东 海 县	185.20	30	1 097.25	22	75.23	21
灌 云 县	124.54	40	779.24	30	44.76	31
灌 南 县	142.18	36	359.21	39	23.24	39
涟 水 县	137.49	38	697.83	36	33.92	35
盱 眙 县	127.50	39	933.91	27	34.15	34
金 湖 县	89.70	41	371.09	38	13.07	41
响 水 县	141.41	37	968.54	26	68.54	23
滨 海 县	151.66	33	745.44	32	41.00	33
阜 宁 县	144.07	35	671.15	37	31.82	40
射 阳 县	165.96	31	713.33	34	29.78	38
建 湖 县	191.81	27	724.13	33	44.63	32
东 台 市	289.07	19	1 082.38	23	57.59	27

县（市）	工业增加值		工业总产值		工业利润总额	
	绝对值（亿元）	排名	绝对值（亿元）	排名	绝对值（亿元）	排名
宝 应 县	211.75	26	1 063.60	24	63.41	26
仪 征 市	292.03	18	1 479.60	18	130.82	15
高 邮 市	215.81	25	1 024.61	25	51.86	29
丹 阳 市	594.10	6	2 110.33	12	121.30	16
扬 中 市	269.12	21	1 109.37	21	67.51	24
句 容 市	221.25	24	915.11	28	52.16	28
兴 化 市	287.79	20	1 830.27	14	109.01	17
靖 江 市	403.26	10	1 799.73	15	136.05	13
泰 兴 市	396.92	11	3 301.10	5	275.42	4
沭 阳 县	314.98	17	809.31	29	64.67	25
泗 阳 县	187.81	28	257.93	40	15.51	40
泗 洪 县	160.51	32	245.80	41	32.18	37

数据来源：《江苏统计年鉴2018》

（四）县域服务业发展势头良好

全省41个县（市）2017年全年完成服务业增加值16 887.3亿元，比上年增加12.53％，占全省服务业增加值总量的38.39％。服务业整体增速显著高于全省县（市）经济增速，成为对县域经济贡献率较高的产业。

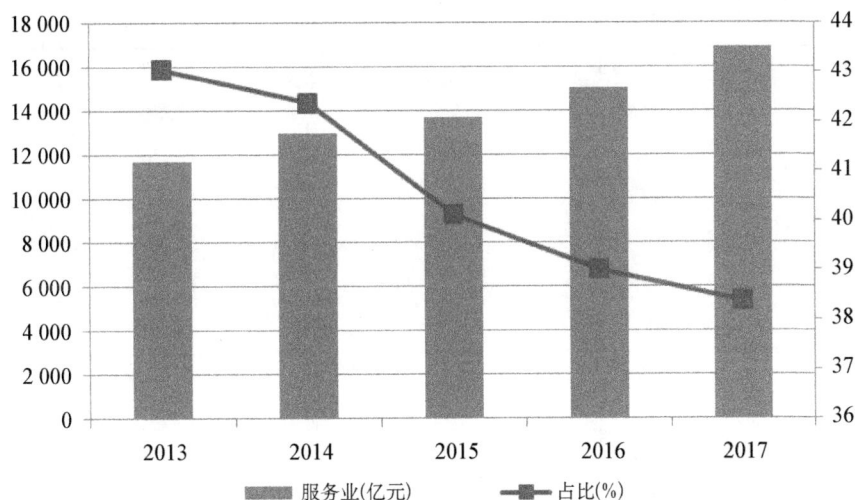

图8　江苏省县域服务业生产总值及占所占比重

数据来源：历年《江苏统计年鉴》

注：本表县域经济数据由2017年的41个县（市）相关指标加总计算所得。

从具体区域来看，苏南县（市）实现服务业增加值8 110.24亿元，占全省县（市）服务业增加值比重为48.03％；苏中和苏北县（市）全年完成服务业增加值4 532亿元、4 245.06亿元，占全省县（市）

服务业增加值总量的比重为26.84%和25.13%。苏南县(市)服务业规模依旧占据绝对优势,其增速与全省平均增速基本持平;苏中、苏北区域县(市)服务业规模较小,但增速迅猛。结合产业结构来看,苏中、苏北部分县(市)服务业在整体产业中比重甚至超过部分苏南县(市),服务业成为苏中、苏北县(市)经济发展新的增长点。

从个体县(市)服务业发展情况来看,昆山市、江阴市、张家港市、常熟市、宜兴市、太仓市、丹阳市、海门市、如皋市、泰兴市依次居于县(市)服务业增加值前十位,其服务业增加值之和占所有县(市)总量的51.41%,全省县(市)服务业集中度较高。其中昆山市和江阴市服务业增加值超过1 500亿,仅这两个县(市)服务业增加值总量就超过全省县(市)总量的18.48%,昆山市服务业增加值为末位县(市)的12.98倍。

2017年,昆山全市服务业增加值达到1 572.71亿元,按可比价计算,比上年增长10.65%,增速分别低于地区生产总值和工业增加值0.74个和1.61个百分点,服务业增加值占地区生产总值的比重达到45%,略低于上年底0.33个百分点;服务业对经济增长的贡献率达到44.67%。

2017年,全省县(市)服务业增加值增速均值达到12.86%,响水县、泰兴市、靖江市、宝应县、兴化市、高邮市、海门市、仪征市、如东县和海安县位居前十,十个县(市)服务业增加值增速均超过15%,显示了强劲的发展势头。其中,苏中地区的泰兴市服务业加速增长,得益于其重点发展物流、金融、信息技术服务、电子商务、商务服务、商贸流通、住宿餐饮、家庭服务、房地产、旅游等10个服务业产业;重点扶持天星洲港口物流园、城北市场集聚区、苏中沿江化工物流园、城东高新区科技广场、总部经济集聚区、黄桥现代综合物流园、黄桥乐器文化产业园、济川健康产业园、电子商务产业园、智慧产业园等10个服务业集聚区。

表7 2017年全省各县(市)服务业经济指标

县(市)	绝对值(亿元)	排名	增长率(%)	排名
江阴市	1 548.79	2	14.06	13
宜兴市	701.28	5	13.20	21
丰 县	178.24	36	12.26	28
沛 县	297.32	21	10.66	33
睢宁县	230.73	29	12.20	30
新沂市	303.88	20	14.68	12
邳州市	391.49	15	13.49	16
溧阳市	390.33	16	8.22	39
常熟市	1 071.72	4	8.56	38
张家港市	1 209.19	3	12.88	23
昆山市	1 572.71	1	10.65	34
太仓市	577.04	6	7.96	40
海安县	397.02	14	15.02	10
如东县	389.92	17	15.28	9
启东市	445.28	12	13.47	18
如皋市	467.45	9	14.88	11

县（市）	绝对值（亿元）	排名	增长率（%）	排名
海门市	516.83	8	15.56	7
东海县	202.39	31	12.70	25
灌云县	138.16	38	13.77	15
灌南县	125.00	40	13.11	22
涟水县	203.95	30	11.48	31
盱眙县	182.18	35	12.32	27
金湖县	131.48	39	10.99	32
响水县	121.20	41	18.30	1
滨海县	200.75	32	13.48	17
阜宁县	194.61	33	14.04	14
射阳县	232.00	28	13.25	20
建湖县	250.05	24	12.73	24
东台市	386.20	18	12.43	26
宝应县	248.74	25	16.48	4
仪征市	276.27	22	15.39	8
高邮市	266.47	23	15.83	6
丹阳市	560.77	7	8.64	37
扬中市	241.25	26	4.74	41
句容市	237.16	27	8.69	36
兴化市	414.36	13	16.26	5
靖江市	451.22	11	16.51	3
泰兴市	456.05	10	16.80	2
沭阳县	323.27	19	12.21	29
泗阳县	165.26	37	13.43	19
泗洪县	189.29	34	10.64	35

数据来源：《江苏统计年鉴2018》

四、江苏县域开放型经济发展现状

2017年，全省41个县（市）共完成进出口总额2 178.11亿美元，占全省进出口总额的比重为36.85%，其中完成出口总额1 402.73亿美元，占全省比重为38.61%。全省县域经济全年实际使用外资额为78.06亿美元，占全省实际外商直接投资额总量的30.99%。

表 8　江苏省县域经济对外贸易发展情况

年份	进出口总额		出口总额		实际外商直接投资额	
	绝对值（亿美元）	占全省比重（%）	绝对值（亿美元）	占全省比重（%）	绝对值（亿美元）	占全省比重（%）
2013	2 154.38	39.11	1 264.54	38.45	123.38	37.06
2014	2 183.09	38.72	1 314.1	38.44	95.99	34.07
2015	1 955.28	37.45	1 296.43	38.28	85.26	35.12
2016	1 888.22	37.05	1 215.56	38.06	85.68	34.91
2017	2 178.11	36.85	1 402.73	38.61	78.06	30.99

数据来源:历年《江苏统计年鉴》

注:本表县域经济数据由 41 个县(市)相关指标加总计算所得。

从近五年江苏省县域经济对外贸易发展情况来看,进出口总额和出口总额在2013—2014 年间呈现小幅上升态势,但 2015 年开始出现严重下滑,2016 年继续 2015 年的下滑状态。县域经济进出口总额由 2012 年的 2 095.25 亿美元下滑至 2016 年的 1 888.22 亿美元,总体减少9.88%,且2016 年负增长 3.4%,2017 年对外贸易情况出现好转。实际外商直接投资总额从 2013 年的123.38 亿美元降低至 2017 年的 78.06 亿美元,总降幅达到36.73%,趋势非常明显,其占全省总量的比重自 2009 年金融危机后持续下跌,跌至近五年来的低点30.99%。

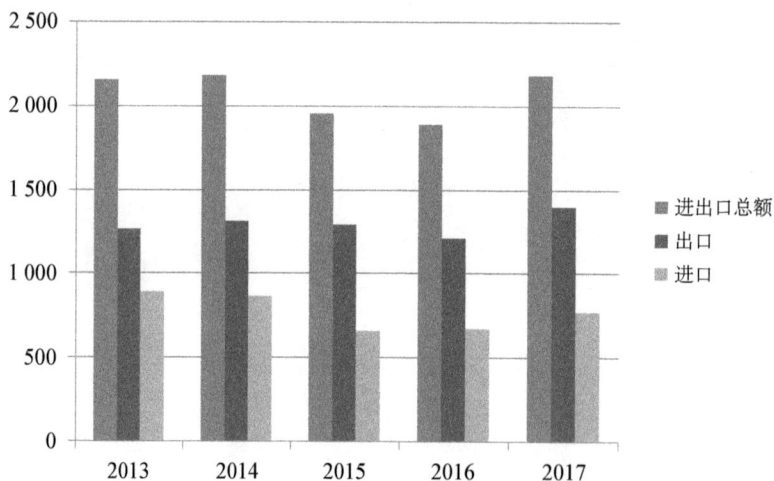

图 9　江苏省县域经济对外贸易总体状况

数据来源:历年《江苏统计年鉴》

注:本表县域经济数据由 2018 年的 41 个县(市)相关指标加总计算所得。

从县域经济内部区域来看,苏南县(市)进出口总额 2017 年达到 1 824.72 亿美元,在全省县域经济进出口总额中占据绝对比重,达到83.78%。在经历了 2009 年金融危机的打击后,各区域县(市)在 2010 年迎来了进出口总额的全面反弹,2010 年苏北县(市)进出口总额增速达到48.71%,接近 50%。但受近年经济下行压力的影响,自 2013 年苏南、苏中县(市)进出口总额开始呈现负增长,而苏北县(市)的进出口总额增速则保持了相对稳定,2017 年进出口累积达到 94.03 亿美元,占全省县域进出口总额的 4.32%。

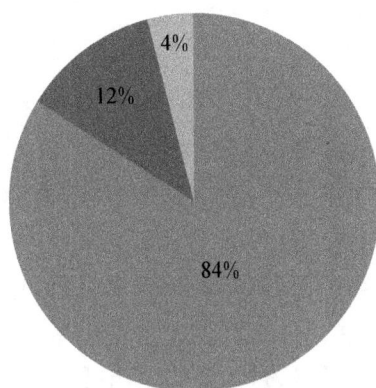

图 10　2017 年江苏省三大区域进出口总额占比（%）

数据来源:《江苏统计年鉴 2018》

注:本表县域经济数据由 2017 年的 41 个县(市)相关指标加总计算所得。

从出口部分来看,三大区域县(市)出口增长与进出口增长趋势相异,2017 年苏南县(市)全年出口 1 130.93 亿美元,与 2016 年相比,实现增长,增幅为 15.33%。苏中和苏北地区均有不同程度的提高,其中,苏中升幅较大,为 57.19%。

从图 11 中全省及县域经济实际外商直接投资额及其增速变化情况可以看出,在遭遇金融危机时,2010 年全省县域经济实际外商直接投资增速达到最高点 10.17%,之后 2011 年、2012 年保持两年 7%～8% 之间的增长,但之后开始持续出现负增长,尤其是 2014 年下降幅度达到 21.99%,2015年继续减少,由 2011 年的 117.78 亿美元下滑到 85.26 亿美元,2016 年出现了小幅度的增长,达到了 85.68 亿美元,2017 年又开始下滑,降到 78.06 亿美元。县域地区吸引 FDI 逐年下降的原因,既有大环境的影响,也与县域地区的产业结构与全球 FDI 产业调整相关。苏南地区的县域,以昆山、张家港等市为代表,过去一直通过发展外向型经济,利用加工贸易融入全球价值链而获得成功,但近年来,由于劳动力成本、环境以及全球经济形势的影响,一方面这些地区的传统比较优势不断衰

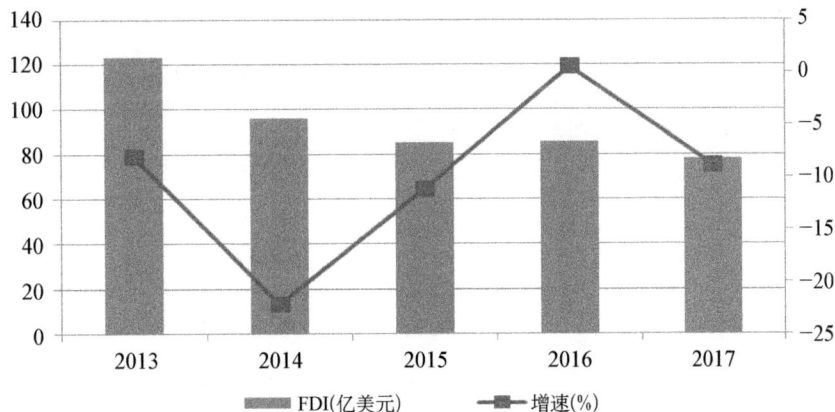

图 11　县域经济实际外商直接投资额及增速(亿美元,%)

数据来源:历年《江苏统计年鉴》

注:本表县域经济数据由 41 个县(市)相关指标加总计算所得。

失,而新的竞争优势又尚未确定;另一方面,发达国家不断调整自身的全球战略,纷纷从中国迁移工厂到成本更低的地区,同时,也调整产业上的FDI政策,越来越多地倾向于对服务业的投资。

从江苏省三大区域县(市)具体情况来看,苏北县(市)虽然从绝对值上显著低于苏南县(市),但是近几年来,苏北县(市)增速始终高于其他区域。加之苏中县(市)实际外商直接投资总量的持续下降,苏北县(市)于2012年实现了对苏中县(市)实际外商直接投资额的反超,但在2015年出现了大幅下滑,而2016年与2015年基本持平,2017年又出现进一步下滑。2017年,苏北县(市)实际外商直接投资额达17.36亿美元,比2016年增加了2.49亿美元,低于苏中县(市)23.07亿美元。苏南县(市)2017年一反以往的增长趋势,实际外资直接投资额从2016年的49.01亿美元下降到了37.63亿美元,减少了11.38亿美元,降幅为23.2%。苏中县(市)近年来实际外商直接投资持续低迷,但2017年较2016年又实现了增长,达到了23.07亿美元,增幅达到了8.7%。

表9 2017年江苏省各县(市)对外贸易发展情况

县(市)	进出口总额(亿美元)	出口	进口	实际使用外资(亿美元)
江阴市	209.73	121.43	88.30	4.72
宜兴市	40.77	33.53	7.24	0.73
丰县	2.33	1.67	0.66	0.73
沛县	4.81	4.65	0.16	1.73
睢宁县	5.37	4.37	1.00	0.99
新沂市	6.73	5.10	1.63	1.73
邳州市	11.72	10.76	0.96	2.03
溧阳市	9.95	8.83	1.12	2.50
常熟市	244.74	167.60	77.14	6.09
张家港市	321.99	159.83	161.46	3.93
昆山市	827.72	545.04	282.68	7.14
太仓市	129.70	60.86	68.84	4.29
海安县	18.75	15.47	3.28	2.67
如东县	38.62	17.66	20.96	2.27
启东市	25.12	20.47	4.65	3.40
如皋市	31.41	25.01	6.40	2.86
海门市	50.78	47.61	3.17	2.93
东海县	4.83	3.94	0.89	1.02
灌云县	2.05	1.83	0.22	0.87
灌南县	2.65	2.12	0.53	0.65
涟水县	3.58	3.20	0.38	0.84

县(市)	进出口总额(亿美元)	出口	进口	实际使用外资(亿美元)
盱眙县	1.79	1.42	0.37	1.34
金湖县	4.55	4.38	0.17	1.23
响水县	6.69	6.21	0.48	0.50
滨海县	5.07	4.00	1.07	0.55
阜宁县	3.14	2.91	0.24	0.24
射阳县	4.43	3.06	1.37	0.60
建湖县	3.33	3.04	0.29	0.41
东台市	8.74	8.12	0.62	0.82
宝应县	11.25	8.69	2.56	0.61
仪征市	4.52	3.29	1.23	0.80
高邮市	4.90	4.63	0.27	0.68
丹阳市	27.75	23.79	3.96	3.44
扬中市	6.97	5.49	1.48	1.66
句容市	5.40	4.53	0.87	3.13
兴化市	6.36	5.99	0.37	0.81
靖江市	29.43	21.81	7.62	2.44
泰兴市	38.22	20.10	18.12	3.60
沭阳县	6.40	5.13	1.27	0.72
泗阳县	4.00	3.87	0.13	0.32
泗洪县	1.82	1.29	0.53	0.04

数据来源:《江苏统计年鉴2018》

注:本表县域经济数据由41个县(市)相关指标加总计算所得。

五、江苏县域人民生活发展现状

在大力发展县域经济的大背景下,通过深入实施民生幸福工程,扎实推进"六大体系"建设,持续办好各项民生实事,2016年江苏县域(市)一般公共预算支出达3 614.54亿元,占全省公共预算财政支出的36.17%,县域人民群众生活得到明显改善,居民收入、消费支出和储蓄持续增加,居住条件不断提升。

全省县(市)城镇居民人均可支配收入①由2013年的26 765.28元上升到2017年的37 172.68元,增长38.88%,其中城镇居民人均生活消费支出达到22 190.91元,五年增速32.23%,小于收入增速。城镇居民恩格尔系数略低于2016年0.3个百分点,为31.60%;农村居民人均纯收入在五年间由13 835.89元增加到19 608.04元,增长41.72%,略高于城镇居民人均可支配收入的增速。农

---

① 人民发展现状部分所有指标均由对应县(市)指标经算数平均计算后所得。

村人均生活消费支出达到 14 028.09 元,农村居民恩格尔系数下降至 31.33%。城镇居民人均住房面积五年间增长了近 3.17 平方米,而相应的农村居民人均住房面积增长有 4.45 平方米。总体来看,从绝对值增幅上来说,农村地区从县域经济发展中受益更多,农村居民生活水平提高程度更为明显;但从绝对值上来看,虽然城镇居民人均可支配收入与农村居民人均纯收入的比例已由 2010 年的 1.95 缩小至 2017 年的 1.90,但城镇居民人均可支配收入在 2011 年已经突破 20 000 元大关,并在 2015 年成功突破 30 000 元大关,在 2017 年达到了 37 172.68 元,而农村居民人均纯收入也已经在 2014 年突破 10 000 元,且在 2017 年达到了 19 608.04 元,但城乡差距依旧显著。

表 10   全省县(市)人民生活主要指标

	2013 年	2014 年	2015 年	2016 年	2017 年
城镇居民人均可支配收入(元)	26 765.28	29 236.82	31 652.94	34 338.29	37 172.68
城镇居民人均生活消费支出(元)	16 781.52	17 991.03	19 369.46	20 838.56	22 190.91
城镇居民恩格尔系数(%)	32.64	32.33	31.9	31.6	31.3
城镇居民人均住房建筑面积(平方米)	44.03	45.63	46.34	47	47.2
农村居民人均纯收入(元)	13 835.89	15 363.14	16 634.42	18 165	19 608.04
农村居民人均生活消费支出(元)	9 543.74	10 556.66	11 513.89	12 907	14 028.09
农村居民恩格尔系数(%)	33.22	32.81	32.38	31.8	31.33
农村居民人均住房面积(平方米)	52.46	53.56	54.38	55.8	56.91

数据来源:历年《江苏统计年鉴》

注:本表县域经济数据由 41 个县(市)相关指标加总计算所得。

全省县(市)人民生活状况差异较大,城镇居民人均可支配收入、农村居民人均纯收入排列与县(市)整体经济发展状况接近,但恩格尔系数和住房面积可能还受到其他因素的影响,在一定程度上表现出与经济发展状况的偏离。高邮市、常熟市、沛县、昆山市、海门市、海安县、张家港市、如皋市、泰兴市、宜兴市位列城镇居民恩格尔系数[①]前十位,与农村居民恩格尔系数前十位有所不同。农村居民恩格尔系数前十名分别为泰兴市、常熟市、张家港市、海门市、响水县、沛县、昆山市、如东县、扬中市、江阴市。根据联合国对恩格尔系数标准的界定,全省各区域县(市)都处于恩格尔系数低于 30% 的富裕水平,事实上 2016 年江苏省排前十的县域(市)城镇居民恩格尔系数都已经低于 30%,略低于发达国家水平。从住房面积来看,城镇住房和农村住房状况存在明显差异,城镇居民人均住房建筑面积与县域经济发展水平并不完全相符,邳州市、张家港市、东台市、涟水县、太仓市、靖江市、如皋市、如东县、江阴市、盱眙县排名前十,其中 7 个城市为苏中、苏北县(市),说明城镇居住条件在一定程度上可能受到经济发达县(市)房价的影响,所有县(市)城镇居民人均住房建筑面积极差[②]达到了 32.5 平方米;农村居民人均住房面积排名与所在县(市)经济发展状况高度相关,邳州市农村居民人均住房面积达到 83.1 平方米,高出末位县(市)39.1 平方米。

---

①   恩格尔系数排名与其他指标不同,恩格尔系数越低其排名越靠前。

②   极差为同一指标最大值与最小值之差。

表 11　2017 年江苏县域经济人民生活主要指标

市　县	城镇常住居民人均可支配收入（元）	城镇常住居民恩格尔系数（%）	城镇常住居民人均住房建筑面积（平方米）	农村常住居民人均可支配收入（元）	农村常住居民恩格尔系数（%）	农村常住居民人均住房建筑面积（平方米）
江阴市	59 165	29.0	55.0	30 532	29.8	49.0
宜兴市	49 826	28.9	47.1	25 654	29.9	70.6
丰　县	25 117	30.1	45.5	15 335	31.5	49.2
沛　县	29 776	27.6	42.9	17 269	28.9	47.9
睢宁县	25 540	31.8	46.0	15 130	32.2	53.0
新沂市	27 261	32.2	46.4	15 886	33.1	49.8
邳州市	31 189	30.3	64.5	16 725	30.1	83.1
溧阳市	45 739	33.3	38.0	23 835	34.6	57.0
常熟市	59 015	27.5	52.2	30 288	26.9	74.7
张家港市	59 200	28.5	59.7	30 188	28.2	69.3
昆山市	59 191	27.9	35.4	30 489	28.9	45.2
太仓市	58 458	29.6	57.8	30 026	30.4	78.3
海安县	40 656	28.4	53.1	19 640	30.8	61.1
如东县	40 416	31.7	55.7	18 683	29.0	63.0
启东市	40 759	29.8	46.3	21 691	30.2	65.2
如皋市	39 918	28.5	56.5	18 463	30.3	63.0
海门市	44 138	28.1	48.1	22 515	28.8	64.2
东海县	29 758	34.7	45.0	15 882	35.0	57.1
灌云县	25 034	34.5	43.0	14 231	33.8	44.0
灌南县	26 635	34.6	53.5	13 639	36.9	54.9
涟水县	27 423	31.9	59.0	14 561	31.5	49.0
盱眙县	33 406	31.0	54.0	15 762	31.5	46.0
金湖县	33 509	30.4	42.0	17 126	31.3	58.0
响水县	27 832	31.3	37.8	15 586	28.8	49.3
滨海县	28 867	32.4	40.0	16 280	35.7	53.3
阜宁县	27 754	35.2	35.2	16 850	33.2	44.3
射阳县	28 816	32.1	41.7	18 064	35.2	36.7
建湖县	32 171	31.3	43.5	18 576	33.5	47.6

续表

市 县	城镇常住居民人均可支配收入（元）	城镇常住居民恩格尔系数（%）	城镇常住居民人均住房建筑面积（平方米）	农村常住居民人均可支配收入（元）	农村常住居民恩格尔系数（%）	农村常住居民人均住房建筑面积（平方米）
东台市	35 380	31.8	59.3	21 431	32.2	59.2
宝应县	29 284	33.5	45.0	18 447	32.1	53.0
仪征市	39 686	31.7	46.3	19 033	30.9	65.3
高邮市	34 230	25.8	45.5	18 494	31.2	45.1
丹阳市	45 151	33.1	46.0	23 603	30.6	57.0
扬中市	49 764	29.6	53.8	25 895	29.5	61.6
句容市	44 015	29.9	42.0	20 527	30.4	51.0
兴化市	36 485	29.7	38.0	18 465	33.6	52.0
靖江市	43 152	29.5	57.5	21 361	30.3	72.1
泰兴市	39 749	28.7	49.0	19 476	21.2	72.0
沭阳县	25 871	37.6	46.1	15 484	36.5	50.3
泗阳县	25 536	34.1	49.3	15 260	34.6	46.5
泗洪县	24 973	35.2	45.4	14 941	36.2	46.0

数据来源：《江苏统计年鉴2018》

第二章　江苏县域经济社会发展
综合竞争力比较

一、县域经济社会发展综合竞争力评价指标体系

对江苏省县域经济的研究显示,县域经济内部的不同区域和具体县(市)之间存在着显著的差异,不同县(市)在不同指标上的排名也千差万别。单一或者一组指标只能有限的反映县域经济社会发展的某一个或某一些方面,并不能对其进行全面的归纳和概括,这实际上就涉及到县(市)社会发展的评价问题。城市竞争力概念兴起于上世纪 80 年代,90 年代末期引入我国并引起了国内学者的广泛讨论。对于县域经济综合竞争力的确切含义,目前学术界尚无公认的统一的观点,但在概念的内涵上有一个普遍的共识,即县域经济综合竞争力是指县域经济主体集聚内外资源的能力,是在县域内市场占有、配置和利用生产要素的能力。为了将城市竞争力进行量化比较,《江苏经济年鉴 2015》在总结国内外城市竞争力指标体系的基础上,从波特的国家竞争力评价的"钻石体系"和"价值"理论、城市竞争资本评价、竞争环境三个方面入手建立了江苏县域经济社会发展综合竞争力评价指标体系,本章将沿用该指标体系,并对部分指标计算过程进行微调,这种调整不会对江苏县域经济社会发展综合竞争力评价产生影响。

(一)江苏县域经济社会发展综合竞争力评价指标体系构建的原则

想要对城市竞争力进行量化比较,必定要通过设计城市竞争力指标体系进行评价。到目前为止,国际上尚无成熟、并被广泛接受的城市竞争力指标体系。海内外学者的研究成果各有其侧重面和特点,为本书的研究提供了有益的借鉴(表1所示)。总体上来讲,国外城市竞争力评价主要有三套评价体系:一是借鉴了波特的国家竞争力评价的"钻石体系"和"价值链"理论;二是在城市综合评价或者说是在城市竞争资本评价的基础上,结合部分其他影响城市竞争的其他因素来进行城市竞争力的评价;三是结合城市发展新的背景,关注竞争环境(或者竞争过程)与城市竞争力的关系。

表 1　国内外代表性城市竞争力评价指标

作者	主要评价指标
Iain et al.（1999）	生活标准;就业率;生产力;上、下部门趋势及其总体影响; 公司特质;商业环境;创新及学习能力
Robert et al.（1999）	环境、气候;生活形态机会;就业、退休;住宅成本与使用能力;健康服务与公共卫生;犯罪/公共安全;运输成本; 教育提供/水平/娱乐;经济/商业景气;艺术/文化多元化

作者	主要评价指标
IMD（2010）	经济运行：国内经济、国际贸易、国际投资、就业、消费价格； 政府效率：公共财政；财政政策；体制结构；商业立法；社会结构； 商务效率：生产率；劳动市场；金融服务；管理水平；价值观； 基础设施：基本设施；技术；科研；健康与环境；教育
宁越敏等（2001）	综合经济实力：经济总量、经济增长速度、资本实力等； 产业竞争力：产业结构比重、高新技术产业比重、产业结构效益； 企业竞争力：产品市场占有率、企业结构等； 科学技术竞争力：科技队伍、科技投入； 对外、对内开放度：经济的外向度、吸引外资的能力等； 基础设施：能源、通讯、对外交通等； 国民素质：文化素质、健康素质、就业情况； 政府作用：调控能力、管理水平； 金融环境：上市公司数量； 环境质量：大气状况、水环境质量等；
倪鹏飞等（2003）	显示性指标体系：城市产品市场占有率、城市国内生产、总值平均增长率、城市劳动生产率、城市居民人均年收入； 解释性指标：1. 硬：劳动力、资本力、科技力、环境力； 2. 软：区位力、聚集力、秩序力、文化力、制度力、管理力开放力；
段樵（2006）	生产因素条件：人力资本、科技实力，创业精神/环境； 既有经济基础、制度基础：企业文化、产业结构； 城市社会经济发展政策、政府管治水平、引资环境； 运营商环境法规、行政、开放、生产条件、劳动； 生活环境设施、环保；
"百强县"社会经济综合发展指数测评指标体系	发展水平指数：经济规模、产业结构、经济发展水平、社会发展水平； 发展活力指数：发展速度、贸易与外资、投资； 发展潜力指数：财政、生产效率、资源环境与基础设施、文化教育；

综观国内外研究，国际竞争主体的关注从国家竞争力、产业、企业竞争力研究转到城市竞争力，主要是因为城市本身重要性的突现。一个有竞争力的城市，无论对所处的国家，还是所载含的企业的竞争力，都有至关重要的作用。国与国、企业与企业之间的竞争成败都取决于城市竞争力（仇保兴，2002）。

县域经济社会发展综合竞争力评价指标体系的指标选择固然越全面越好，但由于受到定量研究方法以及指标数据本身的限制，在构建指标体系时应结合研究问题的实际情况，兼顾指标的可采集性，遵循指标选择的一般原则：

（1）科学性原则。指标选择应建立在充分认识、系统研究基础上，设计应简单明了，易理解，考虑数据采集的难易性与可靠性，尽可能选择有代表性的典型指标与重点指标。

（2）系统性原则。城市本身就是一个复杂的系统，城市综合竞争力可以由城市若干个相互作用的子系统综合集成。因此系统性原则要求相应的评价指标体系能够涵盖城市发展的各个方面，充分反映城市综合竞争力系统性特质。需要注意的是，系统性原则不是简单地将指标进行堆积，应该内部有层次划分，可以分为目标层、准则层和指标层等几个层次。处理指标时必须考虑体系内在关联性，不宜采用简单加权给指标赋权，而须采用更准确的方法。

（3）合理性原则。为了全面反映城市综合竞争力高低表现的各个层面，指标结构要合理、主次要分明。然而是实际操作中往往难以把握,受到主观因素的干扰较大,因此合理性原则要求对各种指标的进行取舍,许多指标意义上是相互重复或由主体指标决定的。该原则不是简单追求指标数量,选取指标越多看似全面,实际上由于忽视指标的重复性、相互间关联机理,反而使评价结果失真。

(4)可操作性原则。主要包括两个方面:第一,数据资料的可得性和可比性。有些指标意义很重要,但数据无法通过公开的全国性或区域性的统计资料收集,也无法进行比较。第二,数据的可量化性。选取的指标可以通过数据量化后进行对比,是保证整个指标体系真实、可靠和有效的前提,应尽量减少不可应用指标,避免主观性指标对客观体系的过度干扰。

(5)潜能性原则。潜能性是选择对未来提升城市竞争力起重要作用的指标。这些指标对城市当前经济繁荣、城市发展没有太大因果关系,却有利于城市在未来(10年或20年)集聚更多资源要素。

(6)动态性原则。城市所处的社会、经济、文化、环境等内容都处于不断发展的动态过程中。同时,影响城市竞争力的一些主导因素也会随着时间的变化而变化。这就需要一个动态的指标评价体系能客观反映城市整体竞争力现状与未来趋势,随着研究、统计进一步完善,应充分考虑其动态变化的特点,合理地变动、调整;在一定时期指标体系内容不宜频繁变动,应保持相对稳定。

(二)江苏县域经济社会发展综合竞争力评价指标体系的主要结构

基于县域经济社会发展综合竞争力的内涵和构成要素的分析,在吸收国内外已有研究成果的基础上,根据绝对指标、相对指标或人均指标,并考虑指标之间相关性,以及县域经济社会发展综合竞争力指标体系构建的六大原则,四个方面(县域综合经济竞争力、县域社会发展竞争力、县域经济发展潜力、县域经济发展活力)组成江苏县域经济社会发展综合竞争力指标体系,并构建如图1所示的递阶层次结构理论模型。

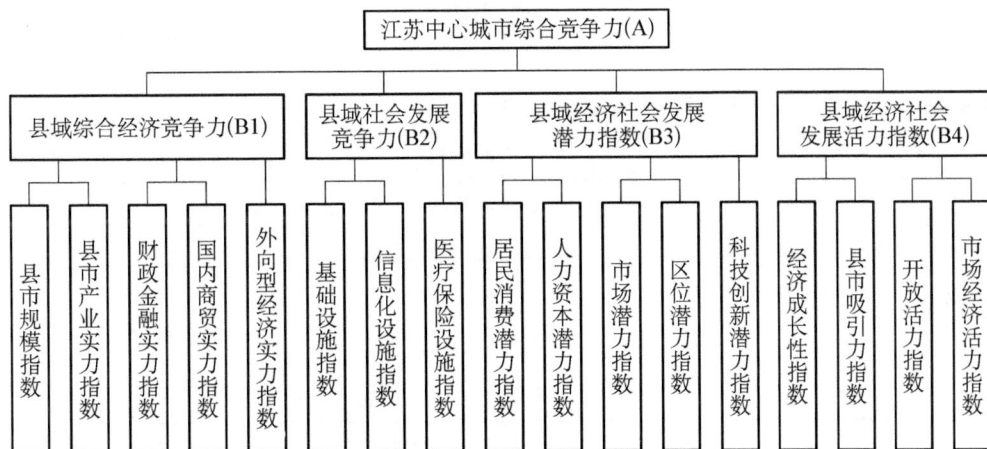

图1　江苏中心城市综合竞争力评价指标结构图

江苏县域经济社会发展综合竞争力评价指标体系根据县域综合经济竞争力、县域社会发展竞争力、县域经济发展潜力、县域经济发展活力四个一级指标构建了一个递阶层次结构。

1. 县域综合经济竞争力（A）

县域综合经济竞争力主要反映一个县域在宏观经济运行方面的情况，是考量县域综合发展竞争力最重要的方面之一。县域以相应的平台和条件，吸引区外物资、人力、资本、技术、信息、服务等资源要素向区内集聚，通过对各种资源要素的重组、整合来促进和带动相关产业升级和扩充，并将形成进而扩大竞争能力，向周边和外界辐射扩张。在资源要素高效、规范、快速、有序的流动中实现价值，再循环往复不断扩大规模和持续增长，从而提升县域竞争力。根据江苏省 45 个县域经济的经济特点和发展情况，县域综合经济竞争力包括了县域规模实力指数（A_1）、县域产业实力指数（A_2）、财政金融实力指数（A_3）、国内商贸实力指数（A_4）和外向型经济实力指数（A_5）五个二级指标。其中规模实力主要反映当前各县域经济的整体发展水平，描述县域地区的经济总量和经济水平。县域产业发展实力主要反映一个县域经济的整体发展结构及在农业、工业、服务业三个产业上具体的发展情况，可以从产业规模、产业效益指数、产业结构三个方面来分析。财政金融实力指数可以用财政收支、人均财政收支、金融机构存贷款余额等指标来衡量和排序，这些指标在一定程度上可以反映江苏县域财政金融体系的核心功能和辐射功能的强弱。国内商贸实力主要是考察区域内商业规模、商业辐射力和产品集散力，反映了巩固和提升产业在区域的地区并使本地区企业获得竞争优势的能力。外向型经济实力指数可以反映某个地区对外经济活动的基本情况及其带动国民经济发展的能力，指标的核心内容是进出口贸易和利用外资情况。

表 2　江苏县域综合竞争力评价指标体系

一级指标	变量标识	二级指标	变量标识
综合经济竞争力	A	县域规模指数	A_1
		县域产业指数	A_2
		财政金融指数	A_3
		国内商贸指数	A_4
		外向型经济指数	A_5
社会发展竞争力	B	基础设施指数	B_1
		信息化发展指数	B_2
		医疗保健指数	B_3
经济发展潜力	C	居民消费潜力指数	C_1
		人力资本潜力指数	C_2
		市场潜力指数	C_3
		区位潜力指数	C_4
		科技创新潜力指数	C_5
经济发展活力	D	经济成长性活力指数	D_1
		城市吸引力指数	D_2
		开放活力指数	D_3

2. 县域社会发展竞争力（B）

社会发展竞争力是指一个城市以其现有的社会发展比较优势为基础，通过创造良好的城市环境,在资源要素流动过程中形成更强的集聚、吸引和利用各种资源的能力。城市的社会发展状况,表现为城市本身对其居民的影响,包括居民就业、收入、消费行为、养老保障等。因此城市社会发展竞争力主要反映城市居民的物质生活水平、社会生活参与程度以及城市社会秩序的安定程度。它所涉及的内容具体有社会结构、人民生活、科技教育、社会保障、医疗卫生和社会秩序等方面,并把消除贫困、公平分配、大众参与和生态保护、社会稳定、可持续发展等多种社会价值作为发展目标。根据江苏省 45 个县域城市的社会特点和发展情况,社会发展竞争力包括基础设施指数(B_1)、信息化发展指数(B_2)、医疗保健指数(B_3)三个二级指标。

3. 县域经济发展潜力(C)

社会经济发展是一项涉及人、自然、社会等多要素的复合系统工程,陈石俊等(2003)认为经济发展潜力是指稀缺要素得到正常利用时的地区产出能力,而这种能力主要取决于需求的潜力、生产要素的供给和成本等(袁晓龙,2003)。李善同等(2003)从经济增长的潜在动力出发,在对改革开放以来我国经济增长进行核算的基础上,从未来资本投入、生产率和劳动力供给的变动趋势,分析了经济增长潜力和前景评自然资源和自然条件的差异是城市分工和城市竞争的基础。根据江苏省45 个县级市的社会特点和经济发展情况,社会经济发展潜力包括了居民消费潜力指数(C_1)、人力资本潜力指数(C_2)、市场潜力指数(C_3)、区位潜力指数(C_4)和科技创新潜力指数(C_5)五个二级指标。其中居民消费潜力指数主要衡量随着居民人均收入的不断上升以及国家医疗、教育等社会保障的根据,预期在未来会不断释放。一个城市的人力规模、人力结构、人力素质、人力资本投入及人力供求关系直接地影响城市的未来发展。市场潜力与经济活动之间的空间关联,印证了产地—市场空间联系和市场通达性是影响经济区位选择和区域经济格局形成的重要因素之一。良好的区位优势对于城市的发展具有较强的拉动力,使其能够减少贸易成本、受到中心经济城市的辐射等,从而获得先天的竞争优势。科技创新潜力指数反映了区域科技创新活动的发展态势和未来科技实力。

4. 县域经济发展活力(D)

"经济活力与可持续发展组织"将经济活力定义为:一个地区的经济竞争能力、适应能力、以及对私人企业和公共企业的吸引能力;具有经济活力的地区能够为居民提供满意的就业等经济活动以及长期可持续性的生活质量。本研究认为,县域经济社会发展活力是一个动态概念,随时间的变化而不断变化。根据江苏省 45 个县级市的社会特点和经济发展情况,社会经济发展活力指数包括了经济成长性活力指数(D_1)、城市吸引力指数(D_2)、开放活力指数(D_3)三个二级指标。其中,经济增长活力指数着眼于未来,从动态角度对城市经济活力进行阐释。一个具有活力的城市应该具有较强的吸引力,能够吸引人力和资本等生产要素,城市吸引力指数和开放活力指数主要反映了活力城市对劳动力和外资的吸引。

(三)江苏县域经济社会发展综合竞争力评价指标体系的指标选取

1. 三级指标的构建

构建的江苏县域经济社会发展综合竞争力评价指标体系中的二级指标对一级指标所涉及问题的具体方面进行了细分,但可以发现,这些二级指标大都是一种主观的指数型指标,难以进行量化,因此需要在此基础上对二级指标进行进一步量化处理。本研究从各二级指标的特征出发,根据各

指标的复杂程度,采用数量不等的可量化的三级指标对其进行全面的描述,具体三级指标如表3所示。

表3　江苏县域经济社会发展综合竞争力评价指标体系三级指标

二级指标	三级指标	变量标识	单位
县域规模指数(A_1)	年末常住人口	A_{101}	万人
	GDP	A_{102}	亿元
	人均GDP	A_{103}	元
	经济密度	A_{104}	万元/平方公里
县域产业指数(A_2)	第二产业增加值占GDP比重	A_{201}	%
	服务业增加值占GDP比重	A_{202}	%
	第二产业劳动生产率	A_{203}	万元/人
	第三产业劳动生产率	A_{204}	万元/人
	规模以上工业企业数	A_{205}	家
	主营业务收入	A_{206}	亿元
	工业总产值	A_{207}	亿元
	单位产值利税率	A_{208}	%
	单位产值利润率	A_{209}	%
	负债率	A_{210}	%
	总资产贡献率	A_{211}	%
财政金融指数(A_3)	财政一般预算收入	A_{301}	亿元
	财政一般预算支出	A_{302}	亿元
	财政收入占GDP比重	A_{303}	%
	人均财政一般预算收入	A_{304}	元
	人均财政一般预算支出	A_{305}	元
	金融机构年末储蓄总余额	A_{306}	亿元
	金融机构年末贷款总余额	A_{307}	亿元
	人均年末储蓄额	A_{308}	元
	人均财政一般收入增长率	A_{309}	%
	人均年末储蓄额增长率	A_{310}	%
国内商贸指数(A_4)	批发零售贸易业商品销售总额	A_{401}	亿元
	社会消费品零售额	A_{402}	亿元
	人均批发零售贸易业商品销售额	A_{403}	元
	人均社会消费品零售额	A_{404}	元
	社会批发零售贸易业商品销售额增长率	A_{405}	%
	社会消费品零售额增长率	A_{406}	%

二级指标	三级指标	变量标识	单位
外向型经济指数（A_5）	进出口总额	A_{501}	亿美元
	出口总额	A_{502}	亿美元
	出口总额增长率	A_{503}	%
	实际利用外资金额	A_{504}	亿美元
	实际利用外资金额增长率	A_{505}	%
	外资企业工业总产出	A_{506}	亿元
	外资企业工业总产出占比	A_{507}	%
基础设施指数（B_1）	固定资产投资总额	B_{101}	亿元
	房地产开发投资额	B_{102}	亿元
	新增固定资产	B_{103}	亿元
	住宅占房地产开发投资比重	B_{104}	%
	城镇居民人均住房建筑面积	B_{105}	平方米
	农村居民人均住房面积	B_{106}	平方米
	公里里程	B_{107}	公里
	人均公路里程	B_{108}	公里/万人
	等级公路里程	B_{109}	公里
	等级公里里程占比	B_{110}	%
	地区客运总量	B_{111}	万人次
	地区货运总量	B_{112}	万吨
	民用汽车拥有量	B_{113}	万辆
	人均私人汽车拥有量	B_{114}	辆/万人
信息化发展指数（B_2）	邮电业务总量	B_{201}	亿元
	人均邮电业务消费量	B_{202}	元
	固定电话用户普及率	B_{203}	%
	移动电话普及率	B_{204}	%
	国际互联网普及率	B_{205}	%
医疗保健指数（B_3）	卫生机构数	B_{301}	个
	卫生机构床位数	B_{302}	张
	每万人拥有卫生技术人员数	B_{303}	人
	每万人拥有医生数	B_{304}	人
	每万人拥有医院病床数	B_{305}	张

二级指标	三级指标	变量标识	单位
居民消费潜力指数(C_1)	城镇居民人均可支配收入	C_{101}	元
	城镇居民人均消费支出	C_{102}	元
	城镇居民人均消费支出年均增长率	C_{103}	%
	城镇居民恩格尔系数	C_{104}	%
	农村居民人均纯收入	C_{105}	元
	农村居民人均消费支出	C_{106}	元
	农村居民人均消费支出年均增长率	C_{107}	%
	农村居民恩格尔系数	C_{108}	%
人力资本潜力指数(C_2)	在校学生总数	C_{201}	万人
	每万人在校学生数	C_{202}	人
	专职教师人数	C_{203}	人
	每万人专职教师人数	C_{204}	人
	师生比	C_{205}	%
	公共图书馆藏书册	C_{206}	千册
	每百人图书馆藏书量	C_{207}	册
市场潜力指数(C_3)	所在地级市 GDP	C_{301}	亿元
	所在地级市人均 GDP	C_{302}	元
	所在区域① GDP	C_{303}	亿元
	所在区域人均 GDP	C_{304}	元
区位潜力指数(C_4)	自然区位优势度	C_{401}	——
	交通区位优势度	C_{402}	——
	文化区位优势度	C_{403}	——
	经济区位优势度	C_{404}	——
	政治区位优势度	C_{405}	——
科技创新潜力指数(C_5)	专利申请受理量	C_{501}	件
	专利申请授权量	C_{502}	件
经济增长活力指数(D_1)	GDP 年均增长率	D_{101}	%
	财政收入年均增长率	D_{102}	%
	人均 GDP 年均增长率	D_{103}	%
	人均财政收入年均增长率	D_{104}	%
	人均社会消费品零售额年均增长率	D_{105}	%

---

① 这里的区域是指苏南、苏中、苏北。

续表

二级指标	三级指标	变量标识	单位
县域吸引力指数（D_2）	常住人口指数	D_{201}	％
	人口密度	D_{202}	人/平方公里
开放活力指数（D_3）	外贸依存度	D_{301}	％
	FDI 占 GDP 比重	D_{302}	％
	FDI 年均增长率	D_{303}	％

2. 部分三级指标计算方法

在设置的三级指标中可以发现,该级指标由定性指标和定量指标两部分构成,其中除了包含在区位潜力指数（C_4）中的自然区位优势度（C_{401}）、交通区位优势度（C_{402}）、文化区位优势度（C_{403}）、经济区位优势度（C_{404}）和政治区位优势度（C_{405}）五个定性指标外,其余均为定量指标。定性指标采用专家打分法获取,并使用德尔菲法使指标得分更为可信。专家们根据自己的知识经验对江苏 44 个县（市）在 5 个定性指标上的表现进行排序,并给出各自的排序依据,研究者汇总排序依据后,将这些信息反馈给专家们,让他们以此作为参照调整各自的排序结果,以第二次的排序结果作为最终统计值。最后将每个指标排名第一位的县域赋值为 100 分,以 2.2 分为公差,对排序统计值进行分数换算,依次递减,指标排名第 44 位的县域得分为最低值 3.2 分,各县（市）最终得分为专家打分的均值。定量指标中的大多数县域可以从相关资料中直接查询得到,部分数据需要进行简单计算。具体包括:

表 4　江苏县域经济社会发展综合竞争力评价指标体系部分三级指标计算方法

三级指标	变量标识	计算方法
经济密度	A_{104}	GDP * 10 000/土地面积
第二产业增加值占 GDP 比重	A_{201}	第二产业增加值/GDP * 100
服务业增加值占 GDP 比重	A_{202}	第三产业增加值/GDP * 100
第二产业劳动生产率	A_{203}	第二产业增加值/第二产业从业人员数
第三产业劳动生产率	A_{204}	第三产业增加值/第三产业从业人员数
单位产值利税率	A_{208}	利税总额/工业总产值 * 100
单位产值利润率	A_{209}	利润总额/工业总产值 * 100
负债率	A_{210}	资产总额/负债总额 * 100
总资产贡献率	A_{211}	（利润总额＋利税总额＋利息支出）/资产总额 * 100
财政收入占 GDP 比重	A_{303}	财政一般收入/GDP * 100
人均财政一般收入增长率	A_{309}	（当年人均财政一般收入/上一年人均财政一般收入－1）* 100
人均年末储蓄额增长率	A_{310}	（当年人均年末储蓄额/上一年人均年末储蓄额－1）* 100
社会批发零售贸易业商品销售额增长率	A_{405}	（当年社会批发零售贸易业商品销售额/上一年社会批发零售贸易业商品销售额－1）* 100
社会消费品零售额增长率	A_{406}	（当年社会消费品销售额/上一年社会消费品销售额－1）* 100

续表

三级指标	变量标识	计算方法
出口总额增长率	A_{504}	(当年出口额/上一年出口额－1)*100
实际利用外资金额增长率	A_{506}	(当年实际利用外资金额/上一年实际利用外资金额－1)*100
外资企业工业总产出占比	A_{508}	外资企业总产出/工业总产出*100
住宅占房地产开发投资比重	B_{104}	住宅开发投资/房地产开发投资额*100
人均公路里程	B_{108}	公路里程/年末常住人口
等级公路里程占比	B_{110}	等级公路里程/公路里程*100
人均私人汽车拥有量	B_{114}	私人汽车*10 000/年末常住人口
人均邮电业务消费量	B_{202}	邮电业务总量*10 000/年末常住人口
固定电话用户普及率	B_{203}	本地电话用户/本地户籍数*100
移动电话普及率	B_{204}	移动电话用户/本地户籍数*100
国际互联网普及率	B_{205}	国际互联网用户数/本地户籍数*100
每万人拥有卫生技术人员数	B_{303}	卫生技术人员数/年末常住人口
每万人拥有医生数	B_{304}	执业(助理)医师/年末常住人口
每万人拥有医院病床数	B_{305}	卫生机构床位数/年末常住人口
每万人在校学生数	C_{202}	在校学生总数/年末常住人口
每万人专职教师人数	C_{204}	专任教师总数/年末常住人口
师生比	C_{205}	专任教师总数/在校学生总数*100
每百人图书馆藏书量	C_{207}	公共图书馆图书藏量*10/年末常住人口
GDP年均增长率	D_{101}	2010—2014年GDP增长率算数平均值
财政收入年均增长率	D_{102}	2010—2014年财政一般收入增长率算数平均值
人均GDP年均增长率	D_{103}	2010—2014年人均GDP增长率算数平均值
人均财政收入年均增长率	D_{104}	2010—2014年人均财政一般收入增长率算数平均值
人均社会消费品零售额年均增长率	D_{105}	2010—2014年人均社会消费品零售额增长率算数平均值
常住人口指数	D_{201}	年末常住人口/年末户籍人口*100
人口密度	D_{202}	年末常住人口*10 000/土地面积
FDI占GDP比重	D_{302}	实际外商直接投资/GDP*100
FDI年均增长率	D_{303}	2010—2014年实际外商直接投资增长率算数平均值

注:年末常住人口从2010年起开始统计,在计算年均增长率时所涉及到的之前年份的人均指标计算均使用年末户籍人口。

(四)数据采集与处理

江苏县域经济社会发展综合竞争力评价中所涉及的指标以2014年数据为主,数据主要来源于历年《江苏统计年鉴》、《江苏高新技术产业发展公报》、江苏省44个县(市)政府官方网站发布的历年《政府工作报告》、《国民经济和社会发展统计公报》等官方资料,具有较高的可信度和权威性。由于县域经济社会发展综合竞争力各项指标数据的量纲不同,因此,需要对这些指标进行综合统计分析。为了消除因量纲不同的评价指标数据对评估结果的影响,一般在完成数据的采集工作后,还需要对原始数据进行无量纲化处理。本文采用标准化处理方法,具体包含两个步骤:

首先,对原始数据资料进行指数化处理,计算公式如下:$X_i = \dfrac{x_i}{\max(x)}$。其中,$X_i$ 是指数,x_i 是原始数据资料值,$\max(x)$ 是该指标中所有样本城市中原始数据资料值最大值。

其次,对指数化后的指标值进行标准化处理,计算公式如下:$W_i = \dfrac{X_i - \overline{X_i}}{\sigma(X_i)}$。其中,$W_i$ 是标准化后的指标值,X_i 是指数化后的数值,$\overline{X_i}$ 为该指标指数化后的平均值,$\sigma(X_i)$ 为该项指标指数化后的标准差。每一项指数经过标准化处理后的均值为 0,方差为 1。

主成份分析法(principal component analysis)原用于处理多维随机变量在线性变换下的分量相关问题,其方式是通过求协方差或者相关系数矩阵的特征值与特征根运算,按所要求的贡献率求出集中原理随机变量主要信息的、相互无关的主成分,是处理多维数据间相关问题的有力工具。主成份分析能将高维空间的问题转化到低维空间去处理,使问题变得比较简单、直观,而且这些较少的综合指标之间互不相关,又能提供原有指标的绝大部分信息。而且,伴随主成份分析的过程,将会自动生成各主成份的权重,这就在很大程度上抵制了在评价过程中人为因素的干扰,因此以主成份为基础的综合评价理论能够较好地保证评价结果的客观性,如实地反映实际问题。本研究采用现阶段学术界对城市竞争力评价普遍通行的数学处理方式,即主成分分析方法来进行数据的处理并最终求得评价结果。首先对第三级指标进行指数化和标准化处理,在此基础上进行主成分分析,并将主成分分析结果根据因子载荷进行加权和标准化处理从而得到二级指标数值,从而体现评价分项竞争力所选的视角。最后基于二级指标得分再次使用主成分分析,得到县域经济社会发展综合竞争力得分,以此评价县域整体发展状况。

二、江苏县域经济社会发展综合竞争力分析

本研究从四个二级指标的角度出发,逐一进行主成分分析,具体分析步骤为:第一步,从相关资料中找出相应数据并进行必要的计算,建立其江苏省各县(市)的三级指标的初始数据矩阵;第二步,对初始数据矩阵进行指数化及标准化处理,得到待分析数据矩阵;第三步,对待分析数据矩阵进行 KMO 和 Bartlett 球形度检验,如相应的 KMO 值大于 0.70 且 Bartlett 统计值不大于 Cronbach's Alpha 值,则表示二级指标对应的三级指标具有较好的信度和效度,能够进行因子分析;第四步,经主成分分析,提取累计方差贡献率超过 80% 的公因子,同时根据旋转后的因子载荷进行加权和指数化处理得出各县域的因子得分;最后,根据四个二级指标的因子得分进一步进行主成分分析,综合得到江苏县域经济社会发展综合竞争力的因子得分,并进行相应分析。

经济社会发展综合竞争力是一个综合概念,是城市竞争力的显性表示,能够显示一个城市好多快省创造财富的能力。经济社会发展综合竞争力排名先后,意味着城市在市场占有率、经济增长率、综合生产力、社会发展、教育科技等方面表现的好坏。表 5 是根据综合经济竞争力、社会发展竞争力、经济发展潜力、经济发展活力四个二级指标经主成分分析综合得到的江苏县域经济社会发展

综合竞争力得分及排名情况。

表 5　江苏县域经济社会发展综合竞争力 15 强比较

排名	经济社会发展综合竞争力	排名	经济社会发展综合竞争力	排名	经济社会发展综合竞争力	排名	经济社会发展综合竞争力
1	昆山市	5	太仓市	9	靖江市	13	启东市
2	江阴市	6	丹阳市	10	金坛市	14	泰兴市
3	张家港市	7	宜兴市	11	海门市	15	溧阳县
4	常熟市	8	扬中市	12	句容市		

　　2016 年江苏县域经济社会发展综合竞争力综合排名前五位的县市是昆山市、张家港市、江阴市、常熟市和太仓市，与 2015 年相比，太仓市取代宜兴市进入前五，宜兴市下滑至第 7 位。排名 6～10 名的依次是丹阳市、宜兴市、扬中市、靖江市和金坛市。

　　从江苏县域经济社会发展综合竞争力后 15 弱来看，位列倒数三位、综合竞争力最弱的 10 个县（市）依次为：灌云县、洪泽县、金湖县、阜宁县、灌南县、响水县、滨海县、泗阳县、涟水县和泗洪县，其中连云港地区 1 个县（市）、徐州地区 3 个县（市）、盐城地区 2 个县（市）、宿迁地区 2 个县（市）、淮安地区 2 个县（市）。

第七篇　江苏城市发展报告

第一章　南京市经济社会发展报告

2017年,全市上下深入学习贯彻党的十八大和十八届历次全会和十九大精神,以深化供给侧结构性改革为主线,坚持稳中求进工作总基调,认真践行新发展理念,统筹推进稳增长、促改革、调结构、惠民生、防风险各项工作,全市经济呈现稳中有进、稳中向好的发展态势,开启高质量发展时代新征程。

一、综合

经济运行稳中有进。全年实现地区生产总值11 715.10亿元,比上年增长8.1%,增速比上年提升0.1个百分点。其中,第一产业增加值263.01亿元,增长1.2%;第二产业增加值4 454.87亿元,增长5.1%,其中工业增加值3 853.39亿元,增长6%;第三产业增加值6 997.22亿元,增长10.3%。按常住人口计算的人均地区生产总值为141 103元,按国家公布的年平均汇率折算,为20 899美元。结构调整扎实推进,三次产业结构调整为2.3∶38.0∶59.7,第三产业增加值占地区生产总值比重比上年提高1.3个百分点。高新技术产业产值占规模以上工业比重为45.89%,比上年提升0.58个百分点。

经济活力持续增强。全年民营经济实现增加值5 376.40亿元,占地区生产总值比重为45.9%,比上年提升1.1个百分点。年末全市工商部门登记的私营企业54.99万户,全年新增8.47万户;注册资本19 049.97亿元,全年新增4 168.38亿元,分别增长45.4%和45.9%。个体工商户52.17万户,全年新增10.89万户,分别增长19.2%和51.1%。

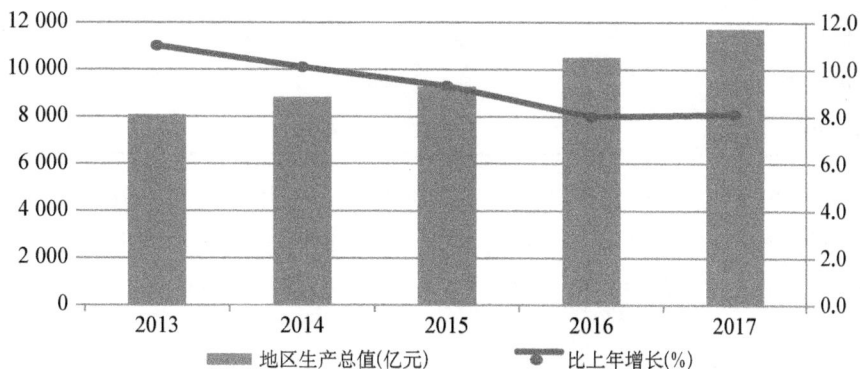

图1　南京市 GDP 规模及其增速

数据来源:历年《江苏统计年鉴》

居民消费价格温和上涨。全年城市居民消费价格比上年上涨1.9%。其中食品烟酒类上涨

2.2%,衣着类上涨1.1%,居住类上涨2.4%,生活用品及服务类上涨2.4%,交通和通信类上涨1.1%,教育文化和娱乐类上涨2.3%,医疗保健类上涨0.5%,其他用品及服务类上涨1.8%。

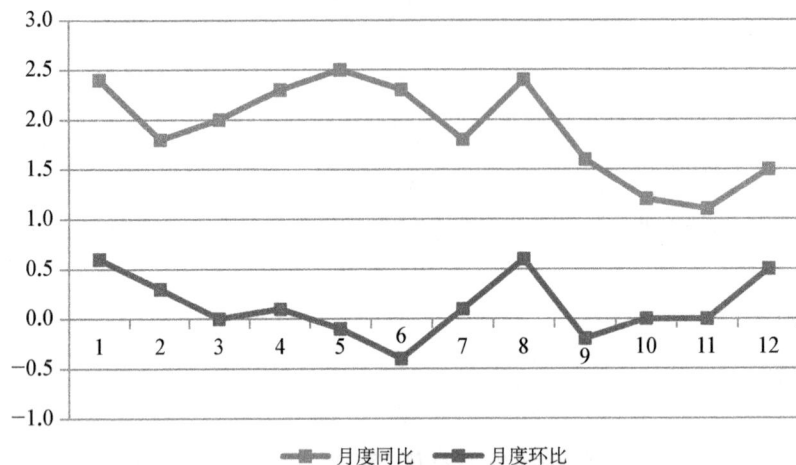

图2 2017年居民消费价格月度涨跌幅度

表1 2017年城市居民消费和商品零售价格涨跌幅度

指标名称	2017年	2016年
城市居民消费价格	1.9	2.7
一、食品烟酒类	2.2	2.4
二、衣着类	1.1	3.5
三、居住类	2.4	2.2
四、生活用品及服务类	2.4	2.1
五、交通和通信类	1.1	-0.7
六、教育文化和娱乐类	2.3	3.4
七、医疗保健类	0.5	9.9
八、其他用品和服务类	1.8	2.9
商品零售价格	1.6	0.5

工业生产者价格回升。全年工业生产者出厂价格比上年上涨3.4%,比上年提高5.7个百分点。其中生产资料价格上涨5.1%,生活资料价格下跌1.2%;轻工业类价格上涨1.2%,重工业类价格上涨3.9%。工业生产者购进价格上涨7.2%,比上年提高9.7个百分点。

二、农业

全年农林牧渔及农林牧渔服务业增加值276.65亿元,比上年增长1.5%。其中农业170.59亿元,增长1.2%;林业15.23亿元,增长7.0%;渔业61.10亿元,增长4.9%;农林牧渔服务业13.64

亿元,增长 6.1%。畜牧业增加值 16.10 亿元,下降 13%。现代农业稳步发展,据农委等部门统计,全年新增高标准农田 11.65 万亩。全市省级"菜篮子"蔬菜基地面积 20.5 万亩。累计登记家庭农场 3 000 多家,成立农民专业合作社(含农地股份合作社)3 871 家,建成市级及以上现代农业园区 41 个,市级农业科技园区 13 家。农业机械化水平 86%。

三、工业和建筑业

全年规模以上工业增加值 3 166.63 亿元,增长 6%。分经济类型看,国有控股企业增长 3%,股份制企业增长 5.1%,外商及港澳台投资企业增长 5.5%。分行业看,全年规模以上工业中,汽车制造业增加值比上年增长 7.1%,计算机、通信和其他电子设备制造业增长 4.3%,医药制造业比上年增长 5.8%,电气机械和器材制造业增长 14.9%,通用设备制造业增长 14.1%,专用设备制造业增长 8%,化学原料和化学制品制造业增长 4.8%,黑色金属冶炼和压延加工业增长 14.7%。符合工业转型升级方向的工业产品快速增长,运动型多用途乘用车(SUV)产量增长 204.9%,新能源汽车增长 171.8%,工业机器人增长 78.9%,智能手机增长 78.3%。

表 2　2017 年主要产品产量及增长速度

产品名称	计量单位	产品产量	比上年增长(%)
原油加工量	万吨	2 769.75	−5.0
其中:汽油	万吨	634.34	−1.8
乙烯	万吨	145.01	−10.6
水泥	万吨	794.24	0.2
生铁	万吨	1 609.61	8.7
粗钢	万吨	1 701.79	12.0
钢材	万吨	1 544.33	7.5
汽车用发动机	万千瓦	2 264.58	−15.2
电动手提式工具	万台	459.78	−8.7
工业机器人	套	1 746	78.9
汽车	万辆	64.67	15.3
其中:运动型多用途乘用车(suv)	辆	189 871	204.9
新能源汽车	辆	21 247	171.8
民用钢质船舶	载重吨	1 650 833	−22.4
钢质机动货船	载重吨	1 570 271	−23.9
光缆	芯千米	15 228 271	8.3
家用电冰箱(家用冷冻冷藏箱)	万台	113.44	45.8
家用燃气热水器	万台	38.76	−34.0
家用洗衣机	万台	485.09	3.3
家用电热水器	万台	165.56	1.4
电子计算器整机	万台	217.81	−36.8

产品名称	计量单位	产品产量	比上年增长（%）
显示器	万台	2 519.18	−16.4
智能手机	万台	593.49	78.3
智能电视	万台	423.73	−0.8
光电子器件	万只（片、套）	1 864	2.2
电子元件	万只	447 906	13.2
环境监测专用仪器仪表	台	7 662	−0.3
发电量	亿千瓦小时	501.60	−2.8

全年具有资质等级的总承包和专业承包建筑业企业完成建筑业总产值3 263.70亿元，比上年增长12.2%，其中本市建筑企业在外省完成建筑业总产值1 064.08亿元，增长12.6%。

四、固定资产投资和房地产开发

全年完成全社会固定资产投资6 215.20亿元，比上年增长12.3%。其中国有及国有经济控股投资2 631.95亿元，增长31.0%；外商及港澳台投资805.71亿元，增长33.5%。分产业看，第一产业投资22.64亿元，下降44.5%；第二产业投资1 789.58亿元，增长0.3%，其中工业投资1 778.79亿元，增长1.0%；第三产业投资4 402.98亿元，增长18.7%。三次产业投资比例为0.4∶28.8∶70.8。工业技改投资增长13.3%，占工业投资比重64.2%。六大高耗能行业投资220.62亿元，下降19.6%。基础设施类投资1 357.2亿元，增长42.6%，占全社会投资比重为21.8%。

全年城市建设完成投资1 042.04亿元，增长55.9%。重点项目扎实推进，扬子江隧道北接线、纬七路东进二期、首蓿园大街南延、龙西立交二期等项目建成通车，地铁4号线、宁和线一期等轨道交通线路建成运营，全市路网、轨道交通进一步完善。

全年完成房地产开发投资2 170.21亿元，比上年增长17.6%。其中住宅投资1 569.52亿元，增长12.7%；商业用房投资263.08亿元，增长34.9%。全年新开工各类保障性住房442万平方米，竣工377万平方米。

五、国内贸易

全年实现社会消费品零售总额5 604.66亿元，比上年增长10.2%。分行业看，批发业和零售业零售额5 074.69亿元，增长9.4%；住宿和餐饮业零售额529.97亿元，增长17.8%。全年限额以上企业（单位）实现社会消费品零售总额3 454亿元，增长8.2%。

在限额以上企业（单位）批发零售贸易业零售额中，粮油、食品类增长12.0%，服装、鞋帽、针纺织品类增长6.4%，金银珠宝类增长12.7%，日用品类增长13.3%，体育、娱乐用品类增长37.6%，家用电器和音像器材类增长25.6%，中西药品类增长9.6%，文化办公用品类增长7.6%，通讯器材类增长36.5%，石油及制品类增长6%，汽车类增长0.3%。网上零售较快增长，限额以上批发和零售业通过公共网络实现商品零售额增长50%。

六、对外经济

全年货物进出口总额611.87亿美元,比上年增长21.7%。其中,出口总额344.15亿美元,增长16.1%;进口总额267.73亿美元,增长29.8%。

从进出口商品市场看,全年对欧盟、美国、日本、韩国和东盟等传统市场进出口额413.69亿美元,增长21.7%,占全市进出口总额比重为67.6%。其中,出口223.82亿美元,增长17.8%,占全市65.0%;进口189.86亿美元,增长26.7%,占全市70.9%。

表3 2017年南京对主要国家、地区进出口额及其增长速度

国别和地区	出口额(亿美元)	比上年增长(%)	进口额(亿美元)	比上年增长(%)
合计	334.15	16.1	267.73	29.8
一、亚洲	127.69	6.0	161.62	25.6
♯日本	16.99	1.5	41.30	45.8
韩国	17.51	11.9	61.05	13.6
♯东南亚国家联盟	33.85	0.5	20.91	16.3
二、非洲	12.48	12.6	6.32	72.6
三、欧洲	91.8	28.8	54.50	32.6
♯欧洲联盟	83.97	29.2	48.62	33.0
四、拉丁美洲	24.38	30.5	6.86	53.6
五、北美洲	78.28	19.6	23.73	33.3
♯美国	72.11	21.5	17.98	35.9
六、大洋洲	9.52	0.2	14.68	39.6

从进出口商品构成看,全年高新技术产品出口101.88亿美元,增长39.5%,进口95.65亿美元,增长40.7%。机电产品出口186.51亿美元,增长22.2%,进口164.31亿美元,增长33.7%。

表4 2017年进出口总额及其增长速度

指 标	金额(亿美元)	比上年增长(%)
进出口总额	611.87	21.7
出口额	344.15	16.1
其中:一般贸易	222.40	12.3
加工贸易	108.67	26.0
其中:机电产品	186.51	22.2
高新技术产品	101.88	39.5
其中:国有企业	114.21	10.4
外商投资企业	131.30	34.1
民营企业	98.62	3.7
进口额	267.73	29.8
其中:一般贸易	186.55	32.0

续表

指　　标	金额(亿美元)	比上年增长(%)
加工贸易	47.21	20.2
其中:机电产品	164.31	33.7
高新技术产品	95.65	40.7
其中:国有企业	101.35	29.6
外商投资企业	138.78	33.1
民营企业	27.59	16.4

　　全年吸收外商直接投资新设立企业 395 家,比上年增长 14.2%。新批外商投资地区总部等功能性机构 17 家。新增合同利用外资 60.87 亿美元,比上年增长 7.6%。全年实际使用外资 36.73 亿美元,比上年增长 5.6%。分产业看,第一产业使用外资 0.01 亿美元,下降 98.4%;第二产业使用外资 17.40 亿美元,增长 49.3%,其中制造业使用外资增长 15.4%,占全市 28.1%;第三产业使用外资 19.32 亿美元,下降 15.3%。全年开发区合同利用外资 43.80 亿美元,占全市比重 72%;开发区实际使用外资 28.54 亿美元,比上年增长 14.2%,占全市比重 77.7%。

　　全市境外投资新批项目 112 个,中方协议投资额 18.1 亿美元(含增资)。境外投资中方实际投资额 15.8 亿美元。全年对外承包工程完成营业额 39.8 亿美元,增长 7.3%;新签合同额 61.5 亿美元,增长 100%。全市企业赴"一带一路"沿线 27 国家或地区新签合同额 36.4 亿美元,同比增长 188%;完成营业额 26.3 亿美元,增长 39%。

七、交通、邮电和旅游

　　全年货物运输总量 35 462.05 万吨,比上年增长 12.4%。货物运输周转量 3 331.53 亿吨公里,比上年增长 34.1%。全年港口货物吞吐量 24 215 万吨,比上年增长 6.4%,其中外贸货物吞吐量 2 454 万吨,增长 3.5%。港口货物吞吐量中,集装箱吞吐量 317 万标箱,增长 2.7%。

表5　2017 年各种运输方式完成货物运输量及其增长速度

指　　标	计量单位	绝对量	比上年增长(%)
货物运输总量	万吨	35 462.05	12.4
公路	万吨	14 974.00	12.2
水运	万吨	14 840.00	7.4
铁路	万吨	1 393.15	7.2
航空	万吨	8.19	7.6
管道	万吨	4 246.71	36.9
机场货邮吞吐量	万吨	37.42	9.7
港口货物吞吐量	万吨	24 215.00	6.4
其中:外贸吞吐量	万吨	2 454.00	3.5
港口集装箱吞吐量	万标箱	317.00	2.7
货物运输周转量	万吨公里	33 315 316.75	34.1

指　标	计量单位	绝对量	比上年增长（%）
公路	万吨公里	2 197 884.00	14.7
水运	万吨公里	30 018 242.00	37.4
铁路	万吨公里	710 810.00	3.2
航空	万吨公里	11 715.31	7.0
管道	万吨公里	376 665.44	3.6

全年旅客运输总量16 416.92万人次,比上年增长0.7%。旅客运输周转量474.09亿人公里,比上年增长8.4%。

表6　2017年各种运输方式完成旅客运输量及其增长速度

指　标	计量单位	绝对量	比上年增长（%）
旅客运输总量	万人次	16 416.92	0.7
公路	万人次	10 160.00	−5.0
铁路	万人次	5 066.04	11.1
水运	万人次	21.76	5.4
航空	万人次	1 169.12	14.1
机场旅客吞吐量	万人	2 582.28	15.5
旅客运输周转量	万人公里	4 740 861.65	8.4
公路	万人公里	1 205 101.00	−4.7
铁路	万人公里	1 942 605.41	11.5
水运	万人公里	40.89	5.0
民航	万人公里	1 593 114.35	16.4

注:旅客运输总量中不含城市公共交通相关数据。民航运输量仅指东航江苏分公司完成数。

年末机动车保有量257.93万辆,比上年末增加18.06万辆,增长7.5%。民用汽车239.20万辆,新增17.51万辆,增长7.9%,其中本年新注册26.44万辆。私人汽车201.56万辆,新增8.85万辆,增长4.6%;私人汽车中轿车145.73万辆,新增4.83万辆,增长3.4%,其中本年新注册15.18万辆。

全年新增、更新公交车2 132辆,新辟公交线路7条,优化调整线路6条。城市公共汽车运营线路网长度11 111.8公里;全年公共汽车客运总量8.98亿人次,比上年下降4.9%。有轨交通运营车辆1 517辆3 658标台,全年地铁承担客运人数97 741.37万人次,比上年增长17.7%。轨道交通线路运营总里程达到348公里。出租车总数14 057辆。创成首批"国家公交都市示范城市"。

全年完成邮电业务总量(按2010年价格计算)334.66亿元,比上年增长32.5%。其中,邮政业务总量139.26亿元,增长35.3%;电信业务总量195.40亿元,增长30.5%。全年完成邮电业务收入(按现价计算)224.74亿元,增长10.6%。其中,邮政业务收入96.31亿元,增长22.2%;电信业务收入128.43亿元,增长3.3%。全年完成快递业务量63 415.67万件,增长34.3%;快递业务收入73.86亿元,增长21.9%。年末移动电话用户1 159.85万户,增长4.8%,其中4G移动电话用户858.93万户,增长21.5%;固定电话用户237.93万户;住宅电话用户88.63万户;互联网宽带接入用户 401.58 万户,增长 18.4%。

据旅游委统计,全年实现旅游总收入 2 168.90 亿元,比上年增长 13.6%。接待海内外旅游者 12 293 万人次,增长 9.7%。其中接待国内旅游者 12 221.20 万人次,增长 9.7%;接待入境旅游者 71.8 万人次,增长 12.5%。全年实现国际旅游创汇收入 7.6 亿美元,增长 12.8%。年末共有等级旅游景区 53 家,其中 4A 级以上高等级景区 23 家;国家、省市级旅游度假区 7 家。拥有星级宾馆饭店 83 家,其中五星级以上酒店 21 家。拥有各类旅行社 624 家,其中具有组织出境游资质的旅行社 52 家。

八、财政、金融和保险

全年完成一般公共预算收入 1 271.91 亿元,比上年同口径增长 11.9%。其中税收收入 1 044.61 亿元,增长 13.2%,税收占比 82.1%。全年一般公共预算支出 1 353.96 亿元,比上年增长 15.3%,其中城乡社区、社会保障和就业、住房保障、农林水事务支出分别增长 19.3%、27.4%、27.7% 和 27.5%。财政一般公共预算支出中民生支出占比达 78%,连续 9 年入选中国"最具幸福感城市"。

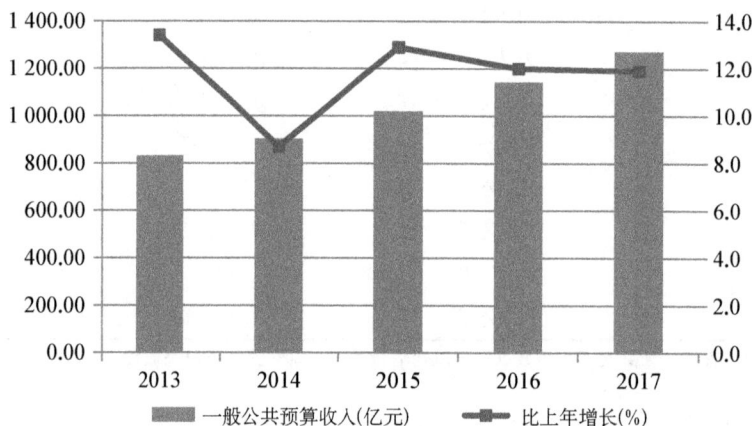

图3　2013—2017 年一般公共预算收入及其增长速度

全年金融业实现增加值 1 355.05 亿元,比上年增长 7.5%,占全市地区生产总值比重为 11.6%。年末金融机构本外币各项存款余额 30 764.63 亿元,比年初增加 2 408.74 亿元,比上年末增长 8.5%。其中住户存款 6 202.95 亿元,比年初增加 107.14 亿元;非银行业金融机构存款 3 643.49 亿元,比年初增加 510.00 亿元。年末金融机构本外币各项贷款余额 25 159.48 亿元,比年初增加 2 890.54 亿元,比上年末增长 13.0%。其中住户贷款 7 704.23 亿元,比年初增加 1 170.48 亿元;非金融企业及机关团体贷款 17 293.63 亿元,比年初增加 1 690.30 亿元。全年新增上市企业 17 家,募集资金 82.09 亿元,共有境内外上市企业 102 家。新增备案创投企业 306 家,累计备案创投企业(含省级在宁企业)872 家。共有 236 家企业挂牌或者获准挂牌新"三板",证券营业部 181 家。

全年实现保费收入 697.95 亿元,比上年增长 43.7%。分类型看,财产险收入 145.89 亿元,增长 14.5%;寿险收入 471.65 亿元,增长 86.8%。

九、科技和教育

据科技部门统计,全年新增科技部备案众创空间24家,累计210家。在宁中国科学院院士、中国工程院院士分别为46人和36人,合计82名。全年净增各级工程技术研究中心159家,累计967家。拥有省市科技公共服务平台134家,国家和省重点实验室91家。全年共引进高端研发机构10家,累计41家。新增高新技术企业150家,累计1 850家。

全年制修订国际标准4项、国家和行业标准137项、地方标准20项。共有国家、省、市名牌产品905个,其中江苏名牌产品288个,南京名牌产品617个。国家、省质量奖获奖企业累计6个,其中中国质量奖(提名奖)2个,江苏省质量奖4个。

全年南京地区共有24项成果获得国家科学技术奖励。签订各类输出技术合同21 036项,技术合同成交总额284.75亿元,增长32%。新增技术贸易机构105家,累计6 440家。全年受理专利申请75 406件,其中发明专利37 286件,分别增长15.7%和18.2%;专利授权32 073件,其中发明专利10 723件,分别增长18.2%和23.3%。全年PCT专利申请受理量481件,增长25.3%。

据教育部门统计,全市在宁普通高等学校53所(不含部队院校),在校学生(不含研究生)72.15万人,比上年增加0.41万人。在宁高校及研究生培养机构在学研究生11.92万人,增加0.88万人。普通中学232所,在校学生23.42万人,增加0.97万人;中等职业学校(含成人中专,不包括技工学校)24所,在校学生6.64万人,减少0.21万人。小学349所,在校学生39.31万人,增加1.77万人;幼儿园907所,在园儿童23.57万人,增加1.2万人。新改扩建达省优质园建设标准幼儿园25所。小学全面实施"弹性离校"。全市义务教育优质资源覆盖率达92.24%。

十、文化、卫生和体育

据文广新局统计,全市共有文化馆14个,公共图书馆15个(不含教育系统、企事业组织的图书馆,下同),文化站100个,博物馆60个,市级以上文物保护单位516处,国家级历史文化街区2个,省级历史文化街区7个,国家级历史文化名镇(村)3个。有线电视用户305.68万户(不含电信等非广电有线系统的电视用户)。全年市级层面组织开展公益演出1 500场;放映公益电影8 134场,送戏1 147场;为农村和基层送书20.84万册,更新200家书屋出版物,创建42家星级示范农家书屋,新增全民阅读新空间25个,居民综合阅读率达到94.76%。达到省级标准的社区综合性文化服务中心733个。每万人拥有公共文化设施面积2 100平方米。

据卫计委统计,全市拥有各类医疗卫生机构2 340个,其中医院、卫生院及社区卫生服务中心358个,疾病预防控制中心17个,妇幼卫生保健机构14个。各类卫生机构拥有病床5.22万张,其中医院、卫生院床位数4.74万张,分别比上年增加0.24万张、0.23万张。各类卫生机构共有卫生技术人员7.61万人,其中执业医师及执业助理医师2.81万人,注册护士3.44万人,分别比上年增加0.54万人、0.28万人、0.23万人。累计建成社区卫生服务中心(卫生院)138个、社区卫生服务站(村卫生室)667个。社区卫生服务城市人口覆盖率达100%。

巩固提升城市社区"10分钟体育健身圈",开展各类群众性体育竞赛和活动2 058项次。精心筹办(申办)重大国际赛事,成功举办 2017 年世界全项目轮滑锦标赛、世界女排大奖赛总决赛、第十六届南京都市圈国际体育舞蹈公开赛和南京马拉松暨全国马拉松锦标赛等多项品牌赛事,有序推进 2019 年国际篮联篮球世界杯亚洲区预选赛(南京赛区),积极开展 2020 年世界室内田径锦标赛申办工作并申办成功,进一步塑造城市国际化形象,提升南京城市国际知名度和美誉度。

十一、节能降耗和生态环境

四大片区工业布局调整积极推进,煤炭消耗总量得到有效控制。全社会用电量 556.96 亿千瓦时,比上年增长 6.1%。其中工业用电量 318.14 亿千瓦时,增长 2.4%。规模以上工业综合能源消费量 3 784.38 万吨标准煤,下降 1.2%,低于工业增加值增速 7.2 个百分点。规模以上工业万元增加值能耗下降 6.79%。从消耗的主要能源品种看:原煤 2 667.09 万吨,下降 4.3%;原油 2 771.33 万吨,下降 5.1%;天然气 26.15 亿立方米,增长 10.7%。全面推进"河长制"和"断面长制",加强工业集聚区工业废水处理,完成南钢、南化等一批企业工业废水治理项目。基本清除建成区 109 条河道黑臭水体。城镇污水处理率达 94.5%,主要集中式饮用水水源地水质达标率保持 100%。深化大气污染防治,全年 PM 2.5 平均浓度比上年下降 14.0%,空气质量达到国家二级标准天数为 264 天,达标率为 72.3%,比上年提升 6.2 个百分点。推进特色田园乡村和美丽乡村建设,建成 180 个美丽乡村示范村。

十二、人口、人民生活和社会保障

年末全市常住人口 833.50 万人,比上年末增加 6.5 万人,增长 0.79%。其中城镇常住人口 685.89 万人,占总人口比重(常住人口城镇化率)82.29%,比上年提高 0.29 个百分点。在常住人口中,0～14 岁人口为 90.4 万人,占比 10.85%;15～64 岁人口 644.09 万人,占比 77.27%;65 岁及以上人口 99.01 万人,占比 11.88%。全年常住人口出生率 8.75‰,较上年下降 0.8 个千分点;人口死亡率 5.05‰,较上年下降 0.95 个千分点;人口自然增长率 3.70‰,较上年提高 0.15 个千分点。年末全市户籍总人口为 680.67 万人,比上年末增加 17.88 万人,增长 2.7%。

全年城镇新增就业 22.54 万人,城镇登记失业率为 1.82%,比上年末下降 0.06 个百分点。新培育自主创业者 3.52 万人,其中大学生创业 6 367 人。实现再就业 10.85 万人,援助困难人员就业 1.49 万人,农村劳动力转移 3.98 万人次。开展各类职业技能培训 40.33 万人次。

根据城乡一体化住户抽样调查,全年全体居民人均可支配收入 48 104 元,比上年增长 9.3%。其中工资性收入 30 067 元,增长 8.8%;经营净收入 5 422 元,增长 9.4%;财产净收入 4 982 元,增长 12.3%;转移净收入 7 633 元,增长 9.2%。按常住地分,城镇居民人均可支配收入 54 538 元,增长 9.1%;农村居民人均可支配收入 23 133 元,增长 9.3%。全体居民人均生活消费支出 28 470 元,比上年增长 6.2%。按常住地分,城镇居民人均生活消费支出为 31 385 元,增长 5.4%;农村居民人均生活消费支出为 17 155 元,增长 8.8%。全体居民人均生活消费支出中,食品烟酒支出占比为 25.8%,比上年下降 0.4 个百分点,其中城镇为 25.3%,农村为 29.1%,比上年分别下降 0.3 个和 0.9 个百分点。

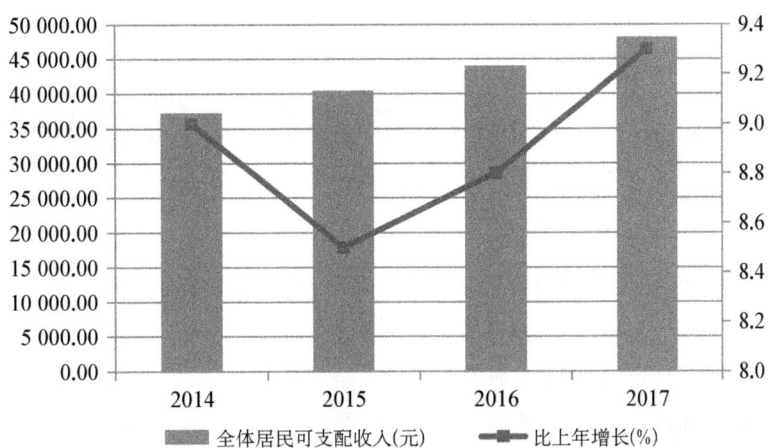

图 4　2014—2017 年全市居民人均可支配收入及其增长速度

据人社部门统计,年末全市城镇职工社会保险五大险种累计参保人数为 1 513.26 万人次,其中企业职工基本养老保险参保人数 309.10 万人、城镇职工基本医疗保险参保人数 408.10 万人、失业保险参保人数 267.85 万人、工伤保险参保人数 271.11 万人、生育保险参保人数 257.10 万人。低保标准提高到每月 810 元,新型农村合作医疗人均筹资标准超过 920 元。城乡基本养老保险和城乡基本医疗保险参保率均达到 98% 以上。全市城乡居民享受最低生活保障 8.14 万人,享受国家抚恤、补助等各类优抚人员 2.13 万人。

据民政部门统计,年末全市福利收养单位拥有床位 4.85 万张,收养人员 2.40 万人,其中社会福利院拥有床位 7 025 张,收养人员 4 483 人。全市建立城镇各类社区服务设施 11 415 处,区、街镇社区服务中心 1 494 个。建成社区居家养老服务中心 1 255 个,其中由专业社会组织运营,具备"助餐、助医、助急"等养老服务能力的市 3A 级社区居家养老服务中心达 317 个。社区养老服务设施配建达标率 100%。全市现有养老机构 269 家,机构床位数 4.55 万张,其中当年新增养老机构床位 3 626 张。每千名老人拥有养老床位数 36 张。

第二章　苏州市经济社会发展报告

2016年,面对错综复杂的宏观经济环境,全市上下在苏州市委、市政府的正确领导下,深入贯彻党的十八大和十八届三中、四中、五中、六中全会精神,以习近平总书记系列重要讲话特别是视察江苏重要讲话精神为指引,自觉践行五大发展理念,坚持稳中求进工作总基调,坚定不移推进供给侧结构性改革,积极应对各种风险和挑战,统筹推进稳增长、促改革、调结构、惠民生、防风险等各项工作,全市经济运行总体平稳、稳中有进、稳中向好,经济结构加快调整,改革创新深入推进,生态环境持续改善,民生质量不断提高,社会发展和谐稳定。

一、综合

经济运行总体平稳。全市实现地区生产总值15 475.1亿元,按可比价计算比上年增长7.5%。人均地区生产总值(按常住人口计算)14.56万元,按年平均汇率折算达到2.19万美元。

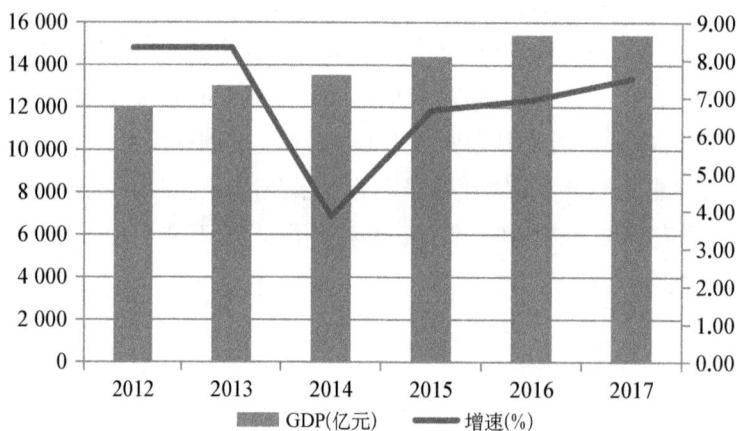

图1　2012—2017年无锡市GDP规模及实际增速

经济结构持续优化。服务经济发展提速,服务业占比首次超过50%。全年实现服务业增加值7 975.8亿元,比上年增长9.7%,占地区生产总值的比重达51.5%,比上年提高1.6个百分点。

宏观效益稳定提高。财税收入平稳增长,全年实现一般公共预算收入1 730.0亿元,比上年增长10.8%。其中税收收入1 505.8亿元,增长12.5%,税收收入占一般公共预算收入的比重达87%,比上年提高1.2个百分点,财政收入总量、增量和税收占比保持全省首位。财政支出更多投向民生领域,全年一般公共预算支出1 617.2亿元,比上年增长5.9%。其中城乡公共服务支出1 219.9亿元,城乡公共服务支出占一般公共预算支出的比重达75.4%。

市场主体活力有效激发。年末全市市场主体总量达到112.8万户,总注册资本4.4万亿元,苏州成为省内首个市场主体总量超过 100 万户的城市。全年新增私营企业 8.3 万户,比上年增长 27.7%;新增个体工商户 10.9 万户,比上年增长 12.3%。新增私营企业和个体工商户注册资金分别比上年增长 57.1% 和 19.1%

"三去一降一补"年度任务全面完成。全年关停、淘汰落后低效产能企业 977 家;新增企业直接融资 1399 亿元;降低企业成本 300 亿元;基础设施、生态环境等 111 个"补短板"重点项目完成投资 200 亿元。

二、农业和农村建设

农业生产保持稳定。全市实现农林牧渔业总产值 424.67 亿元,按可比价计算比上年下降 1.4%。全年粮食总产量 97.68 万吨,比上年下降 9.7%,其中夏粮产量 28.91 万吨,下降 20.6%;秋粮产量 68.77 万吨,比上年下降 4.2%。全年猪牛羊禽肉产量 9.74 万吨,比上年下降 10.0%;禽蛋产量 3.8 万吨,比上年下降 12.4%;水产品产量 25.49 万吨,比上年下降 2.7%。

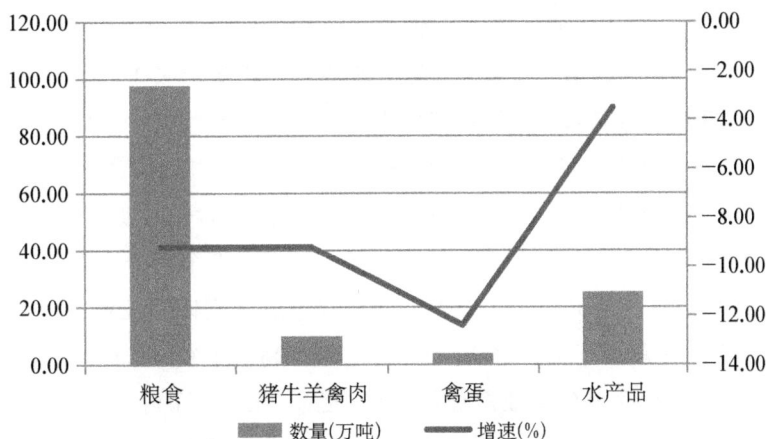

图 2 苏州市 2017 年农产品产量及实际增速

现代农业生产方式加快转变。全年新建成高标准农田 3.5 千公顷,新增现代农业园区面积 5.47 千公顷,年末现代农业园区总面积 75.5 千公顷。农业适度规模经营比重达 92%,农业综合机械化水平达 88.5%。创新产销对接模式。搭建一批农产品产销对接平台,年末全市共有 5 家省级农产品电子商务示范单位,46 个农产品电子商务"淘宝村",全年农产品生产和经营单位年网上交易额超过 26 亿元。

农村改革稳步推进。年末全市农村各类合作组织 4407 家,持股农户比例超过 96%。年末农村集体经济总资产 1720 亿元,村均年稳定性收入 801 万元,分别比上年增长 6.8% 和 3.2%。全市 618 个村完成农村承包土地确权登记颁证工作。

三、工业和建筑业

工业生产保持平稳。全市实现工业总产值 35767 亿元,比上年增长 0.1%,其中规模以上工业总产值30 714亿元,增长1.1%。规模以上工业中,国有及国有控股工业产值783亿元,比上年增长1.8%;外商及港澳台资工业产值19 868亿元,比上年增长1.3%;民营工业产值10 217亿元,比上年增长0.6%。电子、电气、钢铁、通用设备、化工、汽车六大行业实现产值20 552亿元,比上年增长1.7%,占规模以上工业总产值的比重达66.9%。

表1　2017年规模以上工业企业工业总产值及其增长速度

指标	利润总额(亿元)	比上年增长
规模以上工业总计	30 714	1.10%
其中:国有及国有控股企业	783	1.80%
外商及港澳台商投资企业	19 868	1.30%
民营企业	10 217	0.60%

先进制造业加快发展。全市制造业新兴产业产值15 265亿元,比上年增长2.2%,占规模以上工业总产值的比重达49.8%,比上年提高1.1个百分点。工业机器人、光伏、轨道交通、新能源汽车、生物技术和新医药五大新产业实现产值1 915亿元,比上年增长5.2%。其中工业机器人产业产值161亿元,增长14.8%;光伏产业产值615亿元,增长10.3%。高端产品产量快速增长。工业机器人产量比上年增长171.3%;运动型多用途乘用车(SUV)产量增长110.7%;锂离子电池产量增长67.9%;光电子器件产量增长25%;医疗仪器设备及器械产量增长29.2%。

工业效益稳定改善。全市规模以上工业经济效益综合指数235.6%,比上年提高13.3个百分点。规模以上工业企业主营业务收入30 380亿元,比上年增长1.7%;实现利润1 773亿元,比上年增长14.1%。规模以上工业企业亏损面19.3%,比上年回落4.3个百分点;规模以上工业资产负债率52.3%,较上年下降0.8个百分点。工业生产效率提升。规模以上工业全员劳动生产率22.7万元/人,比上年提高8.3%;总资产贡献率9.0%,比上年提高0.4个百分点。

建筑业基本稳定。全市完成建筑业总产值1 856亿元,比上年下降5.1%,其中建筑、安装工程产值1 842亿元,下降5.1%。竣工产值1 702亿元,比上年增长3.6%,竣工率为91.7%。全市资质以上建筑业企业房屋施工面积9 682万平方米,比上年下降11%,其中新开工面积2 730万平方米,下降1.8%。年末拥有总承包和专业承包资质建筑企业1 395家,实现利税146亿元,比上年下降2.7%。建筑业全员劳动生产率32.28万元/人,比上年下降1.1%。建筑业企业在外省完成建筑业产值513亿元,比上年增长19.4%。

四、固定资产投资和房地产开发

固定资产投资提质发展。全年完成全社会固定资产投资5 648.49亿元,比上年下降7.8%。分产业看,第一产业完成投资0.91亿元,比上年下降76.4%;第二产业完成投资1 987.31亿元,比上年下降9.8%,其中工业投资1 982.29亿元,下降9.9%;第三产业完成投资3 660.27亿元,比上年下降6.5%,占全社会固定资产投资的比重达64.8%。民间投资比重提升。全年完成民间投资3 237.93亿元,比上年下降1.4%,民间投资占全社会固定资产投资的比重达57.3%,比上年提高3.7个百分点。

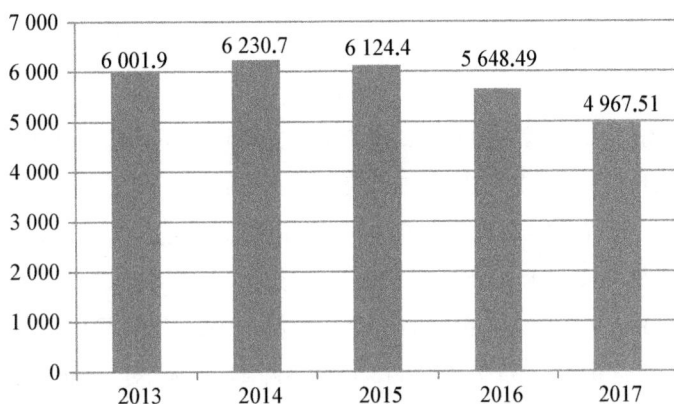

图3　2013—2017 年苏州市固定资产投资（亿元）

"两新一改"投资占比提高。全年新兴产业完成投资 1 410.18 亿元,占全社会固定资产投资的比重达 25.0％,比上年提高 1.5 个百分点;高新技术产业完成投资 820.22 亿元,占工业投资的比重达 41.4％。工业技术改造投资 1 427.03 亿元,占工业投资的比重达 72.0％,比上年提高 2.6 个百分点。

房地产市场平稳发展。全年完成房地产开发投资 2 163.24 亿元,比上年增长 16.0％。商品房新开工面积 2 966.51 万平方米,比上年增长 37.8％;商品房施工面积 12 124.1 万平方米,比上年增长 7.4％;商品房竣工面积 1 882.07 万平方米,比上年增长 13.8％;商品房销售面积 2 494.05 万平方米,比上年增长 16.9％,其中住宅销售面积 2 258.6 万平方米,比上年增长 16.4％。

五、国内贸易和旅游

消费市场稳步提升。全年实现社会消费品零售总额 4 936.8 亿元,比上年增长 10.7％。其中,批发和零售业零售额 4 343.0 亿元,比上年增长 10.8％;住宿和餐饮业零售额 593.8 亿元,比上年增长 9.6％。按经营单位所在地分,城镇消费品市场实现零售额 4 312.2 亿元,比上年增长 10.6％;农村消费品市场实现零售额 624.6 亿元,比上年增长 10.8％。消费升级类商品增势较好。限额以上批发和零售业中,通讯器材类商品零售额比上年增长 12.1％;家具类商品零售额比上年增长 13.3％;汽车类零售额比上年增长 10.6％。

年末全市拥有国家级特色商业街 18 条,拥有亿元以上市场 82 个,实现市场成交额 6 056.62 亿元,比上年增长 8.8％。新型商业模式迅猛发展。2016 年电子商务交易额 9 000 亿元,比上年增长 30％。限额以上批发和零售业实现互联网零售额比上年增长 29.1％。

旅游市场健康发展。全市实现旅游总收入 2 082.0 亿元,比上年增长 11.7％,其中旅游外汇收入 21.67 亿美元。全年接待入境过夜游客 161.3 万人次,接待国内游客 11 300.4 万人次,分别比上年增长 6.7％和 6.6％。年末全市共有 5A 级景区 6 家(11 个点)、4A 级景区 36 家,五星级饭店 28 家。省级以上旅游度假区 10 家,其中国家级 2 家。苏州获评全国首批、全省唯一"国家全域旅游示范区"创建的地级市。游客满意度和旅游市场秩序指数保持全国前列。

六、开放型经济

对外贸易基本稳定。全市实现进出口总额18 066.4亿元，其中出口10 812.2亿元，进口7 254.2亿元。按美元计价，全市实现进出口总额2 737.6亿美元，其中出口1 639.4亿美元，进口1 098.2亿美元。全市一般贸易实现进出口额924.07亿美元，比上年增长3.1%，占进出口总额的比重达33.8%，比上年提高4.4个百分点。从出口市场看，全年对美国出口额439.27亿美元，比上年下降0.1%；对东盟出口额149.5亿美元，比上年下降1.5%；对欧盟出口额334.98亿美元，比上年下降3.1%；对日本出口额127.36亿美元，比上年下降13.2%，对"一带一路"沿线国家出口额占全市出口总额的比重达20.3%，比上年提高1.5个百分点。

服务贸易发展良好。全市服务贸易进出口总额141.16亿美元，比上年增长15.0%。服务外包平稳发展。全年服务外包接包合同额128.45亿美元，比上年增长7.8%；服务外包离岸执行额66.88亿美元，比上年增长6.7%。

使用外资层次提升。全年新设外商投资项目784个，实际使用外资60亿美元，其中服务业实际使用外资占比42.9%，比上年提高4.8个百分点；战略性新兴产业和高技术项目实际使用外资占比50.0%。区域性外资总部集聚区建设取得新成效，全市新设具有地区总部特征或共享功能的外资企业30家，年末累计超过260家。

"走出去"步伐加快。全年新批境外投资项目中方协议投资额32.09亿美元，比上年增长56.8%，其中第三产业项目中方协议投资额占比58.6%；民营企业境外中方协议投资额占比74.9%。全年完成对外工程承包营业额11.57亿美元，比上年增长11.2%。"一带一路"倡议效应进一步显现，对"一带一路"沿线国家协议投资额5.99亿美元，占比达18.7%。

开放水平继续提升。苏州获批国家跨境电子商务综合试验区、服务贸易创新发展试点城市。51项自贸区改革试点经验复制推广。年末全市拥有国家级开发区14家、省级开发区3家、综合保税区7家、保税港区1家。"苏满欧"国际铁路货运班列运能不断提升，全年累计发运出口班列120次，运载货物10 706标箱，货值9.77亿美元。

七、交通运输、邮政电信

交通运输发展平稳。年末全市公路总里程13 207.5公里，其中高速公路598.3公里。全市完成公路、水路客运量3.21亿人次，比上年下降7.3%，旅客周转量122.23亿人公里，比上年下降7.7%。公路、水路完成货运量1.35亿吨，货物周转量224.55亿吨公里，分别比上年增长3.9%和5.2%。全年铁路旅客发送量4 059.04万人次，比上年增长8.5%。铁路货物发送量81.95万吨，货物到达量107.04万吨。苏州港港口货物吞吐量5.79亿吨，比上年增长7.3%，其中外贸货物吞吐量1.51亿吨，比上年增长7.5%。苏州港集装箱运量547.92万标箱，比上年增长7.4%。

汽车保有量稳步增长。年末拥有汽车313.3万辆，其中私家汽车268.4万辆，分别比上年增长16.6%和17.1%。

邮电业务快速发展。全年邮政业务收入134.14亿元，比上年增长23.6%。全年发送快递8.5

亿件,比上年增长 50.9%;实现快递业务收入 114.15 亿元,比上年增长 28.9%。电信业务收入 192.64 亿元,比上年增长 4.0%。年末固定电话用户 252 万户;移动电话用户 1 690.6 万户,其中 4G 用户 1 079.7 万户。年末互联网宽带用户数达 473.52 万户,比上年末净增 64.13 万户。

八、金融

金融运行保持稳定。年末全市金融机构总数 774 家,金融从业人员 7.5 万人,金融总资产 4.4 万亿元。年末全市金融机构人民币存款余额 25 864.26 亿元,比年初增加 2 205.16 亿元,比年初增长 9.3%。年末金融机构人民币贷款余额 21 924.44 亿元,比年初增加 2 724.34 亿元,比年初增长 14.2%。

保险业务稳步增长。全年新增保险机构 6 家,年末保险机构 81 家,各类分支机构 921 家。全年保费收入 525.19 亿元,比上年增长 42.6%;保险赔款和给付支出 156.38 亿元,比上年增长 14.5%。保险深度、保险密度分别达到 3.39% 和 4 933 元/人。

证券业务平稳发展。年末全市证券交易开户总数 227 万户。证券机构托管市值总额 6 123 亿元。全年各类证券交易额 5.32 万亿元,期货市场交易额 3.10 万亿元。

资本市场作用凸显。全年新增上市公司 13 家,年末上市公司总数达 113 家,累计募集资金 1 582 亿元。新增"新三板"挂牌企业 203 家,累计达 432 家。全年新增债券融资 1 373.8 亿元,比上年多增 688.1 亿元。

九、科技和教育

科技创新加快推进。全市财政性科技投入 95.2 亿元,占一般公共预算支出的 5.9%。研究与试验发展经费支出占地区生产总值的比重达到 2.78%。全市新增高新技术企业 920 家,累计 4 133 家。高新技术产业产值 14 382 亿元,占规模以上工业总产值的比重达 46.9%,比上年提高 1.0 个百分点。全年新增省级以上民营科技企业 1 472 家,累计达 11 825 家。

创新载体加快培育。全年新增 24 家国家级众创空间,41 家省级众创空间,年末共有国家级众创空间 32 家,省级众创空间 88 家,规模领跑全省。年末全市共有省级以上科技孵化器 93 家,孵化面积超 460 万平方米,省级以上在孵企业超 6 100 家。中科院电子所苏州研究院、纳米真空互联实验站开工建设。清华—苏州环境创新研究院、华中科技大学(苏州)脑空间信息技术研究院、牛津大学—苏州先进研究中心、悉尼大学中国中心相继设立。年末省级以上公共技术服务平台 60 家,其中国家级 15 家。新增省级以上工程技术研究中心 48 家,累计达 625 家;新增省级以上企业技术中心 61 家,累计达 381 家;新增省级以上工程中心(实验室)11 家,累计达 68 家。

创新人才加速聚集。年末全市各类人才总量 244.21 万人,其中高层次人才 20.05 万人,高技能人才 52.43 万人。年末拥有各类专业技术人员 163.4 万人,比上年增长 9.2%。新增国家"千人计划"32 人,累计达 219 人,其中创业类人才 120 人。新增省"双创人才"104 人,累计达 683 人。

创新成果质量提升。全年专利申请量和授权量分别达 106 700 件和 53 528 件,其中发明专利申请量和授权量分别达 47 429 件和 13 267 件,发明专利申请占比由上年的 43.8% 提高至 44.5%,发明专利授权占比由上年的16.8%提高至24.8%。万人有效发明专利拥有量达到38.25件，比上年增加10.8件。

教育资源优化布局。全年新建和改扩建中小学、幼儿园52所，新增学位6.6万个。全市拥有各级各类学校（含外来工子弟学校）754所，在校学生131.04万人，毕业生26.9万人，专任教师8.2万人。普通高等院校22所，独立学院5所，普通高等学校在校学生21.93万人，毕业生5.93万人。高等教育毛入学率68.5%。成人高等学校在校学生3.06万人，毕业生1.23万人。拥有幼儿园（含民办）754所，在园幼儿32.44万人。

十、文化、卫生和体育

公共文化服务体系进一步完善。年末全市共有文化馆11个、文化站98个、公共图书馆11个、博物馆42个。文化创意产业做大做强。全市有8个国家级、16个省级和51个市级文化产业示范园区（基地），全年文化产业营业总收入超过4 800亿元，比上年增长16%。文化保护与传承进一步加强。全市现有市级以上文物保护单位816处，其中全国重点文物保护单位59处、省级112处，国家级历史文化名镇13个、名村5个。推动苏州文化"走出去"，全年共组织文化"走出去"项目47批次。

医疗卫生服务能力持续增强。年末全市拥有各类卫生机构3 175个，其中医院206个、卫生院77个。年末卫生机构床位数6.32万张，其中医院病床5.67万张；拥有卫生技术人员7.22万人，其中执业医师和执业助理医师2.77万人、注册护士3.07万人，分别比上年增长5.6%和8.9%。学科建设和人才培养成效显著。全市建成国家级医学重点学科2个，临床重点专科16个，位列全国地级市前列。医药卫生体制改革取得成效，分级诊疗制度初步形成，上下联动、统一协作的健康管理综合服务机制逐步健全。2016年底拥有医联体共19个，成员机构102个；组建家庭医生团队1 030个，签约家庭78.31万户，实行社区药品"直通车"制度。苏州科技城医院正式投用，加快整合广济医院、苏州市第五人民医院打造公共医疗中心。

体育事业稳步发展。体育设施建设加快推进。年末全市公共体育设施面积超过3 290万平方米，共有全民健身站点6 903个、健身步道1 653公里。苏州工业园区体育中心抓紧建设，苏州湾体育公园建成开园，环古城河健身步道全面提升。竞技体育实力增强。苏州体育健儿在里约奥运会、残奥会上夺得7枚金牌。昆山成功举办"汤尤杯"世界羽毛球团体锦标赛。全年体育彩票销售39.17亿元。

十一、人口和就业

人口总量基本稳定。年末全市常住人口1 064.74万人，其中城镇人口803.88万人。全市户籍人口678.2万人，户籍人口出生率11.2‰，比上年提高1.28个千分点；户籍人口自然增长率4.85‰，比上年上升1.81个千分点。

就业形势保持平稳。全市新增就业17.11万人，开发公益性岗位0.95万个，城镇就业困难人员实现就业1.8万人。城镇登记失业率1.89%。苏州籍应届高校毕业生就业率达到98.52%。全年免费城乡劳动者职业技能培训4.3万人。全力推进大众创业。年末全市共有国家级创业示范基地1家,省级创业示范基地23家,各级创业孵化载体214家。

十二、人民生活和社会保障

居民收入平稳增长。根据抽样调查,全体常住居民人均可支配收入46 595元,比上年增长8.4%。其中城镇常住居民人均可支配收入54 341元,比上年增长7.8%;农村常住居民人均可支配收入27 691元,比上年增长8.3%。

物价水平基本稳定。市区居民消费价格总水平比上年上涨2.7%。八大类商品及服务价格"七升一降"。其中食品烟酒类价格比上年上涨4.3%;衣着类价格上涨2.0%;居住类价格上涨1.7%;生活用品及服务价格上涨2.0%;教育文化和娱乐价格上涨1.4%;医疗保健价格上涨14.0%;其他用品和服务价格上涨2.8%;交通和通信类价格比上年下降2.3%。

社会保障体系进一步完善。年末全市企业职工养老保险缴费人数478.46万人,比上年增加8.45万人;企业养老保险享受人数147.06万人。市区企业退休人员月人均增加养老金148元。年末城乡居民社会养老保险参保人数46.37万人,领取基础养老金人数43.16万人。参加城镇职工基本医疗保险人数635.09万人,比上年增加23.37万人;参加居民医疗保险人数276.83万人。参加失业保险人数446.62万人,比上年增加23.09万人。全市城镇职工社会保险覆盖率、城乡居民养老保险和医疗保险覆盖率均保持在99%以上。

全市城乡最低生活保障标准由750元/月提高至810元/月。年末全市1.76万户、共计2.89万人享受低保,全年发放低保金2.13亿元。市区居民基础养老金由每人每月380元上调至430元。全年社会救助支出19.28亿元。年末拥有各类养老机构226个,养老机构床位总数65 301张。全市新开工建设保障性住房42 255套,基本建成53 812套,为1 260户困难家庭发放住房租赁补贴。全市新增缴存公积金职工68.85万人,年末缴存住房公积金职工数达268.69万人,全年职工提取公积金245.72亿元。

强化食品安全监管。在全省率先建成覆盖城乡的食品安全监测预警网络体系。全年累计抽检各类食品5.96万批次,每千人抽检率达5.62批次,动态合格率为98.5%。立案查处食品安全案件2 930起。

十三、城市建设和公用事业

全年完成基础设施投资738.1亿元。常嘉高速公路、张家港疏港高速公路建成通车,沪通铁路苏州段建设进展顺利。城市轨道交通加快建设。轨道交通2号线延伸线建成运营,4号线及支线工程试运行、3号线、5号线建设稳步推进。市区人民路综合整治提升工程基本完成。苏州汽车西站综合客运枢纽建设投运。全市建成换乘停车场24处,泊位1万多个。苏州工业园区桑田岛地下综合管廊建成使用,海绵城市试点项目积极推进。1 000千伏特高压淮上线东吴变电站投入运行,"城市光网"覆盖到村,"智慧苏州"重点项目加快建设。

全年全社会用电量1 382.58亿千瓦时,比上年增长5.4%。其中工业用电量1 116.3亿千瓦时,增长3.9%；城乡居民生活用电108.26亿千瓦时，增长14.5%。全市拥有区域供水厂22座，总供水能力717.5万立方米/日，其中市区（不含吴江，下同）自来水日供水能力达到255万立方米。全年新建、改建城镇生活污水处理厂5座，新增生活污水处理能力11.55万吨/日，年末生活污水处理能力达到379万吨/日。城镇生活污水处理率达到95.2%，农村生活污水处理率达到75%。市区管道天然气供气总量8.79亿立方米。

年末城市轨道交通运营线路总长85.6公里，全年运营总里程864.6万列公里，线网客流总量15 056.7万人次。市区新辟公交线路35条，其中社区巴士线路20条，年末营运线路364条，线路总长7 290公里，全年公交运客总量5.63亿人次。年末市区营运出租汽车4 803辆。全年新增农村客运（公交）班线24条，行政村农村客运班车通达率、镇村公交开通率均保持100%。

十四、环境保护和节能降耗

生态保护得到加强。全市环保投入641亿元，比上年增长11.2%，占地区生产总值的比重达4.16%。全市生态红线保护面积比2013年增加54.5平方公里，总面积达3 260平方公里。生态文明建设"十大工程"重点项目全年完成投资127.1亿元。全市空气质量达标天数（按AQI标准）比例为76.2%。市区PM2.5年均浓度比上年下降20.7%。集中式饮用水水源地水质达标率100%。市区新增绿地面积350万平方米，建成区绿化覆盖率42.7%，市区建成区人均公园绿地面积14.71平方米。农村新增林地、绿地624.73公顷，陆地森林覆盖率29.69%。全市建成美丽村庄示范点10个、三星级康居乡村305个。截至2016年底，全市已建成美丽村庄示范点100个，三星级康居乡村690个。

节能减排扎实推进。全面推进工程减排、结构减排和管理减排，实施减排项目181个。劝退、拒批不符合环保要求建设项目132个。整治燃煤小锅炉1 802台。主要污染物排放总量削减完成省下达的任务。全市新增三星级以上"能效之星"企业33家，累计达411家。

2016年，苏州经济社会发展取得了新提升、新成效，实现了"十三五"良好开局。但同时也应看到，经济社会发展中依然面临不少困难和矛盾，经济发展新动力仍显不足，科技创新还未成为推动发展的主动力，结构性矛盾比较突出，产业竞争力整体不强，深化改革任务艰巨繁重，民生事业需要进一步加大力度，生态环境建设任务仍需持续发力。新的一年中，全市要以五大发展理念为引领，以提高发展质量和效益为中心，以供给侧结构性改革为主线，聚力创新求突破，聚焦富民见实效，全力推动苏州经济社会发展再上新台阶，努力当好建设"强富美高"新江苏的先行军和排头兵，以优异成绩迎接党的十九大胜利召开。

第三章　无锡市经济社会发展报告

2017年是党的十九大胜利召开之年,也是高水平全面建成小康社会的攻坚之年。一年来,全市上下深入学习习近平新时代中国特色社会主义思想,牢牢把握稳中求进工作总基调,坚定不移贯彻新发展理念,大力实施六大发展战略,促进多重目标、多种政策、多项改革的平衡协调,聚力创新,聚焦富民,"强富美高"新无锡建设迈上新征程。

一、综合

经济总量突破万亿元。全市实现地区生产总值10 511.80亿元,跻身"万亿俱乐部",按可比价格计算,比上年增长7.4%。按常住人口计算人均生产总值达到16.07万元。

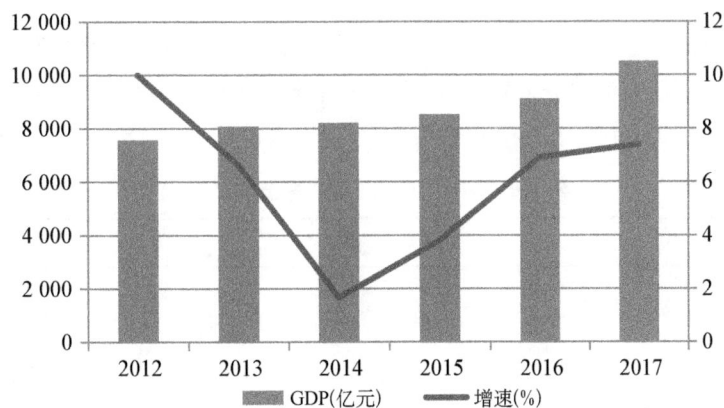

图1　2012—2017年无锡市GDP规模及实际增速

产业结构优化升级。全市实现第一产业增加值135.18亿元,比上年增长0.8%;第二产业增加值4 964.44亿元,比上年增长7.3%;第三产业增加值5 412.18亿元,比上年增长7.7%;三次产业比例调整为1.3∶47.2∶51.5。

就业和再就业奋力推进。全年城镇新增就业15.37万人,其中:各类城镇下岗失业人员实现就业再就业5.93万人,援助就业困难人员再就业2.67万人。全市城镇登记失业率为1.82%。

民营经济活力增强。全年民营经济实现增加值6 895.74亿元,比上年增长7.3%,占经济总量的比重为65.6%,比上年下降0.1个百分点。民营经济固定资产投入3 147.02亿元,比上年增长7.9%,民营工业实现产值9 295.29亿元,比上年增长16.6%。

大众创业深入发展。年末全市工商部门登记的各类企业达27.74万户,其中国有及集体控股公司2.40万户,外商投资企业0.64万户,私营企业24.70万户,当年新登记各类企业4.66万户。年末个体户35.52万户,当年新增7.13万户。

消费品价格涨幅平稳。全年市区居民消费价格指数(CPI)为101.9,比上年下降0.4个百分点。其中服务项目价格指数为102.6,消费品价格指数为101.5,商品零售价格指数为102.0。

表1　2017年居民消费价格指数情况

指　　标	市　区
居民消费价格总指数	101.9
食品烟酒	100.0
衣着	101.3
居住	102.2
生活用品及服务	102.1
交通和通信	102.2
教育文化和娱乐	104.4
医疗保健	103.4
其他用品和服务	102.3

二、农业

粮食生产小幅下降。全年粮食总产量55.15万吨,比上年下降6.8%。预计油料总产量7 854吨,比上年下降2.7%,其中油菜籽6 781吨,比上年增长4.6%;茶叶总产量6 412吨,比上年下降1.5%;水果总产量18.66万吨,比上年增长5.9%。全年水产品产量13.56万吨,比上年增长7.0%。

表2　2017年主要农产品产量及其增长速度　　　　单位:吨

产品名称	产量	比上年增长(%)
粮食	551 454	−6.8
油料	7 854	−2.7
油菜籽	6 781	4.6
茶叶	6 412	−1.5
水果	186 643	5.9
水产品	135 632	7.0

种植业结构继续调整。全年粮食种植面积为86.59千公顷,比上年减少7.47千公顷;油料种植面积为3.54千公顷,比上年减少0.11千公顷;蔬菜种植面积45.75千公顷,比上年减少0.14千公顷;水果种植面积15.57千公顷,比上年减少0.77千公顷。

牧渔业生产一降一增。主要畜产品中,预计肉类总产量6.06万吨,比上年下降17.6%,其中猪牛羊肉4.61万吨,比上年下降11.5%;禽蛋(鸡鸭鹅)总产量2.90万吨,比上年增长7.4%。奶牛存栏0.36万头,比上年下降29.4%。全年水产品产量13.56万吨,比上年增长7.0%。

三、工业和建筑业

工业生产稳步向好。全市规模以上工业企业实现增加值3 382.77亿元,比上年增长8.6%。分经济类型看,内资企业总产值增长17.0%,港澳台商投资企业总产值增长19.0%,外商投资企业总产值增长15.2%。全市统计的278只主要工业产品中,产品产量比上年增长的有164只,占全市统计产品数的59.0%。在全市跟踪统计的30种重点产品中,有23种产品的产量实现增长。

表3　2017年主要工业产品产量及其增长速度

产品名称	单位	产量	比上年增长(%)
粗钢	万吨	1 096.14	4.9
钢材	万吨	1 664.10	7.4
铜材	万吨	133.09	12.6
钢绞线	万吨	19.82	−3.4
电站锅炉	万蒸发量吨	1.92	25.1
工业锅炉	万蒸发量吨	1.52	8.5
滚动轴承	亿套	6.98	20.7
发动机	万千瓦	6 801.18	33.9
电力电缆	万千米	149.02	−16.5
光缆	万芯千米	1 593.18	−15.3
光纤	万千米	713.62	11.8
太阳能电池(光伏电池)	万千瓦	406.12	1.8
半导体分立器件	亿只	1 228.91	9.6
集成电路	亿块	333.26	13.9
电子元件	亿只	151.18	13.5
印制电路板	万平方米	1 118.05	5.7
绒线(俗称毛线)	万吨	2.36	9.4
呢绒	万米	11 045.03	−2.8
帘子布	万吨	1.82	−3.9
化学纤维	万吨	440.72	8.9
合成纤维聚合物	万吨	212.58	−19.6
锂电子电池	万只	46 171.25	11.5
硬盘存储器	万台	7 956.60	17.2
服装	万件	60 803.02	7.5
数码照相机	万台	304.53	22.3
民用钢制船舶	万载重吨	257.22	1.7
电动自行车	万辆	352.14	10.3
家用洗衣机	万台	1 117.62	9.2
家用电热水器	万台	107.36	5.9
微型计算机设备	万台	74.86	−25.9

工业效益稳定改善。全市规模以上工业实现主营业务收入15 753.74亿元,比上年增长15.8%;工业产销率98.8%,比上年提高0.1个百分点;实现利润总额1 040.43亿元,比上年增长13.7%。

建筑业发展保持稳定。全年建筑业完成增加值411.85亿元,比上年增长0.1%;实现建筑业总产值742.62亿元,比上年增长17.2%。施工房屋建筑面积3 194.19万平方米。3个建设工程项目获得鲁班奖,38个建设工程项目获江苏省优质工程奖"扬子杯"(房屋建筑工程),100个建设工程项目获无锡市"太湖杯"优质工程奖。

四、固定资产投资

固定资产投资小幅增长。全年固定资产投资完成4 967.51亿元,比上年增长4.7%。分产业投向:第一产业投资10.26亿元,比上年增长44.5%,第二产业投资2 089.73亿元,比上年增长5.7%,第三产业投资2 867.52亿元,比上年增长4.1%。

房地产业平稳发展。全年房地产业实现增加值530.72亿元,比上年略降0.5%。完成房地产开发投资1 201.89亿元,比上年增长16.3%,商品房施工面积为5 736.51万平方米,比上年下降4.2%,竣工面积1 129.90万平方米,比上年下降14.7%。全年商品房销售面积1 182.09万平方米,比上年下降7.4%,商品房销售额1 253.93亿元,比上年增长13.2%。

五、国内贸易

消费市场稳步提升。全年实现社会消费品零售总额3 458.04亿元,比上年增长10.9%。其中,批发和零售业零售额3 193.32亿元,比上年增长10.8%,住宿和餐饮业零售额264.72亿元,比上年增长10.9%。按经营地统计,城镇社会消费品零售总额2 962.88亿元,比上年增长10.9%;乡村社会消费品零售总额495.16亿元,比上年增长10.6%。在限额以上批发和零售业零售额中,汽车类增长6.4%;粮油、食品类增长5.5%;石油及制品类增长13.8%;中西药品类增长35.4%;化妆品类增长16.0%;书报杂志类增长8.0%。

六、开放型经济

对外贸易快速增长。按美元计,全年实现对外贸易进出口总额812.53亿美元,比上年增长16.4%。其中,进口总额317.34亿美元,比上年增长18.0%;出口总额495.19亿美元,比上年增长15.4%。一般贸易实现出口额253.02亿美元,总量占比达51.1%。按人民币计,全年实现对外贸易进出口总额5 502.46亿元,比上年增长19.4%。其中,进口总额2 147.84亿元,比上年增长20.8%;出口总额3 354.62亿元,比上年增长18.4%。

表4 2017年对主要国家和地区进口、出口总额及其增长速度　　　单位:万美元

出口国家和地区	2017年	增长(%)	进口国家和地区	2017年	增长(%)
美国	766 311	16.7	日本	612 709	22.9
香港	687 069	17.8	韩国	565 356	14.1
日本	415 572	4.6	台湾	285 875	28.8
韩国	414 642	23.5	美国	180 546	23.1
印度	159 246	21.2	澳大利亚	134 468	-13.9

利用外资层次提升。全年批准外资项目408个,协议注册外资68.03亿美元,增长38.0%。到位注册外资36.75亿美元,增长7.7%。制造业利用外资占到位注册外资比重达到65.6%,全年完成协议注册外资超3 000万美元的重大外资项目55个。至年底全球财富500强企业中有100家在无锡市投资兴办了192家外资企业。

服务外包发展良好。全市服务外包产业接包合同总额145.03亿美元,比上年增长18.5%,执行金额120.75亿美元,比上年增长17.4%;离岸合同总额94.76亿美元,比上年增长17.1%,离岸执行金额74.97亿美元,比上年增长15.2%。

对外经济合作出现下降。全年备案投资项目84个,中方协议投资额12.05亿美元,比上年下降42.5%,其中1 000万美元以上项目14个。

七、交通运输、邮政电信和旅游业

交通运输能力稳步提升。年末公路总里程7 748.63公里,其中高速公路273.88公里。年末全社会拥有车辆187.87万辆,比上年增长6.2%,其中汽车176.45万辆,比上年增长11.4%。私人汽车拥有量年末达到148.92万辆,比上年增长11.3%。年末城市轨道交通运营线路总长55公里,全年运营总里程523.48万列公里,线网客流总量9 233.58万人次。市区新辟公交线路4条,年末营运线路291条,线路总长5 774公里,全年公交运客总量40 008.38万人次。年末市区营运出租汽车4 040辆。

客货运量小幅增长。全年完成客运量8 799.70万人次,比上年增长1.9%;完成货运量17 384.56万吨,比上年增长9.8%。港口吞吐量21 366.83万吨,比上年增长13.6%。空港旅客吞吐量668.30万人次,比上年增长20.2%。

邮政通讯快速发展。全年邮电业务总量222.19亿元,发送函件3 428.31万件。全年规模以上快递服务企业业务量完成4.51亿件,比上年增长29.7%。率先建成国内高标准全光网城市,覆盖用户超过775.5万户,城域网出口带宽4.82 T。建设4G基站累计达到27 682个。年末移动电话用户879.90万户,其中4G手机用户达到651.87万户。固定互联网宽带接入用户298.21万户,移动互联网宽带接入用户779.08万户。

旅游市场有序发展。全年共接待国内游客9 179.34万人次,比上年增长6.9%;接待旅游、参观、访问及从事各项活动的入境过夜旅游者49.54万人次,比上年增长12.8%。旅游总收入达1 743.00亿元,比上年增长12.1%。全市拥有年接待游客10万人以上的景区50个,国家5A级景区3家,国家4A级景区27家,3A级景区14家,2A级景区15家。省星级乡村旅游区(点)110个。年末全市星级宾馆已达42家,其中五星级宾馆13家,四星级宾馆11家。全市拥有旅行社202家,其中出境游组团社24家。

八、财政和金融业

财政收入增长稳定。全市一般公共预算收入930.00亿元,比上年增长6.3%。财政支出结构继续调整，一般公共预算支出 989.35 亿元，比上年增长 14.1%。

表5　2017年全市财政分项情况

（单位：亿元）

指标	2017年	比上年增长（%）
一般公共预算收入	930.00	6.3
♯税收收入	752.40	6.6
♯增值税	369.24	40.7
营业税	1.87	−98.5
企业所得税（40%）	125.37	21.0
个人所得税（40%）	47.16	−4.8
城市维护建设税	52.70	−2.7
房产税	36.57	10.6
印花税	11.86	13.8
契税	51.22	112.5
上划中央四税收入	654.03	9.9

金融存贷持续增加。年末金融机构各项本外币存款余额达 15 141.30 亿元，比上年增长 3.6%；各项本外币贷款余额 11 232.63 亿元，比上年增长 6.8%。存款中，非金融企业存款余额 6 658.47 亿元，比上年增长 3.6%；住户存款余额 5 143.49 亿元，比上年增长 3.8%。贷款中，非金融企业及机关团体贷款 8 835.44 亿元，比上年增长 4.3%；住户贷款 2 382.61 亿元，比上年增长 16.6%。全年现金净投放 235.45 亿元。

保险收入快速增长。全年实现保费收入 407.43 亿元，比上年增长 28.7%。其中财产险收入 92.99 亿元，比上年增长 8.1%；人寿险收入 315.74 亿元，比上年增长 36.9%。保险赔款支出 59.58 亿元，比上年增长 7.6%。保险给付支出 32.66 亿元，比上年增长 31.0%。

证券市场规模扩大。全年证券市场完成交易额 3.17 万亿元，比上年下降 41.9%。本年新增上市公司 18 家，累计 129 家；全市证券交易开户总数 146.14 万户，托管市值 2 643.22 亿元，下降 9.9%。年末全市共有证券公司 2 家，证券营业部 137 家。全年新三板企业挂牌 50 家，累计挂牌 259 家。

九、科学技术和教育

科技人才集聚加速。全市共有国家级工程技术研究中心 6 家，省级以上重点实验室 9 家，省级以上企业重点实验室 6 家，国家级国际合作基地 10 家，省级国际技术转移中心 8 家。当年自主培育"千人计划"专家 4 人，累计培育国家"千人计划"专家 88 人，年末在无锡创新创业"千人计划"专家 245 人。

科技产出质量提升。全市高新技术产业产值占规模以上工业总产值比重达到 42.3%，高新技术产业产值同比增长 17.3%。新认定省级高新技术产品 1 165 个。

科技创新继续推进。全市发明专利申请量达 20 122 件，比上年下降 38.3%；发明专利授权量达 4 826 件，比上年下降 13.6%。全市获国家、省科技计划到位经费 4.53 亿元，比上年下降 29.8%，其中获国家科技经费 0.18 亿元。

质检能力显著增强。全市共有国家级产品质量监督检查中心 12 个,国家级型式评价实验室 1 个,国家级检测重点实验室 8 个,国家级产业计算测试中心 1 个,全年省级监督抽查我市产品 1 372 批次,强制性产品认证获证企业 1 174 家,法定计量技术机构 3 家,强制检定计量器具 66.75 万台(件),全年新增主导和参与制修订国际、国家、行业标准 60 项。

教育事业蓬勃发展。全市共有普通高校 12 所。普通高等教育本专科招生 3.22 万人,在校生 10.55 万人,毕业生 3.20 万人;研究生教育招生 0.26 万人,在校生 0.72 万人,毕业生 0.19 万人。全市中等职业教育在校生达 6.69 万人。九年义务教育巩固率 100%,高中阶段教育毛入学率 100%,普及高中阶段教育。特殊教育招生 146 人,在校生 1 199 人。全市共有幼儿园 403 所,比上年增加 20 所;在园幼儿 19.07 万人,比上年增加 0.87 万人。

表 6　2017 年各类教育招生和在校生情况　　　　　　　　　　　　　　(单位:个、万人)

	学校个数	招生数	在校生数	毕业生数
普通高等学校	12	3.48	11.27	3.39
普通中等专业学校	21	1.50	4.50	1.36
普通中学	186	7.93	22.31	6.80
职业高中	2	0.11	0.35	0.13
小学	202	6.80	37.49	5.63

十、文化、卫生、体育和民族宗教

文化事业和文化产业繁荣发展。年末共有艺术表演团体 64 个,文化馆 8 个,公共图书馆 8 个,文化站 82 个,博物(纪念)馆 58 个。全市人民广播电台节目 8 套,电视台节目 10 套,无锡有线电视总用户已达 152.14 万户。电视人口总覆盖率和广播人口覆盖率均达 100%。全市档案馆 8 个,已向社会开放档案 58.14 万卷(件、册)。

卫生事业持续健康发展。全市拥有卫生医疗机构 2 350 个,其中综合医院 80 家,社区卫生服务中心(卫生院)102 家,社区卫生服务站(村卫生室)707 家,护理院 22 家,疗养院 7 家。年末全市共有卫生技术人员 5.04 万人,其中执业(助理)医师 1.88 万人;拥有医疗床位 4.21 万张,其中医院、社区卫生服务中心(卫生院)4.10 万张。全市各级医疗机构全年完成诊疗 5 604.74 万人次,比上年增长 9.6%。

体育事业稳步发展。全市新增公共体育设施面积 13.02 万平方米,新增各级社会体育指导员 3 000 人。成功举办无锡国际马拉松赛、环太湖国际公路自行车赛、亚洲击剑锦标赛等一批大型国际赛事。全年无锡籍运动员在全国以上各级各类比赛中共取得 50 个冠军,其中 1 人获 2 项世界冠军。全市体育彩票销售达到 29.06 亿元,增长 11.4%。

民族宗教领域和谐稳定。年末有宗教活动场所 273 处,教职人员 785 名(不含散居道士)。

十一、人口、人民生活和社会保障

人口规模平稳增长。年末全市户籍人口 493.05 万人,比上年增长 1.41%。全年出生人口

49 809人，出生率10.17‰；死亡人口39 277人，死亡率8.02‰，人口自然增长率为2.15‰。户籍人口城镇化率75.03%。年末全市常住人口655.30万人，比上年增长0.37%，其中城镇常住人口498.03万人，比上年增长0.63%，常住人口城镇化率76.0%。

居民收入稳步提高。全体居民人均可支配收入46 453元，比上年增长8.6%。城镇常住居民人均可支配收入52 659元，比上年增长8.3%。农村常住居民人均可支配收入28 358元，比上年增长8.4%。全体居民人均消费支出29 659元，比上年增长6.2%，城镇常住居民人均消费支出32 972元，比上年增长4.9%，农村常住居民人均生活消费支出19 998元，比上年增长8.3%。

社会保障日益完善。全市企业职工基本养老保险人数达到245.77万人，扩面7.47万人。全市参加城镇职工基本医疗保险人数达到326.29万人，扩面7.00万人。全市参加失业保险职工人数为210.64万人，扩面5.91万人。全市参加工伤保险人数204.14万人，扩面3.90万人。全市参加生育保险人数204.08万人，扩面2.10万人。市区月低保标准提高至820元。年末在领失业保险金人数为3.67万人。

社会福利事业扎实推进。城乡居民最低生活保障对象25 099人；全年共发放低保金1.62亿元。实施城乡医疗救助31.49万人次，支付救助金8 978.39万元；实施临时救助33 889人次，发放救助金4 235.72万元。全市享受国家抚恤、生活补助的优抚对象17 852人。保障性安居工程建设有序推进，全市新开工保障性住房11 648套，基本建成11 290套。

食品安全监管力度加大。全年抽检各类食品3.71万批次，每千人抽检率达5.69批次，动态合格率为98.63%。

十二、资源、环境和安全生产

土地资源配置优化。全年全市国有建设用地供应总量2 270.16公顷，比上年增长8.5%，其中，工矿仓储用地764.05公顷，房地产用地564.34公顷，基础设施等其他用地941.77公顷。

电力消耗小幅增长。全年全社会用电量686.67亿千瓦时，比上年增长7.5%。其中工业用电量524.68亿千瓦时，增长6.3%；城乡居民生活用电66.79亿千瓦时，增长10.6%。

水资源高效利用。预计，年末全市水资源总量29.1亿立方米，比上年减少52.6%，全年总用水量26.77亿立方米，比上年增长0.8%。

环境保护效果明显。预计，全市PM2.5年均浓度较上年下降14.6%。环境空气质量优良天数比例为67.7%，集中式饮用水源地水质达标率100%，全市功能区昼间和夜间噪声达标率分别为93%和75%。

城市绿化水平提升。年内市区新增绿地面积205公顷，人均公园绿地面积14.91平方米，建成区绿化覆盖率达到42.98%。

安全生产形势平稳。全年发生各类事故732起，死亡380人。亿元GDP生产安全事故死亡率0.036人/亿元。

第四章 常州市经济发展报告

2017年,面对复杂多变的宏观经济环境和艰巨繁重的改革发展任务,全市各级各部门在市委、市政府的正确领导下,增创发展新优势、种好常州幸福树,扎实开展"重大项目提升年"活动,全市综合实力不断增强,结构调整步伐加快,质量效益稳步提升,社会事业持续发展,民生福祉不断改善。

一、综合经济

经济运行总体平稳。经初步核算,全年实现地区生产总值6 622.3亿元,按可比价计算增长8.1%。全市地区生产总值再上一个千亿台阶,总量由全省第6位升至第5位,增速全省并列第二。其中,第一产业增加值157.1亿元,增长1%;第二产业增加值3 081.2亿元,增长6.7%;第三产业增加值3 384亿元,增长9.8%。全市按常住人口计算的人均生产总值达140 517元,按平均汇率折算突破2万美元,达20 812美元。全市三次产业增加值比例调整为2.4∶46.5∶51.1,全年服务业增加值占GDP比重提高0.5个百分点。民营经济完成增加值4 464.1亿元,按可比价计算增长8.3%,占地区生产总值的比重达到67.4%。

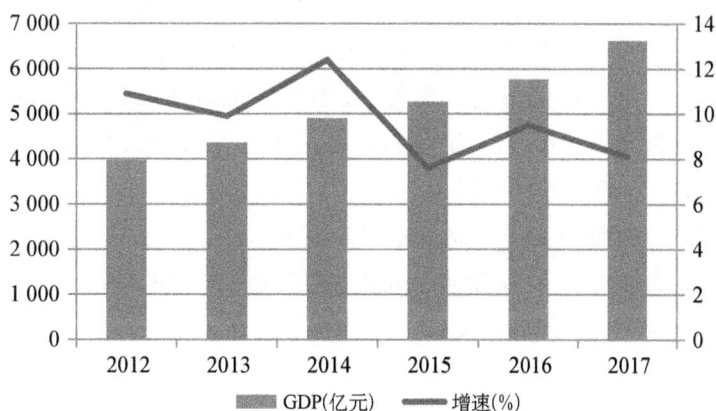

图1 2012—2017年常州市GDP规模及实际增速

数据来源:历年《江苏统计年鉴》

财政收入稳定增长。全年完成一般公共预算收入518.8亿元,增长8%,总量排位回升至全省第5位。其中税收收入431.4亿元,增长12.6%,增速列全省第1位;税收占比83.1%,居全省第2位。主要税种中,增值税(50%)完成199.9亿元,增长33.9%;企业所得税完成65.2亿元,增长27.2%;个人所得税完成27.5亿元,增长0.1%。全年一般公共预算支出551.7亿元,增长8.6%。民生领域支出增长较快,教育支出98亿元,增长17.2%,社会保障和就业支出61.1亿元,增长12%,住房保障支出26.5亿元,增长32.4%。

二、农业与农村经济

农业生产保持平稳。全市完成农林牧渔业现价总产值293.6亿元,增长3.4%。其中,农业产值158.9亿元,增长4.2%;林业产值2.1亿元,增长5%;牧业产值35.3亿元,下降10.4%;渔业产值78.3亿元,增长7.3%;农林牧渔服务业产值19亿元,增长10.8%。全年粮食播种面积169.3万亩,比上年下降15%;粮食总产量81.4万吨,下降13.2%,其中夏粮、秋粮总产分别为19.4万吨、62万吨,分别下降22.3%和9.9%,全市粮食亩产480.7公斤,增长2.1%,其中水稻亩产619.7公斤,增长0.4%;小麦亩产307.3公斤,与上年基本持平。现代农业加快推进。农业现代化水平保持全省领先,国家现代农业示范区建设水平位居全国地级市首位。全市新建高标准农田5.5万亩,累计面积占全市耕地面积比重达64%;新增高效设施农业1.3万亩、高效设施渔业0.9万亩,累计面积占耕地面积、水产养殖面积比重分别达到22.6%和38%。积极培育新型农业经营主体,全市家庭农场、农民合作社分别达到2 704家和3 401个。全市农业综合机械化水平达到87%。

三、工业和建筑业

工业经济稳中有进。按省统一口径计算,全市规模以上工业增加值按可比价计算增长7.8%。七大工业行业产值全面增长,机械行业产值同比增长17%、冶金行业增长20.4%、电子行业增长17.5%、化工行业增长14%、生物医药行业增长6.2%、纺织服装行业增长6.3%、建材行业增长6.8%。企业效益稳定增长,全年规模以上工业企业实现利润761.1亿元,增长17.8%。

十大产业链发展加快。全年规模以上工业十大产业链企业产值增长15.8%,对全市产值增长的贡献率达38.6%。各产业链均保持增长态势,其中新能源汽车及汽车核心零部件产业链增长22.9%、智能电网产业链增长22.2%、新材料产业链增长20.6%、智能制造装备产业链增长18.9%、新医药及生物技术产业链增长15.4%。

建筑行业平稳增长。建筑企业全年完成施工产值1 390.4亿元,比上年增长9.2%;房屋施工面积9 572.7万平方米,增长3.6%;房屋竣工面积3 441.8万平方米,增长3.7%。建筑业按施工产值计算的全员劳动生产率为29.5万元/人,比上年增长6.5%。

四、固定资产投资

固定资产投资稳步增长。全年完成固定资产投资3 896.3亿元,增长8.1%,其中工业投资2 079.7亿元,增长8.4%,服务业投资1 812.2亿元,增长7.8%。全年高新技术产业投资851.9亿元,比上年增长10.5%,占工业投资完成额的比重达到41%。民间投资完成2 860.4亿,增长10.8%,占全市固定资产投资比重达到73.4%。全年新增重大签约项目23个,5个项目超100亿或10亿美元,其中省重大项目开工数、产业类项目总数全省第一。

房地产市场平稳发展。全年房地产开发完成投资479.1亿元,增长7.3%,其中住宅投资339亿元,增长7.1%。商品房销售面积1 030.3万平方米,增长10.4%,其中住宅销售面积829.3万平方米,增长 2.3%;年末商品房待售面积 423.7 万平方米,下降 20.8%,其中住宅待售面积 115.8 万平方米,下降 40.8%。

五、国内贸易

消费品市场稳步增长。全年实现社会消费品零售总额 2 444 亿元,增长 11%。从消费形态看,批发业实现零售额 306.1 亿元,增长 10%;零售业实现零售额 1 922.8 亿元,增长 10.7%;住宿业实现零售额 20.6 亿元,增长 19.8%;餐饮业实现零售额 194.6 亿元,增长 14.8%。从城乡消费市场看,城镇消费品零售额 2 275 亿元,增长 10.4%;农村消费品零售额 169.1 亿元,增长 18.5%。

六、开放型经济

对外贸易稳中转型。全年完成外贸进出口 2 117.6 亿元,增长 16.4%。其中出口 1 554.8 亿元,增长 13.1%,进口 562.8 亿元,增长 26.4%。大力开拓新兴市场,全年对"一带一路"国家和地区出口 513.1 亿元,增长 14.3%,占全市出口总额的 33%。外贸结构不断优化,全年一般贸易出口 1 243.6 亿元,占比 80%;高新技术产品出口 308.2 亿元,占比 19.8%。

利用外资提质增效。全年协议注册外资项目 372 个,累计新增协议注册外资 46.1 亿美元。其中,3 000 万美元以上项目 57 个,比上年增加 14 个,超亿美元项目 36 个,比上年增加 12 个。十大产业链全年新增项目 137 个,新增协议注册外资 18.6 亿美元,增长 84.8%。全市实际到账注册外资 25.5 亿美元。新增 6 家世界 500 强投资项目;新增跨国公司地区总部和功能性机构 4 家。

开放开发水平提升。"走出去"发展稳步推进,全年新增境外投资项目 67 个,中方协议投资额 8.3 亿美元,大力推进境外产业园区和重点项目建设,总投资 1 亿美元的天合光能越南项目顺利实施。服务外包快速发展,全年完成服务外包合同额 6.5 亿美元,服务外包执行额 5.6 亿美元,分别增长 32.9%、36.2%,其中离岸服务外包合同额 2.2 亿美元,离岸服务外包执行额 1.9 亿美元,分别增长 40.2% 和 33.3%。口岸开放功能进一步提升,常州机场新开辟柬埔寨暹粒、越南芽庄、泰国普吉岛、中国澳门等 4 条境外航线。

开发区提档升级。开发区发展提速,常州高新区综合排名位居全省国家高新区第 4 位,武进高新区跃居全国县区国家高新区第 1 位。全市开发区新批协议注册外资 34.6 亿美元,实际到账外资 21 亿美元。全年新增总投资超 10 亿元内资和协议外资超 3 000 万美元外资产业类项目 39 个,其中内资项目 20 个,新增总投资 666.1 亿元;外资项目 19 个,新增协议外资 15.5 亿美元。引进了铁牛集团汽车核心系统、时代上汽电池、信维通讯、康得新能源汽车碳纤维部件、瑞智科技等一批重大产业类项目。

外事交流保持活跃。全年接待外宾 190 批 1 639 人次,其中外国驻华使领馆团组 21 批 129 人次,外国友好城市团组 35 批 346 人次,外国来访记者 6 批 62 人次。

七、交通运输、邮政电信业和旅游业

交通运输业总体平稳。年末全市公路总里程9 200公里,其中高速公路306公里。全年营业性客运量6 398.3万人,比上年下降11.2%,货运量14 669.4万吨,比上年增长9.5%。公路客运量4 519万人,比上年下降16.7%,公路旅客周转量32.3亿人公里,下降13.1%;公路货运量1.2亿吨,增长9.7%,公路货物周转量135.1亿吨公里,增长10.7%。铁路客运量1 463万人,增长2.0%;铁路货运量119.2万吨,增长9.4%。民用航空旅客吞吐量251.1万人次,增长28.4%,货物邮吞吐量1.9万吨,增长20.3%。港口货物吞吐量10 428.1万吨,其中常州长江港货物吞吐量4 714.4万吨,分别增长11.1%和17%。年末全市民用汽车拥有量122.8万辆,其中个人汽车104.8万辆。

邮政通信业快速发展。全年邮政业务总量52.2亿元,比上年增长28.5%;全年邮政业务总收入40亿元,增长18.2%,其中快递业务收入28.7亿元,增长16.9%。邮政业全年发送特快专递1.9亿件,增长15.1%。全年通信业务收入56.7亿元,增长13.3%。年末全市固定电话用户113.9万户,移动电话用户609.1万户,其中4G用户达到455.9万户。年末互联网用户226.7万户,其中宽带网用户223.9万户。

旅游业快速增长。全年实现旅游总收入953.7亿元,比上年增长14.4%;旅游接待总人数6 600.4万人次,增长9.9%,接待国内游客6 582.7万人次,国内旅游收入936.8亿元,分别增长9.9%和14.2%;接待入境过夜旅游者17.7万人次,旅游外汇收入1.5亿美元,分别增长21.4%和17.7%。全市拥有国家A级旅游景区31家,其中5A级3家,数量位居全省第二,4A级9家,省工业旅游示范点4家,省三星级以上旅游乡村区(点)45家。

八、金融业

金融市场运行稳健。年末全市金融机构本外币存款迈上万亿元台阶,达到10 191.9亿元,比年初新增1 341.9亿元,增长15.2%,其中住户存款3 578.5亿元,增长4.8%;全市金融机构本外币贷款余额6 718亿元,比年初新增636.6亿元,增长10.5%。

保险行业快速发展。年末全市保险公司共72家,其中产险公司28家,寿险公司44家。全年保费总收入280亿元,比上年增长24.5%,其中人寿险221亿元,增长30.5%,财产险59亿元,增长6.3%。全年保险赔(结)款支出69.5亿元,比上年增长3.1%,其中人寿险34.3亿元,增长3.3%,财产险35.2亿元,增长3%。

证券交易趋缓。年末全市证券营业部54个,资金账户总数109.9万户。证券市场全年各类证券交易总额14 625.9亿元,比上年下降24.8%。其中A股交易额9 092.2亿元,下降45.5%;B股交易额570.2亿元,增长77.6%;基金成交额1 760.8亿元,增长426.5%;债券成交额3 202.7亿元,增长52.5%。上市企业创历史最高水平,全年新增上市公司12家,年末总数达55家,新增新三板挂牌企业30家,年末总数达124家。

九、科技创新

创新能力不断提高。全年完成专利申请 33 973 件,其中发明专利 11 556 件;专利授权 16 423 件,其中发明专利授权 2 830 件;万人发明专利拥有量 28.6 件。全年新增高新技术企业 178 家,累计 1 234 家;规模以上高新技术产业产值占规模以上工业总产值的比重达到 46.6%。全年争取省级以上科技项目 279 项,新增产学研合作项目 1 250 项。科技进步监测位居全省第 4 名。不断加强高技能人才队伍建设,年末全市拥有高技能人才总量达 29.65 万人,每万劳动者中高技能人才数达 1 053 人。

创新平台加快建设。全年新增省级以上企业研发机构 71 家,累计建成"三站三中心"1 448 家,其中省级以上 730 家。新增孵化器 15 家,累计 136 家;孵化面积累计达 890 多万平方米;培育科技企业 6 800 多家。新增 31 家国家两化融合管理体系贯标评定企业、数量全省第一。

高新园区建设加快推进。科教城连续四年位列中国最佳产业园区第二名;江苏中关村科技园入选中国十大最具投资价值锂电产业园;江苏省金坛经济开发区获批国家知识产权试点园区;常州经开区智能微电机特色产业基地列入第二批国家火炬特色产业基地;中以常州创新园目前已落户项目 16 个,累计 66 家以资及中以合资合作企业。

十、教育、文化、卫生和体育

教育事业全面发展。年末,全市拥有各级各类学校 718 所,在校学生 84.2 万人,教职工 6.1 万人。其中普通高等学校 10 所,普通本专科在校学生 12.3 万人;中等职业学校(含技工学校)19 所,在校学生 6.4 万人;普通中学 161 所,在校学生 17.1 万人;小学 211 所,在校学生 29.1 万人;幼儿园 312 所,在校学生 13.8 万人。全市九年义务教育巩固率 100%,高中阶段毛入学率 100%,教育现代化建设综合得分 89.94 分,连续 4 年位列苏南地区第一方阵。办学条件不断提升,全市实施教育重点建设项目 81 个,24 所学校竣工,新增学位 22 595 个。各级各类教育协调发展,新增省优质园 10 所、市优质园 13 所、市特色幼儿园 7 所;创建义务教育"新优质学校"15 所,评出 6 个"新优质学校"高品质项目;职业教育获评教育部示范专业 3 个、省级中职现代化专业群 3 个、五年制高职现代化专业群 2 个,6 个专业入选省现代学徒制试点,各项指标均位居全省前列;在全省率先开展数字化学习示范社区、社区教育集团建设和社区教育游学项目实验工作。

文化服务水平提升。年末全市共有艺术表演团体 11 个,群众艺术馆、文化馆 7 个,博物馆 27 个;公共图书馆 6 个,图书总藏量 500 万册,全年总流通 246.9 万人次;自办广播节目 7 套,电视台节目 7 套,有线电视、数字电视用户分别为 121.5 万户、114 万户。公共文化服务体系不断完善,常州文化广场项目扎实推进,建成 330 个基层综合性文化服务中心。艺术精品创作成绩斐然,大型原创锡剧《卿卿如晤》作为全省唯一剧目受邀参加广州国际艺术节,大型原创锡剧《夕照青果巷》代表江苏参加"全国地方戏曲南方会演",大型锡剧《玉兰花开》荣获文华大奖。文化保护与传承不断加强,大运河记忆馆顺利开馆,完成黄仲则故居修缮布展开放工作,唐荆川、周有光、张太雷等名人纪念馆项目加快建设。文化惠民不断深入,成功举办第四届"文化 100"大型惠民行动,推出九大系列、306 项文化活动。

卫生事业快速发展。年末全市共有各级各类医疗卫生机构 1 326 个，拥有总床位 2.6 万张，卫生技术人员 3.3 万人，其中执业（助理）医师 1.3 万人、注册护士 1.4 万人，全市每千人拥有执业（助理）医师 2.8 人。综合医改稳步推进，建成医联体、专科联盟、"院府合作"等多种类型合作体近 150 个，组建家庭医生签约团队 839 个，重点人群签约率达到 75%，常州市金坛区获省家庭医生签约服务十大创新举措奖。全市人均基本公共服务经费提高到 70 元。继续实施妇女"两癌"筛查、儿童口腔筛查、窝沟封闭等公共卫生服务项目。全国艾滋病综合防控示范区建设核心指标省内领先。预防接种门诊规范化达标率 100%。获国家自然基金立项 24 项，取得省级以上高层次项目数量、等次、经费三个历史最好成绩。新建省健康镇（街道）、健康村（社区）、健康单位数量列全省第一。全市出生人口总数总体平稳，二孩占比达 43%。

体育事业稳步发展。年末全市拥有体育场地 13 218 个，其中体育场 27 个，体育馆 30 个。年内新增公共体育设施面积 51.1 万平方米。年内承办国际级比赛 9 项、国家级比赛 26 项、省级比赛 35 项。在第十三届全运会上，常州运动员取得了 13 金、5 银、6 铜的历史最好成绩。

十一、人口、民生与社会保障

人口规模保持稳定。年末全市常住人口 471.7 万人，其中城镇人口 338.7 万人，城镇化率达到 71.8%。全市户籍总人口 378.8 万人，增长 1.1%。其中，男性 186.6 万人，增长 0.8%；女性 192.2 万人，增长 1.3%。户籍人口出生率 9.5‰，死亡率 9.1‰，人口自然增长率 0.4‰。就业创业工作不断推进。全年城镇新增就业 13.55 万人，失业人员实现再就业 5.62 万人，扶持创业 1.78 万人，援助困难群体再就业 1.14 万人，年末城镇登记失业率为 1.8%。

居民收入稳步增长。全市居民人均可支配收入 41 879 元，增长 9%，其中城镇居民人均可支配收入 49 955 元，增长 8.5%，农村居民人均可支配收入 25 835 元，增长 8.6%，城乡居民收入比为 1.93∶1。全市居民人均生活消费支出 25 496 元，增长 6.3%，其中城镇居民人均生活消费支出 28 445 元，增长 5%，农村居民人均生活消费支出 17 849 元，增长 7.7%。城镇居民恩格尔系数 26.8%，农村居民恩格尔系数 30.3%，均较上年下降 0.5 个百分点。

居民消费价格温和上涨。全年居民消费价格总指数为 101.9。八大类商品均有所上涨，其中食品烟酒类涨 1%，衣着类涨 1%，居住类涨 2%，生活用品及服务类涨 3.4%，交通和通信类涨 3.3%，教育文化和娱乐类涨 1.7%，医疗保健类涨 2.6%，其他用品和服务上涨 1.5%。住房保障力度加大。全年新开工各类保障房 25 757 套，基本建成 22 904 套。全年新增公共租赁住房家庭 1 209 户，其中实物配租家庭 613 户，租金补贴家庭 596 户。住房保障全覆盖工程获中国人居环境范例奖。

社保水平不断提高。年末全市企业职工基本养老保险参保人数 143.4 万人，比上年增长 4.7%；城镇职工基本医疗保险参保人数 201.1 万人，增长 4.2%；城镇失业保险参保人数 116.4 万人，增长 4.3%。养老、医疗、失业三大保险综合覆盖率达 98.5%。

福利事业持续推进。全市城乡低保标准统一调整到 760 元/月，实现大市范围内城乡低保标准一体化。年末全市 17 617 户、28 074 人享受低保，其中城镇低保对象 5 886 户、8 852 人，农村低保对象 11 731 户、19 222 人,累计发放保障金 1.8 亿元。全市医疗直接救助 35.2 万人次,医疗直接救助金额 7 949 万元。年末全市拥有各类养老机构 108 个,养老机构床位数 24 867 张,收养人数 13 968 人。全年发行福利彩票 11.3 亿元。

十二、城乡建设和公用事业

基础设施建设不断推进。溧高高速、常宜高速开工建设,233 国道金坛段、360 省道溧阳段等工程有序推进,长虹西路快速化改造基本完成。惠国路锦绣路、飞龙西路西延、芦墅路等城市道路基本建成,地铁 1、2 号线工程加快实施。农村路网建设加快,年内新建、改建农村公路 183.5 公里。完成各类水利建设土方 4 619.6 万立方米,恢复治理水土流失面积 20 平方公里。新沟河、新孟河延伸拓浚工程进展顺利。

公共交通不断完善。年末全市公交线路 335 条,公交营运车辆 3 087 辆,营运出租汽车 3 680 辆。城市居民公共交通出行分担率 27%,镇村公交开通率 100%。

公共服务能力提升。全年全社会用电量 455 亿千瓦时,比上年增长 5.8%,其中城乡居民生活用电 44.8 亿千瓦时,增长 7.2%。全年实现城市供水 3.5 亿立方米,供气 11.2 亿立方米,污水处理 2.8 亿立方米。全年生活垃圾清运量 176.9 万吨,生活垃圾无害化处理率 100%。

十三、生态建设和环境保护

生态建设稳步推进。建成区绿地总面积 10 386.5 公顷,比上年增长 1.7%。建成区绿化覆盖率达 43.1%,林木覆盖率达 26.2%。大力推进生态绿城和森林城市建设,建成皇粮浜湿地公园和一批社区体育公园等项目。延政西路绿化提升工程等三项工程被评为省优质工程奖。全面展开美丽乡村示范项目建设,溧阳市陶庄村荣获全国改善农村人居环境美丽宜居示范村称号。

环境保护力度加大。扎实开展"263"专项行动,累计关停化工企业 315 家、关闭搬迁畜禽养殖场 2 583 家。全年完成大气污染防治项目 716 项、水环境整治项目 664 项。市区空气质量优良率为 68.2%,细颗粒物平均浓度 49 微克/立方米。饮用水水源地水质稳定达标,地表水省考以上断面好于Ⅲ类水质比例为 63.6%。主要污染物化学需氧量、氨氮、二氧化硫、氮氧化物排放量分别比上年削减 4.88%、5.98%、6.12%、4.01%。2017 年获批国家低碳试点城市。

第五章　镇江市经济发展报告

2017年,全市上下在市委、市政府的正确领导下,坚持稳中求进总基调,深度对标苏南,推进产业强市,突出项目引领强推先进制造业发展,下大力稳增长促转型、抓改革增动力、优生态惠民生,经济结构继续优化,动能转换稳步加快,创新活力不断增强,绿色发展深入推进,社会事业全面进步,人民生活改善提高,较好地完成了各项目标任务。

一、综　合

经济运行总体平稳。初步核算,全年实现地区生产总值4 105.36亿元,按可比价计算增长7.2%,其中第一产业增加值142.42亿元,增长1.4%;第二产业增加值2 031.10亿元,增长6.0%;第三产业增加值1 931.84亿元,增长8.8%。人均地区生产总值12.88万元,增长7.1%。产业结构继续优化,三次产业增加值比例调整为3.5∶49.4∶47.1,服务业增加值占GDP比重提高0.1个百分点。

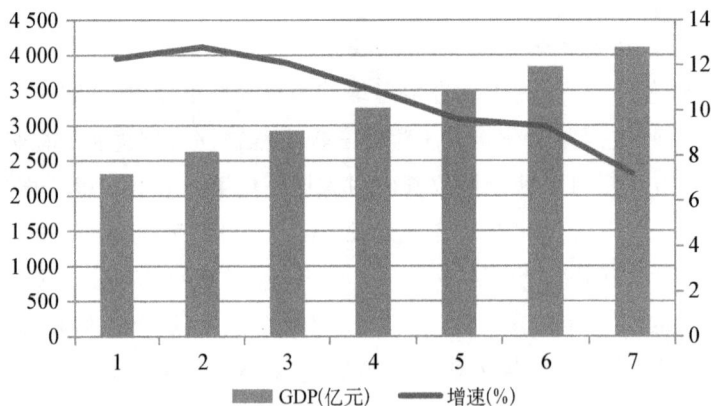

图1　镇江市GDP规模及实际增速

数据来源:历年《江苏统计年鉴》

消费物价温和上涨。全年居民消费价格(CPI)总指数为102.0,比上年上涨2.0%。其中消费品价格同比上涨1.5%,服务项目价格同比上涨2.8%。居民消费价格八大类呈普遍上涨:食品烟酒类上涨0.3%,衣着类上涨0.9%,居住类上涨3.7%,生活用品及服务类上涨4.1%,医疗保健类上涨2.6%,交通和通信类上涨2.8%,教育文化和娱乐类上涨1.7%,其他用品及服务类上涨1.7%。

表 1　居民消费价格指数（以上年卫为 100）

指　　标	价格指数	比上年±%
居民消费价格总指数	102.0	2.0
♯食品烟酒	100.3	0.3
衣着	100.9	0.9
居住	103.7	3.7
生活用品及服务	104.1	4.1
交通和通信	102.8	2.8
教育文化和娱乐	101.7	1.7
医疗保健	102.6	2.6
其他用品和服务	101.7	1.7

二、农林牧渔业

农业生产形势稳定。全年粮食播种面积 247.55 万亩,比上年减少 13.49 万亩,下降 5.2%。受播种面积减少等因素影响,全市粮食总产量 114 万吨,比上年减少 4.71 万吨,下降 4.0%,其中夏粮总产量 33.92 万吨,减少 1.05 万吨,下降 3.0%;秋粮总产量 80.08 万吨,减少 3.70 万吨,下降 4.4%。全年油料总产量 5.37 万吨,比上年下降 7.9%。蔬菜总产量 96.64 万吨,比上年增长 0.8%;瓜果类产量 12.24 万吨,增长 14.6%。

牧渔业生产持续放缓。受畜禽养殖污染及农业面源污染治理专项行动推进影响,畜牧业产量有所下降。全年肉类总产量 7.03 万吨,比上年下降 11.5%,其中猪肉下降 10.3%,禽肉产量下降 13.9%。全年生猪出栏量 52.87 万头,下降 9.4%;家禽出栏量 1 663.87 万只,下降 0.7%。禽蛋产量 2.70 万吨,比上年下降 2.9%。牛奶产量增长较快,全年产量 2.03 万吨,增长 12.3%。水产品产量 9.88 万吨,比上年增长 0.3%。

表 2　主要农产品产量情况

产品名称	产量（吨）	比上年±%
粮食	1 140 010	−4.0
棉花	788	−13.4
油料	53 692	−7.9
♯油菜籽	50 014	−8.2
花生	1 783	−3.4
肉类总产量	70 307	−11.5
水产品	98 838	0.3

农业结构继续优化调整。全年新增高效设施农业面积 1.55 万亩,共 48.23 万亩,占比 20.5%,比上年提高 0.6 个百分点。新增高标准农田建设 13 万亩,高标准农田占比达到 56.7%。6 家园区(基地)入选全国农村创业创新园区(基地)。成功申报无公害农产品 137 个,绿色食品 22 个,"丁庄

葡萄"获批国家地理标志保护产品。全市拥有"三品"总量达到1031个。年末农机总动力148万千瓦,比上年增加2万千瓦。

三、工业和建筑业

工业生产基本平稳。年末拥有规模以上工业企业2640家。全市规模以上工业总产值7392.34亿元,比上年增长10.5%,其中大中型企业总产值5004.35亿元,增长12.1%。分轻重工业看,轻工业总产值1260.25亿元,增长13.1%;重工业总产值6132.39亿元,增长10.0%。分经济类型看,国有企业总产值93.76亿元,增长22.0%;集体企业总产值22.43亿元,下降18.0%;股份制企业总产值4464.07亿元,增长9.7%;三资企业总产值2433.27亿元,增长11.4%。在规模以上工业企业中,民营企业总产值4448.90亿元,增长9.4%,其中私营企业总产值3088.03亿元,增长6.9%。

企业效益逐步改善。全年规模以上工业主营业务收入7265.27亿元,比上年增长9.7%;利税总额698.0亿元,增长7.3%;利润总额468.81亿元,增长9.7%。亏损企业数下降1.3%,亏损企业亏损面11.14%,比上年下降0.2个百分点;亏损企业亏损额增长3.8%,增幅回落5个百分点。

重点产业发展态势良好。全年两大支柱产业高端装备制造、新材料产业销售收入分别增长12.2%、10.6%;三大战略性新兴产业:新能源、新一代信息技术、生物技术与新医药销售收入分别增长13.9%、15.7%和12.2%。2个项目跻身国家智能制造示范专项,3个项目入围国家"工业强基"工程。6家企业获评国家首批绿色工厂,新增4个省级高端装备制造特色示范基地,成为中国制造2025示范城市。

表3　主要工业产品产量情况

产品名称	单位	产量	比上年±%
机制纸及纸板	万吨	212.54	−0.7
复合木地板	万立方米	4 998.56	−5.9
水泥	万吨	1 602.45	2.2
钢材	万吨	448.45	6.7
冰醋酸	万吨	122.75	20.8
香醋	万吨	24.83	1.5
民用钢制船舶	载重吨	89 761	−11.0
多晶硅片	万片	24 594	5.0
高低压开关板	万面	18.84	−4.4
电力电缆	万千米	18.00	−0.7
眼镜成像	万副	4 923.67	2.1
母线	万米	123.84	2.4
服务器	台	9 840	2.9
汽车(SUV)	辆	29 902	10.2
发电量	亿千瓦时	391.99	−4.0

建筑业发展放缓。年末全市拥有资质以上建筑业企业 366 家。全年实现建筑业总产值494.61 亿元,比上年下降 6.8%,其中工程产值 443.58 亿元,下降 7.0%。建筑业全员劳动生产率为31.11 万元/人,增长 6.2%。建筑业企业房屋建筑施工面积 2 077.88 万平方米,下降 13.7%;竣工面积 377.32 万平方米,下降 57.0%,其中住宅竣工面积 236.52 万平方米,下降 52.7%。

四、固定资产投资

投资保持平稳增长。全年完成固定资产投资 2 694.36 亿元,增长 3.8%,其中国有及国有经济控股投资 487.94 亿元,下降 23.1%;港澳台及外商投资 200.01 亿元,下降 28.7%;民间投资2 077.19 亿元,增长 4.9%。分三次产业看,第一产业投资 7.79 亿元;第二产业投资 1 522.03 亿元,增长 5.9%,其中:工业投资 1 494.52 亿元,增长 6.2%;第三产业投资 1 164.55 亿元,增长 2.0%。在全部固定资产投资中,工业技改投入增长较快,完成投资 824.88 亿元,增长 11.6%,占比重55.2%,比上年提高 2.7 个百分点。

房地产市场稳定发展。全年完成房地产开发投资 343.52 亿元,比上年下降 23.4%,其中住宅投资 262.49 亿元,下降 23.1%。房地产开发企业房屋施工面积 3 226.03 万平方米,比上年增长1.5%,其中住宅施工面积 2 467.75 万平方米,增长 1.1%。商品房竣工面积 341.97 万平方米,比上年下降 23.4%,其中住宅竣工面积 274.04 万平方米,下降 23.7%。商品房销售面积 705.27 万平方米,比上年下降 29.2%,其中住宅销售面积 650.12 万平方米,下降 31.4%。商品房销售额 601.75 亿元,比上年下降 4.6%,其中住宅销售额 541.38 亿元,下降 7.4%。

五、国内贸易

消费品市场运行平稳。全年实现社会消费品零售总额 1 366.03 亿元,比上年增长 10.5%。按经营单位所在地分,城镇市场零售额 1 292.64 亿元,增长 10.7%;乡村市场零售额 73.38 亿元,增长 6.2%。按消费形态分,批发业零售额 222.11 亿元,增长 13.9%;零售业零售额 971.00 亿元,增长 8.9%;餐饮业零售额 155.84 亿元,增长 14.7%;住宿业零售额 17.08 亿元,增长 22.3%。

从限额以上批发和零售业分类商品零售情况看,汽车类零售额 97.05 亿元,比上年增长3.1%;石油及制品类零售额 103.66 亿元,增长 9.5%;通讯器材类零售额 6.52 亿元,增长 3.4%;日用品类零售额 18.77 亿元,增长 7.9%;家用电器和音像器材类零售额 34.99 亿元,增长 10.0%;化妆品类零售额 4.43 亿元,增长 12.8%;金银珠宝类零售额 15.10 亿元,增长 2.1%;文化办公用品类零售额 10.78 亿元,增长 12.0%;建筑及装潢材料类零售额 41.13 亿元,增长 13.3%;粮油食品、饮料烟酒类零售额 75.52 亿元,增长 6.4%。

六、开放型经济

对外贸易恢复性增长。全年实现进出口总额 105.36 亿美元,比上年增长 2.1%,其中出口总额 69.85 亿美元,增长 0.5%;进口总额 35.51 亿美元,增长 5.5%。从出口方式上看,一般贸易出口 53.92 亿美元,增长 5.1%;加工贸易出口 15.36 亿美元,下降 12.5%。分企业类型看,国有企业出口 2.00 亿美元,增长 11.1%;外商投资企业出口 32.53 亿美元,增长 5.5%;民营企业出口 34.51 亿美元,下降 4.5%。从主要出口产品看,机电产品出口 26.63 亿美元,下降 14.3%;纸及纸制品出口 7.58 亿美元,下降 0.9%。高新技术产品出口 6.79 亿美元,下降 46.3%。从出口市场看,对东盟组织出口 9.68 亿美元,增长 25.0%;对韩国出口 3.55 亿美元,增长 1.5%;对日本出口 4.86 亿美元,增长 12.8%;对印度出口 4.05 亿美元,增长 14.6%;对欧盟出口 8.70 亿美元,增长 2.3%;对美国出口 13.42 亿美元,增长 4.6%。

利用外资规模保持稳定。全年新批外商投资企业 102 家,新批协议外资 27.78 亿美元,比上年增长 16.2%;实际利用外资 13.53 亿美元,增长 0.2%。新批及净增资 1 000 万美元以上项目 43 个,其中新批及净增资 3 000 万美元以上项目 1 个。

走出去步伐不断加快。全年新批境外投资项目 28 个,总投资 2.63 亿美元,增长 34.8%。新签订对外承包工程合同额 2.05 亿美元,增长 4.1 倍;完成营业额 3.3 亿美元,增长 0.7%;截至年末,全市累计批准 205 家企业在 65 个国家和地区,投资 293 境外项目,中方协议投资 13.4 亿美元。

七、交通、邮电

交通运输增长持续加快。全年公路客运量 3 184 万人,比上年下降 10.9%;铁路客运量 1 127 万人,增长 6.9%。公路旅客周转量 20.89 亿人公里,下降 7.1%。公路货运量 7 551 万吨,增长 8.6%;水路货运量 1 557 万吨,增长 6.8%;铁路货运量 206.02 万吨,下降 8.4%。公路货物周转量 85.17 亿吨公里,增长 9.7%;水路货物周转量 42.33 亿吨公里,增长 7.3%。全年完成港口货物吞吐量 15 965 万吨,比上年增长 7.2%,其中长江港口吞吐量 14 203 万吨,增长 8.1%;港口集装箱吞吐量 40.53 万标箱,增长 8.7%。年末全市民用汽车拥有量 49.56 万辆,其中个人载客汽车 47.45 万辆,分别比上年增长 13.5% 和 13.7%。

邮政电信业较快发展。全年邮政电信业务总量 91.90 亿元,比上年增长 58.6%,其中:邮政业务总量 21.69 亿元,增长 30.5%;电信业务总量 70.21 亿元,增长 69.9%。邮政电信业务收入 46.09 亿元,比上年增长 11.0%,其中:邮政业务收入 14.74 亿元,增长 18.8%;电信业务收入 31.34 亿元,增长 7.6%。年末固定电话用户 67.63 万户,下降 10.8%。移动电话用户 325.45 万户,增长 6.4%。年末互联网宽带接入用户 137.16 万户,增长 17.6%。

八、财政、金融业

财政收支状况调整改善。全年实现一般公共预算收入 284.34 亿元,同口径比上年增长 3.3%,其中税收收入 217.85 亿元,增长 1.9%;非税收入 66.48 亿元,增长 7.9%。从主要税种看,增值税下降 14.0%,企业所得税增长 18.0%,个人所得税下降 6.2%。全年一般公共预算支出 386.59 亿元,增长 7.4%,其中教育支出 74.26 亿元,社会保障和就业支出 41.58 亿元,医疗卫生支出 24.91 亿元,环境保护支出 14.21 亿元。

表4　一般公共预算收入及支出分项情况

指　标	绝对值(亿元)	比上年±%
一般公共预算收入	284.34	3.3
♯税收收入	217.85	1.9
♯增值税	95.96	−14.0
企业所得税(40%)	26.16	18.0
个人所得税(40%)	10.91	−6.2
房产税	9.85	19.0
印花税	3.96	6.8
契税	26.37	44.7
一般公共预算支出	386.59	7.4
♯一般公共服务	37.89	−0.7
教育	74.26	12.8
科技	11.54	−13.0
社会保障和就业	41.58	29.7
医疗卫生	24.91	5.8
环境保护	14.21	−19.8

金融存贷规模稳步扩大。年末全市金融机构人民币存款余额4 877.50亿元,比年初增加171.50亿元,其中:住户存款1 982.67亿元,比年初增加103.42亿元;非金融企业存款1 916.32亿元,比年初增加205.44亿元。年末金融机构人民币贷款余额3 864.02亿元,比年初增加419.66亿元,其中:短期贷款1 407.98亿元,比年初减少13.35亿元;中长期贷款2 310.09亿元,比年初增加464.64亿元。

表5　年末金融机构人民币存贷款情况

指标	绝对值(亿元)	比年初增减额(亿元)
金融机构人民币存款余额住户存款非金融企业存款	1 916.32	205.44
金融机构人民币贷款余额	3 864.02	419.66
♯住户贷款	1 167.96	273.96
非金融企业及机关团体贷款	2 695.40	145.70

企业上市步伐继续加快。全年新增上市挂牌企业31家,其中,2家在上交所主板上市企业,6家"新三板"挂牌企业,23家区域股权市场挂牌企业,上市挂牌企业新增股票融资19.69亿元。截至年末,累计上市挂牌企业156家,其中主板上市18家(境内12家,境外6家),"新三板"挂牌企业43家,区域股权市场挂牌企业95家。

保险业稳定较快发展。全年保费收入117.24亿元,比上年增长16.1%。其中,财产险收入26.91亿元,增长6.2%;寿险收入90.33亿元,增长19.5%;健康险和意外伤害险收入4.1亿元,下降4.3%。全年赔付额38.66亿元,比上年增长12.0%。其中,财产险赔付16.68亿元,增长21.4%;寿险赔付21.98亿元,增长5.7%;健康险和意外伤害险赔付1.8亿元,下降13.9%。

九、科学技术和教育

科技创新能力增强。全年研究与试验发展（R&D）经费支出占GDP比重2.65%。全市规模以上及高新技术企业拥有研发机构占比超过44%，提高0.7个百分点。每万劳动力中研发人员数155人年，比上年提高15人年。全年专利申请量33 539件，其中发明专利申请量14 671件；专利授权量14 825件，其中发明专利授权量2 693件。万人发明专利拥有量30.3件，比上年增加2.2件。大力推进创新载体建设，年末全市拥有国家火炬特色产业基地7个，国家级孵化器11家，省孵化器36家，省众创空间28家。大力培育科技型企业，全年新增省级民营科技企业121家，总数超1 600家。

高新技术产业发展良好。全年高新技术产业产值比上年增长11.8%，占规模以上工业产值比重49.3%，比上年提高0.2个百分点。年末拥有国家高新技术企业数630家，拥有省级以上高新技术产品3 267项，当年新认定298项。

质量检验能力稳步提升。年末共有产品质量检验机构4个，国家检测中心2个。法定计量技术机构5个，强制检定计量器具21.82万台（件），比上年增加0.76万台（件）。全年监督抽查产品39种，完成强制性产品认证的企业1 027家，比上年增加310家。

教育事业全面发展。全市共有普通高校8所，本专科招生2.34万人，在校学生8.04万人，毕业生2.02万人；研究生教育招生2 756人，在校生10 732人，毕业生3 945人。全市中等职业学校（不含技工学校）11所，在校学生1.91万人。普通中学110所，在校学生9.84万人，毕业生3.02万人。小学108所，在校学生14.72万人，毕业生2.35万人。九年义务教育巩固率100%，高中阶段教育毛入学率100%。全市共有幼儿园244所，比上年增加13所；在园幼儿7.68万人，比上年增加0.31万人。

表6　各类教育学校、招生和在校生情况

指　　标	学校数（所）	毕业生数（人）	招生数（人）	在校生数
高等教育学校（机构）	8	34 908	39 850	120 712
♯普通高校	8	22 935	27 382	91 102
中等职业学校	11	4 916	6 490	19 083
普通中学	110	30 209	34 250	98 378
高中阶段	19	10 275	10 730	31 781
初中阶段	91	19 934	23 520	66 597
普通小学	108	23 456	25 745	147 241
特殊教育学校	5	45	58	507
幼儿园	244	24 145	26 376	76 807

十、文化、旅游

文化服务体系提升完善。年末全市共有艺术表演团体4个，文化馆8个，公共图书馆9个，文化站57个，博物（纪念）馆14个，美术馆2个。年末有线电视总用户78.31万户，其中数字电视用户75.49万户。年末拥有省级以上重点保护文物单位55处，其中全国重点保护文物单位13处。

大力推进群众性文化建设,全年新建20个生态文化广场,开展全民艺术普及"六进"活动516场、文心系列公益文化活动530场、"节日展风采"广场主题文化活动26场。文艺创作取得新佳绩,扬剧青年演员龚莉莉凭借《花旦当家》摘取第28届中国戏剧梅花奖,是镇江戏剧届历史上第一个梅花奖。"孙家村吴国铸铜遗址"作为江苏省唯一项目入围2016年全国十大考古新发现。

旅游业加快发展。年末全市拥有A级景区40个,其中5A级景区2家,4A级景区7家,3A级景区12家。拥有省级旅游度假区3家,省星级乡村旅游区94家。拥有星级旅游饭店35家,其中五星级宾馆3家;拥有旅行社109家,其中星级旅行社33家。全年接待境内外游客5 971.6万人次,比上年增长11.5%;实现旅游业总收入822.37亿元,增长15.1%。接待国内游客5 964.6万人次,增长11.5%,实现国内旅游收入812.87亿元,增长15.1%。接待入境过夜游客6.96万人次,增长26.7%。其中,外国人5.4万人次,增长29.7%;港澳台同胞1.56万人次,增长17.4%。旅游外汇收入0.85亿美元,增长31.8%。

十一、卫生、体育

卫生服务能力提升。年末全市拥有各类卫生机构984个,其中医院50个、卫生院50个,社区卫生服务中心35个,卫生防疫防治机构7个,妇幼保健机构7个,村卫生室305个。卫生机构床位15 169张,其中医院、卫生院12 734张,社区卫生服务中心1 484张。年末拥有卫生技术人员20 368人,其中执业医师及执业助理医师8 074人,注册护士8 688人。全市医疗机构全年总诊疗2 437.42万人次。公立医院改革不断深化。组织开展以全市公立医疗机构为主体的药品集中采购,推进"两票制"改革,减少药品流通环节,降低药品价格。"三位一体"医疗损害赔偿救助机制不断完善,全市一级以上公立医疗机构参加医疗责任保险或风险互助金达100%。

体育事业稳定发展。加大公共体育设施建设力度,全年共建成30公里健身步道、28个多功能运动场、8个笼式足球场、两个拆装式泳池,安装健身路径316套、乒乓球桌222张、篮球架131副。承办全国赛艇冠军赛、2017中国国际飞行器设计挑战赛总决赛、第二届江苏航空体育旅游季、中国足球乙级联赛文旅华萨足球俱乐部主场赛事、首届"江苏电竞活动周"暨全国电子竞技菁英赛等取得圆满成功。镇江市运动员在全运会上取得"两金两银五铜"的历史佳绩。参加省级以上竞赛共获得45枚金牌、27枚银牌、48枚铜牌。21所学校被命名为新一轮省级体育传统项目学校,4家俱乐部成为全省首批青少年奥林匹克示范性俱乐部。

十二、城建、环保

城乡基础设施持续完善。312国道城区段改线南移工程通过交工验收,镇澄路中段工程建成通车,镇丹高速公路路基桥梁施工全部完成。市区完成棚户区改造93.5万平方米,建成基本保障性住房4 405套,改造老旧小区32万平方米,完成10个老旧小区物业提升。海绵城市建设三年试点任务基本完成,建成海绵项目104个。市区建成区面积141.3平方公里,比上年增加2平方公里。开工建设村庄生活污水处理设施项目271个,完工213个。完成210公里农路升级改造项目,改造农路危桥13座。新辟优化公交线路36条,开通定制公交线7条。新购置258辆新能源公交车,配套建设充电桩 31 根,镇村公交保持 100%覆盖。市区居民公共交通出行分担率 24.3%,提高 0.3 个百分点。

生态环境整治取得新成效。全年新增绿化造林面积 1.12 万亩,林木覆盖率达 25%。实施大气污染防治项目 330 项,整治黑臭水体 4 条。全面实施"263"专项行动,淘汰小燃煤锅炉 109 台,完成 7 台煤电机组的节能升级改造、8 台煤电机组的环保升级改造,减少化工企业 53 家。全面完成省下达的主要污染物减排目标,单位 GDP 能耗下降 6.6%。全年空气优良天数比例为 71.5%,省考断面 Ⅲ类水以上比例为 80%,PM2.5 浓度为 $52\mu g/m3$,12 个镇、8 个村创成省首批生态文明示范镇、村。

十三、人口、就业

人口总量结构总体稳定。年末常住人口 318.63 万人,比上年增加 0.50 万人,其中城镇人口 224.63 万人,城镇化率 70.5%。全年常住人口出生率 8.01‰,死亡率 7.01‰,自然增长率为 0.16‰。在常住人口中 65 岁及以上人口占比达到 13.6%,比上年提高 0.5 个百分点。年末户籍人口 270.9 万人,比上年减少 1.08 万人,其中男性 133.86 万人,减少 0.67 万人;女性 137.05 万人,减少 0.40 万人。年末从业人员 194.50 万人,比上年增加 0.18 万人,其中第一产业 22.10 万人、第二产业 85.90 万人、第三产业 86.50 万人。全年新增城镇就业 8.26 万人,增长 3.3%,城镇失业人员再就业人数 3.43 万人,新增转移农村劳动力 1.02 万人,城镇登记失业率 1.82%。全年新增登记注册私营个体从业人员 21.24 万人,其中私营企业 12.10 万人、个体工商户 9.14 万人。

十四、人民生活、社会保障

居民生活不断改善。居民收入与经济同步增长,全年常住居民人均可支配收入 37 169 元,增长 9.1%,其中,工资性收入 24 165 元,增长 8.9%;经营净收入 5 462 元,增长 6.7%;财产净收入 3 016 元,增长 11.9%;转移净收入 4 526 元,增长 11.3%。常住居民人均消费支出 22 551 元,增长 6.5%。按常住地分,城镇常住居民人均可支配收入 45 386 元,增长 8.6%,城镇常住居民人均消费支出 25 637 元,增长 5.1%。农村常住居民人均可支配收入 22 724 元,增长 8.6%,农村常住居民人均消费支出 17 127 元,增长 7.5%。人民生活条件持续改善,年末城镇居民现住房人均建筑面积 45 平方米,百户家庭拥有汽车 56 辆、电脑 112 台、手机 267 部;年末农村居民现住房人均建筑面积 58.4 平方米,百户家庭拥有汽车 38 辆、电脑 66 台、手机 261 部。

民生保障水平持续提高。各类保险保持较高水平,主要险种参保率稳定在 98%以上,企业职工养老保险、医疗保险、失业保险参保人数分别为 89.80 万人、92.87 万人、53.47 万人。一般公共预算民生类支出 279.16 亿元,占比重 71.1%。全市人均养老金比上年增加 147 元/月,实现"十三连增"。全市最低工资标准提高到 1 890 元/月,增加 120 元。城乡低保标准统一提高到 655 元/月,全年共发放低保金 1.57 亿元。社区居家养老服务提档升级,新建 7 个老年人日间照料中心和 114 个老年人助餐点。养老服务设施布局进一步优化,新增护理型床位 518 张,全市护理型床位占养老机构总床位比例达 52%。

第六章　扬州市经济发展报告

2017 年是党的十九大胜利召开的喜庆之年,也是高水平全面建成小康社会的攻坚之年。一年来,全市深入贯彻新发展理念,紧扣"两聚一高",办好"十件大事",统筹做好改革发展稳定工作。全市经济运行实现了高质量增长,台阶更高、步伐更稳;社会事业全面进步,普惠均衡、协调发展;民生福址日益改善,城乡统筹、生态宜居。

一、综合

初步核算,全市实现地区生产总值 5 064.92 亿元,可比价增长 8.0%。其中,第一产业增加值 262.06 亿元,增长 1.9%;第二产业增加值 2 475.86 亿元,增长 6.7%;第三产业增加值 2 327.00 亿元,增长 10.1%。三次产业结构由上年的 5.6：49.4：45.0 调整为 5.2：48.9：45.9。人均地区生产总值 112 559 元,增长 7.7%。

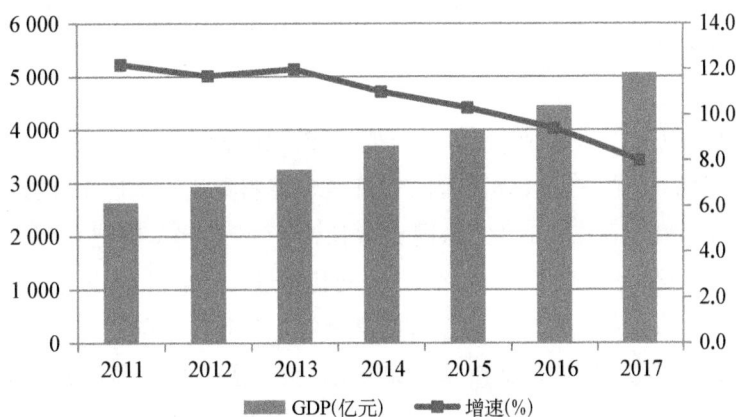

图 1　扬州市 GDP 规模及实际增速

数据来源:历年《江苏统计年鉴》

2017 年末全市有各类法人单位 118 185 家,产业活动单位 14 458 家。全市新登记民营企业 25 757 户,注册资本 983 亿元,新登记个体工商户 46 976 户。

全市城镇新增就业 75 339 人,新增转移农村劳动力 14 300 人,期末城镇登记失业率 1.84%。城镇失业人员再就业 75 186 人,就业困难人员再就业 5 779 人。高校毕业生年末总体就业率 97.3%,扶持农村劳动力自主创业 5 678 人。

市场物价温和上涨,全年居民消费品价格指数为 101.7。其中,消费品价格上涨 1.4%,服务项目价格上涨 2.1%。构成居民消费品价格指数的八大类指数分别是:食品烟酒类 100.1、衣着类

102.6、居住类103.2、生活用品及服务类102.2、交通和通信类101.9、教育文化和娱乐类102.8、医疗保健类99.6、其他用品和服务类102.4。商品零售价格总指数为102.2。

二、农业

粮食种植面积588万亩,比上年下降6.5%;油菜籽种植面积32.4万亩,比上年下降6.3%;蔬菜播种面积86.4万亩,较上年增长6.2%。全年粮食总产量285.4万吨。其中,夏粮96.2万吨;秋粮189.2万吨。

全年生猪出栏128万头,较上年减少0.4%,存栏60.9万头,较上年减少13.6%;家禽出栏4 217.5万只,较上年减少2.3%,家禽存栏1 258.6万只,较上年减少12.8%。猪牛羊禽肉产量17.4万吨,比上年下降2.0%;禽蛋产量13.23万吨,比上年下降3.7%;水产品产量40.4万吨,较上年增长0.88%,其中养殖产量37.5万吨,较去年增长1.1%,捕捞产量2.96万吨,较去年减少2.1%。

年末全市100亩以上的家庭农场3 053个,其中列入2017年名录的家庭农场654个,经营面积12.44万亩。全市各级农业龙头企业达423家,国家级5家,省级53家,市级155家,县级210家。新建高标准农田20.5万亩,划定373万亩永久基本农田。新增设施农(渔)业11.3万亩。新实施国家级农业科技重大专项2项。新增省级农产品品牌45个。农业机械化水平达86%。顺利完成第三次全国农业普查任务。

三、工业和建筑业

全市2 693家规模以上工业企业完成总产值9 371.10亿元,增长13.9%,工业增加值增长8.0%。产值过千亿元的行业有三个,分别为电气机械和器材制造业(1 691亿元,同比增长16.2%)、化学原料和化学制品制造业(1 061亿元,同比增长17.7%)、汽车制造业(1 090.4亿元,同比增长8.16%),三个行业合计完成产值3 842.4亿元,同比增长14.2%,高出全市增幅0.3个百分点,对全市产值增长的贡献率为41.9%,拉动全市产值增幅5.7个百分点。

全市战略性新兴产业完成工业总产值4 045.9亿元,增长16.5%,高于规上工业平均增速2.6个百分点,比上年提升6.2个百分点。其中新材料、新光源、高端装备制造、智能电网、节能环保、生物技术和新医药6个行业达到2位数增幅,分别增长28.7%、17.3%、15.3%、13.8%、12.9%和10.7%。

五大重点产业累计完成产值6 274.2亿元,增长13.4%,占规上工业总产值的比重达67%。其中机械装备产业产值3 307.2亿元,同比增长15.1%;汽车产业1 280.2亿元,同比增长9%;石化产业产值1 058.7亿元,同比增长16.6%;新能源和新光源产业产值519.7亿元,同比增长10%;船舶产业产值212亿元,同比增长0.9%。

规模以上工业企业实现主营业务收入8 876.94亿元,增长11.9%;实现利润507.25亿元,增长2.5%。

全社会用电量237.05亿千瓦时,增长5.2%。第一产业用电量4.83亿千瓦时,增长2.2%;第二产业164.70亿千瓦时,增长3.5%,其中,工业用电162.21亿千瓦时,增长3.6%;第三产业30.17

亿千瓦时,增长 11.1%;城乡居民生活用电 37.34 亿千瓦时,增长 8.5%。

表 1　规模以上工业主要产品产量

产品名称	单位	2017 年产量	比上年 ±%
原油	万吨	120.1	−9.7
发电量	亿千瓦小时	227.62	5.3
烧碱(折 100%)	万吨	30.22	11.8
合成纤维聚合物	万吨	198.88	−0.2
水泥	万吨	956.44	−4.1
钢材	万吨	454.33	34.4
塑料制品	万吨	15.71	14.8
纱	万吨	16.42	−5.6
服装	万吨	14 293.58	−1.3
化学纤维	万吨	125.84	7.4
金属集装箱	万立方米	726.31	4.3
通信及电子网络用电缆	万对千米	482.29	75.1
移动通信手持机(手机)	万台	51.13	−45.1
家用电冰箱	万台	354.05	0.3
呢绒	万米	324.50	1.9
机制纸及纸板	吨	98 427.00	−0.5
人造板	万立方米	65.53	15.5
单晶硅	万千克	13.93	−10.6
皮革鞋靴	万双	4 349.10	12.1

全市实现建筑业总产值 3 635.7 亿元,增长 8.6%;建筑业增加值 306 亿元,增长 12.4%。房屋建筑施工面积 27 495.2 万平方米,增长 2.6%,其中新开工面积 12 289.1 万平方米,增长 13.2%;竣工产值 3 090.8 亿元,增长 7.8%;竣工面积 10 740.4 万平方米,增长 6.4%。

四、固定资产投资

全市完成固定资产投资 3 690.09 亿元,增长 12.2%,其中,工业投资完成 2 029.83 亿元,增长 18.4%,工业投资占比达 55%;服务业投资完成 1 643.15 亿元,增长 5.5%;房地产投资完成 443.58 亿元,增长 8.1%。

全市房地产开发投资 401.61 亿元,增长 8.1%,其中,住宅投资 280.15 亿元,下降 3.2%;商业营业用房投资 89.04 亿元,增长 17.5%;办公楼投资 32.68 亿元,增长 151.69%;其他用房投资 41.72 亿元,增长 29.9%。商品房施工面积 2 958.6 万平方米,增长 7.5%,其中,新开工面积 988.2 万平方米,增长 39.3%;商品房竣工面积 671.4 万平方米,下降 8.3%;商品房销售面积 879.71 万平方米,增长 19.7%。

市级重大项目建设有序推进,435 个市级重大项目完成投资 1 327.4 亿元。新开工重大产业项目158个,其中,工业项目104个、服务业项目45个、农业项目9个。

交通、水利等一批重大基础设施工程相继启动或建成。S611沿湖大道、宿扬高速建成通车,连淮扬镇铁路扬州段、城市南部快速通道、金湾路等快速推进,五峰山过江通道公路接线、扬州泰州国际机场一期扩建、真州路北延、扬子津大桥等开工建设。淮河入江水道整治基本完成。长江堤防防洪能力提升工程、瓜洲外排泵站工程加快实施。

五、交通、邮电和旅游

全市货运总量和货物周转量分别完成1.34亿吨和390.48亿吨公里,分别增长8.9%、9.1%。客运量和旅客周转量完成3 427万人和29.93亿人公里,分别下降11%、7.1%。港口货物吞吐量13 223万吨,增长8.7%;集装箱吞吐量50.9万标箱,下降1%。扬州泰州国际机场新开辟国内航线7条,国际航线1条,累计开通航线42条,其中国内31条,国际11条,全年旅客吞吐量183.7万人次,增长35.4%,货邮吞吐量9 377.9吨,增长17.2%。年末全市公路里程9 610.43公里,年末高速公路里程293.68公里。

全市邮政通讯业务收入67.04亿元,增长9.5%。其中,通讯业务收入43.68亿元,增长4%;邮政业务收入23.36亿元,增长21.4%。年末电话用户608.3万户,下降1.1%,其中移动电话用户508.6万户,增长0.1%。互联网宽带接入用户153.9万户,增长8.2%。

全市旅游实现总收入796.72亿元,同比增长15.2%,接待国内外游客6 297.38万人次,同比增长11.9%;实现旅游外汇收入7 505.62万美元,同比增长19.5%;过夜游客同比增长17.6%。主要封闭式景区接待游客1 042.54万人次,增长14.6%。全市拥有国家A级景区37家,其中5A级1家、4A级10家、3A级13家。省星级乡村旅游区(点)48家,其中四星级16家。共有星级饭店48家,其中五星级4家、四星级13家。星级饭店客房出租率67.55%。旅行社138家,其中出境游组团社7家。马可波罗花世界创成国家4A级旅游景区。创成省三星级乡村旅游区8家,润德菲尔庄园创成首批省五星级乡村旅游区;出台全省首部旅游风情小镇地方标准,推出首批市级创建单位3家;新增民宿客栈床位超800张,全市四星级以上乡村旅游区全部建有专用停车场。

六、国内贸易

全市社会消费品零售总额1 494.01亿元,增长10%,其中,批发业187.18亿元,增长8.8%;零售业1 134.90亿元,增长10.3%;住宿业23.69亿元,增长7.6%;餐饮业148.23亿元,增长9.5%。城镇消费品零售额1 386.54亿元,增长10%;乡村消费品零售额107.47亿元,增长9.8%。

全市限额以上批发和零售业实现零售额474.03亿元,同比增长6.2%。在23个大类商品的零售额统计中,有18个类别同比实现正增长。增幅居前5位的是文化办公用品类、家具类、饮料类、电子出版物及音像制品类、烟酒类,分别增长23.2%、19.1%、13.9%、11.9%、9.3%。

七、财政金融

全市一般公共预算收入320.18亿元,下降7.3%,其中,税收收入241.44亿元,下降9.6%。主体税种中,增值税113.36亿元,增长41.8;企业所得税29.98亿元,增长7.7%;个人所得税10.59亿元,增长3.9%;契税21.78亿元,增长50.6%。

全市一般公共预算支出500.59亿元,增长3.4%,其中一般公共服务支出69.11亿元,增长16.5%;教育支出90.71亿元,增长6.8%;科学技术支出19.95亿元,增长52.8%;社会保障和就业支出55.48亿元,增长41.2%;医疗卫生与计划生育支出45.72亿元,增长18.7%;交通运输支出14.98亿元,增长25.0%。

年末人民币存款余额5 700.87亿元,比年初增加339.32亿元,增长6.3%,其中,住户存款余额2 664.64亿元,比年初增加103.53亿元。人民币贷款余额4 007.76亿元,比年初增加499.62亿元,增长14.2%。其中,个人消费贷款1 121.49亿元,比年初增加270.44亿元。住房消费贷款978.43亿元,比年初增加220.36亿元。

全市各类保险机构实现保费收入158.15亿元,增长6.1%。其中,财产险保费收入35.02亿元,增长4.8%;人身险保费收入123.12亿元,增长6.5%。保险赔款总支出24.62亿元,增长5.6%,其中财产险支出21.08亿元,增长3.2%;人身险支出3.54亿元,增长22.7%。

全市证券资金账户数62.65万户,比上年增加6.98万户,增长12.5%。证券交易额11 731.03亿元,比上年增加6.21亿元,增长0.1%。其中股票交易额8 510.68亿元,比上年减少814.67亿元,下降8.7%,占交易额的72.55%;基金交易额444.35亿元,比上年增加132.03亿元,增长42.3%,占交易额的1.13%。新引进银行、保险、证券机构10家,新增境内外上市公司4家、"新三板"挂牌公司15家。

八、开放性经济

全市外资实际到账12.08亿美元,增长0.35%。新批准项目122个,新增协议外资23.69亿美元。全市完成外经营业额9.11亿美元,同比增长11%;累计境外投资项目16个,中方协议投资额6 239万美元。

全市进出口总额108.0亿美元,增长13.2%,其中,出口78.7亿美元,增长9.7%;进口29.3亿美元,增长23.9%。从贸易方式看,一般贸易出口56.18亿美元,增长9.8%;加工贸易出口20.53亿美元,增长10.2%。从贸易市场看,欧盟累计出口18.7亿美元,同比增长18.6%;美国出口18.6亿美元,同比增长5.6%;东盟出口6.40亿美元,增长0.1%;中国香港出口6.58亿美元,下降1%;拉丁美洲出口5.83亿美元,增长23.5%。

表 2　十类主要商品出口情况

商品类别	累计出口额（万美元）	同比（%）	占全市出口比重（%）
化学化工	92 539	17.5	11.8
纺织制品	71 132	−2.6	9.1
船舶	64 542	74.6	7.8
鞋帽	41 802	−0.7	5.4
机动车辆与零配件	41 449	23.9	5.3
电子纸与液晶装置	38 244	14.0	4.9
新光源新能源	35 381	18.7	4.2
电动工具与机床等加工设备	27 979	19.6	3.5
牙刷	22 292	8.3	2.8
玩具	18 900	5.2	2.4
合计	454 260		57.2

九、科学技术和教育

全市新增国家高新技术企业 213 家，总数达 745 家。实现高新技术产业产值 4 219.5 亿元，同比增长 12%。全年专利申请量和授权量达 32 638 件和 14 214 件，分别同比增长 20.7% 和 7.3%，其中企业申请量和授权量达 16 653 件和 6 493 件，同比增长 55.9% 和 17.54%；万人发明专利拥有量达 9.87 件，较 2016 年同比增长 32.7%，3 项专利荣获中国专利奖优秀奖。

首次一年有 4 人获批国家"万人计划"；首次有 3 项扬州市主持的科研项目跻身全国科技最高奖项名单，其中 2 项获国家科技进步二等奖、1 项国家自然科学二等奖，实现了扬州在自然科学奖项目上零的突破。

新（迁）建中小学 8 所，新（改、扩）建幼儿园 11 所，创成省优质园 3 所，新创省义务教育现代化学校 51 所。全市共有幼儿园 298 所，小学 206 所，普通中学 164 所，普通高校 8 所。在园幼儿 112 867 人，小学在校生人数 210 467 人，普通中学在校生人数 174 956 人，普通高校在校生人数 82 755 人。全市幼儿园毛入学率为 99.40%，义务教育入学率和高中阶段毛入学率达 100%，高等教育毛入学率达 60.06%。全市高考本二以上上线人数达 18 235 人。

十、文化、卫生和体育

年末全市共有文化馆、群众艺术馆 7 个，公共图书馆 7 个。新增影院 8 家，全市 40 家影院实现全年总票房 2.42 亿元。共有广播电台 6 座，中短波广播发射台和转播台 13 座，广播综合人口覆盖率和电视综合人口覆盖率均达 100%。新建 11 家 24 小时"城市书房"、331 家村（社区）综合文化服务中心，新增 300 余家农家书屋实现通借通还。开展公益文化活动 720 场，书场演出 1 208 场，播放公益电影 12 232 场。

年末全市共有各类卫生机构 1 756 个，其中医院、卫生院 140 个。各类卫生机构拥有病床

22 765 张,其中医院、卫生院病床 19 864 张。共有卫生技术人员 26 784 人,其中执业(助理)医师 10 868 人,注册护士 11 337 人。18 家农村区域性医疗卫生中心全面建成使用,115 家基层医疗卫生机构全部参与医联体。迁建宝应、江都人民医院,新建高邮人民医院东院。

扬州体育健儿在第十三届全国运动会取得优异成绩,获金牌 3 人次,获银牌 2 人次,获铜牌 5 人次。积极开展省运会筹备工作,建成游泳健身中心、射击运动中心。成功举办鉴真国际半程马拉松赛、女子佩剑世界杯、深潜赛艇海上丝路公开赛。

十一、城乡建设和生态环境

深入推进公园体系建设,全市新建改造 8 个综合公园、84 个社区公园、29 个口袋公园,三湾公园、蜀冈文化公园建成开放,明月湖体育休闲公园提档升级。启动东南片区更新改造,推进南河下街区整治。市区新辟调整公交线路 21 条,出新城市家具 577 处;新建污水管网 160 公里、污水集中处理率 90%;建成生活垃圾分类试点社区 10 个、示范小区 36 个。加快首批 10 个市级特色小镇建设,头桥镇入选省级特色小镇创建单位,杭集镇入选全国特色小镇,仪征枣林湾入选国家首批运动休闲特色小镇试点。启动实施特色田园乡村“111”行动,沙头镇沙头村和月塘镇四庄村入选省级试点,方巷镇沿湖村获评国家级“最美渔村”。建成 51 个省级绿化示范村。新改建农村公路 180 公里,改造危桥 50 座。镇村公交开通率 84%。执行《扬州市河道管理条例》,全市四级河长体系全面建立。清淤县乡河道 740 万方、村庄河塘 970 万方,创成省级水美乡镇 3 个、水美村庄 10 个。

扎实推进“263”专项行动,关闭搬迁禁养区内畜禽养殖场 844 家,超额完成省定 32 万吨减煤任务,关停化工企业 103 家,砖瓦行业专项整治取得进展,完成市区 27 条、县(市)9 条黑臭水体整治。江淮生态大走廊建设纳入国家《长江经济带生态环境保护规划》,27 项年度重点工程扎实推进,制定宝应、高邮江淮生态经济区建设“四个清单”。圆满完成省环保督察迎检任务,按期落实 839 份环保信访件。全年 PM 2.5 均值 54 微克/立方米,较基准年 2013 年下降 22.9%,完成国家“大气十条”考核目标。创成国家水生态文明城市。32 个省考以上断面水质达标率 93.8%。仪征滨江水源地取水口整治到位。凤凰岛创成国家湿地公园。顺利通过国家节水型城市、国家森林城市复查。全市新增植树 569 万株、成片造林 3.05 万亩、永久性保护绿地 4 块。新增绿色建筑面积 191 万平方米。扬州环保产业园成为国家循环经济标准化试点。广陵获得全国首批国土资源节约集约“四个创新”示范点称号。

十二、人口、人民生活和社会保障

年末全市常住人口 450.82 万人,常住人口城镇化率为 66.05%,比上年提高 1.65 个百分点。年末全市户籍总人口 459.98 万人,比上年末减少 16 851 人。全市登记出生人口 4.54 万人,出生率 9.87‰;死亡人口 5.28 万人,死亡率 11.48‰。人口自然增长率为 −1.61‰。年末市区户籍总人口为 233.00 万人,增长 0.23%。

全体居民人均可支配收入 31 370 元,增长 9.6%,其中,城镇居民人均可支配收入 38 828 元,增长 8.9%;农村居民人均可支配收入 19 694 元,增长 9.1%。全体居民人均生活消费支出 19 237 元,增长 6.6%,其中,城镇居民人均生活消费支出 22 093 元,增长 4.9%;农村居民人均生活消费支出 14 766 元,增长 7.6%。市区、县(市)最低工资月标准分别提高至 1 890 元、1 720 元。

年末企业职工基本养老保险、城镇职工基本医疗保险、失业保险参保人数分别达 107.9 万人、133.71 万人和 66.57 万人。年末城乡居民养老保险参保人数 88.39 万人,基础养老金发放率达 100%。年末城镇基本医疗保险参保人数为 214.35 万人。城乡居民基础养老金月最低标准调至 125 元。2017 年出台全市统一的城乡居民医保实施细则,城乡居民医保人均财政补助提高至 470 元。

社会福利事业不断提升,城乡居民最低生活保障对象 52 874 人,累计资金支出 20 903.11 万元;临时救助 31 171 户,支出 2 251.61 万元;城乡医疗救助 89 382 人次,累计支出 1 440.28 万元。市区城乡低保标准统一提高至每月 630 元。

第七章 泰州市经济社会发展报告

2017年,全市上下以习近平新时代中国特色社会主义思想为指引,自觉践行新发展理念,坚持稳中求进工作总基调,推进"两聚一高"新实践,致力"四个关键突破",抓重点、强弱项、补短板,全市经济运行稳中有进,发展质量稳步提升,社会事业加快发展,民生福祉持续改善,经济社会发展取得巨大成就。

一、综合

经济运行向高质量发展迈进。全年实现地区生产总值4 744.53亿元,增长8.2%,增速居全省首位。其中第一产业增加值264.08亿元,增长2.8%;第二产业增加值2 238.13亿元,增长7.3%;第三产业增加值2 242.32亿元,增长10.0%。按常住人口计算,全市人均地区生产总值为102 058元,增长8.1%。服务业实现历史性突破,服务业增加值占GDP比重首次超过第二产业增加值占比。全年服务业增加值占GDP比重为47.3%,比上年提高0.6个百分点,高于第二产业增加值占比0.2个百分点,三次产业结构调整为5.6∶47.1∶47.3,泰州现代化经济体系建设进入新时代。先进制造业加快发展。全年高新技术产业产值增长19.8%,快于规模以上工业产值增速1.9个百分点;高新技术产业产值占规模以上工业产值比重为43.0%,比上年提升0.6个百分点。支柱产业加快发展。全年三大战略性主导产业产值增长16.1%,其中生物制药及高性能医疗器械产值增长18.4%,高端船舶及海工装备产值增长3.9%,新能源和节能环保产值增长25.5%。

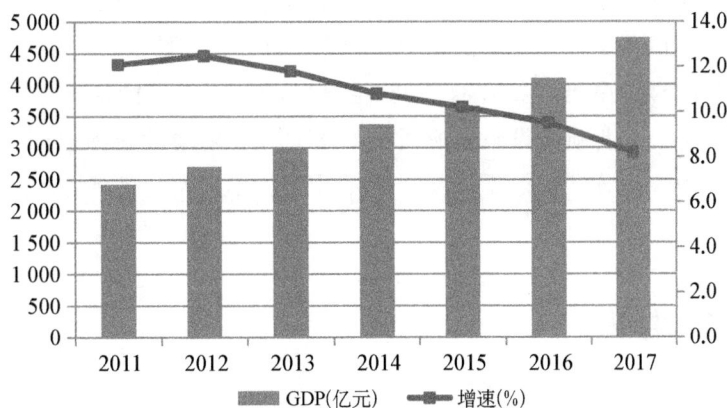

图1　泰州市GDP规模及实际增速

数据来源:历年《江苏统计年鉴》

就业保持良好态势。年末全市就业人员278.7万人,其中第一产业就业人员57.4万人,第二产业就业人员113.6万人,第三产业就业人员107.7万人。全年城镇新增就业人员10.08万人,年末城镇登记失业率为1.82%，比上年下降0.05个百分点。

价格指数保持在合理区间。消费价格指数温和上涨。全年居民消费价格指数（CPI）上涨1.9%，涨幅较上年回落0.2个百分点。从调查项目看，服务项目价格指数上涨1.9%，消费品价格指数上涨2.2%。从调查类别看，食品烟酒类上涨1.5%、衣着类上涨2.3%、居住类上涨2.4%、生活用品及服务类上涨2.2%、交通和通信类上涨1.3%、教育文化和娱乐类上涨2.3%、医疗保健上涨1.6%、其他用品和服务类上涨1.5%。工业价格指数重回涨势。全年工业生产者购进价格指数（IPI）上涨10.5%，工业生产者出厂价格指数上涨1.8%。

市场主体活力不断增强。年末全市工商登记私营企业9.75万户，全年新增2.00万户，注册资本5550.57亿元，比上年增长29.2%；个体经营户29.04万户，全年新增5.49万户。

全市经济社会发展仍存在一些困难和问题，主要表现在：经济发展质量需要进一步提高，地区间、行业间发展不平衡不充分，实体经济发展面临不少困难；转型升级任重道远，经济发展新旧动能转换不明显，传统行业产能过剩，新兴行业发展不快，创新能力不强，高端服务平台、科技领军人才比较缺乏；中心城市首位度不高，整体开发和高效利用城市资源不够充分；公共服务供给不足，优质教育资源短缺的矛盾仍较突出，医疗卫生面临"补短"与"促强"的双重压力，养老服务设施建设相对滞后；城乡居民收入增长乏力，财产性收入比重偏低，富民增收迫切需要拓宽渠道；生态环境存在较多短板，空气、水、土壤污染治理还需加大力度。

二、农林牧渔业

粮食生产总体平稳。全年粮食总产量306.68万吨，比上年减少6.35万吨，下降2.0%。其中夏粮113.77万吨，比上年减少0.22万吨；秋粮192.91万吨，比上年减少6.13万吨。粮食播种面积416.48千公顷，比上年减少18.57千公顷，下降3.8%。粮食亩产490.9公斤，比上年增加11.27公斤，增长2.3%，粮食综合亩产继续位居全省第一。

林牧渔业平稳发展。全年新增成片造林1.3万亩，新建及完善农田林网8万亩，四旁植树300万株，完成森林抚育5万亩，年末林木覆盖率为23.8%。肉类总产量23.85万吨，下降10.5%；禽蛋产量11.5万吨，下降7.6%；牛奶产量4.31万吨，增长2.3%。水产品产量39.95万吨，增长27.8%。

现代农业稳步推进。全年新增设施农业面积4333公顷，新增设施渔业面积411公顷，新增有效灌溉面积1.36千公顷，新增节水灌溉面积4.28千公顷。年末农业机械总动力达279.39万千瓦，增长1.4%。

三、工业和建筑业

工业生产平稳运行。全年规模以上工业增加值增长9.3%，规模以上工业总产值增长17.9%。分轻重工业看，轻工业产值增长19.1%，重工业产值增长17.5%。分经济类型看，国有企业产值下降1.0%，集体、股份制、外商和港澳台投资企业产值分别增长15.1%、18.3%、17.5%。分企业规模看，大中型企业产值增长18.2%，小微企业产值增长17.6%。分行业看，食品行业产值增长28.7%，纺织业产值增长9.7%，石化产值增长20.7%，医药产值增长17.5%，建材产值增长

12.6%,冶金行业产值增长22.6%,装备制造业产值增长16.5%。

工业效益稳中向好。全年规模以上工业主营业务收入增长17.5%,比上年提升4.5个百分点;实现利润增长13.3%,比上年提升2.1个百分点。年末规模以上工业亏损企业亏损额下降2.3%。规模以上工业企业资产负债率为51.2%,比上年下降0.4个百分点。

建筑业平稳发展。全年完成建筑业总产值3 173.02亿元,增长8.5%。年末具有资质等级的总承包和专业承包建筑企业632家,其中具有特级、一级和二级资质企业276家,比上年增加14家。年末从业人员达113.24万人,增长6.5%,其中一级建造师2 423人。

四、固定资产投资

固定资产投资快速增长。全年完成固定资产投资3 623.33亿元,增长14.5%。其中一产投资5.50亿元,下降19.6%;二产投资2 310.71亿元,增长17.7%;三产投资1 307.12亿元,增长9.4%。在二产投资中,工业投资2 309.89亿元,增长18.0%,其中食品行业投资108.30亿元,下降17.9%;纺织业投资93.85亿元,增长21.3%;石化投资328.95亿元,增长76.0%;医药制造业投资105.14亿元,增长10.1%;建材投资85.51亿元,增长62.7%;冶金投资64.95亿元,增长0.8%;装备制造业投资1 284.51亿元,增长15.8%。在三产投资中,卫生和社会工作投资33.78亿元,增长40.3%;租赁和商务服务业投资165.30亿元,增长38.5%;居民服务、修理和其他服务业投资40.97亿元,增长37.3%;批发和零售业投资180.36亿元,增长33.4%;信息传输、软件和信息技术服务业投资26.79亿元,增长17.4%。

房地产市场健康发展。全年房地产开发投资291.54亿元,增长16.3%,其中住宅投资235.43亿元,增长20.8%。商品房施工面积2 256.50万平方米,下降2.4%。商品房新开工面积610.11万平方米,增长9.9%。商品房竣工面积346.46万平方米,下降34.1%。商品房销售面积883.33万平方米,增长26.4%。商品房待售面积317.72万平方米,下降27.0%。

五、国内贸易和旅游

消费品市场发展形势较好。全年实现社会消费品零售总额1 254.22亿元,增长12.2%,增速居全省首位。按经营单位所在地分,城镇消费品零售额1 161.97亿元,增长12.2%;乡村消费品零售额92.25亿元,增长11.7%。从消费形态看,批发和零售业1 085.90亿元,增长12.5%;住宿和餐饮业168.32亿元,增长9.7%。从限额以上单位看,全年限额以上社会消费品零售额535.06亿元,增长15.1%,其中批发和零售业零售额508.12亿元,增长15.2%;住宿和餐饮业零售额26.94亿元,增长13.0%。限额以上单位实现网络零售额11.41亿元,占限额以上零售额的2.1%。

消费市场呈现多样化发展态势。限额以上零售额中,基本生活类商品消费平稳增长,实现零售额104.51亿元,增长10.8%;发展享受型消费持续升温,汽车消费实现零售额165.10亿元,增长14.1%,家用电器和音响器材、建筑及装潢材料零售额分别增长17.4%、22.9%。城市综合体加快发展。全年5家城市商业综合体实现销售收入21.41亿元,增长26.5%。

旅游市场发展良好。全年接待国内游客2 558.32万人次,增长12.1%。接待入境过夜游客

4.08万人次,增长13.1%。全年实现旅游总收入325.94亿元,增长15.3%。实现旅游外汇收入4 161.45万美元,增长14.6%。

六、外向型经济

对外贸易稳中向好。全年完成进出口总额129.48亿美元,增长24.8%,其中出口82.16亿美元,增长23.2%,进口47.32亿美元,增长27.7%。按贸易方式分,一般贸易出口49.25亿美元,增长22.9%;加工贸易出口32.76亿美元,增长24.4%;一般贸易进口30.85亿美元,增长18.5%;加工贸易进口11.88亿美元,增长49.1%。按企业性质分,外商投资企业出口43.76亿美元,增长20.4%;民营企业出口36.40亿美元,增长27.2%;外商投资企业进口33.06亿美元,增长23.8%;民营企业进口13.36亿美元,增长39.0%。按商品类别分,机电产品出口43.70亿元,增长23.7%;农产品出口3.56亿元,增长8.8%;机电产品进口8.47亿元,增长39.8%;农产品进口13.23亿美元,增长38.2%。按出口地区分,对亚洲出口30.71亿美元,增长23.7%;对欧洲出口17.23亿美元,增长34.8%;对拉丁美洲出口4.92亿美元,下降11.8%;对北美洲出口17.03亿美元,增长22.4%;对大洋洲出口10.91亿美元,增长27.6%。

利用外资水平进一步提升。全年新批协议注册外资47.01亿美元,增长86.8%;实际到账注册外资16.18亿美元,增长20.3%。

七、交通运输、邮电

交通运输基本平稳。全年公路客运量6 705万人,公路客运周转量431 675万人公里。公路货运量2 800万吨,增长10.0%;公路货运周转量727 511万吨公里,增长1.5%。水路货运量18 136万吨,增长19.2%;水路货运周转8 135 640万吨公里,增长1.9%。港口货物吞吐量21 663万吨,增长11.8%,其中外贸吞吐量1 790万吨,增长14.7%。

居民汽车保有量稳步增长。年末民用汽车拥有量69.79万辆,本年新增7.87万辆;私人轿车拥有量43.92万辆,本年新增4.47万辆。

邮电业快速发展。全年邮政业务总量23.53亿元,增长28.9%;邮政业务收入16.98亿元,增长17.6%。电信业务总量85.30亿元,增长70.8%;电信业务收入39.95亿元,增长13.2%。年末移动电话用户432.10万户,增长6.8%。年末互联网用户588.32万户,增长16.0%。

八、财政、金融、保险和证券

财政收支平稳增长。全年完成一般公共预算收入343.97亿元,增长5.0%(同口径增长10.0%),其中税收收入265.03亿元,增长0.5%。一般公共预算支出477.05亿元,增长6.3%,其中一般公共服务支出增长7.4%,教育支出增长4.6%,科学技术支出增长10.8%,社会保障和就业支出增长14.0%,节能环保支出增长10.4%,城乡社区事务支出增长26.6%,交通运输支出增长40.2%,住房保障支出增长14.1%。

金融信贷规模不断扩大。年末金融机构本外币存款余额5 732.30亿元,增长8.7%,其中住户存款余额2 636.50亿元,增长6.5%。金融机构人民币贷款余额4 173.85亿元,增长14.1%,其中短期贷款余额1 640.78亿元,增长6.3%;中长期贷款余额2 377.43亿元,增长25.3%。年末制造业贷款余额682.51亿元,新增12.38亿元;批发和零售业贷款余额299.67亿元,新增17.65亿元。

保险业发展势头加快。全年保费收入179.44亿元,增长45.5%,其中人身险142.91亿元,增长58.0%;财产险36.53亿元,增长11.1%。全年赔付金额51.01亿元,下降0.7%,其中人身险29.64亿元,下降5.6%;财产险21.37亿元,增长7.0%。

证券期货市场逐步回归理性。全年证券交易额6 549.34亿元,下降17.6%,其中股票交易额4 870.72亿元,下降28.7%;基金交易额351.42亿元,增长125.9%;债券交易额3.49亿元,下降10.8%。全年期货交易额367.89亿元,下降39.3%。

九、科学技术和教育

科技创新能力不断增强。全市科技进步贡献率达到62%,比上年提高1.5个百分点。全社会R&D经费支出占GDP比重2.55%,比上年提高0.08个百分点。全年专利申请31 352件,其中发明专利申请10 893件;专利授权9 849件,其中发明专利授权944件;年末万人发明专利拥有量10.39件。集聚大院大所创新资源,开展"企业院校行"、"科技洽谈会"等系列活动,共签订产学研合作项目420个。全年获批高新技术企业170家,198家企业入选省高企后备库,开发省确认高新技术产品650个,年末大中型工业企业和规模以上高新技术企业研发机构建有率达96%。

"泰州卓越教育体系"加快构建。学前教育优势扩大,全年创成15所优质园,省优比例达到81.55%,继续保持全省第一。城乡义务教育一体化改革成果显著,成功申报"义务教育城乡一体化改革发展全国试点",义务教育学校达省定建设标准比例为58%,列全省第五,开展义务教育现代化学校创建工作,全市义务教育现代化学校比例达90%。高中教育品质全省领先,高考成绩处于全省第一方阵,高考状元连续三年花落泰州,三星以上高中占比97.06%,位列全省第二。年末全市拥有小学146所,在校学生22.15万人;初中149所,在校学生11.09万人;高中35所,在校学生6.19万人;普通高等学校7所,在校学生6.17万人。

十、文化、卫生和体育

文化事业蓬勃发展。文化产业不断壮大,启动首批市文化产业"1133"工程名单推荐认定工作,确定泰州文化创意产业园等6个重点文化产业园区、泰州稻河古街区等8个特色产业街区、泰兴凤灵乐器有限公司等24个重点文化企业、广播全媒体内容汇聚分发平台等17个重点文化产业项目。文化设施加快建设,全年建成372基层综合性文化服务中心,全市基层综合性文化服务中心达800家以上,建成率达40%。文化服务体系不断完善,年末全市拥有文化馆7个、公共图书馆7个、博物馆19个、美术馆3个,公共图书馆总藏量288.37万册;有线电视入户率77.69%,电视综合人口覆盖率100%。

卫生事业加快发展。年末全市拥有各类卫生机构1 981家,其中医院、卫生院189家,卫生防疫防治机构 11 家,妇幼保健机构 6 家。各类卫生机构拥有床位 25 521 张,其中医院、卫生院拥有床位 24 049 张。拥有卫生技术人员 27 307 人,其中执业医师、执业助理医师 11 628 人,注册护士 10 883 人。年末农村无害化卫生户厕普及率为 89.3%,新型农村合作医疗人口覆盖率为 100%。

体育事业迈上新台阶。完善体育场地和设施,为 25 个乡镇(街道)建成多功能运动场,建设标准为面积 2 000 平方米以上;更新主城区室外健身设施 50 套;兴建健身步道 48.4 公里,选址建设 3 个笼式足球和 1 个拆装式游泳池。开展全民体育,举办广场舞排舞、气功项目等体育指导员培训班共 6 期 850 人参加;全年为各类人群 12 048 人开展健康评估测试,建立健身档案 9 000 多份。竞技体育综合实力提升,在省锦标赛上,获得 53.5 块金牌;在第十三届全国运动会上,26 名泰州籍运动员代表江苏省参加 7 个项目的决赛,获得金牌 2 枚、银牌 1 枚、铜牌 4 枚。

十一、资源环境、节能降耗和安全生产

生态环境建设取得成效。大力开展“263”专项行动。全年关停 205 家化工企业,其中设备拆除 149 家。禁养区内的 2 593 家养殖场全部关停到位,非禁养区内的 1 284 家规模化养殖场,目前已治理 1 108 家,治理率 86.3%。环境治理成效显著。全市 PM2.5 浓度降为 45 微克/立方米,同比下降 8.2%;空气优良天数比例为 74.2%。

节能降耗取得进展。全年煤炭消费总量同比削减 129.28 万吨;规上工业累计综合能耗 896.3 万吨标准煤,下降 3.3%;万元产值能耗 0.072 2 吨标准煤/万元,下降 17.9%。

安全生产形势稳定。全年各类安全生产事故死亡人数 239 人,亿元 GDP 生产安全事故死亡 0.054 人。

十二、人口、人民生活和社会保障

人口基本稳定。年末户籍总人口 505.19 万人,其中市区 163.92 万人。当年出生人口 5.22 万人,人口出生率 10.28‰;死亡人口 6.71 万人,人口死亡率 13.24‰;人口自然增长率 -2.93‰。年末全市常住人口 465.19 万人,其中市区 163.08 万人。年末常住人口城镇化率为 64.93%,比上年提高 1.73 个百分点。

居民收入稳定增长。全体居民人均可支配收入 30 944 元,增长 9.5%。其中城镇常住居民人均可支配收入 40 059 元,增长 8.8%;农村常住居民人均可支配收入 19 494 元,增长 9.1%。

社会保障水平不断提升。全市基本养老保险参保人数、基本医疗保险参保人数分别达 347.30 万人、459.46 万人。民生保障取得新进展,城市低保标准提高到 610 元,靖江市和市区继续实行城乡一体化,泰兴市、兴化市农村低保标准调整到不低于 520 元。全年累计发放资金 2.22 亿元,保障城市低保对象 0.58 万户、0.88 万人,农村 3.88 万户、5.84 万人。养老服务体系获得新突破,建成城乡标准化社区居家养老服务中心 146 个、街道老年人日间照料中心 4 个、老年人助餐点 186 个、老年人助浴点 5 个。

第八章　南通市经济社会发展报告

　　2017年,面对严峻复杂的外部环境和困难挑战,全市上下以习近平新时代中国特色社会主义思想为指导,认真贯彻党的十九大精神,坚持稳中求进工作总基调,自觉践行新发展理念、推进"两聚一高"新实践、建设上海"北大门"新定位,坚定不移抓项目促发展,持之以恒惠民生防风险,主要指标符合预期,经济社会发展呈现稳中有进的态势。

一、综合

　　年末全市常住人口730.5万人,其中,城镇人口达到482.4万人,增长2.6%,城镇化率66.03%,比上年提高1.66个百分点。年末户籍人口764.5万人。全市人口出生率7.99‰,人口死亡率10.68‰,人口自然增长率-2.69‰。

表1　2017年末人口数及构成

指标	年末数(万人)	比重(%)
年末常住人口	730.50	
城镇人口	482.35	66.0
乡村人口	248.15	34.0
年末户籍人口	764.5	
♯18岁以下	91.2	11.9
18～34岁	141.7	18.5
35～60岁	307.9	40.3
60岁以上	223.7	29.3
♯男性人口	376.0	49.2
女性人口	388.5	50.8

　　国民经济平稳增长。初步核算,全市实现生产总值7 734.6亿元,按可比价格计算,比上年增长7.8%。其中,第一产业增加值382.7亿元,增长2.4%;第二产业增加值3 639.8亿元,增长6.8%;第三产业增加值3 712.1亿元,增长9.4%。人均GDP达到105 903元,增长7.8%。按2017年平均汇率计算,人均GDP为15 685美元。

　　全市实现一般公共预算收入590.6亿元,剔除"营改增"政策因素影响,同口径增长6%。其中,税收收入462.5亿元,增长1.3%;税收占比达到78.3%,比上年同期提高0.9个百分点。一般公共预算收入占地区生产总值的比重达7.6%,比上年下降1.1个百分点。

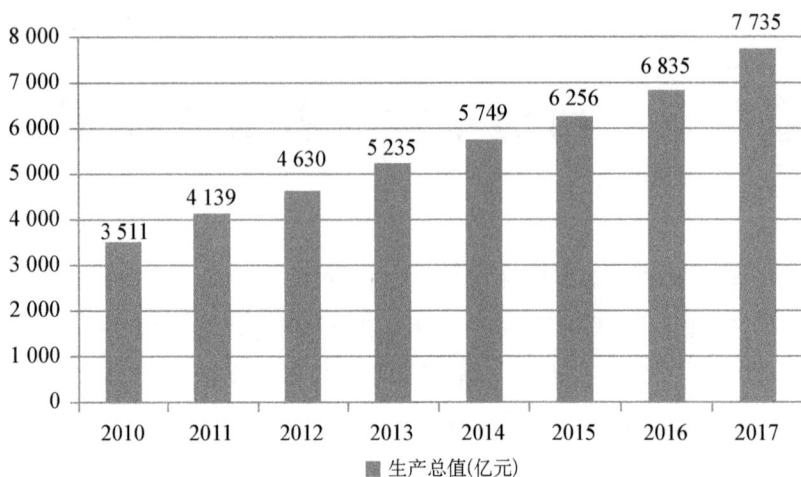

图1　2010—2017年地区生产总值

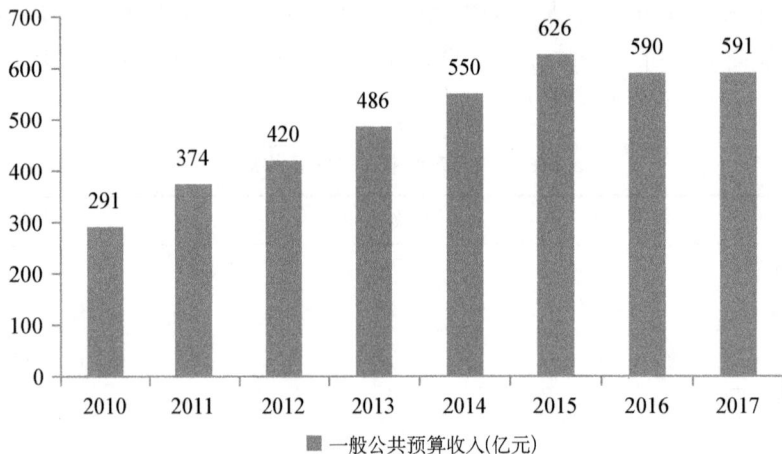

图2　2010—2017年一般公共预算收入

就业持续增加。全年新增就业人数8.69万人,新增转移农村劳动力2.63万人。全年提供就业岗位34.6万个。年末从业人员达456万人,其中,第一产业89.3万人,第二产业212.7万人,第三产业154万人。

劳动生产率稳步提高。2017年,全员劳动生产率为161 160元/人,比上年提高9.8%。

产业结构继续优化。全市三次产业结构演进为4.9∶47.1∶48.0。"两新"产业较快发展,完成高新技术产业产值7 564.3亿元,增长14.9%,占规模以上工业比重达到50.3%,同比提高2.8个百分点;六大新兴产业完成产值5 083.6亿元,增长11.7%,占规模以上工业的比重达到33.8%,同比下降0.1个百分点。产业项目加快投入,省级重大项目、市级"双百工程"项目分别完成投资230亿元、830亿元;投资结构加快调整,服务业投资占固定资产投资比重达到51.6%,同比提高1.8个百分点。

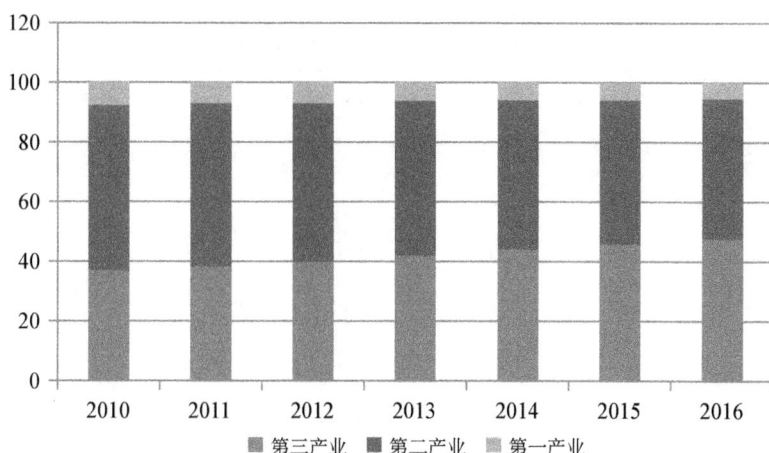

图 3　2010—2017 年三次产业结构

区域经济协调发展。县区实现生产总值 4 872.0 亿元,增长 7.9%,高于市区增幅 0.1 个百分点,其他在工业应税销售收入、工业用电量、固定资产投资、社会消费品零售总额和进出口总值等方面,县区增速也快于市区。县区完成一般公共预算收入 330.5 亿元,增长 1.2%,增幅高于全市平均水平 1.3 个百分点。县区人均地区生产总值 98 367 元,与全市平均水平差距进一步缩小。

大众创业万众创新氛围更趋浓厚,全年新登记私营企业 3.33 万户,年末累计达 19.4 万户;新登记私营企业注册资本 2 314.2 亿元,年末实有注册资本 11 269.7 亿元。全年新登记个体户 8.0 万户,年末实有个体工商户 55.0 万户;新登记个体工商户资金 101.5 亿元,年末注册资金 424.1 亿元。年末全市共有规模以上民营工业企业 3 947 家,占全市规模以上工业企业总数的比重达 76.9%;全年民营工业增加值 2 231.5 亿元,增长 9.6%,占全市规模以上工业的比重达 67.2%。

二、人民生活和社会保障

城乡居民收入稳步增加。全体居民人均可支配收入 33 011 元,比上年增长 9.7%,按常住地分,城镇居民人均可支配收入 42 756 元,增长 8.9%;农村居民人均可支配收入 20 472 元,增长 9.2%。全体居民人均消费支出 21 317 元,增长 7.5%,按常住地分,城镇居民人均消费支出 26 510 元,增长 5.1%;农村居民人均消费支出 14 637 元,增长 8.9%。

表 2　2017 年居民收支构成表

指　标	全体居民		城镇居民		农村居民	
	指标值(元)	增长(%)	指标值(元)	增长(%)	指标值(元)	增长(%)
人均可支配收入	33 011	9.7	42 756	8.9	20 472	9.2
工资性收入	19 111	9.4	24 670	8.4	11 944	9.1
经营性收入	5 191	8.3	7 304	6.9	4 301	9.5
财产性收入	2 422	19.5	5 861	18.0	370	17.5
转移性收入	5 293	9.0	6 721	8.6	3 457	7.8

指　标	全体居民		城镇居民		农村居民	
	指标值(元)	增长(%)	指标值(元)	增长(%)	指标值(元)	增长(%)
人均生活消费支出	21 317	7.5	26 510	5.1	11 637	8.9
食品烟酒	5 030	5.5	7 450	3.1	4 203	7.1
衣着	1 410	4.8	1 944	1.6	722	7.4
居住	4 271	5.2	6 007	3.7	3 086	7.5
生活用品及服务	1 219	5.9	1 533	4.4	814	5.0
交通通信	3 339	5.0	3 726	2.9	2 812	9.5
教育文化娱乐	2 579	19.8	3 347	18.4	1 594	17.9
医疗保健	1 354	8.5	1 729	5.7	871	10.3
其他用品和服务	665	7.1	774	5.0	525	8.9

年末,城镇居民家庭每百户拥有电冰箱117台,空调218台,移动电话263部,家用电脑107台,家用汽车65辆。农村居民家庭每百户拥有电冰箱112台,空调147台,移动电话251台,家用电脑58台,家用汽车39辆。

年末,全市城镇居民人均住房建筑面积48.5平方米,比上年增长1.5%。农村居民人均住房面积61.5平方米,与上年持平。

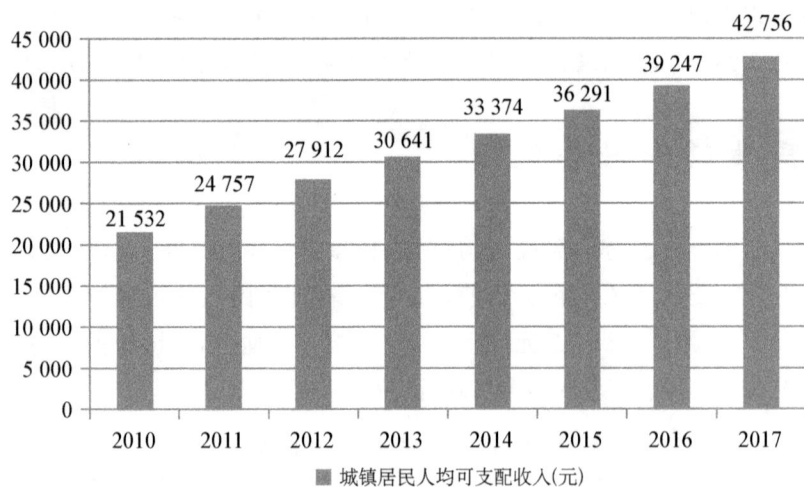

图4　2010—2017年城镇居民人均可支配收入

市区居民消费价格总指数101.7,物价总水平比上年增长1.7%,其中,服务项目价格上涨2.1%,消费品价格上涨1.4%。

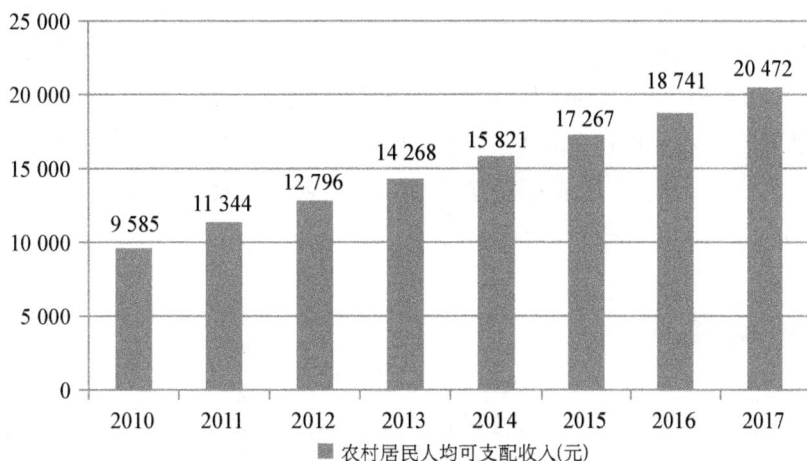

图5 2010—2017年农村居民人均可支配收入

表3 居民消费价格指数

指　　　标	比上年增长（%）	指　　　标	比上年增长（%）
一、食品烟酒	−0.1	二、衣着	0.5
♯食品	−1.1	三、居住	3.6
♯粮食	0.9	四、生活用品及服务	−0.1
菜	3.2	五、交通和通信	−1.1
畜肉类	2.6	六、教育文化和娱乐	0.9
禽肉类	2.9	七、医疗保健	3.2
水产品	1.8	八、其他用品和服务	2.6
蛋类	2.7		

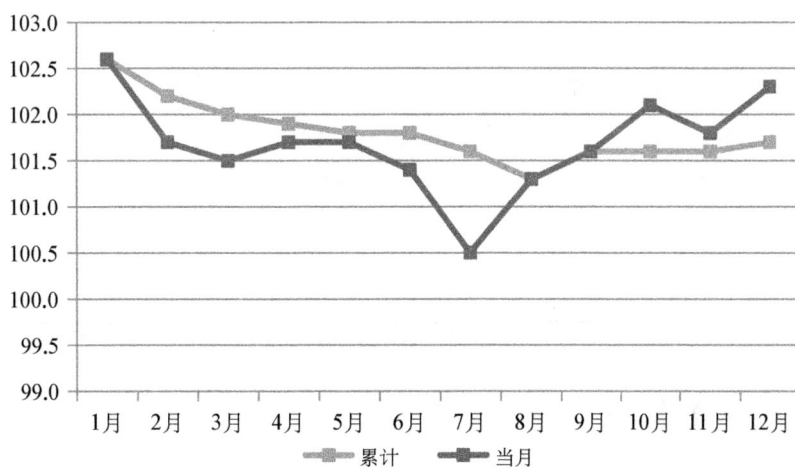

图6 2017年分月消费价格指数

　　年末，全市参加城镇企业职工基本养老保险在职人数153.5万人，比上年增加3.7万人。全市城镇职工基本养老保险离退休人数63.8万人,比上年增加3.4万人。城乡居民养老保险参保人数146.1万人;参加失业保险人数106.4万人,比上年末增加3.1万人;参加职工医疗保险人数200.2万人,比上年末增加12.3万人;参加工伤保险人数为130.8万人,比上年末增加1万人。

年末,全市拥有各类养老机构243家,总床位数71 101张,其中养老机构床位数48 249张,农村敬老院92家,床位22 985张。年末农村五保对象21 104名,集中供养9 142人,农村五保集中供养能力达到108.91%。全年结婚登记52 925对。

三、农林牧渔业

全市农林牧渔业总产值727.0亿元,按可比价计算,增长3.2%。其中,农业产值307.7亿元,增长2.7%;牧业产值163.4亿元,增长0.9%;渔业产值173.2亿元,增长3.2%。

粮食播种面积772.5万亩,下降0.7%;棉花种植面积16.8万亩,下降41.4%;油料种植面积165.5万亩,下降4.1%;蔬菜种植面积203.8万亩,下降0.2%。全年粮食亩产419.3公斤,增长0.4%。

现代农业加快发展。新增设施农业面积6.8万亩。年末,农业机械总动力410.6万千瓦,比上年增长3.1%。全年新增各类家庭农场90家,总数达4 447家。全市建成农业产业化龙头企业360家,其中国家级8家。

表4 主要农副品产量情况

产品名称	计量单位	产量	比上年增长(%)
粮食	万吨	323.96	−0.4
棉花	万吨	1.39	−41.7
油料	万吨	35.23	−1.6
蚕茧	万吨	1.21	−8.3
生猪存栏	万头	252.24	−1.4
生猪出栏	万头	372.85	1.5
羊存栏	万只	179.52	−4.5
羊出栏	万只	226.33	−2.5
家禽存栏	万羽	4 625.05	−1.4
家禽出栏	万羽	10 963.71	.1.4
肉类	万吨	46.12	0.9
禽蛋	万吨	44.62	−0.3
水产品	万吨	87.50	−1.7

四、工业和建筑业

全市规模以上工业增加值3 318.4亿元,增长7.8%,其中,轻重工业分别增长6.8%和8.3%。分经济类型看,国有企业增长12.9%,股份制企业增长10.3%,外商及港澳台投资企业增长2.6%。"3+3"重点产业较快增长,重点产业产值同比增长9.8%,高于全市平均水平1.3个百分点,其中,电子信息、智能装备、新材料产业等三大重点支柱产业同比分别增长15.6%、15.1%和11.3%。工业产值中,装备制造业产值7 787.4亿元,增长10.1%,占全市规模以上工业总产值的比重达51.8%,比上年提高0.8个百分点。

全市规模以上工业主营业务收入14 751.1亿元,增长8.1%,利润总额1 128.8亿元,增长10.1%。亏损企业亏损总额33.8亿元,下降57.6%。

表5　主要工业产品产量情况

产品名称	计量单位	产量	比上年增长(%)
纱	万吨	58.09	-4.5
布	亿米	30.73	-9.6
印染布	亿米	30.64	0.2
服装	亿件	6.63	-2.1
化学纤维	万吨	115.75	-2.6
金属集装箱	万立方米	135.55	-37.9
电动手提式工具	万台	9 514.68	10.4
民用钢制船舶·	万载重顿	306.32	-3.0
海洋工程及特种船舶	万综合顿	652.16	-11.1
通信及电子网络用电线	万对千米	0.45	91.6
光缆	万芯千米	1 210.36	23.4
半导体分立器件	亿只	87.38	14.2
集成电路	亿块	158.10	12.9
发电量	亿千瓦时	439.11	2.7
其中:风力发电量	亿千瓦时	40.69	15.5

深入实施"263"专项行动,全市煤炭消费量减少155.4万吨,万元地区生产总值能耗稳步下降,超额完成全市减煤及节能强度控制目标任务。2017年全市规模以上工业企业中,七大高耗能行业产值增长5.4%,占规模以上工业产值比重为26.9%,同比下降0.8个百分点。

表6　工业十大行业能源消耗情况

指　标	综合能源消耗量(万吨标准煤)	单位产值能耗(吨标准煤/万元)	单位产值能耗比上年增长(%)
电力、热力生产和供应业	682.6	3.765 9	-12.1
化学原料和化学制品制造业	191.6	0.108 0	-11.9
纺织业	117.8	0.090 2	-7.3
化学纤维制造业	71.5	0.196 5	-6.8
造纸和纸制品业	70.4	0.792 7	-14.6
金属制造业	45.7	0.063 2	-2.8
电气机械和器材制造业	39.6	0.015 7	19.3
计算机、通信和其他电子设备制造业	33.6	0.030 0	-17.6
非金属矿物制品业	28.4	0.061 4	-5.7
文教、体育和娱乐用品制造业	23.2	0.034 7	-10.2

全市实现建筑业增加值 600.1 亿元,增长 0.7%。全市建筑企业承建施工面积 7.72 亿平方米,增长 7.7%。全市建筑队伍人数 170 万人,建筑队伍遍及 40 个国家和地区,年末出国人数 0.72 万人;年末全市拥有特级资质建筑企业 20 家,拥有一级建造师 9 644 人。全年新入围鲁班奖 9 项,累计获 100 项,居全国地级市之首。

五、固定资产投资

全市完成固定资产投资额 4 959.2 亿元,比上年增长 8.9%,其中,民间投资 3 858.3 亿元,增长 13.5%,占固定资产投资的比重达 77.8%,提高 3.2 个百分点;工业投资 2 397.8 亿元,增长 6.2%,其中技改投资 1 378.2 亿元,下降 9.7%,占工业投资的比重达到 57.5%,比上年下降 10.1 个百分点。全市服务业投资达到 2 556.7 亿元,增长 11.8%。完成基础设施投资 674.7 亿元,增长 1.9%。

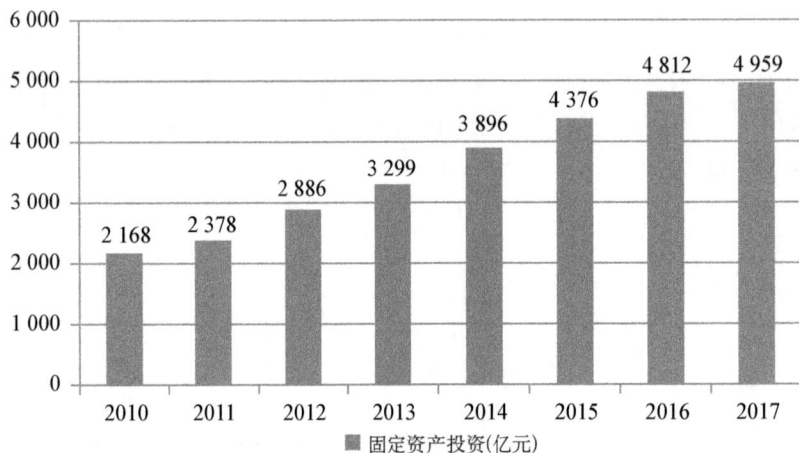

图 7　2010—2017 年固定资产投资

全年房地产开发投资 610 亿元,比上年增长 4.4%。商品房施工面积 5 157.5 万平方米,增长 1.1%,其中,普通商品房施工面积 3 812.5 万平方米,增长 1.3%。全市商品房竣工面积 1 100.9 万平方米,增长 4.9%,其中,普通商品房竣工面积 809 万平方米,增长 7.2%。商品房销售面积 1 657.7 万平方米,增长 38.1%,其中普通商品房 1 471.1 万平方米,增长 31.9%。

六、国内贸易和旅游业

全年社会消费品零售总额 2 873.4 亿元,增长 9.1%。其中,城市消费品零售额 2 122.3 亿元,增长 9.3%;农村消费品零售额 751.1 亿元,增长 8.7%。分行业看,批发和零售业消费品零售额 2 625.6 亿元,增长 9.6%;住宿和餐饮业消费品零售额 247.8 亿元,增长 9.6%。

限额以上贸易单位商品零售额中,汽车类零售额比上年增长 5.1%,石油及制品类增长 5.7%,粮油食品饮料烟酒类下降 5.6%,服装鞋帽针织纺品类增长 2.1%,日用品类下降 12.1%,金银珠宝类增长 9.6%,家用电器和音像器材类增长 4.5%。

全年接待海内外旅游者总人数 4 247 万人次,比上年增长 12%。其中,国内旅游者 4 228.4 万

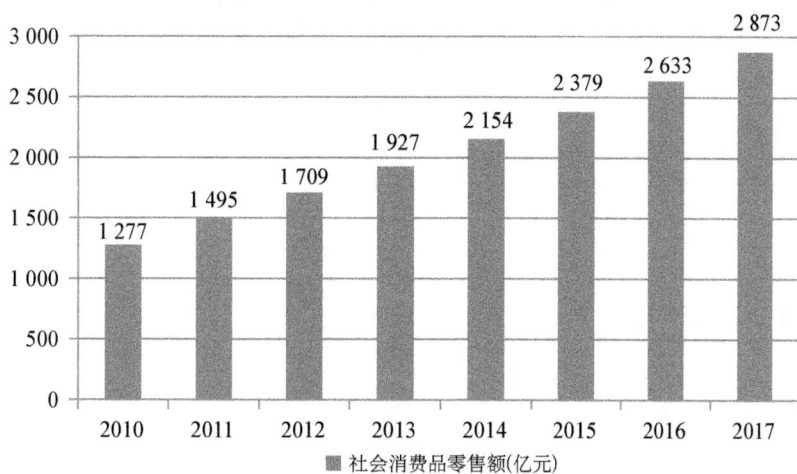

图 8　2010—2017 年社会消费品零售额

人次,增长 12%,旅游住宿设施和居民家中接待过夜海外旅游者 18.6 万人次,增长 3.1%。全年实现旅游总收入 614.9 亿元,比上年增长 15.2%,其中,外汇收入 1.26 亿美元,增长 0.8%。年末全市拥有旅游星级饭店 80 家,旅行社 172 家,A 级旅游景区(点)48 处,全国农业旅游示范点 2 个,全国工业旅游示范点 11 个。

七、开放型经济

全年进出口总值 2 360.2 亿元,增长 15.9%,其中,出口总值 1 691.9 亿元,增长 11.5%;进口总值 668.3 亿元,增长 28.9%。年末与南通市建立进出口贸易关系的国家和地区 220 个,比上年增加 8 个。全市有进出口业绩的企业 6 606 家,增长 13.9%。

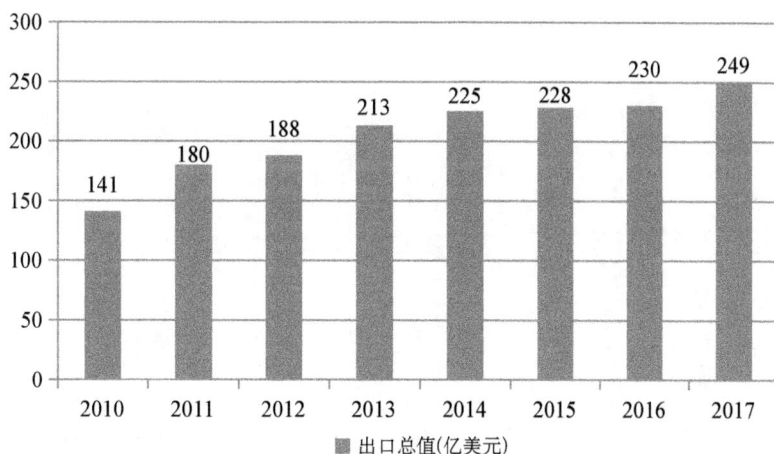

图 9　2010—2017 年出口总值

表7　进出口贸易方式及出口地分类情况

指　标	总量(亿元)	比上年增长(％)
进出口总值	2 360.18	15.9
进口	668.26	28.9
出口	1 691.91	11.5
♯三资企业	712.68	9.6
私营企业	927.91	14.5
♯一般贸易	1 046.94	11.6
加工贸易	413.78	6.0
♯纺织品	484.79	6.4
化工产品	154.19	23.9
机电产品	664.68	7.6
高新技术产品	204.09	−5.4
♯船舶及海工	124.80	50.9
光伏产品	42.69	−30.7
♯亚洲	921.53	10.7
♯东盟	222.89	4.7
日本	228.84	2.3
欧洲	286.76	13.0
♯欧盟	244.87	23.5
北美洲	259.48	16.0
♯美国	240.24	17.4

全年新批外商投资项目348个,比上年增长5.8％,其中,千万美元以上项目213个,比上年增长9.8％;新批协议外资53.6亿美元,下降11.5％;实际到账注册外资24.2亿美元,增长1.5％。

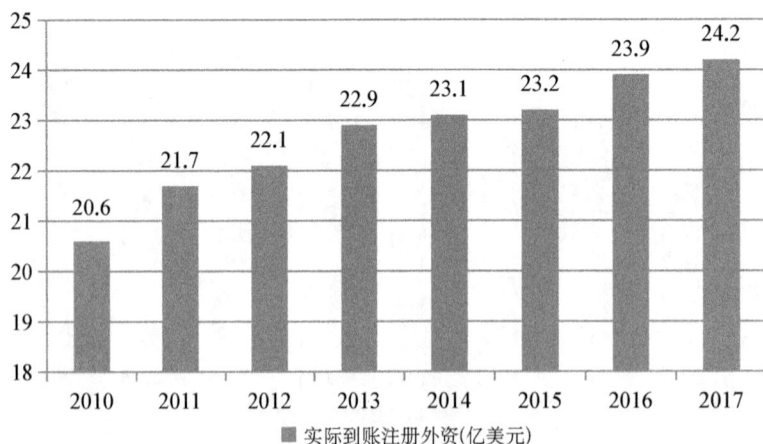

图10　2010—2017年实际到账注册外资

全年新批境外企业56家,中方协议投资额13.6亿美元,比上年增长12.5％。

新签对外承包劳务合同额 9.6 亿美元,下降 8.8%;完成对外承包劳务营业额 18.1 亿美元,下降 9.8%;新派劳务人员 0.9 万人次,下降 3.1%;年末在外劳务人员 2.4 万人,增长 0.8%。

八、交通、邮政电信业和电力业

全年交通运输、仓储及邮政业增加值 252.2 亿元,比上年增长 9.5%。兴东国际机场年末拥有国际航线 3 条、开通周航班量 9 班;国内航线 29 条,开通周航班量 227 班,完成旅客运输量 200.9 万人次,增长 30.6%;全年民航货邮吞吐量 4.9 万吨,增长 14.6%。年末铁路南通站始发列车 24 对;全年铁路客运量 460.8 万人次,增长 21.0%;货运量 109.5 万吨,增长 4.5%。全年公路货运量 12 656 万吨,增长 9.7%;公路客运量 7 310 万人次,下降 10.9%。

南通港全年货物吞吐量 23 572 万吨,增长 4.2%,其中,进港 14 109 万吨,增长 5.1%;外贸吞吐量 5 945 万吨,增长 2.3%。集装箱吞吐量 100.7 万标准箱,增长 21.8%,其中,外贸航线 39.2 万标准箱,增长 8.6%。

年末,全市机动车保有量 187.3 万辆,比上年末增加 9.6 万辆。其中,载客汽车 142.7 万辆,增加 16.1 万辆;载货汽车 8.6 万辆,增加 1 万辆;摩托车 34.6 万辆,减少 7.6 万辆。年末,全市个人汽车保有量达 135.7 万辆,比上年末增加 15.3 万辆。

全年实现邮政业务收入 45.8 亿元,增长 22.4%,电信业务收入 70.4 亿元,增长 7.5%。年末,全市固定电话用户 177.5 万户,比上年减少 2.2 万户,其中,城市电话用户 107.3 万户,增加 7.1 万户;住宅电话用户 118.5 万户,减少 33.6 万户。年末,移动电话用户 841 万户,净增 22 万户。年末,互联网用户 924.7 万户,新增 32.9 万户,其中固定宽带互联网用户 258.6 万户,新增 11.1 万户,无线宽带互联网用户 666.1 万户,增加 21.8 万户。

全年用电量 400.6 亿千瓦时,增长 6.9%。分产业看,第一产业用电量 8.3 亿千瓦时,增长 6.1%;第二产业用电量 280.4 亿千瓦时,增长 3.9%,其中,工业用电量 275.8 亿千瓦时,增长 3.8%;第三产业用电量 48.9 亿千瓦时,增长 12%。全年城乡居民生活用电量 62.9 亿千瓦时,增长 17.7%。

全市拥有发电装机容量 1 085.1 万千瓦,其中燃煤火电厂装机 670.4 万千瓦,占全市总装机容量的 61.8%,风力发电、光伏发电、生物质发电、燃气发电装机容量分别为 207.8 万千瓦、80.3 万千瓦、10.5 万千瓦、116.1 万千瓦,占全市总装机容量的比重分别为 19.2%、7.4%、1% 和 10.7%。

九、财政、金融

全年一般公共预算收入 590.6 亿元,增长 0.1%,其中,增值税增长 40.3%,改征增值税增长 116.1%,企业所得税增长 18.6%,个人所得税下降 14.8%,契税增长 27%。全年一般公共预算支出 810.1 亿元,增长 8.1%。一般公共预算支出中民生支出 625 亿元,占一般公共预算支出的比重达到 77%,比上年提高 1.3 个百分点。

全年金融机构新增本外币存款 387.6 亿元,年末存款余额 11 718.2 亿元,其中,储蓄存款余额 5 469.1 亿元,比年初增加 73.4 亿元;非金融企业存款余额 3 855.6 亿元,比年初增加 47.4 亿元。全年金融机构投放贷款990亿元,年末各项贷款余额7 886.6亿元。

全年发放住房公积金贷款59.1亿元,比上年下降20.7%;本年提取公积金84.3亿元,增长2.3%。全年新增公积金开户人数14万人,年末开户职工人数达80.2万人。

年末,全市拥有保险机构77家,保险行业从业人员3.6万人。全年保费收入331.3亿元,比上年增长22.4%,其中,财产险收入64亿元,增长7.1%;人寿险收入230.7亿元,增长35.1%。全年已决赔款及给付115.7亿元,增长4%。

年末,全市上市公司39家,其中境内上市公司32家,比上年新增1家,上市公司通过首发、配股、增发、可转债、公司筹集资金167亿元。企业境内上市公司年末总股本309.45亿股,市价总值3 742.76亿元。

十、科学技术和教育

年末,全市拥有高新技术企业1 045家;新增省级高新技术产品927项;新建省级工程技术研究中心18家,省级企业院土工作站3家,省级研究室工作站42家;新建市级公共技术服务平台2家,市级工程技术研究中心65家,企业研究院2家,重点实验室4家。全年有17项科技成果获江苏省科技进步奖,其中,国家级特等奖1项;省级一等奖3项,二等奖7项,三等奖6项。年末,全市共建成科技孵化器47家,其中国家级14家、省级26家。全年专利申请量54 742件,比上年增长35.7%;专利授权量19 057件,同比减少21.7%;其中,发明专利申请量13 386件,增长70.1%,发明专利授权量2 630件,下降3.5%,万人发明专利拥有量23.8件,增长30%,PCT专利申请量达988件,增长79%。全社会研发投入占GDP的比重达到2.69%,比上年提高0.05个百分点。

全市拥有普通高等学校8所,年末在校学生9.95万人;成人高校2所,在校学生1.8万人;中等职业教育学校17所,在校学生5.95万人;普通高中43所,在校学生7.45万人;普通初中159所,在校学生16.18万人;小学325所,在校学生33.29万人;特殊教育学校7所,在校学生0.13万人;各级各类幼儿园486所,在园儿童17.05万人。

十一、文化、卫生和体育

年末,全市拥有文化馆9个,文化站98个,公共图书馆10个,"农家书屋"1 615个。城乡社区综合性文化服务中心建成率80%。全市已备案的各类博物馆(纪念馆)20家。市级以上文物保护单位91处,其中全国重点文物保护单位10处,省级文物保护单位22处。市级以上非物质文化遗产125项,其中国家级10项,省级53项。全市拥有广播电视台7座,年末数字电视用户196.35万户。年末全市共有文化市场经营单位3 803家。全市拥有文化产业示范园区(基地)47个,其中国家级2个,省级5个。

年末,全市拥有卫生机构3 184个,其中,医院、卫生院325个,妇幼保健院(所、站)7个,疾病预防控制中心(站)9个,专科疾病防治院(所、站)3个,卫生监督所7个。卫生机构床位数4.21万张。拥有卫生技术人员4.47万人,其中,执业医师和执业助理医师1.87万人,注册护师1.91万人。

全市共建成社区卫生服务中心34个,其中市区27个,市区以街道(镇)为单位建成率100%。

全市累计建成农村社区卫生服务站、村卫生室 1540 个,行政村覆盖率 100%。

全年成功承办了 2 项次全国赛事、5 项次省级赛事。全市新增晨晚练健身点 112 个,各级各类全民健身活动参与群众超过 260 万人次。体育彩票销售创历史新高,全年销售额 14.1 亿元。

十二、环境保护和安全生产

全年市区新增绿地 600 公顷,城市绿化覆盖率 43.7%;日供水能力达到 200 万立方米,水质综合指标合格率 100%;市区燃气普及率、用水普及率、生活垃圾无害化处理率均达到 100%。全年市区新增路灯、景观灯 19 216 盏,城市道路亮灯率达到 99.4%,农村自来水普及率 100%。

全年共新建(改造)燃煤火电、热电机组脱硫设备 6 套、脱硝设施 6 套、除尘改造 6 套,锅炉平均脱硫效率达 80% 以上、综合脱硝效率达 50% 以上,烟尘排放基本达到重点区域特别排放限值。全市各地根据实际划定了禁燃区范围。

环境质量保持稳定,环境空气主要污染物年平均值为:二氧化硫 21 微克/立方米,二氧化氮 40 微克/立方米,PM 10 66 微克/立方米,PM 2.5 浓度为 39 微克/立方米,其中二氧化硫、二氧化氮和 PM10 年均值符合国家空气质量二级标准,PM 2.5 年均值超过国家空气质量二级标准;全年空气质量指数达到良好以上的天数达 266 天,占全年有效监测天数的 72.9%。长江南通段主流水质符合国家地表水环境质量 Ⅲ 类水质标准,饮用水源地水质达标率 100%。区域环境噪声平均值为 56.6 分贝,交通干线噪声平均值为 66.9 分贝,均符合国家环境噪声质量标准。

全年共发生各类安全生产事故 426 起,死亡 329 人,比上年分别下降 4.3% 和 4.1%,其中,工矿商贸企业(含建筑业)发生生产安全亡人事故 150 起,死亡 154 人。全年发生较大生产安全事故 1 起,死亡 3 人。全市共发生火灾 1599 起,死亡 9 人,受灾 369 户,烧毁建筑面积 1.8 万平方米,直接经济损失 591.8 万元。全市共发生一般以上交通事故 1 246 起,死亡 423 人,伤 1 051 人,直接经济损失 303.3 万元。

第九章 徐州市经济社会发展报告

2017年,面对错综复杂的宏观经济形势,全市上下积极践行新发展理念,坚持稳中求进工作总基调,以供给侧结构性改革为主线,以建设淮海经济区区域中心城市为重点,坚定不移走产业强市之路,积极培育发展新动能,经济运行稳中有进、稳中向好,转型升级成效明显,社会民生事业加快发展,"五位一体"发展协调性持续增强。

一、综合

经济运行保持平稳。初步核算并经省统计局核定,2017年,全市实现地区生产总值(GDP)6 605.95亿元,按可比价计算,比上年增长7.7%。其中,第一产业增加值600.54亿元,增长2.5%;第二产业增加值2 884.00亿元,增长7.7%;第三产业增加值3 121.41亿元,增长8.6%。全市人均地区生产总值75 611元,比上年增长7.1%。全社会劳动生产率持续提高,全年平均每位从业人员创造的增加值达136 755元,比上年增加16 595元。

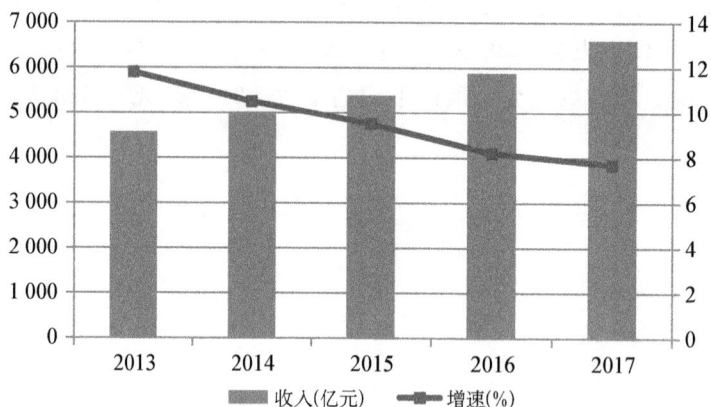

图1   2013—2017年地区生产总值与增速

产业结构持续优化。全市三次产业结构调整为9.1∶43.6∶47.3,第三产业增加值比重比上年提高0.1个百分点,超过二产3.7个百分点。全市规模以上工业实现高新技术产业产值5 305.98亿元,比上年增长15.0%,占规模以上工业总产值比重为36.5%;六大战略新兴产业产值4 879.29亿元,增长28.9%,占规模以上工业总产值比重达到33.5%,高于上年3.0个百分点。

新市场主体快速增加。年末,全市工商新登记企业4.31万家,比上年增长15.9%,注册资金3 017.74亿元,增长46.4%。其中新增私营企业3.73万家,增长12.1%,注册资金2 065.10亿元,增长52.1%;新增外资企业306家,增长34.8%,注册资金44.20亿美元,增长25.6%。新增个体户

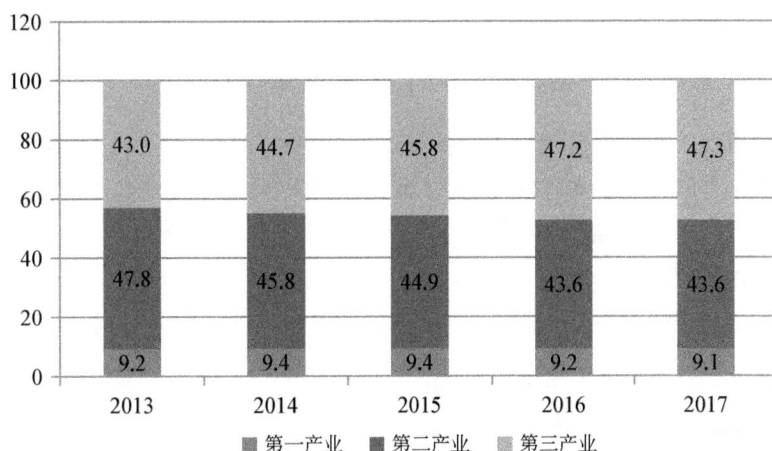

图 2　2013—2017 年三次产业结构

12.16 万户,增长 34.1%,注册资金 158.90 亿元,增长 49.6%。

新型城镇化建设步伐较快。年末,全市城镇化率为 63.8%,比上年提高 1.4 个百分点;县域城镇化率 53.7%,比上年提高 0.7 个百分点。区域发展趋于协调,县域大部分指标增幅继续高于全市平均水平,五县(市)地区生产总值为 3 335.24 亿元,按可比价计算,比上年增长 8.1%,增速高于全市 0.4 个百分点,总量占全市比重 50.5%。

价格指数平稳上涨。全年城市居民消费价格比上年上涨 1.7%。分类别看,食品烟酒类上涨 0.2%,衣着类上涨 3.8%,居住类上涨 2.8%,生活用品及服务类上涨 4.0%,交通和通信类上涨 1.9%,教育文化和娱乐类上涨 1.5%,医疗保健类上涨 0.3%,其他用品和服务类上涨 1.5%。全市工业生产者出厂价格总指数上涨 5.4%,涨幅比上年提高 5.3 个百分点;工业品购进价格上涨 12.6%,涨幅比上年扩大 11.2 个百分点。

表 1　2017 年城市居民消费价格指数(以上年为 100)

居民消费价格总指数	101.7	干鲜瓜果	108.7
♯食品烟酒	100.2	烟酒	99.7
♯食品	100.3	衣着	103.8
♯粮食	101.8	居住	102.8
食用油	100.6	生活用品及服务	104.0
菜	94.9	交通和通信	101.9
♯鲜菜	94.6	教育文化和娱乐	101.5
畜肉类	95.4	医疗保健	100.3
禽肉类	99.3	其他用品和服务	101.5
水产品	105.6	商品零售价格指数	101.8
蛋类	92.6		

二、农林牧渔业

农业生产保持稳定。全年实现农林牧渔业总产值1 150.01亿元，比上年增长9.9%。全年粮食总产量482.72万吨，增长2.9%，粮食亩产433公斤，增加9公斤；其中夏粮产量204.24万吨，增长0.5%；秋粮产量278.49万吨，增长4.7%。棉花总产量1.89万吨，下降8.7%；油料产量12.85万吨，下降4.5%；水果（含瓜果类）产量242.87万吨，增长1.5%；蚕茧产量4 676吨，增长27.3%。全年成片造林面积3.62千公顷，增长6.5%。全年猪牛羊禽肉产量78.06万吨，下降7.0%；禽蛋产量33.76万吨，下降34.9%；水产品产量17.32万吨，下降8.3%。

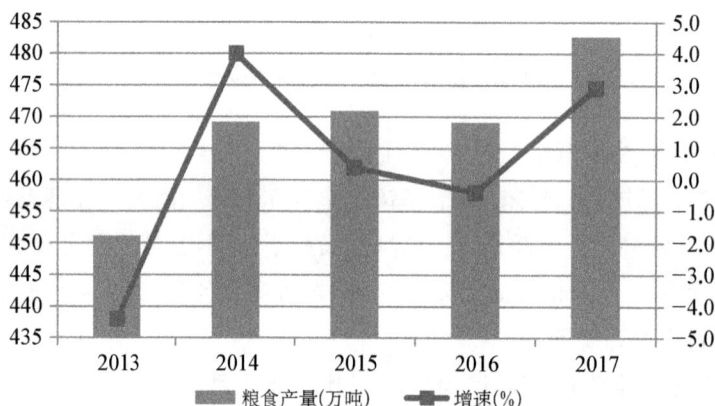

图3　2013—2017年粮食总产量及增速

现代农业加快推进。全年新增设施农业面积6.93千公顷，设施农业面积累计达148.74千公顷，比上年增长4.9%；新增设施渔业面积0.26千公顷，累计达6.91千公顷，增长3.9%；新建高标准农田22千公顷，累计建成334.15千公顷，占耕地面积比重提升到54.9%，比上年提高3.6个百分点。新增有效灌溉面积5.97千公顷，累计达527.27千公顷；新增节水灌溉面积23.58千公顷，累计达342.94千公顷；年末农业机械总动力735万千瓦，比上年增加23万千瓦，农业生产机械化水平达82.0%，比上年提高1.0个百分点。

农业产业化水平不断提升。全市共有国家级农业龙头企业6家；省级农业龙头企业65家，净增5家；市级农业龙头企业282家，净增8家。创建省级农产品出口示范基地22个，省级以上农产品出口示范区7个。全年秸秆还田面积达758.78万亩；累计建设秸秆收储中心和临时堆放点1 200处，年收储能力达120万吨。全市土地承包经营权流转面积达370万亩；家庭农场、农民合作社分别达到10 856家和1.65万个，分别比上年增长109.6%和4.8%。

三、工业和建筑业

工业生产总体平稳。全年规模以上工业增加值比上年增长9.0%，其中轻工业增长8.8%，重工业增长9.1%。分经济类型看，股份制工业增长9.3%；外商及港澳台投资工业增长11.3%；国有控股工业增长9.0%，民营工业增长8.1%。重点培育的六大优势产业实现产值13 332.97亿元，增长17.2%,占规模以上工业总产值比重为91.6%。其中,装备制造业、能源业、食品与农副食品加工业、煤盐化工业、冶金业和建材业分别增长24.3%、19.1%、11.6%、19.0%、12.6%和17.0%。

产业结构向中高端攀升。规模以上工业中,先进制造业产值保持较快增长。其中,医药制造业实现产值668.18亿元,比上年增长29.2%;仪器仪表制造业565.48亿元,增长24.7%;计算机、通信和其他电子设备制造业366.83亿元,增长16.3%;专用设备制造业528.06亿元,增长21.4%;电气机械和器材制造业1033.20亿元,增长23.1%;汽车制造业120.76亿元,增长55.2%。工业机器人产量增长58.8%,多晶硅产量增长7.9%。

企业效益较快增长。全年规模以上工业实现主营业务收入13816.12亿元,比上年增长13.5%;利税1839.17亿元,增长7.3%;利润1049.28亿元,增长12.8%;规模以上工业企业营业收入利润率为7.6%,比上年提高0.1个百分点。

表2 2017年规模以上工业企业主要产品产量

产品名称	单位	绝对量	增长(%)
原煤	万吨	1 278.47	−4.8
发电量	亿千瓦时	522.50	−4.0
发酵酒精	万千升	35.19	−1.2
卷烟	亿只	356.92	1.5
纱	万吨	185.87	18.8
布	万米	36 141	5.9
轻革	万平方米	1 690.60	3.8
纸制品	万吨	49.41	31.0
烧碱(折100%)	万吨	7.24	−14.7
化肥(折100%)	万吨	4.60	−82.9
树脂	万吨	37.06	38.1
轮胎外胎	万条	19.95	−3.9
水泥	万吨	2 660.04	−5.7
生铁	万吨	273.42	−18.3
铝材	万吨	56.86	2.9
起重设备	万吨	41.27	107.3
铲土运输机械	台	46 037	87.4
压实机械	台	7 063	53.2
混凝土机械	台	2 084	94.4

建筑业稳定发展。年末,全市资质以上建筑业企业507家,比上年净增71家;全年实现建筑业总产值1 493.03亿元,比上年增长7.6%。全年房屋建筑施工面积11 642.81万平方米,其中新开工面积5 036.01万平方米。全年建筑业竣工产值1 191.82亿元,增长2.4%。

四、固定资产投资

固定资产投资平稳增长。全年完成固定资产投资5 277.03亿元,比上年增长10.0%。其中项目投资 4 738.40 亿元,增长 11.5%。在项目投资中,国有及国有经济控股投资 897.68 亿元,增长 10.9%;外商及港澳台商投资 72.30 亿元,下降 57.4%;民间投资 3 802.99 亿元,增长 14.0%,占固定资产投资比重为 72.1%,其中私营企业投资 3 327.38 亿元,增长 23.2%。基础设施投资 900.51 亿元,增长 6.6%。全市在建项目 6 995 个,比去年增加 2 086 个,投资完成额增长 11.5%。在建 5 亿元以上项目 214 个,比上年增加 45 个。

投资结构继续优化。第一产业投资 60.89 亿元,比上年增长 50.8%;第二产业投资 2 884.19 亿元,增长 8.1%;第三产业投资 2 331.95 亿元,增长 11.7%,占全部固定资产投资比重为 44.2%,比上年提升 0.7 个百分点。第二产业投资中,工业投资 2 857.60 亿元,增长 7.2%,其中,制造业投资 2 627.95 亿元,增长 8.8%;工业技改投资 1 273.78 亿元,增长 74.9%,占工业投资比重为 44.6%。电子及通讯设备制造业、仪器仪表制造业、智能装备制造业等高新技术产业投资分别为 89.91 亿元、36.88 亿元和 211.36 亿元,分别增长 101.2%、38.5% 和 0.2%。

房地产市场健康发展。全年房地产开发投资 538.62 亿元,比上年下降 1.9%。其中,住宅开发投资 421.81 亿元,增长 1.6%;商业营业用房投资 74.00 亿元,下降 12.7%;办公楼投资 22.05 亿元,下降 13.6%。全年商品房施工面积 4 690.59 万平方米,增长 9.3%;新开工面积 1 266.47 万平方米,下降 3.3%;竣工面积 520.53 万平方米,下降 13.5%。全年商品房销售面积 1 183.80 万平方米,增长 10.5%,其中住宅 1 077.78 万平方米,增长 17.4%;商品房销售额 742.00 亿元,增长 26.2%,其中住宅 646.39 亿元,增长 38.4%。

五、国内贸易

消费品市场平稳增长。全年实现社会消费品零售总额 2 977.20 亿元,比上年增长 12.0%。按经营单位所在地分,城镇消费品零售额 2 449.56 亿元,增长 11.7%;农村消费品零售总额 527.63 亿元,增长 13.1%。按消费形态分,批发业实现零售额 482.70 亿元,增长 12.7%;零售业零售额 2 245.86 亿元,增长 12.0%;住宿业 45.15 亿元,增长 7.2%;餐饮业 203.50 亿元,增长 10.7%。在限额以上单位中,粮油食品类、饮料类、服装鞋帽针纺织品类和日用品类商品分别实现零售额 276.84 亿元、30.15 亿元、188.03 亿元和 102.23 亿元,分别增长 12.6%、13.4%、15.3% 和 21.0%;五金电料类、家具类和建筑及装潢材料类商品分别实现零售额 119.39 亿元、51.31 亿元和 233.41 亿元,分别增长 17.5%、20.7% 和 17.2%;文化办公类、体育娱乐用品类分别实现零售额 39.45 亿元和 8.68 亿元,分别增长 14.6% 和 17.0%;石油及制品类、汽车类分别实现零售额 78.90 亿元和 413.11 亿元,分别增长 2.0% 和 16.1%。

六、开放型经济

外贸进出口发展向好。全年实现进出口总额 527.15 亿元,比上年增长 27.4%;其中出口总额 428.14 亿元,增长 23.0%。按美元计价的进出口总额实现 78.01 亿美元,增长 24.8%。服务贸易进出口总额 4.71 亿美元,占对外贸易比重为 5.7%。出口结构有所优化,一般贸易出口额 382.6 亿元,增长 26.1%,占出口总额比重为 89.4%,比上年提高 2.2 个百分点;加工贸易出口额 44.4 亿元,增长 0.7%。机电产品出口额 171.7 亿元,增长 26.6%,高新技术产品出口额 15.8 亿元,增长 4.0%。

分出口市场看,对东南亚国家联盟出口76.8亿元,下降0.5%;对欧盟出口57.3亿元,增长23.2%;对美国出口74.2亿元,增长31.6%;对拉丁美洲出口27.9亿元,增长25.6%;对日本出口14.5亿元,增长9.4%;对非洲出口29.8亿元,增长8.6%。

对外经济合作发展良好。全年实际使用外资16.6亿美元,比上年增长10.2%。新批外商投资企业188个,增加22个;新批协议外资42.58亿美元,增长21.2%;新批及净增资3 000万美元以上的项目97个,增加42个,其中1亿美元以上的项目14个,增加3个。新签对外承包工程合同额、新签对外承包工程完成营业额分别为3.41亿美元和1.0亿美元;新批境外投资项目22个,境外投资中方协议外资3.92亿美元。

开发区经济稳定发展。全市共有省级以上开发园区13个,其中国家级开发区2个。全年开发区业务总收入1.53万亿元,比上年增长8.0%;一般公共预算收入255.01亿元,增长1.0%。全市开发区实现进出口总额434.42亿元,占全市总量的82.4%;其中,出口总额336.18亿元,占全市总量的78.5%;实际到账注册外资13.49亿美元,增长12.2%,占全市总量的81.3%。

七、交通运输、邮政电信和旅游业

综合交通网络更加完善。全年交通运输、仓储和邮政业增加值452.22亿元,按可比价计算,比上年增长8.2%。全市年末公路总里程16 350.91公里,其中高速公路463.96公里。完成公路货运量19 485万吨,比上年增长10.8%。水运货运量6 287万吨,增长8.4%。分别完成公路、水运货物周转量497.79亿吨公里和231.28亿吨公里,分别增长11.8%和8.9%。完成公路旅客运输量1.10亿人次,公路旅客周转量68.3亿人公里,分别下降16.7%和13.1%。完成港口吞吐量7 419.58万吨,下降18.6%,徐州港集装箱吞吐量1.52万TEU。年末输油管道7 193公里,管道货物运输量13 781万吨,管道货物周转量673.76亿吨公里。观音机场航空旅客运输量191.65万人次,增长28.9%;航空货物运输量9 232吨,增长1.6%。年末铁路营业里程797.3公里,其中高铁234.9公里。铁路正线延展长度1 584.75公里,全年完成铁路客运发送量2 457.33万人,其中徐州站发送2 206.83万人,货运发送量597.8万吨。年末民用汽车保有量120.25万辆,比上年末增长18.4%;年末私人汽车保有量110.29万辆,增长19.1%,其中,私人轿车保有量66.57万辆,增长18.3%。

邮政电信快速发展。全年邮政业务总量、业务收入分别为53.12亿元和29.13亿元,分别比上年增长35.2%和22.5%。其中,规模以上快递业完成业务量、业务收入分别增长22.9%和21.2%,其中,国际及港澳台业务量和业务收入分别增长145.9%和96.8%。电信业务总量155.65亿元,增长76.5%;电信业务收入63.17亿元,增长10%。年末固定电话103.5万户,比上年末减少12.29万户;移动电话用户811.09万户,比上年末增加49.08万户。年末互联网宽带接入用户268.59万户,新增41.55万户。

旅游业全面快速增长。全市共有国家A级景区70家,省级旅游度假区3家,星级酒店52家,旅行社206家,乡村旅游示范点61家。共接待国内外游客5 101.8万人次,比上年增长12.9%,旅游总收入666.64亿元,增长16.4%。接待入境过夜旅游者3.99万人次,增长16.9%;其中,外国人3.13万人次,增长23.5%。旅游外汇收入4 963.14万美元,增长26.0%。接待国内游客5 097.77万人次,增长12.9%;实现国内旅游收入658.92亿元,增长16.4%。

八、财政、金融业

财税收入稳步回升。全市实现一般公共预算收入501.64亿元,同口径比上年增长5.0%。国税、地税和财政部门分别实现一般公共预算收入163.79亿元、224.66亿元和113.19亿元。完成税收收入365.23亿元,占一般公共预算收入比重为72.8%;主体税种增势良好,增值税(含营业税)、企业所得税、城市维护建设税和契税分别完成141.19亿元、33.99亿元、28.63亿元和35.60亿元。

表3　2017年全市财政收入分项情况

指标	绝对量(亿元)	比上年增长(%)
一般公共预算收入	501.64	5.0(同口径)
♯税收收入	365.23	2.1(同口径)
♯增值税(含营业税)	141.19	−8.8(同口径)
企业所得税	33.99	31.1
城市维护建设税	28.63	2.6
契税	35.60	6.8
上划中央四税	343.19	20.0
国内增值税	141.50	24.7
国内消费税	127.42	10.9
企业所得税	50.99	31.1
个人所得税	23.29	24.6

财政支出结构不断优化。全年一般公共预算支出827.12亿元,比上年增长3.5%。其中,一般公共服务支出70.84亿元,增长12.6%;教育支出176.04亿元,增长9.0%;科学技术支出22.33亿元,增长7.8%;社会保障和就业支出95.25亿元,增长8.2%;医疗卫生与计划生育支出67.58亿元,增长11.9%;城乡社区事务支出131.40亿元,增长4.9%。

金融市场运行稳健。全年实现金融业增加值324.77亿元,按可比价计算,比上年增长11.0%,占地区生产总值的比重达4.9%。年末全市金融机构人民币存款余额6 396.38亿元,比上年增长16.4%,增速比上年提高0.6个百分点。其中,住户存款3 349.45亿元,增长8.4%。年末金融机构人民币贷款余额4 173.20亿元,比上年增长15.3%。按贷款期限分,中长期贷款2 437.18亿元,增长30.8%;短期贷款1 395.40亿元,增长1.8%。

表4　2017年末金融机构人民币存贷款情况

指标	绝对量(亿元)	比年初增加(亿元)	比上年增长(%)
各项存款余额	6 396.38	901.08	16.4
♯住户存款	3 349.45	259.13	8.4
非金融企业存款	1 800.76	400.40	27.8
广义政府存款	1 218.33	222.83	23.4
各项贷款余额	4 173.20	552.98	15.3
♯短期贷款	1 395.40	25.07	1.8

续表

指　　标	绝对量（亿元）	比年初增加（亿元）	比上年增长（%）
中长期贷款	2 437.18	573.87	30.8
＃消费贷款	1 261.46	359.61	39.9
经营贷款	369.81	40.29	12.2

证券交易市场保持稳定。年末全市共有证券公司3家;证券营业部34家,比上年增加5家;期货经纪公司1家;期货营业部5家,比上年减少1家。全市A股证券账户数137.32万户,比上年末增长24.8%;资金账户数77.58万户,增长26.6%。全年累计证券交易额为10 373.02亿元,指定与托管市值667.32亿元,期货经营机构累计交易金额达到11 468.73亿元。

资本市场稳步发展。年末全市共有上市公司12家,其中境内11家、境外1家,新增创业板上市公司1家,澳交所备案1家;"新三板"挂牌企业24家、新增挂牌企业4家;区域股权交易市场挂牌企业727家、新增456家。新发企业债券规模66.9亿元,累计发行453.5亿元;新发行银行间各类债务融资工具280.5亿元,比上年多发60.5亿元。

保险业务增势良好。新增保险机构2家,年末保险机构达61家,各类分支机构168家。全年总保费收入209.34亿元,比上年增长25.8%。其中寿险保费收入151.20亿元,增长30.0%,产险保费收入58.14亿元,增长17.5%。全年累计赔付和给付支出58.16亿元,增长10.4%;其中赔付额32.86亿元,增长17.1%。在赔付额中,财产险赔付27.77亿元,增长13.6%;寿险赔付5.09亿元,增长40.6%;保险深度和保险密度分别为3.2%和2 389元/人。

九、科学技术和教育

科技创新空间持续扩大。省级以上科技创新平台221个,当年新增25个;科技企业孵化器达到50个,新增15个;大中型工业企业及规模以上高新技术企业研发机构757个,新增265个。国有独立科研机构21个;民营型科技企业10 279个,比上年增长4.0%。全市新增国家级科技企业孵化器2家、众创空间3家,省级科技企业孵化器5家、众创空间34家,双创孵化总面积超过150万平方米。省级众创空间总数达50家。技术市场签订技术合同1 061个,技术合同成交金额33亿元,增长36.4%。

科技创新能力逐步增强。新增国家高新技术企业137家,获批高新技术产品350项。全市科技成果获国家专利奖4项;省级科学技术奖14项;组织实施省重大科技成果转化专项资金项目4项。全市专利申请量18 548件,其中发明专利申请量7 874件;专利授权量10 523件,其中企业专利授权量5 765件、发明专利授权量1 792件。万人发明专利拥有量达7.32件,比上年增加2.3件。

质量强市建设深入推进。全市共有质量检验机构166家、国家级产品质量监督检验中心3个、国家公证实验室3个、省级产品质量监督检验中心6个。全年监督抽查产品115种991批次。企业获批强制性产品认证证书1 627张,比上年增长20.8%。共有法定计量技术机构7家,其中省级计量中心1个,强制检定计量器具14.7万台件。制修订国家标准和行业标准75项、地方标准7项。全市质量管理体系证书达2 860张。全市新增51个江苏名牌产品、4个市长质量奖、1个市长质量奖提名奖、22个市质量奖、125个徐州名牌产品。

教育事业全面发展。年末,全市拥有各级各类学校2 248所,在校学生191.68万人,毕业生

39.39万人,专任教师10.88万人。其中普通高等院校10所,全日制本专科招生3.52万人,在校学生12.93万人,毕业生3.35万人;成人高等学校在校学生3.67万人,毕业生1.87万人。研究生教育招生0.50万人,在校生1.34万人,毕业生0.35万人。中等职业教育在校生8.07万人,毕业生2.85万人。普通高中在校生11.25万人,毕业生5.56万人。全市共有初中258所,在校学生28.66万人,比上年增长18.4%;小学937所,在校学生94.24万人,比上年增长4.1%;特殊教育学校12所,在校学生0.25万人;幼儿园(含民办)932所,在园幼儿31.54万人。学龄儿童入学率为97.9%,九年义务教育巩固率达到99.9%。

十、文化、卫生和体育

公共文化服务水平稳步提高。年末,全市共有艺术表演团体9个、文化馆11个、博物馆21个、美术馆1个,共有公共图书馆8个,公共图书馆总藏量372.52万册、电子图书藏量666.03万册。综合档案馆11个,向社会开放档案12.84万卷。共有电影放映单位46家、广播电台7座、中短波广播发射台和转播台2座、电视台8座,广播和电视综合人口覆盖率均为100%。有线电视用户236.89万户,有线电视入户率91.6%。全市现有市级以上文物保护单位260处,其中全国重点文物保护单位8处,省级29处。拥有9个国家级、58个省级非物质文化遗产名录项目和8位国家级、28位省级非遗代表性传承人。

医疗卫生服务能力持续增强。年末,全市共有各类卫生机构4 509个,其中,医院、卫生院296个,卫生防疫防治机构11个,妇幼保健机构13个。各类卫生机构拥有病床5.56万张,其中,医院、卫生院床位5.14万张,每千人拥有医疗机构床位数6.3张,比上年增加0.3张。共有各类卫生技术人员5.75万人,其中,执业(助理)医师2.29万人,注册护士2.53万人,每千人拥有执业(助理)医师数和注册护士数分别为2.61人和2.89人,均比上年提高0.1人。卫生防疫防治机构卫生技术人员412人,妇幼卫生保健机构卫生技术人员1 154人。城乡基本卫生服务网络更加健全,乡镇卫生院161个,床位1.16万张,卫生技术人员1.16万人,乡村医生和卫生员6 468人。全市三级医院16家,其中三级甲等医院7家。

体育事业蓬勃发展。年末,全市共有21名一级运动员、198名二级运动员,参加省级注册运动员2 721名,向省优秀运动队输送30人。全市社会体育指导员3万余人,其中国家级206人,一级787人;国际级裁判8人,国家级裁判员40人。市属体育社会组织达146个,晨晚练健身站点达5 151个。承办5项省级竞赛,举办20大项市级青少年竞赛。全市127名运动员在第十三届全国运动会取得12金9银14铜,共计35枚奖牌。体育彩票全年销售额12.33亿元,增长30.2%。

十一、环境保护、节能降耗和安全生产

生态环境建设稳步推进。年末,全市拥有自然保护区6个,面积3.66万公顷。全市林木覆盖率为30.1%。大气污染治理工程扎实开展,市区PM2.5浓度较基准年2013年下降14.3%。空气质量二级以上优良天数为176天,优良率48.3%。地表水国考断面优于Ⅲ类水质的比例为77.8%,省考以上地表水断面水质优良(达到或优于Ⅲ类)比例为79.2%,区域水环境全面达标。城市和城镇生活垃圾收运覆盖率和生活垃圾无害化处理率均达到100％。

节能减排成效明显。全年规模以上工业企业综合能源消费量2 277.40万吨标准煤,比上年下降7.6％,降幅比上年扩大7.5个百分点。全市单位GDP能耗下降12.2％,超额完成省定目标。关闭燃煤小锅炉2 798台。

安全生产形势良好。全年发生各类生产安全事故664起,死亡359人,按可比口径计算,比上年分别下降27.5％和12.0％,事故总量和死亡人数继续实现"双下降"。

十二、人口、民生和社会保障

常住人口总量继续回升。年末,全市常住人口876.35万人,比上年末增加5.35万人,增长0.6％;其中城镇人口558.76万人,增长2.7％。在常住人口中,0～14岁人口175.30万人,15～64岁人口597.70万人,65岁及以上人口103.35万人。全年人口出生率13.71‰,比上年提高0.78个千分点;人口死亡率7.87‰,提高0.6个千分点;人口自然增长率5.84‰,提高0.18个千分点。年末全市户籍人口1 039.42万人;其中男性人口538.04万人,女性人口501.38万人;户籍人口出生率为15.5‰,死亡率为14.1‰。

居民收入持续增长。全年全市居民人均可支配收入24 535元,比上年增长9.8％。城镇居民人均可支配收入30 987元,增长9.0％;农村居民人均可支配收入16 697元,增长9.3％。城乡收入比由上年的1.861∶1调整为1.856∶1,收入差距进一步缩小。全市居民人均生活消费支出15 436元,增长7.8％,其中,城镇居民人均生活消费支出18 234元,增长5.7％;农村居民人均生活消费支出12 038元,增长8.8％。

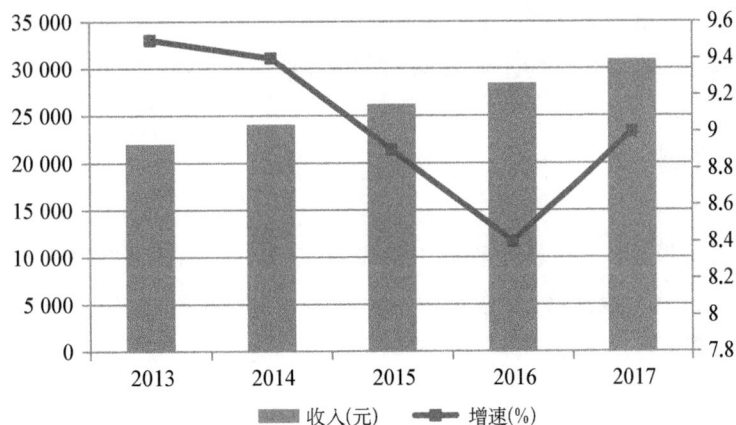

图4　2013—2017年城镇居民人均可支配收入与增速

就业情况总体稳定。年末,全市就业人口482.7万人,其中,第一产业135.0万人,第二产业162.8万人,第三产业184.9万人。全年城镇新增就业12.69万人,比上年增长6.3％;失业人员再就业10.05万人,其中就业困难人员就业1.17万人;新增农村劳动力转移5.5万人。年末城镇登记失业率为1.82％,比上年下降0.03个百分点。新增大学生创业人数3 446人,增长118.4％,创业人数累计达到11 213人。全年城乡劳动者职业技能培训6.88万人。规模以上企业劳动合同签订

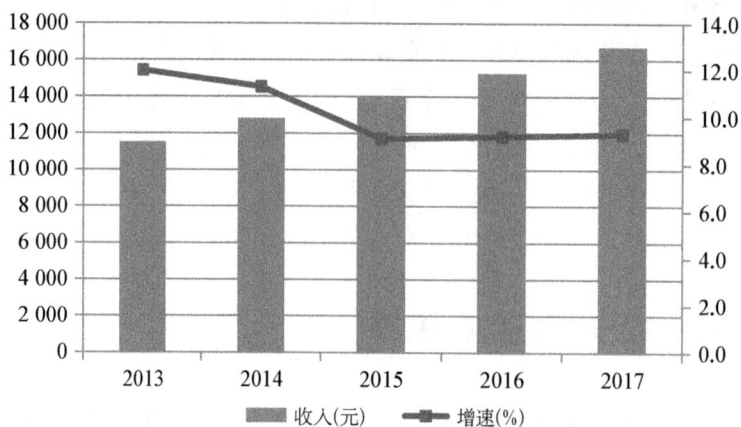

图5 2013—2017年农民人均可支配收入与增速

率达99.93％,已建工会企业集体合同签订率达97.0％。

社会保障体系不断完善。年末职工养老保险、城乡居民养老保险(含离退休人员)参保人数分别达180.67万人和322.54万人,比上年分别增长9.4％和0.2％,城乡基本养老保险覆盖率达97.1％;城镇居民医疗保险、职工医疗保险参保人数分别达781.22万人和156.23万人,城镇基本医疗保险覆盖率达98.0％。全市城镇和农村低保标准分别达到每人每月586元和490元,比上年分别增长5.0％和14.0％,最低生活保障救济人数16.51万人;全年实施直接医疗救助19.69万人次,支出救助金2.64亿元。年末各类养老机构达252家,养老床位6.18万张,千名老人拥有机构养老床位40.1张,比上年增加0.9张。

保障性住房建设有序推进。全年基本建成公共租赁住房1000套,完成省定目标任务。全市共实施棚户区改造1610万平方米,其中市区1008.39万平方米。安置房建设加快推进,市区续建310.81万平方米安置房;完成项目竣工验收为67.17万平方米。

十三、城乡建设

城建重点工程进展顺利。134项工程开工建设,开工率90％;人才家园街坊中心、潇湘路九年制学校、三胞广场、沈孟路西段改线、幸福家园小学等52项工程竣工。轨道交通1、2、3号线一期工程顺利推进,迎宾大道高架、黄河路贯通开工建设;观音机场二期扩建、市立医院迁建、一中新校区建设等工程进展顺利。荣获2016年度中国人居环境奖。

村镇建设水平持续提升。开展国家及省试点示范项目创建,邳州市铁富镇被评为第二批中国特色小镇,邳州市官湖镇、炮车镇四王村被评为国家级美丽宜居小镇和美丽宜居村庄,睢宁县姚集镇高党村获批国家级2017年改善农村人居环境示范村;新沂市新店镇十墩村等14个村庄获批江苏省美丽宜居乡村建设示范项目;沛县安国镇、铜山区棠张镇入选省重点及特色镇保护发展项目,铜山区大彭镇闸口村王楼等5个村庄入选省传统村落保护项目。铜山区伊庄镇倪园村、邳州市港上镇授贤村被评为第一批省特色田园乡村示范村。深入开展农村危房改造工作,获批农村危房改造指标3441户,争取国家和省改造资金6734万元。

第十章 淮安市经济社会发展报告

2017年,在习近平新时代中国特色社会主义思想指引下,全市上下全面贯彻落实中央、省委省政府决策部署,围绕"两聚一高"、"两大目标",统筹做好改革发展稳定各项工作,经济社会保持平稳健康发展。

一、综合

经济发展总体稳定。全年实现GDP 3 387.43亿元,比上年增长7.4%。其中,第一产业增加值339.44亿元,增长3.1%;第二产业增加值1 412.39亿元,增长6.4%;第三产业增加值1 635.60亿元,增长9.2%。三次产业结构比例调整为10∶41.7∶48.3。人均GDP 69 103元,比上年增长6.9%,按当年平均汇率折算为10 235美元,首次突破1万美元。

消费价格温和上涨。全年市区居民消费价格指数比上年上涨1.9%。八大类商品价格"七涨一跌",其中衣着类上涨3.1%、居住类上涨3.4%、生活用品及服务类上涨3.0%、交通和通信类上涨2.6%、教育文化和娱乐类上涨1.9%、医疗保健类上涨0.9%、其他用品和服务类上涨5.0%、食品烟酒类下跌0.2%。占食品权重较大的鲜菜、畜肉、蛋类等价格分别下跌3.8%、3.4%、7.5%,受此影响,食品价格指数出现2002年以来首次下降。

就业形势保持稳定。全年城镇新增就业9.12万人;下岗失业人员再就业5.75万人,其中困难群体再就业9 345人。年末城镇登记失业率1.82%,保持在较低水平。新增转移农村劳动力2.22万人,城乡劳动者职业技能培训3.39万人,创业培训3.08万人。大力实施"创响淮安"主题行动,成功获批省级创业型街道(乡镇)13个、创业型社区(村)120个、创业型园区1个。

2017年,全市经济社会发展面临的困难和问题主要有:产业集聚度不高,科技创新支撑不强,富民增收和脱贫攻坚面临新挑战,基本公共服务均等化水平有待提升,生态文明建设仍存在薄弱环节等。

二、农林牧渔和水利业

农业生产稳定发展。全年粮食总产量467.56万吨,比上年增产9.01万吨,增长2.0%。其中,夏粮173.96万吨,增产3.39万吨,增长2.0%;秋粮293.60万吨,增产5.62万吨,增长2.0%。全年粮食种植面积990.57万亩,增加0.59万亩。油料种植面积41.55万亩,减少2.16万亩。蔬菜种植面积143.72万亩,减少1.93万亩。完成成片造林2.83万亩。全年水产品总产量25.95万吨,下降0.6%。年末农业机械总动力629.2万千瓦,增长1.1%。

水利建设成效显著。全年完成水利建设投资31.98亿元,连续7年超30亿元。城市水利建设质态提升,渠北运西片水系连通、古盐河水环境综合整治等15项中心城市建设项目有力推进,一批城区闸站得到除险加固和改造出新,城南、韩侯、清隆桥等一批泵站得到全面拆建提升。农村水利建设不断加强,重点实施大中型灌区节水改造、农村河道疏浚及河塘整治、小农水重点县、农村桥梁、农村饮水安全巩固提升等工程,新增有效灌溉面积6.89万亩、旱涝保收田13.97万亩、节水灌溉面积28.1万亩,新增区域供水受益人口156万人。涟水五岛湖公园顺利创成国家级水利风景区,白马湖创成省级水利风景区,境内省级以上水利风景区增加至14家,其中国家级9家。创新施行"双总河长"领导机制,市县(区)乡村四级7 000余名河长到岗履职。

三、工业和建筑业

工业经济平稳运行。全市有规模以上工业企业2 657户,规模以上工业增加值比上年增长7.8%,其中,轻工业增长7.9%,重工业增长7.7%。分经济类型看,国有工业下降0.3%、集体工业增长4.0%;股份制工业增长7.4%;外商港澳台投资工业增长10.0%。规模以上工业企业主营业务收入增长10.2%;利润总额增长11.3%。

特色产业集聚发展。"4+2"优势特色产业产值增长11.2%,其中电子信息、食品、特钢与装备制造、盐化新材料、生物技术与新医药产业产值增长超过10%。时代芯存、比亚迪智能制造等重大项目相继落户淮安,德淮半导体、澳洋顺昌、敏安电动汽车等一批高新技术项目加快建设,特色产业加速集聚,发展后劲持续增强。

建筑业稳步增长。全市有具有资质等级的总承包和专业承包建筑业企业531户,完成建筑业总产值1 396.60亿元,比上年增长4.4%,其中建筑工程产值1 350.77亿元,增长5.4%。实现建筑业增加值219.5亿元,增长11.6%。

四、固定资产投资

投资规模较快扩张。全年完成规模以上固定资产投资2 839.55亿元,比上年增长12.0%。其中,工业投资1 715.68亿元,增长13.0%;房地产开发投资303.06亿元,下降5.7%。民间投资2 045.15亿元,增长14.8%,占全部规模以上固定资产投资比重72.0%,比上年提升1.7个百分点。完成基础设施投资359.01亿元,增长23.6%。其中,城市建设投资165.23亿元,增长83.2%,内环高架快速路一期工程投资37.22亿元,高铁商务区投资近20亿元。

五、国内贸易

消费市场运行平稳。全年实现社会消费品零售总额1 197.09亿元,比上年增长10.5%。按经营单位所在地分,城镇实现消费品零售额1 070.07亿元,增长10.9%,农村实现消费品零售额127.02亿元,增长6.4%。按消费类型分,批发和零售业实现零售额1 083.65亿元,增长10.8%,住宿和餐饮业实现零售额113.44亿元,增长7.5%。

消费热点保持活跃。全年限额以上单位实现社会消费品零售额584.66亿元,比上年增长

10.7%。吃穿用类消费增长平稳,食品类消费增长1.6%、服装类增长2.1%、日用品类增长6.1%。消费升级类商品增长较快,化妆品类、金银珠宝类、家用电器和音像器材类分别增长19.3%、17.6%、13.5%。汽车类实现零售额166.4亿元,增长21.5%。

六、开放型经济

对外贸易增长较快。全年实现进出口总额46.36亿美元,比上年增长34.5%。其中,出口30.03亿美元,增长13.6%;进口16.33亿美元,增长103.2%。外资企业进出口额31.7亿美元,增长46.4%。全市有进出口实绩企业863户,比去年同期增加54户,进出口超亿美元企业9户。全年组织企业参加广交会、日本大阪展等境内外展会260余家次,引导20多户企业与Google体验中心达成合作,创成理士电池、共创草坪等7个省级国际知名品牌。

利用外资质态提升。全年实际到账注册外资11.78亿美元,比上年增长1.5%,制造业和生产性服务业实际到账注册外资占比56.5%。新设立总投资3000万美元以上项目57个,其中总投资1亿美元以上项目20个。总投资17.5亿美元德淮半导体增资、3.9亿美元敏安电动汽车增资等重大产业项目及融盛融资租赁等新业态项目落户。完成外经营业额1.56亿美元,比上年增长19.6%。

七、交通、邮电和旅游

交通建设投资加大。全年完成交通基础建设投资122.01亿元,比上年增长30.1%,投资总量创历史新高。宿扬高速淮安段在沿线率先建成,503省道淮安机场连接线建成通车,235及346省道涟水绕城段、235国道盱眙明蛤段、348省道洪泽南环段等项目建成通车。连淮扬镇、徐宿淮盐两条高铁桩基、墩身基本完成。淮安东站4.5万平方米高架站房方案得到铁总认可,东站综合客运枢纽完成项目核准和工可审查,新港二期建成投入试运行。全市公路总里程达1.32万公里,其中高速公路里程407公里,一级公路里程731公里。新改建农村公路475公里、桥梁88座。

运输业发展较快。全年完成公路水路货运量1.27亿吨、周转量389.80亿吨公里,分别比上年增长3.5%、4.8%。集装箱吞吐量17.50万标箱,增长16.4%;完成港口货物吞吐量1.00亿吨,增长10.8%。淮安机场迈入中型机场行列,通航城市增至25个,完成旅客吞吐量128.64万人次,增长49.3%。新增24个乡镇开通镇村公交,镇村公交开通率84.5%。新增4个国家3A级物流企业,全市3A级以上物流企业总数达26个,省重点物流基地增至10家。

邮电通讯业平稳发展。全年完成电信业务收入26.63亿元,比上年增长2.0%;邮政业务收入29.61亿元,增长40.8%。年末固定电话用户43万户,下降14.7%。移动电话用户445万户,增长3.9%。年末互联网固定宽带用户84.01万户。

旅游业快速发展。全年实现旅游业总收入357.33亿元,比上年增长15.8%。其中,国内旅游收入353.66亿元,增长15.7%。旅游外汇收入1704.53万美元,增长9.4%。全年接待境内外游客2934.14万人次,比上年增长12.3%;接待入境过夜游客2.40万人次,增长31.6%。全市共有国家A级旅游景区42家,其中5A级1家,4A级14家;省星级乡村旅游区52家,省级自驾游基地3家,省级旅游度假区2家,省级生态旅游示范区2家。星级旅游饭店37家,其中五星级旅游饭店1家。

旅行社 110 家,其中四星级旅行社 2 家、出境旅行社 4 家。持有电子导游证的导游 3 912 人。

八、财政、金融

财政支出结构改善。全年实现一般公共预算收入 230.61 亿元,其中税收收入 177.06 亿元,税收收入占一般公共预算收入比重 76.8%,比上年提升 2.3 个百分点。一般公共预算支出 452.51 亿元,其中民生类支出 334.20 亿元,占一般公共预算支出比重 73.9%,比上年提升 0.7 个百分点。

金融市场稳健运行。年末全市金融机构人民币存款余额 3 432.67 亿元,增长 12.0%,其中住户存款 1 483.10 亿元,增长 9.0%。年末全市金融机构人民币贷款余额 2 789.29 亿元,增长 21.1%,其中:大型企业贷款 132.88 亿元,增长 27.3%;中型企业贷款 755.44 亿元,增长 24.2%;小微企业贷款 611.12 亿元,增长 21.9%,小微企业贷款占企业贷款总额 40.8%。

九、科学技术和教育

科技创新能力增强。全市新增省级高新技术企业 63 家,新开发省级高新技术产品 96 个,实现高新技术产业产值 1 834.35 亿元。全年专利申请 16 782 件,其中企业专利申请 10 820 件,比上年增长 38.3%;专利授权 7 331 件,其中企业专利授权 4 913 件,比上年增长 14.2%;发明专利申请 4 547 件,其中企业发明专利申请 3 249 件,比上年增长 289.1%。新获批国家级高新技术开发区 1 个、国家火炬特色产业基地 2 个、省级科技产业园 1 个。淮安国家农业科技园区通过国家科技部验收,获得国家级农业科技园区授牌。新获批省级众创空间 4 个、省级众创社区 1 个,全市省级以上科技企业孵化器孵化面积超过 89 万平方米。

科研实力提升显著。新增上海交通大学苏北研究院、南京农业大学淮安研究院 2 个省级产学研联合重大载体,全市有省级联合重大载体 9 个。组织实施大院名校科技合作交流项目 59 项。新获认定省级工程技术研究中心 8 个,市级工程技术研究中心 66 个。新增市级重点企业研发机构 36 户。新获批省级农村科技服务超市 8 个,新认定省级农业科技型企业 3 个。全年新引进"淮上英才计划"创新创业团队 6 个。

人才队伍不断壮大。全市人才总量 53.10 万人。其中专业技术人才 28.51 万人,当年新增 1.82 万人;有高技能(具有高级工、技师或高级技师职业资格)人才 12.03 万人,当年新增 1.26 万人,其中技师 841 人、高级技师 27 人。全市共有省级以上技能大师工作室项目 4 个,高技能人才公共实训基地项目 3 个,省首席技师项目 25 个。共有 359 名海外留学回国人员,其中当年新增 60 人。有国务院特殊津贴专家 113 名,省级突出贡献中青年专家 52 名,国家级博士后科研工作站 10 家,省级博士后创新实践基地 25 家。

教育事业协调发展。全市有各级各类学校、成规模幼儿园 893 所,在校生 88.46 万人,专任教师 5.55 万人。其中:成规模幼儿园 433 所,在园幼儿 17.56 万人,幼儿教师 0.91 万人;小学 246 所,小学生 35.17 万人,小学教师 1.95 万人;初中 160 所(含 37 所九年制学校),初中生 15.48 万人,初中教师 1.32 万人;高中 31 所(含 5 所完全中学),高中生 7.21 万人,高中教师 0.63 万人;中等职业学校 16 所,中等职业学校学生 5.99 万人,中等职业学校教师 0.31 万人;高校 7 所,大学生 6.96 万人,高校教师0.41万人;特殊教育学校7所,特殊教育学校学生0.09万人,特殊教育学校教师0.02万人。

十、文化、卫生和体育

文化事业繁荣发展。新增公共文化设施面积近4.2万平方米,人均拥有公共文化设施面积0.17平方米。全年提档升级330个基层综合性文化中心,建成张纯如纪念馆。全市有市级、县(区)级文化馆8个,公共图书馆9个(含少儿),美术馆2个,乡镇街道文化站128个,村(社区)基层综合性文化服务中心690个(符合"八个一"标准)。其中4个文化馆、7个公共图书馆被评为国家一级馆,24个乡镇综合文化站被评为国家一级站。全市有线数字电视总户数62.73万户,有线数字电视村民小组接通率100%。

卫生资源总量增加。全市有各类卫生机构(不含村卫生室)754个,其中疾病预防控制机构8个、卫生监督机构8个、综合医院38个、专科医院14个、中医院6个、妇幼保健机构8个、卫生院125个、社区卫生服务中心(站)84个。各类卫生机构实有病床28 647张,其中医院17 876张、卫生院8 359张。卫生技术人员3.23万人,其中执业(助理)医师12 684人,注册护士14 518人,疾病预防控制机构卫生技术人员407人,卫生监督机构卫生技术人员163人,妇幼卫生保健机构卫生技术人员1 725人。建成全国百佳乡镇卫生院2个、全国百强社区卫生服务中心1个。成功创成"全国创建幸福家庭活动示范市"。

体育事业成果显著。成功举行第二届国际智力运动联盟智力运动精英赛、国际篮球3×3挑战赛、全国田径大奖赛、2017中国·淮安"一带一路"户外运动挑战赛等9项国际级赛事、5项省级赛事。组队参加省第十九届运动会,获金牌53枚。组队参加24个大项496个小项省级青少年比赛的金牌角逐,取得金牌63枚。投资280万元,在恩来干部学院建成体育主题公园,促进体育健身与生态相融合。投资500万元,新建健身步道75公里,笼式足球场4个,拆装式游泳池1个;为主城区20个街道配置健身设施;建成乡镇多功能运动场42个,5个重点中心镇建成全民健身中心,实现全市110个乡镇多功能运动场地的全覆盖。全年销售体育彩票7.4亿元。

十一、环境保护

环境保护能力提高。淮安市和淮安区、淮阴区、洪泽区、盱眙县获得环保部正式复函,建成国家生态市、县(区)。启动新一轮生态示范创建,金湖县建成国家第一批生态文明建设示范县。全市设立自然保护区5个,其中省级自然保护区2个,自然保护区面积7.09万公顷。市区空气质量优良天数248天,优良率67.9%;城市水域功能区水质优良率81.5%,集中式饮用水源地水质达标率100%;市区区域环境噪声平均等效声级55.0分贝,市区交通噪声平均等效声级66.9分贝,声环境质量等级较好。化学需氧量、氨氮、二氧化硫和氮氧化物排放量分别比上年削减1 960吨、298吨、3 205吨和2 267吨。节能降耗成效明显,单位GDP能耗下降率完成省定目标。

十二、人口、居民生活和社会保障

人口规模小幅变动。年末户籍人口 560.90 万人,比上年下降 6.66 万人,其中男性 287.92 万人,女性 272.98 万人。年末常住人口 491.40 万人,比上年增加 2.4 万人,其中城镇人口 300.98 万人。常住人口城镇化率 61.25%。人口出生率 10.97‰,死亡率 7.45‰,人口自然增长率 3.52‰。

居民收入稳步增长。全体常住居民人均可支配收入 24 934 元,比上年增长 9.5%。城镇居民人均可支配收入 32 976 元,增长 8.7%;人均生活消费支出 17 788 元,增长 5.2%。农村居民人均可支配收入 15 601 元,增长 9.0%;人均生活消费支出 10 526 元,增长 9.3%。城镇常住居民人均住房面积 44.9 平方米,农村常住居民人均住房面积 53.7 平方米。

社会保障体系不断完善。全市企业职工养老保险参保人数 90.80 万人,比上年增加 0.53 万人;城镇职工基本医疗保险参保人数 84.13 万人,增加 2.71 万人;工伤保险参保人数 53.66 万人,增加 2.00 万人;生育保险参保人数 52.00 万人,增加 2.00 万人;失业保险参保人数 65.99 万人,增加 1.68 万人。个体灵活就业人员企业职工养老保险参保人数 37 万人。城乡居民基本医疗保险参保人数 430.42 万人;城乡居民基本养老保险参保人数 196.28 万人;机关事业单位养老保险参保人数 11.10 万人。养老金按时足额 100% 社会化发放,全年共为 29.95 万名企业离退休人员支付养老金 67.97 亿元。企业退休人员社区管理率 100%。

第十一章　宿迁市社会经济发展报告

2017年,全市上下紧紧围绕全面建成小康社会奋斗目标,坚持稳中求进的工作总基调,深入落实新发展理念,扎实推进供给侧结构性改革和"两聚一高"新实践,统筹做好稳增长、促改革、调结构、惠民生、防风险各项工作,经济社会保持平稳健康发展态势,运行质量明显提升,综合实力迈上新台阶,社会事业实现新进步,民生福祉获得新改善。

一、综合

经济总量再上新台阶。初步核算,2017年全市实现地区生产总值2 610.94亿元,比上年增长7.5%,比全省增速快0.3个百分点。其中第一产业增加值292.14亿元,增长2.7%;第二产业增加值1 253.48亿元,增长7.8%;第三产业增加值1 065.32亿元,增长8.5%。人均GDP达53 317元,按平均汇率达7 893美元。三次产业结构调整为11.2∶48.0∶40.8,服务业增加值增速比GDP快1.0个百分点,服务业对全市GDP增长的贡献率为44.8%,拉动全市经济增长3.4个百分点。

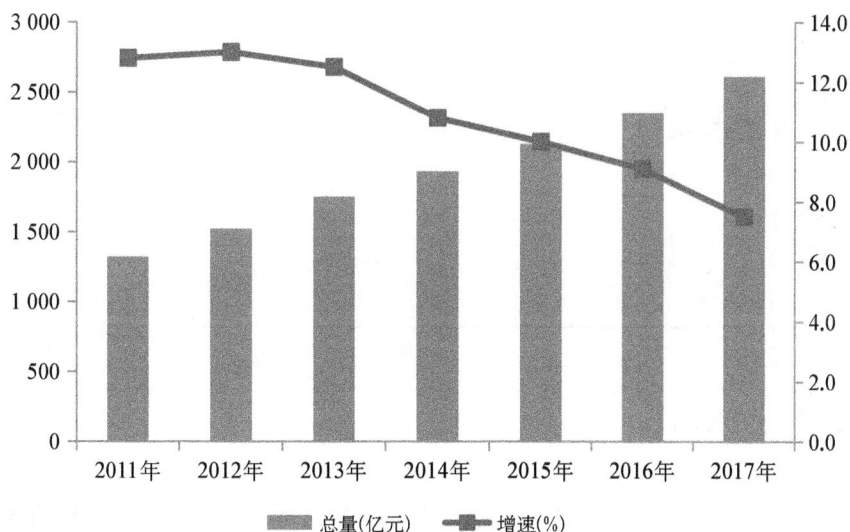

图1　2011—2017年全市地区生产总值情况图

就业形势总体平稳。年末全市从业人员285.0万人,比上年增加1.8万人,增长0.6%。其中,一产86.9万人,比上年下降2.7%;二产106.5万人,比上年下降0.3%;三产91.6万人,比上年增长5.2%。

消费价格涨幅平稳。全年居民消费价格总水平(CPI)比上年上涨1.9%,比上年涨幅降低0.1

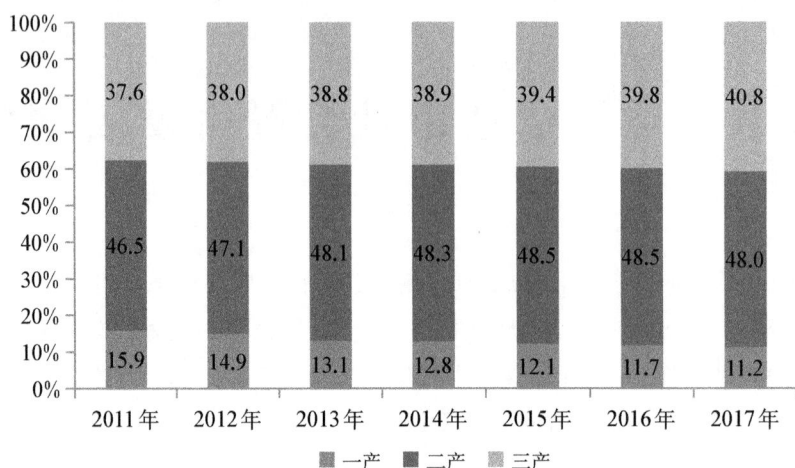

图2　2011—2017年全市三次产业结构情况图

个百分点。八大类消费价格均有所上涨。其中食品烟酒上涨0.7%，衣着上涨1.7%，居住上涨2.3%，生活用品及服务上涨2.0%、交通和通信上涨2.1%、教育文化和娱乐上涨4.8%、医疗保健上涨0.7%、其他用品和服务上涨2.0%。

表1　2017年宿迁居民消费价格比上年涨跌幅度表　　　　　（单位:%）

指　　标	实绩
居民消费价格总指数	1.9
其中:食品烟酒	0.7
衣着	1.7
居住	2.3
生活用品及服务	2.0
交通和通信	2.1
教育文化和娱乐	4.8
医疗保健	0.7
其他用品和服务	2.0

二、农林牧渔业

农业经济稳步推进。2017年,全市实现农林牧渔业总产值536.30亿元,可比价增长3.0%。其中农业315.83亿元,林业19.25亿元,牧业95.77亿元,渔业90.35亿元,农林牧渔服务业15.10亿元,占比分别为58.9%、3.6%、17.9%、16.8%和2.8%。

粮食产量保持稳定。全年粮食作物播种面积575.56千公顷,比上年减少3.85千公顷。完成粮食总产量384.76万吨,较上年增长0.1%。生态高效农业发展加快。规划2 000亩左右高效农业基地136个,已建成32个,带动全市新增生态高效农业面积26.64万亩。"三品"农产品总数达1 320个、地标农产品9个,泗洪大米、绿康牌洪泽湖大闸蟹获第十五届中国国际农产品交易会金奖。

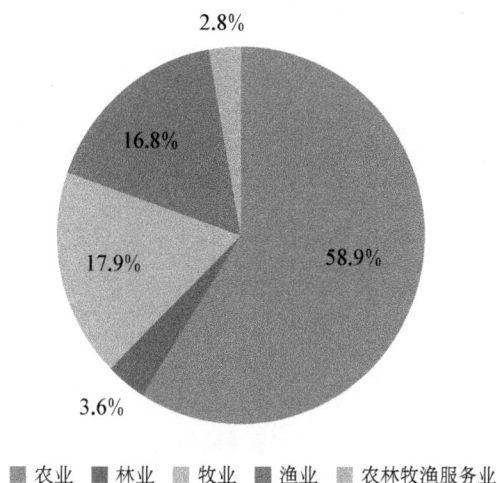

图3　2017年全市农林牧渔业总产值结构图

森林资源增量提质。2017年全市新造成片林5.04万亩,植树1 003万株,营建珍贵用材树种1.42万亩,调整优化了树种结构;打造省级绿化示范村42个,其中省级"三化"示范村25个。目前,全市林木覆盖率达28.2%,建成国家级森林公园1个,省级森林公园3个,国家级湿地自然保护区1个,省级湿地公园3个,自然湿地保护率达48.5%。

畜牧业、渔业稳步发展。全年生猪出栏262.71万头,家禽出栏7 920.29万只,分别比上年增长1.7%和4.3%。肉类总产量34.37万吨,比上年增长4.6%;禽蛋产量14.55万吨,比上年下降2.2%;奶产量3.17万吨,比上年下降6.9%;水产品产量27.78万吨,比上年增长2.5%。

表2　2017年主要农业产品产量表

指标名称	产量(万吨)	增长(%)
粮食	384.76	0.1
棉花	0.06	−7.1
油料	4.65	0.0
肉类总产量	34.37	4.6
♯牛肉	1.27	2.5
羊肉	0.55	−1.0
猪肉	18.38	3.3
奶类产量	3.17	−6.9
禽蛋产量	14.55	−2.2
♯鸡蛋	12.21	−1.7
水产品产量	27.78	2.5

三、工业和建筑业

工业生产运行平稳。全年规模以上工业增加值比上年增长8.9%,其中轻工业增长8.7%,重工业增长15.1%。在规模以上工业中,国有控股工业增长17.2%,私营工业增长5.6%。大中型工业企业增长17.8%。

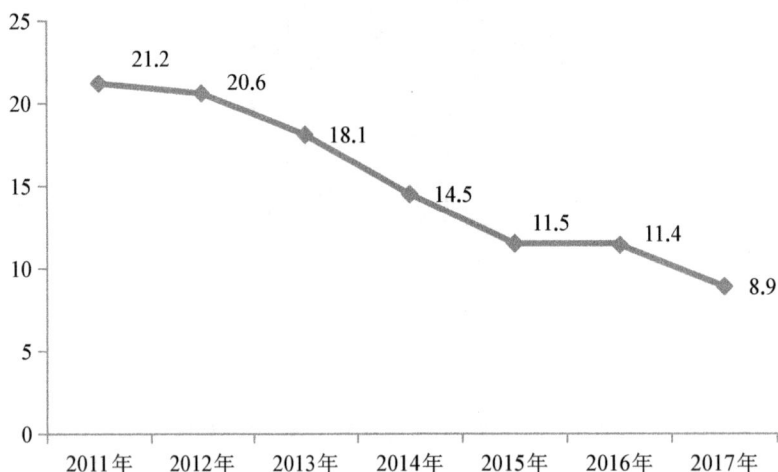

图4 2011—2017年全市规上工业增加值增速图

企业营利能力向好。全市规模以上工业利润总额增速分别快于主营收入和主营成本6.9个和7.6个百分点;每百元主营业务收入中的成本82.09元,同比下降2.71元。主营业务收入利润率11.8%,同比提升2.0个百分点,居全省首位。

新特产业发展平稳。2017年,全市四大特色产业产值增长7.3%。其中,食品饮料业增长2.4%,纺织服装业增长7.6%,机电装备业增长27.7%,家具制造业下降11.1%。新兴产业增速较快,产值增长12.0%,比全市工业平均增速高1.2个百分点。其中,智能家电增长10.6%,绿色建材增长18.8%,功能材料增长9.6%,智能电网增长20.5%。

主要产品产量有增有降。列入全市统计范围的工业产品共167个,其中70.7%的产品产量增长,增幅在30%以上的有24个,占14.3%。

表3 2017年全市主要工业产品产量一览表

指标名称	单位	产量	增长%
小麦粉	万吨	201.02	0.73
大米	万吨	380.25	5.38
饮料酒	万千升	67.1	9.89
#白酒(折65度,商品量)	万千升	61.87	10.74
啤酒	万千升	5.23	0.77
纱	万吨	30.69	12.81
布	万米	28 457.5	—20.06
蚕丝	吨	2 712.33	20.98
服装	万件	22 759.33	10.38
人造板	万立方米	2 469.08	3.41
复合木地板	万平方米	85.36	—43.81

指标名称	单位	产量	增长%
家具	万件	77.67	-9.13
农用氮、磷、钾化学肥料总计（折纯）	万吨	17.96	12.96
♯氮肥（折含 N 100%）	万吨	13.69	-1.52
塑料制品	万吨	15.87	2.31
水泥	万吨	578.21	16.11
商品混凝土	万立方米	812.03	14.34
平板玻璃	万重量箱	861.79	0.59
钢材	万吨	60.29	16
铜材	万吨	6.09	-31.87
铝材	万吨	1.56	5.74
电力电缆	万千米	6.66	83.93
电光源	万只	3 679.88	-62.66

建筑业发展稳中趋缓。2017年，全市共有列统总承包和专业承包建筑企业368家，完成建筑业总产值692.41亿元。全年房屋建筑施工面积5 770万平方米，房屋建筑竣工面积2 449万平方米，其中住宅竣工面积1 641万平方米。签订建筑合同额1 115.38亿元，其中本年新签合同额665.30亿元。

四、固定资产投资和房地产业

投资总体较为平稳。全市在建施工项目共3 633个，比上年增加507个。其中新开工项目2 974个，比上年增加440个。全市固定资产投资完成2 194.23亿元，比上年增长8.5%。一、二、三产业投资分别完成56.56亿元、1 359.82亿元和777.85亿元，比上年分别增长1.1倍、8.4%和7.5%。三次产业投资分别占投资总量的2.6%、62.0%和35.4%。民间投资仍是主力，完成投资1 662.71亿元，比上年增长3.9%，占全部投资的75.8%。

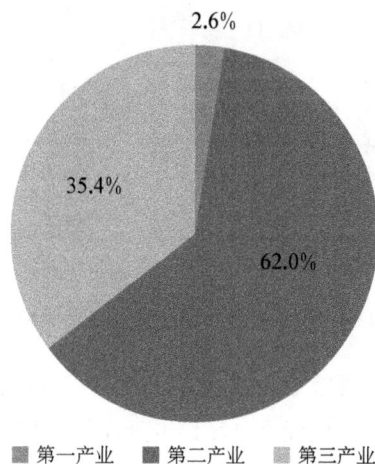

图5　2017年全市三次产业投资比重情况图

工业投资平稳增长。全市工业投资完成1 352.43亿元,比上年增长8.8%。工业投资占全部投资的61.6%,占比居全省第三,比全省平均水平高12.2个百分点。

房地产市场总体稳定。全年房地产开发投资完成243.00亿元,其中住宅投资完成189.74亿元。全市商品房施工面积3 631.28万平方米,其中商品住宅施工面积2 745.38万平方米。网签数据显示,全市商品房销售面积936.96万平方米,比上年增长12.1%。其中住宅销售面积764.12万平方米,增长7.0%。

表4 2017年全市房地产开发投资和销售情况表

名　　称	单位	实绩
房地产开发投资	亿元	243
♯住宅	亿元	189.74
房屋施工面积	万平方米	3 631.28
♯住宅	万平方米	2 745.38
房屋销售面积	万平方米	936.96
♯住宅	万平方米	764.12

五、国内贸易和对外经济

国内消费稳步增长。2017年,全市实现社会消费品零售总额781.39亿元,比上年增长10.8%。按消费形态分,批发和零售业实现674.37亿元,增长9.7%;住宿和餐饮业实现107.02亿元,增长17.6%。

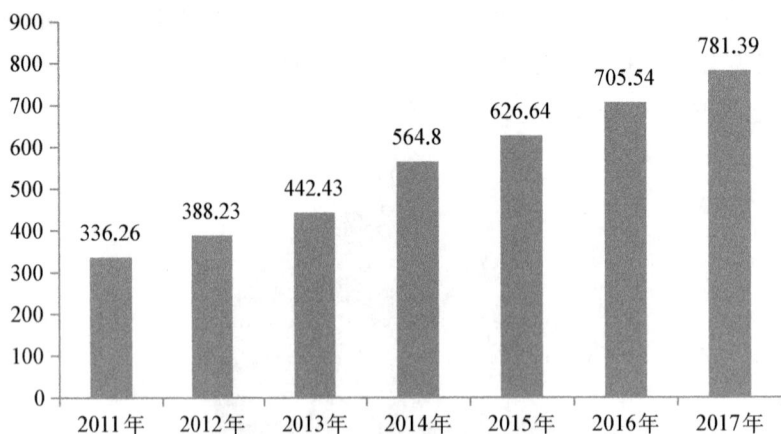

图6 2011—2017年全市社会消费品零售总额情况图 单位:亿元

全年限额以上批发和零售业实现社会消费品零售额277.20亿元,比上年增长11.6%。其中汽车类和石油及制品类分别实现88.45亿元和47.13亿元,分别增长6.6%和3.0%;化妆品类实现2.82亿元,增长12.6%;书报杂志类实现48.87亿元,增长59.3%;中西药品类实现5.31亿元,增长15.7%;家用电器和音像器材类实现20.23亿元,增长4.3%。限额以上住宿和餐饮业实现零售额

12.67亿元,比上年增长6.4%。

表5 2017年全市限额以上社会消费品零售额情况表

指标名称	社会消费品零售总额(亿元)	增长(%)
限额以上单位社会消费品零售总额	289.87	11.4
其中:批发零售业	277.20	11.6
粮油、食品类	17.35	−1.1
饮料类	2.89	2.0
烟酒类	5.45	−6.2
服装、鞋帽、针纺织品类	12.46	3.2
化妆品类	2.82	12.6
金银珠宝类	2.88	1.6
日用品类	5.41	−5.4
书报杂志类	48.87	59.3
家用电器和音像器材类	20.23	4.3
中西药品类	5.31	15.7
石油及制品类	47.13	3.0
机电产品及设备类	1.35	−4.1
汽车类	88.45	6.6
住宿餐饮业	12.67	6.4

对外贸易增长较快。2017年,全市实现进出口总额29.48亿美元,比上年增长21.7%。其中出口21.72亿美元,增长16.1%;进口7.76亿美元,增长40.9%。全年出入境检验检疫23 904批次,比上年增长7.5%;出入境检验检疫金额达11.50亿美元,比上年增长20.7%。全年新批外商投资企业43个,比上年下降6.5%;完成协议注册外资6.46亿元,比上年下降20.0%。全市实际使用外资3.64亿美元,比上年下降19.1%。

六、园区经济

工业经济保持增长。2017年,全市开发区实现规上工业总产值比上年增长17.0%,实现主营业务收入比上年增长4.8%。

高新技术产业发展良好。2017年,全市开发区规上工业企业中高新技术产业完成产值比上年增长23.8%。分行业看,新材料制造业体量最大,占开发区高新技术产业产值的29.0%;计算机及办公设备制造业、电子及通讯设备制造业、智能装备制造业分别占21.2%、16.3%和14.4%。

财政收入进一步增强。2017年,全市开发区公共财政预算收入实现95.61亿元,占全市总量的47.7%,比上年同口径增长10.8%。

外贸总体形势良好。2017年,全市开发区本地企业进出总额实现24.51亿美元,比上年增长13.2%。

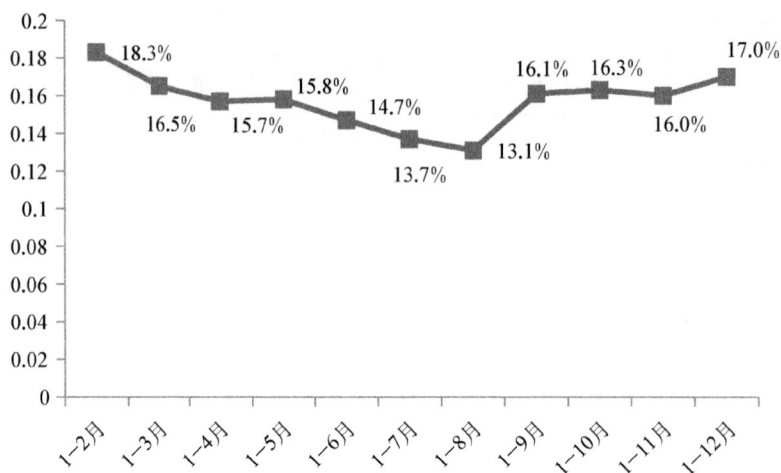

图7　2017年全市开发区规上工业产值增长趋势图

表6　2017年全市开发区主要指标情况

指标名称	单位	完成	增长（%）
规上工业总产值	亿元	—	17.0
其中：高新技术产业产值	亿元	—	23.8
公共财政预算收入	亿元	95.61	10.8
本地企业进出口总额	亿美元	24.51	13.2

七、交通运输、邮政电信和旅游业

交通运输业基本平稳。2017年，全市完成货运量6 584万吨，比上年增长10.3%。其中公路货运4 194万吨，增长10.8%；水路货运2 390万吨，增长6.8%。实现货物运输周转量223.65亿吨公里，比上年增长11.5%。其中公路货物周转量149.46亿吨公里，增长11.8%；水路货物周转量74.19亿吨公里，增长7.3%。完成港口货物运输吞吐量1 492万吨，比上年下降6.8%。完成客运量5 265万人，比上年下降10.9%；实现旅客运输周转量39.19亿人公里，比上年下降7.1%。

表7　2017年全市客货运输量情况表

指标名称	单位	实绩	增速（%）
货运量	万吨	6 584	10.3
公路	万吨	4 194	10.8
水路	万吨	2 390	6.8
货物周转量	亿吨/公里	223.65	11.5
公路	亿吨/公里	149.46	11.8
水路	亿吨/公里	74.19	7.3
客运量	万人	5 265	−10.9
旅客周转量	亿人/公里	39.19	−7.1
港口货物吞吐量	万吨	1 492	−6.8

邮政通信业快速发展。2017年,全市邮政业实现业务收入14.88亿元,比上年增长29.6%;实现邮政业务总量37.66亿元,比上年增长52.9%;实现电信业务收入32.77亿元,比上年增长9.8%。年末全市有各类电话用户495.63万户,比上年末增加17.45万户。其中移动电话用户457.28万户,增加24.58万户;固定电话用户38.35万户,减少7.12万户。年末全市互联网宽带接入用户134.09万户,比上年末净增22.26万户。

旅游业发展态势良好。2017年,全市接待国内外游客2 220万人次,比上年增长15.3%;实现旅游总收入255.60亿元,增长18.2%。其中旅游外汇收入1 044万美元,增长44.8%。2017年末,全市有等级旅游景区49个,比上年末增加2个。其中4A级景区数量达10家,比上年末增加1家。4A级旅游景区数量占全省4A级及以上旅游景区总数的比重达4.7%,为历史最高水平。全年4A级景区接待人数951.48万人次,增长10.9%。年末旅行社数量达到82家,比上年末增加5家。

八、财政和金融

财政收支总体平稳。2017年,全市实现财政总收入439.9亿元,其中一般公共预算收入200.58亿元。一般公共预算收入中税收占比77.1%。完成工业入库地方税收50.3亿元,同口径增长10.8%;房地产业入库地方税收39.1亿元,增长-28.3%。完成财政总支出595.8亿元,比上年增长8.7%。其中一般公共预算支出424.48亿元。财政支出继续优化,民生支出保障有力。2017年全市民生支出341.7亿元,占一般公共预算支出的80.5%。

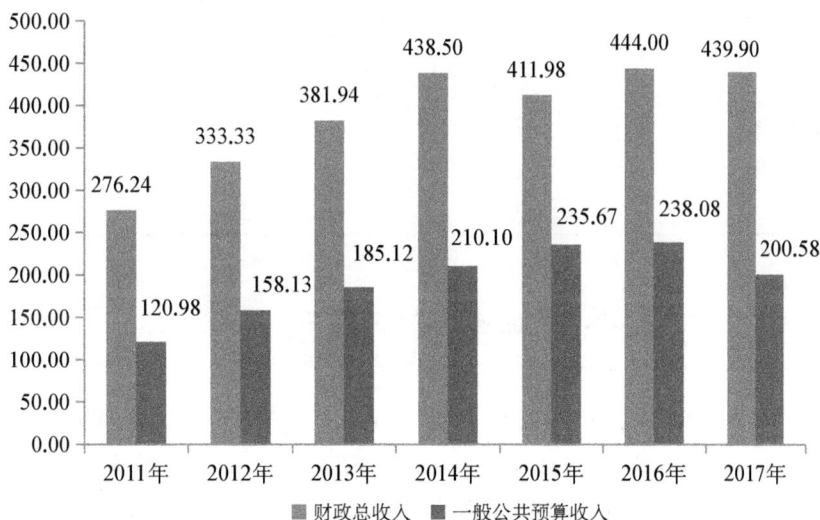

图8　2011—2017年全市财政收入情况图　（单位:亿元）

金融业发展较快。全年金融业实现增加值128.27亿元,比上年增长13.6%,快于服务业增速5.1个百分点。金融机构人民币各项存款余额2 514.96亿元,比年初增加307.53亿元,增长13.9%。其中住户存款余额1 209.5亿元,比年初增加123.14亿元,增长11.3%。金融机构人民币各项贷款余额 2 223.45 亿元，比年初增加 263.07 亿元，增长 13.4%。新增直接融资 225.8 亿元，直接融资占社会融资比重达 20.3%。

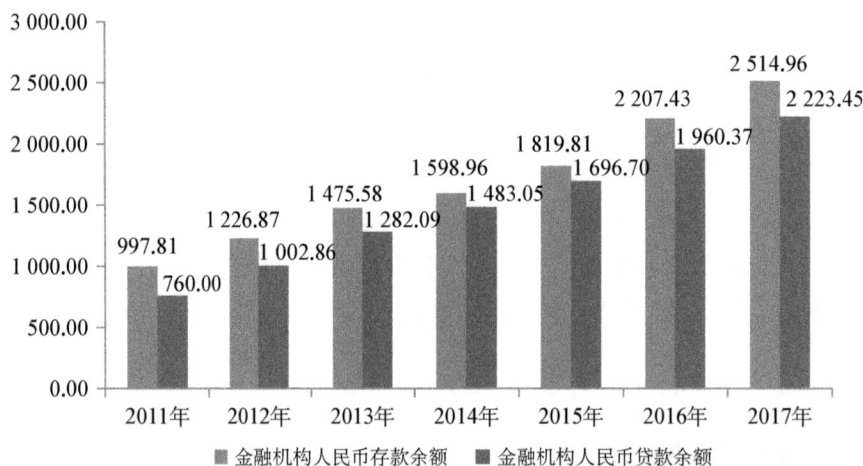

图 9　2011—2017 年全市金融机构存贷款情况图　　（单位：亿元）

保险体系逐步健全。全市市级专业保险机构 35 家。其中人寿保险 14 家，财产保险 21 家。全市共实现保费收入 67.8 亿元，较上年增长 11.2%。其中财险保费收入 22.56 亿元，增长 18.9%；人身险保费收入 38.45 亿元，增长 2.4%

表 8　2017 年全市保险行业主要指标情况表

指标名称	单位	实绩	增长（%）
保险机构数	个	35	2.9
保费总收入	亿元	67.8	11.2
其中：财产险保费	亿元	22.6	18.9
其中：人身险保费	亿元	38.5	2.4
保险赔款总支出	亿元	24.6	0.9

九、科技创新、社会事业和城市建设

科技创新成绩显著。全年专利申请数 11 126 件，比上年增长 53.4%，增幅位居全省第一。其中，发明专利 1 986 件，增长 112.9%。有效发明专利数 962 件，比上年末增长 31.1%。全市国家高新技术企业总数累计达 215 家，高新技术产业产值占规模以上工业总产值比重达 24%，宿迁高新技术产业开发区成功升格为国家级高新技术产业开发区。共落实科技政策减免税 2.45 亿元，比上年增长 38.4%；企业获"苏科贷"贷款 2.47 亿元，比上年增长 81.6%。新增省级企业研发机构 57 家，总数达 317 家。

表9　2017年全市专利申请及年末有效发明专利情况表

指　　标	2017年	增长（%）
当年专利申请数（件）	11 126	53.4
其中:发明专利（件）	1 986	112.9
年末有效发明专利（件）	962	31.1

教育事业加快发展。中小学 BC 级校舍加固工程、"八校"建设有序推进,"暖心工程"全面实施,南外仙林分校启动建设,北大附属实验学校顺利完工,新增省优质幼儿园 26 所、三星级高中 2 所、四星级高中 1 所。宿迁高师升专列入省"十三五"高等教育布局规划。高考本科达线率 73.86%,超过全省本科招生计划率 3.71 个百分点。

医疗保障继续提升。市公共卫生服务中心投入运行,完成 571 家村居卫生室提档升级,建立医学检验检查结果互认制度,基本公共卫生服务项目人均经费标准提高 20%。

文体事业不断繁荣。全年开展文化惠民活动 1 000 余场次,5 部作品获省"五个一工程"奖,位居全省第四、苏北第一,6 部作品获省文华奖;书画摄影作品在省级以上赛展中获奖 41 次。全民健身运动广泛开展,中国宿迁生态四项公开赛荣获全国"十佳精品赛事"称号,宿迁籍运动员实现全运会金牌零突破。

城市建设再上台阶。深入实施"道路通达"工程,整改断头路、斑马线不通等问题 379 处,新增公共停车位 3 800 个,建成 7 个生态立体停车场和便民方舟区域智慧停车系统;新增新能源公交车 120 辆,万人公交车拥有量超过省平均水平。环古黄河绿道工程全线贯通,建成 28 片小型体育设施,"十分钟健身圈"更加完善。完成中心城区 70 个居民小区二次供水设施改造,惠及群众 5.8 万户、20 余万人。整治提升 80 个老旧小区,改造棚户区 2.9 万户、货币化安置率达 91%,群众居住条件进一步改善。完成农村道路安全生命防护工程 818 公里,升级改造农村公路 480 公里。

十、环境保护和节能减排

生态环境持续良好。全市空气质量优良天数达 227 天,空气质量达标率为 62.2%,PM2.5 年均浓度为 55 微克/立方米,比上年下降 1.8%,PM2.5 浓度减降率达到国家"大气十条"考核目标和 2017 年环保约束性指标考核要求。国考断面、饮用水源地水质达标率均为 100%,在全省率先通过河长制验收,省考以上断面达标率同比上升 3.8 个百分点,世纪河等 20 余条黑臭水体得到有效治理。

环保基础进一步夯实。新建污水收集管网 375.5 公里,新铺设尾水压力管道 50 公里,中心城区雨污分流面积达 170 平方公里。启动 205 个村庄生活污水处理设施建设,新(扩)建城镇污水处理厂 61 座。引导农业废弃物收集处置,综合利用率提高到 96%。启动 100 万亩生态经济林建设,新建成片林 5 万余亩;完成杨树更新改造 23.96 万亩,新增受保护自然湿地 9.7 万亩。

节能减排效果显著。全市能耗总量 823.45 万吨标准煤,比上年下降 3.5%,能源利用率和节能降耗向好发展。全市单位 GDP 能耗 0.33 吨标准煤/万元,比上年下降 10.2%;单位工业增加值能耗为 0.46 吨标准煤/万元,比上年下降 14.2%;单位 GDP 电耗 0.07 万千瓦时/万元,比上年下降 5.5%。

十一、人口、人民生活和社会保障

　　2017年末,全市户籍总户数150.36万户,户籍总人口591.01万人。全市常住人口为491.46万人,比上年增加3.52万人,增长0.7%,增速分别比2016年、2015年提高0.2个和0.5个百分点,是近三年人口增长最快的一年。分年龄结构看,少儿(0～14岁)99.17万人,占比20.2%,比上年占比提高0.7个百分点;劳动力人口(15～64岁)338.48万人,占比68.9%,比上年占比回落0.8个百分点;老年人口(65岁及以上)53.81万人,占比11.0%,比上年占比提高0.2个百分点。常住人口出生率14.2‰,死亡率7.1‰,人口自然增长率7.1‰。全市城镇化率58.5%,比上年提高1.0个百分点。

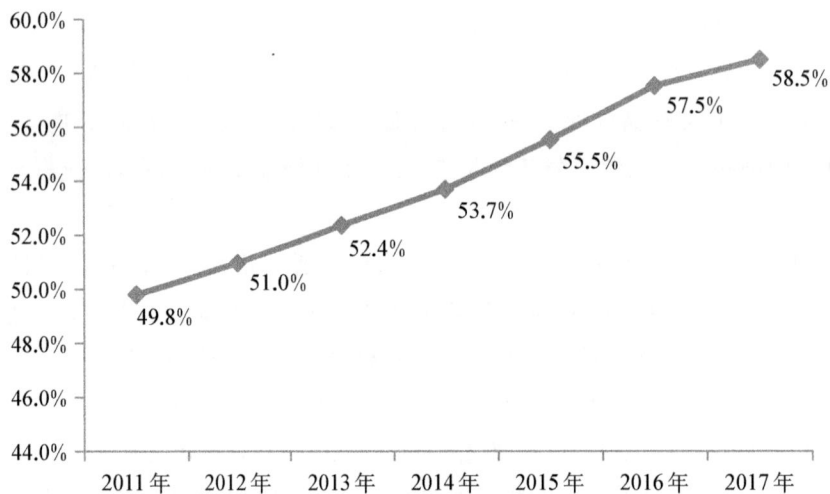

图10　2011—2017年全市城镇化率情况图

表10　2017年全市常住人口数及年龄结构表

指　标	年末数(万人)	占总人口比重(%)
全市总人口	491.46	—
其中:0～14岁	99.17	20.2
15～64岁	338.48	68.9
65岁及以上	53.81	11.0

　　居民生活水平持续改善。2017年,全市居民人均可支配收入20 756元,比上年增长9.5%。按收入来源分,工资性收入11 014元,增长8.4%;经营净收入5 655元,增长10.1%;财产净收入862元,增长15.4%;转移净收入3 225元,增长10.8%。按常住地分,城镇居民人均可支配收入26 118元,增长8.4%;农村居民人均可支配收入15 268元,增长9.6%。全市居民人均消费支出13 281元,比上年增长7.8%,恩格尔系数为34.4%。

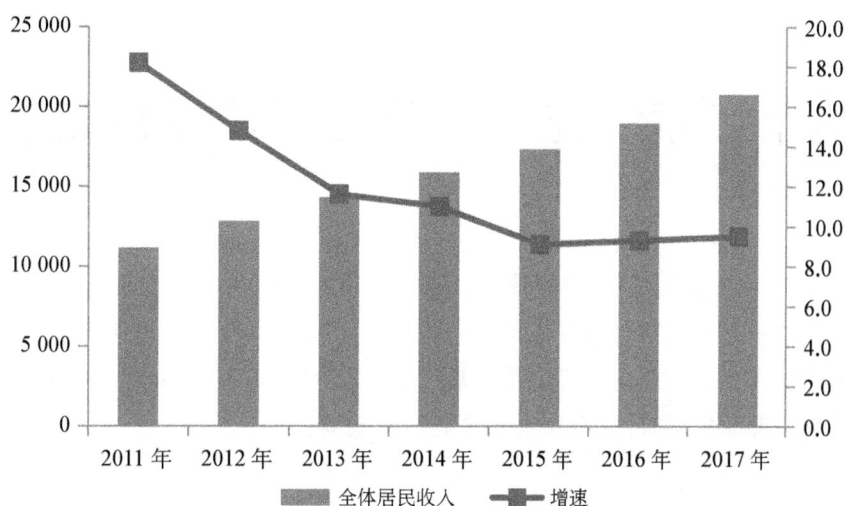

图11　2011—2017年全市居民收入情况图　　　　　（单位：元，％）

社会保障体系更加完善。全面落实社保惠民政策，积极构建更加公平可持续社会保障体系。开展社会保险"幸福行动"，全市职工"五险"基金总收入43.5亿元，"五险"扩面新增31.2万人次，增长10.6％，增幅全省领先。城镇居民医保补偿率达70％。持续提升兜底保障能力。全市共保障城乡低保对象10.8万户、24.5万人，发放低保金8.66亿元，农村低保标准从每人每月370元提高至390元，城市低保标准继续保持每人每月490元。推进城乡社区居家养老服务中心、农村老年关爱之家等载体建设，全市居家养老床位1.1万张，居家养老服务中心（站）1352个，建成城市社区小型托老所39个，农村老年人"关爱之家"102个，全市城市社区居家养老服务中心基本实现全覆盖，农村社区居家养老服务中心覆盖率达到87.0％。

第十二章　连云港社会经济发展报告

2017年，党的十九大胜利召开，中国特色社会主义进入了新时代。站在新时代的新起点，全市上下主动融入国家"一带一路"建设，深入推进以港兴市、产业强市、创新驱动、绿色发展、协调共进五大战略，统筹做好稳增长、促改革、调结构、惠民生、优生态、防风险各项工作，产业发展、城乡面貌、人民生活发生显著变化，经济社会实现了更高质量发展。

一、综合

经济总量不断扩大。实现地区生产总值2 640.31亿元，比上年增加235.15亿元，增长7.4%。其中，第一产业增加值313.42亿元，增长2.7%；第二产业增加值1 179.86亿元，增长7.2%；第三产业增加值1 147.03亿元，增长8.9%。人均地区生产总值58 577元，增长6.8%。

产业结构继续优化。全市三次产业结构调整为11.9 : 44.7 : 43.4。第二、三产业增加值占GDP的比重进一步提高，比上年上升0.6个百分点。

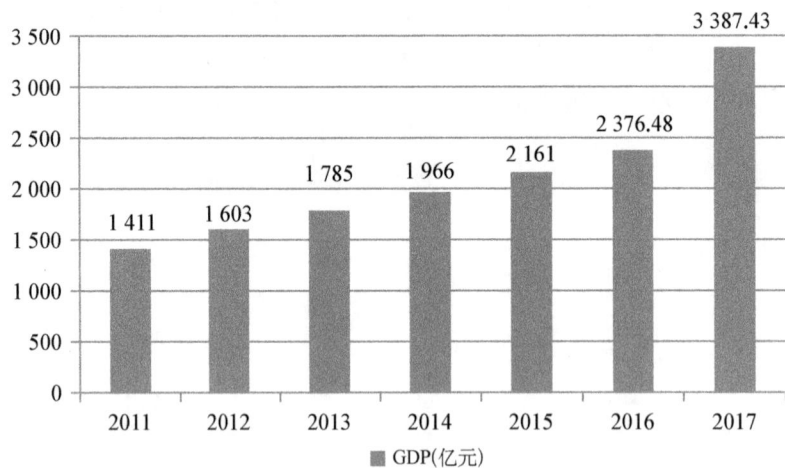

图1　连云港市 GDP 规模

数据来源：历年《连云港统计年鉴》

就业形势稳中向好。全年新增城镇就业6.25万人，高校毕业生就业率稳定在92%以上，"双零"家庭实现动态清零。年末城镇登记失业率1.86%。全年举办各类招聘活动498场，提供岗位22万个，完成各类培训24.3万人次，高技能人才总量达到14.9万人。

市场活力进一步释放。大众创业成效明显，全年新增私营企业1.54万户，年末实有私营企业8.05万户，增长23.7%；新增个体工商户5.47万户，年末实有个体工商户23.28万户，增长30.7%。

物价温和上涨。全年城市居民消费价格上涨1.8%，八大类商品和服务项目价格指数均有所上涨。其中，居住类价格上涨3.3%，涨幅最大；其他依次为生活用品及服务、衣着、医疗保健、交通和通信、教育文化和娱乐、食品烟酒、其他用品和服务，分别上涨2.4%、2.0%、1.7%、1.6%、1.1%、1.0%、0.9%。工业生产者价格涨幅较大。全年工业生产者出厂价格上涨13.4%，其中生产资料上涨18.8%，生活资料下降1.4%；工业生产者购进价格上涨5.4%。

表1　连云港市城市 CPI 八大类指数情况

项目名称	2017年同比指数
城市居民消费价格总指数	101.8
食品烟酒	101.0
衣着	102.0
居住	103.3
生活用品及服务	102.4
交通和通信	101.6
教育文化和娱乐	101.1
医疗保健	101.7
其他用品和服务	100.9

全市经济社会发展仍存在一些不足，主要表现在：经济规模小，产业层次低，发展不够充分，发展质量有待提高；公共服务供给不足，民生保障存在短板，社会事业不平衡，生态环境治理任务艰巨等。

二、农林牧渔业

农业生产结构进一步调整。全年实现农林牧渔业总产值615.41亿元，可比价计算增长3.4%。其中，农业产值287.75亿元，增长3.1%；林业产值15.96亿元，下降5.3%；牧业产值118.63亿元，增长0.5%；渔业产值152.96亿元，增长5.2%；农林牧渔服务业产值40.12亿元，增长11.6%。

粮食生产稳中有升。夏粮生产量稳质优，单产位居全省第一。全市夏粮亩产为396.3公斤，增长0.6%，总产为143.31万吨，增长0.2%；秋粮亩产为561公斤，增长0.3%，总产为219.05万吨，增长0.6%。

现代农业加速集聚。"一带一路"连云港农业国际合作示范区获批全国首批十大国家农业对外开放合作试验区。全年新增高效设施农业面积8万亩，农产品出口额突破5亿美元，位居全省前列。"连天下"农产品品牌影响力继续扩大，新增"三品"品牌110个。

龙头带动作用增强。全市省级以上农业龙头企业带动农户88.5万户，实现销售收入276亿元，增长11.4%。新增市级龙头企业50家，新增全国农村创业创新园区7个，居全省第四位。

生态农业加快发展。全年建成市级生态循环农业示范区8家，赣榆区获批省级现代生态循环农业试点县。畜禽粪污综合利用率稳步提高，新建沼气工程35处，东海、灌云两县入选全国畜禽粪污资源化利用重点县；东海县获批全国第一批畜牧业绿色发展示范县。全市禁养区的607家畜禽养殖场完成搬迁工作。

三、工业和建筑业

工业生产总体平稳。年末，全市规模以上工业企业1831家，比上年末净增137家。全年规模以上工业增加值增长8.4％。

企业亏损额下降。全年规模以上工业企业实现产品销售收入5 484.25亿元，增长7.2％；利润总额440.48亿元，增长7.8％。136家亏损企业亏损额7.50亿元，下降21.7％。

重点行业快速增长。全市36个工业行业大类中有31个行业产值实现增长，行业增长面达到86.1％。其中，化学原料和化学制品制造业完成产值1 097.92亿元，增长25.4％；非金属矿物制品业完成产值714.28亿元，增长19.7％；医药制造业完成产值666.60亿元，增长17.5％；黑色金属冶炼和压延加工业完成产值504.19亿元，增长12.6％；农副食品加工业完成产值407.46亿元，增长15.6％。

建筑业平稳发展。全年资质以上建筑业企业完成总产值712.18亿元，增长9.8％。其中，房屋建筑工程产值691.32亿元，增长9.6％；安装工程产值14.21亿元，增长26.8％。资质以上建筑业企业房屋施工面积5 980.62万平方米，增长12.7％；房屋竣工面积2 380.42万平方米，与上年基本持平。

四、固定资产投资

投资总量不断扩大。全年完成固定资产投资2 603.63亿元，增长9.2％，居全省第七位。其中，工业投资1 645.52亿元，增长10.5％；服务业投资912.17亿元，增长7.3％；房地产开发投资274.93亿元，增长16.8％。

重点项目建设加快。全市403个重点项目完成投资1 024.5亿元，其中270个重点产业项目完成投资621.2亿元。中复神鹰T800碳纤维生产线顺利投产，盛虹炼化项目取得实质性突破，高铁、新机场等重大基础设施项目有序推进。

工业技改投资快速增长。全市工业投资完成1 645.52亿元，增长10.6％。其中，工业技改投资794.58亿元，增长45.9％，高出工业投资增速35.3个百分点，对全市投资增长贡献率达114.4％。

民间投资占比提升。全年完成民间投资1 648.40亿元，增长18.3％，占全市投资比重63.3％，比上年提高4.9个百分点。民间投资中，居于首要地位的制造业完成投资1 332.65亿元，增长19.0％。

房地产市场兴旺。全年完成房地产投资274.93亿元，增长16.8％。商品房价格上涨明显，全年商品房销售面积643.91万平方米，增长22.8％，其中住宅608.74万平方米，增长21.0％；商品房销售额370.55亿元，增长35.6％，其中住宅344.97亿元，增长32.5％。

五、国内贸易

消费品市场运行良好。全年实现社会消费品零售总额1 038.31亿元，增长11.3％。其中，批发业实现零售额130.57亿元，增长55.6％；零售业768.37亿元，增长3.0％；住宿业18.29亿元，增长

31.9%;餐饮业121.08亿元,增长34.8%。

表2 2017年全市社会商品零售总额情况

	绝对额(亿元)	增长(%)	占比重(%)	拉动全市增长(%)	增长贡献率(%)
社会商品零售总额	1 038.31	11.3	100.0	11.3	100.0
#批发业	130.57	55.6	12.6	5.0	44.4
零售业	768.37	3.0	74.0	2.4	21.6
住宿业	18.29	31.9	1.8	0.5	4.2
餐饮业	121.08	34.8	11.7	2.4	29.8

农村市场增速加快。农村消费品市场零售额188.73亿元,增长21.3%,比城镇消费品市场高12.1个百分点。城镇消费品市场零售额849.58亿元,增长9.2%。

成规模商贸稳中有升。商贸设施规模不断壮大,利群商业综合体营业,民主路二期、苍梧春晓商业综合体基本竣工。全年实现限额以上社会消费品零售总额426.95亿元,增长17.3%。

六、开放型经济

进出口总额较快增长。全年完成进出口总额82.14亿美元,增长16.6%。其中,进口42.92亿元,增长27.7%,拉动全市进出口增长13.2个百分点;出口39.22亿美元,增长6.4%。

实际利用外资增速居首。全年实际利用外资6.78亿美元,增长23.2%,居全省第一位,比全省平均水平高20.8个百分点。

两基地建设加快推进。上合物流园专用铁路、铁路装卸场站、大宗商品交易中心、智慧物流信息中心等一批重点项目加快建设,成功获批国家级示范物流园区。中哈物流合作基地效益提高,散粮筒仓建成运营,成功开行哈国过境小麦和乌国通用汽车东行过境班列,进出货物和集装箱量分别增长37%和85%。

七、交通、邮电和旅游

口岸保障能力全面增强。2017年,港口30万吨航道二期正式开工建设,连云港港口总吞吐能力达1.6亿吨。物流平台发展壮大,海关多式联运监管中心挂牌运行,公路货运交易中心上线运作,"点点通"等综合服务平台加快发展。口岸便利化水平进一步提高,赣榆、灌河两翼港区新一轮临时开放获批,空港开放通过国家验收,港口综合枢纽能力不断提升。全年港口货物吞吐量2.28亿吨,增长3.2%。

铁路建设全面提速。连盐铁路建成调试,连淮扬镇、连青铁路加快推进,连徐高铁全面开工,"高铁时代"即将到来。连云港境内铁路货运总量较快增长,全年完成4 928.24万吨,增长8.8%。受连云港站升级改造影响,境内铁路客运总量完成396.37万人次,下降1.7%。

民航旅客吞吐量突破百万。民航航线已达到27条,通达城市达25个大中城市,其中新增重庆、博鳌、长沙等多条国内航线,并开通首条曼谷国际航线。机场全年飞机起降首次过万达1.12万架次,增长20.5%;旅客吞吐量首次突破百万达109.29万人次,增长28.4%。

邮政通讯业务较快增长。全年邮政通讯总收入47.57亿元,增长15.8%。其中,邮政速递业务收入13.94亿元,增长24.7%;通讯业务总收入33.63亿元,增长12.5%。年末,全市电话用户512.54万户,增长5.3%。其中,移动电话用户450.49万户,增长7.7%。互联网用户468.66万户,增长15.6%。其中,固定宽带用户142.18万户,增长18.3%。

旅游经济持续增长。大花果山景区规划建设启动,连云、东海国家级全域旅游示范区建设加快,潮河湾、伊甸园等乡村旅游蓬勃发展,灌云县石佛寺万佛宫、连岛冰雪大世界等旅游项目建成投产。全年实现旅游总收入458.82亿元,增长16.0%。接待国内旅游人数3384.18万人次,增长12.4%。

八、财政、金融

财政收入稳定增长。全年实现一般公共预算收入214.85亿元,同口径增长8.4%。其中,税收收入159.37亿元,增长2.3%,占一般公共预算收入的74.2%。

金融信贷较快增长。全年实现金融业增加值120.16亿元,增长12.1%,占GDP比重4.6%。年末,全市金融机构存款余额为2976.98亿元,比年初增加421.50亿元,同比增长16.5%。贷款余额为2476.09亿元,比年初增加382.19亿元,同比增长18.3%。

保险市场快速发展。全市保险费总收入达到91.89亿元,增长21.7%。其中,寿险收入实现55.99亿元,占全部保险收入比重达60.9%。

九、科学技术和教育

创新平台建设力度加大。国家知识产权试点城市通过验收,国家创新型城市建设成功通过首轮评估。中科院能动中心大型燃气轮机项目获批建设国家重大科技基础设施,市科技创业中心、淮海工学院大学科技园获批国家级孵化器。国家级连云港高新区、国家级农业科技园区正常运行。

创新驱动战略加快实施。万人发明专利拥有量、PCT(专利合作协定)申请量苏北领先。企业创新能力不断提升,恒瑞医药入选福布斯全球百家最具创新力公司,中复神鹰获评国家科技进步一等奖,正大天晴入围国家科技进步二等奖。正大天晴、豪森和恒瑞在"2017年中国医药研发产品线最佳工业企业"排名中分列第1、第2和第4位。全市RD占GDP比重提高0.07个百分点。

高新技术产业积聚壮大。全年新增国家高新技术企业49家,高新技术产业实现产值2157.97亿元,增长16.0%,占规模以上工业总产值比重为35.1%。全年实现新产品产值703.99亿元,增长14.5%,占规模以上工业11.5%。

教育事业加快发展。全市教育现代化建设水平苏北领先,"云海在线"上线运行,全年新建中小学、幼儿园33所,改造中小学校舍49万平方米,淮海工学院创建江苏海洋大学列入国家"十三五"高校设置规划。

十、文化、卫生和体育

文化服务水平提升。完成市文化馆、美术馆改造,市档案馆新馆启用,新建市图书馆分馆 30 个,建成基层综合文化服务中心 680 个,开展文化惠民活动 2 万场次。《辣妈犟爸》等 3 件作品获省"五个一工程"奖,4 件作品获省文化奖。成功举办连云港之夏、西游记文化节、徐圩国际马拉松等活动。

卫生服务能力增强。医疗卫生投入不断加大,第一人民医院新院区投入使用,市妇幼保健中心、市二院西院区病房楼等项目加快推进。医疗卫生体制改革强势推进,基层首诊率达 72.4%,家庭医生签约率 33.4%,居民电子健康卡全国首发。卫生创建工作取得突破,成功跻身国家卫生城市。

体育事业稳步发展。全民健身活动蓬勃开展,城市"10 分钟体育健身圈"进一步完善。全年举办龙舟、自行车、健身气功等比赛 34 项,市级体育协会组织中国连云港体育舞蹈公开赛、市职工足球等比赛 247 项。竞技体育训练布局科学优化,组建市体育局训练中心,建立教练员年度岗位考评机制,全面推进训练工作规范化、系统化。

十一、城市建设、环境保护和节能减排

城市建设不断提升。新一轮城市总规修编快速推进,城市公共服务能力进一步提高。建成区取缔占道经营,推行垃圾分类处理,餐厨废弃物规范处置。全年新改建主次干道 40 条,新辟优化公交线路 29 条。新增停车泊位 2 200 个。改造老旧小区 68 个,棚户区改造新开工 21 500 套。新改建城市公园、街头游园 14 个。新改建市政管网 61 公里,增加管道燃气用户 6 500 户。

环境治理不断加强。成功获批"三线一单"试点城市,战略环评成果基本落地。深入推进化工园区环境整治,环境质量明显改善,国省断面水体优三类比例同比提升 4.5 个百分点,空气质量优良率达 77%,稳居全省首位。全面落实"河长制",21 条入海河流纳入环境监测,大浦等 5 个污水处理厂提标改造,东盐河等 5 条黑臭水体整治完成。"三大生态廊道"建设有序推进,完成秦山岛等一批生态修复工程,省级以上生态县区实现全覆盖。

节能减排扎实推进。积极推进生产方式绿色化转型,加强重点领域节能减排,深入开展"263"专项行动,全年整治燃煤小锅炉 1 580 台,减少煤炭消费 24 万吨,有效控制重点行业挥发性有机物。

十二、人口、人民生活和社会保障

人口总量保持稳定。全市年末户籍人口 532.53 万人,比上年末减少 1.43 万人,下降 0.3%。其中,市区 222.61 万人。常住人口 451.84 万人,比上年末增加 2.20 万人,增长 0.5%。其中,城镇常住人口 278.78 万人,比上年增加 8.1 万人,增长 2.99%。常住人口城镇化率 61.7%,比上年提高 1.5 个百分点。

居民收入较快增长。根据城乡一体化住户抽样调查,全年全市居民人均可支配收入为 23 302

元,增长9.8%,增速居全省第一位。其中,城镇居民人均可支配收入30 293元,增长8.8%;农村居民人均可支配收入15 273元,增长9.6%。

保障体系不断完善。社保扩面征缴深入推进,全民参保登记基本完成,市区五项保险净增参保人数2.5万人。医保覆盖面进一步扩大,城乡居民医保住院合规医疗费用报销达到70%,全市所有定点医疗机构全部开通省内异地就医联网结算。养老保险提标扩面,企业退休人员月养老金水平实现13连调,全市企业养老保险基金征缴额同比增长18.6%。兜底保障水平显著提高,全市城乡低保平均标准分别提高到497元、435元,增长5.3%、10.1%。

第十三章 盐城市经济社会发展报告

2017年,面对错综复杂的宏观经济形势,在市委、市政府的正确领导下,全市上下坚持稳中有进总基调,紧紧围绕"产业强市、生态立市、富民兴市"的战略目标,深入推进"五个一"战略工程,全市经济总体呈现"结构持续优化,动能转换加快,生态彰显特色,民生不断改善"的良好发展态势,实体经济稳中向好,重大项目加快推进,经济发展的稳定性、协调性、可持续性进一步增强,生态优先、绿色发展取得明显成效。

一、综合

经济保持稳定增长。初步核算,2017年,全市实现地区生产总值突破5 000亿元,达到5 082.7亿元,总量稳居全省第七位,按可比价计算,比上年增长6.8%。其中,第一产业实现增加值564.2亿元,比上年增长2.7%;第二产业实现增加值2 256.7亿元,比上年增长4.8%;第三产业实现增加值2 261.8亿元,比上年增长10.1%。产业结构持续优化,三次产业比重为11.1∶44.4∶44.5,第三产业比重首次超过第二产业,实现了从"二三一"到"三二一"的重大转变。人均地区生产总值首次超过1万美元,比上年增长6.7%。

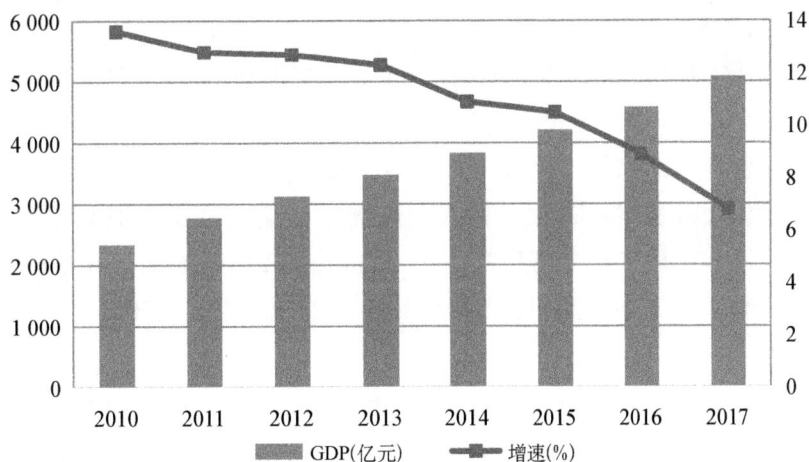

图1 2010—2017年盐城市GDP及增速图

物价水平温和上涨。2017年,市区居民消费价格总指数(CPI)同比上涨1.7%。其中:食品烟酒类上涨0.3%,衣着类上涨2.0%,居住类上涨2.2%,生活用品及服务类上涨3.8%,交通和通信类上涨2.2%,教育文化和娱乐类上涨1.5%,医疗保健类上涨2.9%,其他用品和服务类上涨

2.8％。全市工业生产者出厂价格指数（PPI）同比上涨5.5％，工业生产者购进价格指数（IPI）同比上涨3.1％。

二、农林牧渔业

农业生产稳中趋缓。2017年，全市实现农林牧渔业总产值1 139.2亿元，可比价增长2.2％。全市粮食总产量达685.8万吨，比上年减少1.5万吨，下降0.22％；粮食播种面积1 435.9万亩，比上年减少36.5万亩。粮食亩产477.6公斤，比上年增加10.8公斤。棉花播种面积5.5万亩，比上年减少8.5万亩，总产0.4万吨。全市油料作物播种面积110.6万亩，比上年减少9.4万亩，油料总产量22.4万吨。

农业机械化规模扩大。2017年，全市农机总动力689.1万千瓦。大中型拖拉机、联合收割机、水稻插秧机保有量分别达到27 201台、25 830台和25 531台。全市秸秆机械化还田面积1 000.6万亩，还田率78.6％，较上年增加1.4个百分点。2017年农机化作业收入50.3亿元。

农业现代化进程加快。2017年，全市累计新增设施农业15.7万亩，总规模达221.4万亩，占全省设施农业总面积16.6％。全市拥有有效"三品"（无公害农产品、绿色食品、有机农产品）总数2 640个，年内新增706个。农民专业合作组织11 064个，比上年增加662个。全市拥有家庭农场4 585家，年内新增888家。

三、工业和建筑业

工业生产总体平稳。2017年，全市规模以上工业企业实现总产值8 518亿元，比上年增长6.3％，实现增加值1 792亿元，比上年增长3.6％。其中轻工业比上年增长5.7％，重工业比上年下降1.4％。民营工业持续向好。2017年，全市民营企业实现增加值1 363亿元，比上年增长9％，占规模以上工业比重76％。全市工业用电量190.2亿千瓦时，比上年下降5.6％。

支柱产业稳定发展。2017年，全市工业企业实现全口径开票销售4 759.6亿元，比上年增长4.4％，其中汽车、机械、纺织、化工四大传统支柱产业实现工业开票销售3 189亿元，占工业总量的67％，其中汽车产业实现开票690.4亿元。DYK连续推出5款新车型，扭转销售下行局面，全年产销达37万辆，累计突破480万辆。非车产业实现开票销售4 069亿元，比上年增长19.9％。

高新技术产业加快发展。2017年，全市规模以上高新技术产业企业870家，实现产值3 168亿元，占全市规模以上工业产值的比重35％以上。2017年，高新技术产业产值对全市规模以上工业增长贡献率达92.8％，比上年提高9个百分点。

建筑业稳步增长。2017年，全市完成建筑业总产值1 673亿元，比上年增长17.6％，全市建筑企业房屋施工总面积11 687.3万平方米，比上年下降8.5％；房屋建筑竣工面积5 143.1万平方米，比上年增长3.8％，其中住宅竣工面积3 446.5万平方米，比上年增长1％。

四、固定资产投资

投资结构更加优化。2017年,全市完成固定资产投资4 278.5亿元,比上年增长10.2%,其中工业投资2 441.1亿元,比上年增长6.5%。投资结构进一步优化,全市第一产业完成投资45.7亿元,比上年增长10.7%;第二产业完成投资2 456.2亿元,比上年增长6.6%;第三产业完成投资1 776.6亿元,比上年增长15.6%。民间投资3 112.6亿元,比上年增长8.4%,低于投资增速1.8个百分点。

重点领域投资较快。2017年,全市民生行业投资保持较快增长。全市卫生和社会工作业实现投资33.3亿元,比上年增长15.6%;水利、环境和公共设施管理业实现投资388亿元,比上年增长15.5%;教育实现投资43.8亿元,比上年增长20%;居民服务、修理和其他服务业实现投资16.1亿元,比上年增长39.6%。全市基础设施投资915.8亿元,比上年增长28%,比全市固定资产投资增速高17.8个百分点,占全市固定资产投资的比重为21.4%,比上年提高3个百分点,拉动全部投资增长5.2个百分点,对全部投资增长的贡献率达50.7%。

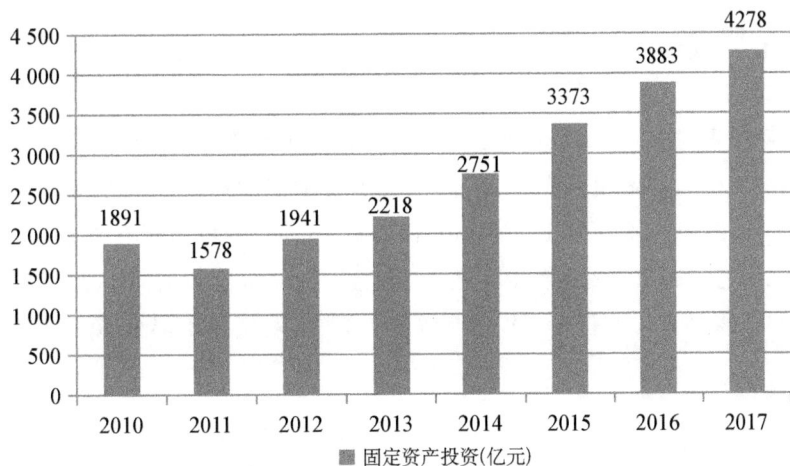

图2 2010—2017年固定资产投资

新开工项目稳定增长。2017年,全市新开工项目5 980个,比上年增加1 198个;新开工项目计划总投资3 407.2亿元,比上年增长18.2%。亿元及以上新开工项目375个,其中5亿元以上74个、10亿元以上34个。新开工项目多数集中在制造业行业,其中通用设备制造业、纺织业、专用设备制造业等行业新开工项目数均在200个以上。

房地产库存周期缩短。2017年,全市房地产开发投资426.7亿元,比上年增长19%,增速同比回升21.5个百分点,其中住宅投资完成345.2亿元,比上年增长26.4%,增速同比回升26.9个百分点。商品房销售增势明显。2017年,全市实现商品房销售面积974.8万平方米,比上年增长15.7%,其中住宅878.8万平方米,比上年增长17%;商品房销售额557.5亿元,比上年增长28.5%,其中住宅销售额476.2亿元,比上年增长33.8%。全市商品住房库存去化周期为7.7个月。

五、交通运输和邮电业

运输能力逐步增强。截至 2017 年底,全市共有公路总里程 19 681.8 公里,其中国道 993.6 公里,省道 1 038.3 公里;拥有等级公路 19 421.6 公里,其中高速公路 395.5 公里、一级公路 1 403.7 公里、二级公路 2 629.5 公里、三级公路 1 467.6 公里、四级公路 13 525.4 公里,等外公路 260 公里。2017 年,全社会客运量 7 241 万人,比上年下降 12.6%,客运周转量 73.9 亿人公里,比上年下降 9%;全社会货运量 17 174 万吨,比上年增长 7.8%,货运周转量 455 亿吨公里,比上年增长 6%。全年保障航班 1.31 万架次,年旅客吞吐量 130.31 万人次,分别比上年增长 5.8%、7.8%,货邮吞吐量 5 540 吨,比上年增长 8.2%。沿海港口货物吞吐量 9 013 万吨,比上年增长 13.2%,其中外贸 2 454 万吨,比上年增长 20.7%。

邮电业务平稳发展。2017 年,全市完成邮电业务总量 80.2 亿元,比上年增长 13.4%。邮政业务收入 17.71 亿元,比上年增长 16.6%,实现业务收入 9.37 亿元,比上年增长 28%。电信业务收入 51.2 亿元,比上年增长 6.8%。

六、国内贸易

消费市场保持平稳。2017 年,全市社会消费品零售总额完成 1 806.2 亿元,比上年增长 10.8%。分城乡看,乡村消费增速领先城镇,全年城乡分别实现社会消费品零售总额 1 708.3 亿元和 97.9 亿元,比上年增长 10.6% 和 14.3%。分行业看,批发、零售、住宿、餐饮业分别实现零售额 217.4 亿元、1 405.1 亿元、18.7 亿元和 165 亿元,比上年分别增长 9.3%、11%、10.1% 和 11%。分规模看,限额以上零售额 814.8 亿元,比上年增长 7.2%;限额以下零售额 991.4 亿元,比上年增长 13.9%。

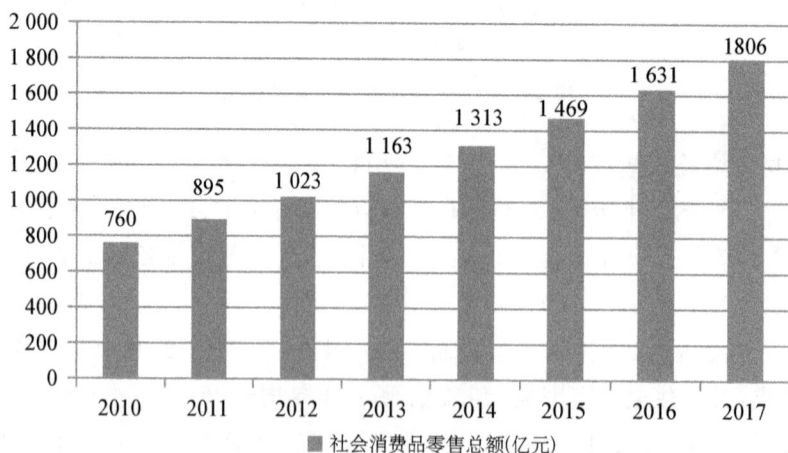

图 3　2010—2017 年社会消费品总额

消费升级步伐加快。在限额以上批发和零售业主要经营类别中,生活类消费平稳增长。粮油类消费 22.1 亿元,比上年增长 6.3%,饮料类 8.79 亿元,比上年增长 0.8%;服装、鞋帽、针纺织品类

53.1亿元,比上年增长7.7％;日用品类28亿元,比上年增长9.6％。品质类消费增长较快。文化办公用品类商品销售有所提高,计算机及配套产品类实现零售额1.02亿元,比上年增长19.8％;奢侈品消费增长较快,化妆品和金银珠宝类分别实现零售额7.9亿元和15.3亿元,比上年增长11.2％和10.2％。

七、对外经济和旅游业

对外贸易稳中有进。2017年,全市实现进出口总额86.5亿美元,比上年增长8.8％,其中出口58.4亿美元,比上年增长23.3％,进口28.1亿美元,比上年下降12.5％。新批利用外资项目157个,比上年增长4.7％,其中5000万美元以上项目27个,比上年增长28.6％。注册外资实际到账7.9亿美元,比上年增长11.6％。今年新设韩资服务业项目有17个,同比增长26.15％。目前新设总投资3000万美元以上的大项目产业结构层次明显提升,实体制造业项目由去年占比的46％提升到66％,其中智能终端、新能源、数据软件等战略性新兴产业比重占比增强。

旅游业蓬勃发展。2017年,全市共接待海内外游客2933万人次,比上年增长13.7％,实现旅游总收入320亿元,比上年增长17.9％,两项指标增速连续三年位于全省第一,旅游总收入实现五年翻一番,旅游外汇收入7831万美元,比上年增长22％。景区建设进一步加快。荷兰花海和千鹤湾被省政府列为首批全省旅游风情小镇创建和培育单位,东台黄海森林公园风景道创建为2017年省旅游风景道,大丰梅花湾获评国家4A级旅游景区。乡村旅游集聚发展。大丰恒北、东台甘港、盐都三官等获评省首批五星级乡村旅游区,新增省四星级乡村旅游区4家。旅游品牌渐已打响。盐城市荣膺"2017最美中国·国际知名旅游度假城市"称号。

八、财政、金融和保险

财政收支总体平稳。2017年,全市实现一般公共预算收入360亿元,比上年下降3.4％,其中税收收入271.9亿元,比上年下降3.7％,税收占一般公共预算收入的比重为75.5％。主体税种保持稳定,实现国内增值税68.6亿元、改征增值税(含营业税)40.8亿元、企业所得税25.2亿元、个人所得税9.8亿元。财政惠民力度不断加大,2017年全市用于民生保障支出578亿元,占一般公共预算支出的77％。

信贷规模持续扩大。2017年,全市共有银行业金融机构41家,年内净增2家,分别为上海银行盐城分行和平安银行盐城分行。金融机构年末本外币存款余额6214.2亿元,比年初增长13.6％,其中储蓄存款2744亿元,比年初增长5.2％。金融机构年末本外币贷款余额4287.5亿元,比年初增长15.3％,其中中长期贷款2294.5亿元,比年初增长28.8％。

保险业健康发展。2017年,全市拥有各类保险机构74家,其中市级产险公司21家,寿险公司36家,保险专业中介一级法人机构12家,保险经纪分支机构3家,保险公估分支机构2家。保险分支机构及营销网点650个,保险从业人员4.64万人。全市实现保费收入179.2亿元,比上年增长29.9％,其中财产险39.4亿元,比上年增长9.9％;人身险139.8亿元,比上年增长36.9％。全市各项赔偿和给付54.4亿元,比上年增长21％。

九、科学技术和教育事业

创新能力不断增强。2017年,全市科技研发投入占地区生产总值的比重为2.05%,科技进步贡献率55.1%,全市战略性新兴产业产值增长19%。智能终端产业产值突破200亿元,增长40%,智能终端整机出货量突破2 000万台,大数据产业营业收入22.5亿元,增长26%。全市国家高新技术企业613家,净增81家。2017年,全年申请发明专利9 137件,比上年增长62.5%;授权发明专利1 390件,上年增长65.1%;有效发明专利量3 992件,比上年增长53.4%,三个指标增幅居全省第一。

教育事业协调发展。2017年,全市共有普通高校6所,招生1.9万人,在校生6.24万人,毕业生1.73万人;普通中专10所,在校生2.86万人;职业高中10所,在校生2.38万人;普通中学278所,在校生28.18万人;小学336所,在校生45.36万人。全市初中毕业生升学率99.46%,在校生年巩固率99.58%;小学毕业生升学率98.34%,在校生年巩固率99.81%。学龄儿童入学率100%。幼儿园在园幼儿23.23万人,学前三年幼儿入园率为98.97%。全市共有教职工数9万人,其中专任教师7.56万人。

十、文化、卫生和体育事业

文化建设成果丰硕。文化惠民工程扎实推进。全市新建基层综合性文化服务中心567个,建成县级图书馆分馆340个,文化馆分馆28个,提升农家书屋1 000个。深入开展文化"三送"工程,全年完成送戏下乡1 000场次、送书15万册、送电影22 000场次。盐城市荣获江苏省首批"书香城市建设先进市"称号,全民阅读"天天悦读1+X"获国家公共文化服务体系示范项目创建资格,系苏北唯一。盐城群文代表团建市30多年来首次走进央视3套《群英汇》参加专场演出,淮剧《小镇》在央视11套"空中剧场"专栏播出。艺术创作生产持续保持在全省领先位次,一批精品力作获省"五个一工程奖"和省文华奖,居苏北首位。

卫生体系更加健全。2017年,全市拥有卫生计生机构3 192个,其中医院、卫生院288个,疾病预防控制机构10个,妇幼卫生机构11个。各类卫生机构拥有床位3.92万张,卫生技术人员4.04万人,其中执业(助理)医师1.9万人,注册护士1.58万人。

体育事业健康发展。2017年,盐城市成功承办了第31届亚洲城市保龄球锦标赛等3项国际赛事,7项全国赛事和7项全省青少年赛事。广泛开展全民健身活动和群众体育活动,组织参加全国性群众健身赛事获得6个一等奖。截至2017年底,全市建成各类健身步道730公里,建成10个省级国民体质测定和运动健身指导站。继续加大社会体育指导员培训力度,2017年全市拥有社会体育指导员26 797人。青少年体育活动蓬勃开展,成功创建3所全国青少年校园篮球特色学校。

十一、人口、人民生活和社会保障

人口总量保持稳定。2017年末,全市户籍人口826.15万人,比上年末减少4.38万人,其中城镇人口 489.19 万人,乡村人口 336.96 万人。全年人口出生率为 12.83‰,死亡率为 12.70‰,自然增长率为 0.13‰。年末常住人口 724.22 万人,城镇化率 62.9%,比上年提高 1.3 个百分点。

生活水平不断提高。2017 年,全体居民人均可支配收入 26 740 元,比上年增长 9.3%。城镇常住居民人均可支配收入 33 115 元,比上年增长 8.6%;人均消费支出 18 434 元,比上年增长 5.1%。农村常住居民人均可支配收入 18 711 元,比上年增长 9.0%;人均生活消费支出 14 153 元,比上年增长 7.7%。

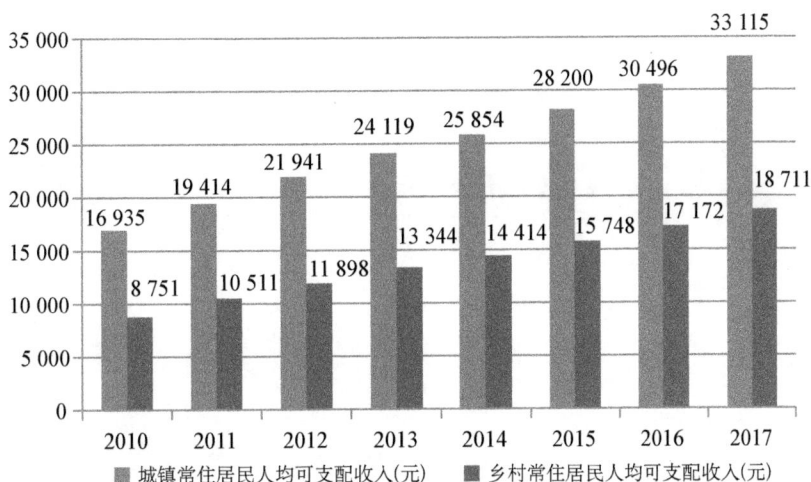

图 4　2010—2017 年城乡居民收入

城镇就业基本稳定。2017 年末,全市从业人员 441.6 万人,比上年减少 4.4 万人,其中第一产业从业人员 101.6 万人,第二产业从业人员 162.6 万人,第三产业从业人员 177.4 万人。新增城镇就业人员 12.1 万人。城镇登记失业率保持在 1.82% 的较低水平。

社会保障日臻完善。2017 年,全市共保障城乡低保对象 10.5 万户、18.4 万人,发放最低生活保障金 6 亿元,实施医疗救助 100 多万人次,累计支出医疗救助资金 4.2 亿元,对全市 4.8 万名困难群众实施托底救助,支出托底救助资金 8 187 万元。自然灾害保险覆盖全民,重大疾病保险、五保(三无)老人护理险惠及全市 71.8 万因病、因残、因灾、因祸、因学等导致支出型困难的低保及低保边缘群体。全市建有公办养老机构 135 家,民办养老机构 62 家,城乡居家养老服务中心 2 353 家。每千名老人拥有养老床位数 34.7 张,农村敬老院改造全部达到省定标准。

十二、城市建设和环境保护

城乡建设成效显著。2017 年,全市交通基础设施建设完成投资 161 亿元,比上年增长 11%,再创历史新高。高铁高速高架全面推进。连盐铁路实现全线贯通,盐通铁路列入国家规划,设计时速提升至 350 公里/小时。规划新增的盐宁高速等五条高速公路全部列入新一轮高速公路网规划,新增里程约 218 公里。全面建成全长 57 公里的市区"一环五射"内环高架快速路网,内环高架三期工程如期开工建设。2017 年,区域供水通达全市所有乡镇,建成城镇污水处理厂 95 座,城市(县城)污水处理率超 89%,建制镇污水处理设施覆盖率 98%,城乡垃圾无害化处理率达 88%。

生态环境持续改善。2017年,全市始终坚持生态优先、绿色发展新理念,转型发展取得新成效。"一片林"工程加快推进,投资15亿元新造成片林12.4万亩,改造提升15.9万亩,新增城镇绿地面积3 650公顷,造林总量保持全省第一,林木覆盖率达26.7%。深入开展"263"专项行动,扎实做好中央环保督察反馈问题整改,单位GDP能耗降幅全省第二,主要污染物削减量完成省定减排任务,新能源新增装机108万千瓦,总量达518.8万千瓦,占全省新能源装机容量30.4%,列全省第一。绿色发展成效明显。2017年,全市空气质量持续保持全省第一、全国前列,优良率达80.3%,创江苏历史新高,PM2.5平均浓度43微克/立方米。